探索的教育生涯

罗桂生 著

汕頭大學出版社

图书在版编目（CIP）数据

探索的教育生涯／罗桂生著. —汕头：汕头大学
出版社，2018.9
ISBN 978 - 7 - 5658 - 2871 - 3

Ⅰ. ①探… Ⅱ. ①罗… Ⅲ. ①中小学教育 - 文集
Ⅳ. ①G63 - 53

中国版本图书馆 CIP 数据核字（2018）第 200604 号

探索的教育生涯　　TANSUO DE JIAOYU SHENGYA

作　　者：	罗桂生
责任编辑：	邹　峰
责任技编：	黄东生
封面设计：	郭　炜　吴曼婷
出版发行：	汕头大学出版社
	广东省汕头市大学路 243 号汕头大学校园内
邮政编码：	515063
电　　话：	0754 - 82904613
印　　刷：	廊坊市海涛印刷有限公司
开　　本：	787mm × 1092mm　1/16
印　　张：	25
字　　数：	575 千字
版　　次：	2018 年 8 月第 1 版
印　　次：	2018 年 11 月第 1 次印刷
定　　价：	100.00 元

ISBN 978 - 7 - 5658 - 2871 - 3

序 一

为探索教育而生

罗中安
（现邵东县教育局局长）

最近，阅读了邵东县教育界老校长罗桂生编著的《探索的教育生涯》，让我震撼不已。著作分《往事回忆》、《论文精选》、《新闻通讯》、《科研讲座》和《人生感悟》五卷，约45万字。

《往事回忆》，一个纯粹教育工作者的心灵史，无疑带着浓厚的时代色彩。作者逆水行舟，凭着自己粗浅的记忆和一些文字记录，回望自己所经历的一生，叙述偏向于平静，读者阅读起来会激情满怀，可以再现历史真相，他那"苦难的童年生活——曲折的求学经历——探索的教育生涯——快乐的人生追求"，一步一个脚印，一个贫穷的农家子弟把自己当作教育事业中的拓荒者，用心血汗水、用默默耕耘、用无私奉献的足迹华丽转身为"一位出色的党员、教师、书记和校长"，纯粹教育工作者的形象跃然面前。

《论文精选》，他以自己的理论勇气，把"西方科学"与"东方哲学"融合起来，"系统思想＋特色理论"，1＋1＞2，产生新的思维方式和思想方法，系统而有特色地做书记、校长工作，研究教育、教学和学校管理、研究教师和校长培训，并指导每一位教师树立系统观念，每一份工作都放到学校这个"系统工程"中去整体思考，校长工作实现了由经验管理向科学管理的转变，这样论文写作有了活的灵魂，课题研究、方案设计、模式构建、调查报告、结题验收、经验总结，各方面的作品40余篇，共同显示出学校有特色、教师有特点、学生有特长，一篇篇作品结构严谨、语言精炼、可读性极强，创作不易。

《新闻通讯》，他还是一个新闻通讯工作爱好者，应邀参加过省和国家新

闻培训班学习，他把自己学到的技能列入"教育科研"的一项内容，在培训中小学教师、中小学校长中进行"新闻三讲"：新闻作用、新闻采访、新闻写作。自己现身说法，"人物通讯"在省和国家级书刊上报道了我县十几位中小学校长的先进事迹、治校经验。当教师、当校长，有了这种专业水平，及时报道学校或单位的新人新事，很有必要。

《科研讲座》，邵东是基础教育新课程改革实验县，新课程改革是推进素质教育的突破口，是基础教育的核心，也是教育领域的一场深刻"革命"，教育科研是第一生产力，新课程教师和新课程校长，如何构建新课程理念，提高新课程科研素养、学会新课程科研方法、提升新课程校本科研能力，是新课程改革的一大难题，他能从理论和实践的结合上，编写出十个教育科研讲座，面对培训的新教师、骨干教师、中小学校长，不同对象进行不同要求的新课程科研指导，实在不容易。今天正式出版成为教育科研培训教材，意义深远。

《人生感悟》中有"感恩杂文"10 篇，在现实生活中走进社会，乐于用感恩的心情对待身边的人和事，篇篇击中时弊。"抗帕心语"8 篇，看了第 1 篇《抗毒抗癌抗帕，其乐无穷》，你就会产生惊奇：儿子患尿毒症，已第三次换肾；老伴患腺癌，做过切除手术，还有严重的糖尿病和胆结石；自己胃切除 4/5，又患帕金森症，一家"三病并发"，还"其乐无穷"。他说："尿毒症＋癌症＋帕金森＝家庭幸福。"一切都从好的方面着想，就可以获得幸福、快乐！这种心胸何等宽广。入选一个学期的"周前寄语"17 篇，每周星期日晚上召开周前例会，校长给每位教师印发一份"周前寄语"，重在指导教师"真修身、善待人、美为师、乐处世"，这是校长工作的一种创新，"古风今韵"学习用诗歌形式表述有感而悟；"读书随笔"是作者"修身、待人、为师、处世"的警句良言。

读完他的著作《探索的教育生涯》，其精神可赞。他对教育事业的渴望、教育工作的热爱、教育科学的研究，唤起了他生命的全部激情。任何困难和痛苦都没有让他妥协，为邵东纯粹教育从未停止自己前进的脚步，他愿意用所有的余生去扩大生命的空间和教育的张力。退休以后，还从事教育科研 10 年，近两年已 75 岁，还未放下自己探索教育的脚步，撰写《往事回忆》，收集教育科研成果，出版《探索的教育生涯》，这是他一生的心血，是他人生智慧的结晶。在此，我也有感而发：教育需要这样的校长，学校也需要这样的校长；教育需要这样的老师，学生更需要这样的老师，虽然他已淡出了教育讲台，但这本著作能帮助我们还原一位优秀的党员、教师、书记和校长的足迹。除了感叹，更多的是敬畏。对这样的校长、这样的老师，我们不能无动于衷，阅读这本书，可以产生不可缺少的精神动力和情感寄托，值得大家学习、学习再学习，研究、研究再研究。

为邵东纯粹教育而生，为邵东纯粹教育而活，他用一生的激情、热爱、探索和研究诠释了一位纯粹教育工作者的人生使命。写下这些文字，以表敬意，意犹未尽，为之序。

一个纯粹的教育工作者

朱亮辉
（原邵东县教师进修学校副校长）

案头这本厚重的《探索的教育生涯》，是全国优秀教师、湖南省中学特级教师、全国课题研究先进实验工作者、邵东县教育界的老领导罗桂生先生的心血之作。这本著作全面反映了作者长期从事教育事业的人生历程，汇集了作者治校、治教、治学的丰富经验和丰硕成果。字里行间充溢着他对教育事业的无比热爱，对教育科学的不懈研究，对高尚人格的矢志追求和对美好生活的积极向往。展现了一个纯粹的教育工作者鞠躬尽瘁的精神和心无旁骛的情怀。何为纯粹？《易·乾》云："大哉乾乎，刚健中正，纯粹精也。"即"纯粹不杂"之意。罗桂生先生就是以他"精纯不杂"精神行走在教育与道德的旅途。

纯粹教育心理的修养

罗桂生先生长期从事教育工作，不管是教小学、初中，还是教高中、教师，不管是在条件艰苦的农村任教，还是在灯红酒绿的县城工作，抑或令人欣羡的党政部门履职，都与教育结下了不解之缘，并且干一行爱一行，教一行精一行，把自己的全部心身投入其中，耐得住清闲，经得起诱惑，诚如他在《爱学习，多读点书》中所说："我爱学习，爱工作，爱研究，把别人玩扑克，搓麻将，进舞厅、搞第二职业所花的时间和精力都用在学习、工作和研究上了。"他对物质的要求清心寡欲，然对事业的投入和精神的追求则是孜孜不倦。在初入教坛任民办教师的艰难环境里，他"忘我工作，有时只回家吃一餐饭，工作 12～16 小时"，并且"形成了一种生活规律"，乐在其中。为公田学校的教学质量首次排名全乡第一，并成为县先进单位，立下了汗马功劳，崭露头角就立功受奖。1986 年他调到邵东七中，不久担任校长兼书记,从一位普通的老师、干部,华丽转身为校长、书记,角色变了,地位变了,但他很清醒,告诫自己"领导要像领导的样子",为了防止自己滥用职权,在自己办公室墙上贴出"请客不去,送礼不要,便宜不占,私利不谋,宗派不拉,法纪不犯,特殊不搞,奉承不听"的告示。这既宣示了自己以身立教的决心,又向全校员工提出了为人师表的要求。1995年下学期,组织调他到县教师进修学校工作,先是任书记,第二年3月,随着曾靖民老校长退休,他又是校长、书记一肩挑。从相对蔽塞的农村来到了相对开放的县城,从教学、管理一所普通高中到教学、管理一所以培训在职教师为主且面向社会招生的综合性成人学校,对任何人来说都是一次工作和心理的考验。他谦虚谨慎,处处以自己的廉洁自律、敬业好学示范、感染教职员工。每次周会前十分钟,都要交流他的《周前寄语》。他撰写的《周前寄语》不是工作安排,多为对教师职业修养的体会。读读他的这些"寄语",在赞叹罗校长涵虚的胸襟和悠远的境界的同时,仿佛又在接受春雨滋润般的精神洗礼和灵魂净化。这就是不忘初心的纯粹教育心理修养的魅力。

纯粹教育生态的建设

在40多年的教育生涯中,他所从事的教育门类是多样的,接受教育的对象是复杂的。但是,不管是何种教育,他都十分注重纯粹教育生态的建设,为不同对象的教育者和受教育者提供健康的教育环境。在乡政府担任乡农民教育专干兼文化辅导员时,驻村蹲点,他提出每年"三个百"的要求,即蹲点劳动100天,下乡住宿100晚,参加村组会议、指导检查不少于100场次。并且身体力行。"红薯、稀饭、杂粮,有吃就行;晚上睡也随便,有地方睡就行。"深入群众,贴近农民,深受欢迎。他开展扫除青壮年文盲活动,开办幼儿园,办示范性夜校,组建示范性俱乐部和文艺宣传队,还要参加和领导农村中心工作,双枪季节组织农民开展劳动竞赛等等。

罗校长长期担任学校行政领导。校长是一校之魂,在学校生存与发展的整个过程中处于首要地位。一个好校长,就带领出一批好教师,就能办出一所好学校。他先后担任邵东七中和邵东县教师进修学校书记和校长,他为人正派,于上,不趋炎附势,拍马逢迎;于下,不指脚划手,高高在上;而是与师生打成一片,构建和谐的教书育人氛围。在七中期间,他经过探索和实践，创建了"一二三系统工程"管理模式和"m工作法"管理方法。不负使命，七中近十年，学校风清气正，学校特色日趋彰显，教学质量稳步攀升，1991年全县教学质量评估排名高中组第三，除重点中学一、三中外，居全县普通高中之首。他本人也荣获了国家教育部、人事部授予的"全国优秀教师"称号。1995年8月，罗校长调入县教师进修学校。教师进修学校，是一所以师训为主的综合性成人学校，不像普通高中单纯，既有全县教师、校长的各类继续教育，又有与高等院校联办的中师、专科、本科的学历教育。面对较为陌生而复杂的工作，罗校长善于思考，勇于探索，勤于实践，迅速进入了领导与教师角色。创造性地提出建设"一二三四五系统工程"（详见著作相关内容）的工作思路，并在主持学校工作期间不懈坚持和不断完善，实现了校长工作由经验管理向科学管理的转变。在罗校长的出色领导下，班子成员"智出一班，令出一人，戏唱一台"，创建了"思想同心，目标同向，工作同步"的良好工作环境，打造出了一支"政治强、业务精、作风硬、工作实"的教师队伍。在全校师生的共同努力下，邵东县教师进修学校坚持走"师范性，研究型，现代化"的特色办学道路，取得了享誉三湘的出色成果。1996年邵阳市小学教师基本功训练现场会在邵东召开，1997年10月，湖南省小学教师继续教育教学研讨会在我县召开。学校取得的优异成绩和他本人出色工作，均得到了省教育厅、省师资培训中心领导和与会人员的一致肯定和赞扬。为学校后来跻身湖南省第一批示范性县级教师培训机构奠定了良好的基础。

纯粹教育科学的研究

社会在发展，教育在改革。教育是科学，教育改革必须在探索中前行，在研究中扬弃，在实践中发展。罗校长博览群书，博采众长，善于思考，敏于接受新生事物和国内外教育改革的成果，同时善于将先进的理论与本校、本县的实际结合起来，创造出既接"天气"，又通"地气"的理论体系。他的"一二三四五"系统工程，就是探索"系统论"和"特色论"如何与具体工作相结合的结晶。在主持县教师进修学校工作期间，他倡导全体教师重视教育科研，并示范引领。一时间，有8个课题齐头并进，人人有课题，个个写文章，科研之风蔚然。他还尽力为大家开辟发表的园地，搭建展现的舞台。

由于他在教育教学研究上硕果累累，被选为湖南省教师进修学校校长协作会副理事长，晋升为湖南省中学特级教师。

2002年，因年龄关系他退出了领导岗位，专门从事教育科研。不久退休，后任的几任校长，仍然返聘他主持学校科研工作。

在上世纪九十年代末开始，他遭遇了常人难以承受的家庭变故：先是儿子患尿毒症，经两次换肾，现在仍未康复；接着妻子患癌症，加上自己患帕金森病。他没有被经济压力、精神压力、身体压力"三座大山"压倒，勇敢地与命运与病魔作斗争，毅然挑起了学校教育科研的重担。主持或指导的多个国家级、省级课题均在结题时获得一等奖，在省内外产生了良好的影响。他还多次带着他的研究成果代表学校参加国内、国际性的会议，并在会议上发言，使得邵东县中小学教师培训的经验走出湖南，走向全国，走向世界。

罗桂生先生何以能在漫长的教育生涯中矢志不移，何以能在物欲横流中出污泥而不染，何以能在艰难的境遇中坚强淡定，我想答案只有一个——他炽爱教育，是一个心无杂念的纯粹的教育工作者！

罗校长揣着这本厚重的凝聚着他智慧和心血的著作，嘱我为之序，不敢承担，又不能推卸，权当一篇尚未透彻阅读的读后感，以表敬意！

目　　录

第一卷　往事回忆

第二卷　论文精选

第三卷　新闻通讯

第四卷　科研讲座

第五卷　人生感悟

第一卷　往事回忆

"浮生聚散云相似，往事冥微梦一般。"一句名言道出了人生真谛。回忆起自己走过的岁月，似过眼烟云；艰苦的童年生活，曲折的求学经历，探索的教育生涯，以艰苦、曲折、探索的精神去追求快乐的人生，如美梦一场。有些往事，回忆与事实不完全相符，也是有的。

开头的话

2010 年，在邵东诗词协会成立 20 周年庆典大会上，诗词协会会长张维德热忱赞扬了邵东人的骄傲。诗协会员 200 多人，编辑会刊 20 多辑，80 多个会员出版了自己的诗词专著，反映了现实生活，充满了时代气息，实现了政治内容和艺术形式的完美统一，为人民群众所喜爱，得到了社会的称赞和专家的好评。为宣传党的路线、方针、政策，弘扬祖国传统文化，促进社会主义精神文明建设做出了贡献，动员每一个诗词协会的会员书写自己的篇章。在讨论会上，副会长朱亮辉，荣誉会长陈华民，会长张维德，他们先后都对我说："老罗，你也有自己的骄傲，会写文章，也在学写诗，现在少为学校操劳了，空余时间静下心来写自己，回忆自己宝贵的一生。"我说："中国的教育，现在是'三新鼎立'的时代，上海叶澜的新基础教育，教育部的新课程改革，浙江朱永新的新教育，全国著名的教育家朱永新曾风趣地说：'写了一本书，印刷了 3000 册，送出去 1000 册，还有 2000 册关在办公室！'我算什么，写本书有谁看？"心中没有写书的念头。

几年前，我的堂侄罗建华，大学教授，在陕西渭南从事教育工作。小孩和儿媳都是博士生，他回家为母亲 80 岁高龄祝寿，在寿宴上慎重其事地走到我面前，彬彬有礼地对我说："叔叔，你现在退休了，有时间，好好地回忆一下自己的一生，写个自传，做纪念品，留给后人看，让你的为人处世，成功业绩，成为后人的借鉴。"我没有作出肯定的答复，只是说了一句："让我思考这个问题。"以后，他每次从陕西回来，都要过问这件事，我迟迟没有动笔，真是问心有愧。

又过了好几年，我女儿也对我说："爸爸，你不要打工了，建哥哥要你写自传，好得很，我给你出资，你现在还迟疑什么？你的童年、你的求学、你的为人处世、你的教育生涯、你的成功事业，都值得纪念，值得留念，把自己的一生回忆一下写成书，留给后人，何等光彩！"女儿的这番话又一次打动了我的心，我再三思考，奋斗一生，没有什么宝贵的东西可以传给后人，过去有"五子登科"的说法，我奋斗一生，既无票子，又无房子，更无车子；有一个得尿毒症的儿子，有一个得癌症的妻子，还是一个得帕金森的老子，三无加三有，共六子登科，以讽刺自己。根据同事、亲朋好友、儿女的一致要求，下定决心，收集自己一生学习、工作和生活所积累的文字资料，精选一些有价值的文字，分门别类，汇编成册，出一本书。

一、回顾自己苦难的童年生活，曲折的求学经历，探索的教育生涯，快乐的人生追求，形成《往事回忆》卷。

二、将自己在县、市、省、国家获奖，执笔公开发表的论文收集起来，精选一部分形成《论文精选》卷。

三、将自己在刊物上报道过的优秀人物、先进单位的典型事迹收集起来，形成《新闻通讯》卷。

四、将自己从事教育科研，培训新教师、中小学骨干教师、中小学校长的讲座，形

成《科研讲座》卷。

五、将自己在学习、工作和研究中写出的感恩杂文、抗帕心语、周前寄语、古风今韵、读书随笔等文章诗词，形成《人生感悟》卷。

由《往事回忆》、《论文精选》、《新闻通讯》、《科研讲座》和《人生感悟》等，汇编成一个集子叫《探索的教育生涯》，正式出版，献给教育工作者，家族亲友，请读者多加批评指导。

一　苦难的童年生活

绳其祖武唯耕读，贻厥孙谋在俭勤

人生几何？有一首顺口溜描述得很生动："人生追求什么？0 岁正当出场，10 岁苦壮成长，20 岁追求理想，30 岁立志选行，40 岁拼命一场，50 岁回头望望，60 岁告老还乡，70 岁搓搓麻将，80 岁晒晒太阳，90 岁躺在床上，100 岁挂在墙上，健康地活出人样！"我的童年怎么出场，艰苦成长；青年怎么追求，实现理想；中年怎么拼命，大干一场；老年怎么不服老，活出人样。明白自己的人生轨迹，首先必须追问我们的上代祖宗怎样？一个人的一生是怎么度过的？一方面是后天的环境和教育，另一方面是先天的遗传因素，所谓种瓜得瓜，种豆得豆，豆不会变成瓜，瓜也不能变成豆，我是豆是瓜，都是祖上的馈赠。

我是六也堂人

六也堂，原坐落在邵东县石株桥乡界岭冲连兴村西竹林冲口，是我爷爷、奶奶建起来的。爷爷咸若公生于清道光三十年，殁于民国八年，奶奶生于清咸丰十年，殁于民国二十七年。爷爷奶奶我都没见过，听父亲说："爷爷一会读书，还当过几年私塾先生。二会耕作，是个老实农民，在地方名声远扬。"生有五男一女，在我的记忆中，上个世纪50 年代初，六伯伯（亲堂弟兄排名，下同），罗中立，是四口之家；八伯伯，号高朴，是 7 口之家；九伯伯，号化南，是 8 口之家；我父亲，号步清，是 6 口之家；还有个十伯伯，是个单身汉；一女嫁贺家冲贺光容为妻，是六口之家；一个大家庭合起来共计 32人，兄弟姊妹团结和睦，真是光宗耀祖，一代世家。

提起六也堂，远近闻名。只要说"我是六也堂人"，没有不佩服的。是爷爷奶奶的艰苦创业，从同乐坪龙知堂迁居界岭冲西竹林冲口，将四间茅屋拆掉，建起一正两层三横共 11 间的土砖瓦房，在当时是很有气魄的一座院子，座北朝南，屋后是一座弓箭形的山弯，山中松竹并茂，屋前有一口水塘，塘前是一个近十亩宽的小田圫，界岭冲和西竹林两条小河在这里相汇，相汇处还有一个四季长青的金堆，众人称这座院子是"双龙戏珠"的风水宝地，取名为"六也堂"。何为六也？原出于《四书》的《中庸》篇，即"高也、明也、博也、厚也、悠也、久也"，"高明配天，博厚配地，悠久无疆"。愿六也堂人有高明的智慧，博厚的知识，悠久的人生与天地长存，以此教育后代谋求天时地利人和，富贵荣华，作为六也堂人的我，为有这样的爷爷奶奶感到无比骄傲。

父亲堂前教子

我父亲，公田罗氏18世孙，辈名高柿，字剑锋，号步清，亲堂弟兄中排名12，年龄最小的，小名称"十二"，缝过衣服，尊称"步清晚爷"，俗称"晚裁缝"。生清光绪25年（1899年）已亥11月11日午时，殁于1973年8月2日己时，享年74岁。母亲，铁塘罗，光南公女，罗四秀，生清光绪31年（1905年）已巳3月18日亥时，殁于1968年戊申7月16日申时，享年65岁，尊称"步清晚娘"，俗称"憒婆"。

父亲从小聪慧，仅读两年私塾就废了学，但《百家姓》、《三字经》，《幼学琼林》，他倒背如流，《大学》、《中庸》、《论语》、《孟子》，也说得头头是道。年轻的时候，跟着4位兄长打柴、挑脚、榨油、做针线，作佃田糊口，在外面吃过多少次"关羊"的苦头，而立之年还是光棍一根，近40岁才与铁塘罗氏光南公女罗四秀结为夫妻，慈母智力低下，什么都不懂，育儿持家不是里手，更难应付世事；里里外外一把手，全靠父亲操办，他的言传身教，让我佩服不已。我曾记得，从懂事的时候开始，父亲经常把我叫到堂前，指着神龛上的堂名和对联，对我们说："你们是六也堂的子孙，每一个都要按'六也'要求做人，'高也，明也，博也，厚也，悠也，久也'，要有高明的智慧，博厚的知识，创造悠久的人生。"又指着两边的对联说："'绳其祖武唯耕读，贻厥孙谋在俭勤。'六也堂的每一个要有出头之日，只有落实'耕读俭勤'四个字，唯耕唯读，克俭克勤。"父亲那种勤劳俭朴，艰苦创业的精神，和谐可亲的性格，为人处世的教诲，让我终生难忘。他读书不多，却精通《四书五经》等国学文化，记得我在孩提时代，要我烧火做饭，屋里浓烟滚滚，他说："火要空心，人要忠心"。事后，我照着他的方法烧火，火大而无烟，照着他的方法做人，很讨人喜欢；他千方百计送我们读书，还像老师一样教导我们孝亲睦邻、处朋交友、当家理财，做人为官的道理。经常对我说："羊有跪乳之恩，鸦有反哺之义。"以此告诫我们孝顺父母。"一回相见一回老，难得几时为兄弟。"以此祝福我们兄友弟恭。"在家不会迎宾客，出外方知少主人。"以此规劝我们礼貌待客，结交知己。"人有善愿，天必佑之，从俭入奢易，从奢返俭难。"以此告诫我们人贵有志，持家理财，合理开销。"为善最乐，作恶难逃。"以此指导我们多做好事、善事，恶事不为。一位普通农民的为人处世，教育了我们当代儿孙，想起这些称佩得五体投地。

父亲劳苦一生，母亲除了吃饭，生孩子，其他什么事都不能干，带孩子有外婆帮助，共生有四男：署生、德生、桂生、冬生，二女，姐妹先后都夭折。兄弟四人，署生，德生，我的两位哥哥，像母亲一样智力低下，不懂得为人处世，只会吃饭，干点粗活，如砍柴、挖土等，其他什么事都不会，我和弟弟冬生，像父亲一样智力偏高，走"耕读俭勤"之路，在社会上创造了不同的业绩。冬生，高小毕业，当过十几年大队会计，做过多年村党支部书记工作，爱人罗桂香，聪明能干，夫妻团结和睦，对下一代教育有方：

志雄务工务农，样样是能手，妻子春花打工赚钱是一把好手；志阳大学毕业，邵东三中物理教师，还是一位好班主任，名声在外，妻子敬晖晖，在县政府工作，正科级女干部，更是女强人。

俗话说："家搬三到穷"。我家从1959年到1968年，10年搬了三次家，1959年，因修同乐坪中型水库，六也堂整个屋场被水淹没了。1960年从西竹林冲口搬到冲尾，吃大锅饭，刮共产风，家庭变得一无所有。1963年，又从冲尾搬到冲口，花两三年功夫，在原六也堂山坡上建立起新六也堂，没住几年。1968年因兴修水利工程，落实政策，又动员六也堂人移居三星、公田、花园三个村，我家又从山冲搬迁到公田村，父亲已70高龄，劳苦一生，一年难得吃上几顿饱饭，一年很少穿上一件新衣服，一世没有过上一天安稳、舒适、幸福的日子，为儿孙读书、成家立业付出了自己的一生，儿孙却没有回报他的养育之恩，继承父亲艰苦奋斗，与人为善的传统美德，耕读创业，勤俭持家的家族精神，愿当代儿孙，众志成城，开创21世纪的美好未来。

在外婆身边成长

眼观当今儿童的成长，不仅穿上漂亮的衣服，吃上母乳和鲜美的鱼肉，住上华丽的房子，上学有祖父母，或父母的送读，白天黑夜玩手机上网，玩电脑游戏，走路上厕所时也不放过，电视电影也不想看。有慈爱的祖母、母亲的抚养，有和谐的父亲的教导，真的称得上是"天之骄子"，真的幸福快乐！我的童年是在艰难痛苦中闯荡出来的。

我外公是铁塘罗，号光南，外婆同龄人称呼"光南三娘"或"南三娘"，家住石株桥乡永远村高尔岭大院子里。我母亲是我外婆唯一的女儿。外公光南30多岁就离开了人世，外婆自主守节，单身生活近40年。1960年去世，享年88岁，她也有一本辛酸的苦难史。年轻时下地干农活，精耕细作，维持生计；年老了，将几亩小土地出租，抽时间来女婿家带外孙。

听外婆说，我出生就在她身边。民国31年（1942）8月16日，中秋节过后，母亲快要生小孩，早晨就睡在床上，外婆就在她身边做准备，在厨房烧水做饭，准备小孩穿的衣服，接生用的剪子、尿布，母亲摸着肚子，疼痛难忍，只是一声声"哎哟，哎哟!"喊过不停。中午时分，我哇哇落地出生了，外婆拿着剪子，把我们母子俩相依为命的脐带剪成两段。外婆高兴极了，又是个男孩，连忙帮我洗完澡，穿上衣服，就安稳地睡在母亲身边。爸爸回来也十分高兴地说："八月为桂，八月桂花香，就是桂生，成为贵人。"由于生活艰难，母亲身体虚弱，乳奶不足，我很少吃母亲的奶，常常摸着母亲的乳头，哭个不停。外婆天天作稀饭，常常喂我，拍着我的屁股："宝宝，宝宝，莫哭，莫哭，桂贵听话，今后有福!"我的吃喝拉撒，玩和睡都是外婆管教，不到一岁就学会了走路，学会喊外婆，爸爸，妈妈，署哥，德哥……由于母亲身体虚弱，容易感冒，外婆整整带我三年，从来没有找过医师看病，她老人家到处寻找草药，烧水给我喝，过一两天，身体就舒服了。

六七岁的时候，家境更困难。生活在穷山沟里，只有一片茶山，几分薄土，靠父亲作两亩佃田过日子，吃的问题大，两个哥哥都十多岁了，能吃不能做，又生了个小弟弟冬生，山冲里人红薯半年粮，只有吃红薯才能饱肚子，吃米饭的那一餐，父亲把饭分成六、七份，每人一份，只有重大节日的那一餐，可以吃饱，平常过日子，家里喂有猪，塘里放有鱼，但一个月吃不到一块肉，一条鱼。还有一件有趣的事，西竹林冲尾有个寺庙，寺庙前一棵大桑叶树，我心里想，蚕可以吃桑叶，那人也可以吃，我便送进嘴里，吃生的，味道可以，我便摘一棍大的回去给父亲，父亲把它砍碎，做成巴巴，蒸熟吃，大家都感觉好吃。一棵桑叶树，几百斤桑叶，就让我一家人充饥，全部吃了。穿的问题更大，穿的都是旧衣服，大哥穿爸爸的，二哥穿大哥的，我穿二哥的，我满 10 岁那年，向爸爸要件新衣服穿，他为我做了一件新棉衣，我不准其他人穿。小了就改大一点，从 10 岁穿到 18 岁。冬天来了，我只有一件衬衫，两件单衣，两条单裤，都穿在身上，里外轮流转，没有换替的。所以，衬衫里、裤裆里、头发里都生虱子，一身痒痒的很难受，现在想起童年的生活，感情一冲动，眼泪双流。

二　曲折的求学经历

只要功夫深，铁杵磨成针

开蒙读"三字经"和进小学

从八岁到十四岁，是我的童年学习期。大哥署生在七八岁的时候，父亲教他读《三字经》，他只会读和背，不会认和写，他对《三字经》像顺口溜似的，倒背如流，但把字写到另一边时，他就不认识了，这就是智力低下的表现。我八岁那年跟着大哥读《三字经》。晚上爸爸教我认字，还给我解释，增加记忆，我不但会背《三字经》，还能把《三字经》写出来。《三字经》把中国历史简略的叙述了一遍，父亲的管教让我学到了很多知识，父子关系变成师生关系，我的家成了一所特殊的私塾学校，一个特殊的课堂。我还读了《百家姓》，四个字一句编起来的，我先读后背再写，现在回忆起来当时那种死记硬背的学习方法，觉得好笑，还读了《千家诗》，长短共 170 首都是七言诗，有七律和七绝之分，还自学了《幼学琼林》。从那时起，我就立志发奋读书，十岁那年，我进界岭学校就读小学，老师要我从一年级读起，我就把《三字经》读给她听，还写了几句给她看，老师感到很惊喜，同意我读三年级，四年级读完就初小毕业了，我对爸爸说："我要到外婆身边去读高小！"父亲答应了我的请求，住在高尔岭外婆家，进铁塘学校读高小，还结识了罗四喜、罗春根几位要好的朋友。六年一期结束后，我和外婆回到父亲身边过春节，身体感冒了，读书用眼过度，染上眼病，除夕之夜，痛的死去活来，第二天双目失明了，怎么办？我要爸爸带我去找医师治疗，他说："今天是春节，大家热热闹闹，欢欢喜喜拜年问好，你去找他看病，兆头不好，也不礼貌！"后来在同乐坪著名的中医大夫罗镇南手里开处方、服中药、贴眼膏。十天之后，重见光明，服药两个月，眼病痊愈，又回到外婆身边，进铁塘学校读书。但是学校不同意接收，幸亏贺见龙老师知道我读书努力，接受能力强，出于同情心，破例接收了我，直到高小毕业，那时初中招生的比例不高，我读《三字经》打下基础，小学只读四年，眼睛一次失明影响了学业，没有参加升初中的考试。回到家里，父亲考验我："桂生，没考上初中，就别读书了，跟着我种地糊口！"我回答："书一定要读，我自己糊口也要读！"便下定决心，星期日跟大哥二哥一样，砍柴、割牛草，到祁东黄土铺去卖，在黄土铺学校插班补习一期考初中。父亲答应我的要求到祁东县考初中，1957年我以数学满分的成绩考取了祁东一中，那时刚十四岁，考上初中，就结束了我苦难的童年生活。

初中三年埋头读书

以数学满分的成绩考取祁东一中，我喜在眉头笑在心，回家第一个告诉外婆，外婆对我说："好贵桂，数学得满分，只要功夫深，铁杵磨成针，你只要发奋学习，今后大有出息，外婆就沾光了！"第二个就告诉爸爸："祁东一中录取我了，下期有初中读了！"父亲喜出望外，严肃地对我说："读小学，在外婆身边，听外婆的话；读初中了，在学校要听老师的话，刻苦学习，吃得苦中苦，方为人上人，全家的希望就寄托在你和弟弟身上！"开学前，父亲为我做好了上学的准备工作，买了一套文具，有毛笔、钢笔、墨汁、记录本，为避免生虱子，增加了三套旧衣服，换替用的，缝补了一床旧被子，脸盆、杯子、牙刷、牙膏，样样齐备。父亲还告诉我："祁东一中在县城洪桥，来回有两种走法，走大道，先步行到黄土铺再搭汽车到白地市，白地市坐火车到洪桥大约100里路；走小道，从桃木年冲翻过一座山到马渡桥，过白地市到洪桥才六十里。"第一学期开学时，父亲帮我挑着行李走小路，步行到学校报名。我读三年初中，每期上学、放假都是步行走小路。我向父亲保证过："一定要把书读好，还要一边读书一边糊口。"我把读书放在第一位，怎么样才能把书读好，我不断摸索了三条经验：第一，早起晚睡。坚持早晨五点起床，夏天还提前半个时候，每天如此，月月如此，年年如此，轻手轻脚地穿衣服，不影响任何同学，更不影响老师，也不让一个师生知道，起床后，来到餐厅前面，有一盏明亮的路灯，在屋檐底下蹲着看书做作业，一三五早晨读语史地，二四六早晨读数理化，星期天总复习。清晨起床，头脑清醒，读起书来容易理解，能迅速记忆，比别人多学一两个小时。晚睡，从不违背作息时间，准时躺在床上，闭着眼睛回忆当天的课程，思考几个问题，每晚不少于一个小时。早起晚睡，每天读书十二三个小时，既有利于读书，又培养了自己坚强的意志，习惯成自然，成为很有规律的一种读书生活。第二，有问必答。上课专心听老师讲课，从不开小差，东张西望，随意走动，喜欢举手大胆地回答老师提出的问题，答对了就说声："谢谢老师！"有时答的不对，就说声："对不起，让我再思考一下！""我错了，请老师指导！"给课堂增添了活跃气氛，疑难问题课后解决，及时拜访老师个别指导，各学科的老师都称赞我这种认真学习的态度，听了老师的次次表扬，读书的劲头更足，思路更清楚，方法更灵活。第三，读书随笔。我各门学科都喜欢，没有偏科，如何提高学习水平，除了早起晚睡、有问必答，就是做读书笔记，开始我每科一个笔记本，用自己的语言概括知识、要点、或内容提要，加上自己的心得体会。每天早晚温习的时候先默念一遍，然后把几个本子摊开对照记录，自言自语，查漏补缺。

后来我又改为每天拿一个本子，把各科的重点难点关键问题，注意事项写在一起，早晚重温各门功课，这样方便多了。我读初中，最深刻的就是这么十二个字："早起晚睡，有问必答，读书随笔"，这个习惯延续到读高中、参加工作，直至今天七十有五了，还不减当年的学习、工作和生活。

边读书，边糊口，怎么样？我实话实说，读初中第二个学期，父亲只给我三十元钱上学，其余的自己想办法解决。我到处寻找勤工俭学的地方，最后找到了洪桥火车站旁边，有一个大的储藏麦秆的大仓库，麦秆是造纸的原材料，麦秆，晴天要晒，阴雨天要收，还要打扫卫生，我就向厂里负责人报了名，试用几天后，管理员对我说："我们对你的看法很好，做事踏实，手脚又快，不偷懒，临时工就要选你这样的小伙子，有空就来，按小时计酬，一毛钱一个小时！"我听管理员的，并向他们保证：每个寒假工作十天以上，暑假二十天以上，星期日天天都来，来了就扎扎实实的工作。每个学期可以挣得二十多元钱，作为读书的生活费、零花钱，减轻了家庭的负担。我家境贫寒，一边读书一边打工，这种勤工俭学的精神，引起了学校师生的重视。有一个学期，一位无名氏给我交了学杂费、生活费。

在老师的肯定和鼓励下，我读书的劲头更足，方法更灵活，效果更好。那时读书，很少月考，只有半期小考，一期大考，一年终考，以年度成绩作为发奖学金、决定班级升降的唯一标准。我第一学期，在全校近300名学生中，排在前40名；第二学年排在前10名，获三等奖学金，奖金五元；第三学年排在前四名，获二等奖，奖金10元。

还有一件更大的喜事，让我兴奋不已。原来祁东一中只有初中，没有办高中。学校通报1960年下期准备试办高中，招收100名学生，一个俄语班，一个英语班，欢迎全县初中毕业生报考。我请假到家报告父亲这个信息，父亲低着头思考这个问题。我心里也在想，国家正是困难时期，自己家一贫如洗，住房修水库淹没了，德生哥因患水肿病英年早逝，署生哥也重病缠身，年过六十的父亲，希望我回去支撑这个家。父子心心相印，父亲犯难，我也在犯难之中，我带着问题回到学校。初中毕业前夕，学校在毕业生中宣布一批免试进高中的名单，我的名字排在最前面。"初中圆满毕业，高中免试入学。"听到这一消息，从来没有这样高兴过，几个小时热泪满面。

眼睛第二次失明

我手捧初中毕业证，高中免试入学通知书，把一证一书交给父亲看，父亲十分惊喜，就马上把外婆接到家里，召开家庭会议。父亲还向村民表态："桂生初中毕业，免试读高中，六也堂第一人，西竹林冲也是第一人，家庭再困难，也要想办法送他读高中！"我向父亲许下诺言："读高中也一样，一边读书，一边打工，也弄点钱做生活费，莫让家里人操心。"父亲亲手为我制作一套新衣服，买了一个行李箱，一把雨伞。外婆给我三双新鞋：一双雨鞋，一双布鞋，一双拖鞋。我向家人表态：我是六也堂人，绝不辜负前辈的教导，把书读好。开学日期一到，我带着新的理想、新的信念，穿上新的衣服、新的鞋袜，走进祁东一中，成为高中一班的学生。班主任张老师对我很了解，在他的指导下，把我推选为高一班班长，步云桥的刘运仲为团支部书记。我们两个结为最好的朋友，决

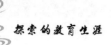

心在学好各门功课的基础上，努力工作，相互配合，组织好两套班子，把班级工作、团支部工作共同抓好，在学校创造先进班集体。因为心情好，学习、工作和生活都很顺利，日子过得真快，一个学期不知不觉就结束了。

放寒假回到家里，照样坚持看书，读俄语、记单词、研读古文。用眼过度，突然眼红发烧，身体比较虚弱，和四年前一样，几天功夫，眼睛通红，双目失明了。马上找到治疗第一次失明的那位医师，治疗十来天却不见效果。医师恳切地说："我没办法了，你去衡阳、长沙大医院去诊断治疗！"我对父亲说："去大医院治疗，家里没钱，不能去，我在黄土铺读书时，听说有个很有水平的专科医师。"我在父亲的陪同下，在黄土铺石停子找到了邹医师，他有"邹半仙"之称，在中医世家里，设家庭病床，治疗两个月，眼睛再一次明亮起来（右眼0.4，左眼0.8），可以继续学习、干事、生活了！

新学期开学时我的眼睛还未见光明怎么办？当时没有手机，也没有电话，通讯很不方便，我要父亲请人帮我写封信给班里团支部书记刘运仲，告诉他："我眼睛失明了，无钱医治，无法上学！"刘运仲在班上通报了这件事，还提议同学们自愿捐款资助，同学们凑了268元现金，由刘运仲等三位同学来到我家慰问，他对我说："把眼睛治好要紧，不要考虑其它的，明年读一年级进高三班也行！"刘运仲同学永远在我的记忆中。

家庭条件决定我不能再读书了。一个学期过去了三个月，跟班学习困难，眼睛还要进一步治疗，家里大哥有病在身，母亲也有病在身，冬生年少。父亲愁眉苦脸过日子，便轻言细语地对我说："桂生别读书了，只有你来挑起家里这副重担！"父子心心相印，我也沉重地再三思考，书没有办法再读下去了，在家务农。

农村三年熬炼

初中毕业免试进高中，快快乐乐读一期书，因身体虚弱、眼睛第二次失明，又加上家里的不幸，对当时的大队干部表态，决心在家务农。中途失学，大队干部、亲戚朋友都表以同情心："没办法，苦命的孩子！"

务农干什么，出工莫事做。我父亲做过茶油生意，我曾经帮父亲榨过油，我发现各条冲，茶林是主要的，茶油是植物油，胜过猪油，很有发展潜力。我向大队书记李青连、大队长罗平宽提议：村上要重视茶林的开发，现在茶林杂木冲天，杂草丛生，几乎和荒山相似，要集中力量，动员全大队社员起来开垦茶林。大队书记、大队长都意识到，这是发展生产的好主张，我找准了这件事，就和父亲、大哥、小弟四人，天天刨茶山，除掉一切杂树、柴草、挖松茶林。两年下来，西竹林冲里上下两百亩茶林，我们父子四人开垦了近100亩。除此之外，我还学会了作田，从小读书，干农活比较生疏。现在成了农民，不会的就拜师傅，跟着熟悉农活的社员学。六也堂的堂哥们松林、连二、连三、连晚，对门的吟楼、梅贤，还有小学同学的开元、松青，虚心向他们学习、学习、再学习。学会了犁田、耙田、插秧、中耕除草、踩打谷机、收获、选种，样样自己干，也学会了作种地，栽红薯、栽黄花、种蔬菜，样样都学会干。红薯半年粮，每年可挖30多担，在屋后山坡下挖一个装红薯的地窖，四米多深，我家红薯不是吃半年，还要吃上八个月。

还经常去黄土铺赶集。界岭冲是通往祁东的要道，过了界岭冲就是黄土铺，是一个大市场。我家到黄土铺只有八公里，我读小学时就打柴、割牛草到黄土铺去卖，弄点生活费。没干农活时，逢一、四、七就赶集，卖柴，卖牛草，卖多余的农产品，做茶油生意，以维持家庭里的清淡生活。

务农三年，学会了开垦茶林、耕田、种地，经营家庭生活，也懂得了农村的落后，当农民的艰辛，还有人际关系、干群关系的复杂，有几件事让我想起痛心，至今还想不通、解不开，留下阴影。

第一件事，刮共产风。大队干部贪污房产赔款，1958年大跃进，组织人民公社，办公共食堂，吃大锅饭，"明天共产主义就来到了"。57年至59年，政府加修同乐坪中型水库，六也堂一座大院子全部被水淹没，政府来不及搞移民，淹没的房屋由政府赔款，放在大队干部手里。大队干部把钱数给我父亲看一眼，就收回去了，表态：这钱你不能用，大队帮你存入农村信用社，以后修房子时再取。大锅饭吃到59年，60年食堂下放，我们六也堂人仍旧回到西竹林冲口，重组西下小队，我们亲堂兄弟，准备建立新的六也堂。我父亲年老健忘，不记得是谁将赔款数给他看的，向大队干部要赔款时，个个说："我不清楚这件事。"三间住房的政府赔款，就这样被大队干部占有了，共产风就是这样刮的。

第二件事，欺人太甚。大队干部偷伐建房木材料，我和连二、连晚、松林四亲堂兄弟准备建新六也堂。1961年，连二和松林两兄弟建起一正两层五间住房，1962年连晚在南端建起一横三间住房，第三年，我家准备在北端也建一横两层三间住房。新六也堂规划建房前，经大队干部同意，我在西竹林冲尾山中间砍十棵松树，做建筑材料，准备请木匠师傅来制作。因为我家里穷，母亲又不晓得做菜，匠人有生意做，迟迟不肯来我家做，他们没事做了才上我家的门，等了一个月，我和师傅上山后，砍倒的松树都不见了，怎么办？我及时找大队书记、大队长、民兵营长反映情况，他们说："那有什么办法，山中间没有了，你到山顶上再砍！"我说："这是谁干的？"他们说："不清楚！"其实就是他们内部干的，我只得从头再来，这实在是欺人太甚！

第三件事，农村落后。我要建三间住房，买材料、买砖瓦没有钱，山沟里买现成的也不容易，挑运就很困难。材料自己去山冲里砍，请匠人做，土砖自己在田里放，瓦自己在田里做，造土窑烧，谈何容易！我和父亲、大哥、小弟做了三年准备，最后在一个月里，请几个匠人，几个小工，完成了三间土砖瓦房的建筑任务。务农三年，也是对我的一种试炼和熬炼。我在各个方面表现也还可以，敢于向大队提出自己的科学建议，虚心向老农学习，学会了各种农活，时时、处处、项项求上进，我应该是个有为的人。但是三年之内，大队领导没有看起这个人，小队也没有看中这个人，农村还是农村，那个时候，说"农村落后"，这是真实的。面对共产风、欺人太甚、农村落后的现实，我又产生了去读高中的念头，追求新的人生。

重返高中校园

务农三年，我向父亲提出重返高中校园，父亲生疑地设问："你已经是二十岁的大龄

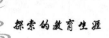

青年了，还去读高中，学校会接收你吗?"原来那班高一同学都毕业了，有的上大学去了，还认识几个老师，能否顺利地办好入学手续？我也没有十分的把握，但是我肯定要去。我来到祁东一中，找到了我熟悉的教导主任邹富生老师，他对我追求上进的心表示同情，并陪我去找校长，校长还是教过我历史课的刘集凤，刘校长听了我的来意后，点头认可："三年前，他是我认定的免试进高一班的优等生，因病失学三年，同意进高八班继续深造，还可以当带头人……"刘校长的一番话让我真高兴，也感动了邹富生老师。父亲说我是大龄青年了，我在填写入学申请表时，邹老师用笔画了一下，将2改成了5，我1942年生改成1945年生，邹老师的这一主动让我小了三岁，和高八班是同龄青年，又让我高兴一阵，直到退休的年龄，还少三岁，现在看脸色没有人产生过怀疑，我对邹老师感激不尽。回忆重返高中校园的往事，特别有意义的人和事还有很多。

我的人生楷模，祁东一中校长刘集凤。我读初中、进高中，都是他上我的历史课，我免试进高中，失学三年又重返校园，也是他审批过的，他的每一堂历史课都上得生动有趣，很有启发性、故事性，教学效果最佳。他的校长工作兢兢业业，诚诚恳恳，有口皆碑，人人称赞，他的思想境界，正如毛泽东的老三篇所称赞的，像张思德一样，以为人民服务为宗旨，发扬白求恩精神，用愚公移山的劲头搞好学校工作。他的形象是我一路走来的人生楷模，我在邵东七中当校长时，曾去祁东一中取经，采访现任领导，刘集凤的校长作风、管理模式、教学方法在进一步发扬光大。

一次作文批改决定我的发展方向。重返高中校园，语文教师仍旧是雷文萃，开学初第一次作文《记难忘的一件事》，我认真记下了三年前免试读高中一事，文章大约1500字，雷老师批阅时，给眉批8条，点出错别字18个，尾批近1000字，从选材、立意、构思、开头、结尾等几个方面进行指导。雷老师还把我叫到他房子里，送给我作文本，我认真拜读了雷老师的批语，崇拜和悔恨之情互动而生。这样批改学生作文是当今教育界第一人，非常敬佩老师，十分痛恨自己语言功夫特差，是三年失学产生的严重后果，根据自己的实际，决心攻读文科，重在提高自己的写作水平，作为走向社会的发展方向。一两年后我的作文，几乎每一篇都成了同学们欣赏的范文，大家一致认为，某某是进北大攻读文科的好材料。

当班长是更重要的学习。我的班主任邓鼎成老师，把我叫到他房间，对我的情况进行了详细的了解，然后说："你当班长这对你也是一种锻炼！"我说："先试用一个阶段看一看，适应了，老师认为好，同学们支持，就正式宣布任职。"同学们都不愿意当干部，怕占用时间，影响学习；怕出问题，追究责任；怕同学笑话，讽刺挖苦自己，好心得不到好报。我不怕当班长，可以开动脑筋想问题，提高自己分析问题、解决问题的能力，实践出真知是更重要的学习。我当班长，每一个同学都是副班长，抓好学习和生活两项。赵云娥当团支部书记，要求每一个团员都是副书记，抓好思想和纪律两项。班长和团支部书记紧密配合，齐抓共管，高八班成为学校第一先进集体。

当团委宣传委员。当时学校团委书记罗重友是大学毕业生，善于做团的工作。他推荐我做团委宣传委员，组织一个班子，负责学校三块黑板报的组稿与编辑工作，每周出一个期刊，三周一个轮回，我星期六下午组编稿件，设计样刊，星期日组织排版，带头书写，从不延误。学校黑板报的宣传工作做的好，学校领导和广大师生无不称赞。

说起我曲折的求学经历，真的寒酸，不是滋味。高中三年，实际花费了八年时间，还没有一个满意的结果；初中毕业，免试进高中，只读一期书；眼睛第二次失明，回农村熬炼三年；重返高中校园读书两年多，快毕业时，全国上下掀起了文化革命运动，又在学校呆一年多，大学停止招生，国家教育部对六六届高中毕业生发出"四个面向"的号召：面向农村，面向工厂，面向基层，面向边疆。我带头面向农村，1967 年冬回到自己的家乡，结束了我的学生时代。

三　探索的教育生涯

师者，传道，授业，解惑也

界岭学校尝试当教师

我在曲折的求学经历中讲到，读高中三年，实际上前后花了 8 年时间。后响应国家号召，当时再回农村也是，不得已而为之。继续当农民，没有这个打算；外出做生意，没有那种能力；参与学校管理、当教师，没有尝试过这滋味。再回界岭冲连兴村，嘴上还说，心里想等着招工招干的机会。

村上支部书记李青连同志，村长罗平宽同志，二位领导连续三次，利用三个晚上，到我家动员我去界岭小学当民办教师。第一个晚上，李书记开门见山地说："农村教育正在迅速发展，为了减轻国家负担，采用民办公助的办法，大量需要你这样的人去当民办教师！"我向二位领导表态："谢谢你们的厚爱，我不去！"我把话题转到务农三年的苦难和想不通的几件事上。村长说："村上对你关心不够，那是过去的事，已经过去了，别计较，只希望你去教书，为村上争贡献！"几天之后，他们二位再一次来我家做动员工作："村上只有你可以胜任，其他没有合适的人选，我们与学校联系好了，校长很欢迎你去当他的助手。"我又把话题转到水利工程移民问题上，书记坦率地说："区县领导做了两年工作，谁都不愿意迁出去，你想迁移，可以！"村长又补充几句："迁移是以后的事，先还是推荐你去当教师，你从小就不错，现在很有理想，招工招干、当公办教师，只要有指标，我们第一个就推荐你好不好？"说话不投机，又没有什么招待他们，借故有事没有结果又一次离开了。没隔几天，他们第三次上门做工作，李书记说："事不过三，我们第三次上门请你，没几天就要开学了，你不去怎么办？"三国时期刘备请诸葛亮三顾茅庐，诸葛亮还是去了。我算什么人，他们也三顾茅屋，我表态："感谢你们的看重，我还是去尝试一下吧！"

我受村干部的看重，到界岭学校任教。界岭小学是我的母校，原来是一座寺庙，叫观音山，解放后改造成一所学校，今天又进行了一次重建，两栋教学楼，大小两个操坪，很有气魄。当时的校长是罗新求，看见我来，热忱地招呼："小罗，你好！"我上前握手："大校长，你也好！"我们即兴攀谈起来，"听村上领导说，当教师你是把好手，我

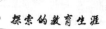

校长位置让给你坐!""不敢,我是来尝试一下当小学教师的滋味怎样?"他介绍了学校的基本情况,一个年级一个班,共六个班,200多学生,9个教师,3个公办,6个民办。我在第一次教师会议上说:"界岭小学是我的母校,我上学时就读三年级,今天当教师也从三年级开始,当班主任,语数包班。上讲台教书,还是第一次,向各位老师请教,虚心向大家学习,请各位耐心指导!"

经过一个学期的尝试,有一定收获。第一,当教师,要上好一堂课不容易。我一有时间就和有空余时间的老师交流,怎么备课、讲课、布置作业,或者就坐在教室里听其他老师讲课,各年级各门学科都听,才能全面了解教师怎么个教法,还要了解学生的知识基础、接受能力,告诉学生怎么个学法,不搞注入式,采用启发式,我都尝试着。第二,当班主任,管好一个班也不容易。全班36个学生,全面了解学生情况,找学生谈话有针对性,说到点子上不容易。只正面诱导,从来不批评学生,密切师生关系,我也尝试着。第三,工作重点,转变好一个差生更不容易。小学生有个性差脾气怪的,有成绩差不学习的,还有屡教不改的调皮生,老师没奈何的,必须多走访学生家长,了解差生在家里的表现,老师和家长紧密配合,实行转化,必须掌握小学生的心理特点,过细寻找差生的特长、优点充分肯定,予以鼓励,找差生谈话首先用肯定的方法进行鼓励,我也尝试着。

公田学校任教初中

带头移民。石株桥乡同乐坪水库是1957年新建的小型水库,1978年加修为中型水库。1958年大跃进,刮共产风,移民工作也不做了。直到1966-67年,县区两级政府派人出面做移民工作,没有一户同意迁移,两年工作等于零,1968年初政府又派人做移民工作,我1967年响应国家"四个面向"的号召,从祁东一中回家务农。1968年,我又响应号召,第一个报名同意迁移,带头移民,六也堂人有个一致的意见,要移到一个地方,第三次建一个全新的六也堂,主要怕"生鸡逗啄!"一户落一个地方怕人家欺负。为这件事,我走访了乡、区、县三级政府,各级领导都不同意这一观点,这样集体迁居没有一个受益村能够承受,只有分别迁居,一个村收一两户。我用县、区、乡领导的一致意见,先做通我父亲的工作,然后做通各位堂哥哥的工作。我们六也堂人分别在三星、公田、花园三个村落户建房,原屋砌原样,损失由政府补贴。我带头移民,当年共牵出46户人家,一年就解决了库区移民难的问题。公田村罗基通同志负责移民工作,他说:"公田村是县委书记每年蹲点的先进单位,你就迁到公田村去!"我选定了去公田村落户建房,进公田学校继续当民办教师!

公田学校1968年开始办初中,我当上了中一班班主任,任教语文。学生近40人,一个高中毕业生当初中班主任,任教语文,难上加难怎么办?只有"探索"二字,怎么个探索法?第一,自学教育学、心理学、教学法,先在理论上武装自己,坚持理论与实践相结合。我手头没有这些书籍,学校还未建立图书室,我跑到邵东县城新华书店,一次性掏钱买了二十来本新书,建立起自己的教育书箱,我坚持每天读2-3个小时的书,在黎明时分,还写点读书笔记,联系教育教学和班级管理的实际问题,从书本中寻找对策，一而再，再而三的实践验证。

第二，在实践中总结自己的点滴经验。当班主任怎么教育学生，管理学生，建立起有特色的班纪班风。在尝试小学语文教学的基础上，怎么搞好中学语文教学，钻研教材、备课、上课、作业布置、面批作文，形成自己的独特风格。

第三，虚心向老教师学习。刘喜保老师是我学习的典型范例，向有经验的班主任请教如何管理学生，做学生的思想工作，解决自己存在的实际问题，刘汉梅老师是我经常询问，有问必答的好班主任。坚持听课，每学期听课 50 节以上，吸取他们的长处，以武装自己，提出自己在实践中存在的问题，与老教师共同探讨摸索。

1972 年，县里派工作组进驻公田学校进行斗批改，学校建立了新的领导班子，罗耕畴任校长，我被推荐为副校长，抓教学工作，学校重担压在我头上，这又是一个新的探索怎么办？只有学习、研究、探索，我和校长住一间房，有空就与他讨论教学管理，他毫无保留地耐心指导我。在原有教学管理的基础上，建立起系统的教学管理制度，实现了学校工作的有序管理；进行教学指导研究，我规定自己每天学习理论知识，结合学校教学工作实际，制定新的教学工作规划，每一期有一个新的内容，从实际出发，完善我校教学工作计划，还要制定出具体的教学工作实施细则，用以指导教师的教学工作。老师们都称赞："某某善抓教学，有新方法，抓的好！"1972 年经过统考，和区、乡文教实地检查，公田学校的教学质量，第一次排在石株桥乡第一名，学校第一次评为县先进单位。本人县政府记功一次，并出席县先代会。

我是工作第一。当民办教师，和村上的劳动力一样同工同酬，拿一样的工分，乡文教每月补贴生活费十元。因为工作需要，忘我工作，有时一天回家吃一餐饭，工作 12－16 个小时。在祁东一中读初中时，就形成了这样一种生活规律。

结婚生子。我 1968 年迁居公田，和罗爱娥同时进公田学校当民办教师。两人同去同回，共同交流教育教学的心得体会，由同志到同事，由同事到同心，感情相投，便产生了爱情，经过两年相处，1970 年结为夫妻，举行过一个特殊的婚礼仪式。我是个穷光蛋，什么也没有，五四青年节那天晚上，两人请刘喜保老师当介绍人，我从岳母娘家里借两壶米酒，买几斤饼干、水果、糖粒子，全校十几个老师聚在一起开个座谈会。介绍人做个简短的发言，我俩分别表个态，行个婚礼，一个多小时后，介绍人把我们送进洞房，结为终生伴侣。71 年生下男孩学文，73 年生下女孩学武，文武双全。73 年 5 月，我响应计划生育号召，做了男性节扎手术，当时允许生第三胎。我连续三年评为县计划生育先进个人。

在这里，先对我家庭老伴和儿女做一个简短的介绍。

罗爱娥是我的好妻子，生于 1947 年 9 月 3 日，公田村罗玉成的女儿，解放初，玉成老爸曾当过乡长，是个老实农民。罗爱娥初中高中都在省重点中学——邵东三中就读，一直担任班上团支部书记。1968 年高中毕业后进公田学校当民办教师，1978 年调铁塘学校任初中英语教师，1986 年随我调邵东七中任高中英语教师，1990 年转为国家公办教师，1995 年 8 月调进县城，任两市镇一中英语教师。一个高中毕业生任教高、初中英语近 30 年，全靠自学成才，还很受学生欢迎，又善于当班主任做学生思想工作，当邵东七中 116 班班主任，评为县优秀班集体，既教书又带小孩，教书家务一肩挑，两不误，真

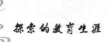

是一个能干的女强人。一对金婚夫妻，相伴快半个世纪了，一家人和睦相处，没有一点分歧，是真正的终身伴侣。我的工作一直很顺利、出色、超众，评先进，功劳有妻子的一半。

罗学文是我的好儿子。他在父母身边读小学、初中、高中，在湖南大学专科毕业后，招聘为国家公办教师，分配到两市镇三完小工作。爱人杨白云大学毕业后当上中学教师，分配在两市镇三中工作。1996 年生下女儿罗依林，在妈妈身边成长，北京经济技术职业学院毕业，被邵阳市农商银行选聘为职员。学文 1990 年患上急性肾炎，转慢性肾炎，最后转尿毒症，双肾坏死。1999、2005、2017 年三次肾移植手术，开支达 300 多万元，感谢县政府、县教育局的重视，感谢三完小的领导和师生多次捐款支助，还有两市镇一、三中、檀山铺中学、邵东七中、教师进修学校、经纬学校师生的捐款支助。学文患病 20 多年，能作三次肾移植手术，真的是心态好，创造出生命的奇迹！

罗学武是我的好女儿。也在父母身边读小学、初中、直到高中毕业，1993 年，辽宁商业专科学校毕业，分配到邵东农业银行工作，在行内干每一项都很出色。与高中同过学的周学农结为夫妻。周学农是个好女婿，一个精明能干的多面手，大学毕业分配在怀化市供水总公司工作，停薪留职从事私营企业的发展，先后搞过房地产、煤矿开采、建筑修路等多个项目。生下女儿周胜兰，在外婆身边长大，考入重点大学，发奋勤学，成为中山大学交换生，保送武汉大学研究生，心向美国哈佛，很不容易。学武最孝顺父母，关心哥哥，为了父母、哥哥的身体健康，求医问药、护理照顾，往长沙、去武汉，上下奔忙、夜以继日、不辞辛苦。经济上的支助，尽其所能。精神上的支助，无微不至。每天有电话联系，有空就上门看望。"真是一个好姑娘"，获得众人的夸赞。

乡农民教育专干兼文化辅导员

县里根据农村扫盲教育的需要，要求每个乡镇配一个农民教育专干。1975 年下期，石株桥乡文办主任罗益凡同志提名，乡党委书记刘福连同志推荐，经毛荷殿区文办、区政府批准，我一个民办教师，从公田学校调到乡政府机关工作，提拔为乡集体干部，主管乡农民教育兼文化辅导员，还兼抓幼儿教育，由乡企业办发工资，每月 45 元。

驻村蹲点。一个乡集体干部，与国家机关干部一样，当一个乡干部使用。干部的政治学习、行政会议、中心工作、下乡检查、驻队蹲点，样样都要参加，要把工作做好，整天忙不过来。抱着无所谓的态度，整天休息也过得去。我干什么工作都一样，总想千方百计把工作干好，尤其是驻队蹲点，大家都怕麻烦，我却认真对待。我在石株桥乡政府工作六年，先后在联云、石桥、仙家、西夫、花园五个村蹲过点。我对驻村蹲点每年提出"三个百"的要求：一是蹲点劳动 100 天，1978 年我在西夫村蹲点时，田土还是集体耕种、集体劳动，双抢季节和村民开展劳动竞赛，从抢收早稻的第一天开始，到抢插晚稻的最后一天，每天劳动 12 个小时，样样农活都干，连续劳动 28 天，一天也没休息过，村上的所有劳动力，每个先后休息了 3 到 5 天，只要村上忙于耕种，我都参加，一般连续劳动 5 - 7 天，一年蹲点劳动超过 100 天。二是下乡住宿 100 晚，蹲点一个村，重在一个组，落户一个家，在住户家里生活、住宿、就餐，随随便便，不准特殊招待，红薯、稀饭、杂粮，有吃就行；晚上睡也随便，有地方睡就行，每年也超过 100 晚。三是参加村组大小会议、工作指导检查，不少于 100 场次，在村上一天，了解情况，沟通思想，督促耕种，发展生产，处理纠纷，解决矛盾，实行"全天候"，包括扫除青壮年文盲、开办幼儿班、办示范性夜校、示范性俱乐部和文艺宣传队，亲临指导，每年大大小小活动远远超过 100 场次。我对蹲点的村还有个要求，要有自己村的特色生产基地，能够走向和占领市场，经常参加书记召开的支部会议，村长召开的组长会议，研究如何发展特色生产基地，走向市场。

农民教育专干。抓农民业余教育，以扫除青壮年文盲为重点，更有探索性，我根据全县扫盲工作的要求，提出在两三年内扫除青壮年文盲，从四个方面进行探索：一是组织扫盲班子，村上支部书记挂帅，每个村推荐一两个能适应教学、承担扫盲任务的群师；二是摸清文盲底子，群师根据村民花名册，对青壮年文盲半文盲逐个登记造册；三是实施可行性计划，由群师根据村上实际，制定扫盲工作计划，将全乡 29 个村分成六个片，每个片 4－5 个村，我每个季度，在各个片召开一次群师交流会，掌握基本情况，进行业务指导，促进平衡发展。四是评估验收，每年组织一次考察评估验收，识字 3000 以上算脱盲，识字 2000 算半文盲，通过点认 50 个字，评价识字率，阅读一份简易材料，检查阅读水平，评定是否脱盲。我乡的扫盲工作发展很顺利，被广大群众所认可，大家都认为石株桥乡的扫盲运动开展得有声有色。1977 到 78 年县区三次在石株桥乡召开农民教育现场会，县教育局还送了一面锦旗，用"石坚似钢，扫盲功夫硬，株艳如桃，鲜花分外香。"赞扬我们的工作。我的工作在全县产生的影响，感动了在场参会的教育局长李新华，他找到我乡新任党委书记邹雪英，承诺："县里有一个民转公指标就给某某，解决转正问题。"邹雪英把这一信息告诉我，以资鼓励。

兼文化辅导员。这个对我来说是个外行，从小就不喜欢文艺，唱歌、跳舞、演戏、吹吹打打，没有这方面的天赋和爱好，不会唱歌，连《东方红》都只能跟着别人哼几句；跳舞，没入过门；演戏，也没沾边；吹吹打打，既不会听，更不会做。我这个农民教育专干兼文化辅导员怎么个兼法？只有请教他人，虚心学习。在办农民夜校的过程中，同时要求村民建立一个俱乐部，参加夜校学习的青壮年也开展一些文艺活动，夜校更有生气，要求群师扫盲和文艺辅导两副担子一肩挑，村村都办起了俱乐部，开展各项文艺活动，尤其是石夫、仙家、棠阴、石桥、敬家、七星、公田、同乐、人民等村的文艺宣传队，还在乡里各个村进行巡回演出。

在石株桥乡政府工作六年，驻队蹲点五个村，印象非常深刻。抓农民业余教育成绩突出，全县先后三次在石株桥乡召开现场会，1978 年成为全县第一个青少年无盲单位，1979 年成为全县第一个青壮年无盲单位。本人先后连续四次评为县工农教育先进工作者，1979 年破例评为县先进工作者，出席县先代会。

县工农教育办抓业余教育

我 1981 年底转为公办教师，82 年初调进县工农教育办工作。想起民转公，这是我一生中记忆最深刻的一次挫折，真是不堪回首。县教育局给我一个民转公指标，让我自己

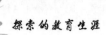

出面办手续，乡文教、乡政府签具意见，到区文教盖章后，再到区政府签意见，当事人表示不同意，坚定地说："你自己出面办手续，别说县政府，就是市政府下一个指标，先要经过区政府审核，组织出面才能办手续！"没办法，我把情况向县教育局领导反映，县教育局领导亲自出面向区政府说明原因，才签字同意加盖公章。办完转正手续，我上调县工农教育办，教育局办公室主任周友成同志对我说："某某某，你的转正问题好难！我清楚，从七八年开始连续下了四个指标，前三个指标让别人搞去了，所以第四个指标由你自己出面办理，也受到阻拦，好不容易，今后好好工作！"我回到家乡，明察暗访，才知道内情都是区乡领导为解决自己的子女转正而占用了。这期间，乡政府两次招干都提了我的名，乡党委书记清楚，因为教育局长答应过，只要有一个指标，就给他解决问题，所以两次招干也名落孙山。我心里想：我是六也堂人，只能靠自己努力工作，以实际行动去证明自己。

黄陂桥乡蹲点。我1982年初被县委抽调，跟着县委书记岳长发同志到黄陂桥乡蹲点，共七人工作组，组长是县政府文卫办宋国振同志。我在乡政府工作时蹲点六年，每年一个村，对农村工作比较熟悉，现在又和县委书记，县政府宋主任等县干部在一起。我拜他们为师，虚心向老领导学习领导艺术，一定会迅速成长。岳书记在工作队人员面前，在村民会议上都表现得十分谦虚，总是轻言细语，耐心指导；宋国振同志更为谦虚谨慎，有问题摆到桌面上，征求大家的意见，有些家庭矛盾、村民之间的纠纷，特别是村与村之间的争端，宋主任和我出面调解，有县委工作组的招牌，我像启发学生似的，在肯定成绩的基础上，提出解决问题的办法，双方心服口服，没有解决不了的问题。我们的工作在岳书记心中留下了深刻的印象，岳书记给我们工作队提出一蹲四抓的要求：每人蹲点一个村，我被分配蹲点七井村，落户一个家；一抓富民政策教育，认真贯彻十一届三中全会精神，进一步巩固联产承包责任制；二抓技术培训，要求每个农民掌握一门致富技术；三抓商品生产的发展，破除农民"放牛为耕田，养猪为过年，喂鸡喂鸭买油盐"的自然经济观念，开商店办企业，建立特色生产基地，发展商品生产；四抓计划生育，引导农民树立少生优生的观念。岳书记一方面主持全县工作，还要带好一个工作队，抓出典型样板来。他每周来一次，召开工作组会议，一方面了解情况，另一方面布置任务，每月小结两次，每季评议一次，半年总结一次，全年评奖一次。岳书记很有规律的指导蹲点工作，提高了我们每一个工作人员的积极性，从而激发了黄陂桥乡广大农民群众的积极性。黄陂桥乡的农业生产、商品经济、黄花等特色基地建设，迅速发展起来，全乡出现前所未有的繁荣兴旺景象。

第二年回工农教育办抓业余教育，包括职工教育和农民教育，都是业余性质的，称为业余教育。职工业余教育相对好抓一些，机关、企事业单位只要领导重视，可以调动职工的积极性，建立可行的学习制度，保证职工学有所得，职工的学习积极性可以持续发挥，不断高涨。农民业余教育相对难抓一些，我有亲身体会，我用自己的研究分析来统一工农教育办全体同志的思想：首先要明确方向，在扫除青壮年文盲的基础上，组织农民学习党的政策，发挥建设社会主义的积极性，掌握科学技术，提高发展生产力的水平。因此，办好农民业余学校，抓好农民业余学习，是农村两个文明建设中一项具有战略意义的基本建设；二要协同作战，会同各级领导，尤其是乡村领导、技术人员、共青团、妇代会、民兵营紧密配合，协同搞好这一工作。三要统一采购和编写农民业余学校的教材教参，保证教学需要。根据实际需要安排教学内容，把学文化、学科学、学技术、学时事政治、学政策有机结合起来。四是精心组织群师、兼职教师队伍定期培训，提高她们的业务水平。还要建立一系列业余学习的规章制度，例如学习时间的规定，可以一周几个晚上，也可以一月几个晚上，可以农闲集中或雨天学习，可全日制也可半日制，从实际出发，因陋就简，工农教育办因为我有这方面的实践经验，一段时间安排我坐办公室接待上下来访人员，我与他们对话很投机，他们也深感满意。

回忆到这里，我还补充说一件无关旧事，这个时候我的两个小孩在身边读书，男孩在两市镇一中读初中，女孩在一完小读小学，我的月工资是43.5元，三人生活费光吃还不够。我在黄陂桥乡蹲点，与村民打交道，学会了吸烟，在工农教育办坐办公室，每天接待客人消费一包郴州烟，0.5元一包，每月下来15元，生活不下去。抽了两年烟，没有其他办法，只有把吸烟戒掉，自此以后，我一直不吸烟，从来不接别人的烟，也不散别人的烟，任何时候，任何地方，哪怕是春节照样如此。也许有人认为这是一种不礼貌的行为，让他们议论去吧！

在县工农教育办工作两年，一年驻队蹲点，一年抓工农教育，坐办公室，贡献突出。1982年评为县先进工作者，记功一次。83年5月，曾在省农民教育座谈会上作典型发言，撰写的《邵东县积极发展农民职业技术教育》的经验文章在《湖南省教育通讯》1983年第4期上刊发，国家教育部《教育通讯》1983年第四期上转载。先后撰写了工农教育经验材料12篇在邵东《教育通讯》各期上刊出。也许是在黄陂桥蹲点所产生的影响，岳长发书记的关注，1984年3月，又被调到县委宣传部工作。

宣传部做党员教育和干部理论教育

1984年3月，我从县工农教育办调进县委宣传部工作，也算是一种提拔吧！现在回忆起来，最深刻的几件事，就是抓党员教育、机关整党、抓干部理论教育和进省委党校培训。

党员教育。我在县委宣传部抓过将近一年的党员教育工作，主管领导是范程其副部长。每接受一项新的任务、新的工作，我总要向自己提出："为什么？怎么办？"两个问题，只能自己在实践中不断探索，才能追求理想的结果。为什么要加强党员教育？可以讲很多理由，我在学习理论的基础上，提出两个需要，一是面临四个现代化新任务的需要，不同的任务对党员的要求不同，大革命时敢于斗争，合作化时大公无私，大跃进时流大汗，文革时敢批敢斗，今天四个现代化，打打杀杀、喊喊叫叫、批批斗斗都不灵了，要有现代科学知识，现代管理水平，站在发展生产的前列，当先锋战士。二是保持和发扬党的先进性的需要，党员的现实状况面临三大考验：权力、任务、环境；存在四个主义：政治上的自由主义，思想上的个人主义，组织上的宗派主义，作风上的官僚主义。满足上述两个需要，必须加强党员教育。

怎样加强党员教育呢？我提出"抓三个层面，用三边方式，落实六个一"的决策，进行党员教育。第一个层面，县直机关的党员教育要先走一步，采用"边党员教育，边

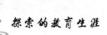

机关整党，边改革创新"三边方式，紧密结合单位实际，讲究教学效果，防止形式主义和走过场，为乡镇党员教育、农村党员教育作出示范。第二个层面办乡镇党校，先在火厂坪镇试点，抓好六个一，成立一个领导班子，组织一支教学队伍，选定一个固定场所，制定一个教学计划，建立一套规章制度，选定一套党课教材，然后将这一试点经验在全县各乡镇党校推广。第三个层面，农村党员教育工作的创新，借鉴乡镇党校的做法，抓好六个一，还根据农村党员的特点，建立党员联系户制度，"三会一课"制度，坚持"三办三不办"的规定，农忙不办，农闲办；晚上不办，雨天办；长班不办，短班办。让全县农村党员教育走向规范化，制度化，县委宣传部负责三个层面的指导，我站在组织者的角度要求自己：思想上要摆正位置，工作上要显示特色，方法上要改革创新。

机关整党。当时县委在抓县直机关党员教育时，采取"三边"决策，即边学边整边改。以学习新党章为主，结合整党工作，落实改革创新，将学习、整党、改革有机地结合在一起，县直机关的整党工作，分五家十口。宣传部管宣传口，包括文化、教育、卫生、体育等科局级单位，由我牵头。我来县工作时间短，任务重，压力大，牵这个头，又要虚心学习，努力探索，重在研究。宣传口各单位整党工作开展得很顺利，县委召开五家十口的整党工作会议，我每次都积极参加，虚心听取大家的意见。书记每次点名要我发言，我当即表态赞成大家的意见，就党员教育的必要性、整党工作的重要性，改革创新的可行性，谈点个人的见解，每次都得到领导的鼓励。在最后一次会议上，我主动发言，这次整党对我来说，主要收获是增强了党性观念，决心实行"党性高于一切"，做一个合格的共产党员！我是1972年入的党，入党前后表现了对党的忠诚，曾用"贵在按党性办事，生当凭良心做人"的联语自勉，做过多方面的教育工作，忠于职守，而且成绩显著。但在理论上、思想上受"左"的影响较深，随着时间的推移、环境的变化、阅历的深厚、形势的发展，思想却由单纯变得日趋复杂，由活跃变得日趋沉默，工作之余想这想那，认为当一名宣传干部，从个人志趣、经济实惠、爱人转正、子女照顾、人际关系等方面分析，不如当一位纯粹的中学教师好，这实质上是一个精神境界问题，是为个人、为小家庭计较多了，为人民利益、为党的事业想的少了，何去何从？党性高于一切，个人利益无条件地服从党的利益，决心志愿做一名优秀的宣传干部。这一讲话得到了与会者的高度称赞和书记的充分肯定。

抓干部理论教育。第二年我在宣传部承担干部理论教育工作，同样对自己提出"为什么？怎么办？"两个具体问题。只有向领导学，虚心听取正副部长的意见和要求，以武装自己；向文件学，查阅中央、省、市有关干部理论教育的文件，寻找工作思路；向书本学，写读书笔记，指导干部理论教育工作，在虚心学习理论知识的基础上，向实践学，只有自己到实践中认真探索，才能寻找正确答案。

为什么国家把干部理论教育提高到世界新技术革命的需要来认识，最具有十分重要的战略意义的大事。世界技术革命的历史过程，分生火技术、农业技术、工业技术、信息技术。当今时代，以电子计算机为中心形成的技术体系就是信息技术，世界技术进步对知识、智力、人才要求越来越高，越迫切、越强烈。一个大学生只要几年不学习，就会成为一个没有知识的人。科学领先首先要教育领先，尤其是干部教育。我们要赶上发达国家，就要引进信息技术；要并肩前进，就要引进科学；要走在前面，就要重视教育。

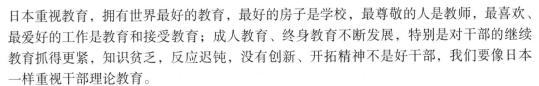

日本重视教育，拥有世界最好的教育，最好的房子是学校，最尊敬的人是教师，最喜欢、最爱好的工作是教育和接受教育；成人教育、终身教育不断发展，特别是对干部的继续教育抓得更紧，知识贫乏，反应迟钝，没有创新、开拓精神不是好干部，我们要像日本一样重视干部理论教育。

　　怎么办？我参照党员教育的一套做法，实施干部理论教育，摸清情况，制定计划，健全组织，落实计划，协助指导，督促检查，总结经验，推广典型，协助各级党组织抓好干部理论教育。1985－86 年全县组织 1800 名在职干部学习《政治经济学》，成为邵阳市正规化干部理论教育之冠。

　　进省委党校培训。通常说科级干部进县党校培训，副处级干部进省委党校培训。我既不是处级，也不是科级，一个没有职务的普通一兵，能进省委党校培训，是一个难得的机遇。说来话长，当时正是邵阳市由县级市升地级市的时候，县里的干部异动大。市组织部也找过我谈话："调市纪检会任办公室主任，愿不愿意去？"我衡量自己一个半边户，爱人是民办教师，两个小孩在身边读书，当即表示拒绝，因为李善初副部长向县委反映："以后当宣传部长的只有某某某，马上送他去省委党校培训！"县委副书记找我谈话，我便进了省委党校宣传部长学习班，参加培训的来自全省各县、市宣传部的正副部长，唯独我是普通一兵（同时我县封克勤副县长也在党校正副县长班培训）。心中思考真是难得的机会，必须当一名好学员，比读书时更努力，专心听讲，认真思考，学会运用。学习中，讲话、讲课、作报告的全是党校的正副教授、省组织部、宣传部的领导，学习的内容都是我没有接触过的全新理论，可以分为四大类：一是世界技术革命的最新理论，系统论、控制论、信息论，建立系统工程，共 8 讲；二是邓小平具有中国特色的社会主义理论，主要是市场经济论，共 10 讲；三是现代科学管理概论，包括行政管理，行政决策，行政效率共 4 讲；四是如何做好宣传工作的业务培训，包括社会调查、真理实践、学术动态、教育改革、党员教育、干部教育、体育保健、宣传鼓动、文艺创作与群众文化、出版和发行共 16 讲。每讲完一课之后，组织系列活动，讨论消化；开展专题讨论，交流思想认识；组织参观考察，得到实践检验。我没有上过大学，这种培训等于上一次大学接受了高等教育。我还当了个小组长，评为优秀学员，在结业典礼上受到表彰。通过一期培训，我像变了一个人似的，头脑里有了三大理论和宣传业务，世界新技术革命理论，我把它叫"西方科学"，邓小平建设有中国特色社会主义理论，我把它叫"东方哲学"，将西方科学与东方哲学有机地结合起来，指导行政管理，落实宣传工作胸有成竹，满怀信心回县委宣传部工作。可是从党校回来以后，宣传部的干部早就已经做了调整，原来只剩下李善初副部长、范程其和我三个人，现在是五个正副部长和一个组织委员肖明其（副部长）。我个人当兵，五个正副部长都安排我帮他做具体工作，真忙不过来。久而久之，他们还认为我工作不主动，有时真的无话可说，变得沉默寡言。肖明其同志找我谈心："你的工作是尽力而为了，组织上对你做过调查，当过造反派，但没有干坏事！"我自己才清楚，当我在省委党校学习之际，派人调查我在祁东一中读书时的情况，得出"个别领导认为，不能重用"这样一个结论。半年之后，组织上认为省里有文件，为发展农村教育近几年调出教育战线的骨干教师都要归队，回教育单位（副团级在外），全县共 54 人，动员我带头，结果只有我一个人回来了，要求进邵东一中当个普

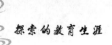

通教师，教育局李义安书记做我的工作，"一个进省委党校培训过的宣传干部，到邵东七中去准备当领导好！"

在县委宣传部工作近三年，1984 年撰写了《发展商品经济，加强农村精神文明建设》两篇论文，先后参加了县市经济体制改革理论讨论会，发言并获奖。在抓党员教育时，向全省推广邵东火厂坪镇办党校的经验《改革党员教育，实现三个转变》，入选邵阳市出版的《为党的形象增光辉》一书，《虚变实，粗变细，呆变活》入选省编《农村党的建设经验选编》一书。1985 年，全县各乡镇都办起了党校，使农村党员教育逐步实现了制度化、正规化，本人被评为先进工作者。1985 - 86 年，全县组织 1800 名在职干部学习《政治经济学》，成为全市干部正规化理论教育之冠。1986 年 3 - 4 月，经过农村调查，从理论和实践的结合上撰写《学习中共中央（1986）一号文件必须弄清的几个问题》论文报告，约 15000 字，为全县各级干部宣讲农村政策提供了有价值的参考资料。

邵东七中做校长和书记工作

县直机关整党时，我作为宣传部的负责人带头检查了自己的错误思想，用党性原则战胜了自己的私心杂念，决心打消当教师的念头，志愿做一名优秀的宣传干部，进省委党校培训的都是正副部长，我更坚定了当正副部长的心态。但事与愿违，组织上，要我带头回归教育当教师，大家议论纷纷："这个人有问题，不能重用，当官到此止步！"我当时想，因为朝中无人，六也堂人没有一个在官场上能够为你说几句公道话，这是平生又一次最大的挫折和打击，埋在心底已经 30 年，从未向任何人透露，今天记录下来，供后来者思考。

我"民转公"后，调进工农教育办，这是重用；县工农教育办工作不到三年，进县委宣传部工作，这是又一次重用；作为一般干部进省委党校培训，这是准备提拔；省委党校培训之后，反而回归教育，这种处理，不是处分的处分。挫折像一块石头，在成功者面前是铺路石，在失败者面前是伴脚石。我要做前者，变挫折为恩赐，用自己的心灵智慧去创造人生的价值，为人民的教育事业奋斗到底，成为我一生的骄傲和自豪。顺境也好，逆境也罢，我经过一番思考，答应了教育局李义安书记的要求，进邵东七中工作。自认为在省委党校学习到的全新理论，在学校都用得上，首先当好一名高中教师，讲好一门课，同时虚心向各位老领导学习，管理好一所学校，把邵东七中办成一所有特色的普通中学。

不久，第一次和李书记到邵东七中采访，李书记主持召开了一次校务会议，参加的有李芹南校长、邓佑卿书记，还有黄清泉、尹合田、陈老、王老等，会上李校长说："欢迎老罗来，校长难当，这副担子我不挑啦！"邓书记说："我身体不好，把担子交给老罗！"陈老、王老，对我的到来也表示热烈欢迎，有的默不作声，也有的拭目以待，我慎重表态，虚心向各位领导学习、学习、再学习。最后，李义安书记对邵东七中的工作提出了指导性意见，就领导班子问题表态："李校长要继续当校长，邓书记有病在身，也还要坚持一段，老罗当好校长和书记的助手。"我身兼两职，重任在肩。

那时候，我还是个半边户，爱人是民办教师，在石株桥乡铁塘中学教初中英语，两个小孩在身边读书，四口之家在组织的关心之下都进了邵东七中，李校长说："没有好的住房，你来了修一栋好的，现在就是家属楼下面有两间比较潮湿的房间没人住，你去看一下行不行？"我说："行！只要有地方做饭，有地方睡觉就行！"因为条件所限，在各方面我没有任何苛刻要求。

1986年下期快要开学了，交给我处理的第一件事就是新生招生，有指令性计划和指导性计划，指令性计划好办，正式录取没问题，指导性计划带照顾性质，没有条条框框，思想不统一怎么办？要讲原则，既要解决内部矛盾，又要处理好社区的关系，经过校务会的多次讨论，教育局领导认可。第一，解决内部矛盾的原则，是保证教工子女的入学，原来没有带同胞弟妹的可以解决一个指标，其他任何亲戚朋友一律不予考虑；第二，外部关系的原则，摸清底子，把指标用在刀口子上，社区领导要理顺关系，合理分配；第三，其它要求进七中就读的捐资助学，1000元1个学生，报教委批准才能录取，我费了很大的功夫，较好地解决了这一难题。

开学了，我冷静的观察师生的情况，认真欣赏领导的作风，了解班主任、任课教师、管理人员的工作、学习和生活，我每天从早到晚工作12－16个小时，与领导交流学校管理，和班主任议论学生管理，同老师们畅谈课堂教学，向教师倾吐心声，在学生中处朋交友，并做好记录，写成日记，我想以实际行动来感动师生，工作上取得大家的信任和支持。

高中教学、高中教育、高中管理，对我来说都是全新的内容。要当好一个教师，上好一堂课不容易，要当好一个高中领导，校长也好，书记也好，更不容易。我只得以省委党校学习的全新理论作指导，研究高中教育、教学和管理，联系邵东七中的现实情况、成功经验，努力探索，争取每年解决一个重点问题。

首先要学会当教师。上好一门课，才能现身说法，以身示范，当好领导，特别是当好校长兼书记，我根据自己过去的实践体验，进省委党校培训的全新理念，我选教高中思想政治课，高一政治学、高二经济学、高三哲学，两年上一个台阶，开始担任一年级五个班的政治教学任务，严格执行五项教学常规，尤其在备课、讲课、作业批改上狠下功夫。出差开会，一本教材或教参不离身，虚心向政治教研组其他同志学习，坚持听课，交流教学方法，每次得到教研组长王贯彻同志的耐心指导，还经常开学生座谈会，要求他们对我的教学提出改进意见，同学们也大胆地倾吐心声，我的教学不断长进，并在深入研究上下功夫，政治教研组全体同志共同探讨政治教学的全过程，经过两三年的时间研究，我集中大家的智慧，就政治教学的全过程总结《政治教学的八个三结合及其应用》，刊发在《湖南教育研究》杂志上。我的课堂教学《导读、导议、导练三结合》，学生实践活动的《爱国主义知、情、行三结合》，也被同行们首肯，1994年上期，县教研室组织全县各中学政治教师到七中召开教学研讨会，他们听了我的课后给予了很高的评价，这时当领导，从理论和实践的结合上，有了自己的发言权。

其次，以身立教也很重要。领导要像领导的样子，校长兼书记要求更严。我根据当校长、书记的任职条件和做一名共产党员的标准要求自己，为了防止自己滥用职权，在自己办公室墙壁上贴出"请客不去，送礼不要，便宜不占，私利不谋，宗派不拉，违法不犯，特殊不搞，奉承不听。"具体在学理论、树信念、为宗旨、讲纪律四个方面下功夫，第一，学理论，研究系统科学和特色理论，注重西方科学与东方哲学的有机结合，通读《邓小平文选》、《湖南特级教师经验选编》和学校管理等专著，还注重教育政策、法规的学习和研究，包括教育部，省教育厅、市县教育局所有文件。第二，树信念，坚持共产党的领导和走社会主义道路不动摇，在学校建立两项正规的教育制度，一项是长期办预备党校，将学生会、团委会、班长、团支部书记一批优秀学生进行培养，自己编写党课教材共八讲，主讲党课。二项是以爱国主义教育为主旋律，开展有特色的校园文化活动。第三，为宗旨，以为人民服务为宗旨，全心全意为师生服务，勤廉为政，克己奉公，经济上从不马虎，身居校长职务，十年中没有搞半点特殊，捞半点好处，光明正大。第四，讲纪律，既重视民主管理，有助于集中大家的智慧，共同办好学校，提出要求学生做到的教师首先做到，要求教工做到的领导首先做到，要求领导一班人和全体师生做到的校长首先做到，我向全体师生发出誓言："听我说，看我做，跟我走。"说话算数，校长兼书记，威信自然逐步提高。

更重要的是建立科学的领导体制。集省内外十几位中学校长和特级教师的工作经验于一身，建立"校长行政，书记保证，主席监督"的领导新体制。校长行政，包括实施目标管理 m 工作法、管理新决策、向教师要质量、办学生集体食堂等特色工程建设。

校长行政，加强实施目标管理。把学校的教育教学和管理作为一个综合的系统工程来研究，提出"一心两焦三特色"的中学目标管理模式，简称"一二三系统工程"，就是确保教学工作的中心地位，抓住教育工作和管理工作两个改革的焦点，谋求学校发展，办出学校公认的质量、严谨的校风、系统的管理三大特色。确保教学工作的中心地位，必须紧扣四个硬件：一是稳定教学常规，备课、上课、作业、辅导、实践五项，组织"十佳"评选。二是大兴教研之风，形成以教研组为中心的研讨格局，组织教改实验，开展"说、讲、评"活动，总结教学经验。三是发展第二课堂，每个教师根据自己的特长，指导科技、学科、体艺兴趣小组；四是严格学籍，严肃考风，严禁排斥差生。做到在"十佳"评选上分优劣，在教学成果上分档次，在培养特长生上见高下，在综合评估上排座次。在每个教学环节上实现最佳控制，形成公平竞争。改革两个焦点，在保证教学中心的基础上，教育和管理是学校两项互相渗透、互相促进的工作，又是深化改革的两个焦点。改革教育，以育人为本，组织跨世纪青年教育，常年组织学雷锋活动、青年志愿者服务活动、振兴中华读书活动，探索爱国主义、行为规范、劳动技术教育的系统化、规范化、制度化。改革管理，建立计划体系，重视过程管理，搞好效果评价，行政管理，完善校长负责制、"三处一室"责任制，实现"思想同心，目标同向，工作同步"；教工管理实行 m 工作法和述职报告制，量化质化教工劳动，落实岗位责任制，结构工资制，最大限度地调动了全员的积极性；学生管理、后勤管理都出现了新的局面。

校长行政，实行 m 工作法和述职报告制。校长，根据教师活动的特点，教育教学工作难于计算"负荷"的实际情况，提出一种模糊估算教工工作质量的 m 工作法，量化和质化教工劳动，量化：教一班语文（数学）兼班主任定为一个标准工作量 m，教学六课时，教案六课时，班主任六课时，实际十八课时/周，一课时为 1/18m，以标准工作量对比不同学科岗位的 m 值，确定每个人的分配工作量，教学、管理、后勤三个系列可按 7：2：1 配编计算工作总量，达到 18 课时/周，包括备课、上课、批改作业、实验、辅导考试和组织第二课堂。质化：教工工作质量评估，包括师德规范、工作量、岗位职责、考勤和工作实绩，即"德、量、职、勤、绩"五个一级指标，分解为 20 个二级指标，用 100 分制公布权值，每个二级指标 5 分，考核评估按 A、B、C 、D 分为优、良、中、次，建立常规考核制度，实行自我评估、小组评议、领导考核三结合，评估与奖励挂钩，"按量计酬，论质授奖"，按实际工作量计发岗位津贴，按质量积分计发奖金，落实 m 工作法，把目标管理、计划管理、制度管理、质量管理融于一炉，形成述职报告。期初制定计划，做出周工作安排，分周实施，周末记录，工作周志和反馈信息，学校定期检查期末总结和评估，上交述职报告，装入本人业务档案，成为评先晋级的重要依据，进一步创新了目标管理。

校长行政，采用管理新决策。为进一步完善目标管理，加快规范化建设，我又一次组织学校领导和一部分教师，分别考察了省内一批名牌中学，在一二三系统工程和 m 工作法的基础上实施"学习三校经验，拓新目标管理"的新决策。（1）借鉴衡东一中，强化德育教育。在德育上组织军训，对全校学生普遍军训一次，此后每年新生入校第一任务就是军训一周。采用新的班级考核办法，分 A、B、C 三类，月评出现 C 类的，当月班主任不能拿奖金，期末班级不能评先进。学生考核评估办法，分优、良、中、次四类，一类为三好学生，四类做试读生处理。（2）学习邵东三中，优化教学工作。加强教学常规的自我完善，对常规教学松懈的督促改进，经教育无效的集体恳谈对话，教研活动要形成大气候，研究专题到组到人，年初选题，经常实践探求，年终总结评价，学校出科研论文集，优化教师队伍，对新教师先试用一年，提出"进得来、留得住、教得好"的要求，对青年教师采取"有计划进修，以老带新，压担子"的办法，既严格要求，又注重培养。（3）效法祁东二中，搞好后勤优质服务。后勤工作由佘会胜副校长主管，总务主任具体抓。第一，抓好计划管理，强化监督机制，成立财务内审小组，一切收费归口总务处，一切开支符合审计要求；第二，抓好师生生活，办好教工食堂和学生集体食堂；第三，抓好勤工俭学，发展养猪业，优化校园服务业，办好合股企业，坚持三业并举；第四，抓好校园建设征地，扩大校园面积，修路、围墙、扩大操坪，建家属楼，多项基本建设，争取财力可能，逐年安排，逐步实施。新决策的实施，目标管理进一步完善，学校的持续发展更上一层楼。

校长行政，向教师要质量。"向 45 分钟要质量"，这是教育界的一句行话，我提出"向教师要质量"。邵东七中是全县最偏僻的一所农村中学，基础差，底子薄，交通不便，我在七中工作十年，教师队伍调整，外校教师申请调七中的没有一个，我决心培养青年教师，每年到县分配办坐上几天，与愿意进七中的大学毕业生恳谈对话 15 - 20 分钟，当即双方表态，青年教师走进邵东七中，必须签订试用一年的合同，并向他们提出："一年站稳讲台，三年教学过关，五年形成自己的教学风格"的成长目标，学校经费紧张，但鼓励青年教师进修，凡在职进修，拿到本科文凭的奖励五百元，促进青年教师茁壮成长，形成你追我赶的趋势。学校每个学期就上课、备课、作业批改、课堂辅导和业余听课五项开展"十佳"评选活动，为造成全校教师的竞争趋势，大搞教学比武。有一年全校 60 个教师，其中 30 岁以下的青年教师开展三轮大赛，第一轮，各教研组预赛；第二轮，学校组织复赛；第三轮与双峰二中组织联谊赛。三轮下来，青年教师认为要冲

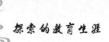

出邵东，走向湖南，影响全国任重而道远，但大家都满怀信心。老教师则感到"教书似逆水行舟，不进则退矣！"让青年教师由经验型向科研型转变，还要重视教育科研，全校有8-10个教研专题，每年在报刊上发表，各级评奖的论文数十篇。还要关心青年教师的婚姻问题，根据青年男女的比例，注重引进未婚女教师，凡校内教师通婚的住房优先。这样一大批青年教师快速成长，师生出现你追我赶的局面，教学质量明显提高。九十年代初，生源较差的邵东七中，毕业会考、高考人平总分名列全县第三名，仅次于省重点中学一三中。这一事实也得到社会的认可，家长愿意把自己的孩子往七中送，并称赞说：校长带出了一批好青年教师，好教师能教出一批好学生！向教师要质量落到了实处。

校长行政，办好学生集体食堂。我刚进七中的时候，看到最不舒服的场面就是学生就餐。每到开餐，学生一窝蜂挤进餐厅，寻找自己蒸的那份饭，个个争先恐后地围着食堂的窗口或私人的菜摊买菜。附近有四五十个村民到校内摆摊设点卖菜，菜的质量、味道、卫生都无法过问，什么死鸡、死猪，办酒席的残汤剩菜都送到学生面前，村民可以随意进入餐厅，清扫剩饭、剩菜用作猪饲料，为此还经常发生争吵斗殴，学生丢饭丢米的现象时有发生，这一切严重影响了学生的身心健康。这是个老大难问题，我当时下定决心一定要改变这种局面，我提出"效法祁东二中，搞好后勤优质服务"。决心克服一切困难，排除一切阻力，试办学生集体食堂。首先，全面规划，投资近200万元进行生活设施的配套建设，包括维修餐厅厨房，添置餐桌风扇，安装高压锅炉，修建开水池、热水池，开设豆腐坊，还有碾米房、厕所澡堂，生活设施完整配套，整洁美观，从此学生集体就餐，再也不要管粮管钱。学生每月30元生活费，开学时一次交清，每月召开一次民主生活会，公布伙食账目，听取学生和家长意见，改进食堂生活，每周一个菜谱，平时一菜一汤，星期一、五加一菜会餐，还设生日餐，免费增加两菜，学生集体就餐，开了学校工作新生面。1991年4月，全县中学食堂管理工作现场会在这里召开，参会的校长、总务主任目睹学生的开餐场面，160张餐桌摆在餐厅里，工友们把饭菜送到餐桌上，同学们列队走进餐厅，按席就餐，二十台风扇同时转动，送来一阵阵凉风。教育局的领导和全体参会人员都在赞叹：邵东七中的生活管理是全县最好的。

书记保证，要求书记通过抓好党务工作、强化领导骨干、教师骨干和学生骨干三支队伍的建设，从而对校长行政工作起保证作用。开始我是副校长兼副书记，主要当好校长和书记的参谋，后来任校长兼书记，我把校长责任交给副手尹合田主持，自己主持党务工作，探索前进，让学校思想政治工作建立起新的格局，首先做好党务工作，坚持党日活动，发挥党的先锋模范作用。党日活动，每月两次，先支委会集体研究决策，一次全体党员参加听党课，根据形势的发展，学校实际的需要，学习新党章和党的方针政策。一次党小组活动，分语文、数学、综合、后勤四个组，围绕"四要"过好组织生活，德育首位要到位，教学中心要突出，后勤服务要优质，目标管理要完善，有针对性地开展批评和自我批评，党的先锋模范作用，得到了充分发挥。

书记保证，抓好领导骨干，勇于创新目标管理。校长领导下的行政人员，每周召开一次行政例会。根据工作需要，还要召开专题研究会，书记一定参加，起保证作用，书记不定期地召开行政班子组织生活会，行政人员向党组织汇报自己的工作学习和思想情况，反映师生的意见和要求，开展批评和自我批评，解决行政人员的思想作风问题，遵照民主集中制的原则，充分发扬民主，充分发表意见，遵守纪律，接受监督，约法三章：为公认的质量、严谨的校风、系统的管理三大特色而努力工作，行政一班子人团结协作，做到思想同心，目标同向，工作同步，创新目标管理。

书记保证，抓好教师骨干，大胆创新各科教学。书记工作，把培养中青年骨干教师入党，作为第一件大事来抓，对期末"五项"、"十佳"教师、年末总结评定的优秀教师进行个别恳谈对话，一分为二的看问题，就学习上的进步、教学上的成功、生活中的乐趣、客观存在的不足之处进行面对面的交流，并向其传授党的知识，鼓励进步，争取入党，成为教师中的核心力量、先锋战士，这样，学校生机勃勃，一批新教师、青年教师茁壮成长，各科教学都有自己的特色。

书记保证，抓好学生骨干，办预备党校和开展学雷锋活动。学生骨干包括学校团委会、学生会的干部，还有班委会，主要是班长和团支部书记加起来近80人。我们拟定了《预备党校工作条例》共编印党课教材8讲，每学月一堂党课，根据新党章的内容，学习党的知识，入党条件，党校学习一年结业，经过书面考试和实践考核，合格者发给结业证书，最优秀的学员鼓励申请入党，共产党员是无产阶级的先锋战士，是领导核心，办预备党校，产生积极的效果，学员都成了校长书记的助手，实现了学生的自主管理，学风校风出现了可喜的变化，这一创举也得到了上级领导的认可，1994年7月29日《邵阳日报》有《邵东七中预备党校深受学生欢迎》的报道。

开展学雷锋活动，是当代学生德育生活的迫切需要。雷锋是青少年学习的楷模典范，学雷锋是助人为乐风气形成的正义呼声，是防止和平演变，培养社会主义事业接班人的可靠保证。我校常年开展学雷锋活动，每期分月安排，第一学月，宣传发动，行动快，声势大；第二学月，学习，读书，讲故事，看电影，报告会，形成良好习惯；第三学月，大批判抓坏典型、坏现象、歪风邪气，批判典型案例，研究具体措施，一并扫除；第四学月，总结评比，表彰奖励，组织先进人物巡回演讲，最后坚持常抓不懈，引向深入，好人好事，层出不穷。

工会主席监督，创造工会工作新篇章。主席监督就是工会主席对校长行政和书记保证起监督作用，三人同心协力做好学校工作。工会主席的工作具体讲，一是做好工会的常务工作，每年规划开展奉献杯活动，创模范职工之家；二是配合学校，行政领导组织教师优质课评比，优质服务竞赛，提高教学质量和服务质量；三是配合党支部的思想教育，实现教师素质的提高；四是开好教职工代表大会，优化民主管理制度，建立教职工代表大会制度，充分发挥教代会的监督作用，每期召开一次教职工代表大会，对学校各项重大决策进行审议，对学校改革方案参与讨论决策，对来自教职工的各项提案和建设性的建议也进行审议，以维护教职工的权益。正确行使对学校工作的审议权，对领导工作的评议权，对教工福利的决定权，对奖惩问题的建议权。对学校工作审议而不责难，对领导工作评议而不挑剔，对教职工权益维护而无理要求，对奖惩问题建议而不干扰，工会工作和教代会制度得到落实，有效地促进学校工作的持续科学发展。

1993年3月，进湖南省教育学院（现在合并于湖南师大）参加高中校长培训，时间三个月，培训班四十多个学员，蒋副院长当班主任，指定我当书记。这等于进自修大学，以自学为主，教师适当辅导，上午面授，下午自学讨论，交流各自的办学经验，对照高中名校，就现代教育思想、发展校办产业、德育首位、教学中心、学校管理和领导班子建设等问题，组织专题讨论。再到省内外考察半个月，省内考察了师大附中、长沙一中、雅礼中学、岳阳一中、常德一中。考察外省分东、西、南、北四线，我组织东线考察，从长沙坐飞机到杭州，游西湖；坐火车到南京，览中山陵；坐游轮到上海，玩上海滩；坐轮船到青岛，登泰山；坐火车到武汉；上黄鹤楼，每到一个地方看一个景点，考察两所高中名校，收获大大的。培训中还有个难得的机会，在省教育工作会议闭幕式上，听了省委书记熊清泉同志的报告，他号召各级党委，要拿出抓经济工作的劲头来抓教育，要真抓实干，保证教育工作优先发展的地位。最后一周，总结评奖，联系自己校长工作的实践，结合这次自学交流、名校考察，有什么心得体会，每人写一篇结业论文。《我的校长工作思路》获一等奖。这次培训收获很大，考察了省内外二十多所高中名校，将他们的经验集于一身，坚定了进一步做好高中校长的信心。

旁人不可理解的一件事在我身上发生了，现在还记忆犹新，我考察回到教育学院时，蒋副院长见到我的第一句话就说："祝贺你，下学期任邵东一中校长，县教委曾主任亲自对我说的！"我把这句话记在心里，等待着教育局的安排。7 月 15 日，教育局通知我去县委办公室有事商量，刚踏进县委机关，迎面向我走来的是三中校长赵梅华。我带着疑问走进县委办公室，教育局李义安书记和另一个我不认识的县委副书记在场，县委副书记宣布，"这是领导对你的重用，任命你为邵东三中的校长！"我当即提出三个理由不去，"第一，我一家四口三个有病，调动的唯一目的，离大医院近一点，进邵东一中当教师更好。第二，我没有当省重点中学校长的准备，当校长难，当三中校长更难。第三，三中省重点要重新挂牌，连续四年，县政府每年拨款 100 万元。"当时县委副书记对我进行了严肃的批评，事后李义安书记连续做了三天工作，我还是坚持不去，继续在七中工作。今天回忆起来，这是我"不听党的话"的唯一表现，打乱了教育局的整体安排。

后两年，继续担任邵东七中的校长兼书记，为学校创造了更加辉煌的成绩。经过省教育学院培训的我，当校长也能进一步开拓创新，调动了行政一班人的积极性、主动性和创造性。（1）开创事业，建立起中专部，研究电视中专教育、教学和管理的特殊性，探索办学经验，想走出一条融普高、职高、中专于一体的综合性高中的新路子。（2）创办合股企业，邵东金属制品厂，三业并举发展校园经济，每年勤工俭学收入近 20 万元。（3）改善办学条件，修好了家属楼、柏油马路、小微机室、高标准葡萄架。（4）改革内部管理制度，在编 88 人，调整为 74 人，减员 14 人，安排 5 人外出勤工俭学，学校工作运转更有生机。在邵东七中工作近十年（1986.7 - 1995.8），1990 年，邵东七中进入县先进单位。本人市政府记大功一次。1991 年邵东七中教学质量评估排名第三，除一三中省重点中学以外，居全县普通中学之首。国家教育部、人事部授予我个人"全国优秀教师"称号！

探索教师进修和教育科研

1995 年 8 月初，参加县教委召开的人事工作会议。会前，县委组织部的一位干部和教委李义安书记找我谈话，组织部领导说："经组织部对你的多次考察，提出过五次调动，这次县常委研究决定，你任邵东县教师进修学校党总支书记，希望你干出一番事业来！"安书记接着对我说："组织上对你进行过三次考察，提出过五次调动，前两年我考虑了你的实际情况，调动要一步到位，今天宣布你调教师进修学校，先做党务工作，再做校长工作，深入调查研究，注意工作方法，解决内部矛盾，栽培好这枝花！"我对二位衷心表态："九三年的调动没有服从安排，打乱了全县的整体部署，对不起；这次一步到位，坚决听党的话，尽力而为，到进修学校去开创新的业绩！"会上，陈小明同志第一个宣布我的调动，我点头认可。散会后，马上到教师进修学校了解情况，先找申建明同志了解党务工作，接着听了曾靖民校长的详细介绍，答应一周后来校正式上班。在邵东七中，呆上最后一周，先找领导班子每人谈一次心，再找在校职工每人对话一次，听取她们的意见，将各种移交手续办好。参加最后一次教工例会，本意是想让他们多提宝贵意见，他们都一片赞扬声。一个说："校长兼书记，还要上一个年级的政治课，三副担子一肩挑，一个人当三个人用，还只要一个人的标准工作量，这种可贵精神，是我们大家学习的榜样！"另一个说："罗校长，论品德，十分高尚；讲能力，百里挑一；教育、教学和管理，学习、工作和生活，都以身示范，不怕艰难困苦，敢杀歪风邪气，耻于贪财图利，乐于克己奉公，而且持之以恒，十年如一日，真是过得硬的好教师、好书记、好校长！"还有一个说："罗书记一身正气，两袖清风，一不怕苦，二不怕难，风浪面前顶得住，紧要关头站得正，就是因为心底无私，不徇私情，念念不忘党的工作，孜孜以求，振兴邵东七中！"

8月中旬到教师进修学校上班。抱着熟悉环境，虚心学习，热忱服务，勇于探索的态度，先花一周的时间与学校领导一班人、全体教工分别对话一次，向各位学教学、学办学、学管理、学经验和方法，然后进行分析研究，深刻体会，教师进修学校是教师进修培训的地方，有行干班培训中小学校长，新教师上岗培训，岗位培训，教师骨干班，计算机，普通话，基本功培训；学历教育有大专、中专、中师、幼师，函授有中函、专科、本科，还有研究生班，它与普通中学不能相提并论，高一个档次，是培训中小学教师，培训中小学校长的阵地，难度很大，我准备花几年时间探索业务。如何当好教师的教师，校长的校长，研究如何培训好教师，还要培训好校长，没有很高的教学水平，很难满足教师的需要。教育、教学、管理可以借鉴七中的做法，更需要在借鉴的基础上大胆探索创新。在第一年里，就如何当好党总支书记，加强党组织建设，发挥每一个党员的先锋模范作用，以推动学校工作的发展。首先抓健全党组织生活，每月安排一次组织生活从不间断。先发通知做好准备，讲党课组织专题讨论，回顾当月的学习、工作和生活，让每一个党员在师生（学员）中，发挥先锋模范作用，同时在学生（员）中办好预备党校。党总支讨论颁发《预备党校工作条例》，分总则、学员、教学、结业四项16条。在强化德育教育的基础上，对部分优秀青年进行党的观念教育、邓小平理论教育、共产主义运动教育，培养四有新人，培养先锋战士，每期招收学员40余名，每班3-5人，每月学习四次，听党课，学习党的知识，组织专题讨论，开展实践活动，还建立党员联系制度，学制一年，对真正符合党员条件的接收入党，预备党校成为陶冶优秀学员的熔炉，培养共产主义者的摇篮，广大青年（学员）向往的圣地。预备党校办学6年，培养学员200多人，接收入党的18人，包括介绍在部队入党的。

学校还开展五种形象的塑造活动，提出党员要像党员样子，团员要像团员样子，领导要像领导样子，教师要像教师样子，学生（员）要像学生（员）样子。先学习，党员学习党的章程，团员学习团的章程，领导学习领导职责，教师学习教师法，学生（员）学习学生（员）守则，再熟悉内容，要求并牢记在心，落实在行动上，五种形象的自我塑造，简称"样子工程"建设。每周贯彻一次，每月小结一次，与期末评估，年终考核相结合。这一工程的实施产生了很好的效果，党员的先锋模范作用，团员在青年中的表率作用，教师的示范作用，学生的学习风气都得到了充分发挥，良好的作风、教风、学风、校风逐步形成。

曾靖民同志是一位很有决策能力，很有业务素质，很有工作水平的老校长。我以真诚的态度，虚心向他学习，他也很支持我的工作。作为党总支书记，怎样保证校长行政，我做了认真的思考：第一，支持校长决策，尊重校长独立的、充分地行使自己的职权，起好保证作用。第二，保证学校工作，全面贯彻党的教育方针，当好校长的参谋，建议如何建立起完整的目标管理体系。第三，帮助校长协调关系，处理各种矛盾，妥善解决工作中的配合。第四，分工合作，互相信任、支持、谅解，心往一处想，劲往一处使，同心协力做好学校工作。

1996年，启动教育科研，管理走向规范化。1996年3月，曾校长退下来，县教委任命我兼任进修学校校长，又承担起校长兼书记的双重任务。作为校长，必须进一步刷新目标管理，认真探索系统思想和特色理论的有机结合，开展整体改革实验。提出建设"一二三四五"系统工程，即坚持以教学为中心；抓好教育和管理两项改革；发展"师范性，研究型，现代化"三大特色；促进班子、队伍、制度、校园四项建设；自我塑造党员、团员、领导、教师、学员五种形象，这就是我的工作思路。一个中心，就是以教学为中心，开展教育科研，建立新的师训教学模式，提高师训质量。改革教育，塑造进修学校教师和进修教师两代师表，造就高素质的教师队伍和校长队伍；改革管理，建立校长负责制、主任责任制和教工民主管理的新体制。实行责任追究制度。这个"一二三四五"系统工程必须长期坚持和不断完善，校长工作，实现由经验管理向科学管理的转变。1996年在这一思想的指导下，学校工作出现了新的局面，迎来了邵阳市小学教师基本功现场会的召开，同时迎来了省师范处潘莉副处长，省师资培训中心主任顾松棋、贾腊生等领导的来校考察。他们对系统工程思想和"师范性，研究型，现代化"三特色的构思非常欣赏。当年学校获得两个省级荣誉，湖南省先进教师进修学校，省教育教学质量先进单位，本人评为湖南省继续教育先进个人。

1997年，勇于思考，开展学校整体改革实验。我正式提出学校的建设要走"师范性，研究型，现代化"的科研兴校之路。勇于思考，就是要解放思想，大胆创新，消除教育科学研究的神秘感，敢于选择教育、教学和管理上的热点、焦点问题，进行有计划、有重点的研究。县级教师进修学校面临着生存与发展的突出矛盾，进修的目标、教学、管理和评价体系尚未形成，探索它的改革发展具有广阔的实践前景。去年我提出建设"师范性，研究型，现代化"的教师进修学校，走整体改革、科学管理、科研兴校的发展之路。第一，师范性。建立进修模式，办出示范性特色，以县教师进修学校为培训基地，由县教研室科研导向，县仪电站发展电化教学三位一体，构建教师教育发展中心。

第二，研究型。科研兴教，造就研究型教师队伍。"教学有法，教无定法，贵在得法"。同样是，"治校有法，治无定法，重在得法"。造就研究型队伍，以优课工程为龙头，全面探索素质教育进课堂，动员全校教师搞科研，开辟了"小学骨干教师四结合培训模式"、"小学语文学法指导"、"小学作文教学改革"、"小学数学微格教学"、"幼师物理导控探索法"、"实践教学与计算机应用"、"兴趣学习与素质教育"等八个研究子课题。第三，现代化。面向未来，启动现代化工程，更新办学观、教育观、师生观，逐步实现教学内容、方法、手段和管理的现代化。这一课题经过两年多的实践，作为科研成果向县、市、省和国家申报，国家教委认可，省获优秀奖，市、县均获一等奖。这一课题研究迎来了湖南省小学教师继续教育教学研讨会在我县的召开。1997 年 10 月 27－29 日，省师范处，省师资培训中心的领导，省小学语数、教心学、音体美各学科理事，各地州市师训站站长，参加会议的正式代表 121 人，学校向全省展示了八个子课题的研究成果，八堂观摩课同时开放，文艺晚会师生共同演出十六个节目，学校展览馆还向参会代表展示出"师训掠影"，掠影、演出、观摩课、科研成果，所有这些，获得领导、专家、教授和与会代表的一致赞扬，展示出我校在全省中的完美形象。

1998 年，县教师进修学校 40 周年庆典活动。本活动经过了一年的准备，在这年里，每月就召开庆典活动的具体准备工作，研究布置一两次，学校目标管理出版一本《管理实务选编》，包括师训、教育科研、教工、学员、后勤、办公室、党群管理 7 个方面 85 项，涵盖了岗位职责、管理办法和规章制度等方面的内容，成为一项重大的科研成果。还收集进修学校教师撰写并公开发表、评奖的教育、教学、管理的论文 125 篇，形成《教育教学论文选集》一书。还有第三本书，将学校改革、领导题词、校庆诗文、校友名册，形成 40 周年校庆《纪念册》。10 月 10 日举办的 40 周年的庆典活动，给每一个与会代表送上这三本书。上午，在县政府大厅召开庆祝大会。出席大会的有省、市、县抓师训的领导，兄弟县市 20 多所教师进修学校的校长或书记，共 400 多人，还有进修学校的学员 1000 多人。大会由彭德寿副校长主持，首先朱亮辉副校长宣读中共中央党校发来的贺信，党校副校长的题词，先后有曾靖民、罗湘洪、刘维新、李云益、颜杨寿、刘成龙、曾建屏等 10 多位领导上台，共赞县教师进修学校艰苦创业、科研兴校的可贵精神。最后副县长贺顺英总结讲话，还看了学员的文艺演出，共 10 个小节目。与会者评论："会议隆重，演出精彩！"下午，三台车组织参观学校，一台车考察邵东市场，晚上有武冈、绥宁、新宁、洞口、望城五校代表要求留宿一晚，与邵东就教育科研再进行相互交流一次。庆典活动的准备充分，精心组织，极大地提高了县教师进修学校的文明程度，声誉远播。

1999 年，进一步改革教育教学和管理，用创名校的行动跨世纪。进一步抓好四项建设：（1）注重领导班子建设，全体领导人员做到"智出一班，令出一人，戏唱一台"，实现"思想同心，目标同向，工作同步"，形成一个"政治强、业务精、作风硬、工作实"能创名牌学校的战斗集体。（2）加强师资队伍建设，注重青年教师的培养，办好小学语数骨干教师培训班，开展县、乡、校三级优课活动，让一批骨干教师都成为各乡镇的学科带头人。（3）完善学校管理制度，首先抓计划管理，形成计划体系；其次严格过程管理，落实阶段任务；最后搞好效果评价，形成一个及时反馈、最佳控制的系统工程。

（4）重视校园文化建设，总的指导思想是以办三中省重点、办一职国家重点一样办教师摇篮，办出一流的教育、一流的教学、一流的管理，显示出"师范性，研究型，现代化"三大特色的县级教师进修学校。这一指导思想获得了县、市、省乃至国家各级领导的支持。在山西太原召开第六次全国小学教师继续教育研讨会，我代表湖南在大会上做《县教师进修学校"师范性，研究型，现代化"的探索》的发言，讲稿入选国家教委出版的《小学教师继续教育经验选编》，还在湖南省教师进修学校第一届校长协作会上发言。省师范处、省师资培训中心的领导，首先肯定邵东的经验，号召大家学习研究，并选为湖南省教师进修学校校长协作会副理事长。

1999 年 8 月，领导班子调整。县教委宣布免去罗＊＊的校长职务，继续担任党总支书记。为了这件事，省师范处、省师资培训中心两家领导亲自到邵东县教育局询问："为什么不要罗＊＊当进修学校校长了？"教委不好解释，身兼两职，可以松松担子，不是因为犯错误，也不是因为校长莫当好！事后省领导告诉我这么回事。我明白了，省校长协作会副理事长也莫当了。我任校长 4 年，县财政派一支队伍对我进行离任审计。我认真思考了离任审计，对审计小组说："我当校长，是法人代表，有问题，我全权负责；有经验，要求审计小组推介！"我的独家经验是：（1）规范收费项目和标准，一切收费归口总务处，没有小钱柜、小金库，创收节支，严禁揩油；（2）实施 m 工作法，在学校财力允许范围内，用经济杠杆增强内部活力；（3）校长一支笔审批财物开支，我把这支笔交给付校长彭德寿去执行，权力相对分散，可以防止腐败；（4）建有财务内审小组，工会牵头，由三位教师组成，每月内审一次，每期一次教工代表大会，由彭校长作财务工作报告。这些击中时弊的做法，是常人不可理解的，也是一般校长做不到的。依法审计以后，没有发现校长有问题，证明了自己是真正的"一身正气，两袖清风"。1999 年还晋升为中学特级教师。县教师进修学校领导和教工以《一位出色的党员、教师、书记和校长》为题，赞扬了我是模范共产党员，科研型的教师，注重德育的书记，开拓型的校长，不管是敬业修身，还是学校管理，不管是教育教学，还是理论研究，都符合特级教师的条件。

进入 21 世纪，我离开了校长岗位。2002 年我又离开了书记岗位。我把主要精力用在教育科研上，想真正让学校走出一条科研兴校的发展之路。前一段自己主持课题研究，后一段当科研顾问，指导教育科研，直至 2015 年。后任校长谢吉美（1998—2002）、邓最红（2002—2005）、曾可爱（2005—）都要我继续工作，请我当科研顾问。对自己的职责要求，结合自己的科研实践的功夫，学习教育科研理论，争取学得深透一点，以丰富自己的头脑；积极参加课题研讨会，充分发表自己的意见，从正反两个方面提出自己中肯的意见，阅读课题研究材料，动笔写点东西，以丰富研究的内容和方法；虚心向课题主持人和参与研究的人员学习，取长补短，共同进步。培训处主任蒋寿喜同志主持的《农村小学骨干教师"四结合"培训模式研究》先在省师资培训中心立项研究，后在国家教育部立项研究，历时 8 年（1992—2002），对骨干教师的培养产生了很好的指导作用。副校长朱亮辉同志主持的《三结合教育中的中小学教师角色研究》（2003—2005），作为"十一五"规划重点课题与国家教师科研基金立项研究，获国家一等奖。《新课程下的县级教师培训研究》（2005.10—2008.10），我和刘飞舟副校长两个人主持，一个在邵阳市社科联立项研究，一个在国家教师科研基金立项研究，均获得一等奖。2000年初，县教委主任曾益谦同志提出"三名工程"，我尽全力支持，积极参与三个方案的制订。在县教师进修学校，贯彻实施，先启动名师工程，再实施名校长工程，后推进名学校工程，《邵东全面启动三名工程》在《湖南教育》2000年第16期上刊发。《名师工程方案》规定了合格教师、骨干教师、学科带头人的标准和评选办法；《名校长工程方案》规定了试用校长、合格校长、骨干校长、名校长的任职条件和评选办法；《名学校工程方案》将学校分为A、B、C、D四级，对中小学进行等级评估。三名工程的实施，丰富了《新课程下的县级教师培训研究》的内容。2003年，我执笔写的《中小学教师继续教育工程型县级模式的探索》，以教师教育理论为基础，以三名工程构建目标体系，四结合模式培训骨干教师，优课活动激励全员参训，系统管理创新评价机制，四个方面进行全面的实验性探索，创造出可借鉴的县级工程型中小学教师继续教育模式，是一篇充满创新精神的科研总结，在有国际刊号的核心期刊《中国教育教学研究》上刊发。"三名工程"的实施，激励着一批名教师、一批名校长、一批名学校不断创新，在"三名工程"的推动下，我县中小学教师继续教育全面开展。2000年8月，我赴内蒙古呼伦贝尔参加全国第七次小学教师继续教育研讨会。《名师工程的设计与思考》在大会上交流，并获省一等奖，刊香港《现代教育》2000年第4期。《"三名工程"把中小学教师继续教育推向新阶段》在《中小学教师继续教育》2001年第一期上刊发，入编领导干部读物《三个代表学习与实践》，入选《求是》杂志社编辑的《党政企领导干部论坛》。2001年全县开展"四全员三名牌"评选活动，即每年一次全员基本功比赛，一次全员教案评选，一次全员教学比武，一次全员课题评选，每两年一次的名教师、名校长、名学校的评选。中小学教师继续教育进入工程型素质教育新阶段。2001年3月，我赴海口参加国际华文教育暨校务管理论坛大会。《"三名工程"的设计与思考》在大会发言，论文刊香港国际教育研究中心主办的《当代教育名家论坛》（2001.6）。邵东中小学教师继续教育的经验从邵东走向湖南，走向全国，现在走出国界，走向全世界，可庆可贺。

2008.10—2010.8，曾可爱校长主持《农村教师县级立体化校本培训模式研究》，在省教育科学规划办立项研究。刘飞舟副校长主持的《农村教师校本培训模式与实效性的调查研究》在省继续教育指导中心立项研究。两个课题分别从不同角度研究农村教师校本培训模式，都列入省级"十一五"规划课题研究，结题验收时均获省一等奖。我们坚持在研究中培训，在培训中研究，将培训和研究有机地结合起来，共同创造出农村中小学教师校本培训"12345"县级指导模式，即坚持一个理念："扎根教育实践，研究教师成长，服务基层学校，促进专业发展。"增强两种意识：校长的校本培训意识和骨干教师的专业引领意识。开展三项实验：小学教师校本培训的示范性实验，初中教师校本培训的创新性实验，高中教师校本培训的信息化实验。创新四大机制：培训机制，实现天地人三网立体化；管理机制，发挥县乡校三级联动作用；服务机制，实现上挂11所高校，下联400多所中小学；评价机制，建立起立体化校本培训评价机制。活跃五张平台：自主学习，课例分析，教研活动，课题研究，互动交流，五者之间是你中有我，我中有你，相辅相成的。这一县级指导模式的实现，产生了积极的社会效益，全县各乡镇之间、学校之间、校内教师之间出现了"百花齐放，百家争鸣，创先争优，你追我赶"的教师

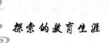

培训氛围。

2012.3—2015.3，曾可爱校长主持的《学分制背景下的县级教师培训管理机制的研究》，大胆创新，构建起"一制双线三级四位五新"的县级教师培训管理机制。一制：以学分制为主导；双线：县教育局和县教师进修学校双线的协调配合；三级：县宏观调控，乡镇中观管理，学校微观组织，实行县乡校三级联动；四位：县教师进修学校做到领导、管理、服务、评价四个到位；五新：在教师培训标准、培训基地、培训团队、培训模式、大校本教师培训体系五个方面去创新，分别有杨桥镇中心学校、仙槎桥镇联校、两市镇一完小、两市镇四中等单位参与课题研究，结题获得省一等奖。

1996年启动教育科研到2015年，将近20年，我一直关注和参与这一工作，而且将自己的亲身体验上升到理论高度来思考，承担起新教师、中小学骨干教师、中小学校长培训的"教育科研"课程的教学，在一般情况下没有教科书。每上一堂课，我给学员发一份教育科研讲座，供学员学习参考，很多学员当面赞扬我，"你的教育科研讲座编得好，也讲得好，对我们很有启发和帮助！"

体验民办教育的管理与研究

2000年元旦，新世纪的第一天，县教委主任曾益谦同志陪同经纬学校几个董事长来教师进修学校找我谈话。曾主任开门见山地说："湖南经纬实验学校是由湖南省邵东经济现象研究会投资74万元，于1999年建成的高标准、高起点的第三所民办学校，你的校长当得好，在县教师进修学校快要退下来了，董事们请你去当校长！"我认真思考以后说："校长难当，民办中学的校长更难当。当一把手，很难信任，今后退下来了，到经纬来学习做点管理工作，搞研究也行！"我委婉地拒绝了经纬人的邀请。2004年8月，我自己主动去经纬学校联系工作，在高中部主任李勤俭的指导下，第一次瞻仰了这所学校，一栋栋明亮宽敞的教学楼，温暖舒适的学生公寓，耳目一新的学生餐厅，还有国际标准的游泳池，绿草如茵的田径场，山头还有宏伟壮观的圣贤阁，各式建筑布局合理、设计科学，我认为是邵东中小学第一校。到这个学校工作一两年，心感自豪。李勤俭对我说："你来高中部当政教主任，做学生管理工作！"我答应了这一要求。

当时当校长的赵梅华，原来是省重点中学——邵东三中的校长，他是一位有教育家的理念，懂得教育规律，有企业家的胆略，变学校管理为企业经营，还是一个有社会活动家的能力，附近村民、社会各个方面的关系都解决得好的学校校长，因为具有教育家、企业家、社会活动家的"三家"水平，他到经纬任职以后，提出"人性化教育，规范化管理，精细化服务"的科学理念，简称"三化理念"。我非常欣赏他的这一理念，我到经纬以后，给自己提出两个任务：一是探索民办教育的学生管理，二是研究校长提出的"三化"教育理念。

探索民办教育的学生管理。当高中部政教主任，还带有一个专干——秦伟军。两个人紧密配合负责4000多学生的学习、生活和管理。第一，必须充分发挥班主任一班人的管理作用，每一位班主任要善于发挥班上团支部、班委会的作用，他们在班级管理中是副班主任；第二，政教处要充分发挥团委会、学生会、纠察队三支队伍的作用。你们都是政教处副主任、校长助理。第三，做学生管理工作重点是研究学生的转化，主要是转化差生。湖南师大一位教授喊出一句口号"差生伟大！"我也有同感。今天在学校，老师认为是差生，明天走向社会大有作为。我曾经作过调查，邵东有湖南的"小香港"之称，那些上亿、十亿、百亿的大款们，有几个在学校读书时是"三好学生"，几乎没有，不是学生差，而是老师差，我对班主任也说过，对班上个别差生，你认为是莫奈其何了，你就送给我，我来当个差生指导员。我和他们交朋友，在我身边的朋友有近20个，教师的灵魂就是"爱"，对付差生只要有1%的希望，就要用100%的努力去开导他。对不同的差生采取不同的方式去开导他，对深明大义的学生多讲理，对喜提意见的学生多归劝，对外向又顽皮的学生多劝勉，对内向而倔强的学生多感化，对屡犯错误的学生多警示，每次都可以收到预期的效果。转化一个差生比培养一个优生更重要，更有意义。我身边一批学生，都是差生，但感情很深。例如有一个学生，被经纬开除的，我重新接收了他，认为他身材好，到解放军部队去锻炼几年，大有出息。他真的想办法当兵去了。几年之后，他给我来信说："是你给我指明了做人的方向，现寄给您一套冬季服装，表示衷心感谢，永志不忘！"我和秦伟军搭档两年，高中部无打架斗殴，无小偷小摸，安全事故保持"0"的记录。"经纬学校管理严，家长放心去赚钱"成为社会的美谈。

研究"三化"教育理念。校长赵梅华提出"人性化教育，规范化管理，精细化服务"的办学理念，我向校长们建议，将"三化"教育理念作为科研课题向国家教师科研基金"十一五"规划课题申报。校长赵梅华表示坚决支持这一科研活动，副校长赵西北在经费上给予全力支持，我就可以大胆研究这一课题了。要求全校教师都参与研究，对每个教师提出五个一的要求：每个学期读一本教育理论专著，承担一个小课题研究，转化一个差生，写一篇科研论文，上一节公开课。高中、初中、小学三部，高中部以研究"人性化教育"为主，也进行全面探索，初中部以研究规范化管理为主，小学部以研究"精细化服务"为主，分三个大组，每一个学月召开一次研讨会议，主持负责开题论证，中期检查，结题验收有关工作的落实。要求每一个领导，每一个教师以科研的眼光看教育，以科研的态度做管理，以科研的方法去服务，坚持以人为本，德育为首，促进学生的全面发展、教师的专业发展和学校的可持续发展。本课题经过两年多时间的成功研究，收集教师科研论文146篇，形成科研成果集《做有智慧的教师》，经过研究，经纬人方向更明确，思路更清晰，坚持"强师资、严管理、高质量、有特色"的办学方向，进一步强化师资队伍，进一步规范学校管理，进一步提高教学质量，以一流的师资、一流的教育、一流的管理、一流的服务，创造一流的的教学质量，培养一流的人才，办出一流的学校，成为经纬人的全新追求。这一课题研究，获国家一等奖。我在经纬学校工作的两年，经纬学校2005年进入全国社会满意学校，2006年又获全国先进民办学校的殊荣。

四 快乐的人生追求

教师最大的骄傲就是创造出人类优秀的灵魂

爱学习，多读点书

在联合国教科文组织召开的面向 21 世纪教育的国际研讨会上，有学者提出："未来职员要有三本教育护照，一本是学术性的，一本是职业性的，第三本是证明自己的事业心和开拓能力的。"我的学术水平、职业素质、事业心和开拓能力，都是一个很平常的人，做教育工作，志愿超越自我，提高学术水平，适应职业需要，做一个有事业心和开拓能力的人民教师，别人爱金钱、爱权力、爱美人，我要爱学习、爱工作、爱研究。一向对自己规定三项任务，一是爱学习，多读点书；二是爱工作，多干点实事；三是爱研究，多出点成果。我爱学习，爱工作，爱研究，把别人玩扑克、搓麻将、进舞厅、搞第二职业所花的时间和精力都用在学习、工作和研究上了。

爱学习，多读点书，提高自己的理论水平，从学习中追求富有。人类社会的财富有两种：物质财富和精神财富。教师要在物质财富上富起来，是有一定困难的，除非搞第二职业，但在精神上富起来是完全可能的，用人类创造的知识财富来丰富自己的头脑，这种富有可以成为我们每一个教师的不懈追求。物质生活的追求有三个层次：求生存，谋发展，图享受。我的一生始终处于求生存这一最低层次，在物质生活上已经打消了谋发展，图享受的欲望，决心在学习中去追求富有。在实践中探索科学的学习方法，养成良好的学习习惯，通过勤奋学习，提高自己的学术水平。

第一，在实践中探索学习方法，是获得并掌握科学方法的根本途径。这是因为三个因素：（1）任何一种科学学习方法，都不是与生俱来或凭空产生的，都是在实践中用心探索的产物。离开了学习实践，纵使你有天大的本事也不可能产生一种科学的学习方法来。（2）尽管客观上存在着有最基本的学习方法，但只能起指导作用，不能代替个人在具体学习过程中的具体的方法。（3）别人的先进的学习方法固然很好，但离开了自己在实践中的感性经验作为基础，也还是不可能接受或接受不了的。这要从两个方面着手，首先要根据自己的实际情况大胆地探索，因为各人所处的地位、环境条件的不同，学习方法也不相同，"学习有法，学无定法，贵在得法。"100 个人有 100 种学习方法，千差万别，很难找到一个运用于任何人在任何情况下都适用的学习方法。华罗庚教授说得好："搞学问极重要的是独立思考，各人应依照自己的特点，找出最适合的道路，听了别人的学习、研究方法就以为我也能会学习、会研究了，这就无异于吃颗金丹就会成仙，而无需经过勤修苦练了。"纵观古今中外，一些名人大家的学习方法和科学方法，各有千秋，且现实而又具体。如哥白尼的勤于观察法，培根的注重实验与归纳法，顾炎武的"重复"学习法，马克·吐温、法布尔的精力集中法，朱熹的循序渐进、熟虑精思法，苏东坡的"八面受敌"读书法，笛卡尔、李四光的大胆怀疑法，韩愈的"提要钩玄"法，列宁的有系统有计划学习法，陆游、颜元的"躬行实践"法，鲁迅读书"随便翻翻"法，吴含的卡片积累资料学习法等等，没有一个是完全靠抄袭别人的，而都是自己从实践中大胆地探索和创造的结果。其次，要善于总结实践过程中的正反两方面的经验。只要学习，总会在学习过程中取得一些正面和反而的经验，问题要善于总结，才能将其感性经验上升为理性认识，使之带有普遍方法论的意义，进而有助于进一步深入学习。同时总结学习过程中的反面经验，吸取在学习过程中走过的弯路教训，也能从中找出一些带有规律性的科学学习方法。印度著名诗人泰戈尔在《飞鸟集》中说："真理之川从错误之沟渠中流过。"事实确实如此，我在现实的学习过程中掌握的一些科学方法，都是自己在走过很多弯路的基础上总结出来的。总之，路是靠自己走的，科学的学习方法主要靠自己在学习实践中用心探索创造。走不完的是世上的路，读不完的是世上的书，走路是一种风景，读书也是一种风景，不走路是什么风景也看不到。俗语云：行万里路，读万卷书。我爱学习，爱工作，爱研究，养成一个最基本的方法就是"随笔反思法"。随笔，就是作读书笔记，写工作日记，有研究记录，记生活点滴，对随笔进行反思，产生新的问题意识，解决问题形成新的思想和新的策略；"实践出真知"，自身的反思能力是在自己的反思过程中形成和提高的，反思的过程可以分为"已有经验→观察分析→重新概括→再次检验"四个环节。已有经验，在学习的过程中，意识到问题的存在，并明确问题的情境；观察分析，以批判的眼光反观自身，分析问题的根源所在，对问题情境形成更为明确的认识；重新概括，在观察分析的基础上，寻找新思想、新策略来解决所面临的问题；再次验证，在检验的过程中对新的经验又开始新的循环，产生新的真理性的认识。

喜欢读书，坚持作读书笔记。不动笔墨不看书，读书时圈点、批注，密密麻麻，读后有感而发，写点心得体会。"书到用时方恨少，事非经过不知难。"为了充实自己，每周阅读一本理论专著，每天阅读多种期刊，非教育期刊谈教育是典型经验，要过细琢磨；专业期刊论述同一问题，要有比较地阅读分析；国家、省、市、县教育部门的文件，结合自己的工作实践，认真领会。例如：我1995年8月踏进县教师进修学校，任党总支书记，1996年初，曾校长退下来，又任校长职务，两副担子一肩挑。我没有上过大学，也没有进过师范院校，教师进修学校的教育、教学、管理，对我来说是一部全新的书，一点都不懂，只是感到新鲜。但我及时提出"师范性、研究型、现代化"作为教师进修学校整体改革的发展思路，形成一个课题，让大家来研究。这是我在总结自己几十年教育、教学、管理经验的基础上，认真读书，反思创新，得出的科学认识。我认为，当好校长，有时要站在县教育局长、市师训站长、省教育厅长、国家教育部长的角度去思考问题。

阅读文件，研究对策。我阅读了美国的教育、英国的教育、日本的教育，重要的是中国的教育书刊，精读了教育部师范教育司马立司长的《面向21世纪，振兴中国师范教育的思考》，马立的师范教育思想开启了我的头脑，与时俱进，学成于修。我到教师进修学校第一篇成功之作就是《师范性、研究型、现代化的思考》，这一思考得到了省师资培训中心主任顾松棋、书记贾腊生、省师范处副处长潘莉等领导同志的肯定和赞赏，他们看重了，我们的劲头就更足了。学无止境，最好的学习方法就是在实践中探索。通过大家的努力，1996年，学校获得两个省级荣誉：湖南省先进教师进修学校和省教育教学先进单位。

第二，养成良好的学习习惯。教育老前辈叶圣陶曾经说过："什么是学习？简单一句话，就是要养成良好的习惯。"良好的学习习惯包括两个方面：一方面是一般的学习习惯，主要包括随笔反思、自觉学习、专心听讲、认真笔记、工整书写、归纳整理、独立思考、质疑问难、勤于练习、广泛涉猎，还可以举出一些。另一方面是专业学习习惯，文科类学习要养成勤查词典、朗读背诵、提要钩玄、读写训练等良好习惯；理科学习要养成精确运算、勤于检验、熟记原理、严格操作等良好习惯。良好学习习惯的养成，需要经过一个长期的训练途径。有三个观点：一是强化学习情景刺激，一个人之所以形成某种习惯是因为一定的刺激和某些有关的动作在其大脑皮层形成了巩固的、暂时的神经联系，在学习生活中强化一定的情景刺激：一听讲就作笔记，一阅读就摘抄，不动笔墨不看书，经过长期训练，随笔反思形成习惯。二是调动各种心理因素，习惯作为一种心理品质并非孤立存在，一个习惯的形成与动机兴趣、情感、意志、技能、性格等心理因素密切相关。一般来说，动机、兴趣和情感是习惯产生的原因，意志是习惯养成的中介，而技能和性格是习惯养成的结果。我的学习兴趣很浓，养成了坚持读书的习惯，有写得一手好字的动机，并有坚持不懈的意志，便能养成工整书写的习惯，也容易掌握技能。所以说，调动心理因素养成习惯，不仅是必要的，而且是可能的。三是健全学习行为规范。行为规范了，习惯也就好了。要养成良好的学习习惯，必须有良好的学习行为规范。领导作报告，你就要用心记录，做到专心听讲，不讲小话，不随意走动，思想不开小差，关掉手机……一旦有不规范行为及时检点，立即纠正，习惯成自然，久而久之，良好的学习行为转化成良好的学习习惯。

我从小就有自己的学习兴趣，有自己的学习方法，形成了自己的学习习惯。听报告、听讨论，我尽自己水平记下讲话内容，然后认真领会别人的劳动成果，通过反思转化为自己的理性认识和开拓能力。例如，1994 至 1995 年，我三次听魏书生的报告，并反复研读了他的《班主任工作漫谈》，他不仅讲的精彩，而且写的漂亮。听他的报告，如沐春风；读他的著作，如饮甘露。我决心向魏书生学习，将记录他的三次报告进行一番精心整理，形成 5 万字的报告记录；他讲的怎样做人，重点是怎样做教师，怎样当校长、当书记，当什么干部都用得上。就是说做人、做教师要处理好四个关系：（1）人与社会的关系。（2）人与工作学习的关系。（3）人与人、教师与学生的关系。（4）人与自己的关系。每个关系的处理讲了三个观点，共 12 个自然段，中心思想是转变人的观念，讲得好！我遇上了魏书生，这也是一种幸运。了解、研究、学习魏书生，应当成为自己的终生追求。我把他的报告概括为"真修身、善待人、美为师、乐处世"12 个字的人生哲学，写出一篇《转变观念，走活人生这步棋——和青年谈学习魏书生》。实际上是我的一个讲座，向魏书生学习，在教师培训中都讲了这么一课。和青年谈学习魏书生，青年学生，尤其是青年教师要了解、研究、学习魏书生，我认为重在转变自己的观念，系统地、全面地把握魏书生的基本立场、观点和方法，以魏书生的真善美去战胜自己的假恶丑，做到"真修身、善待人、美为师、乐处世"才能走活人生这步棋。我在学习的过程中，坚持理论与实践有机结合，作读书笔记，听报告记录，写工作随笔，书研究随想，记生活点滴。每天晚上 10 点开始，记录半个小时以上，天天如此，月月如此，年年如此，有感而发，把一天最深刻的感悟记录下来，形成千字文，这是我的一种读书方法，也是一种良好的学习习惯。

第三，我把学习当作生活的一个重要组成部分。在学习生活的过程中，形成了一个特殊的通用公式，就是：兴趣＋方法＋习惯＋勤奋＝成功。爱学习，就是一种兴趣，动机纯洁、情感丰富、志向坚定，兴趣就很浓厚；方法科学叫"随笔反思法"，就是勤动笔墨、多看书的学习方法；习惯成自然，每天自觉、自愿、自信地学习，学习，再学习；勤奋，勤学苦练，奋斗不止，"教海无涯乐作舟"。成功，就是学有所成，功到自然成，爱学习，不断提高自己的学术水平，教学技能。这一公式也适用于我的工作、研究、生活，所以说是一个通用公式。将学习、工作、研究融入生活之中，一年的随笔有20～30万字，对自己来说是一笔宝贵的精神财富。

爱工作，多干点实事

工作需要创新，要创新就必须探索。我，一个教育工作者，在探索的教育生涯中，从事过小学和初中教育，职工和农民业余教育，党员和干部理论教育，高中教育，中小学教师继续教育和中小学校长培训，还有民办教育。近半个世纪，共探索过10种教育工作，当教师站讲台，教过小学、语文、数学包班，教过初中语文、数学、物理、政治，高中政治，教师培训的《思想修养》和《职业道德》、《教育科研》和《法学基础》，校长培训的《邓小平理论》和《哲学原理》，中专的《政治经济学》和大专的《逻辑学》，还有《党建理论》，共16门课程。教育教学和管理的对象有小学生、中学生、中专生、大学生、幼师和群师，中小学教师和中小学校长，工人和农民，还有县直机关和乡镇干部，扮演过各种不同的角色，进入到各种不同的教育工作，不同学科的教学，不同的管理规范，真正体验起来，是很有情趣的。为教育事业探索一生，是一个大杂家，我是工作第一，干哪一项教育工作，教哪一门学科，管理哪一个班，哪一所学校，都是认真扎实，顽强拼搏，不达目标誓不罢休的，做到干一项、爱一项、专一项，争取项项出成果，创奇迹！

我曾经对自己提出过这样一个要求：当个好校长要先当个好教师，当个好书记要先当个好党员！当教师要塑造三重境界：第一，把教育当作一项事业，事业的意义在于奉献；第二，把教育视为一门科学，科学的价值在于求真；第三，把教育当作一种艺术，艺术的生命在于创新。作为一个教师，为事业而奉献，为科学而求真，为艺术而创新。首先要学会站讲台，我对新教师提出"一三五八十"的要求：一年站稳讲台，三年教学过关，五年形成自己的教学风格，八至十年成为骨干教师和学科带头人。这也是自己的亲身体会。教学生要塑造三育素质：如果智育不合格，那是次品；如果体育不合格，那是废品；如果德育不合格，那是危险品；只有实践、创新、德智体全面发展才是上品。好教师才能培养出好学生来，我到教师进修学校，担任过九门学科的教学，在实践创新中体验到进入角色是当好教师的前提，为人师表是当好教师的灵魂，知识丰富是当好教师的资本，爱护学生，关心差生是当好教师的核心，妙趣横生是当好教师的基本功。只有自己打下了当好教师的基础，才能具备当好校长的条件，我还致力于师资培训的研究，

《邵东县教师继续教育的全面探索》、《新时期对教师的新要求》、《未来教育对校长素质的新要求》、《怎样教好政治学科》、《教师怎样写好教研论文》和《教师怎样进行教育科研》等作品，分别在省或国家级书刊上发表或获奖。站稳了讲台，并且还有所研究，成为了一名好教师，且得到了同行的认可和赞许，才可以真正取得当好校长的资格。

当校长要塑造三重身份：既要是一个有理念的教育家，真正懂得教育规律；又要是一个有胆略的企业家，变学校管理为事业经营；还要是一个精明能干的社会活动家，里里外外、上下左右都要能沟得通、和得来。教育家、企业家、社会活动家，是我当校长的理想追求，志愿做一个科研型的好校长，实际距离还相差得很远。当好校长要有自己的工作思路，工作思路的形成，自身素质要有两个条件：一是实践基础，二是理论功底，实现理论和实践的有机结合。我在石株桥乡公田学校当罗耕畴校长的助手三年（1972－1975），在石株桥乡政府当联校校长罗益凡的助手六年（1976－1981），在邵东七中当李芹南校长的助手一年，当校长九年（1986－1995），在教师进修学校当曾靖民校长的助手半年，当校长四年（1995－1999），当助手把自己当校长看，积极主动地工作。我当正副校长达二十多年，向同仁学，集省内外十几位校长的管理经验于一身，有实践基础。我以自己的理论勇气，将西方科学与东方哲学融合起来，产生了新的思维方式和思想方法，系统而有特色地研究学校的教育、教学和校长管理，提出了"东西结合，改革发展，建设系统工程"的工作思路，西方科学是西方发达资本主义国家在新技术革命中产生的划时代的科学理论，控制论、信息论、系统论、协同论、耗散结构论和突变论，统称系统科学，我灵活运用其中四大原理：一是整体观念，"部分功能的总和不等于整体功能"，强调整体效应；二是有序原则，牢记"系统的结构决定系统的功能"；三是最佳观点，选择最优方案，使系统具有最优功能，这是工作的出发点和最终目标；四是反馈原理，"信息的及时反馈"。学校的教育、教学和管理要建立完整的信息渠道和信息反馈制度。做校长工作，始终强调系统观念，也要求每一个领导、每一位教工，把学校的每一份工作都放到学校这个系统中去整体有序地思考、运用反馈原理，实现最佳控制，达到理想境界。东方哲学，特别是当代中国的马克思主义——邓小平理论，改革发展是工作的主题，改革是动力、发展是目的。以邓小平的"教育要面向未来、面向世界、面向现代化"的教育思想为指导，开展整体改革实验。改革教育，包括教育思想、内容和方法，以师为本，两代师表共同塑造；改革教学，素质教育进课堂，落实全面发展、全体发展、主动发展，坚持教师为主导，学生为主体，训练为主线，提高教学质量，关键是提高校长和教师的素质。改革管理，建立计划体系，严格过程管理，搞好效果评价，这一工作思路，是哲学方法论和科学方法论与具体教育科学理论的有机结合，用它来指导学校教育、教学和管理，运用得法，便顺理成章。"教学有法，教无定法。"同样，"治校有法，治无定法，贵在得法"。当三五年校长，才有初步认识，十多年以后，才逐步成熟起来，在邵东七中做校长工作十年，改革教育、教学和管理，形成"一二三"系统工程，坚持一个中心，以教学为中心；改革两个焦点，教育和管理，从而显示出"公认的质量、严谨的校风、系统的管理"三大特色。校长工作实现了从经验管理向科学管理的转变。在县教师进修学校做校长工作四年，构建起多个"一二三四五"系统工程。1996年，校长指导进修学校工作，形成一个系统工程；坚持一个中心，以教学为中心；改革两个焦点，教育和管理；发展三大特色：师范性、研究型、现代化；落实四率评估，在常规教学上分优劣，在教学研究上定档次，在培养人才上见高低，在综合评估上排座次；塑造五种形象：领导、党员、团员、教师、学生，都要塑造自己美好的形象。1997 年，指导全县的教师和校长培训，又形成一个新的系统工程，一个中心，以县教师进修学校为培训基地，由县教研室科研导向，县仪电站发展电化教学，构建县教师素质发展中心；两支队伍，培训科研型校长队伍和素质型教师队伍；建立三级培训网络，县宏观调控、乡镇中观管理、学校微观组织；落实四率评估，以送培率评价计划管理，以出勤率评价组织行为，以结业率评价教学质量，以优秀率评价学员的主观能动性；保证领导、辅导、经费、制度和科研五项措施到位，这样实现了教师培训的科学化、规范化、制度化。1999 年，还构建起"坚持一个理念，增强两种意识，开展三项实验，创新四大机制，活跃五张平台"，县级农村教师校本培训指导模式。学校管理建立"校长行政，书记保证，主席监督"的领导体制，校长行政，就是实行校长负责制，副级分工负责制，处室主任责任制，做到行政人员"智出一班、令出一人、戏唱一台"，"思想同心、目标同向、工作同步"，形成一个"政治强、工作实、业务精、作风硬"的能创名校的领导班子，在管理制度上认真探索、实践、积累和总结，吸收现代管理科学的最新成果，借鉴兄弟学校的先进经验，主编了《学校教育管理实务选编》，形成了教育、教学和管理的科学体系。校长落实目标管理三步曲，首先抓计划管理，其次严格过程管理，最后，搞好效果评价，形成一个及时反馈的最佳控制的系统工程，要求学校领导，所有教师的工作、教学都要放到这个大系统中去考虑。面对 21 世纪的中小学教师的新要求，积极探索师训规律，走科研兴校的发展之路。1996 年及时提出"师范性、研究型、现代化"整体改革实验，这一课题经过两年多的研究，成果在县、市、省，甚至全国产生了深远影响，校长的系统思想转化为学校全体领导的系统理念，学校的师训工作一年一个台阶，始终走在同类学校的前列。1996 年迎来了邵阳市小学教师基本功现场会的召开，1997 年为湖南省小学教师继续教育教学研讨会提供了现场，1998 年成功地举办了建校 40 周年庆典活动，学校进一步向全省显示出"师范性、研究型、现代化"三大特色。

　　我对自己还有个提法：当好书记，先要学会当好一个共产党员。我是一个苦边出身的孩子，是共产党给了我一切，跟共产党走，从小就坚定了这一立场，读高中时，就想争取入党，从高一起，每个学期都要向学校党组织递交入党申请书。高三时，成为学校五名非党积极分子之一，并当了个非党积极分子的小组长。高中毕业后，当上民办教师，1972 年在公田学校加入了中国共产党，争取做一名模范共产党员，坚持拥护党的基本路线、方针、政策，在政治思想和实际行动中，以党中央、各级党委及其所在的党支部保持高度一致，忠诚党的教育事业。年轻时以工作为重，每天吃一顿饱饭，工作 12－16 个小时，总不感到累，患有 20 年的胃病史，1987 年作胃切除手术，主刀的医师说："你今后不要工作了，每年到疗养院去疗养 3－4 个月，还可以活几年好的。"我抱着无所谓的态度，出院第二天就去上班，一天也没休息。年老了又患上帕金森，这是个"不死的癌症"、"世界医学难题"、"无法根治的疾病"，每个月医疗费需要 3000－5000 元，还只能控制病情向恶性发展的速度。老伴患腺颗粒细胞癌，2005 年做过手术治疗，还患有严重的糖尿病、胆结石、冠心病、玄晕症多种疾病在身。小孩患尿毒症，曾在 1999 年和 2005

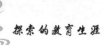

年两次作肾移植，现在住武汉同济医院准备作第三次肾移植，一家三病并发，精神痛苦在旁人看来是不敢想象的。我始终以学校工作为乐，将疾病痛苦置之度外，时时处处以雷锋为榜样，以魏书生为楷模，全心全意为师生服务。2005年退休后，学校请我当科研顾问，工作到2015年，一个时期，我校长、书记一肩挑，还坚持站讲台，承担一个教师的工作量，超负荷工作，却拿最低的报酬。学校党员同志议论：老罗信念坚定，思想纯洁，心胸宽阔，与人为善，团结同志，是一个模范共产党员，赢得了上级领导的表彰和学校师生的普遍赞誉。

我认为当书记要塑造三重形象：一是班子的政治领导，实践"三个代表"；二是学校的管理专家，师生为本，勤廉为先；三是师生的道德楷模，做共产党人，做21世纪的中国人、做国际人。在实施"校长行政、书记保证、主席监督"的领导体制中，书记保证，一是保证校长行政，当好校长的参谋；二是保证主席监督，工会主席充分发挥工会的监督作用，教代会的职能作用；三是主管学校德育教育和思想政治工作，坚持"广泛性与先进性、培养和使用、教育和管理"相结合，形成党政工团学齐抓共育的机制，建立长期的爱党、爱国、爱校的教育制度，使育人制度化、规范化，使学校的教育工作和思想政治工作落到实处，具体做法有三：第一，办青年预备党校。学校团委会、学生会、班长和团支部书记，一批优秀学生吸收参加党校学习，每月学习两次，每月的第一个星期日和第三个星期日为党校学习日，让优秀青年接受党的知识洗礼，树立共产主义人生观、提高优秀学生的自治自理能力，在邵东七中办学4年，教师进修学校办学6年，先后吸收400多学生干部参加培训，先后接收18名优秀分子加入中国共产党。这一新生事物《邵阳日报》和《邵阳工作》曾先后报道过4次。第二，创新爱国主义教育。形成党政工团学齐抓共育的机制，探索爱国主义教育"知、情、行"三结合，做到课堂教学增长爱国知识；课外活动激发爱国情感；引导实践规范爱国行为，实现"知、情、行"三者有机结合，达到增长知识、激发情感、规范行为的教育目标。第三，狠抓校风建设。组织各项爱校教育活动，弘扬"领导真抓实干的作风，教师真教实研的教风，学生真学实练的学风"，共同形成"忠诚、团结、博学、修德"的优良校风，还有坚持班研活动，每周一次，以转化后进生为突破口，围绕"创文明学校，建文明班级，当文明教师，做文明学生"开展各项主题活动，这样，学校的德育和思想政治工作，落到了实处。

爱研究，多出点成果

什么叫研究？在实践中钻研理论，论证理论的正确性和先进性；或者用理论探究实践，把在实践中获得的新认识上升到理论高度去思考，这种钻研理论、探究实践、实现理论和实践的有机结合，就是研究，用书面文字或成品表述出来就是研究成果。著名教育家苏霍姆林斯基说："每一位教师都来写教育日记，写教育随笔和记录，这些记录是思考和创造的源泉，是无价之宝，是你搞教育科研的丰富材料和实践基础。"我从参加教育工作那一天开始，就坚持写工作日记，做读书笔记，记生活随笔，形成一种良好的学习习惯。随笔反思法对我来说，是一扇思想之门，是一扇智慧之门，是一扇教育科研之门，一旦走进这扇门，就能一步一步走向宽阔，走向成熟，趋向真善美。一个教育工作者，一辈子研究的是一堂课的教学得法，一个学生的健康成长，一个班级的有序管理，一所学校或一个单位的创新发展，这当中有无穷的学问。近年来，我担任中小学教师和中小学校长的《思想修养》、《职业道德》和《教育科研》的教学，从理论和实践的结合上，系统地总结教育、教学和管理经验。根据教师继续教育的实际需要确定自己的研究方向，重点进行了四项研究。

第一项，进行教师职业道德教育研究。首先在全县组织专题调查，在调查的基础上，召开有县教育局领导和专家参加的专题会议。我写出《邵东县中小学教师职业道德现状调查和对策研究》的调研报告，以指导全县中小学教师职业道德教育。其次，主编《教师职业道德概论》一书。2001年初，我参加在内蒙古呼伦贝尔召开的第七次全国小学教师继续教育研讨会，代表湖南先进单位在大会上发言，产生了积极影响。沉春光等几位同志与我对话，讨论教师职业道德教育问题。这一教材推我审稿，由内蒙古出版社出版。重要的是上好《教师职业道德》课，结合自己的理论研究、教学实践与道德修养，根据不同培训对象，编写不同的教学专题，对小学教师继续教育讲《道德、师德与人生》，对初中教师讲《今天怎样做教师》，对中小学校长培训讲《转变观念，走活人生这步棋——向魏书生学习》，对这些调研报告、主编教材与教学讲座，经过加工制作，都见刊、见书、见报，成为研究成果，喜悦之情，不言而喻。

第二项：教育科研的指导性研究。教师和校长培训，我承担《教育科研》这门课，教师培训有新教师，在岗教师，还有骨干教师，校长培训，有小学校长、中学校长，还有中小学校长提高班，没有合适的教材，对象不同，要求也应该不同。我认真研究教育科研讲座，尽力满足不同对象的不同要求。与新教师谈教育科研写两个讲座《做一位研究型教师》和《怎样进行个案研究》，对新教师如何构建新课程理论，提高科研素养，学会科研方法，提高科研能力，进行个案研究，讲两个半天，指导新教师去认真探讨。与骨干教师谈教育科研，编出《三新鼎立与百花齐放》、《怎样撰写教研论文》、《怎样撰写教育科研报告》、《选准、研透、写够》四个讲座，讲四个半天。对小学校长培训讲教育科研，编撰有《科研理念、科研素养与校本研究》、《教育科研的基本方法》、《教育科研成果表述的主要形式》三个讲座，讲三个半天。对中小学校长提高班，讲教育科研，我对自己多年做课题研究的实践进行反思，就研究的过程、方法、内容，讲自己的亲身体会，形成"过程要规范、方法重选择，内容求务实"三个基本观点，写成《教师怎样做课题研究》一个讲座，还可以供校长们回校使用。我的一些教学讲座、管理经验，经过多次反思，加工制作都成为研究的成果。

第三项："三名工程"的实践与研究。教委主任曾益谦同志在校长会议上提出实施"三名工程"（名教师、名校长、名学校）的设想，在教委的指导下，我经过深入学习，认真研究，形成了一系列文字。《名师工程的设计与思考》，在全国第七次小学教师继续教育研讨会上交流，《名校长工程的设计与思考》在《湖南教育干训》上发表，《中国改革先锋》上转载。《三名工程把中小学教师继续教育推向新阶段》，谢吉美校长在省校长协作会上交流，《邵东全面启动三名工程》在《湖南教育》上报道。

还有第四项：新闻通讯指导研究。1985年，我在省委党校进修宣传业务，当时省委龙部长讲"新闻宣传"，新闻处肖处长讲"新闻通讯"，他们的讲课，让我对新闻报道产

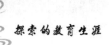

生了爱好。经常在县、市教育刊物上发表一些教育简讯，连续五年评为"优秀通讯员"。打这之后，曾赴北京参加过全国教育系统新闻宣传培训班，这次学习又助长了我的通讯写作兴趣。应中小学校长培训的要求，我对他们作了"新闻三讲"的指导，坚持理论与实践相结合，治校有法，治无定法，贵在得法，先后对我县十几位中小学校长的治校经验进行了实地采访，形成"人物通讯"，分别在《共和国骄子》、《中国和谐之声》、《管理观察》等刊物上进行了报道。

我有个深刻体会：要想成为研究型教师，必须从平凡的教学做起，不断地进行思考、教学、反思和总结，这样持之以恒，经过一定时间后，随着教学水平的升华，教学能力的提高，教学理念和教学思想的建立，自然就会成为一名研究型教师。学校要营造一种学习、研究的文化氛围，引导教师不停地学习和研究。教学研究是解决教学问题，提高教学效率的途径，是研究型教师成长的必经之路，它是由教学和研究两方面组成的，缺一不可。如果只教学不研究，一个人不可能成为研究型教师，一个教师只研究不教学，那末他的研究也就失去意义。只有在教学过程中进行研究，用研究成果促进教学，两者紧密结合，这样研究成果才有指导作用，才会有推广价值，这样的研究型教师才能受到大家的认可和尊重。

做有心人，到研究中寻找喜悦，不断创造科研成果。我在1999年里，有两项科研课题获奖：主持的《"师范性、研究型、现代化"整体改革实验》获市一等奖，参与省教育学院吴文德教授主持的《心理教育与人的发展》实验子课题研究获省二等奖；参与主编三本专著：《青少年学习方法》（副主编，红旗出版社）、《学校教导管理概论》（副主编，安徽大学出版社）、《中华教育教学文丛》（副主编，中国经济出版社）。每本专著写有一章内容；还发表论文8篇：《探航》入选《求是》杂志社出版的《鲜红的党旗》，《构建素质教育发展中心的设想》载《湖南小学教师》（1999年第二期）、《未来教育对中小学校长的新要求》和《志在成为科研型校长》入选《中国知识经济文选》和《湖南教育干训》，《全面的素质教育需要素质全面的教师》入选《中华新论》，《走科研兴校之路》载入《中国跨世纪发展战略文献》，《我县教师队伍素质状况的调查与分析》获省三等奖，还发表省级通讯3篇，共计12篇，每篇作品见刊、见报、见书，感到高兴，喜在眉头笑在心。

2000年与安徽宿州师专张理华教授合著《教师教学技能训练》，是一本中小学教师继续教育用书，在报刊上发表并获奖的论文8篇，省级教育通讯3篇，其中《邵阳日报》1篇，《邵阳工作》1篇，《湖南教育》1篇，《湖南教育干训》2篇，《湖南小学教师》4篇，还在国际刊物上发表2篇，作品《县教师素质发展中心的构想》载香港《现代教学论坛》杂志，《我的师德观》刊《当代教育名家论坛》。当看着一篇新作公开发表，供全社会承认、分享和利用时，自己付出的汗水得到了回报，内心里产生着由衷的喜悦。

我对1991年到2008年共计18年的个人档案资料进行整理，将自己学习、工作和研究获得的各种荣誉进行了粗略统计，这里先得说明几句，1991年以前的资料存在老家，1998年家里3人有病无钱治病，只有把家里三间住房和全部家产低价出卖了，存放个人档案的书箱被丢失了，无据可查，很多记忆不起来了。1991年至1998年的资料也是不全的，只有1999年以后的个人档案资料比较齐全，所以从1991年到2008年，共18年的资料分类统计如下：

1. 获各级各类优秀、先进荣誉称号共 40 个，其中县级奖励 23 次，市级奖励 3 次，省级奖励 2 次，省先进个人和省中学特级教师；国家级奖励 12 次，有全国优秀教师，全国十大抗帕明星之一，全国人文社会科学名家，20 世纪成功人士等称号。

2. 论文发表并获奖，共 54 篇。其中县级 3 篇，市级 5 篇，省级 14 篇，国家级 31 篇，国际级 1 篇。《探索工程型继续教育全面提高中小学教师素质的研究》荣获世界重大学术成果特等奖，载入《世界重大学术成果精选》（华人卷）大型理论文献，10 年以后，2017 年经国际评审专家委员会通过对该成果初审、复审，一致认为该成果虽已发表多年，但在理论学术界有着重要的研究价值，值得广泛宣传与交流，评为世界华人重大创新成果金奖，个人授予世界华人创新成果贡献奖。由世界华人文化名人协会、世界文化艺术研究院、中国毛泽东思想与特色社会主义研究会联合颁奖。

3. 期刊社聘任职务，共计 28 个。《新教育》、《21 世纪教育》、《共和国骄子》、《中国和谐之声》4 个期刊社聘为记者，《发现》杂志社聘为副理事长，全国"十五"、"十一五"重点课题研究调研组长，还有 1 个常务理事、3 个理事；1 个高级研究员，3 个特约研究员，2 个研究员；2 个调研员，1 个通讯员，一个观察员，1 个信息员，4 个会员，1 个学术秘书，1 个特约顾问等荣誉证书。

4. 著作编辑职务，共 18 个。《当代中国人才库》荣誉主编，《教师职业道德概论》主编，《学校教育管理概论》和《青少年学习方法》第一副主编，《中国教育教学文丛》、《现代教育文集》、《师魂·师韵》、《教育教学论坛》、《党旗颂——中国共产党 90 年奋斗与辉煌》、《三湘教师优秀论文选》、《中国领导科学文库——向党的十八大献礼》等 10 个副主编。还有《共和国骄子》、《中国国际交流（教育）出版社》和《管理观察》三家杂志特约编委，《中华现代教育》和《鲜红的党旗》两家编委。

以上统计，获各级优秀、先进荣誉称号共 40 个，论文发表并获奖共 54 篇，期刊社聘任职务共 28 个，著作编辑职务共 18 个，还有其他荣誉称号 46 个，共计 186 个荣誉称号。今天回忆起来，真的让我感到高兴、快乐、幸福，喜悦之情自然流露！一个教育工作者最大的骄傲就是创造出人类优秀的灵魂，把自己所学到的知识全部无私地奉献给学生，奉献给参加培训的教师，这就是我人生最大的快乐！

前面我回顾了自己的学习、工作和研究，此三者是辩证的统一，学习是工作和研究的基础，不终身学习就不可能更新知识、创新工作业绩和产生理论升华；工作是重点，在教育、教学和管理实践中积累了学习经验，才能实现理论和实践的结合，产生各种研究成果；研究的理论一旦形成，就能更好地指导自己的工作和学习。所以学习、工作和研究，不是一种负担，而是一种享受！说实在的，学习上的富有，工作中的情趣，研究后的喜悦，都是人生的精神享受，这就是我快乐的人生追求。

不是尾声

人生是一场考试，每个人在离开人世的时候，都要毫不例外地向后来人交出一份有价值的人生答卷，人生的价值在于奉献，为谁而生活，为谁而奉献，不同观点的人有不同的回答：为自己生活，只为个人奉献；为爱情生活，只为恋人奉献；为家庭生活，只

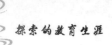

为伴侣儿女奉献；为虚荣而生活，只为表面奉献。作为一个人民教师的价值，在于教书育人，为学生奉献，为教育奉献，为社会奉献。我在学生时代，就追求奥斯特洛夫斯基所说的一句名言："人的一生应当怎样度过？当他回首往事的时候，不致于因为虚度年华而痛悔，也不致于因为过去碌碌无为而羞愧，在临死的时候，他能够说：我的整个生命和全部精力都已献给世界上最壮丽的事业——为人类的解放而斗争！"今天，我在回忆往事中，没有痛悔，也没有羞愧的地方，也能够这样说：我的整个生命和全部精力都献给了中国最神圣的事业：教书育人。人生的价值在于奉献，人生的价值在于创造一个有价值的一生，而有价值的一生应当是奉献的一生 。写好这样一份答卷，她不像文化考试那样简单，她不仅需要美德，而且需要智慧；她不仅需要抱负，而且需要追求；不仅需要汗水，有时还需要全身心地付出。我的《往事回忆》，简言之是三个阶段：苦难的童年生活，曲折的求学经历，探索的教育生涯，用"苦难、曲折、探索"精神，创造出快乐的人生。

我那探索的教育生涯，从1966年到2015年，刚好半个世纪。积半个世纪的教育、教学和管理经验，获得一些人生体验，进行反思，加以钻研和探究，上升到理论高度去思考，产生了一些新的认识：（1）我所追求的快乐的人生。爱学习，多读点书，提高自己的学术水平，从学习中追求富有；爱工作，多干点实事，创造自己的开拓能力，在工作中体验情趣；爱研究，多出点成果，探究教书育人的科学规律，到研究中寻找喜悦，这就是我快乐的人生追求。（2）我的师德观。真修身：自己解放自己，发展和超越自我，选择积极的角色进入社会生活；善待人：全心全意为师生服务，热爱差生，建立互助的人际关系；美为师：老师是太阳底下最美好的职业，教书育人是一个宏大的世界，学习、工作和研究，各人有各人的方法；乐处世：要用理想主义的态度鼓励自己，用发展的观点看问题，学会适应社会和环境，实现人生真善美的统一，乐在其中。"真修身、善待人、美为师、乐处世"这就是我向魏书生学习以后形成的师德观。（3）21世纪的新型教师，面向未来，面向世界，面向现代化，真诚而勇敢地探索教育规律，从而达到一个新的境界，实现主观和客观的统一，这就是现代教师科学的世界观。（4）21世纪的新型教师，追求崇高的理想信念，纯真的道德情操，强烈的仁爱之心，先进的教育思想，精湛的教学艺术，深厚的科研素养，不断的创新教育，实现真善美的统一，其乐无穷。这就是现代教师的人生观。（5）以坦诚面对自己，面对师生，面对事业，面对社会和环境，教书，传道授业解惑；育人，以真善美除去自己的假恶丑，心底无私，教书育人，奉献师生，奉献事业，奉献社会，这就是现代教师的价值观。

人生的答卷，不仅应该包括在生的言行，而且包括死后的影响。我的《往事回忆》，这些文字，包括后面的《论文精选》、《新闻通讯》、《科研讲座》、《人生感悟》等文字，如果对今人有所启迪和赏识，而且对后人也能产生一定的积极影响，那才够得上是真正有意义的答卷。错误的东西也在所难免，期待今人和后人的批评和指导。

第二卷　论文精选

　　把想说的话准确地表述出来，把看到的人和事具体地描述出来，形成书面文字就是文章；再加点艺术手法，就是文学；在教育工作中，提出一个问题，从理论和实践的结合上进行论证，就是论文。这里，所选发表并获奖的文字，如果有一两篇能引起读者心灵的共鸣，那才是好作品。

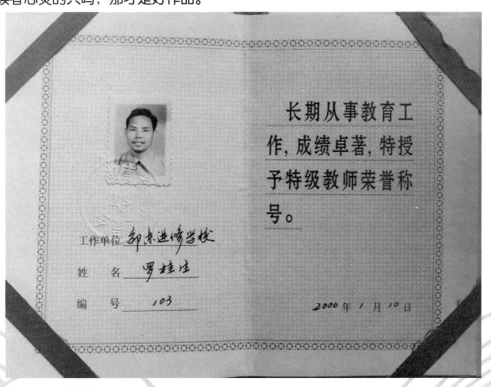

长期从事教育工作，成绩卓著，特授予特级教师荣誉称号。

工作单位　邵东进修学校

姓　　名　罗桂庄

编　　号　103

2000年1月10日

校长的"一二三"系统工程

我当校长的工作思路，是建设"一二三"系统工程。

以邓小平同志建设有中国特色的社会主义理论和现代管理科学作指导，集省内外十几位名校校长的工作经验于一身，把一所中学的教育、教学、管理作为一个综合的系统来研讨。经过多年实践，探索出"保证一个中心、改革两个焦点、发展三大特色"的中学目标管理经验。学校工作以教学为中心，这是永恒的真理，它通过抓一个关键四个硬件来保证。我认为关键是向教师要质量，重点是培养青年教师。采取"计划进修、以老带新、压担子"的办法，对青年教师提出"一三五"的目标和"五个一"的要求：要一年站稳讲台，三年教学过关，五年形成风格；要有一本好教案、一种好教法、一堂好课、一篇好论文、带出一个好班。保证教学工作的中心地位，把质量抓上去，还必须紧扣四个硬件：一是稳定常规教学，备课、上课、作业、辅导、实践，在组织五项"十佳"评选活动上分优劣；二是大兴教研之风，形成以教研组为中心的研讨格局，组织教改实验，开展听课、讲课、评课活动，总结教学经验，在教育教学成果上分档次；三是发展第二课堂，每个教师根据自己的特点，指导科技、学科、体艺兴趣小组，在培养合格加特长的高中生上见高下；四是严格学籍，严肃考风，严禁排斥差生，在综合评估教学质量上排座次。每一个教学环节实现最佳控制，形成公平竞争。

改革是动力。除教学外，教育和管理是学校里两类互相渗透、互相促进的工作，又是深化改革的两个焦点，如鸟之两翼，是学校腾飞的原动力。

改革教育，包括改革教育思想、内容和方法，我适应社会主义市场经济发展的需要，组织"跨世纪青年"教育，以育人为本，建设文明校风；以身立教，强调用干部的领导作用、党员的模范作用、教工的示范作用去影响学生；探索爱国主义、行为规范、劳动技术教育的系统化，规范化，制度化；常年组织学雷锋、青年志愿者服务、振兴中华读书教育活动。

改革管理，注意传统经验的筛选和提炼，建立计划体系，重视过程管理，搞好效果评价，全面实施目标管理。行政工作，完善校长负责制，"三处一室"主任责任制，讲究领导艺术，做到思想同心，目标同向，工作同步；教工管理，实行 m 工作法，量化、质化教工劳动，落实岗位责任制、结构工资制，最大限度地调动全员积极性；学生管理，推行学风、班集体建设和班主任工作三项考评办法，落实德育评估；后勤管理，坚持服务第一，实行合同承包，双层经营，发展校园经济。实现校领导由经验管理向科学管理的转变。

发展是目的。学校工作中心突出，焦点鲜明，自然发展成为学校的特色。近年来，邵东七中以"一流"的管理、严谨的校风、公认的质量独树一帜，赢得师生、家长、社会的共同赞誉：这里校园清新雅静、设施日趋完备、管理科学有序，为师生工作、学习和生活创造了一个宽松舒适的环境；这里领导"勤政廉洁，民主求实"，教工"善诱爱生，严谨务实"，学生"文明勤奋，团结进取"，以作风、教风促学风，形成了"严爱勤实"的新校风；这里一大批老教师有独特的教学风格，一批中年骨干勇于开拓，一批讲

台新秀生机勃勃，师生拼搏勤奋，教学质量在中学界里屈指可数，一直名列前茅。

"保证→改革→发展"，"中心→焦点→特色"，三者相辅相成，形成一个反馈信息，最佳控制的系统工程，得益于特色理论的正确指导。以后，我胸有成竹，更有志于保证教学工作的中心地位，抓住教育工作和目标管理两个改革的焦点，发展学校的特色、教师的特点、学生的特长，办出一所有自己特色的普通中学来。

竞争·改革·和人·克己
——谈校长非权力意识的修养

校长意识如何，在很大程度上决定着学校工作的好坏。过去，校长凭借组织上赋予的职，手中掌握的权，行使领导，教师以简单的服从、敬畏和守纪来处理领导关系，在改革开放的今天，这种权力意识在逐渐削弱，让教师从理智的信赖、敬佩和真实来统一领导关系，则更需要以校长本身的模范作用去影响教师。我以"竞争、改革、和人、克己"来要求自己，在实践中不断加强这种非权力意识的修养。

一、竞争的劲头

校长以"公平竞争"导向，提出目标、实施管理、动员师生。

首先，确定竞争目标。办好一所学校，要有明确的奋斗目标；实现目标，要有具体的建设规划；实施计划，要有完整的指导思想。我从理论和实践的结合上分析论证，提出"向着一个目标，增强两种意识、发挥三大优势、实现四个创新"的设想，提倡公平竞争，坚持稳步改革。几年来，我无论处在逆境之中还是顺风之时都能保持清醒的头脑，始终运用这一基本指导思想，决策学校各项工作。

其次，完善竞争机制。一方面，把社会主义的公平竞争溶于学校各项管理之中，落实计划管理、制度管理、质量管理，加强规范化建设；另一方面，把目标管理、计划管理、制度管理、质量管理溶于一炉，实行 m 工作法和述职报告制，对教工劳动、竞争效益进行综合的质量评估，分别优良中次，激发教工劳动、公平竞争的积极性。

三是形成竞争局面。校长博采众长，集各兄弟学校的管理方法、教育教学经验于一身，结合我校办学实际，积极创造条件，广泛动员师生，大胆实践，以校长的竞争劲头，激励和带动广大师生的竞争精神。我校与兄弟学校之间、学校内部各部门之间、班级之间、师生之间，教育、教学、服务、管理各个方面，出现了公平竞争的局面，促进了学校各项工作的发展。

二、改革的胆略

学校以不断完善党支部集体领导下的校长负责制，"三处一室"岗位责任制和全体教工实行 m 工作法和述职报告制为基础，狠抓规范化建设，大胆借鉴兄弟学校的先进经验。校长带队组织考察了衡东、祁东、岳阳、隆回、汨罗和本县一批学校，新学年里又实施"学习三校经验、拓新目标管理"的新决策。

一是借鉴衡东一中，强化德育管理。组织军训，整肃校容风纪；推行新的班风班纪考核办法，形成规范化的德育管理制度；开展三好五学活动，创办预备党校，组建红十字会，加强了德育教育的针对性和系统化。

二是学习邵东三中，优化教学工作。狠抓教学常规建设，对教师教的常规、学生学的常规和教学管理常规提出明确具体的要求；同时立足于"改革考试制度"和"调整教学计划"，各教研组开展教改活动，进行教育教学改革探讨，撰写教改论文80余篇；还在创办学生社团组织、开展学科活动，发展学生特长方面迈出了新的步伐。

三是效法祁东二中，搞好后勤服务。我们克服各种困难和阻力，搞好生活设施的配套建设，试行"钱粮统管，集体开餐"的生活管理制度，为维护学校正常秩序、净化学校环境、减轻学生负担、发展校园经济、改善师生生活，促进学校稳步发展初步显示了积极作用。

三、和人的气度

和人就是团结人。校长要有"以诚和人、宽容同志"的气度。我从三个方面去和人。

一是领导班子的真诚合作、团结共事、正确处理党政工三家关系。领导之间的分工合作关系，做到原则大事不糊涂，枝节小事不计较，少数服从多数、个人服从组织。在执行决策中，持不同议论者，往往到领导人员中寻找"知音"，这就要求所有领导坚持按集体决策做正面工作；工作有成绩、归于同志，工作出问题、敢于承担责任。

二是增强"教师意识"。心里想着教工，关心、接近、了解、体贴教工，支持教工的工作，帮助教工排忧解难，不以位自居，以权压人，以威行事，盛气凌人，凌驾于教工之上。注意经常检点自己。"吾日三省吾身"，不断总结经验教训，以诚待人，把教工的积极性转化为凝聚力，同心协力搞好学校工作。

三是团结不同意见的人。注重自己的品性修养和思想方法的训练，做到"用人之长，容人之短"；"罚不避亲，偿不避仇"；搞"五湖四海"，不搞顺我者昌，逆我者亡；正确运用批评和自我批评，对埋怨、中伤、非议、谩骂，"不管风吹浪打，胜似闲庭信步"。特别是团结跟自己有分歧的、不尊重自己的、跟自己闹过别扭的、跟自己作过斗争的、自己在他面前吃过亏的那些人一道工作。为了党和学校的利益，对同志能宽大、容忍和委曲求全，甚至在必要的时候愿意忍受各种误解和屈辱而毫无怨言。

四、克己的精神

当校长要克己奉公，无论何时何地必须"一身正气，两袖清风"，任劳任怨，起表率作用。

为人师表，教师做学生的表率，校长是教师的表率，这是无声的命令、无形的力量。我信守一条原则：要求教工做到的，自己首先做到，不仅让师生听我讲，而且让师生看我做，跟我走。

一是政治上不糊涂。认真攻读马克思主义理论，积极宣传社会主义思想，旗帜鲜明地反对资产阶级自由化，以自己的实际行为表现自己高度的事业性，政治的敏感性和工作的原则性，把党和人民的利益放在个人利益之上。

二是经济上不马虎。拒腐蚀、永不沾，为学校利益竭尽苦心，个人不搞半点特殊，不打公家半点主意，住最差的房子，拿最低的奖金；招生、转学、收费，坚持原则，不徇私情。

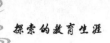

三是工作上不飘浮。以务实、严肃、科学的态度做好校长工作，既坚持集体决策，又勇于个人负责；处理部门工作，统筹兼顾，而又具体指导；对教工工作，勤于了解，做到胸中有数，既有全局，又有典型。保持旺盛的工作热忱，不怕艰难困苦，乐于自我牺牲，千方百计完成党交给自己的工作任务，有成绩，不怕人不知，不怕被埋没；有缺点过失，虚心接受批评，有怨言、挖苦、攻击，也耐心听取，冷静思考。

综上所述，公平竞争的劲头，稳步改革的胆略，以诚和人的气度，克己奉公的精神，校长的这种非权力意识，只能在教育、教学、服务、管理的实践中去陶冶，使自己不仅为人之师，而且也为人之范，从而能更好地做好党所交给的工作。

运用反馈原理　指导政治教学

教学活动是一种信息传递，可以合理运用反馈原理。所谓反馈，指的是把系统输出的一部分信息再输送回来。对比分析，及时发现偏差，从而调节输出。通俗地说，馈就是输送。反馈，即一送一返，来回传递，它是调节和控制系统的基本形式。政治教学，就是一个信息的获取、传递、加工、贮存、处理和使用的过程。教师要实现对教学过程的理想控制，就必须实现教学反馈。

本期，我接手三个班的《经济常识》教学后，进行集体问卷两次，开座谈会四次，个别谈话二十余人，广泛地收集学生对教学的反映，诚恳地要求学生实事求是地评价政治教学，对未弄懂的概念、原理勇于质疑，对教学方法大胆批评，对如何改革教学发表见解。仅两次问卷，71人提出167条意见，其中教学内容质疑的45条，要求更新教学方法的40条，教学建议的82条。我在同学们中开诚布公，教学内容上，把带普遍性的问题，拿到班上集体释疑，特殊问题与个别同学交谈；教学方法上，尽力采用同学们的合理化建议，改"封闭式"为开放式，改"注入式"为探求式，改"备考式"为转化式。这样，师生在交流信息的同时，心声、情感也在进行了交流，彼此更加了解和亲近。这表明，如果只有教师发出信息，收不到学生的反馈信息，系统的闭路通道没有畅通，教师无法调整信息和发出转换的新信息。而且，教师只有及时地判断学生的反馈信息，使信息的获取、传递、交换、处理达到理想的控制，才能实现教学过程的优化。因此，我将反馈原理贯穿于教学的过程，与备课、讲课、作业、第二课堂教学活动有机地结合起来，建立必要的信息反馈制度。

第一，从三条途径捕捉备课信息。一是总结自己的经验，根据往届的前馈信息，确定哪些东西难懂，分析在什么地方容易出错，估计学生在学习后会出现什么问题。二是吸取间接经验，从教参中了解教学重点、难点，从教学杂志上获取别人对教材的处理，对重点、难点的突破。三是向新老教师请教。在教研组内集思广益，取长补短，上课的成败，首先决定备课的好坏，备课要考虑的因素，序列、层次都是复杂的。通过上述途径捕捉大量信息后，才伏案精心设计教案。

第二，用三种方法传递讲课信息。一是设计学生主动探求的教学程度，或"明白要求→自学探求→重点讲解→综合训练→自学小结"；或"定向→自学→讨论→答疑→自测→自结"；或"确定目标→阅读品议→讨论消化→训练采用"四部曲，培养学生独立

52

获取知识和运用知识的学习方法。二是开展双向疏导式的课堂讨论，对基本原理的运用，教师和学生均可提出问题，尤其鼓励学生发表自己的见解或提出疑问，师生之间开展民主对等争论，求得正确结论。三是及时传递对学生的评估信息。对四优生（作业、小论文、成绩、答问优胜者）进行表扬、赞许，给予肯定的评价，使其获得精神上的满足，提高他们的学习兴趣。课前课后均活动在学生中，利用短时间的自然对话、询问，及时获得学生的信息反馈。

第三，辟三种形式处理作业信息。一是书面的，课后思考复习题倒本做，及时收交批改，通过批改作业，发现上课的不足，把正确答案及时传输给学生，弥补学习上的不足。二是口头的，课前复习提问，让学生对模糊不清的概念或原理作重新解释，一节课快要结束时留几分钟，把课堂所讲的内容，由学生归纳，教师补充。三是实践的。利用节假日，指导学生运用基本观点、基本原理有目的地进行社会调查，这种特殊作业，可以深化教学内容，巩固教学成果，及时获得社会上的信息反馈。

第四，开三条渠道，活跃第二课堂。一是组织学习兴趣小组，形成一批学习积极分子和得力助手，让他们自主开展"时政学习"、"知识抢答"、"即兴演讲"、"经济论坛"等活动。及时地、经常地向教师交流信息。二是开展"小论文"活动。每学完一课书，运用已学原理，写一篇小论文，并组织小论文宣讲和评选活动。三是进行形势教育。以《半月谈》为读本，运用实事求是的观点、全面的观点、发展的观点，学习党的方针政策，认清当前形势，提高反"和平演变"的自觉性，以强化正确、辨别错误，收到良好的教学效果。

此外，每次测试以后，除课堂集体进行试卷分析外，还与不同分数段的同学面议试卷，可以更系统全面、更准确完整地获得正反馈信息，回顾反思自己的教学。

我认为，这种多层次、多形式、多渠道的师生间的信息反馈，有助于把握教学状况，找到目标差距，从而开拓新的教法、指导新的学法、探求新的考法、实现教学改革，达到提高教学质量的目的。

功到自然成

——我在教育、教学和管理上的系统研究

多年来，我校长兼书记，担任一个年级（五个班）的政治课教学，还创办了青年党校，研究和推广了政治课的"三结合教学法"，教工的"m 工作法"和中学目标管理的"一二三系统工程"。回顾我在教育、教学和管理上的系统研究，把握教育规律，是有一番功夫的。用得上气功大师的一句名言："顺其自然，功到自然成"。下面粗浅地谈三点体会。

一、实践基础和理论功底

做研究工作，自身素质要有两个条件：一是实践基础，二是理论功底。

我 1966 年祁东一中高中毕业，人年轻，血气方刚，好学上进。留校参与学校管理，工作两年，68 年正式当民办教师，七十年代在乡村工作，当过小学教员，初中教师，任

过公社集体干部、文化辅导员兼农民教育专干。八十年代进县城工作，先在教委当成教专干，后到县委宣传部，抓过职业教育、党员教育和干部理论教育。近二十年做了八个方面的教育工作，成为一个大杂家，与学生和教师，与工人和农民，与机关干部和上层领导，都沟得通、和得来。丰富的教育实践，从多面手到专门家，这是做研究工作的必由之路。

我不断进修、自学，有了较深的文字和理论功底。78 – 83 年，在湖南教育学院进修中文。93 年接受中学校长岗位培训，收集和考察了省内外十几所重点中学的管理经验，奠定了教育理论功底，尤其是 85 年，在中共湖南省委党校进修马列，接受了两种新思想：一是控制论、信息论、系统科学（三论）的基本理论学习，并对有关的哲学、方法论问题进行过探讨；二是对邓小平建设有中国特色社会主义理论的学习和探索，此后系统思想和特色理论在自己的头脑里融合起来，产生着新的思维方式和思想方法。学习特色理论，学习名人教育经验，每年有读书笔记、工作日记 20 万字，收集整理有价值的档案资料 50 万字。从自己的工作实际出发，在教育、教学和管理上进行认真的系统研究，实现认识和实践的统一，这是我在事业上想搞出点名堂来的根本方法。

二、基本思路和研究课题

系统思想＋特色理论，是我从事工作、学习和研究的基本指导思想。当今世界，新技术革命的潮流正以不可阻挡的气势改变着我们的生活方式，冲击着我们的思想观念。世界进入系统时代，系统研究和系统方法的运用，直接影响着社会工作、社会管理和社会生活。干工作、搞管理，必须打破思维方式和思想方法上的固步自封，去开创新的路子，总设计师邓小平，敏锐地把握这一时代，既继承前人，又突破陈规，表现出了开辟社会主义建设新道路和开拓马克思主义新境界的巨大勇气，创立了当代中国的马克思主义——特色理论。我以自己的勇气，坚持系统思想和特色理论的结合，去研究学校工作，去做校长工作、书记工作、教学工作，指导每一位教师树立系统思想。把每一个人、每一份工作，都放到学校这个大系统中去整体考虑，运用信息反馈，实现最佳控制，以形成自己工作上、教学上的风格和特色，再放到中学界、社会大系统中去参与竞争。

系统思想＋特色理论，根据这一基本思路去研究教育、教学和管理工作，我设计了四个方面的研究课题。一是在教育上的"一二三人才工程"。就是以培养四有新人（合格＋特长的学生）为目标；建有两项正规的爱党、爱国教育制度，办预备党校和开展"五心"教育活动；狠抓领导、党员、学生干部三支骨干队伍的过硬建设，这就是当书记的职责。二是用"三结合教学法"改革政治课教学的全过程。每一课书、每一框题的教学，以"增长知识、培养能力、提高觉悟"三结合为总目标，贯穿于充实教学计划、更新教学形式、坚持集体备课、改革课堂教学、讲究课外辅导、减轻课业负担、检测教学效果、重视课后实践等八个环节之中，形成八个三结合。这是当好领导、先当好教师的现身说法。三是教工 m 工作法。根据教师劳动的特点和教育教学工作难于计算负荷的实际情况，提出一种模糊估算教工劳动的方法（m 代表质量），类似结构工资，提倡满负荷工作，设有十项奖励，全面质化、量化教工劳动，按量计酬、论质授奖。把目标管理、计划管理、制度管理、质量管理熔于一炉，形成述职报告，较好地调动了教工积极性。

上述三项研究，是教育、教学、教工管理的专题研究，它为整体服务，也产生着明显的整体效应。四是整体研究，推广了中学目标管理的"一二三系统工程"。就是把学校的教育、教学和管理作为一项系统工程来建设，保证教学工作的中心地位，抓住教育工作和管理工作两个改革的焦点，谋求学校的发展，办出"公认的质量、严谨的校风、一流的管理"三个特色。实行目标管理"三步曲"：首先抓计划管理，形成计划体系；其次严格过程管理，坚持述职报告，记录工作实绩，抓好典型、落实阶段任务；第三搞好效果评价，制定教工年度考核评优办法，建立三级评估指标体系，形成系统管理。校长工作实现了由经验管理向科学管理的转变。

三、深化认识，功到自然成

进行课题研究，必须经过实践、认识、再实践、再认识的渐进过程，认识才能不断深化，不断发展，说"顺其自然，功到自然成"是很有道理的。

"教学有法，教无定法"。同样，"治校有法，治无定法"。做三、五年校长，才有了初步的认识。1991 年，我的《竞争　改革　和人　　克己——谈校长非权力意识的修养》，在《湖南教育研究》91 年第 3 期上刊出，《编者按》指出："我们期待在改革的大潮中涌现更多更好的治校经验，涌现大批卓有成效的名校长"。这就向自己提出了一个校长的奋斗目标。《邵阳工作》91 年第 7 期，以《邵东七中校长罗桂生治校有方》推介了我的 m 工作法和目标管理，它迫使我进一步去发展这一认识。

93 年上期，进湖南教育学院参加中学校长岗位培训，是我理论上的又一次提高，我抓住了这一机遇。我认真总结了多年来从事校长工作的经验，从事政治教学的经验，写出了两个总结：一是《我的校长工作思路》获结业论文一等奖，在《校长论坛》第一集上作为首篇刊发；二是《思想政治课教学的八个三结合及其应用》，载《湖南教育研究》93 年第 4 期。回校工作以后，又从理论和实践的结合上修订了《邵东七中 m 工作法实施方案》，做到工作质量与奖励挂钩，全体教工能正确处理质与量、精神与物质、奉献与报酬之间的关系，实践证明这一方案是科学的。还组织政治教师继续探索"三结合教学法"，自己重点研究了运用反馈原理指导政治教学和框题目标教学。94 年，县教研室组织全县政治教师在七中召开"三结合"教学研讨会，推介了我的"导读——导议——导练"三结合，爱国主义教育的"知、情、行"三结合。

系统思想＋特色理论，这一工作思路指导着我的全部工作，也指导着学校每个教工的工作，落实在学校教育、教学和管理的每一个环节之中。学校每年的工作计划，管理过程，不断提出新问题，解决新矛盾，总结新经验。《校长的一二三系统工程》，94 年入选《师魂·师韵——献给共和国第十个教师节》，这是我多年校长工作研究的概括和总结。一所普通中学在管理上提供的经验，县市先后五次在这里召开现场、研讨会，有邵阳市、邵阳、新邵、洞口、隆回、双峰、祁东等兄弟县市的中学领导来这里考察。

去年底，我又提出抓四项合格建设，塑造五个形象的设想。一是要树立建设思想，达到四个合格：当合格领导，有特点；当合格教师，有特技；做合格学生，有特长；创合格学校，有特色。二是要自我塑造优秀形象，领导要像领导样子，党员要像党员样子，团员要像团员样子，教师要像教师样子，学生要像学生样子，五个形象的自我塑造像样

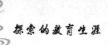

了，这所学校必然会像个样子。我将按照自己的工作思路，先塑造自我，以师德楷模、育人表率、教书行家的形象，去影响和推动学校这个系统工程的研究和建设。

系统思想和特色理论的结合

1985 年，我有幸在中共湖南省委党校进修马列主义基础理论。我抓住机遇，从理论和实践的结合上伏案攻读，学习和接受了"三论"和"特色理论"两种最新思想，为我十多年来当书记、做校长工作，奠定了理论功底。系统思想和特色理论的结合，成为我从事教育、教学和学校管理的根本思想方法。

系统思想，在新技术革命中产生的重大理论成果，"三论"即控制论、信息论、系统论，我把它叫"西方科学"，并就有关的哲学、方法论思想进行过深入的探讨。当今时代，世界新技术革命的潮流，中国的改革开放、市场经济的走向世界，正以不可阻挡的气势改变着我们的生活方式，冲击着我们的思想观念。世界进入系统时代，最优控制、信息反馈和系统方法的运用，在很大程度上直接影响着社会生活和社会工作。一次难得的机会，我们应邀参加了省委组织的"振兴湖南经济"的研讨会，论文宣讲很有水平，农村工作部的专家，畅谈发展农业；水电厅的学者，纵论开发洞庭和湖南四水；社科院的院士，深刻分析发展湖湘优势；湖大教授充分阐述生物工程的前景；能源工业的研究员，主张兴建原子能发电站；省府重要领导，从东江水电站说起……这些专家、学者、院士、教授、研究员、领导，能从不同侧面论述"振兴"之道，谁人能综合这一系列方案，科学地构建振兴湖南经济这一巨大系统工程呢？听后，有识之士都思考着，期待着。这一深刻启示，我矢志不忘。一个省如此，一个县，一个单位，何尝不是如此？干工作、搞管理，必须打破思维方式和思想方法上的固步自封，解放思想，实事求是，树立起系统观念，才能开创出新的路子。

特色理论，对社会主义的再认识，我把它叫"东方哲学"。总设计师邓小平，敏锐地把握这一时代，既继承前人，又突破陈规，表现出了开辟社会主义建设新道路和开拓马克思主义新境界的巨大勇气，创立了建设有中国特色的社会主义理论。在党校，我学习和掌握了三个重要东西：（1）特色理论的精髓是解放思想，实事求是，要始终如一地坚持党的思想路线；（2）特色理论的基本内容，要坚定不移地走建设有中国特色的社会主义道路；（3）党的建设理论，要聚精会神地把共产党内部的事情办好。今天，用特色理论来指导社会主义建设、指导各项工作，已经成为全党同志的自觉行动。

系统思想＋特色理论。我以自己的理论勇气，把这种"西方科学"与"东方哲学"融合起来，坚持系统思想和特色理论的结合，产生出新的思维方式和思想方法，系统而有特色地做书记工作，做校长工作，去研究教育、教学和学校管理，并指导每一位教师树立系统观念，把每一个人、每一份工作都放到学校这个系统中去整体思考，运用信息反馈，实现最优控制，形成自己工作上、教学上的风格和特色，不断参与教育界、社会上大系统中的必然竞争。

对教育、教学和学校管理进行认真的系统研究，办出学校特色，实现认识和实践的统一，我从四个方面设计研究课题。

第一，办青年预备党校。当书记，做思想教育工作，必须树立核心思想，聚精会神地把党组织建设好。坚持"广泛性和先进性"、"培养和使用"、"教育和管理"三个相结合，建设好领导、党员和学生骨干三支队伍。领导示范，自己以身立教，要求全体领导做到"思想同心、目标同向、工作同步"，保证各级政令的畅通无阻。党员形象，坚持党日活动，健全党内生活，发挥模范作用，保证党对学校的核心领导。培养学生骨干，办青年预备党校，学制一年，把学生干部和优秀团员吸收到党校学习，教育他们当突击手、排头兵，做校园生活的主人，一个个成为校长、书记的助手。六年来，党校培养建党积极分子256名，接收和向部队、高校推荐了32名优秀青年入党。青年预备党校是陶冶优秀青年的熔炉，培养共产主义者的摇篮，广大青年向往的圣地。领导示范、党员形象、学生助手三大作用的发挥，学校文明、卫生、安定，校风严谨。

第二，研究"三结合教学法"。多年来，和王贯彻合作，共同探讨改革政治课教学的全过程。每一课书、每一框题的教学，以"增长知识，培养能力，提高觉悟"三结合为总目标，贯穿于充实教学计划、更新教学形式、坚持集体备课、改革课堂教学、讲究课外辅导、减轻课业负担、检测教学效果、重视课后实践等八个环节之中，形成八个"三结合"。市、县"三结合教学法"研讨会，还推介了课堂教学的"导读——导议——导练"三结合，爱国主义教育的"知、情、行"三结合。

第三，推广"教工 m 工作法"。根据教师劳动的特点和教育教学工作难于计算负荷的实际情况，提出一种模糊估算教工劳动的方法，m 代表质量，提倡满负荷工作，设有十项奖励，全面质化、量化教工劳动，尤其是重视质量管理，提出"向教师要质量"，按"一三五"目标和"五个一"要求培养青年教师，新教师要一年站稳讲台，三年教学过关，五年形成风格：有一本好教案、一堂好课、一种好教法、一篇好论文、带出一个好班。一大批优秀青年教师脱颖而出，全体教工参与质量竞争，在常规教学上分优劣，在质量考核上排座次，在教学研究上定档次，在培养人才上见高低，每年汇编印发一集《教育教学成果一览》，客观公正地评价了每个教工的劳动，较好地调动了教工的积极性。

上述三项研究，是教育、教学、教工管理的专题研究，它为整体服务，也产生着明显的整体效应。

第四，实施"一二三四五系统工程"。这是学校目标管理的整体研究，就是把学校的教育、教学、管理作为一项系统工程来建设，创造出"保证一个中心、改革两个焦点、发展三大特色、加强四项建设、塑造五种形象"的目标管理模式，同时，落实目标管理"三部曲"：首选抓好计划管理，形成计划体系；其次，严格过程管理，坚持日查、周总、月评，记录工作实绩，抓好典型推动，落实阶段任务；再次，抓好效果评价，制定教工年度考核评优办法，建立三级评估体系，形成系统管理、特色管理，校长工作实现了由经验管理向科学管理的转变。

我在教育、教学、管理上的系统研究，建设自己的工作特色，学校的办学特色，取得了一系列的研究成果。在市级介绍推广的有：《校长治校有方》，载《邵阳工作》91年第7期；《一流的管理，舒适的生活》，长篇通讯载91年11月28日的《邵阳日报》；《怎样搞好后勤工作的系统管理》三篇，入选《邵阳市普教财务研讨会经验汇编》；《反馈原理在政治课中的应用》，93年入选《邵阳市中学政治教学论文选编》。在省级以上介绍推广的有：《竞争·改革·和人·克己》和《政治课八个三结合及其应用》分别载于《湖南教育研究》91 年第 3 期和 94 年第 4 期；《我的校长工作思路》载湖南教育学院《校长论坛》93 年第 1 期；《校长的一二三系统工程》和《功到自然成》，分别选入 94 年和 96 年的《师魂·师韵》；校长写真《向教师要质量》，载 94 年 4 月 9 日的《湖南教育报》；《转变观念，走活人生这步棋》，入选《三湘教师优秀论文选》。91 年国家教委授予我"全国优秀教师"称号，生平事迹入选《中国当代教育名人传略》、《中外名人辞典》，这些研究成果的取得，归根结底得益于系统思想和特色理论的结合。这一新的思维方式和思想方法，将继续指导着我去研究和建设学校教育这个系统工程，去努力发展教师的特点、学生的特长、学校的特色。

如何创造"0"的记录

——邵东县教师进修学校综治工作汇报

我校是教师的摇篮，又是一所集大专、职高、师资培训为一体的综合性学校。现有教职员工 65 人（含外聘人员），在校脱产学生 613 人，函授学员 1120 人。学校地处县城西南角，原属两市镇、大和塘、檀山铺两乡一镇的交叉路口，是"三不管"的城防弱点。学生来自全县各个角落，层次多、素质差、流动快，增加了教育和管理的难度。学校有一整套现代化的设备，如地面接收站、差转台、语音室、电脑室等，价值 100 多万元。贵重财产，难以保护。过去社会流氓骚扰学校，偷盗抢劫，学校内部打牌赌博、打架斗殴等案件时有发生。1987 年，中央讲师团来我校讲学，一天晚上，讲师团十来人的财物洗劫一空，惊动了省教委，影响到全国。1992 年，职高班学生李×、宋×等在校拉帮结派，纠集校外青年，双方持刀动枪斗殴，学校一时不得安宁。

面对学校这一严峻的治安形势，我校党总支、校委会经过慎重思考，做出果断决策：认真贯彻执行了中央、省、市、县有关社会治安综合治理工作精神，开展全面整顿，强化综治意识，强化法制教育和强化制度管理，积极引导学生向文明健康的方向发展。我校的治安面貌有了彻底改变，1994—1995 连续两年学校师生违法犯罪率为零，没有出现过一次大的民事纠纷和一件治安案件、刑事案件，未发生过罢课、请愿、集体上访、非法游行等事件，也未发生过一次火灾等意外事故，成为我县教育系统一片文明安定的绿洲。

我们采取"三强"的具体作法是：

一、领导重视，强化综治意识

如何搞好学校的综治工作，我们认为领导是关键。

一是主要领导亲自抓。两年来，校委会将学校的综合治理纳入学校工作的重要议事日程。学校校长亲自担任综合治理领导小组组长，并配有一名副校长主管综治工作，一名专职保卫干部具体抓。规定学校每月一次专题会议，每天安排一个领导值班，对所有管理工作及各项制度的落实进行仔细检查，每周公布一次情况；同时，层层签订《社会治安综合治理目标管理工作责任状》，仅 95 年，学校与各处室、班级及学校、教工签订责任状 687 份。这样，多层次管理，综治工作落实到了每一个人身上，出现了群防群治、齐抓共管的局面。95 年 9 月的一天夜晚，同学们正在安静地自习，邵东武馆的几个学员溜进学校作乱，刚上楼梯，被学校曾靖民校长发现，面对几个牛高马大的武馆学员威胁恐吓，他毫不畏惧，严厉制止，命令他们滚出学校，保卫干部姜志龙和学校其他领导也闻讯赶来，将这几个武馆学员抓到办公室，狠狠批评教育了一顿，学校又恢复了安宁。

二是保卫干部敢于抓。姜志龙同志腿勤、脑勤、口勤、手勤，一个人当几个人用；他不怕权势，不畏强暴，原则上面不让步；他不怕讽刺挖苦，不怕打击报复；他不计名利，默默奉献，成为进修学校的坚强卫士。校委会对保卫干部特殊对待，学校行政会，作为专门处室负责人列席参加，所提出的问题，着重研究；综治工作所需的经费、开支，学校作为特例不折不扣地解决。几年来，学校花费在综治方面的经费（包括保卫干部的服装器械、奖金、学校安全防范设备等）就达 11300 元；同时，保卫干部在稳定秩序、落实制度、处理案件中，常得罪个别人，但是，无论发生什么矛盾，只要是为了工作，校委会总是为保卫干部撑腰，从不推卸责任。两年来，姜志龙除具体负责学校的综治工作外，还担任学校的团委书记，兼抓学生的思想教育工作，每周定期分班给学生上两节法制教育课，95 年下学期还兼任一个班的班主任，自己还参加了"三沟通"培训学习，工作量之大，任务之繁重，为我校乃至全县仅有。95 年上期的几个夜晚，学校女寝室窗前经常出现一个幽灵，尽管未掉东西，但女生都产生恐惧心理，影响了学生的睡眠与学习，姜志龙每晚深夜 12 点后在学校宿舍楼潜伏，一连守护了一个星期，终于抓获了这一案犯，维护了学校正常的学习、生活秩序。

三是健全组织分工抓。学校领导为强化综合治理，健全了治安、调解、帮教、禁赌、护校、防火等各种组织，每个组织的负责人均由校委会领导亲自担任，并积极开展工作。学校校长曾靖民、副校长彭德寿、保卫干部姜志龙经常带领护校队在校深夜巡逻，发现隐患及时处理，把各种问题消灭在萌芽状态。仅 94 - 95 就巡逻守夜 213 次，并都做了登记。94 年上半年，我校护校队在接受县综治办城区义务巡逻任务中，抓获了一名盗窃分子，受到了综治办领导的好评。

二、治本为先，加强法制教育

要想从根本上杜绝师生的违法犯罪，降低或消灭各类案件的发生，必须标本兼治，治本为先，加强对师生的法制教育，我们做了如下几个方面的工作：

一是增强教工的法制观念，提高依法治校的水平。我校校委会每月研究一次综治工作，组织领导学习了《宪法》、《治安管理处罚条例》、《湖南省社会治安综合治理条例》、《教师法》、《行政诉讼法》、《义务教育法》、《邵东县教育行政执法处理规定》等法律法规。在此基础上，再组织全体教师学习，并且，每个校委会领导都亲自授课，并对每个教师提出五个要求：要求全员参加，要求做笔记，要求讨论和总结，要求全员考试，要求全员合格。并将教师法制学习的检查和考试成绩纳入年终考核评估，与奖金挂钩。两年来，校委会领导共给教师上法制课 160 节，学校领导、教职员工的法制观念加强了，无一人违法犯罪。95 年在县普法办举办的"二五"普法考试验收中，我校全体教职工全部合格，并且配合县教委举办了两期《义务教育法》干部培训班。参加学习的为乡镇联

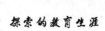

校校长、中小学校长，为提高全县教育系统干部的执法水平做出了重大贡献。

二是强化学生的法制教育，提高遵纪守法的自觉性。为了彻底根治学生中偷盗、斗殴等违法犯罪现象，我们采取了多渠道、多途径的法律教育。首先，我们发挥课堂优势，由学校领导、保卫干部、班主任利用周会课、读报课、自习课等向学生传授有关法律法规。其中对保卫干部做了硬性要求，全年对学生上法制教育课不少于 60 节，且将课程编入各班课表，规范化授课，规范化考试。其次发挥学校广播电视的优势，每天广播室播音中安排专门的《法制专栏》，每周的双休日组织未回家的学生观看电视，播放各类法制教育和安全知识教育片。再次，利用黑板报、墙报出法制专栏，组织学生参加公审、公捕大会，并与群力煤矿劳改支队联系，请来由犯人组成的"忏悔之声"演讲团到校现身说法，用活生生的事实教育全校师生。近两年学生写法制教育的心得体会 678 篇，向学校广播室投写法制教育通讯稿 369 篇，办法制宣传墙报 36 期。95 年经县普法办命题考试，师生全员参考，合格率均为 100%，评为市、县"二五"普法先进单位。

三是开展多渠道素质教育，加强对学生的正确引导。我们进修学校的特点是：任何一个层次的学生，都没有升学压力，大部分班级的学生也不存在分配压力，并且，在校学习，科目少，任务不重，这样，学生担子轻，闲余时间多，学生就会因无聊而无所事事，干些违法乱纪的行径，给学校、家庭、社会带来不必要的麻烦与损失。为此，我们对学生提出了总体要求：每个学生必须选择一个课外活动，充实自己的生活，提高自己的技能，并向学生提出了"不会画画去跳舞，不会打球去练武，样样不会就打鼓"的倡议。千方百计将学生引导到正途上来，坚决杜绝违法犯罪。学校开辟了第二课堂，组织了各种课外活动小组几十个，如文学社、美术社、武术队、体操队、歌唱队、舞蹈队、管乐队等，广泛开展活动。学校选配专门教师，利用课余时间训练，名目繁多的课外活动小组，不但吸引了广大学生热心参与，而且，将学生的业余时间集中在课外活动小组中，学生感到有事可做、有事能乐，不会感到空虚无聊，更不会去违法犯罪了。职高班李小林同学 95 年在各类报刊上发表文章数十篇；尹红波同学参加县"卡拉 OK 赛"获二等奖；学校歌唱队、舞蹈队 94 年参加了市电大"五·四"文艺汇演获一、二等奖；95 年文艺队代表邵阳市出席了省首届成人中师"友谊杯"文艺汇演，参加邵东县行业歌曲大奖赛获一等奖。

三、以法建制，强化制度管理

两年来，通过不断完善，我校对学生的各项管理制度和综治措施就有 97 种，并做到每日检查，每周小结公布，每月评估，期末评比，收到了良好的效果。首先，我们进行了封闭式教学，建立了"进口"制度，其中包括门卫制度、外来人员登记制度、学生出入制度、车辆进门制度等，学校安排专人管理校门，守卫传达室，杜绝了外来闲杂人员、地痞流氓进校骚扰，限制了学生随便外出，大大预防了各类案件的发生。95 年上半年的一天，县公安局保卫股的领导身着便装进校检查安全防范，被门卫拒之门外，直到掏出工作证验看后才准进入，保卫股长伸出大拇指连连赞叹："封闭式教学搞得好，难怪你们进修学校这两年来未发生一起案件。"其次，建立健全了学校重点部位的安全防范制度，学校的财物室、档案室、仪电室、电脑室、图书室、语音室等，都安装铁门、铁窗及防盗报警器，还有专人值班。如学校的仪电室，这两年的寒暑假都是保卫干部姜志龙带起自己的爱人背起被铺在里面守护，连大年三十夜也不例外。第三，强化了对学生的学习、生活管理制度。94 年 10 月，学校校委会经过充分研究，反复酝酿，几易其稿，制定了《邵东县教师进修学校日常管理制度》，包括《学生考勤考纪规定》、《课堂制度》、《寝室制度》、《集会制度》、《就餐制度》、《纪律管理条例》等 12 种。并坚决禁止学生打牌赌博、打架斗殴、偷扒盗窃、私自下河洗澡，进入"两室三厅"。现又在完善《学生操行评估细则》，有了制度，有章可循，学生会、团委会、班团干部、党校学员，充分发挥职能作用，骨干作用，实现了自治自理，学生受各种管理制度的约束，自己每做一件事，每说一句话，都会自觉地用学校的规章制度衡量自己，是否守法，是否遵纪，发现错误，自身纠正，一旦有违法犯罪行为的迹象，也就随之消失在萌芽状态之中了。第四，加强双休日重点管理。几年来，我们发现，学校发案时间常在节假日，特别是双休日，学校决定，双休日安排一名领导值班，两名工作人员管理，开放学校阅览室、图书室、音乐室、体育室、电脑室等。

此外，我们还建立了"学校、社会、家庭"三结合的教育制度。入校新生第一节课，由学校领导和保卫干部上法制课，对违纪学生的教育，与学生家长、所在单位、学生本人签订合同与责任状。对严重违纪的学生，还责令家长交适当押金，争取学校、家庭、社会联合教育，杜绝学生违法犯罪。如 92 年职高班李×纠集校外青年王×、张×手执刀具、火铳在校门外将同年级学生羊×砍伤，我们不是采取将他开除学籍，逐放到社会上去的方法，甩掉包袱的态度，而是与家长及时联系，共同教育，约束学生与家长和学校签订就读合同、治安责任状、递交押金；学生交保卫干部专管，每周找学生谈话一次，发现疑点及时做工作，学生每月向保卫干部交一份学习生活的汇报材料，通过保卫干部 20 多次的促膝谈心，终于使李×改正了缺点，94 年毕业前加入了共青团，李×现已在两市镇派出所工作，由一名过去的违法者变成了一个执法者。还有莫×、羊×等 27 个有劣迹（大部分是在初中、高中时形成的）的学生通过教育，转变成了合格的社会主义事业的建设者和接班人。

总之，由于我校党政领导对综治工作的重视，狠抓了广大师生的法制教育，强化了多项制度管理，综治工作取得了可喜的成绩。保卫干部姜志龙历年来被评为县教委、县公安局、县综治委、市教委安全保卫、综合治理先进工作者，95 年教师节被评为"市优秀教育工作者"，95 年底被评为市政法工作先进个人。我校历年来也被评为市、县综治工作先进单位、内保工作先进单位、法制培训先进单位、"二五"普法合格单位等。96 年是"九五"计划、"三五"普法的第一年，我们决心在各级党政的正确领导下，继续深入持久地贯彻执行中央、省、市、县有关综治工作的精神，大力开展依法治校工作，持续、稳定地保持我校违法犯罪率、各类案件、意外事故发生率为零的记录，把我校的综合治理工作推上新的台阶。

五种形像的自我塑造

学校工作，人的因素第一，领导、教师和学生，骨干是党、团员，开展五种形像的

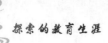

自我塑造活动，要求领导要像个领导样子，党员要像个党员样子，团员要像个团员样子，教师要像个教师样子，学生要像个学生样子。各自的形象塑造好了，一所学校必然会像个样子。"样子工程"的建设，它对于全面推进素质教育，提高学校的社会声誉，建设严谨校风具有十分重要的意义。

一、严格规范与综合要求

规范，就是做人的标准，当领导，当党、团员，当教师，当学生，要有个基本标准。我们参照领导干部的准则要求，党章和团章对党、团员的基本条件、义务和权利，中小学教师职业道德规范，学生守则及思想品德要求，规范这五种形象，每一形象形成六条标准，用以激励全体师生参与自我形象的塑造。这又是一项系统工程，还规定三条：1. 全体师生信守一条原则，要求教工做到的，领导首先做到；要求学生做到的，教工首先做到；要求别人做到的，自己首先做到。在工作、学习和生活中，从我做起，从现在做起，从点滴做起。2. 领导的示范形象、教师的主导形象、学生的主体形象的形成和发展，要充分发挥领导、党员和学生骨干三大作用，领导理应成为各种形象的化身，要求最高。3. 既要塑造共性，又要发展个性，当合格领导、党团员，要发展自己的特点，做合格教工、学生，要发展自己的特长，创合格学校，必须显示自己的特色。

二、主题活动与综合评估

自我形象的塑造，不是自发行为，而要成为广大师生的自觉行动。一是建立党政工团学齐抓共育的机制，分工负责，分阶段、有步骤地组织各种主题活动。例如党内的"创先争优"，团内的"跨世纪人才"推荐，教师的教学比武，后勤的优质服务，行政的科学管理，学生的"一班两室三生十佳"评选，在这一系列活动之中渗透五种形象的自我塑造。二是建立自我总结、群众推荐、学校终审三级评估体系，把自我塑造与各项终结性评价有机地结合起来。例如工会的"民主评议领导"，党、团员年度目标管理考核，教工的年度职称考核，学生的操行鉴定，坚持在行为规范上分优劣，在教学质量上排座次，在业绩成果上定档次，在无私奉献上见高低。表彰模范形象（15%），肯定合格形象（80%），鞭策暂缓合格者（5%），每期一次总结评估，坚持数年，必有好处。

三、典型引路与轰动效应

在五种形象的自我塑造中，坚持正确的舆论导向，师生参与意识增强了，能自觉对照标准形象寻找自己的差距，订出自己修身、待人、从业、处世的发展计划，立志强大自我、发展自我。同时坚持"广泛性和先进性"、"培养和使用"、"教育和管理"三个相结合，注意典型推动。在学雷锋、学孔繁森、学魏书生的实践活动中，以完成工作与学习任务的实际效果来检验自我塑造的成效，形成公平竞争。老校长曾靖民老当益壮绘新图。保卫干部姜志龙，兼任学生干事、团委书记、电教摄影、卫生防疫，又当班主任。领导一个"敢为人先"，带动一批人开拓务实、艰苦创业。教师曹旦、蒋寿喜不仅精心从事教育教学，而且潜心科研攻关，吸引一批人总结教育、教学、管理经验，人人写论文，搞教育科研，预备党校，30名骨干学生申请入党，带动了全校师生坚信马列、忠于共产党，提高学生素质，创办文学社、通讯社、习练普通话、三笔字；学习电脑、武术、雕刻，还有音、体、美活动，共二十二个学科科技兴趣小组，第二课堂生机蓬勃，师生都在充分发展自己的特长。一所普普通通的教师进修学校，近几年来，成为远近闻名的"一方净土"、"一片文明卫生安定的绿洲"，得益于学校对德育教育的新探索——样子工程的建设。五种形象的自我塑造不仅产生了轰动效应，而且必将成为调动师生从事教育教学工作积极性的永久性动力。

邵东县教师进修学校 m 工作法实施方案

教工全心全意为师生服务后，最关心的是劳动报酬和精神物质奖励，近年来，学校从多方面进行了探索，但主观随意、分配不公的弊端尚未克服。现根据已有的经验和作法，教师劳动的特点和难于计算负荷的实际，采用一种模糊估算的 m 工作法，全面量化、质化教工劳动，与津贴奖励挂钩，充分利用学校自身的经济能力，"按量计酬，论质授奖"，以增强内部活力，贯彻校长一二三四五系统工程，达到全面提高教育教学质量的目的。

一、实施原则

1. 在职、坚守岗位职责。

2. 整体观念、有序原则、最佳观点、反馈原理。

3. 按劳分配、改革与利益结合。

4. 工作的量与质（m）与奖励挂钩。

5. 正确处理量与质、精神与物质、奉献与报酬的关系。

二、奖励构成

1. 津贴

（1）超量津贴。教工圆满完成一个标准工作量/（m）后，超额部分按一个标准工作量1200元/期计发。

2）其它津贴。分出勤、会议、岗位、加班，按具体发放原则，出勤每天2元，会议每次3元，干部岗位津贴每月40－30元，加班每天15元计发。

2. 奖励

（1）基本质量奖（综合）。达到满工作量，根据教学、管理、后勤期末《总结评定》内容，按一、二级指标定等记分（满分100分）获奖。年末，加教育教学成果《一览表》积分获奖，每分值不低于3元。

（2）业绩成果奖（单项）。设有考核优秀、班主任工作、常规五佳、学科统考、业务进修、教改成果、学科竞赛、教学比武、优质服务、特殊贡献十项奖励。

三、过程管理

1. 坚持述职报告制度。学校有科学的计划体系，并把目标管理、计划管理、制度管理与质量管理熔于一炉，形成教工述职报告，期初制定工作计划，提出奋斗目标，做出周工作安排，分周实施，周末记录工作和教学情况，期末搞好总结评定上交述职报告。

2. 坚持常规检查制度。严格过程管理，对常规教学和常规工作落实"日查、周总、月评"。组每月一次，处室半期一次，学校每期一次检查、督导搞好教学监控，围绕工作

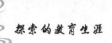

目标，落实阶段任务。津贴和奖励按规定兑现，促进工作如数如质如期完成，稳步发展。

3. 坚持三级评估制度。自我评估、小组评议和领导考核相结合，搞好质量分析和效果评价。"凭数据说话，按制度管人"，力求客观公正地评价每一个教工的工作质量。教工的评优评奖与教育、教学、管理、服务的效果合理挂钩。

4. 述职报告、检查情况、考核结论，装入本人业务档案，作为评奖、晋升、晋级的重要依据，鼓励中青年教工脱颖而出。

1. 出勤、会议、岗位津贴、加班补助、班主任工作奖，按月发放。

2. 超工作量津贴、基本质量奖、期内单项评奖，期末发放。

3. 业绩成果奖年底凭证造册发放。

4. 超工作量津贴、基本质量奖，发放标准，考虑学校经济承受能力，浮动的幅度略高于当年物价上涨指数。

五、附则

1. 本方案，解释权属校长会议。

中共邵东县教师进修学校总支委员会预备党校工作条例

一、总则

1. "中国的问题关键在于党"。学校"要逐步建立和完善热爱祖国、热爱社会主义、热爱中国共产党的教育制度"。根据中央、国家教委的指示精神和兄弟学校的教育经验，举办预备党校。制定本条例。

2. 预备党校的基本任务是：以马克思主义、毛泽东思想的建党理论为指导，从教师进修学校的实际出发，坚持广泛性和先进性的要求相结合，在强化德育教育的基础上，对部分优秀青年进行党的观念教育，邓小平理论教育、共产主义运动教育，为培养和造就有理想、有道德、有文化、有纪律的社会主义建设者和接班人，为发展党的组织，培养无产阶级先进分子和共产主义者打基础。

3. 预备党校由学校党总支直接领导。党总支书记任校长，并接受学校团委会、教导处的具体指导，实施教学计划。

4. 校训：实事求是，不尚空谈。

二、学员

5. 共青团员，承认本条例，自愿申请，经班主任或团支部提议，学校团委推荐，党总支审批，可以吸收为预备党校学员。

6. 每期招收学员40名，每班三至五名。

7. 接收学员，必须具备下列条件：

（1）热爱中国共产党，立志坚定，迫切要求进步；

（2）全心全意为人民服务的思想，工作积极肯干，有突出成绩；

（3）尊师爱友，遵规守纪，勤奋学习，勤劳俭朴，严于律己；

（4）在学雷锋、学孔繁森等各项社会活动中起模范作用；

（5）团龄在两年以上。

8．党校学员，必须做到：

（1）坚持四项基本原则，积极宣传党的主张，反对资产阶级自由化，反对腐败；

（2）实事求是，不尚空谈，认真完成党校的学习任务；

（3）联系群众，勇于实践，全心全意为师生服务，在学习、工作和生活中，既是普通一员，又起先锋作用；

（4）对党忠诚老实，勇于批评和自我批评；

（5）以共产党员的标准要求自己，努力争取入党。

三、教学

9．计划80课时（包括自学）。开设党的基本知识课，邓小平理论课，结合进行形势、政策和国情教育。

10．以十五大通过的《中国共产党章程》修正案为教学大纲，以江总书记的十五大报告为基础教材，《共产党人》、《党史月刊》为补充读物，重点学习党的性质、任务；奋斗目标、宗旨，党员条件和怎样争取入党。分十讲授课：

（1）学习《中国共产党章程》修正案；

（2）党的性质和党的理论基础；

（3）党的最终目标和现阶段任务；

（4）党的建设必须实现四项基本要求；

（5）邓小平理论讲座（一）；

（6）邓小平理论讲座（二）；

（7）共产党员的基本条件、义务、权利；

（8）党的组织制度和党的基层组织；

（9）加强党的建设，发挥党的优势；

（10）以实际行动争取做一名光荣的共产党员。

11．每一学月一次理论学习，一次实践活动。每月的第一个星期一为党校学习日，由党支部委员或模范党员负责讲课。第三个星期一组织自学、讨论和社会实践，学员要有铁的纪律，学习和实践不得迟到、缺席。

12．建立党员联系制度。每个学员聘请一个信得过的党员为指导老师（党员联系人）经常开展思想汇报活动，党员对学员进行个别教育，增强党的观念，积极争取进步。

13．当好学生干部。以身作则，起骨干作用、桥梁作用、先锋模范作用，为建设一所能起"师范性、研究型、现代化"的规范化教师进修学校而奉献自己。

14．开展为人民服务的实践活动。人人找"我心目中的共产党员"组织学习雷锋、焦裕禄、孔繁森、学习各条战线的好党员；积极参加学校和社会的各项政治活动，组织义务服务、义务劳动，拒腐防变，发扬艰苦奋斗精神，在社会实践中经受锻炼，增长知识，培养能力，提高觉悟。

四、结业

15．学制一年，学完必修教材，组织一次考试，一次考评，评选优秀学员，对结业

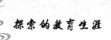

考试及格、考评合格者，颁发结业证书；结业时，填写一份预备党校学员结业登记表，装入本人档案；作为升学、就业、入党的重要依据，对真正符合党员条件的学员接收入党。

16. 本条例的实施，纳入学校整体工作计划，党团组织、行政领导主动配合，把预备党校建设成为陶冶优秀学生的熔炉，培养共产主义者的摇篮，广大青年积极向往的圣地。

去掉一个"员"字和不忘掉一个"员"字

"共产党员"去掉一个"员"字，就是"共产党"，人民群众这么看是有道理的，有些共产党员这么做是不应该的。共产党员的作风体现共产党的形象。我们的党员、干部，尤其是领导干部有什么样的作风，就会在人民群众中树立起什么形象。

共产党员和共产党，本是两个不同的概念，然而在人民群众眼里，共产党员的那个"员"字常常是去掉的，认为每一个共产党员，都代表着共产党。这是因为，党在人民群众中的形象，是每一个共产党员的品格和作风构成的。今天，中国共产党这个工人阶级的先锋队组织，是6400万党员组成的。党的先进性，一方面在整体上通过党的理论、路线、纲领、方针和政策反映出来；另一方面，也通过每个党员、每个干部，尤其是领导干部的思想、行为和作风反映出来。老百姓怎么看待党领导下的革命、建设和改革，怎么看待党领导下的政府、地区、部门和单位，主要是从他身边和周围的事例来比较，从他所接触的党员和干部来衡量。当党员，为人民利益献身的张思德、掏粪工人时传祥、普通战士雷锋，他们哪里需要就到哪里去，哪里最艰苦就在哪里干，"把自己有限的生命投入到无限的为人民服务之中去。"人民群众从这些普通共产党员身上看到了党的伟大。当干部，兰考县委书记焦裕禄、援藏儿子孔繁森、桂东教育局长胡昭程，他们吃苦在前，享受在后，宁愿豁出自己的一切，甚至把生命丢在脑后，以人民公仆回答"参加革命为什么，当官应该做什么，身后应该留些什么"，献出自己对党和人民的一片赤诚，人民群众永远和他们在一起。当领导，当年美国作家斯诺在延安采访，从毛泽东住窑洞、周恩来睡土炕等平凡小事上，洞察出共产党人作风的伟大力量，被动情地称之为"兴国之光"。这些共产党员的代表，人民群众一个个地把他记在党的帐上，证明共产党伟大、光荣、正确，代表着中国先进生产力的发展要求，代表着中国先进文化的前进方向，代表着中国最广大人民的根本利益。从作风这个意义上说，共产党人的一切言论和行动是直接关系着党的形象的。

江总书记告诫我们："作风问题，也是党的形象问题，作风不正，形象好不了。"然而有少数共产党员，党的干部，包括党的领导干部，他们的言论和行动引起了人民群众的强烈不满。在他们心里，共产党员的那个"员"字也是去掉的。俨然以共产党的身份出现，仿佛他就是共产党。他们当中，有的对社会混乱视而不见，对下岗呼声听而不闻，对面临危机无动于衷；有的既不加强学习提高素质，也不了解情况研究问题，更不关心群众解决问题；有的脾气不小、官气十足，说话假大空、工作瞎胡弄，见责任就推，见困难就避，见功利就要；有的不尊重党的组织，独断专行、搞形式主义，报喜不报忧，示美不见丑，用浮夸对待上级，以假象应付群众，一切成绩归自己，所有过错在他人；更有甚者，在市场经济条件下，以权谋私，贪赃枉法，沉醉于灯红酒绿之中，王宝森、胡长清、成克杰之流，一个个被人民群众所唾弃。如此等等，严重地影响了党群、干群关系，对这些同志来说，倒是不应该忘掉这个"员"的，不管担任什么职务，永远是劳动人民的普通一员，要保持劳动人民的本色，艰苦奋斗，廉洁奉公，除了制度和政策规定范围内的个人利益和工作职权以外，任何共产党员不得谋求任何私利和特权，在革命战争年代是这样，在社会主义建设、改革开放年代也必须是这样。

总之，人民群众要去掉一个"员"字来评价一个共产党员，我们每一个共产党员应该时时、事事、处处不忘掉自己是共产党的一"员"。对我们的党员、干部，尤其是领导干部来说，作风问题千万不要以为是小事，无关紧要，弄得不好，甚至会玷污政府的形象，动摇党在人民群众中的地位，危害党和国家以及人民的根本利益的。

邵东县教师进修学校爱国主义教育实施细则

爱国主义是一面旗帜，开展爱国主义教育，发扬爱国主义精神，是学校德育工作的主旋律。我们以邓小平理论为指导，继承民族优秀文化传统和时代精神相结合，重在爱国行为规范的建设，培养学生具有"爱国之情"，树立"报国之志"，实践"效国之行"，练就"建国之才"，成为爱他人、爱集体、爱人民、爱祖国的好公民。"学会做人，学会求知，学会健体，学会办事"，做合格加特长的中师生、中专生、大学生。

根据中央《纲要》和省委《意见》，结合我校具体情况，提出如下爱国主义教育实施细则，由教导处、团委会、学生会、班主任分工落实。

一、目标与内容

（一）目标

在基本理论和基本观点上，加深学生对爱国、爱党、爱社会主义的认识，逐步树立正确的理想和信念、世界观、人生观和价值观，培养为祖国社会主义现代化建设贡献青春和力量的使命感和责任感。

（二）内容

在"增长知识、激发情感、规范行为"三个方面下功夫。

1. 认知

（1）进行中华民族传统美德和优秀传统文化教育。学会运用辩证的、历史的观点，深入考察中国古代文明史，深刻认识到中华5000年文明，在世界文明史上具有经久不衰的魅力，懂得正确处理借鉴吸收国外优秀成果与继承发扬民族传统的关系。

（2）进行近、现代史教育、基本路线教育。学会运用历史的、全面的、发展的观点，进一步考察中国人民的革命斗争史、创业史、建设史，懂得社会主义道路和共产党领导的中国近代历史发展的必然选择，了解建设有中国特色社会主义的基本理论和基本实践，坚定社会主义信念，坚持党的基本路线不动摇。

（3）进行国情教育。学会运用全面的观点、阶级分析的方法，观察和认识我国社会

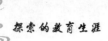

主义初级阶段的基本国情，明确我国现代化建设的目标、步骤和宏伟前景，结合省情、县情、乡情、发扬艰苦创业、勤俭建国精神，增强使命感、责任感。

（4）把中国放到国际环境中进行比较教育。初步认识我国所面临的复杂的国际环境和我国的对外政策，明确优势和差距，面对挑战和机遇，在对外开放中，既要学习外国一切优秀成果，又要抑制一切剥削阶级思想的侵蚀。

2．情感

（1）对己自尊自爱，珍惜青春年华，对人互敬互爱，珍惜同学友谊。

（2）从热爱班级、集体做起，逐步培养热爱祖国、热爱各族人民的情感，逐步形成国家意识。

（3）热爱家乡和祖国大好山河，培养把家乡建设得更加美好，更加可爱的志向和责任感。

（4）热爱祖国的悠久历史和优秀文化传统，激发民族自尊心、自信心和自豪感。

3．行为

（1）关心国家大事，努力学习，锻炼身体，为建设和保卫祖国做好一切准备。

（2）从关心、热爱周围的人开始，从小事做起，养成为他人、为集体、为社会、为国家做好事的品质。

（3）逐步养成文明礼貌、勤奋学习、讲究卫生、遵纪守法的行为习惯；日常行为贯彻"忠诚、团结、博学、修德"的校训，忠诚事业，团结守纪，博学成才，修德做人；维护集体、祖国的荣誉和利益。

（4）尊重和爱护国旗（包括党旗、团旗、军旗、校旗、国徽），升降国旗、奏唱国歌要肃立、脱帽、行注目礼。

二、途径与形式

（一）学科教学

要把爱国主义教育贯穿到教学、育人的全过程中去，特别要发挥好课堂教学的主渠道作用。政治、历史、地理、语文等学科的教学，要根据《纲要》的要求，修改教学计划，把爱国主义教育内容分解到各学科的各章节，落实到课堂教学之中，教育学、心理学、教学法、艺体科、自然学科也要进行爱国主义教育，各科教学每期组织一堂"渗透"研究课。

（二）课外活动

1．开展"五种形象"的自我塑造活动，领导要像领导样子，党员要像党员样子，团员要像团员样子，教师要像教师样子，学生要像学生样子，共同塑造一个班级、一所学校的先进典型形象。

2．共青团牵头在继续坚持"闪光的十个一"活动的基础上，组织"五心"奉献活动："把孝心献给父母，诚心献给亲友，爱心献给学校，热心献给社会，忠心献给祖国。"

3．预备党校，学制一年，建立一项正规的爱党教育制度，每期学员培养优秀团员、学生骨干40名。

4．班、团主题活动。引导学生形成正确的世界观和科学的人生观，重点开展（1）

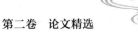

"爱我学校，爱我班级"（一年级）；（2）"塑造完善的人生"（二年级）；（3）"迎接祖国的挑选"（三年级）；（4）开展"一班、两室、三生、十佳青年"的评选。

5. 科技、文体活动。重点开展（1）"中国科学家"、"爱国志士仁人"故事会；（2）《中华大家唱卡拉 OK》演唱比赛；（3）星期六、星期日周末活动，观看有关电影、电视片，组织影视评议活动；（4）中师生、中学生爱国心语、名人爱国格言集萃。

6. 读书活动。利用寒暑假及课余时间，配合教育教学，阅读四大名著及有关书籍，开展书评活动。

一年级：《红岩》、《我的一家》、《西游记》、《水浒传》。

二年级：《青春之歌》、《子夜》、《三国演义》、《红楼梦》。

三年级：1978—1997 年二十年政治大事录。

（三）社会实践

1. 学年初（9 月）组织军训，学习解放军革命优良传统，巩固军训成果。

2. 毕业前夕组织社会实践活动（实习），考察改革开放以后家乡的变化，加深对有中国特色社会主义的理解。

3. 组织学生参加适当的生产劳动，培养工农感情。

4. 了解当地英雄、先进人物、组织学习。利用"团山烈士陵园"教育基地，开展祭扫活动或进行党、团组织生活。

5. 组织党校学员、优秀学生开展"冬令营"、"夏令营"活动，瞻仰韶山和其他名胜。

（四）家庭教育

1. 在家尊重长辈，分担家务，培养对家庭的责任感。

2. 接受父母训导，有选择有节制地观看影视、书籍。

3. 家长鼓励和支持子女接触社会、了解社会、认识社会。

4. 班主任与家长签订责任合同，开展每期一次的家访、校访联系活动。

（五）常规制度

1. 组织好每周一次的升、降旗仪式，坚持"国旗下的讲话"教育。

2. 设计好开学、毕业典礼，入团、入党仪式、十八岁成人仪式等重大礼仪活动。

3. 组织好每年一些重大纪念日活动。

4. 布置好校园环境，建设文化走廊，教室文化、寝室文化、食堂文化。专门教室悬挂领袖、英烈、名人画像、诗词、格言，充分发挥黑板报、学生期刊、广播、宣传窗的鼓动作用。

三、原则和方法（略）

（一）注重方向性、目的性、建设性、开放性、整体性、实践性、层次性、多样性八原则。

（二）采用教学渗透、活动激情、社会调查、比较鉴别、榜样示范、实践感受、环境陶冶、行为养成八法。

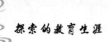

（三）要求教工做到的，领导首先做到；要求学生做到的，教工首先做到；要求别人做到的，自己首先做到；教师要身体力行，为同学做出榜样。

爱国主义教育的"知、情、行"三结合

爱国主义教育，是一个永恒而又崭新的课题。我们根据中央《纲要》和省委《意见》提出了学校的实施方案。学校的教育教学，以爱国主义教育为主旋律，形成党政工团学齐抓共育的机制，探索爱国主义教育的"知、情、行"三结合，在提高学生的思想觉悟，激发学生的爱国情感，引导学生的良好行为等，收到了积极效果。

知：课堂渗透，增长爱国知识

把爱国主义教育贯穿到教书育人的全过程中去，特别要发挥课堂教学的主渠道作用，政治、历史、地理、语文等学科，根据《纲要》的要求，修改教学计划，把爱国主义教育内容分解到各学科的各章节，落实到课堂教学之中。政治学科，强调理论联系实际，着重进行基本观点的教育；历史学科，讲授史实，以史立论，灌输爱国主义传统，提高学生的民族自尊心、自信心和自豪感；地理学科，讲授我国的环境、资源、人口、民族和经济等方面的国情，激发学生的爱国主义感情，指导学生理解现阶段的各项国策；语文学科，以文载道，以情感人，使学生受到爱国主义情感的感染、熏陶和启迪。数理化、教育学、心理学的教学，也注重渗透爱国知识。各教研组还组织专题研究课，探索"渗透"的内容、形式、途径和方法。在课堂教学中，各科教师注意把握三点：一是知识点拨，充分挖掘教材的爱国认知内容，运用知识点拨，使学生受到潜移默化的教育。二是创设情景。在掌握知识、培养能力、发展智力的过程中，有感而发，以情动人，从而增加教育的信度和效果。三是方法灵活。从教材的特点、学生思想实际及其认识水平出发，采用典型事例、人物分析、纵横比较、自我教育等多种方法，进行爱国认知的有机渗透。

情：课外活动，激发爱国情感

同学们在获得爱国认知的基础上，要内化为对祖国的深厚感情，必须寓教于活动之中。组织学生开展第二课堂，创造特定的情景，让学生动手动脑，身临其境，会产生深刻、真挚而热烈的情感。党政工团学既分工，又合作，组织了三种类型的课外活动，形成了教育系列。

一是创办预备党校，学制一年，吸收优秀团员、学生干部到党校学习，进行党的观念教育、社会主义思想教育、共产主义运动教育。请老干部、模范党员现身说法，组织各项社会实践活动。一大批学员接受了党的洗礼，踊跃向党组织递交了入党申请书，暴发出"我要入党"的满腔激情。三名优秀青年被光荣地吸收入党后，团支书郭小兰说："党校是培养共产主义者的摇篮，陶冶优秀学生的熔炉，广大青年向往的圣地。"

二是开展学科、科技兴趣活动。为了强化素质教育，培养"合格＋特长"的大中专学生，号召每个教师发挥自己的绝技和爱好，带好一个兴趣小组，全校组建了 22 个学科、科技、专业兴趣小组。有六角楼文学社、通讯社、书法协会、英语会话、普通话演讲；有法律研究、数学基础理论研究、会计、珠算、电脑培训；还有体育、音乐、舞蹈、美术、二胡小组；还有武术、雕刻、美容兴趣研究，教师传绝技、学生有特长，每周的星期三下午，师生切磋技艺，教学相长，各显其能，情趣盎然，一派生机。

三是读书活动。曾参加过全国"振兴中华"读书活动，全省"爱我湖南"、"爱科学、学科学"读书活动，"香港回归祖国"读书活动，分宣传发动、组织学习、评比推优、巩固成果几个阶段，落实"闪光的十个一"。每个同学读一本书，写一本日记，找一个帮助对象，发展一项特长，献上一份爱心；每个团支部开好一次读书会，组织一次知识竞赛，出好一个学习期刊，作一项社会调查，搞好一个服务点。每一次读书活动的深入发展，培养了学生的竞争热情、创新意识和奉献精神。

行：引导实践，规范爱国行为

江泽民同志指出："继承和发扬爱国主义精神，要体现在实际行动中。"引导学生实实在在地践行，懂得怎么做和不该怎么做，久而久之，知识化为力量，情感就能扎根在同学们的心目中，体现在实际行动上。

建设"样子"工程以规范师生行为。干部、党员、团员、教师、学生，开展"五种形象的自我塑造"，领导、党员、教师"以身作则、为人师表"带了头，团员青年、广大学生都能自觉行动，事事、处处为人表率，师生行为走向规范化。

学年初，组织学生开展一周的国防教育和军事训练，学习解放军的革命传统，以军容风纪整肃校容风纪，学校胜似军营。以爱国主义教育为主旋律，开展主题班、团活动，每一学月一个主题。例如96年下期，9月是行为规范建设月，10月是"香港回归祖国"读书活动月，11月是学风、作风整顿月，12月是自我形象塑造月。结合"一班、两室、三生、十佳"的评选，落实日查、周总、月评。一个创红旗班级、文明教室、文明寝室，做三好学生、文明学生、进步学生，当十佳标兵的竞赛活动，在校园里一浪高过一浪，积极健康地深入发展。

每周星期一早晨升国旗仪式，全体师生参与，学生干部升旗、护旗，领导配合学校教学中心，发表5～8分钟的《在国旗下的讲话》，多年来成为校园里一项庄重的礼仪教育活动。刚入校的新生陈浩说："每当五星红旗在学校上空冉冉升起的时候，我心头一种爱国之情，爱校之感，便油然而生。"

校园里，师生们有一种共识，关心国家大事，要从关心、热爱周围的人开始，从小事做起，养成为他人、为集体、为社会、为国家做好事的品质。"把孝心献给父母，把诚心献给亲友，把爱心献给学校，把热心献给社会，把忠心献给祖国"已经成为同学们的自觉行动。学校广播室，每天播出几十篇稿件，歌颂奉献"五心"的好人好事。"学会做人，学会读书，学会生活，学生干部学会工作。"已经成为同学们的座右铭。学校文明礼貌、勤奋学习、讲究卫生、遵纪守法的风气浓厚，人们赞誉县教师进修学校是"一方净土"，"一块文明、卫生、安定的绿洲"。

实践表明，爱国主义教育，是一个"知、情、行"相互作用，相辅相成的辩证统一过程。只有优化"知、情、行"这一整体过程，才能达到增长知识，激发情感，规范行为的教育目的。

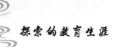

邵东县教师进修学校"师范性、研究型、现代化"的探索

今天，面对知识经济、科教兴国、创新工程、素质教育的挑战，中小学教育在"转轨"，中小学教师要"转型"，教师进修学校的工作要"转向"，关键问题在于建设一支高素质的教师队伍。它对教师"进修"提出了更高的要求，同时也为教师进修学校的发展提供了一次难得的机遇。县级教师进修学校还面临着生存和发展的突出矛盾，学校"进修"目标、教学、管理和评价体系尚未形成，"师范性、研究型、现代化"的格局尚未出现。我们站在未来的角度超前思考，以邓小平"三个面向"的教育思想为指导，建设面向 21 世纪的高素质的教师队伍，走"师范性、研究型、现代化"的创新发展之路，开展整体改革实验，探索县教师进修学校教育的师范性、教学的研究型、管理的现代化。

一、构建模式，办出"师范性"特色

中小学全面推行素质教育，教师进修学校要开创继续教育的新局面，构建一个具有"师范性"特色的"进修"模式，形成自己的目标、课程、管理和评价体系，这是我们研究的主题。

建立"进修"目标体系。以县教师进修学校为培训基地，由县教研室科研导向，县仪电站发展电化教学，"三位一体"构建县教师素质发展中心。中心的基本职能是师德建设和师能培训，向全体中小学教师进行继续教育，全面提高中小学教师的群体素质，整体推进素质教育。围绕这一目标培训校长和教师具有科学的教育思想，崇高的敬业精神，高尚的职业道德，扎实的文化知识，良好的科技意识，深厚的教育功底，健康的心理素质。以"加强师德建设，转变教育观念，提高教学能力"为三个主攻方向，坚持"教书育师、管理育师、服务育师、环境育师"的全员"育师"策略，树师表形象，创文明校风，为建设规范化、示范性教师进修学校争贡献。

探讨"进修"教学方案。建立必修课、选修课、活动课和实践课有机结合的开放型课程结构体系。优化必修课，注重提高质量，体现未来教育对人才素质的要求，吸纳最新科技、文化成果，满足教师对新知识的渴求。开好选修课，突出地方特色，选讲本县的教改成果，使之全面推广。强化活动课，弘扬科技、艺术教育、发展学员兴趣、爱好、特长、培养健康个性。搞好教育实践，轮流到中小学任教，设立附小，加强见习和补习指导，组织教育调查和撰写经验论文。四类课程相互渗透，坚持开放性、针对性、实践性原则，探索两种基本教学模式：岗位培训，采用"讲授导向——观摩示范——典型试教——分校实践——总结提高"五步教学；研修提高，采用"临摹——导引——研讨——发展"四段教学。

建立"进修"管理和评价制度。继续教育和基本功训练，是全员性教育，面广人多，点散线长，建立县、乡、校三级培训网络。县宏观调控，县教委掌握方向、规划任务，制定政策，教师进修学校和县教研室发挥全面组织作用，重点培训骨干教师；乡镇联校中观管理，由成教副校长负主责，组织教师认真练好基本功，培养教学新秀、名教师、名校长和薄弱学校教师，办好中心培训点：乡镇中心初中和中心小学，分别培训初

中教师和小学教师；各学校微观指导，建立培训机制，组织全员参训。三级管理有机结合，互相反馈，形成最佳控制。建立"四率评估"和"五项措施"为主要内容的评价方案，以送培率评价计划管理，以出勤率评价组织行为，以结业率评价教学质量，以优秀率评价学员的主观能动性；讲究评价内容的全面性，评价方式的多样性，评价过程的动态性，还要保证领导、辅导、经费、制度和科研五项措施的到位。充分发挥管理和评价的导向、保障和激励作用，继续教育就生机勃勃。

二、科研兴校，造就"研究型"队伍

校长是学校的灵魂，教师是教育的灵魂。中小学实施素质教育，呼唤着更多的校长从原来的经验型转化为科研型，更多的教师从原来的传授型转化为研究型，教书匠转化为教育家，实施"继续教育工程"，这是我们探索的重点。

培养一支高素质的校长队伍。首先，教师进修学校校长做出示范，坚持系统思想与特色理论的结合，实践"一二三系统工程"，即"保证一个中心，改革两个焦点，发展三大特色"的目标管理模式。号召每一个干部，每一个老师，把每一份工作都摆到学校这个系统中去整体有序地思考，运用反馈原理，实现最优控制，系统而有特色地研究学校的教育、教学和管理，实现校长管理由经验管理向科学管理的转变。然后，围绕发展基础教育，推进素质教育，进一步抓好中小学校长岗位培训、提高培训和高级研修，坚持理论联系实际、学用一致、按需施教和注重实效的原则，综合运用理论教学、自学读书、专题研讨、经验交流、案例分析、调研考察和论文写作等多种教学方法，坚持教学与学员自学相结合，理论讲授与案例分析相结合，教育考察与总结经验相结合，校长工作与校长培训相结合，实现校长管理由蛮干型、粗放型、经验型向着科学型、研究型转变。还要改变单一的行政管理，实行行政的、经济的、教育的和法规的管理相结合，动态和静态相结合，依法治教，依法管理。

建设一支研究型的教师队伍。同样，首先抓教师进修学校教师自身素质的提高。重在培养青年教师，提出"一三五十"目标，一年站稳讲台，三年教学过关，五年形成风格，十年成为学科带头人。以全面提高教师素质为主线分阶段培养：在成长阶段，以提高教学基本功为主题，由学科组分头抓，重在培训考核；成才阶段，以优化课堂教学为主体，从备课到上课整个流程，由教务处、培训处抓，重在指导检查；成功阶段，以提高教育科研能力为主导，从教改探路到教研升华，由教科室把关，重在引导激励，努力把青年教师塑造成教学型、教改型、教研型的队伍。教育科研是推动教育教学改革的"第一生产力"，我们用创新教育思想作指导全面组织教改实验，培养学科带头人，共开辟八个研究课题：廖郁山的情趣导学与素质教育实验，是省重点课题，为我县培养了一大批实验教师和语文骨干教师；谢国求、朱亮辉、尹展求的美育研究，不仅是一种教学方法改革，更重要的是一种教育思想的转变，已在省级刊物上发表论文10余篇。羊重伦、蒋寿喜的"说——讲——评"骨干教师培训实验，坚持"专题讲座，以老带新、研培结合"的导师制，已在全县大面积推广；赵检兵的"小语学法指导"实验，分"诱导——提出——导用——品味——迁移"五步，跳出研究"教法"的圈子探索"学法"，实现教与学的统一，取得了阶段性成果；黄小明对计算机和多媒体教学很有研究，已在

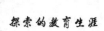

国家级刊物上发表 10 多篇论文；还有周明浩、李福星的物理探索法和电教研究，曹旦的"小学作文教改"和继续教育"五段式"教学法，罗桂生的校长系统管理和政治教学的"读——议——练"三结合。教学研究的不断深化，必将带来科研的新发现和新发展。

用教育科研指导全县素质教育。在职中小学教师，必须从苦练基本功开始，由一般基本功到学科基本功，再到研究基本功，形成自我提高，自我发展的习惯和能力，在大练基本功的基础上，自觉探索课堂教学的优化，通过实现"课堂原则科学化、教学过程优质化，教学方法高效法，教学管理规范化"，进一步磨练教师研究教学的技能，逐步实现传授型教师向研究型教师转化。我们以优课工程为龙头，全面探索小学教师第二轮、中学教师第一轮继续教育。第一步培训骨干教师，实验"说——讲——评"。如何体现全体性、全面性和主动性，如何开发学生智力，培养学生能力和提高学生兴趣，先说课，再讲课，然后互相评课，创造各具特色和风格的优质课。第二步，以骨干教师为基本队伍，大面积推广"说——讲——评"。分步开展县、乡、校三级优课工程活动，把教学、学科和教研基本功融为一体，各种教学技能的训练集中体现在课堂教学上，优课工程的开通，不仅真正落实了素质教育进课堂，而且全面提高了教师的素质，仅 1998 年创造省级优课 3 堂，县级优课 45 堂，乡级优课 108 堂，一批学科带头人脱颖而出，还开展了"十佳百优"名校长和学科带头人的评选活动。

三、面向未来，启动"现代化"工程

面对知识经济的挑战，"没有现代化的教育意识、设备和手段，就培养不出现代化的人才。"未来教育、素质教育呼唤着教师进修学校教育的现代化，面向未来，启动教育的现代化工程，这是我们思考的根本。

树立现代化教育思想，更新办学观、教育观和学生观。面向邵东——当代湖南民营经济的大本营，市场经济繁荣和发展的实际，研究教育振兴与经济发展的结合。建立以培养经济人才为依托，以科研促师训的办学模式，办出一所融师训、大中专、幼师一体的多功能的综合性学校。要破除重经验、讲实用的小农经济教育观，建立教育实践与教育科研相结合、用科研促教育的教育观，明确在教育科研指导下推行素质教育的必要性和长期性，使"进修"以后的学员具有现代的教育观念。素质教育是全面发展与个性发展和谐统一的现代教育，进行"爱当教师"和"会当教师"的教育，把"育人"、"育师"落实到"爱国、爱教、成才、做人"几方面去，为建立一支政治坚定、品德高尚、为人师表、爱岗敬业的教师队伍奠定基础。

立足发展，建设高标准校园。改变城建规划，西移金龙大道 20m，保证了校园建设用地，制订远景规划，分步实施到位，突出育人功能。合理布局，形成鲜明的教学科研区、体育运动区、学生生活区、教工宿舍区。规划学校的绿化美化用地及道路水电设施走向，对门面建筑、科教楼、运动场等作为一种校园文化建设，为"育人"、"育师"服务，体现"进修"宗旨，把校园装点得高雅、幽静、庄重、富有诗情画意，为陶冶师生高尚情操创造良好氛围。

面向未来，逐步实现教学内容、方法、手段和管理的现代化。我们先后建好了语音室、卫星地面接收站、理化生仪器、实验室、图书、阅览室、音乐、体育、美术、舞蹈

室、微格教学室，还装配了多媒体计算机房，并进入了国际互联网。今后做到，在优先保证常规教学、满足素质教育需要的前提下，站在培养高素质现代化教师队伍的角度，重点进行现代化软硬件设施的装备，"装配管用"要上档次，上规模。运用优秀师资力量和现代教育手段，研究电化教学、多媒体教学、电视教学，充分发展现代教育技术。还要进一步建立计算机管理系统，逐步实现教学手段、教学方法、学校管理的现代化。

经过几年"师范性、研究型、现代化"整体改革的探索，师范性"进修"教育模式、教学的科研氛围和管理的现代化意识已基本形成。县教师进修学校每个教师都有自己的研究课题，仅97年全校教师在省级以上书刊发表科研论文56篇。学校开办小学语、数骨干教师研修班，音体美教师提高班，为全县培养各门学科带头人350余人，启动了全县素质教育研究。在黄陂桥、周官桥、廉桥、牛马司、火厂坪、佘田桥、两市镇等六个实验基地，开展农村区域性素质教育实验，实施优课工程。目前，100%的中小学校长持证上岗，100%的中小学教师参加继续教育，100%的小学教师基本功训练合格，100%的教师能运用现代化教学手段和普通话教学。不仅为提高全县中小学教师队伍的素质做出贡献，而且在全市和全省展示了整体改革的成果。1996年邵阳市小学教师基本功训练现场会，1997年湖南省小学教师继续教育教学研究会在邵东召开，1998年出版《教育教学论文选》和《学校管理实务选编》，《县教师素质发展中心的构想》获国际优秀论文奖。原《湖南小学教师》主编特级教师王纲认为"素质教育，湖南出了个汨罗，继续教育，湖南可以推出个邵东。"数学特级教师肖家气称赞"邵东县教师进修学校教学研究氛围可以成为全省的榜样。"湖南教育学院陈蒲清教授肯定"这一整体改革实验，指导思想具有导向性，思维方法具有科学性，教育理论具有先进性，改革方案具有创新性，值得在全省推广。"

只有创新发展才是硬道理。我们在认真落实省市县领导的指示，以规范化、示范性教师进修学校为标准，用办邵东三省重点，办邵东一职国家重点的劲头来办教师摇篮，也要办出一流的学校，一流的师资，一流的管理，一流的质量。1996年，启动教育科研，管理走向规范化；1997年，加快校园建设，开始整体改革实验；1998年，举办建校40周年庆典，提高文明程度；1999年，进一步改革教育、教学和管理，用创名校的行动跨世纪。立足邵东，辐射宝庆，建成三湘乃至全国有知名度的教师进修学校，以"师范性、研究型、现代化"的学校风貌走向21世纪。

为创建规范化教师进修学校而奋斗

邵东县教师进修学校创建于1958年，四十年来，三易其名，三易其地，由于上级领导的关心支持和学校全体教工的艰苦创业，学校规模不断扩大，办学条件不断改善，教学教研成果不断丰富。84年评为全省21所"办得好"的县教师进修学校之一，并定为省在职师训对外开放单位。91年评为省教育先进单位，92年评为中国卫星电视师范学院办学先进单位，95年评为省、市"三沟通"和校长培训先进单位，96年评为省教育教学质量评估先进单位，多次在国家、省级师训会议上介绍经验，多次评为省、市文明卫生单位，成绩只能说明过去，不能说明现在，更不能说明未来。近年，省教委要求在全省

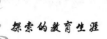

创建一批规范化教师进修学校，成为县基础教育的师资培训中心、教育教学研究中心、电化教育中心和资料信息中心，以适应师资培训和基础教育发展的需要。为此，学校制订了《师范性、研究型、现代化》（见《湖南小学教师》97．3 期）的整体改革实验方案，这是我校创建规范化教师进修学校的实际步骤。

一、千方百计，改善办学条件

对照规范化教师进修学校的标准，我们差在校园面积不足，建筑面积尚未达标。由于政府的支持，县教委的扶植，学校的艰苦创业，我们又迈出了新的一步。

1．政府的大力支持

我校原有校园面积 19 亩，学校四向有三向无扩展余地，西向虽有余地，却是县城整体规划 48 米宽的"金龙大道"。实际上我校是"四路无门"。是放弃创建规范化学校，还是修改城建规划，西移金龙大道？为解决这一矛盾，1996 年 4 月和 10 月县委副书记申熙君、副书记常务副县长冒国富、副书记宁松乔、谭玉振，主管教育的副县长贺顺英、主管城建的副县长刘明生、人大常委会副主任唐先有、政协副主席刘昆祥等"四大家"领导和教委主任曾益谦，先后两次在县教师进修学校现场办公，县委和县政府明确指出："要用办三中省重点、办职中省重点的劲头来办教师摇篮，奋斗三年进入全省十强。"实地勘测论证之后，还当场拍板：西移金龙大道，保证学校征地扩建。会后刘明生同志主持召集有建委主任、计委主任、规划局长、国土局长、两市镇城建副镇长和教委主任参加的联席会议抓落实，并强调指出："任何单位用地必须服从县城建设规划，只有进修学校用地例外，规划服从用地，将金龙大道西移 20 米，各职能部门都要为建设规范化教师进修学校开绿灯、办实事。"由于政府的大力支持，协调各方面的关系，学校扩征土地 6 亩，现已围墙，为建设有环形跑道的运动场和开辟新的学生生活区创造了条件。

2．县教委竭力扶植

教育战线是清水衙门，我县教育经费也异常紧张，然而教师进修学校的经费，教委是如期下拨且逐年有所增加。95 年我校新建综合楼，教委紧缩开支拨款 20 万，使学校教学办公用房有了较大的改善。今年建教工宿舍，又拨款 20 万。此外教委支持我校开办多种形式的师训班，如音、体、美教师提高班，教师电脑培训班；同时，还根据我校师资等办学条件的优势；将职高教育纳入计划，提供生源，先后开办了幼师、电算会计、计算机、会审统等专业十多个班，我校还是邵阳电大邵东工作站，教委对电大招生、办班、分配工作开绿灯。多条创收渠道，使得我校在众多县级教师进修学校办学很不景气的情况下却另有天地，欣欣向荣。

3．全体教工的艰苦创业

我校现有在职教工 46 人，学校有生源，才有活力。本期在校脱产班 11 个，近 500 人，高函、中函班共 11 个，600 余人，还有小学语、数骨干教师提高班 2 个，小学校长岗位培训班 2 个，150 人，还准备办小教大专班 6 个，计划 300 余人，校内脱产加函授共 32 个班，（计 1700 余人）；加上 26 个乡镇的教师岗位培训，上期有 28 个班 1300 人，还有小学教师基本功训练指导，教学任务十分繁重，往往一个人当两三个人用，为学校的建设和发展默默工作。由于办学兴旺，经济效益提高，学校办学条件不断得到改善，在

80 年代就建好了卫星电视地面接收站，56 座语言室和其它配套仪器、实验室，近几年扩建完善了舞蹈室、音乐室和琴房，装备了微格教学室和 70 台计算机中心。学校制订了"九五"校园建设规划，97 年修教工宿舍，98 年建运动场和学生食堂，99 年建科教楼。对学校总体设想、规模和资金来源，在五年内分步实施到位。

二、规范管理，提高教育教学质量

在规范学校管理、提高师训质量上，学校着力实施"一二三四五"系统工程（《湖南小学教师》97．1 期刊载）

1．坚持教学中心。学校一切工作都要服从于和服务于教学中心，强调：在常规教学上分优劣，在综合评估教学质量上排座次，在教学研究上定档次，在培养人才上见高低。把全面推行素质教育作为教改的中心内容。一是中小学校长培训。我县现有中小学校 540 所，加上校长更新换代和学校布局调整，校长培训任务十分艰巨。早在一九八七年我们就把这一工作纳入重要议事日程，通过实施"研究现状——制订方案——优化教学——科学管理——跟踪调查——注重实效"六步培训方案，十年来，以县教师进修学校为主要培训基地，共举办校长培训班十三期，指导区、乡举办培训班四期，共培训校长 978人，使我县校长管理素质得到明显提高。二是继续教育。自 1990 年起，我们运用"五段式"培训方法和"送教上门，跟踪培训"的师训模式，认真把好质量关，先后完成 3000多人次的小学教师岗培任务，使我县小学教师的整体素质得以提高，办学经验在省里交流。三是基本功训练。早在 90 年，我们就向全县小学教师提出了"一口普通话，一手好书法，一副好口才，一篇好文章，一种好教法"的五个一目标。1991 年上期开始起步，由普通话培训扩展为四项通用基本功的全面训练。建立了县、乡（镇）、校三级培训网络，建立由县教委、县教师进修学校有关领导为成员的师训领导小组，进行宏观控制和业务指导；各乡镇联校建立培训站，落实经费，落实管理；各校建立培训小组，负责具体训练。全县 100% 的小学教师参训，迎来了去年市小学教师基本功现场会在我县的召开，尔后，我校组织力量对全县小学教师四项通用基本功进行检查验收，今年还逐级组织全县小学教师基本功比赛，经过有效的训练，全体教师整体素质大大提高。在这个基础上，我校正在着手探索教学基本功、学科基本功和研究基本功的培训新路。校内脱产班级，在保证教学质量，突出"师范性"的前提下，全面提高全体学生（员）的素质，发挥教师的特长，构建既丰富多彩又科学规范的活动课程，组建起电脑、普通话、文学社、通讯社、书法、音乐、体育、美术、舞蹈、雕刻、武术等 22 个活动小组，每个学生都有自己的选择，每周三下午为训练时间，还定期开展多种竞赛活动，教学相长，各显其能，情趣盎然。

2．改革教育和管理两个焦点。改革教育从三个方面入手，一是改革体制，坚持"广泛性和先进性"、"培养和使用"、"教育和管理"相结合，建立党政工团学齐抓共育的机制。二是建立两项正规的爱党、爱国教育制度，在学生骨干中开办青年预备党校，在全体学生中以爱国主义教育为主旋律，指导学生学会做人，学会求知，学会健体，学会干事。三是更新方法，完善"一班、两室、三生、十佳"的评选活动。改革管理，通过实行校长负责制，主任负责制，教工 m 工作法来落实目标管理、制度管理、质量管理融为一体。关键抓目标管理三部曲：落实计划管理——严格过程管理——搞好质量分析与效果评价。改革教育和管理，学校形成了竞争态势，各处室不甘落后，力争向管理要质量，要效益，形成上下一致，齐抓共管的机制，全体教工出现"不用扬鞭自奋蹄"的喜人景象。

3. 发展"师训"、"教研"、"现代化"三大特点。我校在长期的办学过程中，在"师范性、研究型、现代化"三个方面显示出了自己的特色。我校承担全县6000多名小学教师、小学校长的培训任务；同时又向社会全方位办学，现已成为一所融师训、电大、职高、幼师于一体的综合性多功能学校，但我们始终把师训放在最为重要的地位，近几年办电大、函大、三沟通、中函、中补、红红火火，为在职中小学教师近千名"迟到"的大学生，2100名"大龄"中师生颁发了毕业文凭。即使是电大、职高、幼师的教学，我们也注重体现师范性特点，狠抓文化知识和基本功，使他们成为中小学师资的后备力量。为适应推广素质教育的要求，使我校成为教育教学研究中心，我校建立了教科室，对中小学全面铺开的素质教育的各个领域进行探索。我校具有较为先进的现代化教学条件，早在80年代初就建成了语言室和卫星地面接收站，形成了县区乡校四级电教网络，培养了大批中电学员；尔后又装备了微格教学室，开办了数学微格教学班，进行微格教学研究；我校具有邵东县第一流的计算机房，是邵东县人事局公务计算机培训点，先后开办职高"电算会计"，"计算机"专业班7个，公务员计算机培训班5期，本期又承担了我县中小学计算机教师培训任务，使我校逐步成为县基础教育的师资培训、教育科研、教学实验的中心。

4. 强化思想、队伍、制度、校园四项建设。在思想建设上，坚持"党日"活动，发挥党总支的政治核心作用，带动全体教工讲学习、讲政治、讲道德、讲科学。在队伍建设上，校处两级"思想同心，目标同向，工作同步"；注重对青年教师的培养，提出"一三五十"的奋斗目标，要求他们"一年站稳讲台，三年教学过关，五年形成风格，十年成为学科带头人"。在制度建设上，坚持民主和科学的原则，"凭数据说话，按制度管人"；规范岗位责任制、教师管理、学生管理、教学管理、后勤服务等一系列制度，形成完整的制度体系。在校园建设上，突出育人功能，讲究文化氛围，对学校建设有整体规划，征地建房，绿化、美化、净化，分步实施，加快各项硬件的建设，尽快达到省规范化建设标准。

5. 塑造好领导、党员、团员、教师、学生五种形象。学校有组织、有步骤、分阶段地开展五种形象的自我塑造活动。要求做到领导要像个领导样子，党员要像个党员样子，团员要像个团员样子，教师要像个教师样子，学生要像个学生样子，对五种形象分别提出了六条具体规范。要求教师做到的，领导首先做到；要求学生做到的，教师首先做到；要求别人做到的，自己首先做到。五种形象塑造好了，学校自然就会像个样子。并建立起自评、互评、校审三级评估体系。用领导的真抓实干，教师的真教实研，带动学生真学实练，共同塑造邵东县教师进修学校的先进典型形象。

三、超前思考，开展教育教学研究

教师进修学校既是基础教育的师资培训中心，同时也是教育教学研究和资料信息中心。为此，我们在推行继续教育"五段式"培训模式和"送教上门，跟踪教育"模式的基础上，近几年来，围绕素质教育这一时代课题，设立教科室，组织教师进行了"师范性、研究型、现代化"的整体改革实验，在教育教学研究方面开辟了八个课题。1. 小学数学微格教学实验。由唐辉主持，刘松芝协助，在仙槎桥乡组织 20 名数学骨干教师参与，历时一年，效果较好。2. 小学美育研究与实验。由谢国求主持，朱亮辉、尹展求、蒋寿喜等参与，运用美学理论，结合小学教育教学，旨在提高教师和学生的审美能力，激发教师和学生去发现美、欣赏美、创造美。该项研究已在《湖南教育研究》、《湖南小学教师》、《湖南教苑》等报刊上发表论文 10 余篇，已取得初步成绩。3. 校长一二三四五系统工程。由罗桂生主持，彭德寿、王向东协助。原为我校工作思路，后逐步完善，在"九五"校长培训班推广，并被省教委师范处设立为师范教育科研项目（见省教委文件——湘教师处字（1996）037 号）。实验将系统思想与特色理论相结合，实践证明具有推广价值。4. 小学高年级语文学法指导实验。由赵检兵主持，他通过三年探索，撰写了近 8 万字的《小学高年级语文通俗学法》。去年在县内四个乡镇建立了实验基地。以"教是为了不教"为目标，分"诱导——提出——导用——品味——迁移"五步，跳出研究教法的圈子，实现了教与学的统一。今年五月在实验基地黄陂桥乡举行了"小学语文学法指导"研讨会，省教育学院陈蒲清、吴文德教授应邀参加，对该实验的方向和阶段性成果进行了充分肯定，两位教授还在邵东举行了"素质教育进课堂学术报告会"。该实验也被省师范处设立为师范教育科研项目。5. 小学作文教学改革实验。由曹旦主持，曹老师负责我校教科室工作，从事作文教学有丰富的教学经验。思路新颖，另辟蹊径，具有推广价值。6. 小学语文学科带头人培训实验，由特级教师廖郁山和谢国求主持。7. 小学数学学科带头人培训实验，由特级教师羊重伦和蒋寿喜主持。实验得到教委的大力支持，各乡镇输送语、数各 1～2 名（76 名）具有最好业务素质的骨干教师参加，组织"情趣导学"和"说讲评"实验，研究教育思想、教学评价、思维培养、小学美育，培养素质教育学科带头人。两项实验时间为两年，一年集中办班，一年跟踪调查，现正在进行。8. 导控探索教学法实验，由周明浩与县内其他老师主持，为改进物理教学，构建了物理教学质疑——探讨——点拨——总结基本模式，教改论文曾获省一等奖，全国二等奖。除以上研究专题外，教科室还设立了 17 个素质教育研究子课题，包括校长素质、教师素质、班主任素质的研究，政治、语文、数学、自然、劳技、史地、体育、音乐、美术等学科素质教育研究，学生心理、生理素质的研究，转变观念，减轻负担的研究等，各研究课题分工到人，现已全面铺开，可望获得好的收获。在校内教师形成教研之风的同时，我们重视提高全县小学校长和小学教师的教研水平，指导他们进行教改活动，分别在六个乡镇建立实验基点，实施"微格教学"、"情趣导学"、"学法指导"、"作文教改"、"说讲评"、"校长管理"等实验，去年以来，先后在火厂坪镇、周官桥乡、黄陂桥乡、牛马司镇召开教育教学研讨会，由我校实验主持教师理论阐述，实验教师执教、说课、省市专家指导、鉴定，培训校长、骨干教师包括岗培教师，人人搞教研，个个写论文，学员刘跃进、曾文彬等 4 人的管理论文选入《中国基础教育论文大典》（三、四卷）。赵尚连、王珍等 16 名学员的论文选入《三湘教师优秀论文选》，李文娟、曹尚岚等 20 名学员的论文选入《中国教育改革和发展论文选》。蒋寿喜老师和学员徐胜军一

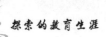

起参加了湖南教育出版社的《小学数学掌握学习》一书的编写。为激发全体教师和学员的教育教学研究的积极性，提供发表园地，由曹旦主编，编印了《一九九六年度教育教学论文集》，创办了《研修园地》，对全县素质教育的研究和推广产生了积极影响，促进一大批校长由经验型向科研型转化，一大批教师由教学型向教改型转化。

在创建规范化教师进修学校的道路上，我们确实进行了一些有效的探索，但这些探索还刚刚起步，我们将在进一步探索的时候吸取兄弟学校的成功经验，借他山之石以攻玉，同心同德，艰苦创业，为建设一所"师范性、研究型、现代化"的规范化教师进修学校而奋斗。

忠诚·团结·博学·修德
——弘扬我校传统校风

每个学校都有自己的校风。它是学校全体师生经过长期实践而逐渐形成的一种特有的、相对稳定的道德风尚、治学态度和学习风气。是学校办学指导思想、培养目标、工作作风、组织纪律、精神状态的集中反映。它是由领导的作风、教师的教风、学生的学风构成的统一体。我校"忠诚、团结、博学、修德"的校训，是老校长曾靖民同志、老书记陈华民同志在长期治校过程中精心制定的。这一校训为培养师生具有忠诚事业、团结守纪、博学成才、修德做人的校风奠定了坚实的基础，鼓舞、鞭策、指导我校师生走自己的路，艰苦创业，科学育人，创造了辉煌的业绩，培养一批批大中专毕业生，培训一批批中小学校长和教师，使我校成为市、乃至省内外知名的教师进修学校。今天我在国旗下讲话，号召全校师生弘扬"忠诚、团结、博学、修德"的传统校风。

第一，忠诚事业，是师生的基本原则。"吾日三省吾身，为人谋而不忠乎，与朋友交而不信乎，传不习乎？""事国事亲唯不欺"，古已有之。一方面对集体、社会、国家、事业和信仰坚定不移，始终如一；另一方面对同志、亲朋好友真切笃实、忠贞不二；为人处事，有实事求是的态度和作风，谓之忠诚。学校全体成员必须忠诚党的教育事业。领导忠诚，要有献身教育的精神，为社会谋进步，为学校谋发展，为教工谋福利，坚持正确的办学方向，不断开创新的局面，热爱师生，全心全意为师生服务。教工忠诚，有强烈的事业心和责任感，遵循规律，教书育人，服务育人，提倡无私奉献、开拓创新、艰苦奋斗的精神。学生忠诚，为世界、为未来、为现代化而读书，追求自己的人生理想。待人忠诚，师生、同事、同学之间讲真话不讲假话，诚恳老实，表里如一。

第二，团结守纪，是师生的重要品质。"将相和"，"天时、地利、人和"，古训可鉴。"团结、紧张、严肃、活泼"是抗大的校风。在教育教学过程中，正确对待个人与集体的关系，正确处理师生、同事、同学之间的人际关系，努力做到关心集体、团结协作，形成教育合力，至关重要。领导讲团结，一班子人要"统一思想，总揽全局，协调配合，扎实工作。"重要决策做到"智出一班，令出一人，戏唱一台。"教工讲团结，要谦虚谨慎，尊重同志，相互学习，维护其他教师在学生中的威信，关心集体，维护学校荣誉。学生讲团结，要互助互爱，加强班集体建设，遵守集体纪律，树立全局观念，遵守学校的统一纪律。

第三，博学成才，是师生的基本素质。时代呼唤素质教育，更呼唤高素质的校长、教师。"学然后知不足，教然后知困。"追求渊博的学识，打下浓厚的功底，做到一专多能、博览群书，"用人类创造的全部知识财富来丰富自己的头脑"，"学习学习再学习。"这就是我们的座右铭。领导博学，要有杂家的本领，专家的气质，实干家的作风，克己奉公的精神，自知、宽容的心理，变经验型为改革型领导。教师博学，有强烈的求知欲，精通本专业，吸纳最新科技成果，探索教育教学规律，变教书匠为教改型、教研型、科研型教师。学生博学，用中华文明的优秀传统和世界文明的先进成果来丰富自己，做到德、智、体全面发展，学有特长。

第四，修德做人，是师生的行为规范。在政治理论、思想品德、学识技能和行为举止等方面达到一定的境界，是有修养的表现；"修身养性"的过程和功夫，就是修德。古人说："修身齐家治国平天下"，修身是根本。今天，江总书记提出"以德治国"的方略，学校必须坚持以德育人，以德治校。领导修德，要以身立教，有谦虚、诚实、热忱和理解人的善良心地，关心群众，善于接受批评和建议，善于自我认识，自我修正，自我批评。教工修德，要爱岗敬业，教书育人，为人师表，衣着得体，语言规范健康，举止文明礼貌，严于律己，作风正派。学生修德，遵守日常行为规范，养成文明的礼仪行为，良好的卫生习惯，浓厚的学习风气。学校全体成员，遵守社会公德，向一切不文明的行为告别，做一个高尚的人，纯粹的人，有道德的人，脱离低级趣味的人，有益于人民的人。

"忠诚、团结、博学、修德"与"四有"新人是相互对应，一脉相承的。忠诚——有理想，团结——有纪律，博学——有文化，修德——有道德。忠诚有理想，是人生发展的源头，不忠诚，没有远大理想的人，就不可能有所作为。团结有纪律，是忠诚事业的保证，"一靠理想，二靠纪律。"不讲团结，没有组织纪律，忠诚事业是一句空话。博学有文化，是忠诚、修德的重要条件，人的理想和道德观念的形成是以一定的文化素养为基础的。没有渊博的学识，不可能成为一个高尚的人。有道德，是做人的根本。总之，"忠诚、团结、博学、修德"是一个有机的整体，共同构成县教师进修学校校风建设的全部内容。只有弘扬这一传统校风，我们的学校才能逐步走向规范化，以"师范性、研究型、现代化"的学校风貌影响全社会。

教师要讲风纪修养

风纪，主要指作风和纪律，教师风纪修养是指人民教师在教育过程中培养良好的职业态度和职业作风，自觉遵守秩序、执行制度和履行职责，它是教师职业道德修养的一个重要方面。

江总书记在《关于改进党的作风》中指出"切不可小看了作风问题"。"要努力改进思想作风、学风和工作作风。"作为一个人民教师，要加强风纪修养，必须培养实事求是的思想作风，形成"为真理而追求"的优良学风，讲究一丝不苟的工作作风，遵纪守法、执行制度，严格要求自己，努力塑造教师的美好形象。

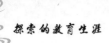

一、培养实事求是的思想作风

苏霍姆林斯基说："只有把自己知识的百分之一用于课堂讲授就够了的教师，才是真正热爱自己学科的人，教师的知识愈丰富，他个人对知识学习、脑力劳动、智力生活的态度就表露得愈鲜明。"的确，教师教书育人应当广闻博识、厚积薄发、游刃有余地应对学生的求知需求，这当中来不得半点虚假、敷衍和马虎，否则必辱使命。教师要圆满完成自己的工作任务，必须熟练地掌握和运用教学规律，只有按照客观的教育规律办事才有成效。当然，教育者所面对的教育对象是千差万别的学生，教师不可能有一个现成的"万应良方"的教育模式可以利用，教师不仅应当了解和掌握教育的一般规律，还要不断研究和发现教育内部的特殊规律。在教育教学过程中，坚持实事求是的态度，辩证、唯物地分析教育实际情况，努力把握和充分利用教育规律、科学施教，对构成教育活动的各种因素，诸如教育教学目的、内容、方法、手段、形式、途径、环境以及自身条件等等，进行仔细的探索研究，有针对性地开展工作。在工作比较顺利的时候，不能头脑发热，忘乎所以，不要提出不切实际的要求，在工作遇到困难的时候，不能灰心丧气，畏首畏尾，要善于在困难的条件下开拓新的局面，所有这些教师都必须坚持历史的、实践的、发展的观点，培养实事求是的工作精神和工作态度。

二、形成"为真理而追求"的优良学风

所谓学风，对于个人来说就是指对待学习的态度以及学习的风格，它包括学习精神、学习态度、学习动机与需要、学习意志、学习方法等。其中学习态度倾向性是至关重要的。学风影响着一个人的素质发展和事业成败。在信息化社会的今天就更是如此。过去，一个人在某个时间段的学习可以保证其享用终生，而且无遭社会淘汰之虞。而今，如果谁停留在已有发展水平上止步不前，很快会发现自己落伍于时代。因此，形成良好学风，为自己的持续发展打下良好基础变得越来越重要，陶行知说："要想学生好学，必须先生好学，惟有学而不厌的先生才能教出学而不厌的学生。"在形成学生良好学风方面，教师学风的影响力是巨大的。每个人的发展可塑性很强，所谓"染于黄则黄，染于苍则苍"。教师作为学生的榜样，对学生的成长有直接的影响，学生往往在"耳濡目染"中完成了自身的转化。教师在平日里的学习、生活中的刻苦钻研、学而不厌、不骄不躁、勤思明辨、坚持真理、修正错误以及不断进取、勇于创新的精神，都会给学生以潜移默化的影响。什么是好的学风，坚持理论与实践的有机结合，把自己的实践经验提高到理论角度去思考，形成自己的新的理论观点，或者用新的理论观点去指导自己的实践，不搞本本主义，不是拿本本去框实践，而是用实践去发展本本，为真理而追求不懈，这就是今天教师的学风。

三、讲究一丝不苟的工作作风

教书育人工作被人们视为最复杂、最困难的事情，其中的矛盾错综复杂、千变万化。迄今为止，任何一个教育家也不敢说已穷尽了对教育教学规律的认识，任何一个教育家也不敢说已全部掌握了教育艺术的真谛，教育工作中尚存在无穷的奥妙等待我们去探索。这就需要每一个教师在工作中努力追求精益求精、一丝不苟。在教育教学过程中，严格要求自己，谦虚谨慎，对一个无关紧要的字词读音力求准确无误，对一个定义的表述力

求逻辑严谨，对一道练习题的演算力求严密，对一个标点符号的使用力求恰当等等，这种一丝不苟的工作作风，都会给学生以影响。目前，我们正在着力实现由应试教育向素质教育的真正转轨，有关教育的理论问题和实践模式问题还没有得到彻底、明了的认识，需要广大教师从自身工作的具体实际出发，开拓创新，形成科学的教育思想，不断强化自身的教育教学能力，发展自己的教育教学艺术，努力突破应试教育模式的束缚，自觉实施素质教育，更需要一丝不苟的工作作风。

四、做遵纪守法，执行制度的模范

我们学校有这样一位班主任教师：一天，他生病了，坚持在爱人的搀扶下来到学校，向校长请了假，还安排了代课教师，然后来到教室，气喘吁吁地伏在桌上对大家说："同学们，我今天是来跟大家请假的。"老师这一举动被学生所感动，但也有的学生说："老师这样做没有必要。"老师补充说："我们自己订的规章制度，组织纪律，老师应该带头模范遵守。"这件事告诉我们，上至国家法律制度、社会公德，下至校规校纪、行为准则，教师都要严格要求自己，给学生以良好的榜样。首先要依法执教。在教育教学实践中自觉坚持和维护教育法律法规，全面贯彻党的教育方针，自觉同党和国家的方针政策保持一致，依法维护教育对象的合法权益。其次在社会生活中，注意树立自己的美好形象，一言一行严格要求自己，自觉遵守社会公德，做一个守法的好公民。第三，严格遵守学校的各项规章制度，做一个遵守纪律的好老师，只有这样才能教育出严守纪律的好学生。

安乡、桃源、汉寿、武陵教师队伍现状的调查与分析

我们受省师范处的委托，根据省师范处、省师资培训中心、省教育学院提出的调查目的、内容和方法，对常德市所辖安乡、桃源、汉寿、武陵三县一区的小学教师第一轮继续教育、中小学教师队伍现状、教师进修学校进行了实地调查，并作了一些数据统计和几点粗略分析，听取基层领导和教师的反映，还为省职能部门实施"园丁工程"提出几点不成熟的意见。

一、调查的基本情况

1. 5月13日–25日，前后13天，调查学校24所。安乡进校，大鲸港中心小学、安障中心小学、遵保小学、安乡一中、城北中学；桃源进校，漳江中心小学、杉木中心小学、桃花源小学，桃源一中、漆河镇中学；汉寿进校，城关三小、西竺山中心小学、东岸小学，汉寿一中、西竺山中学、毛家滩中学；武陵进校，育英小学、芦山中心小学、坪湖小学，河伏镇中学。共4所进校、12所小学、8所中学。

2. 教师队伍现状调查。对24所学校的教师进行问卷调查，共收回教师进修学校教师调查表58份，小学教师调查表235份，中学教师调查表255份，对548份调查表进行了数据统计和意见归纳。应上交的各种表册、资料齐全，可供各级领导分析研究。还采用汇报、座谈和走访方式征求意见，召开大小会议18次，提供情况并有文字记载的领导和教师108人次。

3．听课 68 节，一般遵从学校的安排。其中进校 13 节，5 优 8 良；小学 42 节，7 优 24 良 10 合格 1 不合格；中学 13 节，8 优 5 良。具体到各县，安乡 13 节，3 优 5 良 4 合格 1 不合格；桃源 20 节，6 优 11 良 3 合格；汉寿 22 节，7 优 13 良 2 合格；武陵 13 节，4 优 8 良 1 合格。

二、调查的结果与分析

1．小学教师继续教育第一轮培训有成功经验。

桃源县在总结上下了真功夫，为我们提供了一本达 90 页有价值的汇报材料。三县一区既有共同经验，又各具特色。共同之点是：第一，领导重视，规划落实，经费到位，行政管理过硬；第二，进校办学管理规范，硬件建设成龙配套，各校建起四楼，规划了四区，充实了八室，用上了电化教学手段，安乡的花园式校园，桃源的学员公寓楼，汉寿的合理布局、规范管理，受人称赞；在市、县、乡、校四位一体管理体制的基础上，加强横向联系，电教仪器、教育科研等部门积极参与。第三，教学效果、教育科研成绩显著，综合测评都在 95 分以上。还有安乡进校和城东小学进行《五阶段练习教学法》实验，开展小学教师继续教育教学模式研究；桃源发挥示范、培训、指导和参谋四个作用，推动四项基本功训练；汉寿经济条件一般，但培训政策落实，经费投入采取财政拨款、单位报销、受训学员适当收费三条渠道妥善解决，实施继续教育六条优惠政策；武陵采取五项措施提高师训队伍自身素质，推陈出新，探索"自学→讲解→讨论"、"说课→实践→评析"第二轮继续教育模式，充分显示了三县一区的教学特色。

2．教师队伍现状分析。

小学。三县一区有小学 1154 所，在职小学教师 12637 人，小学生 265765 人，校生比为 1：230.30，师生比为 1：21.03。从 12 所小学的 235 位教师问卷来看，98％的教师反映工资能按时发放，安心工作的 221 人，占 94％；乡下教师在县内调动的仅 6 人，只占 2.6％；想外调和改行的 3 人，仅占 1.3％。计算机、普通话、教学技能三项训练效果好。235 人中，能用计算机进行简单文字处理的 87 人，占 37％；能用计算机进行辅助教学的 61 人，占 26％；有等级证书的 17 人，占 7％；能用普通话教学的 231 人，占 98.3％；有普通话测试证的 50 人，占 21.3％；教学能力强的 122 人，占 51.2％。桃源县漳江小学，以"苦练内功、科研兴校"创名优学校，教师群体素质喜人：100％的教师能用普通话教学，进行现代化教育技术实验；75％的教师能进行计算机辅助教学和多媒体教学。汉寿毛家滩东岸小学，4 个年级 4 个班，140 位学生，5 个教师，听 4 堂课，我们感到满意，他们注重基本功训练，有典型性。

初中。三县一区有初中 108 所，在职教工 6142 人，专任教师 5657 人，在校学生 83523 人，校生比为：1：773.36 人，专任教师的师生比为：1：14.76；专任教师中本科 468 人，占 8.27％；专科生 4488 人，占 79.3％，中师及其他 701 人，占 12.39％，中高 31 人，占 0.55％，中一 2445 人，占 43.22％；专任教师已参加和正在参加继续教育的 340 人，仅占 6％。

高中。三县（武陵没有高中）有完全高中 20 所，在职教工 1581 人，专任教师 1259 人，在校学生 16893 人，校生比为 1：844.65，专任教师的师生比为 1：13.42；专任教师中研究生1人，本科703人，占55.84%，专科575人，占40.9%，还有中师及其他40人，占3.2%；特级教师3人，占0.24%，高级189人，占15.01%，中级550人，占43.69%；专任教师已经参加和正在参加继续教育的194人，占15.41%。

高、初中教师对继续教育的认识和要求。8所中学的255位教师问卷，略举几例，可以说明一般：是否需要继续教育？回答"需要"的245人，占96.1%，抱无所谓态度的10人，占3.9%；参加继续教育的动因是什么？回答"更新知识，提高自身素质"的238人，占93.33%；不愿参加继续教育的重要原因？回答"经济困难"的148人，占58.04%；目前参加继续教育遇到的主要困难？"工学矛盾"146突出人，占57.25%，"激励机制不完善"84人，占32.94%；继续教育的内容应该是？回答"提高教育教学能力"的161人，占63.14%，"扩展知识面"的133人，占52.17%，继续教育的最好方法？回答"教师指导下的自学"127人，占49.8%；考核的方式宜采用？回答"综合测评"的138人，占54.12%，考试与考查相结合94人，占36.86%；时间安排最好是？回答"平时、寒暑假相结合"的117人，占45.88%；继续教育的质量评价应该是？回答"教师的整体素质"210人，占82.35%。

进校。三县一区4所进校共教工111人，专任教师65人，占58.56%；专任教师分布语文22人，数学20人，计算机6人，音乐3人，体育4人，美术3人，政治4人，自然5人，外语没有，教育心理学5人，从数据反映，计算机、英语、音体美等教师明显不足，而且孤军作战，很难满足中小学教师继续教育的全面指导；校级领导17人，占26.15%（这是个带普遍性的问题）。

3. 综合问卷和座谈，基层学校和教师对小学教师第一轮继续教育，有不同意见。

培训政策方面的。继续教育政策法规逐步规范；有较好的政策，但未落实；如与职称、评优、晋升工资挂钩未实施；培训经费的到位，作为职能部门缺乏力度；继续教育效果明显，但缺乏激励机制；工学矛盾，包括外出学习，请人代课困难多，私人负担经费也支撑不起。

教学计划、教材、培训模式方面的。教学计划不符合小学实际，与现状有差距，缺乏针对性、实用性和改革力度；教材没有特色，编写质量差，教材科目过多，内容重复，粗糙、不系统；尤其是教材供应不及时；培训模式比较单一，教师进修学校的教师不深入小学，熟悉小学，不了解实际，指导是一句空话。

效果评价方面的。第一轮培训，按省要求办理，教师积极性高，学校抓的严，自学面授相结合，效果明显。更新小学教师的教育观念，丰富专业知识，提高业务能力，发挥了积极作用；但出勤率难得保证，效果不理想，部分学员积极性不高；领导出于完成任务，流于形式，学风、教风不正，对教师能力培养不够，头两年认真，效果好，后两年赶进度，走过场，草草收兵。

4. 小学教师第二轮、中学教师第一轮继续教育的不同看法和建议。

提高认识是前提，知识更新、建立激励机制是关键，加强师资队伍和教材建设是根本；政策要硬，机制要强，教材要新，模式要活；目标要明确，要有具体大纲要求，可操作性强；科目宜少，内容要精，以提高教师素质为目的；要加大社会宣传力度，解决一个"权"字，变成政府行为，还要解决一个"钱"字，学生是义务教育，教师应免费入学；根据各类教师提出的不同要求，建立终身教育体系；骨干教师、教学技能的培训，教育科研能力的提高是重点；计算机、普通话、教学技能三项训练，要坚持普及与提高相结合；尽快制定教学计划、制定切实可行的政策，要组织专门班子编写教材、教参，不能搞个人行为，可以省编地编相结合；保证教材及时供应；模式要多样化，不同层次要有不同要求，分层教学，专家指导；要有针对性、实效性，多开技能技巧课程；进行微格教学，多媒体教学，注重实验探索；教学时间要保证，脱产学习还要提倡3%，办一年或一期的脱产班，真正更新知识，提高素质效果好。初高中教师的继续教育不容易搞，师训科把名额分下去，不来报到，与工作有矛盾，讲的课吸引力差，没有学历教育压力大；要加强管理，只能搞讲座，不能照本宣科，邓小平教育理论可以自学，课程设置应从实际出发，语、数、外三科编教材，其他各科编大纲；三年内完成有难度，现在是计划模式，不是市场模式；师训要成为各方面的中心，看政策出台；教育学院与师专合并，资源重组，师资力量充实了；县教师进修学校怎么办？办学条件、师资力量，很难胜任；进校办学，一靠教委重视，二靠联校支持，三靠自己努力；进校不办文化班、脱产班，没有生命力；进校自身建设，硬件设施按高标准配套，对师资队伍提出了更高要求；希望多给机会，脱产学习、外出考察、派员到高校进修计算机、普通话，提前半年培训；尤其是中青年教师的专业培训，加强进校之间的教学交流。

三、结论和建议

集中来自学校领导和教师各方面的意见，通过调查和分析，使我们进一步认识到：大力提高教师队伍的整体素质，构建一支结构优化的高素质教师队伍，是跨世纪教育改革和发展的根本大计，是落实"科教兴国"战略，实现"面向21世纪教育振兴行动计划"提出的目标任务，保证可持续发展的首要任务。

1. 我们带着虚心学习的态度，来湘北调查，学习了很多东西。很多典型经验，值得深入总结提高，可以在地市、省甚至全国范围内推广。例如，常德市建立师资培训中心，健全中小学继续教育四级培训网络，注重教学、学科、教研基本功训练的经验；各县（区）在省、国家获得的各种科研成果，小学教师继续教育第一轮培训的典型经验；安乡小学教师"五阶段练习教学法"的经验；桃源采用几种教学模式开展继续教育，漳江小学争创名优学校的经验；汉寿教师进修学校规范化管理，特级教师肖家气的教学经验；武陵育英小学、河伏镇中学的中小学教师继续教育的试点经验。为使全省各级教育行政部门、中小学校、教师进修学校及广大教师得到可供借鉴的有效经验，在这次广泛深入调查的基础上，《继续教育之花》可在专家的整理之下，续集出版。

2. 在这次广泛深入调查的基础上，要有一批领导、专家认真研究，对今后教育发展进行科学分析和预测，根据"园丁工程"实施方案，自下而上，制订出县、市、省面向21世纪教师队伍建设中长期规划，各级各类校长、教师继续教育，包括基本功、计算机、普通话、骨干教师、全员培训的实施方案。

3. 根据国家实施"园丁工程"的要求，"3年内对现有中小学校长和专任教师进行全员培训和继续教育"，任务十分艰巨。我们感到：省教委师范处、省师资培训中心、省教育学院应迅速共同谋划：一是尽快出台继续教育的法规性文件，包括经费筹措；二是要尽快出版小学教师第二轮、中学教师第一轮继续教育教材；三是必须加快对教师进修学校的资源重组，业务培训，重点解决教师进修学校对中小学教师研究不深和本身教学技能不足的问题（常德可以在这个方面提供经验）。

4. 提高中小学教师的学历层次，也是一个十分艰巨的任务。省师范处应在原有办学基础上，进一步理顺各方面的关系，真正开通小教大专班的办学渠道，教师进修学校的办班，要坚持长班和短班、脱产和函授相结合，保证生源，创造条件办好3－5年脱产班，才能保证正常教学秩序。

5. 坚持普及与提高相结合，重点加强中小学教师骨干队伍建设。首先注重中小学中青年骨干教师的培训，开通优课工程，实施"说讲评"，开展"十佳百优"教师评选活动，致力名优教师、名优校长的培养；通过骨干教师的辐射作用，启动"教学技能、计算机、普通话"三项全员训练，这方面常德和其他各地有成功的模式和经验。

6. 贯彻国家教育部教师（1999）1号文件精神："每县要办好一所教师进修学校"，"可与当地教研机构、电教机构、教育科研机构通过联合、合作或合并，建成本地区……具有指导作用的教育中心。"这方面常德市已有成功作法，省里已有规范化教师进修学校的评估办法。但就全省而言，县级教师素质发展中心的构建，必须采取教研室、仪电站、县教师进修学校"三位一体"的办法，实现资源重组，才能落实"加强、充实、提高"的六字方针，办出一批师范性、科研型、现代化的教师进修学校，以承担起中小学教师继续教育的重担。

我县教师队伍素质状况的调查与分析

我县"普九"已通过两级评估验收，"普九"以后工作的重点是实施全面素质教育，提高教育教学质量，为发展邵东经济培养人才。当前，农村中小学教师队伍的素质究竟如何？根据素质教育的要求，应当如何提高中小学教师素质？县教师进修学校怎样才能承担起中小学教师继续教育的任务，我们带着这些问题，进行了一次调查分析。

一、调查的目的、内容及方法

调查目的：

1. 了解当前农村中小学教师素质状况，为教育行政部门构建教育教学管理模式提供一些事实依据。

2. 通过调查，发现和了解一些乡镇及学校培训师资的一些好的做法，研究带倾向性的问题，以便针对我县实际情况，为全面提高师资水平，进一步探索中小学教师继续教育的途径和方法。

调查内容：

1. 教师的综合素质、师德师能和现代教育意识现状、师资培训以及素质教育开展情况。

2. 校长的综合素质，学校教育、教学和管理现状，实施全面素质教育的新举措。

3. 提高中小学校长和教师素质的意见和要求。

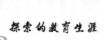

调查方法：

采用抽样调查的方法，对我县 100 名中小学教师，100 名中小学校长进行问卷调查，对 20 道判断和问答题，以无记名的方式书面作答，还分别三次召开中小学校长和教师座谈会，进一步把握调查问卷的真实性，现就调查情况进行数据统计和初步分析。

二、调查的结果与分析

在近 200 份教师的答卷中，选定 100 份，在 150 份校长答卷中也选定 100 份进行统计分析。显而易见，人数的多少就是百分比的大小。判断题统计"是""有""符合"的情况或百分比，问答题统计后，取人数最多的前五种共同认识，认真分析两份统计材料，可以引起我们种种思考。

调查资料表明：

1. 校长、教师的基本素质是好的

100 名教师中，96 人具合格学历，84 人有高尚的道德品质，74 人有全新教育观念，84 人有强烈的竞争和改革意识，74 人有精深的文化知识，87 人有过硬的业务能力，75 人有良好的心理素质。100 名校长中，84 人具有献身精神，86 人具有公正无私的品质，74 人具有专门家的气质，81 人具有实干家的作风，71 人具有精深的业务素质，81 人具有健康的心理素质。还有很多好的方面，可以参考附件材料，这里不作具体分析和叙述了。

2. 素质教育对教师素质的新要求尚有差距

100 名教师中，坚持学习现代教育理念、更新教育观念的只 64 人，热心教育科研的只 50 人，参加县、乡各级各类教研活动的只 40 人，有研究能力和活动效果的只 30 人，会计算机或计算机教学的仅 5～10 人，有一口流利的普通话的才 38 人。100 名校长反映，学校有专任音乐教师的只 43 人，专任美术教师的才 35 人，实施素质教育，学校还看不出什么变化的有 43 人，所在联校也看不出多少变化的有 40 人。

3. 带倾向性的问题比较严重

一是实施素质教育的最大障碍。100 名教师中认为是政府行为的 39 人，是社会认识的 61 人，是教育思想的 53 人，是升学与社会就业问题的 66 人。二是学生负担过重。100 名教师中，反映当前学生负担过重的 79 人，经常加班加点的 84 人，学生有规定以外的各种资料的 84 人。三是素质教育大有潜力可挖。100 名教师中，反映学校有培养和发展学生特长实施方案的仅 48 人，而且能够落实的只 44 人，而教师具有各方面技能的有 70 人，有各种兴趣爱好的 87 人，能在各方面培养特长的有 72 人。这方面对校长来说，更是有潜力可挖的。学校实施素质教育有了新举措，如公开课、课题研究、兴趣小组、各项竞赛等，但素质教育进课堂尚缺乏深入研究！

4. 对师资培训的认识和态度不一

项　　目	调查人数	符合教师需要	符合教学需要	符合素质教育要求
学历教育	100	78	74	73
岗位培训	100	53	50	40
基本功训练	100	95	90	90

分析上表可见，基本功训练和优课工程的开通是深受教师欢迎的，岗位培训和学历教育如何适应素质教育的要求，亟待研究。

5. 教师、校长的希望与要求

（1）你认为推行素质教育最迫切需要解决的问题是什么？100 名教师中，35 人认为教师负担重、工作量大；30 人需要提高自身素质；25 认为要解决领导的认识问题；25 人认为要转变教育观念；22 人要求改革考试制度。

（2）对你来说，提高教师素质，迫切需要的是什么？100 名教师中，35 人要求更新教育观念，33 人要求提高教师待遇，25 人要求业务进修，28 人要求改善办学条件，25 人要求提高教师地位。

（3）你对我县当前素质教育方案有何意见和建议？100 名校长中，42 人要求建立可操作性强的评价方案，38 人要求取消统考排队，33 人要求分类定等改变老一套检查方法，28 人要求扩大校长自主权，24 人要求对学校、教师、学生进行全方位的评价。

三、结论与建议

1. 结论

通过调查分析可以认识到：

（1）校长和教师的素质水平决定着素质教育的成败。我们的校长教师队伍，基本素质是好的，但离素质教育的要求，知识经济时代的要求，未来教育的要求，还有相当的距离，必须引起政府和教育部门的极大关注。

（2）校长和教师的基本素质要求，必须进一步加强职业道德、现代教育理论、专业知识和专业技能的培训。未来素质教育对校长和教师素质提出了更高的新要求，例如：专业技能，包括教学、学科、教研基本功的训练，包括社交能力、应变能力和创造能力的提高和发挥，包括计算机在内的现代教育技术的应用和推广，一切应试教育的观念、教学模式、管理办法、评价体系的变革。所有校长和教师必须接受继续教育。

（3）努力提高校长和教师的素质，是一个系统工程，要提高教师的地位，提高教师待遇，改善办学条件，它既是政府行为，又是教育部门本身的要求。

2. 几点建议

（1）制订县面向 21 世纪教师队伍建设中长期规划。在广泛深入调查的基础上，政府和教育行政部门要充分考虑研究，对今后教育发展进行科学分析和预测，根据"园丁工程"实施方案，出台中小学校长和专任教师继续教育规划，继续教育的法规性文件，加快师资培训基地建设。

（2）建立教师素质发展中心。为培养一支结构优化的高素质的校长队伍和教师队伍，以县教师进修学校为培训基地，由县教研室科研导向，县仪电站发展电化教学，三位一体，构建县教师素质发展中心，发挥其师资培训、教学改革、教育科研、现代技术、资料信息的中心作用，以中青年骨干教师为重点，开展包括基本功、计算机、普通话为主的全方位的全员培训，全面提高中小学教师的群体素质，整体推进素质教育。

（3）建立三级培训网络。县宏观调控，发挥全面组织作用，县教委要掌握方向，规划任务，制定政策，县教研室、县教师进修学校全面组织、实施。把中小学教师继续教

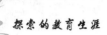

育的任务落到实处。乡镇联校中观管理，办好中心培训点，各级各类学校微观组织，抓好全员参训。

（4）建立继续教育目标、教学、管理和评价体系。这是改革的大趋势。面向世纪之交，知识经济时代的到来，力争3－5年内使中小学教师继续教育走上法制化的轨道，建立继续教育制度，形成师范性、研究型、现代化特色，不断探索中小学教师继续教育的途径和方法。

邵东县素质教育师训管理模式初探

面向世纪之交，全面推进素质教育，深化教学改革，成败的关键是提高教师素质。运用系统科学，全县构建"一个中心，两支队伍，三级网络，四率评估，五项措施"的素质教育师训管理模式，师资培训实现科学化、规范化、制度化，这是继续教育走向成功的又一次探索。

建设一个中心

在县教委的领导下，以县教师进修学校为培训基地，由县教研室科研导向，县仪电站推广电化教学，三位一体，建立教师素质发展中心，以中青年骨干为重点，开展全方位的全员培训，全面提高中小学教师和校长的群体素质，整体推进素质教育。

中心的基本职能。向全体中小学教师进行第二轮继续教育。一是师德教育。培训教育理论骨干，建立政治理论辅导网络，县、乡、校层层注重理论学习，进行思想政治和道德观念的教育，进行职业道德与行为的规范，塑造一代师表。二是师能培训。引导教师更新教育观念；指导教师依次练好教学通用基本功、学科教学基本功、教改实验与教学研究基本功；实施扶弱工程，"送教"、"支边"，优先培训薄弱学校的教师；实施优课工程，培养县乡校各级各类教学能手；实施"名师"工程，培养名校长、名教师。

建立必修课、选修课、活动课、实践课有机结合的现代教学方案。优化必修课，注重提高质量，体现未来教育对人才素质的要求，吸纳最新科技文化成果，满足培训对象对新知识的渴求；开好选修课，突出地方特色、选讲本县的教改科研成果，使之全面推广；强化活动课，弘扬科技、艺术教育，发展培训对象的兴趣、爱好和特长，培养健康个性；搞好教育实践，包括考察、观摩和相互交流，边教边干边学，学用结合，撰写经验论文。四类课程互相渗透，形成开放型课程结构体系。

培训两支队伍

校长队伍。围绕发展基础教育，推进素质教育的现实，结合工作需要，组织校长学习新知识，总结新经验，探索新问题，进一步提高其思想政治素质、理论素质、政策与业务素质、管理能力。抓好岗位培训，100%的校长持证上岗；抓好提高培训；成立校长管理研究会，抓好高级研修。

培训的基本要求。坚持理论联系实际，学用一致，按需施教，注重实效的原则，既学习理论，又研讨实际问题，不断丰富培训内容；综合运用理论教学、自学读书、专题研讨、经验交流、案例分析、调研考察、论文写作等多种教学方法。课堂教学与学员自学结合起来，理论讲授与案例分析结合起来，把教育考察与总结经验结合起来，校长工作与校长培训结合起来，实现校长管理由粗放型、经验型向科学型、研究型转变。

教师队伍。在九五期间，建设一支数量足够，质量合格，结构合理，学科配套，骨干齐全又相对稳定的中小学师资队伍。必须以转变教育观念，加强师德建设，提高教学能力为三个主攻方向，继续培训在职中小学教师，使之达到学历要求，并能胜任各自承担的教学工作。小学、初中、高中教师的学历合格率分别达到95%、90%、85%。第二轮提高培训率100%，教学基本功参培率100%。

培训的基本方法。坚持开放性、针对性、实践性原则，探索基本教学模式，一是岗位培训，采用"讲授导向——观摩示范——典型试教——分校实践——总结提高"五步教学法；二是研修提高，坚持导师制，组织"说讲评"，采用"临摩——导引——研讨——发展"四段式教学法。三是开展教师自培活动，以研究教材教法、基本功训练为主的自学自练，互教互学，以老带新，集体备课，观摩教学，专题讲座等多种活动。

建立三级网络

继续教育，面广人多，点散线长，县、乡、校建立师训领导小组，围绕建设一个中心培训两支队伍形成三级培训网络。

县宏观调控，发挥全面组织作用，抓好中心培训。县教委掌握方向，提高教师群体素质，整体推进素质教育；规范任务，制定五年规划，一年计划，一期安排，把任务分解到各乡镇；制定政策，下发文件，对经费、编制、待遇、考核问题进行明确规定。教师进修学校和县教研室发挥全面组织作用。当参谋，协助教委宏观调控，配合教委下达指令性计划，召集师训会议，部署工作；勤督查，深入乡镇、学校指导和评估教育教学工作，抓好典型推动，组织师训评奖。

乡（镇）中观管理，办好中心培训点。师德教育，由工会主席和抓政工的领导负责，向教师进行政治思想、道德观念教育，敬业爱岗、无私奉献的教育，教育领导成员要带头讲政治、讲团结、讲纪律、讲廉洁，努力改进思想作风和工作作风。师能培训，由成教副校长负主责，组织教师认真练好教学基本功，学好教育科研理论，培养好教学新秀、名教师、名校长、培训好音、体、美等专任教师和薄弱学校教师。乡镇中心初中和中心小学，分别培训初中教师和小学教师，完成送培任务，抓好教学管理，组织实践活动，落实政策待遇。

学校微观组织，抓好全员参训。由一名副校长主管，开展多种形式的思想教育活动，不断提高教师的师德修养。组织教师参加教学基本功大操练，由四项通用基本功到教学基本功、学科基本功、教研基本功，依次训练；组织中老年教师建立"一帮一"结对小组，培养教学新秀；引导教师更新知识和教育观念；组织教学研究，开展教改实验，以课堂教学为主，抓好学用结合。

落实四率评估

县教师素质发展中心建立以"送培率、出勤率、结业率、优秀率"为主要内容的评价方案，坚持与乡镇教育评估挂钩，与教师考核评优挂钩，注重评价内容的全面性，评价方式的多样性，评价过程的动态性，充分发挥管理和评价的导向、保障和激励作用。

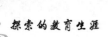

以送培率评价计划管理。各乡镇和学校是否完成送培任务，对脱产或函授集中培训的，每学期评估一次，对在职进修和基本功训练的，每年评估一次。

以出勤率评价组织行为。必须按教学计划组织教学，设置奖惩条例，严格考勤制度，学校查到班、班主任查到人、科任教师查到每堂课。每一学月通报一次，作为考试考核资格的依据，保证正常教学秩序。

以结业率评价教学质量。按省颁教学计划分思想、知识和实践能力三个方面综合考查，只要一方面不合格就不结业，防止走过场。

以优秀率评价学员的主观能动性。考查学习过程中作业的创造性，教学比武中的优质课，教学设计中的优秀教案，教学经验中的优秀论文，基本功竞赛中的优秀名次，面授自学中的优秀笔记，按项次积分排队，增加继续教育的生气。

保证五项措施到位

领导到位。县、乡、校第一把手亲自抓，分管领导具体抓，形成齐抓共管的机制。把师训纳入岗位责任制和目标管理，列入议事日程，采取多形式、多渠道为校长、教师进修创造条件，把校长和教师培训作为考核、使用、晋级、提职、评优、民转公的重要依据。

辅导到位。选配好辅导教师，专业课教师相对稳定；聘请优秀教师优秀校长当客座教师；由知名度大的专家、学者和行政领导担任兼职教师。县教师进修学校举办备课班，定期进行教学研讨，提高辅导师资水平。

经费到位。按小学教师人均 50 元，中学教师人均 80 元，保证师训业务经费，坚持农村教育费附加的 5~8% 用于师训经费，按教师工资的 5% 保证师训经费。每生每年 3~5 元，向中小学生收取师训费；教师参加学历教育的奖励，参加继续教育的津贴，基本功训练的开支，乡镇保证及时足额支付。

制度到位。修订学籍管理制度、教学管理制度、考勤考核制度、质量检查制度、论文指导制度、评估奖励制度、教学基本功、教学技能、教学水平、教学质量达标要求，形成目标激励、考核检测、利益驱动、规章约束、领导监督机制。

科研到位。将实施素质教育，培训一支高素质的校长、教师队伍，作为重要研究课题，探讨第二轮师训、干训工作的培训模式，走整体改革、科学管理、科研兴教之路。

本模式一个中心和两支队伍，是管理目标体系，三级网络是管理层次结构体系，四率评估和五项到位是综合评价体系，三者有机结合，形成"一二三四五"系统工程，她将在师训、干训的具体实践中自我完善、自我发展、成为中小学教师第二轮继续教育的基本途径和方法。

全面的素质教育需要素质全面的教师

第三次全教会的主题是素质教育，颁布了《中共中央国务院关于深化教育改革全面推进素质教育的决定》。会议和《决定》系统地回答了我国 21 世纪的教育要培养什么样的人和怎么样去培养人的根本问题。党中央、国务院发出"全面推进素质教育"的号召，这是我国教育领域里的一场大变革。它是历史的必然，时代的呼唤，人民的期望，广大教育工作者的创造。当今世界科学技术突飞猛进，知识经济已见端倪、国力竞争日趋激烈，它对我国教育是一场大冲击，我国广大人民群众对教育的高需求，我国经济建设和社会发展对教育的高要求，创新精神和创新人才成为国家和民族发展繁荣的战略制高点。面对这"两大三高"的现实，认真学习全教会精神，以全新的观点研究全面的素质教育需要素质全面的教师很有必要。

一、全面的素质教育

学习《决定》，研究素质教育的本质、目标、指导方针、要义、特征、内容和要求，可以概括为：

一个目标。什么是素质教育，素质教育的本质是什么？《决定》指出："实施素质教育，就是全面贯彻党的教育方针，以提高国民素质为根本宗旨，以培养学生的创新精神和实践能力为重点，造就'有理想、有道德、有文化、有纪律'的德智体美等方面全面发展的社会主义事业建设者和接班人。"根本任务是提高国民素质，培养重点是创新精神和实践能力，根本目的是培养"四有"新人，这三者构成素质教育的本质。素质教育的目标，就是全面提高全体学生的基本素质。充分开发学生的潜能，其终极目标是提高全民族素质。

两项指导方针。《决定》指出："全面推进素质教育要面向现代化，面向世界，面向未来，使受教育者坚持学习科学文化与加强思想修养的统一，坚持学习书本知识与投身社会实践的统一，坚持实现自身价值与服务祖国人民的统一，坚持树立远大理想与进行艰苦奋斗的统一。"简言之，宏观上以"三个面向"的教育思想为指针；微观上让每个受教育者努力实现"四个统一"。

三大要义。《决定》指出："全面推进素质教育，要坚持面向全体学生，为学生的全面发展创造相应的条件，依法保障适龄儿童和青少年的基本权利，尊重学生身心发展特点和教育规律，使学生生动活泼，积极主动地得到发展。"这与柳斌同志阐述的"素质教育要义"一脉相承：第一是面向全体学生，第二是德智体美全面发展，第三让学生主动发展。他还认为实施素质教育的前提是教育思想的转变，以德育人是大根本，因材施教乃总法则，以提高国民素质为目标，以促进全面发展为宗旨，"三大要义"最先勾画了素质教育的整体框架。

"四性"特征。素质教育具有全面性、主体性、基础性、差异性四个方面的特征。全面性。除面向全体、全面发展外，就是全面推进。它贯穿于培养人才的全过程。不局限于中小学，而是贯穿于各个阶段的各种教育；也不是局限于学校教育，而是贯穿于学校、家庭、社会教育的各个方面。实施素质教育是一个系统工程，不同阶段不同方面的素质教育各有侧重，并互相衔接，互相促进。主体性。素质教育必须尊重学生的主体地位，发挥学生的主体作用，最大限度地调动学生的主动性和积极性，真正使学生爱学习、勤学习、会学习，变强制教育为引导教育，变负担教育为愉快教育，变淘汰教育为成功教育。基础性。有两个方面的含义：一方面，学生的素质是做人的基础，学习做人是学生的基本功，这方面传统教育是被忽视了的。另一方面，每个人的素质是整个民族素质

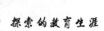

的基础。差异性。既表现在学生的遗传因素上，也表现在学生身心成长因素与智力发展水平上。素质教育尊重这种差异性。针对不同层次的学生有效地开展教育活动，不能"优等生演戏，中等生看戏，差等生没戏"，形成教育死角。

"五育"内容。《决定》指出："各级各类学校必须更加重视德育工作"。"智育工作要激发学生独立思考和创新意识"。"要树立健康第一的思想"。"要尽快改变学校美育工作薄弱的状况。""要从实际出发，加强和改进对学生的生产劳动和实践教育。"概括起来，素质教育的内容主要包括：思想品德素质教育，文化科学素质教育，身体心理素质教育，审美素质教育和劳动素质教育。五育并举形成一个互相联系、互相渗透、互相促进的整体，不可以偏概全。那种"以智害德、以分害体、以题害智"片面追求升学率的做法必须抛弃。五育并举，还要明确两个重点内容。"思想政治素质是最重要的素质"。因此，培养学生爱国主义、集体主义精神、社会主义思想，是素质教育的灵魂。重视思想政治工作和德育工作，任何时候不能放松和削弱。素质教育另一个重要内容，是培养学生的创新精神和实践能力，培养大批优秀的创新性人才。

"六会"要求。联合国教科文组织出版的经典著作《教育——财富蕴在其中》提出教育的四大支柱：学会认知、学会做事、学会共同生活、学会生存和发展。我们的素质教育在此基础上进一步完善，提出了更高更全面的要求。国务院副总理李岚清在报告中指出："从培养有理想、有道德、有文化、有纪律的社会主义公民出发，以全面培养受教育者的思想道德素质，丰富的科学文化素质，良好的身体心理素质，较强的实践动手能力以及健康的个性为宗旨，面向全体学生，为学生学会做人、学会求知、学会劳动、学会生活、学会健体、学会审美打下扎实基础，使学生在德智体等各方面得到全面发展。"我们要摆脱传统应试教育的羁绊，全方位考虑社会和工作的需要，"六会"并重，注重学生德、智、体、美、劳、心等素质的全面发展。

《决定》是对素质教育理论的新发展。"一个目标、两项指导方针、三大要义、四性特征、五育内容、六会要求"是对全面素质教育的一种新认识，也是根据素质教育的要求对教师素质提出新要求的根据。

二、素质全面的教师

21世纪是科技与信息的时代，跨世纪教师肩负着培养适应新世纪发展需要的建设者和接班人的历史征途。全面的素质教育需要素质全面的教师。教师应具备以下基本素质：

1. 教师的道德素质

高尚的职业道德是人民教师的灵魂。它对学生和社会都会有深远的激励和影响。主要包括：

（1）对待事业的道德规范：热爱教育、献身事业，要坚持社会主义办学方向，忠于党的教育事业，并立志终生献身教育事业，努力进取，勇于创新。

（2）对待学生的道德规范：热爱学生、诲人不倦。热爱学生是教师忠于人民教育事业的具体表现，也是教育学生的前提。一要热爱关心学生；二要尊重和信任学生；三要严格要求学生。

（3）对待教师集体的道德规范：团结协作，互勉共进。教育的过程不是由个别教师完成的，而是由多位教师互相配合、互相协作共同完成的。因此，良好的教师集体是一种重要的教育因素。它要求在教师集体中：一要尊重和信任其他教师；二要忠诚团结，相互支持；要个别利益服从集体利益。

（4）对待自己的道德规范：严于律己，为人师表。教育劳动的示范性和教育性，决定教师要时时处处身体力行，为学生树立榜样，在各方面都应成为学生的楷模，教师的表率体现在：一要有坚定的政治信仰；二要言行一致，表里如一，要求学生做到的，自己首先做到；三要严谨治学，谦虚谨慎，办事一丝不苟。

2. 教师的心理素质

良好的心理素质是健康完善人格的体现。走进信息时代的 21 世纪，对人的心理素质提出了更高的要求，教师只有自身具有良好的心理素质，才会积极影响学生，培养学生良好的心理素质。它包括：

（1）独特的教育机智。教育机智是教师能根据新的意外的情况做出反应，果断地采取恰当的教育教学措施的一种独特的心理品质。主要表现在循循善诱、因势利导；灵活果断、随机应变；方式多样，对症下药；实事求是、掌握分寸等。

（2）丰富的情感。教师的情感对学生有直接的感染作用，特别对年龄较小的学生。教师不但要有对教育工作的健康情感，而且要善于表达内心的情感，始终保持轻松愉快的心境，并以此感染学生。

（3）坚强的意志。教师如果没有克服困难的意志品质，就不能很好地完成教学任务。这种坚强的意志表现为：目的明确，果断坚定，沉着自制，持之以恒。

（4）乐群的性格。一是坦诚，教师不仅要勇于改正自己的缺点错误，而且要虚心向别人学习，向学生学习，二是有独立性，这是教师进行的创造性劳动所必须具备的。三是乐群，活泼开朗、热忱大方，与学生打成一片，了解学生的喜怒哀乐，做学生的知心朋友。

3. 教师的身体素质

教师的劳动是体力和智力的双重支出，是以体力劳动的形式，蕴含脑力劳动的内容，而显示出的特殊的职业品质。教师良好的身体素质表现为：一要耳聪目明，声音宏亮。这是教师身体素质的起码要求。二要思维敏捷。在人体各部分机能健康协调的发展中，人的神经系统才能反应敏捷。教师劳动是富有创造性的劳动，必须具备敏捷的感知力、丰富的思维方式和充沛的智能水平。三要有充沛的精力、持久的耐力。能够从容不迫地面对繁琐的日常工作和来自学生和社会各方面的压力而不易疲劳和紧张，以适应教师职业这种长期艰苦的劳动。

4. 教师的科学文化素质

科学文化素质是教师从教的基础，作为教师，既要有精深扎实的专业知识，又要具有相当广博的文化科学知识，还必须具备一定的教育科学知识。

（1）精心的专业知识。这是教师知识结构的核心，是有效履行教师职责的基本条件。作为教师应当掌握所教学科的基础知识，基本原理及其体系，了解这门学科的历史、现实及未来，懂得这门学科的学习和研究方法，这样才能贯通全面，高屋建瓴地处理教材、传授知识。

（2）广博的文化修养。21世纪的教师应是一专多能教师、全能教师、通才教师。在知识量迅速增长的信息时代，学生的思维活跃，兴趣广泛，有强烈的求知欲望和好奇心。老师应力求开拓自己的知识面，不断扩展自己的兴趣爱好，以不断满足学生的求知欲望。

（3）丰富的教育科学理论知识。科学的教育学心理学理论，能给教师以正确的教育观，使教师掌握教育教学的基本规律、原则和方法，了解学生不同阶段身心发展规律，熟悉学生感知、记忆、注意和思维特点，指导教师科学地工作，提高教育教学效果。

5．教师的能力素质

教师的教育教学能力是教师重要的心理品质。完善的教育教学能力，是教师进行教育教学活动，实现学生智能开发的重要保证。教师的能力主要有：制订教学计划的能力，课堂组织与管理能力，掌握和处理教材的能力，良好的语言表达能力等。21世纪的教师除必须具备一般教育教学能力外，还必须具有：

（1）自修能力。时代的发展，迫切需要教师不断地补充、更新知识、加强自身修养，改革那些与时代不相适应的教育思想、内容和方法，养成不断自修、终身学习的习惯。能自觉地持之以恒地勤奋学习、独立探索、研究问题、求真悟道，内化和提高自身思想道德素质。

（2）创造能力。托兰斯的研究发现，教师在创造性动机测验中的成绩与学生的创造性写作能力之间存在一定的正相关，这表明教师的创新性高低对学生创造力的培养是至关重要的。只有创造型的教师，才能培养出具有创造性的人才。因此，教师要注重提高自己的创造性思维能力，敢于大胆解决问题。较高的教育理想、丰富的知识结构、较强的教育监控能力、创新的教育观念，是创造能力产生的源动力。

（3）科研能力。现代教师不能甘当"教书匠"，要树立教学与研究同步进行，相互联系、相辅相成的整体观念，有意识地培养自己的研究习惯，成为"研究型"教师。首先研究学生，通过各种途径和手段，了解研究学生德智体发展情况；其次研究教育教学过程内部的规律性；再次研究教育教学工作中出现的新问题，并拟出对策，提出解决问题的方案。只要我们把眼前的工作当作科研内容，坚持"事事有规律，处处有规律，人人有课题，科科搞实验"，以科研促教学，教师的教学能力就会上升到一个新水平，学生的素质一定能得到全面的发展。

素质教育的内容，要坚持五育并举，缺一不可，形成一个有机的整体；同样，教师的全面素质：道德素质、心理素质、身体素质、文化科学素质、能力素质，也是一个互相联系、互相渗透、互相促进的有机整体，缺一不可，需要在教师的继续教育过程中不断充实、提高和完善。

三、全面提高教师素质的途径和方法

面向21世纪全面推进素质教育，当前，提高教师素质应当在四个方面下功夫：

1．转变教育观念。在实施素质教育的过程中，传统的教育观念的不合理部分还相当严重地支配着我们的教育行为，实践证明，没有现代教育观念的树立，没有教育的质量观，学生观的转变，素质教育就难以沿着正确的道路全面推进。美国著名教育家保罗韦地博士花了40年时间，并收集9万个学生所写的信，内容是关于他们心目中喜欢什么样的老师。据此，保罗韦地概括出作为一个好老师的 12 种素质：（1）友善的态度，（2）尊重课堂内每一个人，（3）耐性，（4）兴趣广泛，（5）良好的仪表，（6）公正，（7）幽默感，（8）良好的品性，（9）对个人的关注，（10）伸缩性，（11）宽容，（12）有方法。要完成这些素质的塑造，教师就要加强现代教育理论学习，树立四个新的观念：（1）爱生如子的学生观，（2）以学生为本的教学观，（3）全面发展的质量观，（4）强化过程的评价观。

2. 增强创新意识。创新是素质教育的着眼点。江总书记指出："创新是一个民族进步的灵魂，是国家兴旺发达的不竭动力。"培养具有创新精神的人才，需要教育的创新，而教育的创新需要具有创新精神的教师。著名语文特级教师宁鸿彬在课堂教学中，向自己的学生提出三不迷信（书本、名家、教师），三欢迎（对教材、教法、教师提意见），三允许（说错做错，知错就改，保留意见），教师的创新教学带来了全体学生的大胆创新。作为教师，要从实施素质教育的主渠道——课堂教育做起，真正把学生当成"发展中"的人，而不是知识容器，让他们能在教师和他们自己设计的问题环境中，通过逐步自主的"悟"和"做"，学会学习，学会创造，从而学会生存和发展，这将是我们每一个教师的使命。这就要求广大教育工作者具有创新的勇气和魄力，并投身于创新教育的实践中去。

3. 注重思想道德修养。俄罗斯伦理学家季塔连科认为："先进的道德是自身发展的内在因素，是历史的真正创造者——人的活动的强大推动力。"这就是道德的力量，"知识就是力量"是肯定的，"道德也是力量"，而且道德的力量更伟大。思想道德教育是实施素质教育的灵魂。当前，信息渠道的多元化，增加了学生判断的难度，而教师的道德观、价值观对学生的判断标准产生重要的影响，学生正是通过教师的言谈、举止、心态、在耳濡目染中潜移默化。

4. 加强基本功的训练，尤其是现代教学手段的运用。基本功的训练要求教师练好三字一话（钢笔字、粉笔字、毛笔字、普通话）；过好三关（教材关、教法关、大纲关）；学会三课（说课、讲课、评课）；会用三机（投影机、录音机、计算机）；修炼三功（通用基本功、教学基本功、研究基本功）。以计算机为标志的现代化教学手段的推广，正在引发教育方式的深刻变革，我们的教师应下大力气，掌握现代化教学手段。邵东县中小学教师继续教育采用"四全"管理方案：每年一次全员教学基本功比赛，一次全员教案评选，一次全面课堂教学比武，一次全员教研课题评比。全县上下一万名教师积极参与，由通用基本功到学科基本功再到研究基本功的逐级升华，由合格课到优质课再到示范课的激烈竞争，由普通教师到骨干教师再到学科带头人的不断攀登，使教师素质的全面提高产生了新的飞跃，从而推动了素质教育的全面发展。

省教育教学研究会现场总结

1997 年 10 月 27 日至 29 日，省师范处领导、省师资培训中心主持，各地州市师训站长，小学语文、数学、教心学、音体美教研联组长（省学科理事）参加，正式代表 111 人，以邵东县教师进修学校为现场，召开了湖南省 1997 年小学教师继续教育教学研

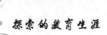

究会。

会址设在华丽宾馆，研究会内容丰富，省师资培训中心副主任顾松麒传达全国烟台师训工作会议精神，作师训教研工作报告，省语委办副主任潘莉作继续教育工作报告，成立省小教四学科理事会，进行继续教育论文颁奖，省师范处副处长吴自鸣作大会总结报告和部署全省师训工作。会议的 28 日下午与会代表现场参观。罗桂生作《为创建规范化教师进修学校而奋斗》的经验介绍，省教院吴文德教授即席发言，同时开放八堂教改观摩课，看了"三室"等硬件建设和科研展览，晚上教育教学汇报演出，省市县领导和与会代表一致认为邵东可看、可听、经验好。

一、现场的意义

承办省级现场会议来之不易。建校 39 年第一次，这是我校领导和师生长期奋斗的结果。证明前几任领导和老教师对我校的办学体制和基本建设的逐步完善付出了艰辛的努力，办学方向是正确的；也证明现任领导和教师抓住机遇、科学管理、科研兴校、创建规范化教师进修学校的思路是对的；还证明我们有能力承办省宣传的窗口，它将产生深远的社会影响。

其次，现场会成为向全省宣传的窗口，八堂观摩课全方位同时开放，尤其是语文的"情趣导学"，数学的"说讲评"，幼师的"听话和说话"，还有政治、美术，都获得与会代表的好评；"师训掠影"展示我校 40 年的发展历程，尤其是八个科研课题取得的阶段性成果，获得代表们的赞美；一场文艺晚会，师生向大会进行教育教学汇报演出，16 个节目没有一个差的，舞台组织有条不紊，代表们称赞：它是全方位的组织才能和艺术人才的展示。这次现场会比较全面地突出了学校特色，展示了自己在全省的完美形象。

第三，争取省、市、县各级领导的关心支持。会议以邵东为现场，《湖南省小学教师》杂志作了积极的宣传，顾主任在考察中发现邵东政府重视，科研特色在全省有典型性，市教委谢主任积极争取，县委、县政府"四大家"领导自始至终重视这次现场会的召开，田鸣友县长在开幕式上致贺词，谭玉振副书记在会议结束时讲话，向全省表硬态。花钱开会，足可以产生长期的经济效益。

二、现场组织的成功

这次现场组织，市教委领导多次督促检查，县教委贺主任、刘新华同志积极参与指导，主要协调东风路的兴建，县领导的通气和各单位的支持，而现场筹备是学校领导带领全体师生真抓实干创造出来的。

现场组织由曹旦精心策划，尹展求全力协助，负责环境卫生，组织公开课、参观展览、文艺晚会，全员尽忠守职，为大会提供了一个可看、可听、可推广的现场。

1. 老同志要求建设高标准现场。老书记陈华民提出现场要有"一高四性"的要求，并负责展览馆的组织编排工作，李介夫、赵松青、赵永华积极参与；老校长曾靖民负责条幅（100 多条）的书写和"校训"安装的全过程；罗新筹负责基建进度和道路畅通，还指导卫生工作；张荣德负责文件校对。这一批老同志全心全意维护学校声誉，倾心全力献计献策，从而鞭策现任领导决心建设高标准现场。

2. 校园环境提高了文明程度。彭德寿、申华民负责校舍维修，为搞好环境卫生打基础，曾德生承担最艰巨的工作任务，动员师生搞好环境卫生，基建、修路，连续十多天阴雨，学校无处不是泥，他身体力行作表率，经过三、四次加工，连续作战；班主任刘松芝、赵能华、赵检兵、赵硬、姜志龙临场指挥，亲自动手搞卫生，尹展求负责各班、室的规范化布置，校训、条幅的张挂，教学秩序的维持，校容校貌、环境卫生、师生行为，提高了文明程度。

3. 八堂课展示教改成果。担任公开课教学任务的八位教师，是下了一番苦功夫的。廖郁山的《语文课堂教学素质探讨》进行了针对性、可行性、研讨性思考，将"三自式"课堂教学模式引入成人教育研修班课堂；蒋寿喜的实验课"说讲评"《百分数的意义和写法》，学员邓小艳讲课（摄像）后说课，大家评课，共同切磋教学技能，提高运用教育理论评课的能力；赵检兵的学法指导《幼儿园的上课》，教师指导学生上课，实现教学同步，学教并重，贴近生活；曾锋的哲学课《现象和本质》，坚持读基点、议重点、练难点，课堂教学实现"读、议、练"的和谐结合；罗湘豫的《听话和说话》，标准的普通话，生动活泼的教学艺术，胡超维的《乐理与唱歌课》优美的音色，赵能华的美术课《用基本形分析抓型法》的示范作画，赵硬《自编幼儿舞蹈"巧巧手"》的基本功训练，都获得听课者的赞美。

4. 展览馆反映科研特色。唐辉、刘松芝的《微格教学实验》，谢国求、朱亮辉、尹展求的《美育研究》，罗桂生的《校长一二三四五系统工程》，赵检兵的《小语学法指导》，曹旦的《小学作文教学法改革的途径和方法》、廖郁山的《情趣导学》，蒋寿喜的《小数骨干教师培训》，周明浩的《物理导控探索法》，八个教研专题的论文，实验计划、实验报告，实物展出是代表们最欣赏的。曹旦的《小学作文教学改革的途径和方法》很多代表要求赠送，罗桂生的科研成果也引人注目，特别是黄小明，电脑管理规范化，在专业和教学研究上独树一帜，已发表几十篇专业论文，还被师大计算机研究中心聘为"特约研究员"。

5. 汇报演出显露素质教育的风采。姜志龙负责文艺晚会的联络筹备工作，重病在身，多次取下吊针又坚持工作，连续几夜守护在人民大会场；胡超维主动配合做组织工作；赵小青、赵硬负责校舞蹈队五个节目的排练、化妆演出的全部组织工作，《悠悠渡船情》获县一等奖，幼八班全体学生表演《春天的故事》成为压台戏，演出的成功，尤其要感谢衡阳师专音乐系，郭主任亲自当舞台监督，李荣废寝忘食地指导，实习班主任既组织搞好卫生、辅导节目，又自己认真排练。他们的演出艺术品位高，精彩感人，赢得省市领导和与会代表的赞叹：有水平，难怪是省现场会。

三、政宣、接待、服务的满意

政宣组，负责会务宣传的准备、组织与安排，所有文字宣传、会议布置、讲话材料、通讯报导、琐碎事多，所有工作都是给人看的，留下第一印象，质量要求高，须一丝不苟，在朱亮辉、王向东的精心组织下，十位同志分工负责，团结协作，出色准时地完成了各项工作，朱亮辉撰写经验材料，几易其稿，会议更名，大小标语写过两三次，书写雕刻大型横幅（6 条）及各种文字宣传，通讯报导，日夜加班加点，赵能华有上美术课的任务，还书写欢迎标语、领导座位牌、绘制县城交通图、学校立体规划图，受伤后不

叫苦，坚持工作。吴明辉、赵文明、罗芙蓉、羊宇飞及时打印，分发材料，工作效率高。王书成、贺胜、王向东等负责会场布置，冒雨挂标语，因会议更名，三挂不厌，陈文健除办公室值班外，协助贴字、搞卫生，陈章英坚守岗位搞摄影。

接待组，由申华民负责整个接待工作的安排，申太启负责用车接送客人，六位教师九位同学齐心协力，热忱服务、工作出色。10月27日，会议报到四个接待站，华丽宾馆李红梅与范小丽、曾丽辉、宁丽华、宁小红负责大门迎宾，送客住宿、就餐。火车站李可与申斌、张爱玲，汽车站李志照与彭岳阳、何远秋，学校林淑萍与黄丽莎，微笑服务，热忱接待客人。28日，组织代表乘车参观学校，观看文艺晚会，29日参观开发区、代购返程票。还有王金凤、朱亮辉、曾德生协助接待工作，服务热忱周到，与会者满意。

后勤组。由彭德寿、宁德芹二位负责，9位同志既分工负责，又相互配合，既保证与会代表吃好、睡好、休息好，又尽力节约开支，千方百计为大会服务。石丽萍、张秋红会前做好所需物资准备，做到物美价廉，为保管物品及夜间处理偶发事件，连续三夜值勤，宁德芹同志负责生活管理，计划性好，既考虑代表生活，又考虑大会服务人员开好工作餐。李建南负责报到，住宿就餐一步到位，食堂工作人员在校内妥善安排大会服务人员、实习生的生活。本次会议，计划开支7.2万元，由于会议餐与工作餐分开，不是正式代表不发纪念品，精打细算，省师资培训中心拨款1万，市教委1万，会务费1.5万，政府答应2万，还要争取教委拨一点，包括学校装修在内，没有超过预计方案。

还补充说一句，搞卫生、文艺演出、礼仪接待在关键时刻涌现了一大批思想过硬、抢挑重担、热忱服务的优秀学生。以英四班最为突出，其中最突出的是英四班的杨志超、申忠民、尹丽娟、张玉飞、莫万水、敬俊辉、龙德志、刘赛钢、李文博、陈浩、罗涛、刘恩、宁丽华、何运秋、王凌云、英五班的佘卫华、罗文魁、宁清林、禹学聪、蒋智勇、杨亚明、尹向前；计一班的申爱平、幼五班的罗娟。在文艺演出中表现突出的有李赛、邹媛媛、申赛英、曾鲜艳、罗海丽。

四、发展方向

这次会议，将在全省产生积极影响，但"盛名之下，其实难副"，我们的工作较之湘北乃至湘西的一些进修学校，差距较远。"只有发展才是硬道理"，根据这次会议精神和县委谭书记的表态，我校必须抓住这一契机，走科学管理、科研兴校之路，为创建规范化教师进修学校而奋斗。第一，要继续发挥我们的优势，在科研上下功夫，继续"师范性、研究型、现代化"的整体改革实验，深化八个科研课题研究；第二，坚持科学化、规范化、现代化管理，在教学管理、教师管理、学生管理、后勤管理上，建立完整的制度体系，完善一二三四五系统工程目标管理模式；第三，开展第二轮师训工作研究，坚持以教师为本，以教改为动力，以科研为突破口，以提高教师素质为根本目的，做到中心下移，阵地前移，注重科研辐射，创造继续教育新经验。第四，在省市的支持下，在县政府、县教委的扶植下，进一步搞好硬件建设，明年建好礼堂，修好200m环形跑道的运动场，以更高层次的会议迎接40年校庆。

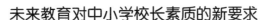

未来教育对中小学校长素质的新要求

人类即将迈入充满希望和机会的 21 世纪。在这上下两千年的接点上，在新世纪临近人类之际，可以预见，因当代科学技术的迅猛发展及其给社会政治、经济、文化等带来的发展变化，未来教育将呈现新的形态，新的教育形态必然对学校管理者与领导者、对作为教育改革的主体力量的中小学校长提出新的要求，要求他们有新的素质。

一、21 世纪中国教育的展望

21 世纪的中国教育，必将在 90 年代进一步深化教育改革的基础上，紧密结合科学技术，尤其是通讯技术的发展，以开发"脑矿"培养开拓现代化建设实用人才为中心，创造出许多前所未有的新事物。

1. 效益观念、开拓意识、拼搏精神、国际意识等品质奖成为 21 世纪素质教育的重要内容。柯林·博尔说过：未来人应具备三本教育护照，一本是学术性的；一本是职业性的；第三本是证明一个人的事业心和开拓能力的。21 世纪的中国教育将在加强科学知识和职业技能的同时，把拼搏精神、应变能力、创造能力、开拓能力、组织能力，高度地责任感和事业心等优良品质当作 21 世纪中国人的重要素质加以培养。随着改革开放的扩大和深入，中国人在逐步走向世界，这必定使培养人们的国际意识成为 21 世纪素质教育的重要内容。

2. 教育与经济的联系将更为密切。新的科学技术革命正引起以服务业迅速发展、制造业日渐艰难、高科技产业异军突起为特点的产业结构的变化。这一变化要求建立起"教促富"、"富兴教"的良性循环，提高教育投资的效益，这是影响教育事业发展和经济振兴的大事，根据国外的经验与近十年来我国教育改革的发展成就，可以看出，其根本方法之一就是进一步加强教育与经济、教育与科技的联系。21 世纪的教育与经济的结合将是十分紧密的。

3. 社区教育的理论与实践将获得重要地位。最近，英、美、日等国家把社区举办教育、支持教育写进了法规，把社区教育当作社区工作的主要内容之一。我国虽然在近些年才开始搞社区教育经验，但发展速度很快，到 21 世纪时我国的社区教育必将受人们的高度重视，社区教育实践无论在内容上还是在规模上都将较大发展。21 世纪的中国社会将把教育列入社区发展规划中来，并通过社区教育把本社区的劳动后备力量培养成为振兴社区经济的实用人才。从而使社区教育成为社会繁荣昌盛的积极推动力量。

4. 教育管理民主化，学校个性化。从世界教育改革发展趋势看，过去分权的国家正在逐渐加强中央的权力，而过去集权的国家却正逐渐放权，集权制与分权制都在取长补短。我国的教育管理体制属于集权制，这一体制正在进行某些改革，今后的改革趋势必须是以分权为主，逐渐下放各教育的管理权。随着权力的逐渐下放，中小学校的自主权将逐步扩大，中小学校校长的管理自主权也逐步增加到一个较合适的程度。经济体制的变革，带来教育体制的变革。随着办学体制改革的逐步深化，21 世纪中国的办学体制将是多元办学体制并存的格局，即除了政府办学之外，国家允许并鼓励社会各界乃至个人

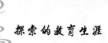

利用各自的人财物资源举办教育，而国家通过对办学条件和人才培养标准的制定、教育质量的评估、过程的督导等对之加以控制和管理。这种灵活的办学体制给人们选择学校教育提供了机会，这势必加剧了学校之间的竞争，为了自己的生存和发展，中小学校都将努力追求自己的办学风格。

5. 教育内容现代化、地方化、综合化、活动化。教育内容的改革一直是教育改革的重点与难点，它直接影响着人才的素质与相应的教学组织形式和教学方法。发达国家的教学每经过 5 年最多 10 年就要有一次较大的变动，有的国家两年一小改，五年一大改，以保证内容的现代化。在科学技术日新月异的 21 世纪，教学内容的现代化将始终是我国教学改革的重要课题之一。由于我国各地的情况千差万别，所以，教学内容的现代化步伐与地方化同步进行，21 世纪我国将出现多本多纲的局面。现代科学不断综合化，交叉中创新、通才取胜要求改变单一的学科课程，而开设综合课。目前，中国学生的动手能力和活动能力普遍较差，这使得开设活动课显得十分必要。21 世纪综合课程和活动课程将占有相当大的比重。

6. 教学方法合作化、多样化、艺术化。当前教育改革的主流思想是尊重学生、热爱学生、相信学生，把学生当作学习的真正主人，使学生在教师的帮助下积极主动地探索、发现教师教学的原理与规律，理论界热烈讨论"主体性教育"就是明证。这种思想强调师生间的平等合作，既肯定了教师的主体地位，又充分调动学生学习和发展的自主性和积极性，它将成为我国 21 世纪教学改革的主导思想。教学无定法，师生合作的方式方法是多种多样的。只要勇于探索、大胆实验，每个教师都能创造出属于自己的最佳教学方式。到 21 世纪时，随着各项教学改革与实验的成功，将产生许多优秀教学法，这些方法与课程地方化趋势相配合，切实做到方法为内容服务、学生服务，不同内容采用不同的方法，不同的教师有不同的风格。多样化是艺术化的基础，教学方法的多样化将促进教学方法艺术水平的提高，从而促进教学效率与效益的提高。

7. 教育技术现代化、电子化。早在 1990 年美国几乎所有学校都采用计算机进行辅助教学。现在，美国正拟建立全国教育电子网络，向所有新型学校提供最新最好的教育信息、教材和研究成果。日本、德国、法国等发达国家都在积极地尽力用电子计算机武装学校。实践证明，计算机无论在教学中还是资料室、图书馆中都能极大地方便教学与工作，提高教学与工作的效率与质量。我国中小学的教学技术，目前还处于较低的水平，数量不多的幻灯、电视和电子计算机都未得到充分的利用。随着我国经济的快速发展、教育投资的逐渐增加，教学技术的现代化在 21 世纪将成为现实。

8. 教育的全面开放。到 1996 年，全国已有五个城市加入国际计算机互联网，完全可以预见在不久的将来我国大部分地区加入国际计算机联网。到那时，教育与便于信息高速公路接通，这必然带来教育的全面开放，带来学校教学的重构并使之出现全新的形态。那时的教育思想、教育内容、教育组织形式与方法手段将全面交流，推进教育的全面、深层的改革。

首先，是教育思想的传播和教育观念的更新。世界各地任何个人的和单位的教育研究，其动态和成果都将通过信息网络很快地传播到全球的各个角落。各种教育理论、教育观念，各种革新方案和措施在各个国家的教育领域里直接传播，将启发和激活教育工作者的教育思想。可以预料，不同教育思想、观念的相互冲击更加频繁和复杂化；由于各人对新思想和新观念接受的速度快慢、程度深浅不同，在一个学校的教育工作者中，要统一教育思想就更加不容易。

其次，是教育体系和学校课程的变化。21世纪的教育体系将是一个全面开放的不断改革的新体系。学校体系将重新构筑，教育不限于学校的围墙之内，社会的各种机构，各个场所以及个人家里都可以为每个人自主学习、自我训练提供条件。课程设施、课程结构、课程实施、课程评价和课程管理都将出现巨大变化，以适应经济与科技迅猛发展的要求。学校的校长须根据具体情况，制定合理的课程方案，课程有必修和基础课，还应有一些选修课以适应不同的学生。

其三，学生学习的自主性增强。未来社会的课堂教学，既有学生个人自主的个别化学习，也有学生集体合作式的学习，学生的自主性得以充分体现。在个别化学习中，学生可以自主地选择课程，自主地选择教师，自主地决定学习时间，自主地决定学习进度。学生利用信息终端，在自己可以利用的时间内进行学习。教师可以通过信息网跨时空教学，学生则可以跨越时空学习。总之，在21世纪的教学中，教师发挥主动作用的工作方式与学生的学习方式都将发生很大的变化。

二、21世纪教育对中小学校长素质的新要求

中小学校长是特定的社会角色，是学校管理关系的承担者与创造者，是学校教育改革的关键人物。诚如著名教育家陶行知先生所说，校长是学校的灵魂。国家教委主任柳斌也指出，从某种意义上说，一个好校长就是一所好学校。新的时代、新的教育呼唤高素质的中小学校长，且要求中小学校长有知识、思想和能力等方面的综合素质。

（一）知识结构

1. 专业知识。这里的专业指的是校长同时作为一名教师所从事的教学、科研工作的领域，必须在这个领域有较高水平。校长还要有明确、清晰而且内涵丰富的教学思想。只有这样，才能在教学这项最基本的活动中发挥作用。

2. 教育科学知识。学校是最典型的教育场所，这里的工作人员都是教育工作者，而作为全校教育工作者的代表、负责人，更应掌握较多的教育理论知识。只有掌握了较多的教育理论知识，才能按照教育规律管理好学校，发展好学校。

3. 心理科学知识。不仅政府官员们应懂得心理学知识，一个成功的企业家也明白心理学的重要性；不仅教师大都懂得心理学知识的重要，从事体育运动的教练员们也明白心理训练是成功的关键之一。作为一名校长理当掌握相当的心理学知识，可以说校长的每一项工作都需要心理学的指导。如：校长进行教学或指导教学需要教学心理学、发展心理学；对全校的管理离不开管理心理学、人事心理学；跟学生接触，更需要中、小学生心理学、语言心理学的指导。总之，心理学知识是中小学校长必备的。

4. 管理科学知识。校长是学校的领导者，也是管理者。学校里的教学工作和设备好比电脑中的"硬件"；管理好比"软件"。"硬件"和"软件"都好才能出高效率，才能出现最佳效应。学校"软件"（即管理）的改善就需要管理科学知识。21世纪的学校管理将更加专业化，这就要求校长有较扎实的管理科学知识。

5．计算机知识。21世纪的中小学校中计算机的作用是举足轻重的，在管理、教学等方面将发挥极大的作用，作为一名校长，更应有扎实的计算机知识。

上述这些知识是一个中小学校长必备的，对这些知识的掌握应相当深入、有一定理论高度的。此外，校长对于体育、艺术、基础、后勤等要有所了解。总之，中小学校长必须是一位具有说服力、感染力的人。是一位有见解、有思想的人，而丰富的知识正是形成这一切的沃土。

（二）政治思想道德

优良的思想道德素质是校长的灵魂。中小学校长是国家基础教育政策最直接的执行者，是社会主义思想的传播者。中小学校长的思想品德如何，直接影响到中小学的建设和发展，影响到祖国的下一代甚至国家的未来。21世纪中小学校长的政治思想道德素质主要包括以下几个方面：

1．坚定的共产主义信念和强烈的爱国主义情感。21世纪是一个文化大交流的世纪，各种思潮时时向人们袭来，作为一个管理者的中小学校长，有坚定的共产主义信念，才能站在真理的高度、辨别各种思潮，自觉地执行党的各项方针政策，为教师和学生做出表率。校长要把爱国和爱社会主义结合起来，并把它转化为对学校的爱，对本职工作的爱，并通过自己的行动感染教师和学生。

2．以身作则，教书育人的敬业奉献精神。21世纪的教育是市场经济这个大海中的教育，市场经济的一些负面影响势必在学校有所体现。作为"学校灵魂"的中小学校长要抵住各种诱惑，以身作则，甘于奉献，做教师的表率。

3．团结同志，平等待人。21世纪的社会是工作节奏快、竞争激烈的社会，人与人之间更需要相互关心、理解、信任、尊重和宽容。一个学校的工作是靠全校工作人员的共同努力才能出色完成的，作为校长应该关心团结同志一道工作。从不以职权、地位去压人，力求使自己的下属在各自的职能工作中，各得其所，各尽其力。平等待人直接反映了人与人的关系（在人格上处于同等地位），校长平等待人，能激发教师的主人翁责任感，激励教师为学校的发展尽自己的努力。

4．关心群众生活，注意工作方法。中小学校长不计较群众的抱怨和责难，要能体谅人、谅解人，并能从中吸取合理的东西，有则改之，无则加勉。要想团结好每位教师，必须关心教师的疾苦，对他们提出的要求在原则许可的范围内尽可能的去满足。

（三）能力结构

中小学校长能力素质是其活动得以实现的重要保证，是校长必备的心理条件，是组织管理能力、交际能力、决策能力等的综合。

1．决策能力。根据国情、省情和学校实情，运用科学的知识手段探索学校教育工作在今后一定时期内发展的趋势和倾向，以此做出科学的决策。做出决策必须具有科学性和民主性。决策科学性即要求决策的目的合理、形式灵活得体，内容恰当，这样才十分有利于师生理解决策、贯彻决策，决策的民主性要求中小学校长做出决策时，既要考虑有关方针政策，又要广泛听取师生的合理建议甚至社区其他成员的意见和建议，这样，做出的决策和实现的可能性就有了广泛的群众基础。做出决策往往是在很多的主意中做选择，这除了需要校长具有很强的辨别能力和比较能力以外，还要有果断性。做出决策后，校长根据事情巨细及下属的特性落实实施。

2. 交往能力。交往能力是指中小学校长善于在与他人的相互关系中形成正向影响力，形成对学校发展有益的效果。校长交往的对象相当广泛，首先是学校师生，其次是社区成员，再次社区外其他成员。中小学校长在错综复杂的交往关系中，要善于通过语言沟通，更通过感情沟通，有时通过利益沟通，以引起上司的支持、下属及社区成员的广泛支持。这样，学校、家庭、社会形成合力，大大有利于学校的发展。

3. 思辨能力。新世纪的中小学校长必须能在瞬息万变的环境中，善于捕捉信息，探测环境变化，敏锐地发现新动向，新矛盾，创造性思考，抓住问题的本质。高新信息技术促进整个世界发生翻天覆地的变化，为老师开创了一个崭新的发展阶段，高新信息技术给教育还带来了许多好处，但也带来了许多负面影响。校长要善于从正反两方面看问题，善于及时采取补救措施，扬长避短。

4. 组织能力。中小学校长组织能力主要包括两个方面，一是用人的才干，二是协调群体行为的才干。中小学校长用人要根据每个人的个性特点、能力等分配给恰当的工作，尽可能地扬其长，避其短，使他（她）感到自己大有用武之地。用人也要惜人，惜人主要从感情而言，即关心人、爱护人、尊重人。学校的事业有轻重、大小、缓急之分，校长要善于将各种事物有效地分配到各方，包括自己挑选的事。中小学校长还要善于利用学校的自身组织力，统一指挥，保持团结，这样，学校的工作就能有条不紊地开展。

5. 自学和教育科研能力。信息获取、加工、处理、运用，是 21 世纪中小学校长必须具备的基本功。具备自学能力是校长知识更新和调整知识结构的重要保证，中小学校是教学改革和教学科研的前沿，校长应具备较强的教育教学科研能力，才能管理和指导学校的教研工作，推动学校教育工作的发展。

6. 调控驾驭能力。21 世纪的社会是文化多元的社会，教育观念（教育价值观、质量观、教学观、教师观、学生观等）也是多种多样的，多种观念在社会上迅速传播，必须影响教育工作者、学生和家长。这就要求校长当好"把关人"，善于对信息进行过滤，分析评析，引导师生有所选择，正确的则吸收，错误的则抵制。在一个变化迅速的教育环境中，中小学校长要善于根据教育目标来调节和引导教育教学活动，调整自己的言行和情感意志以跟上变化的步伐。

7. 创新能力。中小学校长在纷繁复杂的社会中，要善于洞察事物，善于抓住管理当中的具有潜在生命力的东西，不断地吸收新思想、新观念，要敢于创新，不因循守旧、墨守成规。这样，学校才有生命力，有自己独特的风格，才能在竞争激烈的社会中生存和发展。

21 世纪是人类一个新千年的开端，21 世纪的教育将是高度现代化的教育，它要求中小学校长具有宽厚扎实的科学文化知识，崇高的政治思想品德修养以及超强的教育、教学、管理工作能力，这就是未来教育对中小学校长素质的新要求。

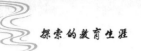

校本课程开发中的校长素质

"有一个好教师就有一批好学生，有一个好校长就有一所好学校。"可以说校长的素质水平直接制约着校本课程开发的成败，决定着校本课程开发的质量水平。从校本课程开发角度而论，校长应该具备怎样的素质呢？本文从观念更新、知识增长、能力培养、心理品质优化四个方面进行讨论。

一、全新的教育观念

观念是行动的向导，有什么样的观念就有什么样的行动，作为一校之长的校长的观念直接影响到校本课程开发的效果，影响到一个学校的未来。为了保证校本课程开发的有效运行，校长要有全新的教育观念，以人为本、经营学校、追求特色是必须具备的三个基本观念。

（一）以人为本。即以学生的发展为本，给学生提供全人教育。学校是为学生而存在的，因而不管是学校发展目标的确定、学校课程的质量，还是教学方法的选择、班级经营、评估与考试制度等，都要以学生为出发点，从学生的实际需求与未来发展两个方面去考虑。基础教育的根本目的是培养合格的国家公民，追求共同性或者说同一性，国家课程就是对全国学生的一个共同要求，校本课程就是保证在同一性的基础上，体现各校的特色，把学生培养成为与众不同的唯一。以人为本的理念既强调全体学生都得到全面发展，又强调学生的个体差异，让每一个学生都能根据自身的特点发展其特长。校本课程的开发不仅承认学生的差异，而且满足每个学生不同发展的需要，以促进学生最大限度的发展。"以人为本"理念中的"人"不仅指学生，而且也指教师，不仅要追求学生的发展，同时也追求教师通过课程开发而得到自我发展。教师不仅完善自己的知识体系，提高科研能力，而且提升精神世界。校长树立以人为本的观念不但注重全体性、全面性、主动性，而且注重每个学生发展的差异性、持续性，不但关注学生的成长，而且关注教师的发展。

（二）经营学校，即变学校管理为学校经营。校本课程开发要求校长根据本校的实际进行样本化的管理，这样才可能满足学生的不同需要，促进学生的个性成长，追求一种个性、民主、自主的学校管理，使学校减少对政府的依赖性，强化自身的运行机制，纠正现存的管理主义倾向，转向学校经营。学校经营不同于企业经营，它是依法在学校进行有计划、有组织的教育活动过程。通常围绕计划、决定、实施、评价这四个环节进行有创造性质的教育经营活动，其主要职能是对学校工作进行计划、组织、管理、营运。学校经营强调内在的主体性和创意性，逐步接轨市场经济成分这一特征。校长作为学校的法人代表，具有统摄学校经营的职权，对学校依据自身的特点制定经营方针、重点，对自主经营活动起指导作用。校长还可依据法律进行适合本校的各种改革，采取多种渠道办学，鼓励教师采用不同的教学方式并尝试新的教学策略，促进开放经营。

（三）追求特色。《中国教育改革和发展纲要》要求中小学要"办出各自的特色"。如果一个校长只想忠实地在学校中实行国家课程，那就不可能形成自身学校的特色。学校特色的形成需要一定的课程作为支撑，校长要带领全体教师根据学校的办学思路，从学校的实际与需要，提出课程的总体构想，确定课程的价值取向和课程目标，吸纳新信息、反映社会的生活变化，使学校能够更加个性化地贯彻全面发展的教育方针；校长应立足长远，从本校实际出发，发挥本校优势，充分利用学校和社区资源，寻找合适的突破口，培育出学校的特色。

二、全面的知识结构

恩格斯说："一个民族想要站在科学的最高峰，就一刻也不能没有理论思维。"一所学校要想站在科学的高峰，也决不能没有理论思维，决不能没有理论思维的校长。校长要有全面的知识结构，一般的学校经营知识、校本课程开发知识、有效的学校领导知识是必须具备的三个方面。

（一）一般的学校经营知识。包括教育哲学知识、基础性知识、心理学知识、管理学知识和法学知识。教育是什么？教育为什么？怎样教育？这就是教育哲学要解决的三大问题，它可以使校长明白学校的使命和功能是什么，应该把学校办成什么样子，怎样经营学校才得法；基础性知识包括自然科学、社会科学、生活修养等，心理学知识包括社会心理学、教育心理学、管理心理学等，对校长而言，这些知识是至关重要的，可以帮助校长根据自然规律、社会规律、心理规律去进行科学管理，提高经营效率；教育管理知识包括学校的环境管理、学校的组织管理、矛盾与发展过程管理；法学知识包括宪法、刑法、民法、诉讼法、行政法、教育法、教师法、妇女儿童保护法、经济法和合同法。校长应懂管理规律，在法律范围内经营学校。

（二）课程理论与校本课程开发知识。为什么要进行校本课程开发，校本课程开发追求什么，在什么条件下可以进行校本课程开发，校本课程和校本课程开发的内涵是什么，有哪些具体类型，模型怎么建立，校本课程的实施方式与学科教学有哪些不同，如何对校本课程进行评价和管理，校长、教师、学生、家长在校本课程管理中处于什么地位，如何有效地运用社区资源等，掌握这些知识可以帮助校长有效地对学校自己开发的课程进行评价与管理，并取得最佳的效益。

（三）有效的学校领导知识。学校领导知识的有效性有四个特性：一是关注组织结构，强调周密计划和明确的时间安排，制定并贯彻清晰的和有逻辑的运行程序，根据事实和逻辑解决问题；二是关注人际关系，帮助、关心和支持他人，倾听他人意见，通过开放和合作式的人际关系建立信心，重视他人，培育他们对学校的忠诚和热忱，引导组织成员参与学校决策；第三，政治敏感，有说服力和影响力，能成功地解决矛盾和冲突；第四，象征性表现，具有超凡脱俗的魅力、强烈的使命感、富有想象力和创造性，能从现实中创造新的机会。这样，既能关注组织结构、关注人际关系，又能具有政治性和象征性，就是一位有效的学校校长，校本课程的开发必然获得成功。

三、优秀的工作能力

校长是一个学校经营好坏的决定因素，是校本课程开发的决策者、评价者、指导者和管理者，必须具有优秀的工作能力，领导规划能力、科研创新能力、交际合作能力是三个主要方面。

（一）领导规划能力。一个具有领导能力的校长办学宗旨明确，总是努力地创设各种各样的环境，提供各种种样的机会，开辟各种各样的途径，让教师参与讨论和制定学校的发展目标，并带领大家为实现这个目标而努力，并有明确清晰连贯的教育理念，用以指导自己的行动，还能得到教师、家长、学生的认同和支持。办学宗旨具体化，形成一个详细的学校发展规划，这就要求校长要有相当高的规划能力，通过对教育事实的发生发展作系统比较，明确问题的性质和特点，探明其发展趋势，能预测未来；能不断地发现问题、提出问题、分析问题、解决问题，具有问题意识；能协调好学校和社区关系、学校和家庭关系、教师之间、师生之间的关系，具有很好的协调能力。

（二）科研创新能力。校本课程开发的一个理论就是"教师即研究者"，只有教师边实践边研究才能有效地进行校本课程的开发。要使教师成为一个研究者，校长本人得首先成为一个研究者，否则有可能使自己变成一个有"权"而无"威"的领导。校本课程开发本身就是一种创新行为，在这个过程中，校长的精神面貌和创新意识直接影响着教职工的工作积极性以及校本课程开发的力度，对校长的创新能力，我们期盼着：有革新意识、不怕挫折、有大无畏的精神；善于从学校的实际出发，不断提出更高、更新的目标；善于思考，有自己的独特见解；有不满现状的心理状态，努力为学校革新计划寻求各种资源和支持。

（三）交际合作能力。校长应具有与上级行政部门和中介机构协调合作的能力、与教职工进行不断对话和鼓励合作的能力、与校外课程专家交往合作的能力、与社区相关人员协调合作取得支持的能力、与家长和学生沟通取得理解和支持的能力；促进学校内外人员之间的交往、广泛交流与合作的能力；与兄弟学校在合作的基础上竞争，在竞争的指导下合作，实现双主都"赢"的能力。

四、优良的心理品质

所谓校长的心理品质，是指校长为适应领导工作、心理过程和个性心理应具有的基本特征。校长的心理品质直接影响到学校经营效能的高低和校长影响力的发挥，乃至学校全体成员的心理活动。从广义上优化校长的心理品质，应在个性素质、心理品质、领导风格三个方面下功夫。

（一）修炼个性素质。主要包括事业心与责任感、领导意识、权力动机和独立人格。作为校长，要有陶行知先生所说的"捧着一颗心来，不带半根草去"的精神，这种事业心和责任感是学校能否有特色、能否有凝聚力的巨大精神支柱。校长的领导意识，要立足长远，放眼全面，讲究谋略；要超前思考，对学校工作的未来发展前景做出预见和设想；要勇于改革，形成"人无我有，人有我优，人优我精"的办学特色；要有争上游、创一流的思路，追求高起点、高标准、高质量；要学会弹钢琴，善于处理各种关系；要以身作则，起"龙头"、"火车头"的榜样作用。要明确使用权力的目的，要慎用权力，要恰当地使用权力，更要加强非权力意识的修养。校长的内在人格素质，应该有稳定的情绪、开朗的性格、宽容的心理、广泛的兴趣、丰富的创造思维。

（二）优化心理品质。第一，注重培养坚强的意志，具有坚忍不拔的效力、坚不可摧的自制力、充沛旺盛的精力、能战胜困难有充分的信心、对实现教育教学目的有积极的态度。在实践中渴望成功、敢于成功、善于成功。第二，塑造豁达的性格，主要表现为宽宏和忍耐，要胸怀坦荡、宽宏大度、和蔼可亲、平易近人，只要不是原则问题，就要讲究宽容、谅解、友谊和亲和，同时又懂得忍耐、学会忍耐、善于忍耐，做事不能轻易放弃，但也不能追求"心想事成"。第三，保持良好的情绪、富有积极的情感。校长不管在任何情况下，永远保持健康、乐观、稳定的情绪，在复杂的环境中善于自我控制，抑制不良的激情和冲动，正确地对待外界的影响，面对现实，提高对外界的适应能力；校长要保持良好的心境，培养乐观、宽容、自信的性格，爱学校、爱师生、爱人生、爱社会，当乐观派，善于用前途、未来、道德、理智等调控情感，实现心理平衡，进而用积极的态度影响师生，形成合力。

（三）形成领导风格。或者高度重视自己与教职工之间的良好关系，虚心听取别人的意见，不唱高调，也不苛求他人，当教师们需要帮助时立刻伸出援助之手；或者更多地关注学校总体目标的实现，对日常工作抓得井然有序，对于教师的要求有求必应，用面谈方式与教师们广泛交流，带领教职工投入到学校革新活动中去；或者有一种胸有成竹、胜券在握的心态，把自己的愿望明确无误地告诉大家，在办学实践中，深入课堂，热衷于一系列改善学生学习环境的活动，设法使教学质量更上一层楼；或者既有教育家的办学理念，又有企业家的经营策略，还有社会活动家的协调本领；或者做响应式校长，或者做经理式校长，或者做倡导式校长，都应该具有一种积极向上的精神，在校本课程开发中把学校办得更有特色。

参考文献：

1. 朱永新《我的教育理想》南京师大出版社
2. 魏国栋等《新课程中的教师角色与教师培训》
3. 傅建明《校本课程开发中的教师与校长》

志在成为科研型校长

我出生于 1945 年 9 月，湖南省邵东县人，1968 年参加教育工作，中共党员，曾在中共湖南省委党校进修马列，湖南教育学院函授中文和接受校长培训。现任邵东县教师进修学校校长兼党总支书记。既当校长，又当书记，常年坚持站讲台，还在教育、教学和学校管理上进行系统研究，努力追求教育科研上的新境界。回顾自己不断成熟的过程，有三点体会是深刻的。

一、勤于学习，形成自己的工作思路

一种工作思路的形成，自身素质要有两个条件，一是实践基础，二是理论功底。我当过小学教员、初中教师、文化辅导员和农民教育专干，抓过职业教育、新闻宣传、党员教育、干部理论教育，高中教育和小学教师继续教育，做了 10 个方面的教育工作，成为一个杂家。与教师和学生，工人和农民，机关干部和上级领导，都沟得通、和得来。丰富的教育实践，从多面手到专门家，这是做研究工作的必由之路。

勤于学习，向书本学，向实践学，向同仁学，这是理论升华的好习惯。读书不是一

种负担，而是一种享受。我做到每五天读一本教育理论专著，天天看报章杂志。行政性杂志10几种在案，10几分钟翻一本，非教育期刊谈教育，是典型经验，就过细地琢磨。专业性期刊，也有10几种在手，做到有比较地阅读，国家、省、市教育部门的指导性文件，结合自己的工作实际，去认真领略。集省内外十几位校长的管理经验于一炉，以丰富自己。

我以自己的理论勇气，将西方的科学与东方的哲学融合起来，产生了新的思维方式和思想方法，系统而有特色地研究学校的教育、教学和校长管理，提出了"东西结合，改革发展，建设系统工程"的工作思路。系统科学是西方发达资本主义国家在新技术革命中产生的划时代的科学理论，控制论、信息论、系统论、协同论、耗散结构论、突变论统称系统科学。我灵活运用其中四大原理：一是整体概念，"部分功能的总和不等于整体功能"，强调整体效应；二是有序原则，牢记"系统的结构决定系统的功能"；三是最佳观点，选择最优方案，使系统具有最优功能，这是研究工作的出发点和最终目的；四是反馈原理，"信息的即时反馈"，教育、教学和学校管理要建立完整信息渠道和信息反馈制度。做校长工作，始终强调系统观念，也要求每一位领导，每一个教工，把学校的每一份工作都放到学校这个系统中去整体有序地思考，运用反馈原理，实现最佳控制，达到理想境界。东方哲学，就是当代中国的马克思主义——邓小平理论，改革发展是工作主题。改革是动力，发展是目的。以邓小平的"教育要面向现代化，面向世界，面向未来"的教育思想为指导，开展整体改革实验。改革教学，包括教育思想、内容和方法，以师为本，两代师表共同塑造；改革教育，素质教育进课堂，落实全体发展、全面发展、主动发展，坚持教师为主导、学生为主体、训练为主线，提高教学质量，关键是提高校长和教师的自身素质；改革管理，建立计划体系，严格过程管理，搞好效果评价。只有发展才是硬道理，学校以师训为重点，以教学为中心，以科研为突破口，探索教育的师范性，教学的研究型，管理的现代化。这一科研思路，是哲学方法论和科学方法论与具体教育科学理论的有机结合，用它来指导教育科研，改革教育、教学和管理，运用得法，便顺理成章。

二、勇于思考，开展整体改革实验

世界著名成功学家拿破仑·希尔有一句名言："开发大脑，思考致富。"教师很难在物质财富上致富，但可以用人类创造的全部知识财富来丰富自己的头脑，成为精神上的富有者。勇于思考，就是要解放思想，大胆创新，消除教育科学研究的神秘感，敢于选择教育、教学和管理上的热点、焦点问题，疑难杂症，进行有计划、有重点的研究。

县级教师进修学校面临着生存与发展的突出矛盾，"进修"的目标、教学、管理和评价体系尚未形成，探索它的改革发展，具有广阔的实践前景。两年来，我进行"师范性、研究型、现代化"的探索，走整体改革、科学管理、科研兴校的发展之路，取得了阶段性成果。

第一，建立"进修"模式，办出师范性特色。以县教师进修学校为培训基地，由县教研室科研导向，县仪电站发展电化教学，三位一体，构建县教师素质发展中心，实行全员育师的策略。培训两支队伍，建立必修课、选修课、活动课和实践课有机结合的课

第二卷　论文精选

程结构体系，培训科研型的校长队伍和素质型的教师队伍。建立三级培训网络，县宏观调控，发挥全面组织作用；乡镇中观管理，办好中心培训点；学校微观组织，抓好全员参训。落实四率评估，以送培率评价计划管理，以出勤率评价组织行为，以结业率评价教学质量，以优秀率评价学员的主观能动性。保证领导、辅导、经费、制度和科研五项措施到位。这样，实现了教师培训的科学化、规范化和制度化。

第二，科研兴校，造就研究型队伍。"教学有法，教无定法"。同样，"治校有法，治无定法，贵在得法。"做三、五年校长，才有初步认识，10多年以后，才逐步成熟起来。改革教育、教学和管理，我把它叫一二三系统工程，教学是中心，教育和管理是改革的两个焦点，形成一个中心，两个焦点，显示出三大特色，这是党的基本路线"一个中心，两个基本点"在学校教育上的运用，校长工作实现了由经验管理向科学管理的转变。提高教师素质，以优课工程为龙头，全面探索素质教育进课堂，动员全校教师搞科研，开辟了小学语文学法指导、小学作文教学改革、小学数学微格教学、小学美育研究、幼师物理导控探索法、实践教学与计算机应用、情趣导学与素质教育、小学骨干教师"说、讲、评"八个研究小课题。

第三，面向未来，启动现代化工程。更新办学观、教育观、师生观。面向邵东——当代湖南民营经济的大本营，繁荣的市场经济向着知识经济迅速发展的大趋势，建立以培养经济人才为依托，以科研促师训的办学模式，办出一所融师训、大中专、幼师于一体的多功能的综合性学校。立足发展，逐步实现教学内容、方法、手段和管理的现代化，通过三、五年的努力，创建一所规范化的全国先进教师进修学校。"师范性、研究型、现代化"师资培训整体改革实验，经过了专家鉴定。陈蒲清教授在成果鉴定会上指出："这一整体改革实验，指导思想具有导向性，思维方法具有科学性，教育理论具有先进性，改革方案具有创新性，值得在全省推广。"

三、善于练笔，不断创造教研成果

我有经常练笔的习惯。第一，作备忘录，即工作随笔。每天一记，晚上10：00写半个小时，把一天印象最深刻的几件事记下来，或归纳、或演绎、或类比、或摘名家之言，久而久之，有下笔成文的功效。听报告、记发言，尽自己的水平记下讲话内容，然后认真体会别人的劳动成果。如听魏书生的学术报告，写有5万字的笔录，结合自己的思考，提炼出"修身待人、为师处世，追求真善美"的人生信条，既转变自己，也教育学生。第二，作读书笔记，"不动笔墨不看书"，读书时圈点批注，密密麻麻，读后有感而发，写点心得体会。工作随笔和读书笔记，一年下来共有30多万字。第三，讲课、讲话、工作报告，注重练笔。先思考提纲，再形成书面文字，然后上讲台，讲完后补充完善，成为研究成果。每周一则"周前寄语"，用1000把字的谈话指导教师工作。每周一次在国旗下的讲话，5－8分钟讲演，选用一个观点指导学生的学习。对进修教师、培训校长讲课，要从理论和实践的结合上讲出新意，必须精心制作。1998年四个讲座分别在各级获奖：《未来教育对中小学校长的新要求》，在中国未来学会举办的"知识经济与科教兴国"学术研讨会上，交流并获奖。《未来教育对中小学教师的新要求》在中华教育交流中心获优秀论文奖。《怎样撰写教研论文》在人民日报社举办的"文学、新闻与科学兴国"学术会上获二等奖。《构建县教师素质发展中心的构想》获国际优秀论文奖。第四，选择课题，进行教育、教学与学校管理的系统研究，撰写研究论文。自己有选题：（1）办青年预备党校，探索德育教育的途径与方法；（2）用"三结合"教学改革政治教学和职业道德教学；（3）研究和实施教工 m 工作法和校长一二三四五系统工程，强化科学管理；（4）开展整体改革实验，构建教师素质发展中心。为反映这些研究成果，已发表论文 30 余篇，参编文集和著作有《师魂·师韵》、《三湘优秀教师论文选》、《现代教育文集》、《中华教育文论》、《中国教育改革和发展论文选》、《思想道德教育概论》和《班级管理概论》。还担任中国教育家协会理事和中华教育交流中心研究员：传略入选中国国际交流出版社《世界名人录》。所有这些，其实难副，作为一位科研型校长只不过刚刚走出第一步。

开拓进取创名校，团结拼搏求发展

邵东县教师进修学校是湖南省有名的县级师资培训基地，创办于 1958 年。从创办以来特别是近年来，学校认真贯彻邓小平"教育要面向现代化，面向世界，面向未来"的方针，走整体改革，科学管理，科研兴校的发展之路。学校已显示出自己的师范性、研究型、现代化三大特色。

师范性。以县教师进修学校为培训基地，由县教研室科研导向，县仪电站发展电化教学，"三位一体"构建县教师素质发展中心，实行全员育师策略。建立必修课、选修课、活动课和实践课有机结合的课程结构体系，培训科研型校长和素质型教师。建立三级培训网络，县宏观调控，发挥全面组织作用；乡镇中观管理，办好中心培训点；学校微观组织，抓好全员参训。落实四率评估，以送培率评价计划管理，以出勤率评价组织行为，以结业率评价教学质量，以优秀率评价学员的主观能动性。保证领导、辅导、经费、制度和科研五项措施到位。这样，构建了一个具有"师范性"特色的进修模式，形成了自己的办学目标、管理和评价体系。

研究型。教育科研是推动教育教学改革的第一生产力，学校开辟了小学骨干教师"说讲评"、小学语文学法指导、小学语文"注 提"实验、小学美育研究，实践教学与计算机应用、情趣导学与素质教育等八个子课题研究。用教育科研指导全县中小学，以优课工程为龙头，全面探索小学教师第二周期，中学教师第一周期的继续教育。第一步，培训骨干教师，实施"说、讲、评"；第二步，骨干教师带头，大面积推广"说、讲、评"，校、乡、县分层开展合格课、优胜课、优质课、示范课评比活动，一批学科带头人脱颖而出。

现代化。通过两三年努力，创造一所规范化教师进修学校，办学条件、教师队伍、学校管理、质量效益达到合格标准，校园建设尚不能满足发展需要，但教学设施齐全，我们先后建好了语音室、微格教学室、卫星地面接收站，理化生仪器、实验室，图书室、阅览室、音乐、美术、体育、舞蹈室，还装配了多媒体计算机房，并进入了国际互联网。学校领导系统而有特色地研究了教师进修学校的教育管理，全面总结了 40 多年来积累起来的宝贵经验，吸收了现代管理的最新成果，借鉴了兄弟学校的先进作法，摸索出一套行之有效的教育管理方法，包括师训、教学、科研、师生、后勤、党群等方面的岗位职责、管理办法和规章制度，将目标管理、制度管理、质量管理、情感管理融为一体，由规范化走向现代化，学校师生的工作、学习和生活井然有序。

学校师范性、研究型、现代化的办学特色，在市、省乃至全国产生了积极影响。1996 年，启动教育科研，管理走向规范化，再一次获省先进教师进修学校殊荣。1997 年，加快校园建设，深化整体改革实验，湖南省小学教师继续教育教学研究会在这里召开。1998 年，进一步提高文明程度，成功地举办了建校 40 周年庆典，中央党校热情致贺。1999 年，进一步改革教育、教学和管理，用创名校的行动跨世纪，校长在全国小学教师继续教育研讨会上代表湖南作典型发言。

又是一年春草绿。我们迈进 2000 年，面对一个新世纪的时候，遵循国家教育部"充实、加强、提高"六字方针，每一个县要办好一所教师进修学校。我们将继续发扬开拓进取、团结拼搏、求实创新的工作作风，认真贯彻全教会精神，实施素质教育工程和继续教育工程，"加强加强再加强，充实充实再充实，提高提高再提高"，进一步谋求县教师进修学校的改革和发展。

加强。要加强领导班子建设，加强教师队伍建设。构建书记保证、校长行政、工会监督，党政工"三位一体"的领导体制。校长行政，行使决策指挥权，重大问题集体决策，做到管理到位，目标落实，形成一个团结务实、廉洁高效的领导核心，共同塑造领导班子的群体形象和集体权威，保证各级政令畅通无阻。书记保证，围绕学校改革和发展，做好党务工作，办好预备党校，强化思想政治工作和德育工作。工会监督，坚持教代会制度，推行校务公开，维护教工合法权益。决策指挥、政治保证、民主监督三个作用形成合力，便可实现学校的科学管理。用刚性和柔性相结合的方式建设一支高素质的教师队伍，重点是坚持公开、公正、公平的原则改革人事制度，实行全员聘任制和绩效工资制，高职低聘和低职高聘，形成能上能下，能进能出，能聘能辞的竞争机制，充分调动全体教工教书育人的积极性。

充实。要充实德育工作，充实教学力量，充实科研队伍。开展中小学教师继续教育，要有一支了解小学、熟悉小学、指导小学、研究小学的教师队伍，中学要求更高。继续教育是一种终身教育，又是一项全新的工作，要以终身教育思想进行全方位探索，给中小学教师一个全新的教育，一个高质量的教育，需要一代教育工作者的执著努力，需要造就一批学科带头人。实施名优工程是一项重要措施，中小学教师继续教育，要突出普通话、计算机、学科教学基本功三项训练，用"四全管理"进行全面培训，即每年一次全员教学基本功比赛，一次全员教案评比，一次全员课堂教学比武，一次全员课题评选，形成层层选拔的竞争态势，让骨干教师层出不穷。用三年左右的时间，在全县范围内培养 1000 名学科带头人，一批名优学校和名校长，造就一批在市、省和全国有影响的学校领导和学科带头人。

提高。要提高文明程度，提高教学质量，提高综合办学效益。把开放式教学与封闭式管理结合起来，创造一个文明、卫生、安静、和谐、健康的环境。提高教学质量是学校工作的生命线，学校一切工作都要服从于和服务于这个中心。提高办学效益，只有走综合办学的路子。我们要抓住机遇发展自己，加强校园建设、扩大办学规模。充分发挥师资培训的功能，讲究质量，不拘一格培训人才。继续办好邵东电大工作站，开办成人教育专科，设立株洲师专、湖南教育学院等高函站，为逐步实现小学教师大专化、初中教师本科化、高中教师20%达到研究生学历做贡献。同时，面向邵东这一当代湖南民营经济的大本营，以市场为依托，向社会培养经济人才，继续开办幼师专业、计算机专业，最好开办普通高中或高考补习作为有益的补充。办成一所融师训、干训、电大、函大、职高、普高、幼师于一体的多功能综合性学校。瞄准全国先进教师进修学校开拓前进！

"1234"县级教师校本培训指导模式

我们在借鉴原有教师培训模式的基础上，集中研究人员的多元思考，构建起"1234"农村教师县级立体化校本培训模式。这一模式是在县级教师培训机构的指导下，各乡镇、各中小学形成立体网络，充分利用校内外培训资源，以教师任职学校为基本培训单位，以提高教育教学能力为主要目标，以问题为中心，以教师为主体，由校长、骨干教师引领，全体教师共同参与，通过自主、探究、合作学习、教育教学和教育科研活动来培训全体教师的一种全员性继续教育形式。简称"1234"县级培训模式，包括坚持一个理念，增强两种意识，开展三项实验，创新四大机制。

一、坚持一个理念

胡锦涛总书记在"十七大"报告中指出："用科学发展观加强教师队伍建设，重点是提高农村教师队伍的素质"。这是本课题研究的指导思想，也是研究要达到的终极目标。因此，我们提出"扎根教育实践，研究教师成长，服务基层学校，促进专业发展"的培训理念。就是说，面对新理念、新课程、新技术下的教育实践；研究"新教师——合格教师——骨干教师——学科带头人——专家型教师"的成长轨迹；宗旨是一切为了学校，培训在学校中，基于学校教师；促进教师的专业精神、专业态度、专业知识和专业能力的动态生成。我们用这一理念指导农村中小学教师继续教育工作，以校本培训为基础，以远程教育网络平台为依托，深入开展非学历培训、学历提高培训和新课程教师培训，引领教师的专业发展，促进学生的全面发展，推动学校的可持续发展。

二、增强两种意识

一是强化校长的校本培训意识。校长是本校培训的第一责任人，没有校长的引领支持，就没有本校，更不会有校本培训。校长的素质需要在校本培训实践中不断强化，只有校长提高了对校本培训的认识，掌握相关的理论知识和实践操作以及评价方法，才能扎实有效地开展校本培训。

二是强化骨干教师的专业引领意识。骨干教师在校本培训中发挥"传、帮、带"的辐射作用，是校本培训启动和持续发展的重要力量。我们采用"理论主导、实践主体、科研引线、评价考核"四结合模式培训骨干教师，让骨干教师示范教学，提高课堂设计、讲课、说课、评课能力，在自主学习、教学比武、教研活动、课题研究、合作交流等校本培训平台上发挥专业引领的作用。

三、开展三项实验

1. 小学教师校本培训的示范性实验。双凤乡中心小学研究贫困山区老师校本培训的规范管理，建立起"四个五"的校本培训管理模式。即"五步"：学、听、说、评、写；"五性"：针对性、层次性、规范性、实效性、研究性；"五定"：定时间、定地点、定形式、定内容、定中心发言人；"五有"：有明确的主题、有详细的教案、有严明的纪律、有集体研讨、有活动后的分析和小结，让教师紧紧围绕本校、本职、本岗开展实践性研训活动。还有牛马司镇中心小学，开展小学生养成教育研究，两市镇一完小构建自学反思式校本培训模式，两市镇三完小构建以课例为载体的校本培训模式，两市镇高田完小进行校本培训内容更新研究，黑田铺乡龙元小学开展"上好一堂课"的校本培训，灵官殿中心小学探索校本培训的制度建设。7 所小学进行的研究为全县 300 余所小学 4000 余在岗小学教师的校本培训提供了示范性经验。

2. 初中教师校本培训创新型实验。杨桥乡杨塘中学探索乡村教师校本培训模式，将校本培训模式分为"学校、教师、教学、技能、研修"五个研究模块，创建有效教学，促进专业成长；提高有效技能，打造教师品牌；实现有效研修，学会自我学习和自主探究。将校本培训、校本研修、校本管理融于一体，注重实效性培训，将实效性分为"有效性、高效性、魅力性"三个层次，不断提升教师专业化水平。还有两市镇第四中学开展新课程下初中简快作文的实验研究，两市镇二中探索县城初中教师校本培训模式，仙槎桥中心中学创建学习＋反思型校本培训模式，流光岭中学探索校本培训的有效形式。5 所初中进行的教师校本培训创新型实验，为全县 50 余所初中近 3000 初中教师开展校本培训创造了成功经验。

3. 高中教师校本培训的信息化实验。邵东七中自 2006 年以来，与长沙市长郡中学结盟，开办长郡直播班，师生领略到知名教育品牌的迷人魅力，构建农村高中依托远程教育进行校本培训的模式，进行包括政治、语文、数学、英语、物理、化学等各个学科教师的教育教学技能培训，教师个个能熟练地操作电脑，人人可制作生动活泼的多媒体课件，运用信息技术组织课堂教学，深受学生欢迎。通过"专家引领、经验交流、个人自学、课题带路、比武拉动"各种方式，开展一系列具有实验性质的培训活动，从而提高课堂教学效率，提升教师校本培训的质量，提高教师信息化专业素质。邵东十中进行"信息技术与学科教学整合研究"，两所高中借助日益发展的信息技术与省名校联合办学，实行教学同步、资源共享，把名校课堂引入到农村高中的教学课堂，这种校本培训信息化实验，为全县 10 余所高中 1600 高中教师的校本培训提供了典型经验。

四、创新四大机制

一是创新培训机制，实现"天地人"三网立体化。天网：建立以中央广播电视大学网、中小学教师继续教育网为信息平台，非学历培训、学历提高培训、新课程教师培训，都实行远程网络培训，共享优质教育资源。地网：建立以县教师进修学校为主体，各乡镇中心学校为基地，校本培训为基础，远程培训为主要手段的我县中小学教师培训纵横交错的服务机制。人网：建立一支由学科骨干为主体的远程培训管理员和辅导员队伍，为全体在培学员提供在线辅导、答疑解难、分类指导、按需施教。

二是创新管理机制，发挥"县乡校"三级管理的作用。课题研究与师训工作同步，县宏观调控，抓好中心培训，指导课题研究，建立一支专兼结合、训练有素的培训者队伍，重点抓好中小学校长、骨干教师的培训与研究。乡镇中观管理，办好中心培训点，组织课题研究，乡镇中心学校负责区域内的教师培训工作，组织研究班子，以校本培训为研究重点，研究培训的内容、形式、途径、方法和经费，创造典型经验。学校微观组织，开展校本培训、落实课题研究，创造出各具特色的校本培训模式。

三是创新服务机制，实现"上挂下联横整合"。上挂：上挂高校名师，与湖南师大、湖南科大、华中师大、陕西师大、中央电大和奥鹏学习中心等 11 所高等学校建立各种业务联系，开通远程教育本科教学点，还办起研究生班。下联：下联 26 个乡镇和 400 余所中小学，县抓好中心培训，乡镇办好中心培训点，学校落实校本培训，县、乡、校协调一致，形成整体合力，主阵地在校本培训。横整合：以县教师进修学校为培训基地，由县教研室科研导向，县仪电站和信息中心发展信息技术，"四位一体"，优势互补，构建起名符其实的教师素质发展中心。

四是创新评价机制，探索立体化校本培训评价体系。我们出台了《邵东县中小学校本培训实施方案》，评价校本培训，对每个乡镇的工作有考评办法；对每所学校分组织管理、培训过程、教务管理、培训成效等 4 项一级指标，15 项二级指标分配全重积分评定优良中次；对每位教师分公开课、课题研究、论文创作、听课评课、学习笔记、反思体验、教材编写、学历提高、普通话和专项培训共 10 项指标积分评定优良中次，并与年度考核、评定职称、评先评优挂钩。

名师工程的设计与思考

教师是塑造人类灵魂的工程师。骨干教师是在教育、教学、教研中起指导、带头和示范作用的优秀教师。名优教师是教育理论形成体系、教学科研水平领先、教育教学业绩显著，在市、省乃至全国有较高知名度和影响力的学科带头人、教育教学专家。从合格教师到骨干教师到学科带头人再到教育教学专家，是每位教师成长的轨迹。建立起符合中小学教育特点，符合中小学教师成长规律的持续、稳定、有效的竞争机制，提高中小学教师队伍的整体素质，以适应全面实施素质教育的需要，实现教育事业的可持续发展，我县在 1997 年培训骨干教师的基础上，2000 年正式启动中小学名师工程。

一、基本框架的设计

1. 指导思想。发展教育、师资先行。以邓小平理论、第三次全教会精神和《面向 21 世纪教育振兴行动计划》为指针，为全面实施素质教育服务，为提高教育教学质量服务，贯彻落实《素质教育工程》和《园丁工程》目标。以提高全体教师的整体素质为目的，在对教师的思想道德、精神风貌、学识水平、素质能力综合评价的基础上，推进中小学教师的全员参训；探索加强中小学教师队伍整体建设的新思路、新机制、新方法；努力建设一支师德高尚、业务精良、结构合理、善于从事素质教育的高质量的教师队伍；努力培养和造就一批高素质、高水平、具有终身学习和教育创新能力、在教育教学中发挥骨干带头和示范辐射作用的学科带头人和教育教学专家。实现名师工程要与深化教育改革、加强教育科研、追求教育高效益结合起来；与深化人事制度改革、实现资源优化配置、人尽其才结合起来；与中小学教师继续教育、常规管理结合起来；与实施名校长工程、名学校工程有机地结合起来。

2. 目标与任务。经过3–5年努力，使我县中小学50%的教师学历达到教育部提出的新要求。即小学专任教师具有专科学历，初中专任教师具有本科学历，高中专任教师20%获得硕士学位。经过3–5年，使我县中小学80%的教师三项基本功达到上级规定要求，即中小学教师获得继续教育结业证、普通话水平等级证和计算机水平等级证。经过5年努力，使我县中小学专任教师90%以上达到合格教师标准，40%以上达到骨干教师标准，培养学科带头人，国家级1~3名，省级10名以上、市级100名以上、县级500名以上，让一批名牌教师脱颖而出。在3~5年内，评选"十大杰出青年教师"和百名优秀青年教师，每两年评选一次，三次评为"百优"者可以晋升"十杰"。

3. 组织考评。县成立"名师工程"领导小组和学科带头人资格考评委员会，由教委主任担任领导小组组长和考评委员会主任。下设小学、中学两个考评工作小组，由普教、教研、仪电、人事、进校等方面的负责人参加。各乡（镇）各高（职）中，成立"名师工程"领导小组和工作小组，由校长任组长。实行分级管理、分工负责。合格教师由本人申报、学校考评认定，报乡（镇）备案；骨干教师由学校推荐，乡（镇）、高（职）中考评认定，报县定案；学科带头人由乡（镇）、高（职）中推荐，县考评委员会考评评定。县、乡、校分别建立学科带头人、骨干教师、合格教师专项档案。加强部门协调，形成实施"名师工程"的合力。普教组、教研室、仪电站、教师进修学校通力合作，分工负责，承担基本功培训、教学竞赛，教案评优、论文评选等教育教学活动。坚持"个人申报、组织考评、领导审批"相结合的评审程序，各级考评工作小组切实按照合格教师、骨干教师、学科带头的标准和公正、公平、公开的原则进行考评，给教师创造一个公平竞争的环境。每年11月为学科带头人推荐申报月，12月县学科带头人资格考评工作小组进行考评后，提交考评委员会审批，次年元月公布考评结果，征求意见，6月份发证书，教师节进行表彰。

4. 实施步骤。2000年3–4月为宣传发动阶段。县乡校分别组织有关人员学习《关于教育问题的谈话》、《面向21世纪教育振兴行动计划》、《中小学教师继续教育规定》和《名师工程实施方案》，使全体教师领会精神，统一认识，明确方向，树立起竞争的信心。2000年5–8月为合格教师评选阶段。组织所有教师对照合格教师标准进行自评、申报，由学校考评工作小组进行考评，考评结果达90分以上者认定为合格教师，报乡（镇）备案，并提出骨干教师推荐名单。2000年9–11月为骨干教师评选阶段。各乡（镇）、高（职）中，对学校推荐的骨干教师逐一考评，符合条件者认定为骨干教师，报县备案，并提出学科带头人推荐名单。2000年12月–2001年元月为学科带头人评选阶段。县学科带头人资格考评委员会对各单位推荐的学科带头人逐一考评，符合条件者认定为我县中小学学科带头人。2001年转入正常工作：合格教师、骨干教师、学科带头人与教师年度考核相结合，每年一次，学科带头人评选每两年一次。

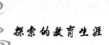

二、配套措施的思考

实施名师工程，基础性工作很重要。重点应放在探索符合中小学教育特点和教师、骨干教师、学科带头人成长规律的新机制上，各项措施配套形成系统工程。

1. 梯级标准的构建。从教师到合格教师到骨干教师再到学科带头人，成为教育教学专家，形成宝塔式梯级结构。合格教师标准：应具有教师资格，具有相应学历，有教师职称且任初级职务一年以上，分德、能、勤、绩 4 项一级指标，12 项二级指标，26 项三级指标确定权重，建立《教师教育教学工作评价方案》，考评得分在 90 分以上者，可认定为合格教师。骨干教师是指具有良好的政治思想、职业道德素质、系统的专业基础、较强的教育教学能力、较丰富的教学经验，在学科教学、教改、教研中起到指导、带动和示范作用的优秀教师。骨干教师具体标准包括忠诚人民的教育事业、正确的教育思想、作风正派、治学严谨、职称和学历、良好的教学基本功、突出的教育教学效果、较强的教育教学研究能力、有一定的培养指导工作能力，有一定的社会影响，共 10 条规定。学科带头人是指具备骨干教师条件，在思想政治与职业道德、专业知识与学术水平、教育教学能力与教育科研能力等方面有很好的综合素质，成为高素质、高水平，具有终身学习能力和教育创新能力，在教育教学实践中发挥示范作用的中小学教育专家。学科带头具体标准规定了 10 项硬指标：（1）符合中小学骨干教师标准，（2）市以上优秀教师，（3）所教班级从"四率"得分名列同年级一、二名，（4）县以上教学竞赛获一等奖，（5）县以上优秀德育工作者，（6）所主持的教改课题获县三等奖以上，或在报刊上发表学术论文 10 篇以上，（7）指导青年教师参加县教学竞赛获一等奖，（8）中级职称任职 5 年以上，（9）课堂教学评价 90 分以上，（10）乡、校领导赞成率 80% 以上。

3. 骨干教师的培训。有明确的培训目标：通过培训，使骨干教师在思想政治与职业道德、专业知识与学术水平、教育教学能力与教育科研能力有较大幅度的提高，提高他们实施素质教育的能力和水平，发挥他们在实施素质教育中的骨干带头和示范辐射作用，使其尽快成长为教育教学专家、学科带头人或骨干力量。规定培训内容：现代教育理论学习与实践，如现代教育理论研修、教育思想与学科教学艺术研究等；学科前沿知识与综合知识，如学科研究成果及发展趋势综述，现代科技及人文社会科学知识等；现代教育技术与信息技术应用；教育科学研究，如教育科研课题的立项、研究、结题与成果鉴定等。多样化的培训形式，我县骨干教师培训始于 1991 年，1997 年步入正轨。采用了五种培训形式：（1）专题讲座，把教育教学理论、教研成果、教学思想以专题讲座的形式呈现给学员，使培训学员对自己的教育教学工作得到理论升华。（2）以老带新，和有丰富教学经验的老教师结对子。（3）研培结合，参加各层次、各类型的教研活动，使学员得到观摩、交流与总结提高的机会。（4）引进导师制，聘请长期从事中小学教学和研究工作的特级教师和具有专长的高级教师作导师，学员和导师一起备课、听课、说课、评课。（5）组织"说、讲、评"实验，每次实践课后，要求学员说清楚分析教材、构建教学目标、安排教学过程、突出教学重点、突破教学难点、优化教学结构的创新思路，指导教师和学生一起就教学目标、教学过程、教学效果及教学思想、教学设计、教学能力等方面做出客观科学评价。坚持集中培训和跟踪指导相结合，使一批批骨干教师脱颖而出。

4. 继续教育的"四全"管理。继续教育是名师工程的基础工作，开展全员参与的四项系列活动：第一，每年一次的全员教学基本功比赛。包括"三字"（钢笔字、粉笔字、毛笔字）一画（简笔画）、一话（主要是普通话），三机（摄影机、录音机、计算机），三年内完成培训任务，各项比赛优胜者，为基本功过硬的教师。第二，每年一次的全员教案评选。教师在过好三关（教材关、教法关、大纲关）的基础上，精心设计好每一个教案，乡镇联校一期一次，学校每期两次，教导处每月一次，教研组每周一次检查评选，学校、乡镇、县分级公布，备课信得过的教师，下一年度可以免检。第三，每年一次的全员教学比武。讲课分为合格课、优胜课、优质课、示范课四个档次，校级全员参赛，教师共同评分，达标者为合格课；片内获胜者为优胜课；乡镇获胜者为优质课；乡级优课到县里参赛获胜者，为全县性的示范课，示范课由县里组织下乡巡回观摩。第四，每年一次的全员教研课题评选。教师在修炼三功（通用基本功、教学基本功、研究基本功）的基础上，创造教研、教改、科研成果，每个老师每年一篇教研论文，一则教育信息。1999 年县首届教研成果评奖揭晓：县 41 个获奖课题，其中 10 获市奖，4 个获省奖。四项全员性活动与单位年终教育评估挂钩，教师达到三项全能，可以申报骨干教师，达到四项全能，可以申报学科带头人。全县上下一万名教师参加继续教育，由通用基本功到学科教学基本功再到研究基本功的逐级升华，由合格课到优质课再到示范课的激烈竞争，由合格教师到骨干教师再到学科带头人的不断攀登，形成公平竞争的趋势。

5. 工作保障系统的形成。（1）更新观念，提供思想保障。多种形式贯彻江总书记的《关于教育问题的谈话》，开展端正教育方向、明确教育思想、强化师德教育和作风建设的大讨论，形成共识。加强教师队伍建设是全面实施素质教育的基本保证，教育工作的永恒主题。（2）健全机构，提供组织保障。县、乡、校三级领导小组构成三级工作网络，县宏观调控，做好全面指导，抓好学科带头人评选；乡镇中观管理，做好骨干教师的推荐评选；学校微观组织，抓好全员参训与合格教师考评。（3）完善制度，提供政策保障。如师资培训"法定日"制度，普教、教研、仪电、进校等单位的各项活动，以"法定日"固定下来，"素质教育一日展"、"教学开放周"得到落实。又如学科带头人跟踪管理制度，规定学科带头人与校长一样，每月享受 50 元的特殊津贴，特级教师的评选从学科带头人中产生，每两年考核一次，对不符合条件者取消荣誉称号和相应待遇。（4）加强基地建设，提供师资保障。贯彻"加强、充实、提高"六字方针，办好县教师进修学校。以县教师进修学校为培训基地，县教研室科学导向，县仪电站发展现代教育技术，"三位一体"构建县教师素质发展中心，专兼结合，组建一支适应名师工程、继续教育需要的师资队伍。（5）"三名"工程结合，提供综合保障。在启动"名师工程"的同时，实施"名校长工程"。以中小学校长职级制为核心，规定了试用校长、合格校长、骨干校长，名优校长的任职条件、评选办法、实施分步骤和配套措施。将中小学校长职务等级分为四级十等，即 A 级（名优）一二等，B 级（骨干）一二等，C 级（合格）一二三等，D 级（试用）一二三等，在认定校长等级的基础上评选名校长。经过 3 – 5 年努力，使一批名校长成为有理论的教育家、精业务的教学专家和重效益的管理家。推进"名学校工程"。对小学、初中、高（职）中建立等级评估方案，评估的内容包括硬件建设和软件建设两个方面，将学校定为 ABCD 四级。在"名学校工程"的激励下，坐落农村的邵东三中以"三苦"精神跻身全省重点，邵东职业中专创造"三边"模式，三年跨进国家级重点，还有一批小学、初中像他们一样竞争居上，名声远播。三大跨世纪工程，不仅激励着一批名教师、一批名校长、一批名学校不断创新素质教育，更牵动全县 10000名教师、1000 名校长、500 所中小学校朝着新的目标，创造一个全新的高质量的素质教育不断改进和发展。

邵东县中小学"名校长工程"的设计和思考

"校长不是官，是老师的老师。""一个好校长，就是一所好学校。"名校长，是教育理论形成体系，教学科研水平领先，学校管理成效显著，并在市、省乃至全国有较高的知名度和影响力的优秀代表，即有理论的教育家、精业务的教学专家和重效益的管理家。从校长到好校长，再成为名校长，应当是每一位校长所追求的轨迹。如何建立起符合中小学管理特点，符合校长成长规律的持续、稳定、有效的竞争机制，加强中小学校长队伍的整体建设，以适应实施素质教育的需要，促进教育事业的改革和发展，根据《教育法》和国家有关政策，借鉴先进经验，我县从 2000 年开始实施中小学名校长工程。

一、名校长工程基本框架的设计

1. 指导思想。以邓小平理论为指导，贯彻全国教育工作会议和上海会议精神，为全面推进素质教育服务，为提高学校教育质量和管理水平服务，探索加强中小学校长队伍整体建设的新思想、新机制、新方法，逐步完善校长选拔、任用和考核制度，继续加强校长培训工作，积极试行校长职级制，建立起符合中小学管理特点，符合校长成长规律的成长、稳定、有效的激励机制，努力造就一支富有改革创新精神、具有素质教育理念、廉洁自律的高素质的中小学校长队伍。这一系统工程，以事业单位人事制度改革为动力，以公平、择优、竞争和公正客观评价为核心，以提高全体中小学校长整体素质为目的，面向全县中小学校长开放。实施"名校长工程"与校长选任、培训、职级和监督机制的建立与完善结合起来，与"名学校工程"、"名师工程"结合起来，与深化人事制度改革和教育教学改革、追求教育高效益结合起来，与建立起"校长全面负责、党组织政治保证、教代会民主管理"的学校内部常规管理结合起来。

2. 目标和任务。经过 1-2 年努力，建立起中小学校长连任制、培训制、职级制和监督机制。经过 1-2 年努力，100% 的校长持证上岗，5 年内 100% 的在职校长接受不少于 200 学时的提高培训，20% 的校长参加高级研修。经过 1-2 年努力，中小学校长职级制试点成功。校长职级考核和名校长评选，每两年一次，经过 3-5 年努力，培养国家级名校长 1 人以上，省级名校长 5 人以上，市级名校长 10 人以上，县级名校长 20 人以上，让一批优秀校长脱颖而出。经过"名校长工程"的实现，校长由抓创收、抓事务、抓升学率转向于抓教育、抓质量、抓效益，校长管理实现"职务能上能下，待遇能高能低，流动能进能出"，一批名校长成为有理论的教育家、精业务的教学专家和重效益的管理家。

3. 组织考评。县成立"名校长工程"领导小组，负责方案的实施；同时，成立由领导、督学和专家组成的中小学名校长评审委员会，负责考核和评审工作；各高（职）中，各乡（镇）联校成立推荐领导小组，负责名校长的培养、选拔和推荐工作。

在领导小组和评审委员会的指导下，县教委政工组负责校长队伍的整体建设；县教师进修学校负责小学校长培训；县督学负责名校长的考核和评审；县教委纪检监察和教育工会负责校长监督机制的落实；县教委各组室通力合作，坚持日常评价与集中评审相结合。

在县教委人事组的指导下，根据任职条件和工作实绩，坚持"个人申报、组织考核、领导评审"相结合的评审程序。每年 11 月为推荐申报月，12 月考评工作小组组织考核，次年 3 月，考评委员会公布评审结果，收集反馈信息，6 月下文，教师节表彰。还要建立名校长跟踪管理制度。

4. 实施步骤。2000 年上半年为宣传发动阶段，组织校长认真学习《名校长工程实施方案》，领会精神、明确方向、提高认识，形成竞争的舆论氛围。2000 年下半年为完善校长负责制阶段，实施《邵东县中小学机构和人事制度改革方案》，进一步完善校长负责制，落实校长任职责任目标，实现"校长全面负责、党组织政治保证、教职工民主管理"的新体制。2001 年上半年为实行校长职级制阶段，对全县在职中小学校长确定等级。2001 年下半年为名校长评选阶段，对骨干校长逐一考评，认定我县"杰出校长"和"模范校长"。2002 年开始转入正常工作，建立和完善校长职级制度和名校长考核制度。

二、实施名校长工程若干配套措施的思考

实施名校长工程，基础性工作很重要，重点应放在探索符合学校管理特点和校长成长规律的新机制上，我们把它称为配套措施。

1. 颁布《中小学校长工作条例》。选择好一校之长，对于办好一所学校具有非常重要的意义。我们要主动地适应社会主义市场经济条件下人事制度改革的方向，从我县教育实际出发，通过机构改革，建立一套充满生机和活力的中小学校长管理机制，逐步创造一个公开、平等、竞争、择优的用人环境。根据素质教育的要求，逐步完善校长选拔和任用制度，不拘一格选拔校长，培养校长后备干部，在全县范围内实行校长负责制。为实行校长负责制，规定校长的五项任职条件，实行校长任期目标责任制，规定校长五项职责和五项权限，还规定校长的奖励和处罚。颁布《中小学校长工作条例》，使校长负责制有章可循。

2. 出台《中小学校长培训和持证上岗制度》。从全面实施素质教育，提高民族创新能力和国民素质的高度，充分认识培训中小学校长，进一步加强中小学校长队伍整体建设的重要性和紧迫性。根据国家教育部颁布的《中小学校长培训规定》和《湖南省实行中小学校长持证上岗制度的暂行规定》，结合我县实际，在全县实行中小学校长计划培训和持证上岗制度。有计划地对中小学校长进行岗位培训和提高培训，组织高级研修。县教师进修学校承担小学校长的培训，要按照实施素质教育的要求，解决工学矛盾，在提高校长素质和管理水平上下功夫。进行培训教学改革，努力提高培训质量和效益。向省、市培训院校有计划调训中学校长。规定：未取得"岗位培训结业证"的不能担任校长职

务。竞选上岗的校长，在未取得结业证之前只能任代理校长，不能享受校长津贴，不能评选先进校长，一年内未取得结业证的免去其校长职务。已经取得结业证的在颁证 5 年内，必须参加每五年一轮的提高培训，未取得"提高培训结业证"的不能继续担任校长。还明确规定：中小学校长培训情况，是考核、使用、晋级、提职、评优的重要依据之一。这样，逐步实现中小学校长培训规范化、法制化。

3. 贯彻《中小学校长职级制试行办法》。为了深化学校内部管理体制改革，充分发挥与调动中小学校长的办学积极性和创造性，激励校长不断提高政治素质、业务水平和管理能力，努力完成本职工作，建立符合中小学管理特点、符合校长成长规律的持续、稳定、有效的激励机制，既区别于教师职务，又与行政级别脱钩，对中小学校长实行职级制。中小学校长职级制，遵循政事分开的原则，责、权、利统一的原则，竞争上岗、能上能下和优化精干的原则，把校长分为四级十等：即 A 级（优秀）一二等，B 级（骨干）一二等，C 级（合格）一二三等，D 级（试用）一二三等。严格规定其任职条件，建立严格的评审考核制度，与办学实绩挂钩，形成校长的动态管理。

4. 建立和健全校长约束和监督机制。一是加强党组织建设，在完全小学建立党的小组，在中心小学和初级中学建立党的支部，乡（镇）联校设立党总支。学校党组织要在教育教学和学校管理中充分发挥政治核心作用、监督保证作用、战斗堡垒作用以及参与学校重大问题的决策作用，保证教育改革和人事制度改革的顺利进行。二是加强学校民主制度建设，坚持学校重大问题民主科学决策制度，健全学校各项工作制度和工作程序，健全学习制度，民主生活会制度，廉洁自律制度，校务公开制度，教工代表大会制度，教职工对校长进行民主监督和评议制度，真正实现"校长全面负责、党组织政治保证、教职工民主管理"的领导新体制，增强办学、管理、用人、理财的透明度。

邵东县中小学"名校长工程"实施方案

为加强中小学校长队伍的整体建设，以适应实施素质教育的需要，促进我县教育事业的改革和发展，根据《教育法》和国家有关政策，借鉴上海、北京试点经验，实施中小学名校长工程，特制定本方案。

一、总则

1. "一个好校长，就是一所好学校。"为了深化学校内部管理体制改革，充分发挥与调动中小学校长的办学积极性和创造性，激励校长不断提高政治思想、业务水平和管理能力，努力完成本职工作，探索符合中小学管理特点，符合校长成长规律的持续、稳定、有效的竞争机制，对中小学实行校长职级制度和开展名优校长评选。

2. 遵循责权利统一、竞争上岗、能上能下、优化精干的原则，对中小学校长职务等级分为四级十等，即 A 级（优秀）一二等、B 级（骨干）一二等、C 级（合格）一二三等、D 级（试用）一二三等。

3. 名校长工程旨在造就一批教育理论形成体系，教学科研水平领先，学校管理成效显著，在市、省乃至全国有较高知名度和影响力的优秀代表，即有理论的教育家、精业务的教学专家和重效益的管理家；培养相当一批德才兼备、教育思想正确、富有开拓进取精神、管理水平高、办学有特色的骨干校长，锻炼一大批热爱中小学教育事业，正确贯彻党和国家的教育方针，按教育规律办学，管理有序，不断提高教学质量和办学效益的好校长。从校长到好校长到骨干校长，再到名校长，是每一位中小学校长成长的轨迹。建设一支能够带领广大教师和教育工作者积极实施素质教育、富有改革创新精神的高素质中小学校长队伍。

4. 工程的实施，以人事制度改革和实行校长负责制为动力，以公平、竞争、公正、客观评价为核心，以提高中小学校长整体素质为目的，将校长聘任、培训、职级、监督统一起来，与名师工程、名学校工程结合起来，与教育教学改革结合起来。

二、任职条件

1. 中小学校长的任职条件，必须符合《全国中小学校长任职条件和岗位要求》，校长任职的基本条件如下：

（1）坚持党的基本路线。认真贯彻执行党和国家的教育方针、政策法规。坚持社会主义办学方向，实施素质教育。关心爱护学生，刻苦钻研教育、教学业务；热爱本职工作；有一定的组织能力；团结同志，联系群众；严于律已，顾全大局；言行堪为师生表率。

（2）小学校长不低于中师毕业，初中校长不低于大专毕业，高（职）中校长不低于本科毕业；中小学校长应分别具有中学一级、小学高级以上教师职务；都应有从事相当年限教育教学工作的经历；都应接受校长岗位培训和提高培训。

（3）身体健康，能胜任工作。

2. 在符合校长任职基本条件的基础上，考核各级中小学校长的具体条件是：

（1）D级校长，任校长工作一年以上，基本胜任校长工作。有主持学校全面工作的能力或协助校长分管教育、教学、体卫、总务等工作并取得较好成绩。从实际出发，开展教育教学研究活动，总结经验，不断提高教育质量。工作有成绩，得到县教委与乡镇的肯定。

（2）C级校长，担任校长工作4年以上，能胜任校长工作。有主持全面工作的经验，有较强的组织管理能力、协助能力、教育教学工作取得较好成绩。能带动教师积极开展教研活动，取得成果。在县内外有一定影响，本人的经验总结和论文在市级刊物上发表或获奖。

（3）B级校长，担任校长工作7年以上，组织领导能力强。有较丰富的行政工作经验，勇于改革创新，办学有特色，学校等级评估中不断上档次。在教育教学中有较深的造诣，有自己独到的见解，积极探索教育教学规律。能组织并指导教师开展教育科研，培养名师取得较好成果。本人的经验总结和科研论文在省级刊物发表或获奖，任职期间，办学成绩显著，多次受到县、市表彰，在社会上有一定声誉。

（4）A级校长，担任校长工作10年以上，有很强的教育组织管理能力。有勇于进取和改革创新精神，能运用现代教育理论对学校进行科学管理，有丰富的行政工作经验。办学有目标，有规划，有成效。在学科专业知识和管理知识方面有较高的造诣，指导中

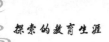

层干部提高科学管理能力，组织和指导教师开展教改科研，培养名师取得显著成绩。本人的科学经验总结和科研论文在省级或全国刊物上发表，产生较大影响。任职期间，学校成为地方名校，多次受到省、国家有关部门的表彰，在社会上有较大的知名度。

（5）符合校长任职基本条件，在素质教育、教育教学、学校管理、教育科研方面有重大实绩，办学成绩特别显著的校长，可以破格提升。

三、考核认定

1. 县教委成立"三名工程"领导小组，由教委党委成员组成，教委主任担任领导小组组长，管业务、管人事和管督导的副主任担任副组长，分别领导名师工程、名校长工程、名学校工程的实施。由县教委普教组、县教研室负责名师工程的实施，县教委人事组负责名校长工程的实施，县督导室负责名学校工程的实施。名校长工程办公室设县教委人事组，同时，成立由县教委人事组、县政府督导室、县教研室、县教师进修学校有关成员参加的中小学校长职级资格和名校长评审委员会，负责制定《中小学校长职级考核指标体系和考核评分标准》，负责校长考核和评审工作。各高（职）中、各乡镇联校成立 5～7 人的领导小组和考核工作小组，负责校长职级资格申报、评审、名校长的培养、选拔和推荐工作。

2. 校长职级资格考核认定，实行分级管理、分工负责。县管高（职）中等县直属学校校长、乡（镇）一块的 B 级以上校长的考核认定。乡（镇）负责 D 级、C 级校长的考核认定。

3. 中小学校长考核每年一次，校长职级晋升和名校长评选每两年一次。根据校长任职条件和工作实绩，坚持"个人申报，组织考核，领导审批"相结合的评审程序。

（1）个人申报。每年 10 月为申报推荐月，现职在岗中小学校长，本人根据任职条件申报，提供履行校长职责的情况和工作实绩，填写《校长职级评定表》。

（2）组织考核。每年 12 月为校长考核月，每年一次的干部民主评议与两年一次的等级晋升考核相结合，考核工作小组根据个人申报与组织推荐名单逐一考核，建立考核档案，为校长的任职、职级评定和名校长评选提供依据。

（3）领导审批。次年 3 月，校长考评委员会根据考核工作小组两年的考核结果，对全县在职中小学校长确定职务等级，由县教委发给校长职级证书。在实施校长职级制的基础上，从骨干校长中推荐优秀校长，在全县范围内宣传，收听反馈信息，公认的实绩最突出的认定为我县名校长。

四、校长待遇

1. 中小学校长职级制，体现职务、责任、能力、实绩与合理的报酬相结合的原则，建立校长奖励工资制，实行校长职级津贴和岗位津贴组成的结构工资（见校长结构工资表）。

2. 授予名校长称号的，在教师节大会上颁发荣誉证书和一次性奖励，并采取多种形式宣传名校长的优秀事迹，推广名校长的先进经验。

3. 市、省和国家在校长系列评选名优校长，优秀教育工作者和特级教师，一律在县名校长中产生。

4. 有下列条件之一的，经县评审委员会批准，不予晋级或撤销荣誉称号：

（1）弄虚作假，不符合条件的。

（2）违法乱纪，有损校长形象的。

（3）考核不合格，已不能发挥作用的。

（4）其他应予以惩处的。

"三名工程"的实践与思考

——县级中小学教师继续教育模式研究

邵东县是湖南省素质教育示范县，又是中小学教师继续教育实验县。近年来，在全面实施素质教育的同时，按照国家教育部、省市教委下发的《中小学教师继续教育工程》的要求，实践县教委主任曾益谦同志提出的"三名工程"的构想，探索出县级"工程型"教师继续教育模式，标志着邵东县中小学教师继续教育跨入新阶段。

一、三名工程的全面开通

中小学教师继续教育工程，是塑造人的心灵、使之充满时代气息，造就一代能够实施素质教育的人类灵魂工程师的艰巨工作。一个县，一所县级教师进修学校，怎么实施这一工程？我们全面启动名师工程、名校长工程和名学校工程，总称三名工程。

一是启动名师工程。县教委出台《名师工程实施方案》，规定合格教师、骨干教师、学科带头人的标准和评选办法，提出明确的实施目标。经过 3－5 年的努力，使我县中小学 50％ 的教师学历达到教育部提出的新要求：80％ 的教师普通话、计算机、继续教育三项基本功达到上级规定的要求；专任教师 90％ 以上达到合格教师标准，40％ 以上达到骨干教师标准，造就 500 名学科带头人，并产生一定数量的市以上学科带头人；还将评选十大杰出青年教师和百名优秀青年教师。每年上半年，全县形成自下而上的小学教师赛课活动，下半年开展中学教师赛课活动。全县性的教学比武分为合格课、优胜课、优质课、示范课四个档次。由合格课到优质课再到示范课的激烈竞争；由普通教师到骨干教师再到学科带头人的逐级升华；一批在学科教学、教改、教研中起指导、示范、带动和辐射作用的优秀教师脱颖而出，如两市镇一完小王珍老师执教的一堂思想品德课《拾金不昧》，在 2000 年省赛课活动中获一等奖。

二是实施名校长工程。"一个好校长，就是一所好学校。"为建设一支能够带领广大教师和教育工作者积极实施素质教育、富有改革创新精神的高素质的中小学校长队伍，我们学习上海、北京等地的试点经验，以中小学校长职级制为核心，制订《邵东县中小学名校长工程实施方案》。规定试用校长、合格校长、骨干校长、名优校长的任职条件、考核认定办法和校长待遇。将中小学校长职务等级分为四级十等，即 A 级（优秀）一二等，B 级（骨干）一二等，C 级（合格）一二三等，D 级（试用）一二三等。坚持"个人申报，组织考核，领导审批"相结合的评审程序。在认定校长职务等级的基础上评选名校长，坚持每年考核一次；每两年评选一次。经过 3－5 年努力，建立起中小学校长选任制、培训制、职级制和监督机制；100％ 的校长持证上岗，5 年内 100％ 的在职校长接受不少于 200 学时的提高培训，20% 的校长参加高级研修；还将培养一批教育理论形成体系、教学科研水平领先、学校管理成效显著，在市、省乃至全国有较高知名度和影响力的名校长，即有理论的教育家、精业务的教学专家和重效益的管理家。这一方案的实施激励全县中小学校长积极学习教育理论，刻苦钻研教学业务，改善学校管理。如邵东三中李振民校长，两市镇一完小赵俊杰校长业绩卓著，2001 年教师节受国家教育部表彰。

三是推进名学校工程。县教委对小学、初中、高中建立等级评估方案，评估的内容是硬件建设和软件建设两个方面，按 15 项一级指标，42 项二级指标评估计分，根据各校得分多少将学校分为 ABCD 四级。2000 年上半年县三名工程领导小组组织 20 余人的督导评估团对全县 70 所初级中学进行了一次等级评估，高中招生按学校等级分配指标。明年将对 400 多所小学进行等级评估。在名学校工程的激励下，坐落在农村的邵东三中以"三苦"精神、精诚团结、求真务实、开拓创新、扬善教育跻身全省重点，邵东职业中专严谨探索，从严治校，实行军事化管理，走"校企结合、产教结合、长短结合"的办学之路，三年跨进国家级重点，誉为湖南职校的一面旗帜，全国职教的典范。还有一批小学、初中像他们一样竞争居上，名声远播。

中小学教师继续教育是个系统工程。名教师、名校长、名学校三大跨世纪工程形成合力，不仅激励着全县一批名教师、一批名校长、一批名学校不断创新素质教育，更牵动全县 10000 名教师、1000 名校长、500 所学校朝着新的目标、创造一个全新的高质量的继续教育而努力奋斗。

二、继续教育的全面开展

在三名工程的推动下，我县中小学教师继续教育全面开展。

（一）两项水平测试方兴未艾。据 2001 年 8 月底统计，在全县各中学、各乡（镇）设有 40 个计算机培训点，办培训班 128 期，参培学员近 5000 人，占应培中小学教师 80%。每两个月组织一次水平等级测试，全县参加测试的 3577 人，过一级的 2800 人，过二级的 7 人，合格率为 78%。同时坚持"以训保测，以测促训"的原则，设立普通话教学测试分站。以中学或乡（镇）为单位，定期常年办班培训，全县参学的近 5000 中小学教师。测试上等级的 3180 人，其中获二级甲等的 91 人，二级乙等的 1086 人，三级甲等的 2003 人。

（二）继续教育热火朝天。从 1999 年下期开始初中教师第一周期继续教育，在全市率先办起了语、数、外、政四科教师培训班。严格按部颁《课程指南》和省颁《教学计划》开课，坚持教育理论、教学技能、师德修养相结合，四届共办 13 个班，培训语、数、外、政四科教师 876 人。小学教师第二周期继续教育以培养骨干教师为重点，进行《农村骨干教师四结合培训模式研究》，从 1999 年开始办班，逐步完善了"理论主导、实践主体、科研引线、评价考核"的培训模式，它较好地实现理论与实践、培训与使用的有机结合，三年四期共培训语、数骨干教师 290 人，音体美提高班参学的 156 人，他们都已成为各乡（镇）的学科带头人。与此同时，贯彻教育部 8 号令《关于中小学校长培训的规定》，对全县在职中小学校长进行一次全面调查，在"校长负责制、教师聘任制、岗位责任制、结构工资制！"为主要内容的人事制度改革中，校长岗位变动的频率增大，必须继续坚持校长岗位培训。我们进一步优化教学内容、教学形式、考试办法和办学条件，加强制度管理、情感管理和自我管理，搞好校长提高培训，创造了"预习性自学——启发性面授——伸展性自学——概括性提高"四段式教学法。保证了100%的校长持证上岗。

（三）学历教育蓬勃发展。国家教育部要求中小学教师提高学历层次的指示下达以后，我们立即进行部署，与省内有关师范院校签订联合办学合同，相继建立了邵阳电大邵东工作站、湖南师大高函站、株洲师专高函站、湘潭师院远程教育教学点。近两年招生专科函授生300多名，开设了中文、小教大专、初等教育和远程教育7个班，还对150名未获得合格学历的小学教师进行了学历补偿教育。

（四）其他培训有条不紊。对1998年、1999年参加工作的600新教师进行上岗培训；对106名非师范类大中专毕业生当教师的进行教育学、心理学、教材教法培训。为了充分利用县教师进修学校的资源优势，我们还面向社会办有职业教育性质的幼师专业和计算机专业，联办外事旅游学校、第一高考补习学校，在籍学生近800人。

三、县级"工程型"继续教育模式的理论思考

中小学教师继续教育工程，是教师教育体系的一个重要组成部分，教育部有行动方案，省市教委有实施方案，它起宏观指导作用；县级"工程型"继续教育模式，怎么建立起来？这是一个值得认真研究的崭新课题，我们遵循"实践——思考——再实践——再思考"的认识规律，以三名工程激励和推动中小学教师继续教育的全面发展，在尝试和探索中产生理论升华，有三点体会很深刻。

（一）明确继续教育思想，构建目标体系。树立教师教育理念，把中小学教师继续教育作为"工程"来抓，本身就是一种创造，也是非常复杂、非常艰巨的工作，更是造就一代能够实施素质教育的人类灵魂工程师的崇高事业。全面的素质教育需要素质全面的教师，教师继续教育也是一种新型的素质教育，需要提高教师的整体素质、校长的整体素质和学校的整体效益。只有开通三名工程，才能实现素质教育真正意义上的转变；从研究教师"如何教"转向研究学生"如何学"；从教师"进修"的补偿教育到提高教师专业化水平，从教师个人发展转向教师群体发展并能促进学校发展，形成有特色的中小学教师继续教育体系。这一目标体系的构建，使我们去认真思考课程结构的优化、教学模式的创新、评价体系的形成和组织形式的保障。

（二）建立教师素质发展中心，形成系统管理机制。三名工程以县教师进修学校为培训基地，由县教研室科研导向，县仪电站发展教育技术，三位一体，在县教委领导下构建县教师素质发展中心。以提高教师、校长整体素质为目标，以转变教育观念，提高教师校长实施素质教育能力为出发点，把提高教师、校长的思想道德素质放在第一位，以计算机、普通话、教学基本功三项训练为突破口，以骨干教师、骨干校长培训为重点，把中小学教师继续教育落到实处。建立三级教育网络，县宏观调控，发挥全面组织作用；乡（镇）中观管理，办好中心培训点；学校微观组织，抓好全员参训。还建立起四率（送培率、出勤率、结业率、优秀率）评估，五项措施（领导、辅导、经费、制度、科

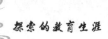

研）到位的评价体系。

（三）加强基地建设，发挥县教师进修学校的最优功能。1999 年教育部提出"加强、充实、提高"六字方针，要求每个县办好一所教师进修学校。我们决心以此为契机，团结拼搏，再创新世纪的辉煌。加强领导班子和教师队伍建设；充实教学内容和科研队伍，提高教学质量和综合办学效益，把邵东县教师进修学校办成一所融师训、干训、电大、函大、远程、幼师、高考补习于一体的多功能的综合性学校。在中小学教师继续教育中，县教师进修学校注重发挥对建立系统工程的协调功能，争取政府的重视、教委的支持和各部门的配合，形成教育合力；发挥对校长、教师培训的教育功能，建立工程型和素质型继续教育体系；发挥对全面继续教育的评价功能，组织"四全员、三名牌"评选活动，即每年一次的全员教学基本功比赛，一次全员教案评选，一次全员教学比武，一次全员课题评选，每两年一次的名师、名校长、名学校评选。在中小学教师继续教育进入工程型素质教育的新阶段，县教师进修学校扎实有效的工作，迎来了全县中小学教师、中小学校长和全社会的广泛赞誉。

以三名工程造就一流教师

国家教育部有《中小学教师继续教育工程》方案，它是教师教育体系的一个重要组成部分。一所县教师进修学校怎么实施这一工程。近年来，我们遵照"实践→思考→再实践→再思考"的认识规律，从目标体系的构建到培训模式的研究，从优课活动的开展到管理体制的形成，进行了全面的实验性探索，创造出有邵东特色的县级"工程型"中小学教师继续教育模式。

一、目标体系：构建"三名工程"

从宏观目标上思考，将学校建设、中小学校长队伍建设、中小学教师队伍建设等三项根本性的建设融为一体，构建起"三名工程"（名教师、名校长、名学校）实施方案。（一）启动名教师工程。县教委出台《名师工程实施方案》，规定合格教师、骨干教师、学科带头人的标准和评选办法，提出明确的实施目标。经过 3－5 年的努力，专任教师90％以上达到合格教师标准，40％以上达到骨干教师标准，造就 500 名学科带头人，形成"宝塔式"梯级结构。（二）实施名校长工程。学习上海、北京等地的试点经验，以中小学校长职级制为核心，制订《邵东县中小学名校长工程实施方案》。规定试用校长、合格校长、骨干校长、名优校长的任职条件、考核认定办法和校长待遇。将中小学校长职务等级分为四级十等。坚持"个人申报、组织考核、领导审批"相结合的评审程序，每两年评选一次。这一方案的实施激励着全县中小学校长积极学习教育理论，刻苦钻研教学业务，改善学校管理。（三）推进名学校工程。县教委对小学、初中、高中建立等级评估方案。按 15 项一级指标 42 项二级指标评估计分，根据各校得分多少将学校分为ABCD 四级。名教师、名校长、名学校三大跨世纪工程互为条件，互相补充，形成合力，激励着全县一批名教师、一批名校长、一批名学校不断地创新素质教育。

二、骨干培训：探索"四结合"模式

由蒋寿喜同志主持的《农村小学骨干教师四结合培训模式研究》定为省级继续教育

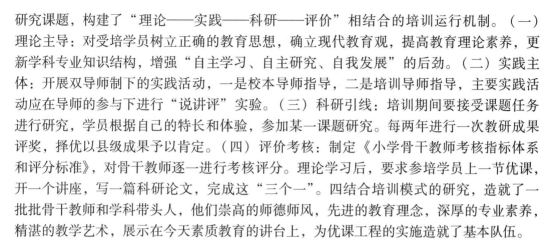

研究课题，构建了"理论——实践——科研——评价"相结合的培训运行机制。（一）理论主导：对受培学员树立正确的教育思想，确立现代教育观，提高教育理论素养，更新学科专业知识结构，增强"自主学习、自主研究、自我发展"的后劲。（二）实践主体：开展双导师制下的实践活动，一是校本导师指导，二是培训导师指导，主要实践活动应在导师的参与下进行"说讲评"实验。（三）科研引线：培训期间要接受课题任务进行研究，学员根据自己的特长和体验，参加某一课题研究。每两年进行一次教研成果评奖，择优以县级成果予以肯定。（四）评价考核：制定《小学骨干教师考核指标体系和评分标准》，对骨干教师逐一进行考核评分。理论学习后，要求参培学员上一节优课，开一个讲座，写一篇科研论文，完成这"三个一"。四结合培训模式的研究，造就了一批批骨干教师和学科带头人，他们崇高的师德师风，先进的教育理念，深厚的专业素养，精湛的教学艺术，展示在今天素质教育的讲台上，为优课工程的实施造就了基本队伍。

三、全员参训：开展优课活动

实施"优课工程"，第一步分别在廉桥和佘田桥开展县级优课观摩活动，为乡镇优课工程、校本培训提供基本模式，树立优课标准。第二步是各高中、各乡镇联校实施优课工程，校长、教导主任、教研组长必须参加。第三步是各学校在乡镇优课观摩的基础上开展"四全"培训。每年一次的全员教学基本功比赛，每年一次的全员教案评选，每年一次的全员教学比武，每年一次的全员课题评选，"四全"培训与单位年终教育评估挂钩。教师达到三项全能，可以申报骨干教师，达到四项全能可以申报学科带头人。以优课工程为龙头启动"四全"培训，全县上下 10000 名教师参加继续教育，由通用基本功到学科基本功再到研究基本功的逐级升华，由合格课到优质课再到示范课的激励竞争，由合格教师到骨干教师再到学科带头人的不断攀登，形成了公平竞争的趋势。

四、管理创新：实施科学评价

运用系统科学在全县构建"一个中心，两支队伍，三级网络，四率评估，五项措施到位"的管理体制。（一）以县教师进修学校为培训基地，由县教研室科研导向，县仪电站发展现代教育技术，三位一体，建立县教师素质发展中心。（二）采取送出去，请进来等办法，努力建设干训和师训两支队伍，培训校长和教师两支队伍，整体推进素质教育。（三）建立县、乡、校三级培训网络。中心培训、中心培训点和校本培训三级协同一致，形成整体合力，主阵地在校本培训。（四）建立以"送培率、出勤率、结业率、优秀率"为主要内容的评价方案，以送培率评价计划管理，以出勤率评价组织行为，以结业率评价教学质量，以优秀率评价学员的主观能动性。（五）保证领导、辅导、经费、制度、科研五项措施到位。新的评估体系给继续教育带来了蓬勃生机和永久活力。

综上所述，我县"工程型"中小学教师继续教育模式形成基本框架：由"三名工程"构成目标体系，用"四结合模式"培训骨干教师，以"优课工程"为龙头，带动全员参训，用"一二三四五系统工程"进行严格管理和科学评价，它将在实践的过程中不断完善和发展。今天，它已有力地推动着我县中小学教师继续教育的全面发展。近三年，仅县一级的中心培训，共培训语数骨干教师 216 名，音体美骨干教师 142 名，普通话测试辅导员 78 名，省级测试员 4 名，"注·提"实验教师 151 名，新上岗教师 780 人，中

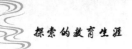
学教师 853 人，计算机教师 154 名，校长提高培训 152 名，计算机过级的 2800 人，普通话上等级的 3180 人，学历培训专科毕业的 280 人，在读的 350 人。产生乡级优课 151 节，县级优课 51 节，省级优课 5 节。更推动着中小学继续教育科学研究向纵深发展。《农村小学骨干教师四结合培训模式研究》在省里立项，《名师工程的设计与思考》在全国小学教师继续教育研讨会上交流，《三名工程的实践和思考》在国际华文教育大会上发言，我县继续教育经验正在从全省走向全国、走出国界。邵东县教师进修学校这个培训基地遵循国家教育部"加强、充实、提高"六字方针，坚持"师范性、研究型、现代化"的办学方向，办成一所融师训、干训、电大、函大、远程、幼师、高考补习于一体的多功能综合性学校。新课程改革实验正在全面启动，它牵动着 26 个乡镇的 10000 名教师、600 名校长、400 多所中小学，朝着新的目标——创造一个全新的高质量的素质教育而努力奋斗。

培训教师"六重角色"塑造的思考

在"十二五"新一轮中小学教师继续教育中，县级教师培训机构要适应时代要求，实现工作转型，承担起教师培训的责任，造就一支"师德高尚、业务精湛、结构合理、充满活力"的高素质专业化教师队伍。而作为教师培训机构中的培训教师，每位专任培训工作者必须审时度势，重新寻找自己的定位，认识自己的价值，谋求专业的发展，塑造"六重角色"，成为教师培训的学习型研究者、专业型指导者、科学型组织者、发展型管理者、合作型评价者和创新型服务者。

一、六重角色的设计与扮演

学习型研究者。培训工作者必须向书本学、向专家学、向同事学、向社会学、在实践中学，以新的教育理念、教育能力、教育方式、知识结构、专业素养适应教师专业化培训的需要，去研究教师教育、教师教育改革方向、改革目标和改革措施。当前中小学新课程改革对教师专业发展提出了崭新的要求，它要求教师树立新的教学观、学生观、人才观、质量观，把培养中小学生的自主学习能力、独立思考能力、动手实践能力以及大胆创新能力作为教学的首要目标。教师培训必须用这一目标去设计培训的内容和方法，创新培训的形式和手段，实现培训效果的最大化。研究教师培训，一线教师的培训需求是什么，如何按原则施教，培训标准如何制定，培训项目如何设计，培训内容如何更新，培训模式如何创新，培训能力如何提升，培训效果如何评估，这一系列问题都有待我们研究。让所有的教师培训围绕着课堂进行，围绕着教师的需求进行，围绕着学生的需求进行，培训教师没有精深的学问就很难尝到研究的甜头。

专业型指导者。教师培训真正意义在于引领教师专业发展，教师专业发展既是教师专业知识的拓展，专业能力的增强，也是专业人格的完善，职业境界的提升。培训教师不是止于一个专题的结束，一项培训任务的完成，而是要能为教师专业发展提供学术性的支持。具体的业务指导应当为教师营造一个良好的自修环境，提供足够的学习资源，搭建高端交流平台，通过举办经常性的专业讲座、学术沙龙、教育叙事等活动，促进教师们的合作、交流和经验共享，从而产生和形成自己的独立思考，指导教师用新理论、新思想审视司空见惯的教育生活。一些教师在培训中往往“听起来感动，讲起来激动，干起来被动”，究其原因就是理论与实践脱节。因此，培训教师要积极指导帮助教师架起从理论到实践的桥梁，真正把握新思想、新方法的要义所在，做到活学活用。培训教师没有精彩的专业指导，受训教师就难以专业成长。

科学型组织者。要促进受训教师的专业发展，培训工作者要精细地科学地做好组织工作。在哪里培训，重在挑选一批示范性强的中小学校，组建培训实验基地校；谁来培训，可集中一批名优教师，组建培训团队；怎么样培训，按教师发展的阶段和层级的不同分级分类地开展培训。根据教师继续教育发展的需要，落实国家、省、市教师教育文件精神，以国培计划为引领，省培计划为拓展，市、县培训为主体，校本培训为基础，远程培训和集中培训为主要方式，有目的、有计划地开展各项教师培训，包括教师全员培训、校长岗位培训、骨干教师和名优教师培训、学历提高培训、专项能力培训和其他专项培训。每个培训项目都要有明确的培训目标，提升教师的职业道德、人文精神、学科素养、教学能力、科研能力、组织管理能力等，应当成为当前培训教师特别关注的重点；每一个培训项目的主题要明确集中，还要监测培训的全过程，培训前的准备工作是否充足，培训中的要求是否达成，培训结束时的作业是否完成，下一次培训时进步的状况，都应该是培训者组织和监督的重点。

发展型管理者。根据教师培训工作的发展需要，培训教师应从微观到宏观上创新培训管理手段和方法，用制度化、数字化进行科学管理。开发中小学教师继续教育网络平台，建立健全的学分登记与管理制度。教师参加国家、省、市、县组织的培训，经考核合格，每一学时记 1 学分，参加学校组织的校本研训由学校负责考核并认定学分，教师在 5 年周期内参加不少于 360 学分的培训，其中校本研修 120 学分，学科专业脱产或远程培训不少于 160 学分，教师技术能力培训 80 学分，新任教师参加适应性培训 150 学分另计。将中小学教师完成培训学分和结业考核登记情况作为年度绩效考核、职务评聘、评优晋级和教师资格认定的重要依据。落实校本研训制度，开展校本研修示范校评估活动，推动校本研修成为发展型学习组织。对培训项目的过程管理，提出具体要求：开始时，策划发展，形成项目实施方案；实施前，准备发展，保证人员物资；过程中，执行发展，严格规章制度；结束后，展示发展，评价研训成果。培训者只有这样精致的管理，才能保证培训的高水平、细服务、优效果、好形象，真正实现教师培训的专业发展。

合作型评价者。值得深思的是，过去的教师培训存在严重不足：一是教师出于外在强制性的行政命令，被动无奈地参与培训；二是培训内容存在着理论脱离实践的倾向，培训者和受训者被异化；三是培训之后缺乏专家和培训者的引领指导。为了克服上述不足，必须坚持“扎根教育实践、研究教师成长、服务基层学校、促进专业发展”的培训理念，从新理念、新课程、新技术下的教育实践发展，研究“新教师——合格教师——教坛新秀——骨干教师——学科带头人——专家型教师”的成长轨迹，形成激励机制，即专家型教师在学科带头人中选拔，学科带头人在骨干教师中拔尖，骨干教师在教坛新秀中产生，教坛新秀在合格教师中涌现，用制度规范教师成长，引领教师主动培训，实现阶梯竞争、合作共赢，促进教师的专业精神、专业态度、专业知识和专业能力的动态

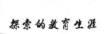

生成。同时，培训者和受训者用"三看三挂钩"开展互相评议，培训者评价参训者：评价内容，一看参训的时间、作业、心得、资源的数量和质量；二看是否与教育教学相结合，是否有创新思维火花；三看参训成果，教育教学案例与评析、教学设计与反思、教学研究与经验总结。评价结果与参训教师的评优评先、晋级晋升、继续教育学分挂钩。参训者评价培训者：评价内容，一看学习引导，作业布置与组织讨论；二看辅导跟踪与作业批阅；三看参训率、合格率与优秀率。评价结果与培训者的再聘用、应得报酬、评先评优挂钩。同样，实现培训者和受训者的师徒竞争、合作共赢。

创新型服务者。培训即服务，为教师培训提供最优质的服务，满足教师的专业需求和成长需要，是教师培训工作者的出发点和根本点，创新是提升服务质量与品位的重要手段和力量源泉。首先，要创新服务理念，实现三个转变：在培训观念上从"一纸文凭定终身"的传统思想向终身学习的全新理念转变；在培训内容上，从"从缺什么补什么"向吸收新知识、新技术，提升专业能力转变；在培训形式上，从"要我学"的被动培训向"我要学"的主动学习转变。其次，要创新服务方式。服务不仅仅是为参培教师提供良好的学习条件，搭建现代化的学习平台，更重要的是为参训教师指导学习方法、激发学习兴趣、培养学习精神，为他们的成长提供专业指导，经常深入教学第一线，了解教师的培训需求，指导管理，引领教学，为校长、教师提供贴心周到的服务。第三，要创新服务品牌。无论是集中培训、远程培训还是校本研修，都要做到精心策划、精细组织、精致管理、精确评价。在培训过程中，能倾听并尊重学员的诉求，为其发展量身制定培训方案，设计培训专题和培训形式，选配培训专家，重视并扎实做好培训后的服务跟进与辅导跟踪。如为参培教师建立信息资源，利用班级空间、BBS、QQ群创新交流平台，促进培训后学员内的横向交流与深入研究，形成学习共同体，这才是培训教师的精诚服务。

二、塑造六重角色的策略

县级教师培训机构的培训工作者"六重角色"的专业发展，可以分为"定位、转型、求精"三个级别：定位，培训教师应当成为"研究者、指导者、组织者、管理者、评价者、服务者"六重角色；转型，培训者在学习专业、科学发展、合作创新中实现职能转型，成为"学习型研究者、专业型指导者、科学型组织者、发展型管理者、合作型评价者、创新型服务者"六重角色。求精，培训者进一步在"精"字上下功夫，塑造成为"精深的研究者，精彩的指导者，精细的组织者，精致的管理者，精确的评价者，精诚的服务者"六重角色。

培训者六重角色的"定位、转型、求精"，应当成为每一个教师培训工作者的不懈追求。培训者如何才能实现这一目标呢？实践证明，必须采取"在学习中发展——在反思中成长——在研究中提升——在实践中完美"四大策略。

策略一，在学习中发展。培训教师的专业发展要以终身学习为保障，培训者只有自觉地树立终身学习理念，接受终身教育，融入终身教育，如饥似渴地学习先进的教育理念，先进的教育方法，有效的培训模式，学习新知识、新技能、新技术，拓宽知识视野，更新知识结构，才能适应教师教育新形式、新任务、新要求的需要。上联高校名师，下联中小学名师，培训者之间、培训学校之间，相互交流学习、分享经验，以学习"量"的积累促进"质"的飞跃，落实专业发展。

策略二，在反思中成长。培训者首先必须认真审视自身：我们到底站得比受训人高多少，到底能给受训教师多少中听能用的东西，如何才能较快提升中小学教师的专业素养？其次培训者培训项目进行反思：学员从这次培训中得到什么，这次培训是有效还是无效，培训的课程设计是否合理，绩效的落脚点在哪些方面，培训的过程管理是否有待改进的地方，培训的后续服务如何跟进？通过一系列反思来实现专业成长。

策略三，在研究中提升。教育科研是第一生产力，培训者的研究可以帮助教师对教学实践进行经验总结和理性思考，产生出先进的教育理念，升华出先进的教育思想，可以为教师营造学术氛围，促进教学改革，提高教育质量，推动教育创新，发现教师培训规律，填补培训学习空缺，提高培训工作的品位，达成专业提升。

策略四，在实践中完美。培训工作者必须深入教育教学实际，走进课堂进行教学诊断，对受训教师进行专业引领。培训者走进课堂，接近教师，深入学科，服务前沿，在教学一线中发现问题，寻找解决问题的方法，开拓教学实践的策略，总结培训指导的模式，探求推广应用的途径，为教师专业发展和能力提高增添营养，成就专业完美。从"学习——反思——研究——实践"的过程中去谋求"发展——成长——提升——完美"，它不是一次就能成功的，而一个成长过程，经过多次反复，才能水到渠成、花红果硕。

教师进修学校的每一位培训工作者，努力吧！在定位"六重角色"的基础上，实现职能转型，再精益求精，把自己塑造成为一个精深的学习型研究者，精彩的专业型指导者，精细的科学型组织者，精致的发展型管理者，精明的合作型评价者，精诚的创新型服务者。

中小学教师继续教育工程县级模式的全面探索

邵东县是湖南省素质教育示范县，又是省中小学教师继续教育实验县，要全面推进素质教育，首先要研究中小学教师继续教育。国家教育部有《中小学教师继续教育工程》方案，它是教师教育体系的一个重要组成部分，省教育厅有实施方案，市教委有实施计划，它们起宏观指导作用。一个县，一所县教师进修学校怎么实施这一工程，县级"工程型"继续教育模式怎么建立起来，这是一个值得认真研究的崭新课题。近年来，我们遵照"实践→思考→再实践→再思考"的认识规律，从目标体系的构建到培训模式的研究，从优课活动的开展到管理体制的形成，进行了全面的实验性探索，创造出有邵东特色的县级"工程型"中小学教师继续教育模式，它标志着我们中小学教师继续教育跨入了素质教育新阶段。

一、三名工程构建目标体系

中小学教师继续教育，它也是一种新型的素质教育。县教育局局长曾益谦同志从宏观目标上思考，把中小学教师继续教育作为"工程"来抓，将学校建设、中小学校长队伍建设、中小学教师队伍建设等三项根本性的建设融为一体，构建起"三名工程"（名教师、名校长、名学校）实施方案，并在全县有计划分步骤地全面开通。这样，实现了从教师个人发展转向教师的群体发展，校长个人发展转向校长的群体发展，并促进各级各类学校的全面发展，从而不断提高教师队伍的整体素质、校长队伍的整体素质和学校的整体效益。

（一）启动名教师工程。县教委出台《名师工程实施方案》，规定合格教师、骨干教师、学科带头人的标准和评选办法，提出明确的实施目标。经过 3 - 5 年的努力，使我县中小学 50% 的教师学历达到教育部提出的新要求；80% 的教师普通话、计算机、学科教学三项基本功达到上级规定的要求；专任教师 90% 以上达到合格教师标准，40% 以上达到骨干教师标准，造就 500 名学科带头人，并产生一定数量的市以上学科带头人；还将评选十大杰出青年教师和 100 名优秀青年教师。从教师到合格教师到骨干教师再到学科带头人，成为教育教学专家，形成"宝塔式"梯级结构。学科带头人是指具备骨干教师条件，在思想政治与职业道德、专业知识与学术水平、教育教学能力与教育科研能力等方面有很好的综合素质，成为高素质、高水平、具有终身学习和教育创新能力，在教育教学实践中发挥示范作用的中小学教育专家。2001 年首次学科带头人评选，各高中、各乡镇联校向县推荐了 128 名中小学骨干教师申报学科带头人，县学科带头人资格考评委员会分小学组、初中组、高中组，依据学科带头人 10 项硬指标进行逐个考核，估计有 40 人可以享受这种殊荣。

（二）实施名校长工程。"一个好校长，就是一所好学校。"为建设一支能够带领广大教师和教育工作者积极实施素质教育、富有改革创新精神的高素质的中小学校长队伍，我们学习上海、北京等地的试点经验，以中小学校长职级制为核心，制订《邵东县中小学名校长工程实施方案》。规定试用校长、合格校长、骨干校长、名优校长的任职条件、考核认定办法和校长待遇。将中小学校长职务等级分为四级十等，即 A 级（优秀）一二等，B 级（骨干）一二等，C 级（合格）一二三等，D 级（试用）一二三等。坚持"个人申报、组织考核、领导审批"相结合的评审程序。在认定校长职务等级的基础上评选名校长，坚持每年考核一次，每两年评选一次。经过 3 - 5 年努力，建立起中小学校长选任制、培训制、职级制和监督机制；100% 的校长持证上岗，5 年内 100% 的在职校长接受不少于 200 学时的提高培训，20% 的校长参加高级研修；还将培养一批教育理论形成体系、教学科研水平领先、学校管理成效显著，在市、省乃至全国有较高知名度和影响力的名校长，即有理论的教育家、精业务的教学专家和重效益的管理家。这一方案的实施激励着全县中小学校长积极学习教育理论，刻苦钻研教学业务，改善学校管理。如邵东三中李振民校长和两市镇一完小赵俊杰校长，他们业绩卓著，2001 年教师节受到国家教育部表彰。

（三）推进名学校工程。县教委对小学、初中、高中建立等级评估方案，评估的内容是硬件建设和软件建设两个方面，按 15 项一级指标 42 项二级指标评估计分，根据各校得分多少将学校分为 ABCD 四级。2000 年上半年县三名工程领导小组组织 20 余人的督导评估团对全县 70 所初级中学进行了一次等级评估，高中招生按学校等级分配指标。明年将对 400 多所小学进行等级评估。在名学校工程的激励下，坐落在农村的邵东三中以

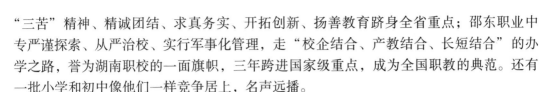

"三苦"精神、精诚团结、求真务实、开拓创新、扬善教育跻身全省重点；邵东职业中专严谨探索、从严治校、实行军事化管理，走"校企结合、产教结合、长短结合"的办学之路，誉为湖南职校的一面旗帜，三年跨进国家级重点，成为全国职教的典范。还有一批小学和初中像他们一样竞争居上，名声远播。

中小学教师继续教育是个系统工程。名教师、名校长、名学校三大跨世纪工程互为条件，互相补充，形成合力，激励着全县一批名教师、一批名校长、一批名学校不断地创新素质教育。

二、四结合模式造就骨干教师

我们体会到：骨干教师的质量、数量反映一个县素质教育的总体水平，是我们贯彻党的教育方针，提高教育教学质量的根本保证。我县目前现有的中小学骨干教师年龄偏大、数量不够，尤其是高水平的骨干教师不多，从1991年开始我们把骨干教师培训作为重点工程来研究，1997年步入正轨。由蒋寿喜同志主持的《农村小学骨干教师四结合培训模式研究》定为省级继续教育研究课题，它从实际出发，因地制宜，坚持针对性、实践性、主体性、实效性的原则，从理论、实践和科研几个方面提高骨干教师实施素质教育的能力和水平，构建了"理论——实践——科研——评价"相结合的培训运行机制。

（一）理论主导：科学的实践需要科学的理论指导，加强教育理论知识的学习，对受培学员树立正确的教育思想，确立现代教育观，提高教育理论素养，更新学科专业知识结构，增强"自主学习、自主研究、自我发展"的后劲，具有十分重要的意义。理论学习以三大板块组成：（1）思想政治素质和职业道德；（2）现代教育理念和专业知识；（3）现代教育技术。在理论培训的方法上，采用在职业余自学，做好自学笔记；短期集中，听指导教师辅导讲座；撰写学习体会文章；理论知识书面考核等形式。

（二）实践主体：开展双导师制下的实践活动。主要研究实践的方式方法，以及怎样实践才能实现理论与实践的最佳结合、才能产生辐射作用、才能满足学员的成功愉悦。一是校本导师指导，参培学员所在单位是他们成才的沃土，因此学员实践的主阵地是他们所在的学校。二是培训导师指导，为避免实践的盲目性和增强效益，主要实践活动应在培训导师的参与下进行"说讲评"实验。（1）说课：根据说课内容，运用所学教育理论，编拟出有教改创新气息的说课方案，要求对教材、教法、学法、教学程序进行分析。将理论知识融会贯通。（2）讲课：上课时，要求以素质教育为宗旨，以培养和发展学生的能力和个性为目的，以教学目标的实现为方向，以现代教育技术为手段，不断优化教学各要素和教学结构，强化教学过程调控，用科学的方法和熟练的教学技能完成教学任务，实现教学目标。（3）评课：骨干教师负有指导一般教师的责任，学会评课，提高评课能力是关键。在培训过程中，要求学员除了学习评课的方法、技能和要求外，在日常教学实践中，更要重视评课能力的提高、评课艺术的锤炼和自身教学后的反思。

（三）科研引线：教学研究是区分骨干教师与一般教师的本质特征之一，骨干教师理应成为教学研究的带头人。培训期间要接受课题任务进行研究，具体做法是：首先由学员把自己在教育教学中遇到的问题、困难以书面形式提出来，然后指导教师和他们一起逐一分析研究，把这些问题、困难转化成小而具体的研究课题。学员根据自己的特长

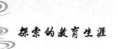

和体验，参加某一课题研究。这里的关键是课题要小，针对性要强。课题小，研究难度就低，课题小，实验周期短、见效快，针对性强，就会具体而实在，学员参与的积极性就高。在培训结业前，每个提交研究报告或教育论文，邀请培训导师有关专家评审并组织报告会。每两年进行一次教育研究成果评奖，择优以县级成果予以肯定。

（四）评价考核：评价是指对学员在骨干培训班里的学习、出勤、教育实践、教育科研以及在所在学校的示范带头作用的一种判别活动。制定《小学骨干教师考核指标体系和评分标准》，对骨干教师逐一进行考核评分。判别的结果将对教育行政部门使用教师起到重要的参考作用，同时也是对骨干教师的激励行为。理论学习后，要求参培学员上一节优课，开一个讲座，写一篇科研论文，完成这"三个一"。这既是他们的学习汇报，又是判断他们能否结业、能否成为骨干教师的重要依据。

四结合培训模式的研究，造就了一批批骨干教师和学科带头人，他们崇高的师德师风，先进的教育理念，深厚的专业素养，精湛的教学艺术，展示在今天素质教育的讲台上，为优课工程的实施造就了基本队伍。

三、优课工程激励全员竞争

小学教师第二周期、中学教师第一周期的培训内容包括计算机等级考试、普通话水平测试、学科教学基本功训练和教育教学理论四大块，其落脚点都在于综合提高教师的教学基本功、提高教师实施素质教育的能力和水平，实施"优课工程"，开展上优课活动，有利于加强培训的实践环节，使参培学员综合运用所学内容于课堂教学，切实提高课堂教学能力和水平，提高教训质量。

我县优课工程的实施分三步走：第一步分别在廉桥和佘田桥开展县级优课观摩活动，邀请县内领导、特级教师、省市有关领导和专家亲临指导，要求各乡镇抓师训的副校长、骨干班学员必须参加。这两次县级优课观摩活动一是摸索经验，为乡镇优课工程、校本培训提供基本模式；二是如何按素质教育的要求上好一堂课，树立优课标准。执教老师在认真钻研教材的基础上，写出体现"三性"（全体、全面、主动）的教案和规范的说课稿，印发听课的领导和教师。在讲课时，不仅要体现继续教育基本功训练的实用价值，而且要体现以课堂教学技能为重点的学科教学基本功的价值取向。讲课完毕，由执教老师当场向与会代表说课，然后指导教师和学员一起评课。评课时，先由与会代表评，各抒己见，畅所欲言，不求全面，然后由专家或培训导师做出客观全面的评价。在评课的基础上，当场发放优课证书。

第二步是各高中、各乡镇联校实施优课工程，要求各学校的校长、教导主任、教研组长必须参加，据初步统计，观摩人数在3000人次以上。教师进修学校领导和指导教师每周星期四、星期五下乡指导优课工程，还帮助他们摄像。

第三步是各学校在乡镇优课观摩的基础上开展"四全"培训，也就是全员参与的四项系统活动。（1）每年一次的全员教学基本功比赛。包括三机一话（摄影机、录音机、计算机、普通话），主要是普通话和计算机的等级测试，三年内完成培训任务，各项比赛优胜者，为基本功过硬的教师。（2）每年一次的全员教案评选。教师在过好三关（教材关、教法关、大纲关）的基础上，精心设计好每一个教案，乡镇联校一期一次，学校每期两次，教导处每月一次，教研组每周一次检查评选，学校、乡镇和县分级公布，备课信得过的教师下一年度可以免检。（3）每年一次的教学比武。讲课分为合格课、优胜课、优秀课、示范课四个档次，校级全员参赛，校长教师共同评分，达标者为合格课；片内获胜者为优胜课；乡镇获胜者为优质课；乡级优课到县里参赛获胜者为示范课，示范课由县里组织下乡巡回观摩。（4）每年一次的全员课题评选。教师在修炼三功（通用基本功、教学基本功、研究基本功）的基础上，创造教研、教改、科研成果，每个教师每年一篇教研论文，一则教育信息。1999年首届教研成果评奖共41个获奖课题，其中10个获市奖，4个获省奖。"四全"培训与单位年终教育评估挂钩，教师达到三项全能，可以申报骨干教师，达到四项全能可以申报学科带头人。

以优课工程为龙头启动"四全"培训，全县上下10000名教师参加继续教育，由通用基本功到学科基本功再到研究基本功的逐级升华，由合格课到优质课再到示范课的激烈竞争，由合格教师到骨干教师再到学科带头人的不断攀登，形成了公平激烈竞争的趋势。

四、系统管理创新评价体系

工程型继续教育，必须从基础教育的改革和发展出发，紧紧围绕素质教育去提高校长、教师素质、优化校长、教师队伍。我们向管理要质量，向管理要效益，运用系统科学在全县构建"一个中心，两支队伍，三级网络，四率评估，五项措施到位"的管理体制，强化了"三名工程"的开通，"四结合模式"的研究，优课工程的实施，使中小学教师继续教育走向科学化，规范化和制度化。这是继续教育评价体系的一种创新。

（一）建设一个中心，培训两支队伍。在县教委的直接领导下，以县教师进修学校为培训基地，由县教研室科研导向，县仪电站发展现代教育技术，三位一体，建立县教师素质发展中心。开通三名工程，研究四结合模式，实施优课工程，开展全方位的全员培训，全面提高中小学教师和校长的整体素质，整体推进素质教育。培训校长和教师两支队伍，还有个培训者的培训，我们采取送出去，请进来等办法，努力建设干训和师训两支队伍。

（二）建立县、乡、校三级培训网络。县里宏观调控，发挥全面组织作用，制定规划并具体指导实施，搞好中心培训。乡镇中观管理，组织教学比武、优课观摩，落实教学基本功、普通话、计算机三项训练和课题研究，办好中心培训点。学校微观组织，抓好全员参与的校本培训。中心培训、中心培训点和校本培训三级协同一致，形成整体合力，主阵地在校本培训。校本培训的形式有四：一是组织教师参加基本功大操练，由通用基本功到教学基本功到学科基本功再到研究基本功依次训练；二是课题研究。遵循"选择课题→围绕课题选择材料→开展课题研究→研究结题"的操作程序组织活动；三是案例分析。它是对一个具体教育教学情境进行讨论的教学方法，可以按照"课题准备→案例展示→案例讨论→结论→评价和反馈"的程序操作；四是老中青教师建立"一帮一"师徒结对小组，培养教学新秀。实践证明，一帮一，一对红，这是培养教师的创新精神和实践能力的最有效方式。

（三）建立以"送培率、出勤率、结业率、优秀率"为主要内容的评价方案，坚持

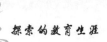

与乡镇（校）教育评估挂钩。（1）以送培率评价计划管理，各乡镇和学校是否完成送培任务，对脱产和函授集中培训的，每学期评估一次，对在职进修和基本功训练的，每年评估一次。（2）以出勤率评价组织行为，严格考勤制度，学校查到班，班主任查到人，科任教师查到每堂课，将考勤结果每一学月向各送培单位通报，各送培单位将通报结果记入学员学习档案，并采取适当的奖罚措施。（3）以结业率评价教学质量，按省颁教学计划分思想、知识和实践能力三个方面综合考察，只要一方面不合格就不结业，以保证教学质量。（4）以优秀率评价学员的主观能动性，考查学习过程中作业的创造性，进行教学基本功、优质课、优秀教案、优秀论文评选。

（四）保证五项措施到位。领导到位：县、乡、校第一把手亲自抓，分管领导具体抓，形成齐抓共管的机制。辅导到位：发挥专任教师、兼职教师的作用，县进校组织备课会议，进行教学研讨，提高辅导水平。经费到位：中小学生的师训费按进校和乡镇联校1：1分配，保证县进校的师训办公和基本建设、送培单位教师的培训开支。制度到位：建立学籍管理、教学管理、质量检查等一系列制度。科研到位：将实施素质教育、培训高素质的校长和教师队伍作为重要研究课题，走科研兴教之路。

这种管理体制，一个中心和两支队伍是管理目标体系，三级网络是管理层次结构体系，四率评估和五项措施到位是综合评价体系，三者有机结合，形成一二三四五系统工程。乡镇联校和参训教师普遍反映，新的评估体系给继续教育带来了蓬勃生机和永久活力。

综上所述，我县"工程型"中小学教师继续教育模式形成基本框架：由"三名工程"构成目标体系，用"四结合模式"培训骨干教师，以"优课工程"为龙头，带动全员参训，用"一二三四五系统工程"进行科学管理和评价，它将在实践的过程中不断完善和发展。今天，它已有力地推动着我县中小学教师继续教育的全面发展。近三年，仅县一级的中心培训，共培训语数骨干教师216名，音体美骨干教师142名，普通话测试辅导员78名，省级测试员4名，"注·提"实验教师151名，上岗教师780人，中学教师853人，计算机教师154名，校长提高培训152名，计算机过级的2800人，普通话上等级的3180人，学历培训专科毕业的280人，在读的350人。产生乡级优课151节，县级优课51节，省级优课5节。更推动着中小学继续教育科学研究向纵深发展。《农村小学骨干教师四结合培训模式研究》在省里立项，《名师工程的设计与思考》在全国小学教师继续教育研讨会上交流，《三名工程的设计与思考》在国际华文教育大会上发言，我县继续教育经验正在从全省走向全国、走出国界。邵东县教师进修学校这个培训基地遵循国家教育部"加强、充实、提高"六字方针，坚持"师范性、研究型、现代化"的办学方向，已经办成一所融师训、干训、电大、函大、远程、幼师、高考补习于一体的多功能的综合性学校。它牵动着26个乡镇的10000名教师、1000名校长、500所中小学，朝着新的目标——创造一个全新的高质量的素质教育而努力奋斗。

读书·教书·写书

—— 一个培训者的永恒追求

1995年8月18日，我调进县教师进修学校当校长，现在做书记工作，常年站讲台。教师进修学校的领导和教师，承担着教师教育的责任，教师是老师的老师，领导更应该当好老师的老师。我感受很多：读书，更新教育理念，提高自身素质；教书，以人为本，实践中小学教师继续教育；写书，从理论和实践的结合上创造研究成果。这"读书→教书→写书"，就是我一位培训教师不断走向成熟的轨迹。

读书，做人、做教师、做领导、做学问都要终身学习。"书是人类进步的阶梯"，这是真理。目前，西方流行这样一条知识折旧定律：一年不学习，知识就会折旧80%。在信息高速公路开通的今天，凭一张大学文凭教书一辈子的时代已经过去了。尤其是在进入WTO的新形势、新条件下，做管理，要提高校长的职业化水平；站讲台，要提高教师的专业化水平，重要的问题是向书本学习。宋代理学家朱熹读书有感："半亩方塘一鉴开，天光云影共徘徊，问渠哪得清如许，为有源头活水来。"我最欣赏这首诗。要作一个拥有"源头活水"的教师，必须在书中与历史对话，与高尚交流，与智慧碰撞，从而获得先进的教育理念、浓厚的专业功底，广博的知识视野、灵活的方法策略、良好的能力素质、精湛的教学艺术，使自己永远处于一个知识、方法、能力鲜活的状态，才能与时俱进，不断以全新的眼光和智慧去观察和从事教育、教学和管理工作。我每周读一本教育理论专著，每天阅读多种期刊。一年365日，没有一天不读书的，国家、省、市、县教育部门的文件，领导的指示，无一不读，并结合自己的工作，教学实际认真领会。我必读《求是》杂志，把握社会进步和时代脉搏，明确政治方向。必读《中国教育报》、《人民教育》、《湖南教育》和《中小学教师继续教育》，把握教育改革和发展的走势。这样，做管理站讲台自然胸有成竹。讲读书方法，我有两条原则：其一，书要有选择地读。"尽信书不如无书"，这话很有道理。读了要联系实际加以检验，真正的好书要精读、细读、多读几遍，把握它的精神实质。作读书笔记，写工作随笔，一年下来有30万字。一般的书只好浏览，等于记下门牌号码，到需要时再找来细读。其二，要独立思考。古人说："学而不思则罔，思而不学则殆"，不学习而不独立思考是教条主义。我主张要站着读，不能躺着读；要用脑子读，不光用眼睛读，必须一分为二，采取批判的态度。凡是我读的书，不管对与错，都要尽可能变成对自己有用的东西。对的就借鉴，以丰富知识，学会方法，产生能力，错的就批判，指出它错在哪里，明白应该怎样，不应该怎样，实现批判与借鉴的统一，这就是最大的收获。

教书，教书难，教好书更难；教学生难，教教师更难，做一个好培训者不容易。培训教师的水平，主要体现在教育理念和教学境界上。中小学教师继续教育，适应新的形势，领导怎么抓，教师怎么教？怎么抓、怎么教育才富有成效，才成为学员的自觉行为、执着追求，这些都涉及到培训教师的教育思想和教育理念。我认为，今天怎样做领导，有五个务必做到：（1）务必以江泽民同志"三个代表"为指导，全面贯彻党和国家的教育方针；（2）务必以育人为本，落实继续教育的各个环节；（3）务必加强教育教学的实践操作环节，努力培养学员的创新精神和实践能力；（4）务必加强教师职业道德建设，增强教师教书育人、为人师表的敬业精神；（5）务必争取政府、教委、校园周边单位的支持，为教育改革和发展创造一个良好的社会环境。今天怎么做培训教师，要转变五个观念：（1）正确的职业观，由教书匠向教育家转变；（2）教育主体观，由以教师为本向以学生为本转变；（3）科学的教学观，由知识传授向方法启迪和实践创新转变；（4）现代师生观，从尊严向伙伴关系、朋友关系转变；（5）教师的责任观，从对学员的培训负责向对学员的人生负责转变。教书有三种境界：一是传授知识，我们过去的教学基本上是这种境界；二是传授方法，世界上最有价值的科学是方法科学，培训者最有价值的工作是让学员掌握科学的教学方法，这是比较难于做到的第二境界；三是实践指导，运用科学的教学方法，实现理论和实践的最佳结合，培养学员的创新精神和实践能力，这是最高境界。2001 年我分别担任三个班的班主任：（1）幼师 11 班，40 位 17－18 岁的女孩子，送她们毕业，一个个找工作，算是对人生负责吧；（2）新教师班，指导 40 来位非师范大学毕业生学会当教师；（3）初中政治教师班，接受继续教育。根据他们的不同年龄、不同学历、不同经历、不同个性特点进行教育、教学和管理。对我来说，他们每个学员是一本书，要读好这每一本书，要从多方位，多角度、多层次着手，以辩证、全面的观点去了解研究他们，从中真正领会"教学相长"的深刻意境。还承担了 18 个班的 6 门学科教学，中文专科的《逻辑学》，中等教育的《思想修养》，新教师的《职业道德》和《邓小平理论》，初中政治教师的《市场经济专题》和《民主政治专题》。全国著名小学教师窦桂梅谈语文教学改革时说："要冲破以教材为中心、以课堂为中心、以教师为中心的樊篱。学好教材，又要超越教材；立足课堂，又要超越课堂；尊重教师，又要超越教师。"我虚心向她学习，在中小学教师继续教育的教学中，认真实践"三个超越"。

写书，就是做学问、搞研究要不断总结经验，形成自己的理论。古人有"君子学以聚之，问以辩之"的话。讲的正是做学问搞研究的道理，"学"就是要大量聚集材料，变无知为有知；"问"就是进一步分析研究，辩明材料的真假是非，具备此二者，才能明白事物的道理。用今天的话说，什么是研究？我体会，就是探索理论与实践的结合。把读书获得的新的教育理念与教书当中获得的实践经验有机地融合起来，或者用理论去说明实践问题，或者将实践经验上升到理论高度去思考，探索理论与实践的最佳结合点，这就是研究。能够用书面文字表述出来，就是研究成果。可以是教学随笔、教坛小议、知识小品、管理札记，也可以是杂谈、书评、小言论、说课稿、教后记，还可以是教学经验总结、班主任工作手记，可以是 1000 字短文，也可以是长篇著作。写作有三要诀：一是选准，从教学工作实践中选择题材；二是挖透，充分揭示主题；三是写够，运用恰当的写作技巧。写作是智能的全面训练与综合表现，而且因其艰苦还必须得到非智能因素的支持。绝非有了知识自然就会写，因为它包含着艰巨的精密的知识分解与融合，否则，不是老生常谈，便是抄袭剽窃。也不是怎么想就怎么说，怎么说就怎么写，因为从思维的"内部语言"到说话的"口头语言"再变为写作的"书面语言"，只有一再经过提炼、加工和整合，才能顺理成章、趋于精密的。2001 年我在报刊发表、成果获奖、学术交流的作品共 12 件，主编教材一本。其中《三名工程把中小学教师继续教育推向新阶段》入选中央书刊领导干部学习读物《"三个代表"学习与实践》；《"三名工程"的实践与思考》在海口国际华文教育论坛上发言，刊香港《当代教育名家论坛》；《未来教育对中小学校长素质的新要求》获中国新时期人文科学研究成果一等奖；《名师工程的设计与思考》获省一等奖。我担任中小学教师职业道德教学 6 年，使用和收集各种教材近30 种，其中东北师大出版的《中小学教师职业道德修养》是一本好书，可读性很强，但从理论的完整性和实践的指导性看，有两点不足：一是讲道德关系，只讲道德规范，不讲道德规范体系；二是讲道德活动，只讲修养，不讲教育、评价和选择。我以江泽民"以德治国"方略为指导，根据自己的教学实践，联系市场经济条件下教师队伍的道德现状，吸收现代伦理学成果，主编《教师职业道德概论》，作为继续教育地方教材，在使用中普遍反映良好。

读书是理论的基础，教书是实践的亲身体验，写书是理论和实践的最佳结合。从读书、教书到写书，再去读书、教书和写书，循环往复，它是一个艰苦劳动的过程，不断探索的过程，自我超越的过程。读书、教书和写书，也是一种无穷的乐趣，尽情的享受，人生境界的不断升华，更是我一个承担教师教育责任的培训者的永恒追求。

我的教学观

学校教育以教学为中心，服务于学生成长。从教学活动的结构分析，包括活动主体、活动条件和活动过程三个维度，而教学过程可以划分为教学目标、教学内容、教学方法、教学策略和教学评价五个要素。什么是正确的教学观，什么样的教学是高品质的教学，对每一个维度、每一个要素究竟怎样认识，怎样把握？仁者见仁，智者见智，是名符其实的"百家争鸣"。正是"教学有法，教无定法，贵在得法"。100 个教师站讲台，有100 种教学理念，有 100 种教学方法，可以相互补充，相互辉映，相得益彰。你有什么样的教学主张，这是每一个教育工作者必须从理论和实践的结合上作出回答的核心问题。我对教学活动的学习与借鉴、研究与实践、理解与追求，形成七个基本观点，疏理成文，与大家共勉。

一、师生是教和学的主体

师生在教学活动中的地位和作用，过去有两种极端的主张：教师中心论者认为，教师是真理的化身，教学活动的主宰，学生是严加管教的对象；儿童中心论者认为，学生是上帝，教学应一切围绕学生转，教师起协助作用。还有第三种主张：在教学活动中，教师起主导作用，学生居主体地位，这一观点是大多数教师所认可的。我认为，师生都是教学活动的主体。教学活动是一种非常特殊的复杂的社会认识活动，学生是学习活动的主体，教师是教授活动的主体。在课堂教学中，学生与教师，是相互依存、相互独立的双重主体。两者同样重要，顾此失彼或重彼轻此都是不妥当的。教师这一主体对学生的学习起主导作用。学生这一主体必须充分发挥主观能动性，表现出最大可能的学习积极性和创造性。当然，从小学、初中到高中，两者的表现形式有强弱之分、显隐之别罢了。终极目的，让学生在走向社会时，能够完全独立地学习和工作。

二、创造和谐的师生关系

教学活动的展开，要具备一定的条件。讲条件包括硬件和软件两个要素。硬件即物

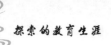

质准备，主要指校舍、校具，普通教具和现代化的教学手段，体育运动场地与设施、卫生设备、环境美化等。条件的改善，要学校去创造。软件主要指精神准备，师生之间、学生之间、教师之间的人际关系，校风如何、班风怎样。过去人们习惯上关注的是硬件而忽视软件，这是片面的。物质条件固然重要，但精神要素不可或缺，创造和谐的师生关系是搞好教学工作的前提条件。教学是心灵的沟通、情感的传递、生命的呼唤。只有真正地走进学生的灵魂深处，教学目标才有可能得以实现。作为教师，必须为人师表，科学施教，严谨治学；虚心向学生学习，不断完善发展自我；尊重、理解、爱护每一个学生，对学生严格而不苛求，温和而不随便；以诚挚的爱心走进学生的心灵，做学生的良师益友；以人格影响人格，以智慧开启智慧，以灵魂塑造灵魂，师生能和谐共处，教学才互动生成。

三、培养有个性的全面发展的人

教学的具体目标要服务于终极目标。全面发展的人，相对的是片面发展的人，畸形发展的人，精神上残缺不全的人；全面发展的人，既包括德、智、体、美几方面和谐发展，又包括认知、技能、情感、态度和价值观的和谐发展；在全面发展的基础上有爱好、有特长，发展个性，在某一方面成为第一的人。为实现这一目标，教学必须承担的任务是使学生掌握科学文化基础知识和基本技能，培养学生的思想品德，发展学生的智力和体力，激励学生的兴趣和爱好。各项任务有机联系，辩证统一。我们的每一门课程的开设，每一项活动的开展，每一个主题的揭示，都有自己具体的教学目标。而教学的任何一个环节，要达到一个具体目标，都应自觉地落实这个教学的终极目标——培养学生成为一个有个性的全面发展的人。并且使任何一个教学活动与教学环节，都能迈向这个目标的步骤而存在。每个老师上的每一堂课，每一个环节，乃至每一句话，每一个主动，在教学的全过程都应当始终怀着这个大目标，扎扎实实地备好课，精神抖擞地讲好课，细致严谨地反思教学。

四、创造一个善于理解知识的课堂

教学内容，重在理解。什么是课程，师生怎样理解？不能把课程仅仅理解为学生要读的教科书，也不能简单理解为教师教的教材。课程是教师、学生、教材、环境四个要素的整合，师生要从这一定位和理解出发，从事教和学。教学的真正目的在于促进学生的成长和发展，而不是让学生只掌握单纯的教科书的知识，不仅要带给学生广博深厚的文化知识，而且要让学生学会理解知识，提高思维能力。对知识的理解是分层次的，深层次的理解，必须展开高层次的思维活动。对学生，尤其是高年级的学生，着力发展学生的思辨力，特别应该将发展学生开放性的创造性思维能力作为教学的重点。对于学习的重点和难点，应通过对话和讨论，让学生真正理解，而不是似懂非懂。新的学习内容能够真正地纳入学生的知识结构并能灵活运用，教学才能真正促进学生发展。教师应千方百计地为学生创造一个丰富的善于理解知识的课堂，才能带给学生心灵的自由飞翔，才能唤起学生创造的冲动，才能激发学生分享的内在需要，让每一个学生的心灵在博大温暖的精神氛围中自由地跳荡。而要创造一个丰富的善于理解知识的课堂，教师必须加强学识修养，丰富自己的想象力。

五、以问题引导教学

教学方法多种多样，以问题引导教学，让学生在解决问题中学习，通过问题的解决，掌握解决问题的方法，提高解决问题的能力，是主导的教学方法。课堂教学怎样以问题引导教学呢？下面的经验可以借鉴："揭示问题——思考分析——检查调控——归纳整理——强化巩固——当堂达标"。就是说，根据每节课的知识结构及学生的实际接受能力，一步步由浅入深地出示学习问题；用启发性的语言引导学生去思考、去分析、去解决；教师要观察学生的进展情况，及时调控学生的学习过程；然后，根据检查掌握的情况，进行归纳整理；帮助学生理清问题的思路，形成正确的结论。营造真实的问题情境，就看教师的水平了。教师如何掌握学生的知识水平，分析学生的接受能力，了解学生的心理状态，对课堂教学进行优化设计，使课堂教学问题化、问题设计科学化、解决问题民主化。问题必须是真实的，能够与学生已有的经验产生冲突。设计问题要有针对性、艺术性，饶有风趣，不仅要考虑结果，更要考虑解决问题的过程。通过解决问题落实知识的掌握、能力的培养、智力的开发。一课堂结束时，老师问："还有问题么？"学生回答："没有问题了！"这是教学的悲哀。师生在解决问题的基础上，要让学生进一步提出一系列有待研究的新问题，因为学无止境。

六、寻找从学会到会学的途径

教学策略各异，但要让学生产生真正的学习。学生不仅要学会，更重要的是要会学，要实现从学会到会学的转变。如何寻找"想学——学会——会学——会用"的教学途径，让学生达到新的学习境界呢？这里有两个策略：一是教学方式的新奇。如果机械重复、刺激单调，会导致学生注意力不集中，心理疲劳，学习效果下降，不可能产生真正的学习。二是让学生产生成就感。在获取知识的过程中得到内心的满足，从而长时间保持学习兴趣、探究问题的热忱和自我肯定的情感态度。北师大肖川教授有句名言："教学是既见树木又见森林的过程"，说的多形象。"见树木"可以理解为学生对个体经验的把握，"见森林"可以理解为帮助学生形成认知的整体观，"既见树木又见森林"，这就是真正的学习。"见树木"对已有经验的激活、重新组织和重新解释；"见森林"，引发新的认知冲突、信息的搜集、选择与加工；最后形成开放型的认知框架——概念系统和命题网络。帮助学生形成认识的整体观，黑格尔在美学演讲录中进行了生动的描述："割下的手，就失去了它的独立存在……只有作为机体的一部分，手才获得它的地位。"他告诉我们，在教学过程中，需要将学习的内容不断升华，形成理解框架和概念网络；也就是说，既要深入细节、解剖麻雀；又要"会当凌绝顶，一览众山小"，才能进入真正的学习境界，从想学到学会，既会学又会用。

七、为学生的成长和发展提供机会

评价教学优劣，重在看激励学生的实践、创新和发展，看学生在课堂上是否有展示自我、发现自我、发展自我的机会。因为，只有展示自我，才能发现自己的优劣与不足，只有发现自我，才能更加深入和全面地认识自我，进而发展自我，学生个体的潜能和资质，就是在这一过程中实现并丰富和发展起来的。学习的结果，不仅包括知识的构建，还包括态度、价值观的改变和深化、情感的丰富和体验的深刻、技能的形成和巩固、认

知策略的高度发展和完善。走进课堂听课评课，看教师的表演和魅力的展示不是目的，教学是为了学生的发展，看教师是否为学生的成长和发展提供机会。教学情境的设计，要让学生能够有深度的参与，进行自主学习、合作学习、研究性学习，从而为学生展示自我、发现自我和发展自我提供足够的时间和空间，不言而喻，这样的课就是一堂真正的好课。教师讲得越多、越细，越有可能封闭学生的思维空间，并造成学生对教师的依赖。教学评价要"三评"结合，看学生考试成绩，是终结性评价；看教学的全过程，是形成性评价；听一堂课，是诊断性评价。教学评价还要"三效"统一，看教学效果好不好，教学效率高不高，教学效益值不值，从效果、效率、效益统一的角度去思考。要"三评"结合、"三效"统一、综合评价。

邵东县教师职业道德现状调查与对策研究

根据省教育厅《关于在全省教育系统开展教师职业道德调研活动的通知》精神，邵东县教育局组织专门调查组，对全县中小学教师职业道德现状进行实地调查，在调查的基础上，又召开了领导和专家共同分析论证的专题会议。就现状调查和对策研究报告如下：

一、调查的目的、内容和方法

（一）调查目的

为进一步落实中共中央颁布的《公民道德建议实施纲要》（以下简称《纲要》）和教育部颁布的《教师职业道德规范》（以下简称《规范》）要求，应对 WTO 的挑战和素质教育的需要，切实掌握新时期中小学教师职业道德状况，增强教师职业道德教育的针对性和有效性，探索提高老师职业道德水平的途径和方法。

（二）调查内容

以中小学教师职业道德规范为主要内容，包括《纲要》基本精神的学习、道德建设存在的问题、教师政策观念和法制意识、敬业思想、对待学生、治学态度、协作精神、师表形象、领导和组织措施，共十个方面的具体内容，设计 20 道问卷题有 174 个要点，让调查对象回答。

（三）调查方法

采取抽样调查和统计分析的方法，对灵官殿镇、野吉坪镇和邵东三中（两镇一校）进行了实地调查，调查的对象有联校和所属中小学的领导、中小学教师、学生和学生家长。被调查对象分别对 20 道问卷题以无记名方式书面作答。为进一步把握调查问卷的真实程度，还分别召开了八次不同对象的座谈会。

二、调查的结果与分析

在近 200 份调查答卷中，随机抽取 100 份答卷进行统计分析，结合座谈讨论，可以引起我们种种思考。

（一）教师道德基本情况是好的

具体表现在五个方面：

第一，依法执教的观念已经树立。根据执法状况调查统计，在100人中，有88人反映本校符合或基本符合依法执教的要求，93人反映领导的决策、法制观念较强，政府和学校执行《义务教育法》成效显著，小学生年流失率控制在1%以内，初中生年流失率控制在5%以下。

第二，敬业思想浓厚。在问卷和讨论中，教师们对自己的定位是：在100人中，有73人忠诚于教育事业，27人能较好地履行教育教学职责，没有不安心教育工作的。把职业态度分为被动、主动、热爱三种境界，处于"被动"状态的教师为数不多，处于"主动"地位的有61人，处于最高境界"热爱"的有20人。

第三，治学态度端正。据统计分析，在100人中，有93人在努力钻研业务，坚持每天看书读报，65人坚持做读书笔记，学校定期有业务讲座，有课题研究，每月教研活动，75人参加上公开课，70人有自己的研究课题，58人有经验总结，73人有论文评奖或报刊发表。

第四，人际关系和谐。据统计分析，在100人中，有90人以上反映：教师之间能关心集体、团结共事、协作精神好，维护学校荣誉，维护其他教师在学生中的威信；所在单位人际关系和谐，教师和教师之间能互相关心，教师和领导之间能互相理解，教师和工勤职员之间能互相支持。

第五，"三结合"教育形成网络。从家长座谈会反映，两镇一校都建立了社区教育联系机构，有家长学校、有家长委员会、学校与家长联系有制度保障；家长积极参与学校教育；教师亦能帮助家长形成正确的教育观念，经常听取家长的意见和建议。"两协"开展校外帮教、帮学、帮困的"三帮"活动，促进了社区教育的纵深发展，产生了整体效益。

（二）成功的教育实践活动

调查的两镇一校，在加强师德师风建设上，各有自己的特色，创造出成功的道德教育实践活动，值得发扬光大。

1. 重视党组织建设。野吉坪镇党总支开展党内"争先创优"和"民主评议"活动，有效地提高了党员干部的道德水平，对广大教师产生潜移默化的积极影响。如井田中学党支部，每月一次支部生活会，每个党员交一个知识朋友，在教育教学活动中主动承担观摩教学、示范教学任务，为办出特色重点初中作贡献，该校各项工作走在全镇的前头，因为党员在师生群众中起着先锋模范作用。

2. 开展"扬善"教育。邵东三中既继承传统美德，又结合时代精神，提出了"扬善"教育的目标体系、理论框架、原则方法和实施纲要，从善心、善言、善行三个方面全面提高师生道德素质，首先从党员做起，从教师做起。这一课题研究在省里获科研成果一等奖，对全县各中小学乃至全社会产生了积极广泛的影响。

3. 选准载体、开展有针对性的道德教育活动。灵官殿镇联校对教师资格论证、职务评聘、业务考核、表彰先进都有健全的制度。如灵官殿中学、中心小学，坚持学习师德

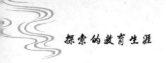

标兵，树有身边的爱生、爱校、爱事业的典型，对有师德问题的教师，在年终考核、评优、评先、晋级时实行一票否决，对违法乱纪者依法从严处理，警钟长鸣以教育全体教师树立师表形象。

（三）不可忽视的几个问题

1.《纲要》学习没有形成气候。《纲要》基本内容、20字基本道德规范，在100人中，只有40人进行了回答，答案的正确率在10%以下。

2. 师生关系有待进一步改善。学校德育工作队伍、制度建设、学科渗透、差生转化、面向全体，对这些问题作肯定性回答的在70－75%之间；而曾经讽刺、挖苦、歧视过学生，体罚和变相体罚过学生，经济上处罚过学生的教师，比率在10－15%之间，听听学生的反映，还远远超过这个数据。

3. 面对WTO、新课程改革，教师准备不足。加入WTO对教育的影响及对策研究、新课程改革、新教材使用，学生开展创造性学习、研究性学习，站在教育信息平台上改革教育教学，用教育民主、国际理解、关爱自然、回归生活、个性发展的理念主导基础教育等等，自认为有所准备能应对的教师在40%以下。

4. 社会不良现象影响校园生活。在市场经济条件下产生的唯利是图、钱权交易、道德失范、黄赌毒等丑恶现象，反映到学校里来，产生一些消极因素，在教师队伍中，不爱岗、不敬业的有，边做生意边教书的有，道德失落的有，利用职责之便收受贿赂、乱收费的有。

5. 个别单位、少数学校，忽视师德师风建设，"一手硬一手软"的问题还没有得到真正解决。

三、结论与对策

（一）转变观念，充分认识加强师德师风建设的必要性

最后一道题是"问题解答"，教师们对三个问题的中肯回答，旗帜鲜明地阐述了问题的结论。

1. 加强公民道德建设要解决的根本问题是什么？集中恳切的答案是：（1）反对腐败，实现党风的根本好转；（2）领导以身作则，起表率作用；（3）从思想教育入手，提高公民道德素质。

2. 加强师德师风建设，请你提一条最好的建议？答案集中在：（1）抓典型，身正为范；（2）提高教师社会地位、待遇，不克扣教师工资；（3）加强教育制度建设，使教师终身从教。

3. 提高自身素质，你最需要的是什么？答案很鲜明：（1）最需要业务进修、不断充电；（2）最需要学习和实践，提高专业化水平；（3）最需要金钱，没有经济负担；（4）最需要时间，减轻工作负担。

基层领导和教师们呼声告诉我们，加强师德师风建设，有针对性地开展教师职业道德教育，很有必要。各级领导要两手抓，两手都要硬。

（二）提高教师职业道德水平的对策研究

从邵东实际出发，进一步总结教师职业道德教育的成功实践，寻求进一步贯彻《纲

要》和《规范》的途径和方法。

第一，以基层党组织建设为重点。在我县近 10000 名教师中，有 1600 多名党员，党员的思想道德水平如何，特别是书记、校长，各级各类学校的领导思想道德水平怎样，决定着学校的改革发展、教育的前途命运。实践证明，那里的教育事业有一个思想作风正、道德修养高的领导班子，有一批敬业奉献、令人佩服的党员，去影响群众、带领师生，那里的教育教学改革就有生气，那里就兴旺发达。教委新班子上任后，重视基层党组织建设，开展创先争优、民主评议活动，在下面产生了积极影响。提高整个教师职业道德水平，首先从党员抓起，从领导班子抓起。

第二，道德教育与教育改革结合。教师职业道德水平的提高要用实际教育工作的成效来检验。当前，新课程改革实验正在我县启动，这对我们每一个教师都是一场严峻的挑战，必须转变教育观念，提高职业素质，加强教师教育。从现在开始，以开展学习和实践新纲要、新课程标准、新教材为主要内容，以校本培训为主要形式，以骨干教师为重点，全员培训和学历提高培训相沟通，实现道德教育与理论学习和课程实践相结合。

第三，道德教育要制度化、规范化、法制化。落实《纲要》和《规范》，不能只停留在口头上，或书写在文件中。要党政领导亲自抓，教委领导主动抓，学校领导具体抓。各级要有师德教育领导小组，有培养和教育制度，组织全方位、多层次、多形式的教育活动。要明确制度、规范管理，与教育人事制度改革相配合。有时还要通过法规约束，不能顺其自然。

第四、实施"三名工程"，坚持道德教育常抓不懈。一批学校有创"名学校"的方案和措施，办学有特色；一批校长在争当"名校长"中表现了献身教育的精神，公正无私的品格，教育家的气质，实干家的作风，较强的领导水平和管理能力；有一批教师在沿着合格教师→骨干教师→学科带头人→教育教学专家的轨迹不懈地追求。从这个意义上说，"三名工程"把学校建设、校长队伍建设和教师队伍建设三项根本性建设融为一体、互为条件、互相补充，形成有邵东特色的教师教育模式，激励着一批教师、一批名校长、一批名学校在不断地创新素质教育，开展新课程实验，它是邵东教育上台阶的最好的途径和方法。

附件：

邵东县中小学教师职业道德现状调查问卷

（抽取 100 份答卷进行统计分析，括号内的统计有数据一般指画"√"和选择的人数，问答题指有共同答案的人数）

导语：根据省教育厅要求，在邵东作一次教师职业道德现状调查。本卷请用第一印象无记名作答，判断题请画√或×；数据题请填具体数字；选择题填 A 或 B 或 C；填空题请填简单语词；问答题每问请用一句话回答。

一、《纲要》学习

1. 中央公布的《公民道德建设实施纲要》，是当前和今后一个时期指导我国公民道

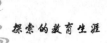

德建设不断向前发展的纲领性文件。它由（8）部分、（40）条组成（答案正确率在10%以下）。单位领导组织学习过（1-2）次，本人自学（5-6）次。

2. 《纲要》贯彻江总书记"以德治国"的重要思想。提出公民20字基本道德规范指：爱国守法、明礼诚信、团结友善、勤俭自强、敬业奉献。在内容上，以为人民服务为核心，以集体主义为原则，以爱祖国、爱人民、爱科学、爱社会主义为基本要求，以社会公德、职业道德、家庭美德为着力点。（答案的正确率在10%以下）。

二、问题分析

3. 你认为，目前公民道德建设中存在哪些问题：校领导忽视道德建设，"一手硬、一手软"（93），少数人唯利是图，一切以追求个人利益为目的（93），干部搞钱权交易，以权谋私（75），封建迷信盛行（79），歪理邪说危害（80），黄赌毒沉渣泛起（77），是非、善恶、美丑混淆（77），国家、集体观念淡薄（79），对社会主义前途发生困惑或动摇（85）。

4. 你认为，教师中下述问题哪些值得重视：不爱岗，不敬业（75），边做生意边教书（73），重智轻德（82），教师行为不轨（78），收受贿赂（87），打骂学生（87），教育商品化（87）。

三、执法状况

5. 你校：A. 符合依法治教的要求（80），B. 基本符合（18），C. 不符合（2）；领导法制、政策观念：A. 强（93），B. 一般（6），C. 较差（1）；执行国家教育方针：A. 好（46），B. 一般（49），C. 较差（5）。《义务教育法》：A. 行政执法好（45），B. 学校执法好（48），C. 教师教法好（7）。《教师法》学习宣传：A. 深入（48），B. 一般（47），C. 较差（5）。

6. 你校有下列现象：乱收费（8），滥发资料（8），排斥差生出校门（8），以本单位概算：小学生年流失率有（16人反映在1%以内，3人反映在2-3%），初中生年流失率有（41人反映有流失，23人反映在2-3%，18人反映在4-5%）。

四、敬业思想

7. 你给自己定位：A. 忠诚于教育事业（73），B. 较好地履行教育教学职责（27），C. 不安心教育工作（无）。你的素质：具有高尚的道德品质（91），全新的教育观念（91），强烈的竞争和改革意识（91），精深的文化素养（91），过硬的业务能力（91），良好的心身素质（91），多才多艺（91）。

8. 你的专业思想：A. 浓厚（68），B. 一般（28），C. 较差（6）；你的职业态度：A. 被动（19），B. 主动（61），C. 热爱（20）；你的职业行为：A. 尽职尽责（72），B. 履行职责，完成任务（12），C. 有失职失责的表现（16）。你的工作：A. 负担太重（45），B. 适量（51），C. 工作量不足；（4）领导：A. 兼课太多（40），B. 适量（50），C. 未兼课（10）；你的备课：A. 为教学服务（57），B. 应付领导检查（40），C. 有时不备课（3）。

五、对待学生

9. 学校有德育工作队伍（70），制度健全（70），学科德育渗透有措施、有经验

（70），转化差生有制度、有成效（70）。关心爱护全体学生（75），尊重学生人格（75），对学生严爱结合（75），能维护学生合法权益（75）；讽刺过学生（15），挖苦过学生（15），歧视过学生（12），体罚过学生（10），变相体罚过学生（12），经济上处罚过学生（10）。

10. 学生负担：A. 过重（12），B. 适量（71），C. 太轻（17），学生作业：A. 太多（5），B. 适当（94），C. 不足（1）；你的教学境界；A. 注重传授知识（45），B. 注重教授方法（29），C. 注重应用实践（26）。

六、治学态度

11. 努力钻研业务（93），坚持每天读书看报（93），写读书笔记（65），学校定期有业务讨论（93），每周有教研活动（88），学校有研究课题（90）。本人每期上公开课（75），有自己的研究课题（70），研究成果有经验总结（58），有论文评奖或发表（43）。

12. 今天怎样做教师，你有了哪些准备：教育以"三个代表"作指导（91）；以育人为本，促进学生全面发展（91）；加入 WTO 对教育的影响及对策研究（35）；新课程改革（28）；新教材使用（28）；学生开展创造性学习（55），研究性学习（30），培养学生向上精神、学习兴趣、创造激情、社会责任（85）；站在信息教育平台上改革教育教学（40），用教育民主、国际理解、关爱自然、回归自然、回归生活、个性发展的理念主导教育（65）。

七、协作精神

13. 能关心集体、团结共事（91），维护学生荣誉（90），为学校创造荣誉（90），维护其他教师在学生中的威信（90）。所在单位：人际关系和谐（85），同学科教师能取长补短（88），不同学科教师能互相学习（92），新老教师之间互相尊重（93），教师与领导之间互相理解（90），教师与工勤人员之间互相支持（87）。

14. 学校、社会、家庭"三结合"教育形成网络（89），建立了社区教育联系机构（79），有家长学校（48）、家长委员会（66），学校与家长联系有制度保障（76），家长积极参与学校教育（79）。本人能帮助家长形成正确的教育观念（76），经常听取家长的意见和建议（89），教育学生尊重家长（92）；指责过家长（17），向家长告过状（26）。

八、师表形象

15. 有第二职业（25），在校外办班创收（19），向学生推销资料（15），想方设法向学生索要（25），个别指导学生要收费（25），当保姆、带学生（25），结交有权势的家长（22），能抵制各种不正之风（78）。

16. 能遵守社会公德（97），行为检点、语言文明（92），穿戴得体、仪表大方（92），言行举止堪称学生楷模（77）。你有广泛的兴趣（88），坚强的意志（92），开朗的个性（85），平静的心境（89），健康的情绪（86）。要求学生做到的，自己首先做到（91）。

九、组织措施

17. 你已经感觉到了：加强师德师风建设，党政领导亲自抓（89），教委领导主动抓

（93），学校领导具体抓（87）。单位有师训工作领导小组（77），有师资培训规划（91），一把手亲自抓各类培训（92），组织多层次多形式的进修活动（87）。继续教育符合教师需要（100），符合教学实际（85），符合素质教育要求（85）。

18. 你已经体会到了：师德师风建设，有培养和教育制度（87），有激励和奖励制度（80），有教师职业规范（92），有师德教育的计划和措施（89），学习师德标兵（85），树有身边爱生、爱校、爱事业的典型（72），开展形式多样、丰富多彩的活动（90），学校教师资格证、职务聘任、业务考核、表彰先进制度健全（88），对教师的评估奖励符合教师心愿（73）。

19. 你已经意识到了：县里在实施"三名工程"（88），单位争创"名学校"有方案、有计划、有措施（85），办学有特色（81）；你的校长争当"名校长"有行动（80），具有献身教育的精神（87），公正无私的品格（86），教育家的气质（80），实干家的作风（87），有较强的领导水平和管理能力（98），有良好的业务素质（86），健康的心理素质（81）；单位培养"名教师"有方案、有措施（86），有典型（81），本人有成为名师的理念和打算（78），而且付诸行动（78）。

十、问题解答

20. 每个问题用一句话回答：

（1）加强公民道德建设要解决的根本问题是什么？

党风的根本好转（20）；领导的以身作则，起表率作用（20）；提高公民道德素质（20）；反对腐败（15）；从教育入手（10）。

（2）加强师德师风建设，请你提一条最好的建议？

提高教师的社会地位、待遇（25）；身正为范，抓好典型（20）；高薪养廉，不克扣教师工资（10）；加强师德教育，树立终身从教思想（10）；重视制度建设（10）。

（3）提高自身素质，你最需要的是什么？

多让教师参加业务进修，不断充电（26）；参加骨干培训，提高专业化水平（15）；最需要的是金钱，解决经济问题（15）；最需要的是时间，减轻教师负担（12）。

志愿做一位科研带头人

——在经纬工作一年半的述职报告

2004年9月应聘湖南经纬实验学校，任高中部政教副主任，做学生管理工作，承担德育课题研究任务。在经纬工作了一年半，用学科带头人的标准进行思考，从德、能、勤、绩四个方面向全体经纬人述职。

一、以身立德

做人，要顶天立地；做教师要为人师表。我是共产党员，曾做过书记工作，把共产主义信念，传统美德，革命精神结合起来学会做人。以身立教，以陶行知、魏书生为榜样，从人格、情感、作风上树立自己的形象。一是树公正廉洁的人格。向陶行知学习，"捧着一颗心来，不带半根草去"。一身正气，两袖清风，心胸坦荡，光明磊落，不结党营私，不拉帮结派，让领导和师生放心。二是讲真诚朴实的情感。以诚待人，以信服人，尊重关心他人，以执着顽强的精神感染人。三是扬率先垂范的作风。既发号施令，又以身作则，要求师生做到的，自己首先做到。每天出操在师生前，就寝在师生后，率先垂范，事事、时时、处处一个样。我爱人患糖尿病、胆结石、肾癌，近日在省人民医院做肾癌切除手术；小孩患尿毒症，1999 年 5 月做肾移植，生命延续 6 年，今年移植肾又坏死，血液透析维持生命，近日在湘雅附三医院做第二次肾移植，为了不耽误学校工作，我委托女儿、儿媳、亲友去护理，自己两次赴长沙看望，只花 4 天时间。为拯救小儿的生命，开支超 100 万元，家庭一贫如洗，债台高筑；为报答党和政府、各级领导和广大师生的关心支持，我以顶天立地的精神，尽职尽责、全心全意地为师生服务，为教育做贡献。

二、以学促能

我没有上过大学，知识、智商、能力，是一个很平常的人。做人、做事、做教师、做领导、做学问，都要终身学习，才能与时俱进地胜任工作。要做一个拥有"源头活水"的老师，必须提高学识和素养，多读书。在书中与历史对话，与高尚交流，与智慧碰撞，从而获得先进的教育理念、深厚的专业功底、广博的知识视野、灵活的方法策略、良好的能力素质、精湛的教育艺术，使自己永远处于一个知识、方法、能力鲜活的状态，才能用全新的眼光和智慧去观察和从事教育教学和管理工作。怎样提高自身学养？一是增长知识。多学点教育学、心理学、管理学，还包括经济学知识。二是专业功底。多一点先进的教育理念，树立自己的教育观、教学观、教师观、学生观、家长观、评价观、发展观。三是构建能力。包括管理能力、决策能力、协调能力、创新能力、思辨能力、文字功夫。工作起来不优柔寡断，指挥失当，调控乏力。我每周阅读一本教学理论专著，每天做读书笔记、工作随笔。一年 365 天，没有一天不动笔墨不读书的。坚持理论与实践的结合，对领导讲话、师生对话、家长交流进行实录，再从书报中去寻找解决问题的答案。经纬一年半，做工作随笔，读书笔记 16 本，每本大约 7 - 8 万字，总计超过 100 万字。对学生的教育和管理积累了许多成功的经验。

三、工作在勤

工作出满勤，是最低要求。关键是勤于听、说、读、写，学、问、思、辩，身体力行，提高效率，讲究效益。我站在政教副主任的岗位上，是高中部三个领导之一。领导要有权威，权威是权力和威望之和。我不以权力压人，而是以威望影响人，注意发挥自己的主观能动性，用自己的智慧和能耐，让广大师生佩服，并自愿接受自己的指挥和约束。这种威望是通过一定时间的工作实践，逐步积累而形成的；它是自己人品、学识、能力和精力投入工作所获得的结果。工作轻飘不得，骄傲不得，铁下心来与班主任、管理老师、学生和学生家长探讨育人规律，寻找育人策略，讲究育人方法。第一，与班主任共研讨。高中部 4200 学生，46 个班级，工作重点必须建立在班级管理上，只有研讨、研讨、再研讨，实施班级综合考核评估，凭数据说话，按制度管人，班主任工作形成了竞争趋势，学校无乱班。第二，与管理教师多商量。8 个管理教师，负责两个食堂、5 栋学生宿舍的 280 余间寝室、校园空挡时间的管理，只有商量、商量、再商量，让管理工

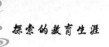

作逐步走向规范化。第三，与家长常沟通。探索教育三结合，尤其对违纪学生的教育和处理，把家长请到学校来，只有沟通、沟通、再沟通，配合进行教育，达成共识形成一致意见，寻找共同教育的方法。每天有接待任务，有时一天要接待十几位家长。第四，与学生交朋友。对于违纪学生，班级之间的矛盾，班主任交给部里教育和处理，我找学生谈话，摸清情况，从学生心理出发，有针对性地剖析，达到心悦诚服，接受教育为止。学生的转化是个长过程，只有交心、交心、再交心，对话以后，要求每个违纪学生，每月与我对话一次，与70余位同学交知心朋友，建立对话关系。

四、科研创绩

我以教育科研为兴趣。曾经对中小学教师作教育科研讲座。在《人民日报》、《人文科学》、《人民教师》、《中外教育名家论坛》、《中外教学研究》和《中小学教师继续教育》等刊物上发表学术专论50余篇。担任主编或副主编，出版《青少年学习方法》、《思想道德教程》、《教师职业道德》、《教学技能训练》等著作8部。成为中国教育家协会理事，《发现》杂志社副理事长、中国管理科学院终身研究员。在县教师进修学校主持《新课程下的县级教师培训研究》，是全国"十一五"计划重点课题。在经纬主持《人性化教育、规范化管理、精细化服务——民办学校三结合教育中的教师角色研究》，是全国"十五"计划重点课题，开题论证报告在《中外教育研究》和《人民教师》上刊发，2005年1月，在全国教育科研会上作《中小学生家庭教育的现状分析与对策研究》的演讲，获一等奖。2005年5月，以《把家长满意作为第一追求》全面推介经纬学校创建5年的办学成果，学校获得"全国社会满意学校"的殊荣。2005年7月，参加全国教育科研阶段性工作会议，学校五篇论文获奖，七篇论文入编《全国教育科研"十五"成果汇编》。在以后的研究中，集中学校全体教师的教育智慧，创造研究成果，出一本《做有智慧的教师》；集中学生的思辨智慧，展示中小学生的青春活力，出一本《"青春风采"辨论赛》，为经纬学校留下一笔精神财富。

综上所述，做一位科研带头人，第一、立德，要为人师表；第二、尚能，要终身学养；第三、勤奋，要努力工作；第四、创绩，要潜心科研；德、能、勤、绩，要与时俱进，敢为人先，这就是我的志愿。

研究方法的选择最重要

——《新课程下的县级教师培训研究》体验之一

《新课程下的县级教师培训研究》，是在邵阳市社科联立项研究，并报国家教师奖励基金立项研究的"十一五"规划重点课题。在研究教师培训的全过程中，培训者和培训学员一致体验到：研究方法的选择最重要，方法科学是最重要的科学。我们选择行动研究法，对行动研究的重要性、科学性、综合性和策略性进行了有益的探索，从理论和实践的结合上论证问题，形成了自己的研究新理念。

一、明确研究方法的重要性

方法科学是最重要的科学。教育科研是一种运用科学的理论和方法，有意识、有目的、有计划地对教育领域中的现象和问题，进行研究的认识活动。这种认识活动，"科学的理论"，每一个教师都有一定的理论水平："有意识、有目的、有计划"，这是教育工作者工作的基本要求："教育领域中的现象和问题"，教师天天与之打交道，相碰撞；只有选择"科学的方法"实施研究比较的困难，研究方法的选择最重要，研究的过程，是一个在观察、调查的基础上加以严格论证的过程，因此，最能体现其研究特征的是它的科学方法。《新课程下的县级教师培训研究》为什么要选择行动研究呢？我们认为，研究，就是实现理论与实践的结合，或者用理论去说明一两个实践问题，或者将一两个实践问题上升到理论高度去思考，能够用书面文字表述出来就是研究成果。只有行动研究才能体现其本质特征。行动研究，是为行动而研究，这是研究的目的；在行动中研究，这是研究的方式；由行动者去研究，这是研究的主体；对行动的研究，这是研究的对象。它从研究的目的、方式、主体、对象上揭示出研究的本质。新课程下的县级教师培训研究，针对新课程教师培训、新一轮中小学教师继续教育的实践，联系具体问题的解决，提出研究方案和实施计划，通过培训实践的操作、验证、修正，来促进培训行为的改进和完善，这种研究是融教育理论与实践于一体的教育研究，由培训者和培训学员共同合作来解决教育教学中的实际问题，它成为促进培训者和培训学员成为研究者的重要途径。

二、把握行动研究的科学性

在明确研究方法的重要性之后，还应把握研究方法的科学性。进行新课程下的县级教师培训研究，第一，应选择有效的工具，把专业日志作为有目的反思性文件，包括图表、报告、小册子、录像带、光盘、录音等各种对研究有用的东西；重视写教育随笔，培训者"有感而发，有感而记"，自由写作，把自己想说的都写出来；建立培训者和学员档案袋，不但保存培训者的工作轨迹，而且记录培训学员的发展历程，作为学习、教育、发展和评价的重要工具。第二，把握行动研究的基本步骤。总结我们的研究，行动研究的流程图分"发现问题→分析问题→提出方案→实施与行动→反思与改进→总结与评价"六个步骤。例如，我们举办中小学校长培训班，就是典型的行动研究。局领导在实际工作中发现一批新任校长业务不熟，职责不明，责任感不强，需要进行岗位培训；县教师进修学校在充分调查，反复论证的基础上提出办班计划；在实施培训计划的过程中，边行动、边评价、边修改；通过观察、调查、访谈、个案研究，对原定计划进行多次调整；对整个校长培训过程进行分析、反思和批判；总结经验教训，形成新的思路，为下一次校长培训提供更为完美的方案。第三，具体操作行动研究，还应把握三点：一是要在实践情境中进行研究；二是培训者和培训学员进行合作研究，实现师生、家庭和社区之间的互动；三是提高实践、反思、批判意识，注重理论的学习与修养。

三、运用行动研究的综合性

我们选择的是行动研究法，实际上是多种研究方法的综合运用，在行动研究的指导下，对具体问题的具体解决，我们灵活地采用了叙事法、调查法、文献法、案例法、课例法、准实验法、反思和自我评价等一些基本方法。在研究的过程中，从实际出发，讲究方法的多样性，可以收到立竿见影的效果。例如，在班主任培训中，运用叙事的研究法，请省优秀班主任姚立新作《爱心育人、民主育班——讲述做班主任的故事》，让学

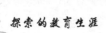

员通过个人或他人的教育教学经验，在切身的体悟和反思中，增进个人的教育经验，追求个人的艺术价值，以提高教师素质，个个在叙事研究中成长。在教师岗位培训中，采用案例研究法，培训者通过培训学员的个案分析，可以挖掘教育教学规律，使教师产生内心感悟和情感共鸣。课例研究法运用最多、最广，也最好。以课例为载体，通过一人同课多轮、多人同课循环、同课异构、互助式观摩、邀请式观摩、反思式观摩等不同形式，把课堂作为教学研究的实验室，解决教学中存在的实际问题，促进教师教育理念不断更新，教学水平不断提升。反思也是中小学教师开展行动研究的基本形式，反思的核心在于寻找行动的合理性、有效性，是理念与行动的有机结合，具体方法有日常反思、写反思日记、写教学后记、阶段性反思、每月小结、每期总结、写教学案例、建立自己的问题和问题解决资料库等等。

四、探索行动研究的策略性

在行动研究中，根据形势发展和实际需要，除不断调整研究的方式方法外，我们还注重培养策略思想。当代伟人曾经说过："政策和策略是党的生命。"我们在研究实践中也体会到，策略思想是最具生命力的思想。策略正确，研究得法。策略之一，研究课堂，使教师成为研究者。研究课堂，以实现有效教学、高效教学、魅力教学为层级目标，以转变教学方法和学习方式为重点，以新课程下的教学设计为切入点，以行动剖析、叙事描述、案例分析、教学反思为基本方法，研究课堂，让每一位培训教师创造自己独具风格的特色课，形成一种100个教师站讲台，有100种教学方法的生动局面。策略之二，研究问题，寻找解决问题的思路。问题是一切研究的出发点，能发现问题就有研究能力，学会分析问题是研究的关键，解决问题是研究的归宿，要善于发现问题，提炼问题，使教师在解决问题的研究中实现专业发展。策略之三，研究工作，达到工作课题化的境界。在学校工作中，明确提出教育科研具有全面性、全体性和全程性的特点，教师进修学校每个教师都是培训者，负责着一项培训任务，让教师在完成工作任务的过程中，以科研的眼光去看问题，以科研的态度去干工作，以科研的方法去解决疑难，不断开展反思总结，形成研究成果，逐步实现"工作课题化，课题工作化"的理想境界。用行动研究法研究新课程下的教师培训，把行动和研究结合起来，让教师成为研究者，在行动研究中不断促进培训者和培训学员的专业成长，实现学习、反思和合作中的共同成长，实现理论、经验和实践能力的同步成长，它是研究新一轮中小学教师继续教育的一种成功研究思路。

县级教师培训显示"六新"特色

—— 《新课程下的县级教师培训研究》体验之二

我们用实事求是、与时俱进导向，进行《新课程下的县级教师培训研究》以促进教师队伍全面发展为根本出发点，建立教师全员学习、终身学习的学习型组织，以师德、新理念、新课程、新技术为重点内容，以中小学骨干教师为重点培训对象，以校本培训为主要形式，以远程教育为依托，全面实施新一轮中小学教师继续教育。我们敢为人先、全面推进县级教师培训，开拓创新，切实加强教师队伍建设。有针对性和实效性地培训教师的实践，显示出"六新"特色：新模式、新实践、网络新发展、新平台、新思路、专业新水平。

一、新课程教师培训新模式。邵东县是全省最早实施新课程改革的实验县，县教师进修学校与县教研室通力合作，坚持研训结合，创造了通识培训、学科培训和校本研修新模式，实现了教师角色的根本转变。（一）三级合作，全面落实通识培训。县宏观指导，抓好新课程中心培训，重点培训中小学校长和学科带头人；乡镇中观管理，办好中心培训点，以乡镇中心初中、中心小学为培训基地，组织全体教师学习新课标、新教材；学校微观组织，落实校本培训，校长是第一责任人。（二）采取"请进来，带出去，大练兵"三项策略，创造了学科培训新方法。"请进来"，请专家作专题辅导报告，截止2006 年底，全县培训达 60 余期，各学科教师达 5200 余人。"走出去"，多批次地组织实验教师到外地学习、观摩、开阔视野。"大练兵"，依托三级培训网络，立足课堂教学，组织研讨活动，人人上研究课，学校上比赛课，乡镇上观摩课，县里上示范课，落实教师全员培训任务。（三）创新校本培训。新课程改革把许多新情况、新问题推到了教师和校长面前，呼唤教学研究和培训重心下移。我们构建起"坚持一个核心，狠抓两个平台，落实三个教研日，发挥四个作用"的"一二三四"校本培训新模式。"一个核心"，即以个人反思、同伴互助、专业引领为核心；"两个平台"，即教学平台和教研平台；"三个教研日"，指周一集体备课，周二集中研讨，每月一个集体观摩日；"四个作用"，是学校充分发挥校务会、教研组、备课组、学科带头人四个层次的管理作用。新课程教师培训新模式的探索，凸显了邵东教师培训的特色。

二、骨干教师"四结合"培训新实践。立足农村小学教师队伍现状，加强骨干教师队伍建设，摸索出"理论主导、实践主体、科研引线、评价考核"四结合县级农村小学骨干教师培训新模式。（一）理论主导。理论学习以师德教育、新理念与新课程、新技术三大板块组成，采用在岗自学、做学习笔记，短期集中、撰写学习体会，结合实践活动，举办专题讲座等多种形式进修。（二）实践主体。研究怎样实现理论与实践的最佳结合，主要是在导师的参与下实践"说讲评"。"说课"，根据上课内容，运用所学教育理论说教材、说教法、说学法、说教学程序，将先进的教育理论融于自己的教学实践之中。"讲课"，开展创造性的课堂改革，实现教学目标，完成教学任务。"评课"，学员学会评课，重视评课能力的提高、课堂艺术的锤炼和自身教学后的反思。（三）科研引线。在培训过程中，由学员把自己在教育教学中遇到的问题、困难，以书面形式提出来，在导师的指导下形成研究课题，在结业前，每人提交结业论文或研究报告。（四）评价考核。理论学习之后，要求学员上一节优课，开一个讲座，写一篇科研论文，完成这"三个一"，作为学员能否结业成为骨干教师的重要依据。在研究方法上，采用双导师制下的师徒结对、对比评价和跟踪培训。骨干教师培训县级模式的成功实践，为优课工程、名师工程的开通培养了人才，是省、国家级骨干教师培训的有益补充。几年来，共培训小学骨干教师 300 多名，他们都已成为各级各类的学科带头人，活跃在邵东教育第一线。

三、非学历远程培训新发展。2007 年上期，利用全国中小学教师继续教育网的优势，实施非学历远程培训，逐步构建"以县级教师培训机构为中心，校本培训为基础，远程培训为主要手段"的教师终身学习体系。我们的具体工作目标：一是建立和完善适应基础教育改革需要的现代化教师远程教育制度，建立起有效的非学历远程培训运行机制；二是以"邵东教师教育网"为载体，形成远程培训、脱产研修、校本培训和教师自主学习相结合的教师继续教育新模式；三是依托全国、省师范院校专家教授、省市县教研员和中小学一线骨干教师开发国家资源、地方资源和校本资源，形成共建共享的资源开发体系。（一）建立起科学的组织管理和工作模式。1. 组织模式和管理体制如图：

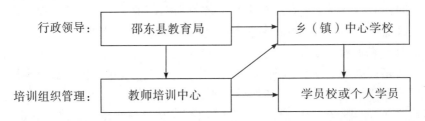

2. 工作模式的构建。一所独立建制的中小学，可向培训机构提出申请（填写相关登记表册），经审查符合条件的，作为一个整体加入全国中小学教师继续教育网并成为学员校；以学员个人名义（填写相关登记表）也可以加入全国中小学教师继续教育网而成为个人学员。学员校或个人学员按规定流程参与培训。（二）明确责任划分，落实网络培训。教育局政工股制定工作目标和实施策略，统筹协调远程培训工作；县教师培训机构，实施培训计划，建立邵东主页，加强业务指导，做好学员登记和发证工作。乡镇教育主管部门，组织网上学习，进行校本研修，参与校本资源开发，同样，形成新的三级网络。（三）建立网络"交流与互动"平台。以邵阳教育网为平台，建立"互助学习"、"网络沙龙"系统，开辟教师论文、优秀课件、教研论坛、教师培训、教师个人网页，网上名师辅导、教师常用软件下载等，为教师提供一个网上教学、学习、教研和形象展示的平台，网络培训是一项全新的业务，我们将在良好的起步中不断创新，去探索评价与考核的办法，探索网络教师教育体系，资源开发体系。

四、中学教师继续教育新平台

中学教师第二轮继续教育，邵东县两市镇第二中学的经验为全县所借鉴。为了提高教师继续教育的针对性和实效性，构建起校本研修新平台。教师以教育教学中遇到的各种具体问题为研究对象，以研究解决问题的策略为主线，以促进教师和学校的发展为根本目的，将教师的教学方式、研究方式、学习方式、历练方式统一起来。校本研修新平台，基本流程可以概括为"提出问题→设计策略→实践解决→反思总结"四个步骤。第一，提出问题。研究必须从问题开始，在实施新课程中，教师会遇到很多的实践问题，抓住真实的具体的问题进行研究，在解决问题的基础上提出新的问题，可以将问题转化为课题，也可以将教师个体发现的问题转化为教师群体共同关注的问题。第二，设计策略。设计解决问题的方案，寻找解决问题的策略，一个好的设计是解决教学问题、发现教育规律、形成新的理论的前提，也是研修的核心。第三，实践解决。将设计方案付诸实施，也是解决问题的过程，设计方案的可能性、解决策略的科学性需要实践的检验，针对原有设计进行有根据的调整或变迁；教师之间进行坦诚合作，相互欣赏。第四，反思总结。反思原方案及其实施过程中的不足或失误，在反思的基础上，对问题、设计、实践和结果进行价值判断，揭示出带规律性的教育教学经验，从而进行新的思考，提出新的问题，进行新的设计，这是一个不断自我修炼、自我完善的过程。校本研修将学习、培训、教研、科研融为一体，加强校本学习，树立新的教学观；加强校本培训，提高教师专业素质；加强校本教研，研究常规教学、教法学法，又将日常教学中的疑难问题上升为科研课题立项研究，从而造就出一大批研究型教师。

五、小学教师继续教育新思路

小学教师继续教育同样坚持以校为本进行全员培训，两市镇三完小创建的"反思、协作、引领"新模式在全县大面积推广。（一）充分发挥三大作用，建立校园师训网络。一是充分发挥学校教研室的指导作用，规划和管理新课程教育教学研究；二是充分发挥教研联组、备课组的主体作用，形成开放的、跨学科的教研氛围；三是充分发挥课题组长的核心作用，保证方案的形成，计划的实施、活动的组织落实，实现课题研究的良性运行。（二）构建起"反思研讨→同伴协作→专业引领"式的教研模式。第一，反思研讨。坚持教研行为自主化，有主题、有中心发言、有活动记录；教研内容系列化，举行示范课、汇报课、研讨课系列活动；教研主题课题化，坚持教研与课题研究相结合，与校本培训相结合。第二，同伴协作。周一集体备课，在理解新课标、钻研新教材、探讨新教法中，开展"同上一堂课，一课多研"活动，既发挥了教研组的集体智慧，取长补短；又充分显示了教师的个性，形成了各自的教学风格。第三，专业引领。在校内建立学科指导小组、师徒结对，开展"传帮带"，请知名专家、学者来校进行专题讲座；派员参加全国各地的教育教学研讨活动。《教师专业成长记录袋评价研究》在省里立项，要求参与研究的教师每个学期达到"七个一"的要求：一份有个性的个人简历；一份最优秀的教案；一份最得意的学生作业；一篇教学随笔或教学手记；一份校本课程开发设想或讲座材料；一节公开课的课堂实录及课后反思；一种最具创新的教学方法或教育策略。这种有针对性和实效性的专业引领激活了每一个参与者的积极性。

六、专项培训创造教师专业新水平

我们在长期实践的基础上，制订出《邵东县中小学教师继续教育工程实施方案》、《邵东县基础教育校本教研制度建设实施方案》等一系列文件，规范了我县新一轮中小学教师继续教育的集中培训、校本培训、网络培训三种主要形式。4年来专项集中培训办班50余期，培训4382人。校本培训以两市镇二中、三完小、砂石中心学校、灵官殿中心学校为实验基地取得经验，然后在全县推行。网络培训刚刚起步，方兴未艾。信息技术培训经久不衰，为了提高中小学教师应用信息技术教学的能力，学员在获得初级、高级证书之前，先集中面授半个月，近4年共培训学员3017人，其中初级学员1719人，高级学生1298人，通过高级培训的学员基本上能掌握网页制作、多媒体课件在教学中的应用。普通话培训成效显著，一方面要求教师一律用普通话教学，以校为单位组织培训，不断提高普通话水平；另一方面，要求教师在等级测试之前到进修学校培训半个月，近4年共培训1552人，其中过二甲的438人，过二乙的407人。还有中小学校长培训，两期共117人；小学初中班主任培训370人；小学英语教师脱产培训106人；新教师上岗

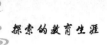

培训 253 人。专项培训，弥补和检测了教师的不足，普遍地提高了教师的专业水平。

转变观念，走活人生这步棋

——和青年谈学习魏书生

我连续三次听魏书生的报告，并反复研读了他的《班主任工作漫谈》，字字句句，充满人生哲理。深感他不仅是一位改革家，而且是一位实干家，不仅讲得精彩，而且写得漂亮。听他的报告，如沐春风，读他的著作，如饮甘露。青年学生，尤其是青年教师，要了解、研究、学习魏书生，我以为重在转变观念，系统地、全面地把握他基本的立场、观点和方法。以魏书生的真、善、美去战胜自己的假、恶、丑，做到真修身、善待人、美为师、乐处世，才能走活人生这步棋。

一、真修身

真修身，即要正确对待自己。古人云："修身、齐家、治国、平天下"。修身是根本。严于律己，怡情养性，通达明理，矢志躬行，这是传统的修身之道，在魏书生看来，今人修身还要树立三个观念：第一，要自己解放自己，千万不要捆绑自己，从各种精神网络中解脱出来。有相当多的人，跳不出"权力和金钱"的圈子，整天想的就是位子、房子、车子、票子、妻子、孩子；为自己挖掘陷井，＊＊对我有意见，＊＊对我不尊敬，＊＊对我有看法，牵挂于心，耿耿于怀，这样 100% 地活得不痛快。倘若能学会驾驭自己的智力、认识和感情，达到恬淡虚无、空灵净透、无欲无念、大彻大悟的意境，那就由一个自在的人变成自为的人了。第二，要肯定、珍惜、发展自我。盯住自己的长处不放，包括不伤害别人的习惯，谋求自己的发展。人之初、进小学、上中学、念大学、参加工作、变动岗位，人生的每一步，每分钟，每一件事，都应当去珍惜自己所处的那一段，有些人一生"怀旧"：改行不如重操旧业，工作不如读书好，上大学比不上念中学自由，念中学哪有当小学生自在，如此生活，一辈子没有好的时候。能创造新生活，担子拣重的挑，学问选难题攻，工作、学习和生活，不是一种负担，而是一种享受，能超越自我，则天高地厚。第三，选择积极的角色进入生活。人生活在一定的社会关系之中，可以扮演不同的角色。一位校长，面对父母是儿子，面对儿子是父亲，面对学生是老师，面对老师是校长，面对党员是书记，在车上是乘客，在商店是顾客，在公园是游客，在剧场是观众，上法庭是被告。日常生活中，不能时时刻刻想到自己是师长，高人一等。一位教师，面对犯错误的学生也需要扮演不同的角色，不能训斥，听之任之；而要以严父、慈母、兄长、亲属、老师、生理保健医生之心去温暖感化之。这样变换角度去思考问题，时时刻刻选择自己的角色定位，容易成为一个成功者。（以自己修炼气功、淡泊名利、潜心读书说修身）。总之，学习魏书生的修身之道，才能真正领悟解放自己、发展自我、进入自然的最高境界，自省、慎独、制怒、持节、言谈举止符合道德规范的要求和自身所处的社会环境。不然的话，人生就活得太累。

二、善待人

善待人，即要正确处理自己与他人的关系。礼貌、诚信、宽容、孝亲睦邻、尊师敬长，这些都是待人的传统美德，值得发扬光大。在魏书生看来，处理人与人之间的关系，也要转变三个观念：第一，不要神化一个人。"金无足赤，人无完人"。凡人是一个真、善、美与假、恶、丑并存的世界。魏书生面对学校五个"第一"的困境，教师要走，怎么办？他用政策留人、感情留人、事业留人，留不住的，就放！"人生和天地之间，是干实事的！"要多琢磨事，少琢磨人，干事有三种境界：一是为了压力，不得不干；二是为了吃饭、生存、拿工资，必须干；三是生活第一需要，精神寄托，有钱更好，莫钱也得干。魏书生是干出来的，他的一番事业，使得人人倾倒，个个信服。第二，不要鬼化一个人。千万不要埋怨一些孩子，在学校，老师看成是"差生"；毕业后，一旦走向社会，往往吃得开。因为我们没能找到正确的方法去开发他智慧和能力。魏书生坚信，每一个学生都觉得可爱，都是你的朋友。他奖励后进学生，把全校各班倒数第一、第二的学生请到自己班上来，让他们自己找优点，发现长处，克服弱点。淘气的孩子，那一根根淘气的神经休息了，退化了，一个个孩子都变得不淘气了。一个倒数第一的孩子能管好100把椅子和老师的办公用品，另一个倒数第一的孩子能向100多外宾上公开课，基本完成教学任务，怎么能够小看这些淘气的孩子呢？第三，要建立互助的人际关系。"坚信每一位学生，心灵深处都有你的助手，你也是每位学生的助手。"人与人之间少互斗，多互助；少批判，多学习；尽可能容难容之人，尽可能化对手为助手。魏书生靠什么当班主任？135位同学都是副班主任，人人都会帮助班主任参与班级管理，遇到矛盾，解决具体问题，做到正面引导，搞"心理穿透"，久而久之，就只有助手没有对手了。这样用吸收的观点看待人，看待学问，看待事物，会使人变得强大、乐观、胸怀开阔。（以自己转化后进学生、办青年党校、遇事谦和忍让，工作调动上的多次思考，说待人）。总之，学习魏书生的待人之道，不要疑神疑鬼，以"宁让别人负我，不可我负别人"进行自我心理调节，人际关系就会更协调，更完美，你就可以活得轻松愉快。

三、美为师

美为师，即要正确处理自己与工作的关系。教师自古有"天地君亲师"、"师道尊严"之说，又有"人梯"、"红烛"、"春蚕"、"人类灵魂工程师"之誉，今天，在进一步倡导尊师重教的风尚。但教师的经济地位，在各行各业中，仍是倒数第二、三位，有能耐的人，多数不想当教师。在魏书生看来，为师，也包括从事其他各行各业，都要转变三个观念：第一，找一个理想的工作，必须具备两个条件，一是自身素质，二是机遇。没有素质，不可胜任。没有机遇，是白着急。在中国封建社会里，有500人当过皇帝，素质上能当皇帝的不到一半，有的连老百姓也当不好，却当了皇帝，因为长在帝王之家。魏书生乐于做平凡工作，经过150次的执着追求，自愿走上清苦的中学教师岗位，他奉行着陶行知先生的信条："在人世间捧着一颗心来，不带半根草去"，潜心研究当教师的乐处。教师劳动可有三重收获：可以收获各类人才，收获真挚感情，收获科研成果，何尝不是太阳底下最美好的职业？第二，要把平凡的工作当作一个宏大的世界，一滴水很简单，从科研的角度讲，一辈子研究不完；量子力学家，一辈子研究一个"原子核"；一位微雕艺术家，一辈子研究的，是在一根头发上刻出40位美国总统的肖像；一位饲养员，把一个养猪场，建成世界上50多家最好的环境保护单位之一。所以，教书、当班主任，这当中也有无穷的学问，每一个学生的内心，也是一个宏大的世界。魏书生坚持"民主与科学"的教学观、育人观。教学——教师诚诚恳恳为学生服务，针对学生实际，通过训练过程，达到开发学生的知识、能力和智力。当班主任——尊重学生平等人格，从不排斥挖苦学生，总是那么笑容可掬地商量商量，再商量商量，立志把所有的学生教育成才。第三，任何一项平凡的工作都有 100 种方法，一句话有 100 种讲法，一个字有 100 种写法。教学有法，但无定法。教学、读书，不是"自古华山一条路"，而是"条条大路通罗马"。魏书生认为，"对学生能力的培养，是一个管理过程"，他在语文教学中的 34 件事，班级管理的 30 多项法规，是在实践中探索出来的成功方法，用"千方百计"这种思维去教育学生，说了算，算了干，一不做，二不休，想方设法干成一件事，学生的学习，生活和工作，就积极、主动、乐观、有趣。（以自己从杂家到内行，校长的工作思路，m 工作法，一二三系统工程，三结合教学法的研究和成功，说为师）。总之，学习魏书生的为师之道，把做人类灵魂工程师当做一个宏大的世界去研究，探索更新、更科学的方法，当教师，教育育人这步棋就会越走越宽广。

四、乐处世

乐处世，即要正确处理自己与社会的关系。"天下兴亡，匹夫有责"；"先天下之忧而忧，后天下之乐而乐"；勤勉好学、艰苦奋斗、爱群济民、敬业报国，这些传统的处世之道，值得后人光复。在魏书生看来，处世当今，还要树立三个正确观念：第一，要用理想去鼓励自己，追求自己的工作、学习和生活；绝不能用理想主义的态度去对待他人，社会和环境。一些人牢骚满腹，生出种种埋怨：生产力不发达，物质不丰富，社会不道德，党风不正。用理想主义去看待社会，去寻找不满意、要生气的材料，找 100 件也不难，人不要患急性病，人类社会发展到今天，经历了 170 万年，而"人生 70 古来稀"，对人类社会来说，占有很少的一段，1958 年提出跑步进入共产主义，是患急性病。社会主义才几十年历史，是初级阶段，各方面要求很完美，也是患急性病。把人生放到历史的长河去考虑，就不会生气了。第二，当今是中华历史上最好的一段。今天，政治稳定，60 年没有战争，处在和平环境；经济繁荣，市场活跃，国力强大，人民生活水平逐步提高；思想宽松，人们想怎么说就怎么说都行，不会"抓鞭子、戴帽子、打棍子"了。发牢骚，讲怪话，是坑害自己，何不珍惜这么一段，为国为民多干实事。第三，要千方百计让自己适应环境，适应社会；不能要求环境、社会适应我。多改变自己，少埋怨环境，魏书生当书记、当校长，还当班主任，教两班语文，不断提高班级管理自动化的程度，不断改进语文教学，以适应自己兼职多、会议多、接待客人多、书信多、稿件多的复杂局面，那莲花山上一青松，长在悬崖上的大石头的裂缝之中，名叫"可怜松"，其实并不可怜，它把自己和环境的关系想通了，"可怜松"给了我们许多做人的启示。遇事指责埋怨，会助长别人的愚昧和自己的野蛮，这是人生的悲哀，埋怨环境不好，常常是自己不好；埋怨别人太狭隘，常常是自己不豁达；埋怨天气恶劣，常常是自己抵抗力弱；埋怨学生难教育，常常是自己方法少，识时务者为俊杰，不管在什么恶劣的环境下，你先喜欢它，然后去适应它。（以自己坎坷磨砺的人生，在七中的十年奋斗，到进修学校工作的思想准备，说处世）。总之，学习魏书生的处世之道，要有理想和追求，但不能以理想主义去要求他人、社会和环境，珍惜现在、适应社会、努力去开创更加美好的明天，这样，人生这步棋就走活了。

吕叔湘先生说："我很惭愧，没有及早认识魏书生，我要是年轻一半，一定要拜他为师，向他学习"。魏书生是我们青年学生、尤其是青年教师最好的老师，他的著作是最好的做人的教科书。走过近 60 年人生之路的我，遇上了魏书生，这也是一种幸运，了解、研究、学习魏书生，应当成为自己的终生目标。人生几何？这个真、善、美与假、恶、丑并存的世界，尽力让它透明纯净，不断扩大自己心中的那一片净土，"已所意欲，尽施于人"以坦诚面对同志，也面对学生，实现客观和主观的统一，这就是魏书生的人生观；站在 21 世纪的高度，面向世界，面向现代化，真诚而勇敢地探索教书育人的规律，从而开拓出一个个新的领域，一个个新的境界，达到个人和社会的统一，这就是魏书生的世界观。学习魏书生，转变观念，用自己的真、善、美去战胜各种假、恶、丑，自然会具有能够包容"一切"的气度和胸怀，从种种烦恼的人际关系中挣脱出来，修身、待人、为师、处世，走活人生这步棋，使自己活得更轻松、更痛快、更潇洒。

学习、工作和研究都是一种享受

——2000 年的述职报告

在联合国教科文组织召开的面向 21 世纪教育的国际研讨会上，有学者提出，未来职员要有三本护照：一本学术性的，一本职业性的，第三本是证明自己的事业心和开拓能力的。我学历、知识、智力和能力，各方面都是一个很平常的人。但愿超越自我，有点学术研究，适应职业需要，做一个有事业心的人。一向对自己规定三项任务：一是学习，多读点书；二是工作，多干点实事；三是研究，多做点学问。我是把别人玩扑克、搓麻将、进舞厅，搞第二职业的时间和精力都用在学习、工作和研究上的。下面说三点体会与大家共勉。

一、从学习中追求富有

教师要在物质上富有是很困难的，除非潜入商海从事第二职业；但在精神上富有是完全可能的，用人类创造的知识财富来丰富自己的头脑，这种富有可以成为每一个教师的追求。生活的追求有三个层次：求生存、谋发展、图享受。论物质生活，我始终处于求生存这一最低层次。自己胃切除 4/5 并不在乎，小孩尿毒症有点犯难。1999 年 5 月做肾移植，到目前为止花费 40 余万元，感谢县教育局、两市镇联校、兄弟学校师生发挥人道主义精神，救死扶伤挽救了一条年轻生命。家庭虽一贫如洗、债台高筑，但人还在，足矣。在物质生活上已经打消了发展、享受的欲望，决心从知识上追求富有。为了充实自己，做到每周读一本教育理论专著，每天阅读多种期刊。非教育期刊谈教育，是典型经验，就过细琢磨；专业期刊论述同一问题，有比较地阅读分析。国家、省、市、县教育部门的文件，结合自己的工作实际认真领略。听报告尽自己的水平记下讲话内容，然后认真体会别人的劳动成果。作读书笔记，写工作随笔，每天晚上 10 点钟记录半小时，有感而发，把一天最深刻的东西记下来，一年下来有 30 万字。例如我在思考"名校长工

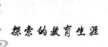

程"的过程中，阅读了近三年的《人民教育》、《上海教育》和《北京教育》，还有《湖南教育》，有关中小学校长的选聘与培训、职级制与监督机制等论述，从而形成了自己的设计与思考。又如，学习江总书记《关于教育问题的谈话》，总结自己的为师之道，形成了《我的师德观》。教育的宗旨有二：教书，传道授精解惑；育人，以真美美除去假恶丑，做到心底无私，奉献学生，奉献事业，奉献社会，这就是教师的价值观。修身，要正确对待自己；待人，要热爱学生，尤其是差生；为师，要忠诚教育事业；处世，要适应社会和环境。修身待人，为师处世，都要追求真善美，这就是我的师德观。

二、在工作中体验情趣

"得天下英才而教育之，一乐也"我长期超负荷地工作，2000 年当书记、站讲台，当班主任，是我的三项主要工作。当书记勤廉自律。勤，没有星期六、星期天，没有寒暑假，工作不计报酬，不讲定额。廉，当 20 几年校长没有执过一支笔，以规克疑、财务内审、校务公开，这样权力相对分散，民主理财，可以防止腐败。从不以书记、校长身份搞半点特殊，去年校长离任审计，今年师训经费去向的审理，用得上曾益谦同志谈的三句话：自己心里明白，群众眼里清楚，领导手上有数。有人议论：罗桂生不顾个人痛苦和家庭困难，一身扑在教育教学和学校管理上，还一尘不染，两袖清风，难能可贵。做党务工作有三个特点、党员的教育和管理、思想政治工作，有五章 20 条的《规定》，每月 15 日开展党内活动，过组织生活、讲党课、民主评议、交纳党费，从不间断。二是建立"校长行政、书记保证、工会监督"的领导体制。书记保证，保证校长行政，各级政令畅通无阻；保证主席监督，发挥教代会的职能作用，党政工三家团结共事。在学生骨干中办预备党校，为培养学生骨干成为共产主义者打基础，实现学生自治自理、自主管理，创新成功经验。

当教师以身立校。我长期坚持站讲台，担任一个多人的工作量，上半年担任《邓小平理论》、《职业道德》和《教育科研》三门学科五个班的教学，下半年担任《职业道德》、《教育科研》和《政治常识》三门学科七个班的教学，我的教学不敢与名师比，但认真务实，根据不同教育对象，适当运用教材，力求在联系继续教育实际上多下功夫。

当班主任以身示范。我聘为职高三年级幼师 11 班班主任，指导 36 位 17 - 18 岁的女孩子的学习和生活，学习魏书生的班级管理办法，设常务班干部、值周班长、值日班长，还派到一年级当班主任，大胆培养学生的组织开拓能力。从调查问卷看，我的班主任工作，学生满意度达 93%，全校最高的。

当书记、当教师，还当班主任，与党员谈思想，与学员谈教书，与学生谈人生，都是一种乐趣。每天工作 12 - 16 小时，总不感到累。教书育人，是教育工作者的神圣职责，教育学生也教育自己学会做人，做 21 世纪的中国人，做现代人，做国际人。

三、到研究中寻找喜悦

什么叫研究，用理论指导实践，把自己在实践中体会最深刻的东西上升到理论高度去思考，就是研究，用书面文字表述出来，就是研究成果。一个教育工作者，一辈子研究一堂课的教法，一个学生的成长规律，一所学校的有序管理，这当中有无穷的学问。近年来，我担任《中小学教育科学研究》的教学，从理论和实践的结合上，系统地总结教育教学和学校管理经验，初步形成了自己的理论体系。第一，根据继续教育的需要，确定自己的研究方向。教师职业道德教育研究，如中小学教师的修养；教育科研的指导性研究，如"三名工程"的实践与思考。第二，有感而发，从自己的学习和工作中形成课题。我的一些教学讲座，管理经验，经过"去粗取精、去伪存真、由此及彼、由表及里"的加工制作功夫都成为研究成果。例如，曾益谦同志在校长会议上提出实施"名师工程"、"名校长工程"和"名学校工程"，在教育局的指导下，我经过认真研究，形成了一系列文章，《名师工程的设计与思考》在全国第七次小学教师继续教育研讨会上交流，《名校长工程的设计与思考》在《湖南教育干训》上发表，《中国改革先锋》上转载，《三名工程把中小学教师继续教育推向新阶段》谢校长在省校长协作会上交流，《邵东教育全面启动三名工程》在《湖南教育》上报道。第三，做有心人，不断创造研究成果。2000年在报刊上发表9篇论文，3篇省级通讯，共12篇。其中《邵阳日报》1篇，《邵阳工作》1篇，《湖南教育》1篇，《湖南教育干训》2篇，《湖南小学教师》4篇，还在国际刊物上发表2篇；作品《县教师素质发展中心的构想》载《香港现代教学论坛杂志》，《我的师德观》载《当代教育名家论坛》。与安徽宿州师专张理华教授合著《教师教学技能训练》，是一本教师继续教育用书。当一篇篇新作公开发表供社会承认、分享和利用时，自己付出的辛勤汗水得到了回报，内心产生了由衷的喜悦。

学习、工作和研究，三者是相辅相成的辩证统一。学习是工作和研究的前提，不终身学习，不可能更新知识和产生理论升华；工作是研究的基础，在教育教学和管理实践中积累经验，都能实现理论和实践的结合，产生教育教学研究成果；自己的理论一旦形成，能更好地指导自己的学习和工作。总之，学习、工作和研究，不是一种负担，而是一种享受。说真的，学习上的富有，工作中的乐趣，研究后的喜悦，都是人生不尽的精神享受。

实验校推进农村教师校本培训快速发展

农村教师校本培训，2008年底，我们设计了两个省级课题。一个是《农村教师校本培训模式与实效性的调查研究》，从微观角度立论，研究农村教师校本培训的针对性和实效性，成为省中小学教师继续教育研究专项重点课题；另一个是《农村教师县级立体化校本培训模式研究与实践》，从宏观角度立论，研究农村教师校本培训县级指导模式，列入省教育科学"十一五"规划课题。两个省级课题，根据研究的目标内容和实际需要，还设立了14个子课题，经过三年的联合行动、实验探索、调查研究，圆满完成了研究任务。研究的结果较好地回答了两个基本问题：农村中小学怎样才能搞好教师校本培训，县级教师培训机构怎样指导全县中小学教师校本培训快速发展。

一、校本培训的实验性探索

2008年底，两个省级课题立项研究。2009年初，我们根据基础教育的不同阶段和县城、乡镇、山区的不同区域，选定7所小学、5所初中、2所高中、共14所中小学作实验校，设立14个子课题对农村中小学教师校本培训开展示范性、创新型、信息化研究，

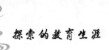

挂牌示范，以点带面，引领全县中小学教师校本培训。县教师培训机构的核心研究人员蹲点指导，经常深入实验校与校领导、全体教师一起研究，从方案的提出、内容的确定、模式的选择、方法的采用都给予具体指导，乃至直接参与他们的校本培训活动。经过两年多的实验性探索，从开题论证到全面实施，从中期检查到结题鉴定，一步步走来，严格按照省教育科学规划课题的要求执行，成为全县中小学教师校本培训学习的楷模。

（一）小学教师校本培训七项示范性实验

1. 培训模式示范：两市镇一完小的《自学反思校本培训模式研究》，探索出一条"科研推动——专家导航——名师辐射——自学反思——专业发展"的教师校本培训之路。2. 课例研究示范：两市镇三完小的《以课例为载体的校本培训的实践与研究》，对优秀课例评价体系、教师成长模式进行了有效探索。3. 内容更新示范：两市镇高田完小的《教师校本培训的内容更新研究》，提出"四化六新"，实现了校本培训工作化、制度化、主题化、科研化；内容从教育观念的转变、职业道德的修养、教学能力的创新、现代技术的掌握、科研能力的提升、心理素质的完善六个方面更新。4. 规范管理示范：双凤乡中心小学的《农村教师校本培训规范管理研究》，采用四大策略（责任、强师能、牵手共进、研训结合），探索出"四五"（五步、五性、五定、五有）校本培训管理模式。5. 制度建设示范：灵官殿镇中心小学的《校本培训制度建设探索》，从9个方面探索出农村教师校本培训的制度建设，建立起四项具体制度，五种代培形式。6. 养成教育示范：牛马司镇中心小学的《小学生养成教育研究》，研究小学生三大习惯（文明礼貌、读书学习、卫生健体）的养成，从校园风气抓起，学生的学风，教师的教风，校园的校风，焕然一新。7. 培训实效示范：黑田铺乡龙元小学的《乡村小学教师校本培训实效性研究》，将实效性细化为"如何上好一堂课"，一堂好课，创造出可供借鉴的"五能"标准。7所小学在七个方面创造出示范性经验，为全县300余所小学近4000在岗教师校本培训提供了学习样板。

（二）初中教师校本培训的五项创新型实验

1. 城区模式的创新：两市镇二中的《城区初中教师校本培训模式研究》，创造出"自主学习、探究提升、合作共享"的校本培训模式，将教研、科研、培训融于一体，营造学习型学校。量化为"五个一"；每个教师每学期读一本理论专著，订一份专业杂志，记10000字的读书笔记，写一篇高质量的论文，做一次论坛演讲。2. 乡村模式的创新：杨桥镇杨塘中学的《乡村教师校本培训模式研究》，创造出"四面三环"校本培训模式，"四面"即培训理念、保障机制、培训内容、培训方式四个方面；"三环"即每个方面抓住三个相互融合的环节，校本培训向着制度化、规范化、终身化的方向迈进。3. "学习＋反思"的创新：仙槎桥镇中心中学的《乡村教师"学习＋反思"校本培训模式研究》，课前、课中、课后，分三个阶段反思教学过程。在问题中研究，把问题当成一种教学资源；在学生中研究，尝试和学生一起做；在实践中研究，教与学紧密结合，从三个方面研究课堂教学，显示出独到的研究特色。4. 有效形式的创新：流光岭中学的《教师校本培训有效形式的探索》，探索出"主题式、点睛式、沙龙式、结对式"四种有效形式，建立起完善的校本培训机制。5. 简快作文创新：两市镇四中的《新课程初中简快作文实践》，教给学生简单、快速的写作方法，"开头点题定位，中间承上详写，结尾照应深化"，让学生掌握了一把打开作文大门的金钥匙。5 所初中实验校对校本培训的创新型研究，为全县 50 余所初中 2000 多初中教师校本培训提供了学习的样板。

（三）高中教师校本培训两项信息化实验

1. 校本培训在农村高中动真格：邵东七中的《农村中学依托远程教育校本培训模式研究》，邵东七中与长沙市长郡中学结盟，课堂教学开办长郡直播班，创造出"远程直播课堂互动教学模式"，教师业务培训创造出"远程教育＋集中学习＋校本研修"培训模式。2. 信息技术与学科教学的整合：邵东十中的《信息技术与学科教学有效整合能力研究》，邵东十中与长沙一中利用网络联合办学，共享教育资源，课堂教学创新了"自主、合作、探究"式教学模式，教师培训创造出"教学设计——组织教学——评价反思"三步一体的研究模式。两所实验高中分别在远程教育和学科教学的整合上创造出典型经验，为全县 10 所高中 1600 高中教师校本培训提供了学习样板。

农村教师校本培训是怎样的一种培训？14 所实验校的示范性、创新型、信息化研究，得出了一个全新的概念：农村教师校本培训，在教师培训机构的指导下，各乡镇、各中小学形成立体网络，以教师任职学校为培训单位，以提高教师基本素养和教育教学能力为目标，以"自我反思、同伴互助、专业引领"为主要形式，以课堂教学为主要阵地，以远程教育为主要手段，以课题研究为主要抓手，以"一德三新"为主要内容，以问题为中心，以教师为主体，由校长骨干教师引领，全体教师共同参与的一种全员性中小学教师继续教育，实现教师专业成长，打造教师终身学习的学习型学校。实践证明：农村教师校本培训具有无限的生机和活力，比较县、市、省、国家级的各种脱产或集中培训，它是最受教师欢迎、最经济、最实惠、最有效、最有发展前景的教师培训形式。

农村中小学怎样才能搞好教师校本培训呢？向 14 所实验校学习，开展示范性、创新型、信息化研究，概括起来有五条共同经验：尊重教师需求是前提条件；创新培训模式是首要环节；开发培训资源是基本途径；选择培训平台是重要方法；构建培训机制是根本保证。

二、县级"12345"指导模式的构建

在研究农村教师校本培训的过程中，县教师进修学校也实现了职能转变，校本培训的指导、培训、管理、服务和评价各种有效机制在动态中生成，我们创造出"12345"农村教师校本培训县级立体化指导模式，即"坚持一个理念，强化两种意识，开展三项实验，创新四大机制，活跃五张平台"，它成为指导全县中小学教师校本培训的科学体系。

坚持一个理念。我们提出"扎根教育实践、研究教师成长、服务基层学校、促进专业发展"的培训理念。就是说，从新理念、新课程、新技术下的教育实践出发，研究"新教师——合格教师——骨干教师——学科带头人——专家型教师"的成长轨迹，宗旨是"一切为了学校，培训在学校中，基于学校教师"；促进教师的专业精神、专业态度、专业知识和专业能力的动态生成，我们用这一理念指导农村教师校本培训又快又好地发展。

强化两种意识。就是强化校长的校本培训意识和骨干教师的专业引领意识，换句话

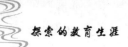

说，就是抓好校长和骨干教师两支队伍建设。创新"理论、实践、考核"三结合的校长培训模式，定期培训中小学校长；采用"理论主导、实践主体、科研引线、评价考核"四结合模式培训骨干教师，让他们在农村教师培训平台上发挥支持和引领作用。

开展三项实验。如前所述，14所实验校开展示范性、创新型、信息化实验，成功地推进全县400余所中小学近8000中小学教师校本培训红红火火、又快又好地发展起来。

创新四大机制。一是创新培训机制，实现天地人"三网"立体化。天网：建立以中央广播电视大学网、中小学教师继续教育网点为信息平台，非学历培训、学历提高培训、新课程培训都实行远程网络培训；地网：建立以县教师进修学校为主体，各乡镇中心学校为基地，各中小学为基础，远程教育为主要手段的我县中小学教师培训体系；人网：建立一支由学科骨干为主体的远程培训管理员和辅导员队伍，为全体学员提供在线辅导，按需施教。二是创新管理机制，发挥"县、乡、校"三级管理的作用。县宏观调控，抓好中心培训；乡镇中观管理，办好中心培训点；学校微观组织，落实校本培训。三是创新服务机制，实现"上挂下联横整合"。上挂高校名师，与11所高等学校建立起各种业务联系，开通远程教育本科教学点，还办起研究生班；下联26个乡镇400余中小学，县乡校协调一致形成整体合力，主阵地在校本培训；横整合，以县教师进修学校为培训基地，县教研室科研导向，县仪电站、县信息中心发展信息技术，"四位一体"，优势互补，构建起名副其实的教师素质发展中心。四是创新评价机制，探索出"县乡校师"四统一的立体化校本培训评价体系，我们出台了《邵东县中小学校本培训实施方案》。

活跃五张平台。一是自主学习平台，教师把自主学习放在第一位，变"要我学"为"我要学"；二是课例分析平台，课堂教学是教师成长的主阵地，"上好一堂课"始终是研究的主题，也是校本培训的重点；三是教研活动平台，开展生动活泼的教研活动，成为教师喜欢并认为是最有效的校本培训形式；四是课题研究平台，这是高档次的校本培训，14所实验校实践证明，新课程的教育教学呈现一系列有待解决的问题，需要形成课题加以研究；五是交流互动平台，校与校之间可以通过"名师杯"、"开放日"、"研讨会"、"学术沙龙"进行交流，在条件许可的情况下还可以"请进来，带出去"。校本培训的五张平台，又是你中有我、我中有你、相辅相成、互相渗透的。

"坚持一个理念，强化两种意识，开展三项实验，创新四大机制，活跃五张平台"，简称"12345"县级指导模式。我们用这一科学体系指导全县中小学教师校本培训，乡镇之间、学校之间、校内教研组之间、教师之间，出现了"百花齐放、百家争鸣、创先争优、你追我赶"的校本培训氛围。全县中小学教师继续教育快速发展起来，近三年，我县非学历教育开班有：班主任、计算机、普通话、新教师、新普职称、心理咨询、安全教育、小学英语、初中语数骨干教师等培训班，学历教育有幼师、专科、本科、研究生班，还着力抓了新课程学科专任、专项能力、教师管理岗位培训，共15种类型的培训班，每年培训人数在5000人以上。

探索"工程型"继续教育，全面提高中小学教师素质

"教育大计，教师为本"。加强教师队伍建设，全面提高中小学教师素质，是各县级

教师培训机构都面临的挑战。湖南省邵东县教师进修学校走科研兴校之路，2004年9月，承担国家"十五"计划德育重点课题《学校、社会、家庭三结合德育创新发展研究》的研究，子课题是《三结合教育中的教师角色研究》，从探索"工程型"继续教育的角度研究教师角色，取得了成功经验，从目标体系的构建到新课程改革的实验，从培训模式的探索到优课活动的开通，从管理机制的形成到培训基地的建设，进行了全面的实验性探索，形成了完整的"工程型"继续教育体系，取得了令人满意的成果，显示了鲜明的示范作用，产生了积极的社会反响，让我们看到了科研在引领学校发展、促进中小学教师素质提高和教师角色转变中的重要作用。

一、创立三名工程，构建师训目标体系

中小学教师继续教育，它也是一种新型的素质教育。县教育局局长曾益谦同志从宏观目标上思考，把中小学教师继续教育作为"工程"来抓，将学校建设、中小学校长队伍建设、中小学教师队伍建设等三项根本性的建设融为一体，构建起"三名工程"（名教师、名校长、名学校）实施方案，并在全县有计划分步骤地全面开通。这样，实现了从教师个人发展转向教师的群体发展，校长个人发展转向校长的群体发展，并促进各级各类学校的全面发展，从而不断提高教师队伍的整体素质、校长队伍的整体素质和学校的整体效益。

（一）启动名教师工程。县教委出台《名师工程实施方案》，规定合格教师、骨干教师、学科带头人的标准和评选办法，提出明确的实施目标。经过3-5年的努力，使我县中小学50%的教师学历达到教育部提出的新要求；80%的教师普通话、计算机、学科教学三项基本功达到上级规定的要求；专任教师90%以上达到合格教师标准，40%以上达到骨干教师标准，造就500名学科带头人，并产生一定数量的市以上学科带头人；还将评选十大杰出青年教师和100名优秀青年教师。从教师到合格教师到骨干教师再到学科带头人，成为教育教学专家，形成"宝塔式"梯级结构。学科带头人是指具备骨干教师条件，在思想政治与职业道德、专业知识与学术水平、教育教学能力与教育科研能力等方面有很好的综合素质，成为高素质、高水平、具有终身学习和教育创新能力，在教育教学实践中发挥示范作用的中小学教育专家。2001年首次学科带头人评选，各高中、各乡镇联校向县推荐了128名中小学骨干教师申报学科带头人，县学科带头人资格考评委员会分小学组、初中组、高中组，依据学科带头人10项硬指标进行逐个考核，估计有40人可以享受这种殊荣。

（二）实施名校长工程。"一个好校长，就是一所好学校。"为建设一支能够带领广大教师和教育工作者积极实施素质教育、富有改革创新精神的高素质的中小学校长队伍，我们学习上海、北京等地的试点经验，以中小学校长职级制为核心，制订《邵东县中小学名校长工程实施方案》。规定试用校长、合格校长、骨干校长、名优校长的任职条件、考核认定办法和校长待遇。将中小学校长职务等级分为四级十等，即A级（优秀）一二等，B级（骨干）一二等，C级（合格）一二三等，D级（试用）一二三等。坚持"个人申报、组织考核、领导审批"相结合的评审程序。在认定校长职务等级的基础上评选名校长，坚持每年考核一次，每两年评选一次。经过3-5年努力，建立起中小学校长选

任制、培训制、职级制和监督机制；100%的校长持证上岗，5年内100%的在职校长接受不少于200学时的提高培训，20%的校长参加高级研修；还将培养一批教育理论形成体系、教学科研水平领先、学校管理成效显著，在市、省乃至全国有较高知名度和影响力的名校长，即有理论的教育家、精业务的教学专家和重效益的管理家。这一方案的实施激励着全县中小学校长积极学习教育理论，刻苦钻研教学业务，改善学校管理。如邵东三中李振民校长和两市镇一完小赵俊杰校长，他们业绩卓著，2003年教师节受到国家教育部表彰。

（三）推进名学校工程。县教育局对小学、初中、高中建立等级评估方案，评估的内容是硬件建设和软件建设两个方面，按15项一级指标42项二级指标评估计分，根据各校得分多少将学校分为ABCD四级。2000年上半年县三名工程领导小组组织20余人的督导评估团对全县70所初级中学进行了一次等级评估，高中招生按学校等级分配指标。2003年对400多所小学进行等级评估。在名学校工程的激励下，坐落在农村的邵东三中以"三苦"精神、精诚团结、求真务实、开拓创新、扬善教育跻身全省重点；邵东职业中专严谨探索、从严治校、实行军事化管理，走"校企结合、产教结合、长短结合"的办学之路，誉为湖南职校的一面旗帜，三年跨进国家级重点，成为全国职教的典范。还有一批小学和初中像他们一样竞争居上，名声远播。

中小学教师继续教育是个系统工程。名教师、名校长、名学校三大跨世纪工程互为条件，互相补充，形成合力，激励着全县一批名教师、一批名校长、一批名学校不断地创新素质教育。

二、组织课改实验，实现教师角色转变

我县是全省最早推行新课标的实验县，县进修学校和县教研室，研培结合，共同探索新课标培训，开展新课改研究，经过几年的有益尝试，取得了成功的经验，实现了课改教师、骨干教师、校长等教育行政人员的全员培训。

（一）以更新观念，学习研究新教材、新教法为核心，全面落实通识培训。通识培训的目的是让教师了解课程改革的目的和意义，把握课改理念，使广大教师成为课改的支持者和自觉参与者。由于培训对象包括进入课改的所有学校和教师，面广、人数多，是一种全员培训，我们采用分层分级的培训办法，专家讲座、小组合作和分散自学的形式，精心组织了县、乡镇中心学校和各中小学三级培训。县级首先对各乡镇中心学校、中小学校领导和学科带头人进行培训，广泛宣传动员，对课改各项工作进行具体安排；乡镇中心学校以中心初中和中心小学为基地，组织全体教师学习新纲要教材；学校是通识培训的主课堂，校长是第一责任人，学校负责各项学习活动的具体落实。

（二）用"请进来，走出去，大练兵"的策略组织学科培训。一是"请进来"，请专家做专题辅导报告，截止2005年6月，全县学科培训达50余期，各学科教师4600余人。二是"走出去"。分批次地组织实验教师到外地学习观摩，开阔视野，让学科带头人、骨干教师参加省级培训，先后到长沙、北京、上海、青岛等地学校考察，借鉴他人的成功做法和宝贵经验；应兄弟县、区邀请，我县教师多批50余人次到外地讲座并上观摩课，受到广泛好评。三是"大练兵"。依托县、乡镇中心学校、学校三级培训网络、立

足课堂教学中心，让每一位教师实现学生成为课堂的主人的同时，唱好教学的主角。首先，骨干教师上县级示范课，然后各校开展全员公开课活动，让每位课改教师转换角色上台献艺，并辅训集体备课和评课。我们还建立了乡镇之间的"派对"制度，26 个乡镇间结成课改观摩对子，注重教育观念的更新，突出教师角色的转换，以"咬定青山不放松"的精神，切实完成校长和教师岗位培训的任务。

（三）创造教师研培结合的"一二三四"校本培训新模式。新课程改革把许多新情况、新问题推到了我们面前，呼唤教学研究和培训的重心下移，校本培训是以学校为根本，以改革教育教学实践，解决学校自身所面临的实际问题为宗旨的教学研培活动，县教师进修学校下发了"校本教研制度建设的意见"，"校本教研制度的实施方案"、"中小学教师继续教育校本培训实施办法"构建起"坚持一个核心，狠抓两个平台，落实三个教研日，发挥四个作用"的操作模式。一个核心即以个人反思、同伴互助、专业引领为核心，采用教学反思、交流研讨、协作解决、结对帮助、专题讲座、教学咨询、教学指导、"说讲评"、课改沙龙、校长论坛、教师对话、教学开放周、新手献艺、教学擂台、案例展示等一系列研培活动，使校本研培具体化。两个平台，即教学平台和教研平台，要求教师登台上汇报课、研讨课、示范课；推荐教学尖子参加县、市、省比赛；推荐教学新秀为培训教师做培训报告，上培训课；鼓励参加课题研究，组织教学论文、教学设计、教学案例评选，使校本研培一体化。三个教研日，使校本研培经常化。四个作用，即充分发挥校内四个层次的管理作用，校务会的管理支持作用，校长是校本培训的第一责任人；教研室的研究指导作用；教研组、备课组的主体作用；骨干教师的核心引领作用，使校本研培规范化。创造教师研培结合的"一二三四"系统工程，凸显了邵东校本培训和校本教研有机结合的鲜明特色。

三、创造四结合模式，重点培训骨干教师

要广泛地实施县、乡、校三级优课工程，全面推动学科教学基本功训练，必须有一支骨干教师队伍。我县骨干教师培训始于 1991 年，1997 年步入正轨。我们坚持因地制宜，从实际出发，以针对性、实践性、主体性、实效性的原则，从理论、实践和科研几个方面提高骨干教师实施素质教育的能力和水平，构建了"理论——实践——科研——评价四结合"的培训运行机制。

（一）理论主导。我们认为：科学的实践需要科学的理论指导，加强教育理论知识的学习，对受培学员树立正确的教育思想，确立现代教育观，提高教育理论素养，更新学科专业知识结构，增强进一步发展的后劲，具有十分重要的意义。理论学习以三大板块组成：（1）培养和完善良好的职业道德；（2）现代教育教学理论；（3）现代教育技术。在理论培训的方法上，采用在职业余自学，做好自学笔记；短期集中，听指导教师辅导讲座；撰写学习体会文章；理论知识书面考核等形式。

（二）实践主体：开展双导师制下的实践活动。主要研究实践的方式方法，以及怎样实践才能实现理论与实践的最佳结合、才能产生辐射作用、才能满足学员的成功愉悦。我们考虑到：一是参培学员所在单位是他们成才的沃土，因此学员实践的主阵地是他们所在的学校。二是为避免实践的盲目性和增强效益，主要实践活动应在培训指导教师的

参与下进行，实践操作主要加强"说讲评"三方面工作：（1）说课：根据说课内容，运用所学教育理论，编拟出有教改创新气息的说课方案，要求对教材、教法、学法、教学程序进行分析。将理论知识融会贯通。（2）讲课：上课时，要求以素质教育为宗旨，以培养和发展学生的能力和个性为目的，以教学目标的实现为方向，以现代教育技术为手段，不断优化教学各要素和教学结构，强化教学过程调控，用科学的方法和熟练的教学技能完成教学任务，实现教学目标。（3）评课：骨干教师负有指导一般教师的责任，学会评课，提高评课能力是关键。在培训过程中，要求学员除了学习评课的方法、技能和要求外，在日常教学实践中，更要重视评课能力的提高、评课艺术的锤炼和自身教学后的反思。

（三）科研引线：教学研究是区分骨干教师与一般教师的本质特征之一，骨干教师理应成为教学研究的带头人。做法是：首先由学员把自己在教育教学中遇到的问题、困难以书面形式提出来，然后指导教师和他们一起逐一分析研究，把这些问题、困难转化成小而具体的研究课题。学员根据自己的特长和体验，参加某一课题研究。这里的关键是课题要小，课题小，研究难度就低，课题小，实验周期短、针对性强，就会具体而实在，学员参与的积极性就高。在培训结业前，每个提交研究报告或教育论文，邀请指导教师等有关专家评审并组织报告会。每两年进行一次教育研究成果评奖，择优以县级成果予以肯定。

（四）评价考核：评价是指对学员在骨干培训班里的学习、出勤、教育实践、教育科研以及在所在学校的示范带头作用的一种判别活动。制定《小学骨干教师考核指标体系和评分标准》，对骨干教师逐一进行考核评分。判别的结果将对教育行政部门使用教师起到重要的参考作用，对骨干教师的评价考核同时也是对骨干教师的激励行为。理论学习后，要求参培学员上一节优课，开一个讲座，写一篇科研论文，完成这"三个一"。这既是他们的学习汇报，又是判断他们能否结业、能否成为骨干教师的重要依据。

四、实施优课工程，推动三项基本功训练

《县素质教育师训管理模式》及其配套方案为优课工程的实施指明了途径、方法和要求，骨干教师培训为优课工程的实施提供了基本队伍。优课工程的实施分三步走：第一步分别在廉桥和佘田桥开展县级优课观摩活动，邀请县内领导、特级教师、省市有关领导和专家亲临指导，要求各乡镇抓师训的副校长、骨干教师提高班学员必须参加。这两次县级优课观摩活动一是摸索经验，为乡镇优课工程提供基本模式；二是如何按素质教育的要求上好一堂课，树立优课标准。执教老师在认真钻研教材的基础上，写出体现全体性、全面性、主动性的教案和规范的说课稿，印发给听课的领导和教师。在讲课时，不仅要体现继续教育基本功训练的实用价值，而且要体现以课堂教学技能为重点的学科教学基本功的价值取向。讲课完毕，由执教老师当场向与会代表说课，然后指导教师和学员一起评课。评课时，先由与会代表评，各抒己见，畅所欲言，不求全面，然后由专家或指导教师做出客观全面的评价。在评课的基础上，当场发放优课证书。第二步是各高中、各乡镇联校实施优课工程，要求各学校的校长、教导主任、教研组长必须参加，据初步统计，观摩人数在3000人次以上。教师进修学校领导和指导教师每周星期四、星期五下乡指导优课工程，还帮助他们摄像。第三步是各学校在乡镇优课观摩的基础上，人人参与，上合格课、优胜课、优质课、示范课活动。

优课工程的普遍开展，推动了教学基本功、普通话和计算机三项技能训练。优课执教者那种娴熟的课堂教学技能，博得观摩教师的喝彩。县进校指导教师的导向、执教教师的示范，使广大小学教师认识到课堂教学技能在课堂教学中的重要作用，产生了学好课堂教学技能的强烈愿望。在训练中，我们采用了"5 步走"的办法，即：理论学习——技能观摩——技能实践——技能评价——优课表演。大家反映，这样训练才生动、实用。普通话训练，我们首先是培训测试员（4 名），然后培训各单位的辅导员（78名）。我们要求各乡镇要合理设立培训点，充分发挥兼职辅导员的积极作用，采取分散与集中、平时与上课、自学与辅导相结合的培训形式，处理好"测、训"的辩证关系，做到以训保测、以测促训。计算机训练，我们首先是培训计算机教师（154 名），其次是各乡镇联校和高职中装配机房，各乡镇和高职中利用这批教师和设备设点办班。县进校主持考试，严格考风考纪，对代考等舞弊行为者，全县通报批评，取消一年考试资格，并取消年终评优和一年职称晋级。

五、构建师训管理模式，创新评价体系

我们首先认识到：中学第一周期，小学第二周期培训必须从基础教育的改革和发展出发，紧紧围绕素质教育去提高教师素质，优化教师队伍。我们觉得第二周期培训主要有两个问题：一是如何解决第一周期继续教育的问题，实现理论与实践的紧密结合，更好地为素质教育服务；二是如何加强管理，保证师训经费，使本周期培训蓬勃开展。我们把思考结果写进了"县素质教育师训管理模式"，提出以"一个中心，两支队伍，三级网络，四率评估，五项措施"为要点的县素质教育师训管理模式，形成科学的目标、管理、评价新体系，实现师资培训规范化、制度化。

在县教育局的直接领导下，县教师进修学校为培训基地，县教研室科研导向，县仪电站发展信息技术三位一体，构建师资培训中心，采取"送出去"、"请进来"等办法，努力建设干训和师训两支队伍，培训校长和中小学教师，建立县、乡、校三级培训网络，县宏观调控，落实师训经费，做好全面指导；乡镇中观管理，办好中心培训点，各中小学校微观组织，抓好全员参训。

建立以"送培率、出勤率、结业率、优秀率"为主要内容的四率评价方案，坚持与乡镇联校教育评估挂钩。以送培率评价计划管理，各乡镇和学校是否完成送培任务，以脱产和函授集中培训的，每学期评估一次，对在职进修和基本功训练的，每年评估一次。以出勤率评价组织行为，将考勤结果每一学月向各送培单位通报，各送培单位将通报结果记入学员学习档案，并采取适当的奖罚措施。以结业率评价教学质量，按省颁教学计划分思想、知识和实践能力三个方面结合考察人，只要一方面不合格就不结业，以保教学质量。以优秀率评价学员的主观能动性，考查学习过程中作业的创造性，进行优质课、优秀教案、优秀论文评比。

保证五项措施到位。领导到位：县、乡、校第一把手亲自抓，分管领导具体抓，形成齐抓共管的机制。辅导到位：发挥专任教师、兼职教师的作用，县进校组织备课会议，进行教学研讨，提高辅导水平。经费到位：中小学的师训杂费按进校和乡镇联校 1：1 分配，保证县进校的师训办公和基本建设、送培单位教师的培训开支。制度到位：建立学籍管理、教学管理、质量检查等一系列制度。科研到位：将实施素质教育、培训高素质的校长和教师队伍作为重要研究课题，走科研兴教之路。

我们还制订了《邵东县优课工程实施方案》、《说讲评实验方案》，从内容、途径、方法、制度上对本周期培训进行了科学规范，乡镇联校和参训教师普遍反映，新的师训管理模式给继续教育带来了生机和活力。

六、加强基地建设，尽显邵东师训特色

2005 年 9 月，邵东县教师进修学校经过湖南省教育厅评估验收，符合"省示范性县级教师培训机构"的标准，在"小实体，多功能，大服务"三大特色，一显教师培训机构的示范性。

（一）"小实体"日臻完善。县级教师培训机构是全县中小学教师终身学习和提高专业水平的重要基地，不可或缺，不可削弱，只能加强。这是邵东县历届党政领导形成的共识，也是县教师进修学校从小到大、从弱到强、从低层次到高标准，不断发展创新的根本原因。这个小实体的示范性可以用"五个一"来描述：1. 有一座设施完善的培训基地；2. 是一所具有法人资格的办学实体；3. 有一套科学实用的管理制度；4. 关键是有一个年轻有为的领导班子。学校实行校长负责制，采用"书记保证，校长行政，主席监督"的管理模式，校处两级班子共 7 人，一班人"思想同心，目标同向，工作同步"，精诚团结，合作默契，是一个年轻有为，充满活力，富有开拓创新精神的领导班子。5. 更重要的是有一支"四高一全"的教师队伍。全校现有教职员工 53 人，专职教师 34 人，他们具有高学历（其中本科 33 人，研究生 6 人），高职称（副高以上 22 人），骨干教师高比例（市、省学科带头人 9 人），业务高水平、学科齐全的教师队伍，可以满足小学、初中乃至高中所有学科教师的培训需要，可以适应基础教育新课程改革的需要。

（二）"多功能"的充分发挥，二显教师培训机构的重要性。县级教师培训机构的功能，按照国家教育部的要求：重点在于重视现有优质教师教育资源，积极整合县级教师培训、教研、电教等相关部门的资源，上挂高等院校，下连中小学校的新型教师学习与资源中心。我们正是这样做的：1. 坚持研培一体，实现资源整合。以县教师进修学校为培训基地，由县教研室科研导向，县仪电站发展信息技术，构建县教师素质发展中心，三位一体，发挥研培整合，优势互补的功能。2. 依托远程教育，上挂高校名师，与湖南师大、湖南科大、华中师大、陕西师大、中央电大等 11 所高等院校，建立了各种业务联系。3. 强化三级网络，落实校本培训，由县级教师培训机构宏观调控，发挥全面组织作用；乡镇中观管理，办好中心培训点；学校微观组织，抓好全员参与的校本培训与校本教研。4. 实施三名工程，造就骨干教师队伍。5. 构建教师素质发展中心，创新评价体系。县教师进修学校遵循国家教育部"创示范"的评价标准，"加强、充实、提高"六字方针，坚持"师范性、研究型、现代化"的办学方向，以中小学教师继续教育为中心，采取多种形式办学。我们已经办出一所上挂下联横整合，融师训、干训、电大、函大、远程、幼师、附属中学于一体的多功能的综合性学校。

（三）"大服务"成果斐然，三显教师培训机构的示范性。县教师进修学校，坚持服务于实验基地的引领，服务于中小学教师成才的需要，服务于中小学教学实际，服务于教育科研和未来教育的发展。小实体实现大服务，取得了一系列成果：1. 典型在引路。一批教师培训实验学校，在开展教师培训推进新课程改革、促进教育教学研究方面发挥了"领头羊"的作用。2. 培训出成果，非学历教育有新教师培训，骨干培训，校长培训，新课程培训等11种形式，参培人数达49442人，学历教育有中专、大专，还有本科，共培训7566人。3. 科研结硕果。全国"十五"计划重点德育课题《学校、社会、家庭三结合德育创新发展研究》，建立了邵东实验区，有邵东七中、邵东四中、两市镇二中、两市镇三中、砂石中心学校等十所中小学参与研究。与此相关的研究课题，还有《农村小学骨干教师四结合培训模式研究》、《初中情趣作文课堂教学模式研究》、《师生互动，共同发展实验》、《农村中小学音乐教育新课程实施的实践研究》。4. 声誉遍中华。县教师进修学校先后被评为"省文明卫生单位"、"省先进教师进修学校"、"全国电视师范办学先进单位"、"省教育质量评估先进单位"；为省举办"继续教育教学研讨会"，成为"中小学教师继续教育实验县"。《一个重视师训的县级领导班子》电视专题片在中国电视教育台播放，先后出席过"山东连云港会议"、"山西太原会议"、"内蒙古呼伦贝尔会议"、"海南国际华文会议"，都在大会交流了经验。

与时俱进，学成于修。邵东县教师进修学校将继续坚持"师范性、研究型、现代化"的办学方向，以高度的责任感和使命感进一步探索教师培训、教育科研的新途径、新方法、新模式，进一步增强教师研培的针对性和实效性，进一步研究教师角色转换、教师成长的规律，达到全面提高中小学教师素质的目的。通过一两年努力，让"小实体，多功能，大服务"的示范性县级教师培训机构再上一个台阶，成为全国县级教师培训机构的示范。

教师人生的三个追求

湖南《教师》杂志2009年第三期，李百艳的精彩通讯《程红兵教育人生的三个追求》，值得一读。程红兵，上海市建平实验学校校长、语文教师，曾获有"四特"殊荣：国务院特殊津贴专家、上海市特级教师、上海市特级校长、华东师大特聘教授。三次品读通讯，分析他的魅力和特点，品味他的人格和思想，深深感受到他的率真、睿智、大气和执着，他就像一个大磁场，可以深深地吸引着每一个读者，他的教育和人生追求有着独特的眼光和境界，"书生本色，人师情怀，专家气质"三个追求，值得我们每一位教育工作者为之借鉴。

第一追求：书生本色。做一名经师，显示出"读书、教书、写书"的本色。读书，当教师做校长，必须阅读古今中外教育名家的经典。读书是教师的立身之本，只有爱读书的教师，课堂上才能左右逢源、如鱼得水，只有爱读书的教师，才能和学生产生心灵的共鸣。不仅要读中华传统教育的精华，更要吸取西方教育的科学和民主精神，还要读计算机，读无巧不成书字书，从而开辟自己的精神净土。教书，上出一堂有自己的风格和特色的自由课。博览群书式的阅读可以促进开放式的教学，可以积累学问、开阔视野、

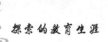

丰富思想、焕发激情、充盈义气、催生创造力，上好每一堂课。写书、上书山、下文海，喊出自己想说的心底里的真切声音。用自己的眼光审视自己所教的学科，学科性质、教育价值、教学风格、教学模式、教学管理、教学艺术、教学手段，在反思和总结中进行全方位扫描，创造自己的"读书→教书→写书"三位一体的教育理念，"传授知识→培养能力→塑造人格"三位一体的学科教学模式。

第二追求：人师情怀。经师易得，人师难求，显示出"人本、人格、人师"的情怀。人本，教师以生为本，校长以师为本。经师的过人之处在于把自己的经验传授给学生，把学生训练到位，以至于在各种考试中胜出；而人师的感人之处则在于为学生的人生奠定厚实的底子，把学生培养成聪明智慧、具有健全美好人格的人。人格，开展人格教育，指导学生学会做人。教学思考与实践操作的每一步，应致力于把学生培养成人文底蕴深厚的仁者和思想品质优秀的智者，把关注孩子一点一滴的变化和进步作为主旋律，坚持以个别化的指导来培养学生个性化的学习方式，用心去浇灌每一个孩子。人师，为人之师，要有浓浓的人情味。面对每一个学生，教学生三年，想到学生三十年，将理想与现实结合起来，既要关怀终极又要移情当下，用一种超越性的思考和操作化的研究去身体力行，在人师的道路上渐行渐远，渐远而渐成一道亮丽的风景。

第三追求：专家气质。气质，指人的生理活动和行为表现，更多的指一个人的人格素质，教师的修炼主要是气质的修炼。在追求书生本色，人师情怀的基础上，实现教育家的追求，显示出"专心、专业、专家"的气质。专心，一位教师、一位校长，一定要专心教育事业，不断努力去从自己身上种种的"小"，做一个大气的人。待人必须谦虚和宽容，作为教师，能包容每一个学生；作为校长，能包容每一位师生；习惯于从正面评价一个人，善于引导师生求真、扬善、尚美。专业，富有专业的创造思维，进行理性思考。要有杰出的思想力，研究"个性化教育"，主张"双重主体说"，教师是教授的主体，学生是学习的主体，而学生的主体作用逐步增强。用科学发展观研究学校核心发展力，促进学生全面发展，教师专业发展，学校可持续发展。专家，注重学习别人的成果，更注重独立思考，从理论和实践的结合上对教育教学和学校管理形成自己的有价值的独特思想。程红兵说得好："思想是人真正的生命，人类若要两手宇宙，就得先拥有和宇宙一般宽广浩渺的思想，要使自己的大脑不成为别人的跑马场，就要努力使自己成为思想的主人。"专家气质，做人，似静海深流，含蓄得宁静深邃；行文，如海底大山，喷发得磅礴壮阔。

教师的人生之路，如同登楼，每上一层都能展现出亮丽的风采。欲穷千里目，才上三层楼，从书生本色到人师情怀，再到专家气质；首先做经师，其次做人师，然后当教育家，这应当成为我们每一位教师，每一位校长，每一位教育工作者不懈的追求。

教师的教学要追求三重境界

教学有法，教无定法，贵在得法，100个教师站讲台，有100种教学方法，上好一堂课，应该成为每一个教师的不懈追求，教师研究课堂教学，要追求三重境界。

第一境界，有效教学。也是第一追求，应该是有效的，这是教师对课堂教学的一个基本期望和底线要求，如果不能保证这个底线，那么我们的课堂教学就是失败的，因为无效教学和低效教学，只能是对学生青春的一种伤害，对学生生命的一种浪费，"课"是莘莘学子舒展青春、升华生命的重要过程和载体，这一节一节的课，才构成学生成长、成才、成功的人生历程，构成了学生探索、感悟、升华的生命旅途。新课程的实施，"知识和技能、过程和方法、情感态度和价值观"这三维目标的提出，需要每一个教师在课堂教学中去贯彻和落实，强调有效教学，教师必须自我反思，进一步增强自己的责任感，增强课堂教学的时间意识和生命意识，保证学生的全面和健康成长。

第二境界，高效教学。所谓高效教学，就是要最大限度地发挥课堂教学的功能和作用，在单位时间里，即在课堂45分钟内要最大限度最完美地完成教学任务，达成育人目标，以求得课堂教学的最大效益。我们常说的"轻负担、高质量、向45分钟要效益"，就是高效教学这种课堂教学理念的折射和反映。具体说，高效教学，不仅仅是指知识的传授、技能的增进，还包括方法的选择和过程的优化，情感、态度和价值观等方面的激励、鲜活和升华，课堂教学既要有课程内容选择上的广度和深度，还要有课程实施安排上的密度和适度，更要有课程组织落实的力度和效度，高效教学要做到信息量大，思维含量高，师生互动生成。教师尊重、理解、赞美、欣赏学生，教师重视情感调动，重视情感设置，千方百计让学生动起来，想方设法让课堂活起来，让学生在轻松愉快、和谐宽松的学习环境中，高高兴兴地度过每一个45分钟，教师必须同伴互助，研究高效教学，应该成为每一个教师的现实追求。

第三境界，魅力教学。我们的教学应该做到与时俱进，在课堂教学上要不断自我扬弃，勇于开拓创新，在有效教学、高效教学的基础上，努力攀登课堂教学的最高境界——魅力教学。所谓魅力教学一定是有效教学，甚至是高效教学，而且，它不仅仅是从效率和效果的层面上值得肯定的课堂教学，还应该有人格、个性、艺术、科学、创新、发展等方面的追求和体现。魅力教学的魅力，有多层含义：一是执教者的人格魅力所产生的巨大的课堂凝聚力；二是课堂教学彰显师生个性魅力所产生的课堂迸发力；三是课堂教学设计精妙的艺术魅力所产生的课堂向心力；四是课堂教学符合学生认识规律所产生的科学魅力；五是不断超越自我而产生的创新魅力，更有能够使师生得到共同进步和提高的发展魅力，有专业引领，追求魅力教学，融人格、个性、艺术、科学、创新和发展于一体，上好每一堂课，这要成为每一个教师终生研究的课题。

有效教学、高效教学、魅力教学，是一个渐次递升的三重境界，可以说是教学上的"求真、扬善、尚美"．求教育教学规律、知识和技能之真；扬"教和学"的方法和过程之善；尚情感、态度和价值观之美。追求真、善、美的统一，每个教师必须坚持"自我反思、同伴互助、专业引领"，自觉加强理论学习，不断实践，切实抓住、抓紧、抓好每一个课堂教学45分钟，努力使自己在课堂教学中不断登堂入席，渐至教学佳境，其乐无穷。

第三卷　新闻通讯

　　新闻三讲，是应教师和校长培训的需要，在"教育科研"培训中增加的一项内容。当校长，"治校有法，治无定法，贵在得法。"10位校长治校，就有10种治校方法，为教育作贡献，为学校谋发展，为教师谋福利，为学生出人才，是校长工作的天职，"新闻人物通讯"在省和国家刊物上报道过我县10多位中小学校长典范，供读者品味和欣赏。

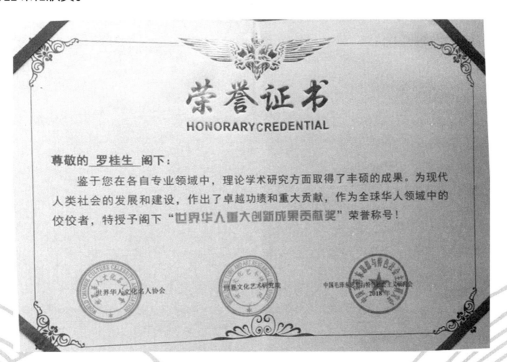

新闻三讲

第一讲　新闻概说

一、什么是新闻

"新闻的定义，就是新近发生的事实的报道。"这是陆定一同志 1943 年 9 月 1 日在《解放日报》上发表的《我们对于新闻学的基本观点》一文中对新闻下的定义。

我国许多同志在上述定义的基础上，进行了探讨："新闻是一种新的重要的事实。""新闻是新近变动的事实的传播。""新闻，就是广大群众欲知应知而未知的重要事实。""新闻是新近发生的，有社会意义的事实的报道和评论。""新闻是新近发生的事实报道，是客观事物的反映，是一种信息传播。"

那么，究竟什么是新闻呢?

新闻，是新近发生的有意义的事实的报道。

新闻的主要特征是：

新闻的本源是客观事实。事实是第一性的，新闻是第二性的。

新闻所反映的事实是有意义的，是为群众关心的。

新闻必须有新意。

新闻报道必须及时。

新闻必须真实。

报道和传播是新闻的必要环节。

新闻的概念有广义和狭义两种：

广义的新闻一般是指报纸、广播、电视中的新闻报道体裁，包括消息、通讯、调查报告、评论等。

狭义的新闻是指消息。

二、新闻的作用

1. 社会主义新闻事业是党、政府、人民的喉舌，必须坚持新闻的党性原则，准确生动地宣传党的路线、方针、政策，进行正确的舆论导向。

2. 以马克思主义为指导思想，运用各种新闻报道形式，启发、激励、教育群众。

3. 表扬先进，促进社会主义物质和精神文明建设。批评错误思想和倾向，发挥舆论监督作用。

4. 揭露敌人的丑恶，团结人民共同对敌。

5. 正确地反映人民的意志、愿望和呼声，同时用马克思主义，用党的方针、政策引导群众。

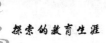

6. 传播信息，沟通情况，交流经验，让立足于一隅的读者知晓天下事，有助于人们工作、劳动和生活。

7. 传播知识，丰富文化生活，陶冶情操。

三、新闻要用事实说话

"用事实说话"，是新闻写作的基本原则。无论从新闻的本源来讲，还是从读者对新闻的需求来讲，新闻工作者都要在获取和表达事实上下功夫。

新闻要"用事实说话"，就必须注意以下几点：（1）新闻事实要具体。就是说，对于新闻中的时间、地点、人物、事件、情况以及原因、结果、发展等，作者要根据某一新闻的实际情况和某篇新闻稿的主题，交代得清清楚楚。（2）新闻事实要典型。不能眉毛胡子一把抓，堆砌事实，要选择有特点又有普遍意义的事实，说明一定的主题。（3）新闻事实要生动感人，避免枯燥无味。（4）新闻事实不是虚构的。

"新闻五要素"同新闻"要用事实说话"是一致的。五要素是指何时、何地、何人、何事与何因。也有六要素的说法。

四、新闻要真实

新闻必须完全真实。

新闻的真实性，一般地说包括以下内容：

1. 新闻中的事实要真实无误。例如新闻的时间、地点、人物、事件、原因、结果和引语、数字以及细节描写等，都必须完全符合客观实际，不能有任何虚构。

2. 新闻报道要从事物相互联系中去把握并真实地反映客观事物，从而揭示出事物的本质。

新闻失实的表现，大体有以下几种：一是凭空捏造，胡编假新闻。这种情况现在较少，但影响极坏。二是加油添醋，任意拔高。这种情况居多，带来不好的影响。三是只写枝节，隐瞒关键性的事实，导致不能真实地反映事物面貌的后果。

要做到新闻完全真实，从写作角度来说，新闻作者首先要提高思想素质，树立严肃认真的工作态度和高尚的情操，以写真实新闻为荣，以写失实新闻为耻。其次，采访必须深入，要全方位、多层次地了解情况，把事实真象弄清方动笔，写出初稿后还要核对事实。

五、新闻要新

新闻不是历史，是新近发生或发现的有意义的事实的报道。因此，新闻的内容要新鲜，不能老是报道那些人们早已知道的老情况、老问题。

以写事为主的新闻，要注意寻找新的触发点。首次发生的事，能写成新闻，读者感到新鲜。之后，又有新突破或新的发展，人们仍有新鲜感，作者还可写出新闻。

以写人为主的新闻，应着重报道某一个人或某一群人新近发生的具有新闻意义的事。至于有关的人物的背景材料，力求从简。特别是写几百字的消息，作者的主要着笔点是写好人物的新建树或新动向。

写新闻，还要善于寻找新角度。某些人物、事件、情况、问题，尽管已作过报道，但新闻作者找到新角度，提炼出新主题，仍可写出新闻来。

六、新闻的时效性

迅速及时地反映变动中的事实，是新闻报道的显著特点之一。新闻的新，不仅渗透在内容里，而且体现在时间上。一般地说，新闻发生与新闻报道之间的距离短，则新闻价值高，产生的效果好，这就是新闻的时效性。

从事新闻工作，应当十分重视新闻的时效性。

报社、电台、电视台既然是新闻机关，应当大力提倡加强新闻的时效性，多登新闻，减少"旧闻"。

为人们普遍关注的重大事件的新闻，记者、通讯员特别要抓紧时间采写、发稿，注重时效性。

要做到新闻具有时效性，新闻工作者就必须具有一定的政治思想水平、新闻敏感以及迅速捕捉新闻的能力。

新闻工作者树立快速作风，十分重要。在获悉有新闻价值的线索时，记者要迅速赶到现场采访。

突发事件，新闻的发稿时间当论日、论时、论分。报社、电台、电视台发表或播发时，可标上某日某时某分。至于写非突发性的新闻，如报道某一经验、某一工作，有的能写出某时某分。至于非突发性新闻，如报道某一经验、某一工作，有的能写某时某分，有的不必也无法写出某时某分，主要强调是否具有新闻价值。

七、新闻要短

新闻要简明扼要，短小精悍。这是对新闻写作的又一要求。

新闻，要新，也要短，新与短密切相联。特别是在生活节奏越来越快的当代，更强调把新闻写得短些再短些。新闻短了，报社、电台、电视台能为群众提供更多的信息。就记者、通讯员来说，有利于提高判断水平和凝聚能力，也便于迅速发稿。就读者来说，能节省时间，在较短的时间里获得丰富的信息。

胡乔木同志在革命战争年代就写过《短些，再短些!》的文章，登载于 1946 年 9 月 27 日延安《解放日报》上。他提出消息要五分之四是五百字左右，通讯五分之四是一千字左右的。《人民日报》于 1981 年 8 月 13 日重新发表此文，并对长风不止的状况提出批评。

新闻应当短，也能短。题材小的新闻能做到短，重大题材的新闻也可短下来。

当然，新闻短并不等于潦草从事，什么问题也没说明。短新闻虽然字数不多，但材料要翔实，主题要明确，问题要新鲜。

能否写出短小精悍的新闻，首先是一个新闻敏感的问题。现实社会生活是丰富多彩的，我们要从中找到有新闻价值的东西，选好角度，突出地报道某一侧面。否则，面面俱到，记流水帐，怎么也短不了。其次，要在选材、剪裁上下功夫，动脑筋选出有代表性的有新意的事实，剔去杂枝。第三，要锤炼语言，字斟句酌。

综合本节内容，讲述新闻及其作用，新闻的写作特点可用五个字概括：实、真、新、快、短。

第二讲　新闻采访

一、采访的意义

采访是通讯员了解基本情况、采集新闻材料的活动。它是通讯员应有的一项基本功，也是新闻写作的前提和基础。

新闻要用事实说话，那么，事实从哪里来？只有从采访中来。俗语云："巧妇难为无米之炊"，不从采访中获取事实之"米"，自然无法构成新闻。

新闻有新鲜、及时的特点。通讯员要获取新鲜材料，就要到现场采访，及时捕捉"鲜鱼"，才能写出新闻稿。尤其是写突发性事件消息，要闻风而动，奔赴采访地点，迅速获得材料，敏捷发稿。

新闻的生命在于真实。写新闻要做到真实，首先必须在采访阶段获得真实的素材。新闻作者要有实事求是的精神，深入基层，多侧面采访，准确地掌握事实。有些发表或播放的新闻，为什么失实？主要出现在采访上。有的采访不深入，道听途说，捕风捉影，拾着封皮就当信；有的听信一面之词，不全面采访，上了当；有的思想水平不高，以假为真，造成失实。要避免失实，第一位的工作是新闻作者必须在采访中得到的真实的素材。

通讯员要充分认识采访的意义和作用，多花功夫采访，为写作打好基础。

二、怎样发现新闻

1. 要有新闻敏感

新闻敏感，又称新闻嗅觉，或称新闻鼻。它是新闻工作者迅速识别和判断新闻价值的能力。从事新闻写作的人，必须具备这种敏感能力。

新闻敏感一般体现在：（1）迅速判断当前到哪里去寻找新闻；（2）迅速判断某一事实是否有新闻价值；（3）迅速判断某一事实是否能在读者中引起广泛的兴趣，能及时判断同一新闻事件中的若干事实哪个是主要的，哪个是次要的，能从微小的事物中判断出它的重大新闻价值。

培养和增强新闻敏感，要从四方面着手：

了解形势，关心动向，立足本学校，面向社会。通讯员要认真学习理论、看文件、读报纸、看电视、听广播，大脑里要装多方面的信息。要把理论知识同社会实践结合起来，善于捕捉新闻。

了解下情，接触实际，分析矛盾，探索问题。要热爱生活，广泛接触社会，了解人与人之间的关系，一旦出现新的变化，能及时发现。

要学会运用比较的方法。有比较才能有判断，才能发现新事物。今与昔比，在比较中分析、归纳，可找到新的事物。

要养成勤于动脑的习惯。一个通讯员，无论是行车途中，还是逛商店、漫步街头，或是走亲访友，要处于采访状态，思考新发现的变化，自觉增强新闻敏感。有些新闻题目，是不断积累后跳出来的。有些新闻点子，是在"无意间"碰上的。勤于动脑、动笔能使新闻嗅觉越来越灵。

2．要善于判断新闻价值

新闻价值有两层意义：（1）新闻事实自身的意义；（2）报道新闻事实在社会上所产生的作用和影响。

通讯员在采访中要把新闻事实自身的意义和社会作用、影响综合起来考虑，从而确定是否具有新闻价值。

在采写中，怎样衡量新闻价值呢？（1）注意重要性。越重要的事，关心的人越多，新闻价值就越大。（2）注重新鲜性。事实越新鲜，人们越感兴趣，新闻价值就越大。我们不仅要做到稿件内容新，还要做到采访、写作以及发表的速度快，以增强作品的新闻价值。（3）讲究指导性。通讯员可以抓住有普遍指导意义的新闻事实进行报道，推动各项工作向前发展。（4）注意接近性。新闻事实，要与接受新闻的群众接近，这种接近包括心理上、职业上、民族习惯上的接近。新闻与群众越接近，新闻价值越大。（5）考虑趣味性。人们普遍感兴趣的新鲜题材很多，以增强作品的新闻价值。

3．要善于获得新闻线索

新闻线索是指新近发生或将要发生的新闻事实的信号。通讯员写新闻是从获得新闻线索开始的。

获得新闻线索，有以下途径：（1）学习文件，参加会议，听报告看总结，从中发现新闻线索。到领导机关请负责同志或部门的同志谈情况，从中获得新闻线索。（3）多到城乡基层去，同群众交朋友，谈心，从日常生活中获得新闻线索。（4）从群众来信中得到新闻线索。（5）从广告、海报、通知、宣传画中取得新闻线索。（6）从新闻单位的报道揭示得到启发，去熟悉的地方寻找新闻线索。

三、采访准备

1．平时准备

第一，理论上、政策上的准备。要系统地学习马列主义、毛泽东思想，学习经济理论，学习辩证唯物主义和历史唯物主义，学习党的路线、方针、政策。第二，积累情况的准备。要经常掌握社会各层次的动态，了解各侧面的信息。第三，积累知识的准备。够格的记者、通讯员应当是知识广博的人。从天文地理，到节奏旋律，尽力多懂一些。

2．临时准备

采访突发性新闻，说走就走，准备的时间很短。在这种情况下，可抓紧时间弄清采访任务，明确目的，带上用具迅速出发。

采访非突发性新闻，准备的时间较长些。在时间允许的条件下，作以下几项准备工作：（1）明确采访任务、目的。（2）汇集有关资料，初步了解采访对象的情况。（3）查看同类新闻报道，力争在写作上有新的突破。（4）制订采访计划，拟出发问题目。（5）收拾好必要的用具。

四、采访活动

1．访问

访问新闻人物和周围的知情者是获取新闻事实的重要工作。

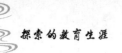

"兼听则明，偏信则暗"。在采访中，偏听偏信往往造成新闻失实。有经验的总是把正面访问与侧面访问结合起来，把个别访问与集体访问结合起来，获取真实可靠的材料。

2. 提问

提问是通讯员在采访中的一门艺术。要注意以下几点：（1）区别对象，确定提问的方法。（2）采访者提的问题，可由粗到细，顺藤摸瓜。（3）采访者可按采访提纲顺序提问，但不能一成不变。（4）既要对重要情况和问题感兴趣，又要对乍看是"细小"的情况和问题感兴趣。（5）注重启发式，不用审问式。（6）采访人要注意文明礼貌。态度要诚恳、坦率、真挚，对尊者不卑，对常人不傲。言谈恰如其分，举止大方。（7）要有从现象看本质的本领，能辨别被访者提供的情况是真是假。（8）边提问边思考，查漏补缺。

3. 现场观察

现场观察是新闻采访的又一重要方式。用新闻工作者的话来说，这叫"用眼睛采访"。俗语云："百闻不如一见"、"耳听为虚，眼见为实"。采访人除了找当事人谈话外，要到现场去观察感受。现场观察，包括事件正在进行时的观察，也包括事后的实地观察。

4. 心理分析

心理分析包括两方面的内容：（1）采访者对被采访者心理进行仔细分析和判断；（2）采访者心理活动的自我调节。

在准备阶段，了解对方各方面的情况，包括了解个性，粗略考虑采访方法。在交谈时，采访者要听其言，观其行，察其神，掌握被访者的心理活动，相机改变话题，达到采访目的。采访者既要研究被访者的心理，又要注意自身的心态。

5. 心记和笔记

通讯员采用心记和笔记。心记，是指在当场不用笔作记录，而用头脑记。事后，可追忆在采访本上。心记的长处是不影响对方谈话的情绪，还有助于采访人观察对方和思考问题；短处是容易遗忘细节，怕回忆出的数字、时间不准确。笔记，就是采访人当场用笔记下来。采访人可以酌情交替使用，发挥两种记录方式的长处。

做笔记的几种方法：（1）详记。采访人对被采访者的口述，居高临下记录得详细一些，就是说，要把事件发生的时间、地点、原因、结果，以及有关人物的情况等记录下来。（2）有选择的记录。采访人主要记录要点、疑问点、有个性的原话、环境特色、人物表情等。（3）速记。可以运用自己的速记文字或符号作笔记。（4）整理笔记。现场做笔记，事后整理成资料，可以加深对客观事实的理解，有助于构思写作。（6）录音。电视台、电台的新闻工作者常运用录音方式进行采访。（7）深入采访。认真踏实地投入多层次采访，才能进入新闻事实的内圈，获取真实而生动的材料。

第三讲 新闻写作

一、新闻的材料

通讯员在采访中获得大量的真实材料之后，在构思写作过程中必须进行选择。这就是我们通常说的选材。

新闻作者在选材时要注意以下几点：（1）选材要严。材料和主题紧密联系着。新闻作者要从庞杂的材料中选择能反映事物本质的材料，表达一定的主题。（2）选材要真。新闻作者要善于鉴别事物的真与伪，剔除虚假的，选择真实的，保证新闻作品完全真实。（3）选材要新。新闻作者要紧贴时代，站在时代航船的前端，物色人们关注的新鲜材料，写入新闻作品，给读者以新的启迪。（4）选材要注意可读性。我们写出的新闻作品总是要给读者见面的，如果通讯员精心选择既有典型意义又有可读性的生动材料，就能增强新闻报道的吸引力。

二、新闻的主题

1. 主题的含义

新闻主题，是指新闻作品中全部事实所体现的中心思想或基本观点。它来自社会生活的客观事实。也可以说，它是通讯员对客观事实的判断和倾向。新闻主题和新闻材料是不可分割的。新闻主题是新闻作品的灵魂，新闻材料是新闻主题的血肉。

2. 新闻主题的要求

要正确。是指符合事物发展规律，符合实情，能够经受住实践的检验。（2）要集中。新闻稿件，以短为主，主题集中尤为重要。选择的材料可以是多侧面的，但主题应当是集中的。这就要求通讯员吃透材料，理顺思路，在一篇稿件中表达清楚一个中心思想。（3）要深刻。就是新闻作者在采写过程中善于透过现象看本质，体现出时代精神。（4）要新颖。新闻主题的新颖同材料的新鲜是紧密联系的。记者、通讯员要及时地了解新人、新事、新思想、新经验、新问题，展示新颖的主题。

3. 新闻主题的提炼

新闻主题的提炼过程，就是新闻工作者在采写中对大量的材料不断进行比较、分析、判断的过程，是在事实的根基上提炼出思想光泽的过程。

新闻作者怎样提炼主题？方法颇多，这里只讲八种：

把"这一个"采写对象放在全局之中进行考察和探索，找出具有时代意义的新鲜主题。例如，在父母工作、劳动日益繁忙的新时代，脖子上挂钥匙的学龄儿童出现在两市镇的街头巷尾。双职工子女的午餐问题，难以解决。"这一个"——脖子上挂钥匙的学龄儿童的午餐问题，全国各地都存在着。新华社记者消息。（2）从全部新闻材料出发，分析研究，开掘出具有本质意义的主题。（3）从事物的联系和比较中找出特征，寻求具有独特价值的主题。（4）把报道的对象放在当前的形势和任务中找主题。（5）从群众关切的问题中找主题。（6）从热点、难点中找主题。（7）从冷点、空白点找主题。（8）通讯员接触事物后，从特有的认识中找主题。

三、新闻的角度

新闻的角度，是指新闻作者在写作中找准"突破口"，进入一定写作"通道"。也可以说，它是指新闻工作者在采写新闻中选择什么样的新鲜事实，寻找什么样的巧妙写作方法，来表现新颖独特的主题。

怎样选择新闻角度呢？应当根据不同的客观事实、写作体裁以及新闻作者自己特有的写作思路和喜好来确定。当然，一般说，有以下几种选择方法：

1. 从捕捉事物的特点选择角度

客观事物丰富多彩，新闻作者的着眼点是抓住它的特征，反映事物的普遍意义。我们面对大量的材料，要认真比较分析，解剖原因，寻找特点。如果能抽出特点，就容易选择新闻角度了。

2. 从新鲜事物中找角度

有些新闻作品主题陈旧、雷同，常常与材料不新、表现角度陈旧有关系，记者、通讯员要有创新精神，努力探寻新的"突破口"，进入新的材料"通道"，以展示富有新意的主题。

3. 靠近读者寻角度

有些新闻报道，离群众太远。读者不愿看，如果我们从群众容易理解的角度出发进行写作，效果就大不一样。从读者最关心和迫切需要解决的问题中寻角度，也是值得通讯员重视的。例如社会的治安问题、"菜篮子"问题、交通堵塞问题、价格问题、电力不足问题等牵动着千万群众的心，学生中政治思想、学风、作风、组织纪律问题，我们可以从中选择出不同的角度，多侧面地进行报道。

4. 选择小角度表现主题

"写新闻，角度要小，意义要大。"这是各地新闻工作者总结出的写作经验。角度小，有利于抓住具体生动的新闻事实，有助于主题开掘的深度。此外，稿子容易写得短小精悍，做到时效性强，增强对读者的吸引力。角度要小，意义要大，这就要求新闻工作者在深入采访、选取典型材料、提炼主题上下功夫。记者李峰同志写的通讯《"一厘钱"精神》，选取的角度小，写了"一厘钱"、"一分钟"、"一根火柴"、"一个真理"，一厘钱的故事显示出一个颠扑不破的真理：伟大的事业要从最小的事情做起。（见新华出版社《新闻采写经验谈》一书）

5. 写作方法与角度

角度新，不仅涉及内容，而且涉及表现方法。新闻工作者要善于判断新闻价值，及时获取新的内容，还要绞尽脑汁找到与新内容吻合的表现方法，以表现新的主题。新的角度是新内容与新表现方式的有机结合。

选择什么样的角度写新闻，要根据实际情况来确定。应当注意的是，新闻必须完全真实，作者不能违背新闻真实原则，单凭主观愿望"强扭角度"。如果"强扭角度"，将造成新闻作品失实。

四、新闻的可读性

新闻的可读性，是指很多读者对新闻报道读起来容易或感到兴趣。

怎样做到新闻有可读性呢？总的说来，新闻作者要按照用事实说话、新鲜、迅速、短等新闻写作特点和规律来精选新闻事实，使新闻作品富有可读性，还要注意下面两点：

1. 要善于寻找新闻事实与读者之间的联系

新闻的可读性，离不开新闻作品所反映的内容。新闻本身具有可读性，是敲响读者心灵琴弦的基础。通讯员在采写中，要善于判断煤种新闻事实与读者的联系及其影响在哪里，从而写出具有可读性的新闻来。

2. 运用多种写作技巧生动反映新闻事实

新闻的可读性是新闻内容美与新闻形式美的结晶。在新闻真实的前提下，通讯员要动用多种写作技巧，采用完美的表现形式，来反映新闻事实。

总之，新闻的可读性是内容正确、形式优美、情调健康的融合。有些报纸、书刊用色情、荒诞、迷信之类的东西来"吸引"读者，那不是我们所提倡的可读性。

五、新闻的语言

新闻语言的基本要求有哪些呢？

1. 语言准确

新闻工作者用词造句，包括运用修辞手法，要准确地表达客观事实，做到无懈可击。

2. 语言精练

新闻要短。这就要求新闻作者除了重视精选事实之外，还要重视语言的精悍凝练，用最经济的文字表达丰富的内容。新闻工作者在行文中要头脑清晰地吃准客观事物，理顺新闻事实，言简意赅地表达新闻事实，做到不累赘。当然，不累赘并不等于对新闻事实的交代不清，而是指用精炼的语言清爽地表达新闻事实。

3. 语言生动

社会生活五光十色，具有典型意义的新闻事实往往是生动感人的。要做到新闻语言生动，首先新闻作者要到现场采访，认真观察，深入调查；获得生动的新闻事实，记录生动的词语。这一步走好之后，才说得上怎样运用生动词语来表达事实。

4. 语言通俗易懂

在当代，新闻拥有广泛的读者和听众。作者撰写新闻，不仅要选择群众能理解的事实，而且要使用明白晓畅的语言，让读者容易接受。

六、新闻体裁

新闻的体裁，是指新闻内容的表现形式

新闻的内容决定新闻的表现形式，新闻形式是为表达新闻内容服务的。通讯员在写作新闻的时候，总是根据所要报道的内容，选择最恰当的表现形式。

报纸新闻体裁，在各地有不同的划分方法。各种划分方法，都有其长处。从报纸常登载的角度来看，有：消息（动态消息、简讯、经验消息、综合消息、评述性消息、素描式消息、人物消息、社会新闻）、通讯（人物通讯、事物通讯、工作通讯、风貌通讯、访问记）、新闻评论、新闻特写、新闻速写、报告文学、记者来信、读者来信等。

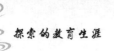

人物通讯

为"两协"奉献一切的人

——记湖南省邵东县教师进修学校两协主任陈华民

陈华民，男，1932 年 7 月生，湖南邵东人，中共党员，大学文化，中学语文高级教师，1951 年 2 月参加教育工作。1951 年 2 月—1960 年 7 月，先后任小学教员、教导、校长，1960 年 8 月—1983 年 8 月，先后任邵东四中教员、教导、校长兼党支部书记，1983 年 9 月起任邵东一中党支部书记，1988 年 2 月起任邵东县教师进修学校党总支书记。中共邵东县第七、八届代表大会代表，邵阳市第十届人民代表大会代表。邵东县第一届政治思想教育学会副理事长，邵东县诗词协会理事。

1992 年 8 月退休，他退休不退志，乐为党的事业献余热。先后聘为邵东昭阳中学教师、校长、顾问，选为邵东县教师进修学校老年协会，关心下一代协会主任，退休教师党的生活支部书记。"报国何愁鬓白，攀峰岂惧年高"。这副悬挂在陈华民同志室内的自励联，就是他退休后情系老协、心系关协、乐做学问精神风貌的深刻写照。

一、情系"老协"

陈华民同志念念不忘党和人民的培育之恩，保持晚节。以"老有所养，老有所医、老有所为、老有所学、老有所乐"为宗旨，既自己为之奋斗，又动员全体退休教师退而不休，乐献余热。为了做好"老协"工作，他首先挨家挨户访问 24 位退休教工，听取老同志对开展"老协"工作的意见，老同志谈话的焦点是要落实政治福利待遇。于是，他又采访了县老龄办、老干局、人事局、县教委及兄弟学校。掌握有关政策，然后向学校提出建议和要求，退休老同志积极性协调起来了。

一是组织退休教工讲政治。1998 年，先后组织退休教工学习了党的"十五大报告"，《中华人民共和国老年人权益保护法》、《党和国家历史上一次大转折》，召开了纪念党的十一届三中全会 20 周年座谈会，组织参观了刘少奇故居，雷锋纪念馆，长沙烈士公园和世界之窗，举行了教师节庆祝活动，出了"七一颂"特刊。许多老同志学习后，赋诗撰文发感慨。杨儒雅同志在文章中写道："组织老同志考察社会，开阔了眼界，亲眼看到近 20 年改革开放的伟大成果，邓小平理论的无比正确，沿途高楼林立，农村新屋耀眼，城市街道宽阔，特别是长沙面貌日新月异，令人心旷神怡。"杨老的话，基本上代表了全体退休教工的心声。

二是落实退休教工的福利待遇。陈华民同志做维护退休教师权益的代言人，1998 年有 5 件大事使全体退休教师称心：（1）改变了以往退休教师不能与在职教师一样参加教师节庆祝活动的惯例；（2）花 2000 多元，组织退休教工体检；（3）改善住房条件，对退休教工宿舍全部进行地面装饰、墙壁粉刷、水管更新；（4）建起老龄活动室，丰富了老同志的文体生活；（5）非生产性福利待遇与在职教工一视同仁。

三是开展尊老敬老活动。每年春节、教师节、妇女节、老年节，学校党总支、团委会、学生会组织学生干部召开座谈会或上门慰问，老同志亦自尊自重，乐为党的事业献余热。1998年学校举行40周年大庆，退休教工全部参与筹备工作，有的冒着酷暑，四处奔波，筹资募捐；有的加班加点，连续奋战，编写资料；有的为美化、绿化、净化校园，献策出力；有的为大会服务，送往迎来，不辞劳苦；大批老同志历时两个月，全身心扑在校庆筹备工作上。在职教师无不感触地说："这次校庆，陈华民等老同志是立了汗马功劳的！"

四是关注学校的发展与进步。陈华民同志从三个方面发挥老同志的政治、经验、威望、时空优势：（1）期初或期中召开座谈会，对学校的大政方针或献计献策，或批评建议；（2）开展个别谈心活动，以诚相见，建议改善教育、教学和人事管理；（3）积极参与实践活动，以自身的务实作风，促进学校思想作风和工作作风的转变。例如校庆以后，"老协"曾采取集体座谈会和个别交谈的方式，向学校提出了两个方面的建议意见：一是发展问题，我们不能满足于已有成绩，应进一步谋求发展，办出学校"师范性、研究型、现代化"的特色来，跻身全国先进行列；二是质量问题，要解放思想，实事求是，从调动教师积极性、提高教师本身素质、教育教学研究与管理、考评考核考试方法等几方面进行探索和改革。学校领导听取意见后，召开专门会议，把质量和发展问题作为学校工作的生命线，学校发展初见端倪。

二、心系"关协"

陈华民同志念念不忘人民教师应尽的职责，为关心下一代健康成长作贡献。"关协"工作第一步是发动群众，统一认识。一些同志认为，关心下一代与退休教师无关，陈华民同志组织大家认真学习上级有关文件，把认识统一到"关心下一代工作是人才工程、希望工程、未来工程、跨世纪工程"上来。从而克服了退休教工中的"无关论"、"重复论"、"多余论"。在自愿加量力的原则下参与"关协"工作。由于"老协"工作把退休教工的政治福利待遇落实了，只要学校一声令下，老同志响应风从。贯彻"关心、支持、配合、补充"八字方针，"关协"工作也就红红火火的开展起来了。

一是在青年教师中积极开展传帮带活动。例如，多次召开班主任工作经验交流会，会上陈华民同志带头谈了自己20余年做班主任工作的体会。他说："当班主任就要热爱班主任工作，一个教师不能当班主任，只能算半个教师，当班主任至关重要的是要热爱学生、了解学生，以身作则、为人师表。"他边介绍还边宣读了毕业生写给他的一封封热情洋溢的来信，扣动了每个班主任的心弦。又如，参与教学比武的听课评课，陈华民同志在1997年里，先后组织10余名退休教师听了25堂青年教师的比武课，3堂高级教师的示范课。课后，他不拘形式地与青年教师个别谈心，逐个搜集老师们的评课意见，先后写了3篇评论性的短文。既肯定了比武课的成功之处，又提出了课堂教学改革的意见与方向。还慎重地指出：课堂教学，要在培养学生独立思考、创新能力、改革教学方法、充分运用现代化教学手段等方面下功夫。这些，有力地促进了学校一代青年教师的茁壮成长。

二是协助学校办好预备党校，培养学生骨干。陈华民同志在讲授《加强党的建设四项基本要求》及《党员的基本条件、义务和权利》时，既从理论上阐明基本观点，又能联系个人实际、社会实际，以大量生动的事例，教育学生不要被名缠利锁，要全心全意为人民服务，并帮助学员澄清马列主义、毛泽东思想"过时论"，共产党"腐败论"，邓小平理论姓"社"还是姓"资"的"怀疑论"等糊涂观念，坚定了学员的共产主义信念。课后，学员纷纷向学校党总支反映：听了陈老师的党课，深受启发，收获很大。党校学员积极上进，成为学校领导、班主任的得力助手，三年来共68名学员向党总支递交了入党申请书。

三是在全体青年学生中，积极参与和支持学校开展系列教育活动。主要配合学校抓德育工作，三月学雷锋、树新风，四月法制和安全教育，五月劳动职业教育，六月人生理想教育……为了纪念"五四"运动80周年，陈华民同志建议学校新辟了德育基地——"五四"运动先驱匡互生墓，革命烈士王家栋墓，清明那天，全校300余名师生到墓前缅怀凭吊。同时，还编了《匡互生、王家栋传略》、《五四运动史话》。为了迎接澳门回归和建国50周年大庆，他积极配合学校开展演讲、征文比赛，热忱辅导部分参赛选手，张玉飞的《大学生志在四方》讲演获市一等奖，禹连娥的征文《芳姨》获全国首届大学生《长城杯》一等奖。当以美国为首的北约袭击我驻南使馆时，陈华民同志主动建议学校召开声讨会，强烈谴责美国为首的北约暴行，沉痛悼念驻南遇难烈士。这些活动，强烈地激发了学生的爱国之情。

四是在家庭教育方面，积极配合工会举办"小学生家长学习班"。陈华民同志动员14户小学生家长参加学习。一年后，14户家长全部合格结业，学业成绩人平90分以上。在结业典礼上，除了颁发结业证书外，还给前三名家长发了优秀奖，也给孩子们发了纪念品。这些家长不仅在理论上有了提高，而且在实践中还积累了许多"家教"经验。总之，"关协"工作，经过陈华民同志的艰辛组织，已成为学校教育不可缺少的补充力量。

三、乐做学问

陈华民同志念念不忘一个共产党员应当遵循的行为准则，为青年一代树立良好榜样。退休后，他不愿把美好时光消磨在通宵达旦、毫无意义的牌桌上；也不愿沉缅于纸醉金迷、利令智昏的生活中。他把主要精力和充实时间花在做工作和做学问两个方面。他工作第一，学问第一，他人第一。他认为做学问一可以健身；二可以怡情；三可以为社会创造精神财富。主要有三个方面的研究。

一是研究徐特立教育思想。他结合自己半个世纪的教育生源，教育教学经验，用徐特立教育思想指导今天的中小学教师继续教育，撰写了一系列高质量的研究性论文。为激励青年教师加强修养，不断更新知识、努力提高思想业务水平，既做"经师"、又做"人师"，不要热衷于围着"骰子"转、"票子"转、"裙子"转，他的《弘扬徐老学习精神》击中时弊，发表在期刊《特立教育》1999年第2期上。还有《诗教漫谈——纪念徐特立逝世30周年》和《班主任谈话艺术》分别获湖南省徐特立教育研究优秀奖，并收入《跨世纪中小学教师诗文集》。本人还聘请为特约研究员。一个以学徐特立教育思想为特点的"学、树、创、献"活动在全校深入持久地开展下去。

二是主办《两协之声》专刊。刊物以宣传党和国家有关方针政策，传播"两协"工作信息，推广教育教学工作经验，介绍两代人的先进典型，维护两代人的合法权益为宗旨。专刊由陈华民同志主编，是全体师生共同智慧的结晶。现已发刊 9 期，共 69 篇文章，其中 50 篇是陈华民同志执笔成文的。每出一期，学校领导、班主任、退休教师人手一册，各班读报课也作为重要内容之一学习，成为我校师生阅读的主要精神食粮，在校内外产生积极影响。

三是爱好诗文。陈华民同志以如椽之笔从事业余创作，在书报上为党的事业、国家前途、人类命运鼓与呼。走进他的书室，桌上摆满了书报和诗稿文稿。据初步统计，退休七年，创作诗词 351 首，楹联 80 副，散文 40 篇，担任主编、责任编辑，出版《新的里程》、《昭阳吟坛》等著作 8 部，还是《邵东报》三版《生活空间》专栏的主笔。近两年，发表在全国和省、市、县书报上的诗文共 100 余篇（首）。

他做工作、做学问，不是为了报酬、补贴，而是一种奉献，一种付出。《鲜红的党旗》在《付出》一文的题记中称赞他："你多像那默默无闻的树根，使树枝上挂满了丰硕的果实，却并不要求任何报酬"。1997 年，为迎接湖南省小学教师继续教育教学研究会在学校召开，他主动请缨为大会做准备工作——筹建校史展览馆，历时两个月，他提早上班，推迟下班，每天默默无闻地工作十几个小时。学校补贴他 600 元，他坚决拒收了，为学校设立了学生奖励基金。1998 年，为了迎接建校 40 周年大庆，他又积极参加工作——编写《纪念册》、《教育教学论文集》、《学校管理实物选编》。历时 3 个月，摆脱老伴病魔缠身的拖累，起早贪黑，一心扑在工作上，毫无怨言。他担任"老协"、"关协"主任，工作面广，花的时间和精力多，全是无报酬的劳动。他为报社书刊撰稿，编辑《两协之声》，也很少领到稿酬。1999 年，学校根据上级规定，发给他"两协"主任（秘书长）600 元津贴，他领取后，却购买了 500 多元书籍捐赠给学校图书室。陈华民同志勤奋、务实、无私的工作作风，学校党总支多次向全校师生宣传介绍，在师生中树立了楷模形象，赢得了社会、学生和家长的广泛赞誉。

至今，陈华民同志为邵东县中小学教育、教学和学校管理工作奋斗了半个世纪，奉献了自己的一切。先后 4 次记功，19 次评为县先进工作者、优秀党员，5 次评为地市优秀教育工作者、优秀党员，其事迹已载入党的史册——1999 年 6 月，红旗出版社为庆祝建国 50 周年、建党 78 周年，出版《鲜红的党旗》（第一卷 P844）用《付出》一文，真实地记录了这位为教育事业付出一切的人民教师、可歌可泣的共产党人。综上所述，推荐他为国家级"两协"工作先进个人，是当之无愧的。

特别校长

——湖南省邵东县两市镇一完小校长赵俊杰访谈录

　　今天做教师，既要有敬业思想和勤业精神，又要有精业能力和创业能力，这是赵俊杰校长的亲身体验和成功的人格再现。

——题记

平日里听大家的口碑，赵校长的工作很不错。2002 年第一天，我抽空去采访了他。这天他正坐在学校办公室里，思考一个新的省级研究课题。我说明来意后，开门见山地提出：全县教育界同行们都说一完小办得很有特色，你这位校长有什么特别的地方，请你具体聊一聊。他沉思片刻，便精神奋发地说开了。

我赵俊杰，1962 年生，1981 年参加教育工作，从事小学教育教学和校长管理已 20 年。今年晋升为中学高级教师，现任邵东县两市镇一完小校长兼党支部书记，今天怎么做教师，怎么当校长，这里边有说不完的酸甜苦辣，也有道不尽的追求和快乐。

一完小的校长，要做出一流的工作来，就要动员全体教工为一完小的"1"而奋斗，学校要有特色，教师要有特技，教学要有特点，学生要有特长。"四"特齐备，这个学校从教师到学生，从德育到素质，比一般学校出类拔萃就是顺理成章的事了。

学校出特色，必须以改革为动力，重在建设。1999 年初，调任两市镇一完小，给我实施素质教育改革提供了广阔的天地。当时，在广泛征求意见的基础上，着手制定了岗位目标管理评价方案，它涵盖了全校各部门、各岗位的 22 个子方案，还有学校人事制度改革方案，结构工资方案。在实施这些方案的过程中，注重抓班子建设，形成一个坚强的领导核心；抓校风建设，营造一个改革发展的氛围；抓校园建设，创造一个幽雅的儿童乐园。半年后初见成效，总结出《改革东风吹，校园春意浓》的经验在县教育工作会上介绍，一年后大见成效，依据目标实行弹性管理，在目标面前人人平等，教师在完成目标之后论英雄，全体教师朝气蓬勃、团结战斗，学校在当年的教育评估中获两市镇七个单项先进，2000 年获两市镇唯一的全面工作先进单位，2000 年和 2001 年，两次成为邵阳市民主管理现场会的现场。他们夸赞一完小是一座科学、民主、有现代气息的儿童乐园。儿童和家长都往这所学校挤，36 个班学额猛增到 2800 多人。

教学有特点，关键在教师。为适应当今教育发展的趋势，对教师提出 4 个转变的要求：以教师为主转向以学生为主；以传授知识为主转向注重培养学生能力、发展学生智力为主；以只教书不育人转向既教书又育人；以让学生死记硬背转向掌握自学方法为主。检验四个转变的具体效果，一是开展每年一次的赛课活动，赛后主讲《创新，从课堂教学抓起》，总结取得的成绩，找出存在的问题，指出今后努力的方向。二是每年向全县举办素质教育"一日展"、"开放周"，2001 年 5 月在素质教育"开放周"里，学校拿出 18堂特色课，它涵盖了小学阶段所开设的全部课程，对全县 1000 多领导和教师全面展示，是骡子是马，在"开放周"里现功夫。这样，自然促进了教研活动的深入开展，激励着全体教师自觉上进，习练基本功，终身学习教育教学技能，形成各自的教学风格和特点。近年，在各级教学比武中，两名教师在省里获一等奖，7 名教师在市里获一等奖，11 名教师科研论文获省级以上奖励。2000 年小学 6 年级会考，一完小以绝对高分居全镇第一，前 1/3 的 8 个班，一完小的 6 个班有 5 个班位居其中。

学生有特长，实施素质教育。教书育人的根本是德才教育，德乃立人之本，德育是素质教育的灵魂，才乃立事之本，培养学生创新意识和实践能力是素质教育的重点。一是架设德育立交桥，在学校办起了家长学校，成立了家长委员会，聘请了数十名校外辅导员，在学生中开展传统教育、公德教育、劳动教育、实践活动，使学校教育、家庭教育、社会教育三教结合形成网络，联为一体。二是在加强学生文化教育的同时，注重学生的素质教育。电脑室的配置，四五年级的学生能走进电脑世界；实验室的扩大，能开出各学科教学的全部实验，大大提高了学生实验操作能力；音乐室、美术室、体操室的配备，为发挥学生的特长开辟了新天地；儿童乐园的兴建，使孩子们享受那滑、跷、荡、跳的天真快乐。一完小是县实验学校，学校根据学生特长和兴趣成立了语、数、英、音、体、美等68个小组，1600余名学生参加，特长生因材施教，做到定教材、定内容、定辅导员等十定方案进行重点培育，学生在这种氛围中茁壮成长。近年来，获国家级奖励的42人次，获省级奖励的58人次，2000年，学校获"全国三算结合教学"先进单位。

说到校长本人，赵俊杰校长谦虚地说：我没有特别的地方，以身示范、带头科研和民主管理，是校长必须具备的品质。以身示范：为全身心地投入教育、教学和学校管理，把岳父母接来学校操持家务，抛开一切家庭琐事，连星期六、星期天和寒暑假都花在学习和工作上。娄底师范毕业以后参加工作，本事不足，在工作中坚持自学，获得大学本科学历。当校长先当好老师，苦练教学基本功，曾获邵阳市中青年教师教学比武一等奖。带头科研：志愿成为一位科研型校长，聘为县小学骨干教师培训和校长提高培训的兼职教师，给骨干教师主讲《小学语文课堂教学技能与训练》，为小学校长提高培训作《依据管理目标，实行弹性管理》的专题报告，深得学员赞许。主持"注·提"实验获邵阳市科研成果一等奖，参与省级课题《四动态、四开放创造型课堂教学结构》和《培养后进生"学会—会学—创新"》的研究，与小学语文特级教师钟延寿合作编著《小学生自能作文》，已由湖南人民出版社发行，《培养高素质学生需要素质全面的教师》获省论文三等奖。民主管理：坚持全体教职员工参与学校管理，"不想得罪一个人，便会得罪所有人"，校长既要在大局中坚持原则性，又要在策略上讲究灵活性。1999年以来，学校创收筹资70余万元改善办学条件，收支情况教工大会公开，民主墙公布，教师放心，全体教工志愿为一完小的"1"而努力奋斗，教育、教学和学校管理项项独占鳌头，领先一步。

赵校长是一位领导信任、教师拥护的好校长，家长尊敬、学生爱戴的好老师。赵校长的一席谈话，给了我们太多太大的启示：当好校长，先要当好教师。今天怎样做教师，赵校长身上表现出来的那种平凡的敬业思想和勤业精神，精业能力和创业作为，得到了学校全体教师的称赞。今天怎样做校长，赵校长身上表现出来的那种以身示范的师风，先进的教育理念，深厚的专业素养，民主科学的管理艺术值得中小学校长们借鉴，这位特别校长，近年县人民政府记三等功两次，市人民政府记二等功一次，2001年获得"全国优秀教师"的光荣称号。

三中人的骄傲

——记湖南省邵东三中校长李振民

树立一个新的理念，提炼一种新的精神，探索一套新的方法，需要一位追求创新的人。

——题记

　　李振民同志，中学高级教师，男，1950年生，湖南省邵东县人，现任湖南省重点中学——邵东三中校长兼党总支书记，他是全国教育系统先进工作者，湖南省优秀教师，湖南省中学德育标兵。邵东三中是湖南省唯一一所坐落在农村的省级重点中学，论地理位置，讲办学设施，它都不具备竞争优势。但是近年来，这所学校却打出"扬善育人，三苦精神，民主管理"三张品牌，显示出教育、教学和管理上的独有特色，引起全社会的广泛关注，县内外远近的人们，一提起李振民校长和他的同事们，提起三中和三中的学生，都翘起大拇指。

一、创新教育：扬善

　　李振民校长和他的同事们总结长期教育工作正反两方面的经验和教训，得出"成才必先成人"的真理，进而提出改革学校德育的新理念——扬善教育。它继承传统美德，结合时代精神，以充分开拓和张扬人性"善"的因素，全面提高师生道德素质并促进道德健全发展为目标，提出了"常人——明人——善人"的目标体系，构建了"传统弘善、主体乐善、多元为善、道德完善"的理论框架，探索出"以知引善重发展，以美引善重熏陶，以情引善重体验，以评引善重制约"等原则和方法体系，还创造出贴近生活，紧扣实际的扬善教育纲要。具体说，他们把"扬善"教育归结为善心、善言和善行三个方面。善心包括孝心、爱心、雄心。善言即指语言文明礼貌。善行则要求做到三条：尊敬父母，乐善好施，保护环境；尊敬师长，勤奋创新，遵纪守法；惩治邪恶，见义勇为，笃志报国。以"扬善教育"贯穿于学校德育的方方面面。学校成立了"扬善教育"研究会，编写《善之声》教育教材，塑了鲁迅、屈原、牛顿、爱因斯坦、雷锋等名人英雄塑像，设立"名人园"，让学生随时感受榜样的激励。每周一次升旗仪式、班会和团的活动也都围绕"扬善"主题开展。还将"扬善"分成若干小课题，卓有成效地开展课题研究。一是环保教育课题。学校首创了一个学生组织叫"环保大队"，还专设护花队和护鸟分队，校园在环保大队的管理下，到处干干净净，鸟语花香。二是健康消费教育课题。举办消费知识讲座，引导学生　正确对待日常消费，还组织学生节假日外出打工，体验挣钱的艰辛。经过健康消费教育，学生有了新的消费观念，以前学生过生日，大家相互请客送礼，一个学期学生的应酬少则几百元，多则超千元，还给那些家境困难的学生造成了沉重的精神压力。现在同学过生日花5角钱在校广播站点一首歌，以表达真挚的情谊。三是法制教育课题。学校成立校园法学会，定期请律师和法学专家到校讲学，组织学生去法院旁听庭审，利用节假日为社会开展法律咨询，设立模拟法庭，让学生参与法律操作，组织服刑青少年现身说法。这一系列活动，让学生知法、守法、用法。四是"双献"教育课题。即孝心献给父母，爱心奉献社会。在学校，他们倡导扶贫济困，随时资助面临辍学的同学；在社会，组织扬善大行动，通过义务清扫街道，照顾孤寡老人等活动，将爱心行动伸向周围社区。每位学生做一份假期德育作业：填两张记事卡（爱心活动记事卡、孝心真情奉献记事卡），写一份心得体会。学生们做这作业可认真啦！帮助别人推车，替老大爷挑水，为邻居做家务……他们样样动手，争着干家中的洗衣、做饭、喂猪、扫地等零碎事儿。爱心和孝心，就这样通过学生的手，融汇成浓浓真情，温暖着一个个家庭，也温暖着整个社会。扬善教育在全省乃至全国产生了积极影响，《湖南教育》发表过长篇报道，《光明日报》、中央人民广播电台也进行了推介。《扬善教育的理论与实践研究》经省教科院专家鉴定，评为湖南省基础教育科研成果一等奖。

二、创新教学：三苦

李振民校长和他的同事们认为，一所学校应该有一种精神，没有精神的学校是散兵游勇。学校精神是教学之魂。这种精神一旦形成，它既是学校可持续发展的原动力，是学校办学特色的最集中体现，也是一种最重要的教育资源，而且可以通过师生的教学行为，表现出学校整体的精神风貌。什么是三中精神，李振民校长概括为一个"苦"字，叫"三苦精神"，就是"领导苦干，教师苦教，学生苦学"的精神。苦是精神，苦是财富，有了磨练，才会变得更坚强，苦是一代青年所应该把握的。今天，三中人赋予"三苦"精神以新的时代内容，即"三苦精神＋现代意识"。李振民校长解释说：所谓三苦精神，就是一种乐于奉献，顽强拼搏，不断求真、求善、求美的精神，就是一种忧国忧民忧己，对祖国、对人民、对自己高度负责的精神，就是一种永不满足、高瞻远瞩、不断开拓、不断创新的精神。就是一种立足农村、面向未来、办出特色、走出一条农村现代化教育的成功之路的精神。近年来，李振民校长一方面广泛学习兄弟学校成功的办学经验，北上汨罗、武汉、北京，南下衡阳、广州、深圳，为"创全国名校，育中华英才"而取经学艺，借他山之石，攻自家之玉。另一方面认真总结自己的办学体会，结合本校实际提出《科研兴校、科普兴农，全方位实施素质教育》的教学设计（简称双兴工程），面向全体学生实施成功教育，制订出《学生素质培养纲要》，"不求人人升学，但求个个成才"。要求人人学习成功，教学科科成功，科研项项成功，办学整体成功。并与教师们共同探索教改新路，有语文科的"双快"、"情趣导学"、"目标教学"法，数学科的"自学辅导"、"优化思维教学"法，英语"五步教学"法，物理"导探式教学"法。成功的教学研究为培养学生专长提供理论依据，每年上100篇教改科研论文在报刊上发表。校长既宏观决策，又微观指导，全校师生都知道，校长每天早晨5：30起床，检查全校师生出早操的情况，每天检查全校教工到岗情况，三中师生无不打心眼里佩服，校长是三苦精神的化身。校长还经常推介优秀校友、优秀在校学生的先进事迹，激励全校师生为中华掘起而苦教苦学。83届湖南省文科状元杨君武在回母校之后撰写的一篇回忆录中说："学校领导变了，学生变了，校园变了，唯有不变的是'三苦'精神"。清华大学博士生导师肖田元教授在给母校的来信中说："三中的两塘清水是我智慧的源泉，三中的煤油灯照亮我攀登科学的道路，三中的黄花根教育我怎样克服困难"。兰州军区参谋长周美华少将4次探望母校，对三中现在的学生说："三中是育人的摇篮，炼人的熔炉，人生的公式是：崇高理想＋艰苦奋斗＝事业成功。"李振民校长自豪地说：不苦干，三中的幢幢高楼不可能拔地而起；不苦教，三中的教学质量不可能一年一个新台阶；不苦学，三中学子不可能高考出状元、进清华、上北大。据统计，1997年高考本科上线100人，1998年本科上线200人，1999年本科上线256人，2000年高考上线342人，上线率85％，上线总人数和上重点大学人数在邵阳市六所省级重点中学中均名列第一。2001年上本科线356人，囊括全县文、理科一、二名。以"提高素质，发展特长"为宗旨，艺

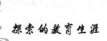

体两翼近三年也大放异彩，在比赛场上，连获一个全国二等奖，三个省级一等奖。在全国各种少年书画大赛中，每届有 20 件以上作品获奖。体育达标率 98%，合格率 100%，1998、1999 连续两届获省重点中学足球赛第一名。奥林匹克竞赛连续 14 个春秋获省级以上大奖。这一串串数据，是全体三中人苦干、苦教、苦学换来的，是汗水和心血的结晶。

三、创新管理：民主

李振民校长和他的同事们认为：扬善是育人之本，三苦是教学之魂，民主是管理之源。全心全意依靠工人阶级，是党的一贯方针，就学校而言，就是要全心全意依靠教职员工，就是要真正树立教职员工的学校主人翁意识，学校领导要树立全心全意为教职员工服务的思想，也就是说要树立师本思想，搞好民主建设。一是建立教代会制度。教代会制度是学校民主管理的法规，是学校民主管理的基本形式。每年定期召开教工代表大会，对学校重大问题进行讨论和审议。几年来，他们在培养目标、管理目标、教改方案、教师评估方案、学校规划、工作计划、奖励制度等决策时都召开教代会，认真同代表民主协商。教代会通过的决议坚决执行，教代会否决的就搁置一边，教代会尚未审议通过的决不贸然行动。比如，他们最近有两个举措：高薪引进人才，与湖南师大合办研究生班，经过教代会充分讨论之后，才与有关人员签订合同。二是实行校务公开。学校是一个微观的民主社会，学校组织机构与活动必须体现民主精神，学校的管理给予学生、教师更大的权力与参与机会及个人自由。在教工之家搞一个校务公开栏，一幅对联特别引人注目："给群众一个答复，留干部一身清白"。栏内张贴学校的各项财务预算与开支，让教职工知道学校的每一分钱的去处，密切了干群关系，学校的人气旺，人心齐。三是开拓民主建设渠道。学校的管理说到底是人的管理，人心齐，百事兴。（1）建立校长信箱，无论是学生还是老师，只要有合理的建议或者善意的批评，都可通过校长信箱进行沟通。（2）举行每年一度的校园十大新闻评选活动，这一活动由校长办公室主持，工会负责评选，最后由教代会主席团确定十件大事和新闻人物，学校还对新闻人物给予适当奖励，广大教职工对这一活动很感兴趣，一方面努力工作争当新闻人物，一方面时刻留心学校的建设和发展，从而创造出一种人人关心学校，人人管理学校，人人服务学校，人人建设学校的主人翁意识和活跃的民主气氛。（3）创办省级模范教工之家，这里有歌舞厅、棋牌室、健身房，教职工教学之余到这里锻炼、休闲，健康水平大大提高，使学校的民主建设更具活力。

李振民校长埋头苦干追求卓越，成功地组建了一个精诚团结的领导班子，锤炼出"廉洁奉公，开拓创新"的作风，学校政通人和，事业迅速发展，从 1997 年开始，在教学质量昂首进入省重点中学先进行列的同时，德育、艺体、绿化、科研、工会工作已陆续走进国家级、省级先进行列。学校已成为全国学校体育卫生工作先进单位、全国青少年体育工作先进集体、全国部门绿化 400 佳单位、湖南省中小学德育工作先进集体、湖南省现代教育技术实验学校、湖南省体育传统项目实验学校、湖南省文明卫生单位、湖南省艺术教育先进学校、湖南省园林式单位、湖南省工会模范职工之家。如今，邵东三中正以矫健的英姿、昂首阔步向全国重点高中"百强"进军。"一位好校长，就是一所好学校。"李振民校长和他的同事们创造出邵东三中的扬善育人、三苦精神、民主管理三大鲜明特色，在市、省乃至全国产生了许多积极影响；同样，也是三中人在这块神奇的土地上造就了李振民这样一位有理论的教育家、精业务的教学专家和重效益的管理家。所有这一切，都是三中人的骄傲。

从"两调一研"起步

——记湖南省邵东县廉桥镇联校校长金冶平

站在昨天和未来之间，教育工作者永远是肩负使命的人。敢为人先，与时俱进，去创造一个崭新的教育。

——题记

在 1999 年暑假的一次人事工作会议上，县教委主任曾益谦同志拍着老金的肩膀说："冶平同志，廉桥镇，有'南国药都'的美誉，那里经济很活跃。那里的教育怎么活跃起来，派你去当联校校长，规模要发展，条件要改善，质量要上去。"金冶平同志肩负着这一使命走马上任。动员当地党政领导，学校师生，村民百姓，从"两调一研"起步，做好教育工作。在布局调整、班子调整、教学研究三个方面，三年大见成效，创造了可供借鉴的成功经验。

布局调整是一场硬仗。金校长先摸清底细，廉桥镇有一个居委会，55 个行政村，近 7 万人口。有学校 38 所，其中 4 所中学、1 所农校、8 所片小和 25 所村小。可谓"星罗密布"，一点不假。光集与光陂两校仅一墙之隔，天坪与花亭两校相距不到 200 米，联合与安全两校相距最多 500 米。这是上个世纪 70 年代"高中不出乡镇，初中几村联办，小学不出村"的办学模式形成的。有的学校两三个班，几十个学生，小学教师带研究生。一个教师既当校长、班主任，又当科任教师、包音体美，还要当炊事员、保健医生。过重的教学负担，导致教师没有时间和精力去钻研教材、改革教法、实施素质教育。面对这一现实，教育怎么上去？金校长认为必须因地制宜、撤校并点，重新调整学校布局。然而，自 80 年代以来，群众勒紧裤带积极集资、投工、献料修建起来的学校，今天喊要撤并，谁心里会好受呢？撤并的思路刚刚透出风声，8 月 25 日，联校正召开中小学校长会议，近百名老百姓把联校办公楼围了起来。质问、吵闹、谩骂，拍打桌椅，沸沸扬扬，强烈要求不能撤并南星学校。其它可能撤并的地方，老百姓都蠢蠢欲动。金冶平和他的同事们看在眼里，急在心里，沉着应对，一场硬仗就要开始了。首先，争取地方党委、政府的重视，统一全镇思想，形成调整共识。金冶平同志在议教会上抛出了调整学校布局的可行性方案，得到党委、政府的全会通过。党委王书记、政府甘镇长以及驻片干部冒酷暑、顶烈日，亲自作调查研究，组织撤并工作。其次，做好宣传发动。金冶平走村串户，摆事实、讲政策、话调整，细心疏导。讲得老百姓满脸含笑，心头暗喜，心服口服，为布局调整扫除各种思想障碍。第三，做到整体规划，分步推进，不搞一刀切。条件成熟一个，就撤并一个，布局调整在艰难曲折中推进。1999 年下期，将花亭合并到天坪，光集合并到光陂，东风合并到徐小，还撤并石山、淡泉。2000 年，将安全合并到联合，高度合并到建设。丛光合并到磨石，撤并友爱、东塘，对南星、明新、水口、清潭

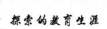

保留教学点。2001年，又撤并了联合和天坪两所小学。今天，全镇学校由38所减少到19所，其中村片小14所。校均规模由200人提高到500人以上，小学布局调整基本到位。

班子调整也要动真格。"一位好校长就是一所好学校"。这是至理名言，又是实际情况。金校长结合学校布局调整，认真贯彻《中小学校机构和人事制度改革方案》。2000年下期，对各中小学的校长及领导班子进行了一次较大幅度的调整。调整之前，对每个班子成员进行全面考核。每校一天。采取问卷调查、个别对话、民意测评，广泛征求意见。尤其是注重考核校长的思想意识、工作作风、领导艺术，普遍听取各方面的反映。调整过程中，坚持任人唯贤、公开、公正、公平的原则，确定校长候选人。进行差额选举，竞聘上岗。原班子中因年龄大不适应领导工作的下去4人，因学校撤并竞争上岗失利的下去5人，异动岗位6人，新竞选上岗的10人。各中小学调整后的班子，年轻有为、思想过硬、师生信任、百姓拥护。他们走上岗位后，外树形象、内强素质、规范管理，给每个学校注入了新的活力。双义小学校长赵德祥上任显露了一手，校容校貌焕然一新，教风学风脱胎换骨。炉前中学校长刘世安到任就改组教师内部结构，过去我行我素，学校一盘散沙；今天井然有序，学校一派生机。前进校长肖中华，"三风"整顿有变化。五爱校长唐作锋，村民反映大不同。如何进一步优化教师队伍，整体提高教师专业化水平，金校长又在酝酿之中。

教学研究必须上台阶。过去的教学，教师凭着一张嘴、一本教案、一支粉笔、一块黑板，更要紧的是，学校分散、教师少、相互交流少，再加上山区交通不便，信息缺乏，"闭门造车"，教研教改从何谈起。布局调整以后，几所学校并在一起，教师多了，有了竞争意识。加强学习，提高自身素质，成为教师最现实的追求。用教师的话说："要不学点真本事，没有一点硬功夫，校长可以落聘，教师说不定随时可以下岗。"金校长因势利导，推进教育教学研究。一抓整顿教风，为教学研究打基础。联校规定并做到：每个成员，每期听课不少于30节，凡到一所学校，先巡视教学一遍，再抽听1-2位教师的课，并查看备课、阅卷，如发现上课迟到、甲课乙上、未带教案，务必通报批评，年度评优晋级一票否决，全镇教师教风大振。二抓全员参与课题研究。联校要求每个教师：要有先进的教育理念，这是研究的动力；要有丰富的专业素养，这是源头活水；要有精湛的课堂艺术，这是教学创新的魅力；人人都有课题，个个都搞教研。有省级研究课题"小学创造教育"，有市级课题"初中数学创新思维"，有县级研究课题小语"注·提"和小数"三算"，还有"自学辅导法"、"情趣导学"等自创课题。全镇校校有项目，教师人人参加课题研究，不断创造着阶段性的研究成果。三抓优课工程，组织全员参赛，全面提高教师课堂教学水平。仅2001年全镇性的大型竞赛活动有：新教师汇报课竞赛、青年教师教学竞赛、学科带头人观摩课竞赛、小学"三算"教学竞赛、音体美教学竞赛、幼儿教学竞赛和班队活动课竞赛共七项赛事，还在镇一中和中心小学举办素质教育"一日展"和"开放周"活动。活跃的教学研究，还迎来了县小学"注·提"教学研讨会，市初中"数学创新思维"研讨会在廉桥镇的召开。一系列教学竞赛和课题研讨，给全体教师提供了互相学习、交流经验的机会，全体教师实施素质教育的水平在活动中得到不断升华，大批教学新秀茁壮成长，初中教师罗娟、佘巧云，小学教师刘罗林、匡咏芳分别在县教学竞赛中荣获一等奖，"三算"教学名扬全国获大奖。

拓荒者的足迹

——记湖南省邵东十中校长李连求

人生犹如拓荒，一个人生命的价值不在于多拥有几个春秋，重要的是看他在征途上留下的足迹。

——题记

一天，老师们三五成群，早早地围坐在校门口，准备一睹风采。九点钟光景，从一辆出租车里走出一个夹着公文包的男客，头上秃秃的不见毫发，脸上尽是络腮胡子，略显疲劳，但很精神。老师们惦量着，这就是从九中走马上任的邵东十中校长李连求。打这以后，十中人经常议论起自己的新校长。有人说他是"一枝独秀"，也有人说他是"拼命三郎"，还有人说他是"抠校长"，传颂着这位拓荒者创造的"九中神话"。

缘何一枝独秀。他生于1956年9月，1973年参加教育工作，1978年至1981年邵阳师专进修化学，毕业后到邵东九中任教高中化学。当时，邵东14所中学分为三个世界。一、三中是重点，为第一世界，面向全县拔尖；二、四、七、十中为第二世界，生源稍好一点；其余的，例如邵东九中为第三世界，招收三类苗，没有一个拔尖生。走进这样一所学校，面对同一群学生，唯有化学教学可以激起全体同学的兴趣。李连求走上讲台，就表现出一种化腐朽为神奇的魔力：能点石成金，让笨鸟先飞。在每次奥林匹克大赛中，学生可以获省、市大奖；在每年高考中，学生可以屡创奇迹。1984年，由文科改理科的罗桃仁；1985年，全校闻名的"草包王"罗四顾；1986年，会考不及格的罗湘，他们经过李老师的耐心教诲和悉心点拨，在高考场上获得全县最高分。1983至1987年，李老师任教的化学科，人平分连续5年名列全县第一，把第一、第二世界的精英们都抛在脑后，创造"五连冠"的嘉绩。这在邵东教育史上可以说是"前无古人，后无来者"。"只有不会教的老师，没有教不会的学生。"李老师就是明证。他经过六年的艰苦实践、精心施教，探索出"长藤结瓜式"教学法。以点带面，能点面结合；抓住关键，能举一反三；师生互动，能教学相长。在教学全过程中，注重学生的思维训练，实验操作训练，注意学习方法的指导、实践能力的培养。一枝独秀报春来，名师之下云集众多骨干教师。如申能兵、申赛英、聂东书、刘庚龙、刘最锡、刘元生、赵双春、罗爱林、刘靖光等都是在李老师的指导下成长起来的骨干老师，先后为九中的崛起立下了汗马功劳。

拼命走出低谷。1991年邵东九中跌入低谷：领导班子有内耗，教师队伍不稳定，1989、1990、1991年学校连续三年高考上线人数为0，附近老百姓称九中是"光头校"、"婚介所"，初中毕业生都不愿到九中读书，那年计划招300名新生，正式录取才76人，学校财务亏空30多万元。当时，学校采取民主方式推选校长，李连求以全票当选为邵东九中校长。上任之初，李连求面对教工发誓："学做拼命三郎，经受几年辛苦，拼命走出低谷"。当年，他率领全体教工走村串户抓生源，做家长和学生工作，将其他学校不要的学生一一请进校门，勉强凑足4个班，李连求和他的同事们却瘦了一圈。1995年征地，一系列社会矛盾纠葛，涉及到两个村8个组，为了做好群众说服工作，他绞尽脑汁。白天群众不在家，他就晚上去找。在许多漆黑的夜里，他扶着拐杖行走在乡间的土路上。有一次，他的病发作了，一不小心摔进了路旁的干沟里，碰得头破血流，他死也不回头，走进了群众家里，吓得大家跳了起来。老百姓佩服他，精诚所至，经过1500个日日夜夜，群众答应了，一个个矛盾解决了，地征来了，基建也动工了。在李校长的日历中，没有星期六、星期天，没有寒、暑假，一年360天，长期超负荷地工作着。这个"铁骨钢筋"的硬汉子，也染上了心血管病、胆囊炎、糖尿病，几乎疾病缠身。2000年10月，高血脂超过正常人几倍，医师强制他住院医疗，教师和领导也劝他休息，可他想到的是学校的围墙、教工宿舍正在兴建，毕业班工作正待研究，他不听任何劝阻，坚持一边门诊治疗，一边督查基建、督查教学。李校长和他的同事们经过几年奋斗，校园面积由当时的25亩扩大到51.3亩，建筑面积由当时的7200平方米扩大到11800平方米，学生由当时的350人增加到900余人，学校从此兴旺起来了。

紧抠质量效益。别人都喊他"抠校长"，李校长也为此感到欣慰。他"抠"的是两个方面：一抠教学质量。李校长认为一所学校要真正兴旺起来，优良的校风是"根"，过硬的师资是"源"，严谨的教学是"本"，必须三者兼备。基于这种务实的现代教育理念，他一手抓整章建制，一手抓教学改革，两手都很硬。制订出一系列管理制度，如《邵东九中教学工作45条》、《邵东九中班主任工作45条》一应俱全，形成科学的学校管理体系。同时，以铁的手腕侦破贪污案，裁减富余人员，整治后勤管理的混乱局面。此后，领导的作风，教师的教风，学生的学风，发生了根本的转变。李校长坚持每周有全天候听课，经常用高音符、高基调激励中青年教师苗壮成长，坚持每期一次的教学基本功比赛，每期一次的教案评选，每期一次的教学比武，每年一次的课题评选常抓不懈。在2001年县教学比武中，三人获一等奖，高考文科综合科目人平分全县第一。人心齐，泰山移。如今学生普遍反映学校的教学质量好了，学校的高考上线人数也从1992年开始回升，2001年上线达110多人。二抠办学效益。自己动手修路，要求每个教师挑100担土，规定自己挑200担。他的肩膀挑得红肿起来了，中午吃饭时，老婆看到他累得够呛的样子，对他说："老李，你这是何苦呢，学校又不是你个人的。"他责备妻子几句，饭碗一扔又跑到工地上。据统计，他共挑土600担。在他的带动下，一条长80多米、高5米、宽5米的马路修好了，为学校节约几万元。1999年学校花1.6万元打了一口90多米深的水井，井打好以后，打井老板说："我打井20年，还没有碰到像李校长这么精打细算的人，打这口井，别人起码要花10万元以上。"学校采购，各种开支进行登记，自己严格把关。与过去比，几年的电费、煤炭两项开支就节约了几十万元。学校每年的招待费控制在最低水平。李连求为公家抠，对别人扣，对自己也抠，几乎到了苛刻的地步。出差时，别人住宾馆，他住招待所；别人乘飞机，他坐火车。他提出的原则是："节约节约再节约，学校领导多做事，但不能多得利，学校的收入，分分厘厘都要姓公。"92年评立功，他得票最多，他让给了别人；93年县指名他晋升高级，他又让给了老师；94年至96年，他把评估晋级的机会都让了出来。每年的奖金、加班费，他都捐给学校建设和福利事业。由于李连求的抠，学校扭亏为盈，由过去的亏空30万元到余款300万元，教工福利一年比一年改善。

续写新的神话。面对邵东九中的辉煌，老百姓激动地说："如今九中这般红火，咱们得感谢李连求。"同学们也高兴地说："学校一年一个样，进九中求学，山区孩子同样有希望。"在总结评奖大会上老师们说："重奖校长100万，我们大伙都心甘。"作为校长，李连求为教育争贡献，为学校求发展，为教工谋福利，奉献的是太多太多了。但为人子，为人夫，为人父，则一项也不称职。李校长有年逾古稀的父母，学校离家只有4公里，可一年难得回家一次。1998年的一天晚上，家中房屋被洪水冲塌了一边，他将此事托付给姐夫，自己率领住校员工到学生宿舍处理漏雨的事。他爱人在县人民医院工作，夫妻两地分居，家中大小事务由妻子包揽。儿子长到17岁，吃喝拉撒，上学就医从来就是妻子包干。儿子说："我爸爸的词典里只有教职员工、九中师生的概念，删去了儿子的字眼。但我敬佩他、深爱他，希望他干得更好。"这样的好校长，哪所中学都愿意挑选。如今，李连求离开了他梦绕魂牵的邵东九中，只身进了邵东十中，诸多难题等待李校长去攻克，一片片荒地等待他与十中人一起去开拓。我们坚信：这样一位精业务的教学专家，一心为公的实干家，重质量和效益的管理家，能在荒漠中开辟绿洲的人，一定会在红土岭这块土地上重续九中的辉煌，创造出更动人的"十中神话"。

"八连冠"的奥秘
——记湖南省邵东县两市镇二中校长刘进光

没有爬不过的山，没有涉不过的江，有志者事竟成。

——题记

在县里一次教育行政工作会议上，县委副书记郑长清同志，面对全县中小学校长们说："在座的校长中有一位'八连冠'得主。从1994年起，两市镇二中上重点高中的绝对人数和教学质量综合评估，连续八年居县、镇第一。当校长，就要像刘进光校长那样，追求教育的高质量，管理的高效益。"讲话中，几百听众肃然起敬，把目光投向前排就座的刘进光校长。这"八连冠"的美名，既蕴含着各级领导的关心和兄弟学校的支持，也凝聚着全校师生的共同智慧和辛勤汗水，更是刘校长和他的同事们创造目标效应、激励效应、合力效应的结晶。

一、剖析校情，刷新目标

人所共知，小平同志对"初级阶段"国情的科学分析，制订了我们国家"三步走"的战略目标。一个国家如此，一所学校教育教学目标的制订更需要对校情进行充分的科学分析。刘校长和他的同事们充分意识到：两市镇二中地处县城中心，周边环境繁华，地缘关系复杂，学生多是农村、经商户子女，思想素质较差，学习兴趣不浓，自控能力较弱。他们根据这一校情进行"三析"。一是对比分析，每学年初，以上届毕业班为参照，以校为单位，从师资配置、教学态度、班级基础、班风学风等方面逐一纵向对比；以兄弟学校为楷模，从初三教学管理、奖惩措施、教学方法、复习模式、班级状况诸方面进行横向比较，通过纵横对比，做到领导"胸中有数"。二是现状分析。每次月考后，

以班级为单位，以班主任为"龙头"，如今任课教师从教学进度、教材重难点、大纲要求、学生知识掌握状况等进行教学现状分析；从班级稳定，学生学习热情和兴趣进行班级管理现状分析，全体任课教师做到"有的放矢"。三是动态分析。在不同教学阶段，根据班级动态、学生动态、教学和管理动态，运用不同形式进行抽样分析，如：适时召开初三学生座谈会，了解教师教学情况，分析"教"的动态；领导深入办公室，与任课教师谈话，分析"管"的动态；从学科测验中抽样了解学生考试成绩和知识掌握程度，分析"学"的动态，这样，从分析中把握动态，能"窥斑见豹"。

在全面、系统了解和分析校情的基础上，届届定新标，年年上台阶。如何使目标切实可行，他们注重"三性"。一是目标的明确性，不"基本"、"大概"；不含糊虚指，如"巩固率100%"目标具体实在。二是目标的方向性。目标是制高点，既考虑满足教师的追求欲望，又考虑实现目标的可能度。三是目标的可及性。不好高骛远，不"纸上谈兵"，实事求是，力求客观。去年杨塘中学有竞争居上之势，对毕业会考四率总分，我们只提出"保二争一"的目标。几年来，我们注重全面研究和分析校情，在目标的激励下，全体教工努力奋斗，自我加压，教学质量不断提高，巩固率连续五年达到100%；升入重点中学的绝对人数实现了全县"八连冠"；2000年毕业会考"四率"评估居全县74所中学之首，荣获县教委颁发的唯一一个特等奖。

二、着力改革，适度激励

行政管理学把激励纳入了动力原则的范畴，正确地实施激励也确实可以产生管理效应；反之，也难免会产生负面影响和副作用。刘校长和他的同事们以"四制"改革为先导，推行校长选举制、教师聘任制、岗位责任制、结构工资制。十二个岗位责任明确，还设立五项目标管理奖，各种津贴计算有细则，教师按工作任务计发工资。这样，有章激励、客观公正、多劳多得、优质奖励、末位淘汰，体制改革极大地调动了教师的积极性。

近几年，在初三教学管理中运用激励手段，坚持以精神激励为主，物质激励为辅，讲究激励的适度，取得了较好的效果。有教师建议说："重奖之下必有勇夫"，还有人埋怨："学校领导抠钱太紧，奖励太少太轻，这样下去，质量难保"，刘校长始终认为："欲壑难填"，人是要有一点精神的，金钱物质并非万能，一旦激励过度，就会使人陷入"金钱至上"、"唯利是图"的怪圈，"有钱就干"、"有奖就干"的局面就难以收拾，激励也会随之"变味"。因此，他们在实施激励时，不搞"金钱刺激"，不设重奖诱惑，而是在口头书面表扬、初三岗位竞聘、岗位目标考评、评优评先晋级中处处体现精神激励。李洪波、申琼英工作负责，班级管理经验丰富，善于转化差生，学校让他（她）们连任初三班主任，当事者明白：这是"唯贤是用"的信任，局外者清楚：这是无形的褒奖。刘清娥、申学淑等老教师工作勤勤恳恳，业绩突出，学校给她们连年评优并推选为县优秀教师，这无价的荣誉使她们明白："钱值几何?"。王荣斌、罗智彬模范执行教学常规，学校将他们定为"常规免检对象"，免检的信任无疑给他们带来了一种心底的精神安慰。当然，光强调精神的作用也是不现实的，我们在充分实施精神激励的同时，也辅之以适度的物质激励。近年来在"四制"改革中，学校陆续设置了巩固率奖；毕业会考、期末统考优胜奖，岗位目标奖，班级财产管理奖、体育卫生流动红旗奖、常规教学奖等。去年还根据特殊情况增设了一种初中毕业会考"三率"评估奖，升入重点中学绝对人数居全县第一，组织初三教师外出考察学习的特别奖。尽管奖励繁多，资金特轻，真可谓"奖轻意义深"了。从多年实施的效果看，这种适度激励既有效地调动了全体教工的积极性，确保了教学质量的持续稳定提高和学校工作的正常运转。同时也较好地保持了教师的心态平衡，营造了一种和衷共济、合作竞争、共同实现学校整体目标的良好氛围。近年老师们注重培养学生兴趣，学生参加数、理、化、英奥赛，有 20 人获国家级奖，30人获省级奖，朱莉书法作品连续三次获国家金奖、国际银奖，1992 年学校成为湖南省义务教育现场会的亮点，1998 年又为省"普九"验收提供了现场。

三、教书育人，形成合力

"1+1＞2"，这是富有哲理的系统观念。刘校长和他的同事们思路清晰，学校工作是个系统工程，教学为中心，德育放首位，管理是关键。突出教学中心，德育和管理如鸟之两翼，两翼强劲，教学质量之鸟才会出现展翅腾飞。刘校长建立起学校、社会、家庭"三结合"立体式德育网络，形成强大合力，保证德育工作的落实，还根据学生"思想素质较差"的校情，提出了"五多五少"的教育思路："多一点实在内容，少一点空洞说教；多一点正面疏导，少一点简单粗暴；多一点寓教于乐，少一点千人一面；多一点持之以恒，少一点蜻蜓点水；多一点有的放矢，少一点隔靴搔痒。"采取班校联动、师生互动、内外结合等种形式，开展"学行为规范，做文明学生"，文明服务一条街，"爱我校园"征文演讲，凭吊先烈，在押劳改犯现身说法，春游野炊，文艺演出、体育比赛、影视评议，走进电脑世界，跨进书山学海系列活动，他们真个是玩得痛快，学的轻松。

针对学生"自控能力较弱"的特点抓好教学管理，领导们通力合作，提出"五个一"、"四检查"、"三深入"的要求。"五个一"即分管一条线，负责一个年级，蹲点一个教研组，任教一门学科，期末负责一项考评计分；"四检查"即教工出勤检查，教学常规检查，两课两操检查，校容校纪检查；"三深入"即深入课堂，深入操场，深入办公室。行政领导既分工负责，又团结合作，学校管理井然有序。近几年来，为了提高教学质量，学校从领导到老师上下一条心，拧成一股绳，齐抓共管，严把质量关。校长宏观调控，教导室严抓细管，政教室通力配合，后勤提供保障。每次月考，学校精心组织；每次学生座谈会，领导全部参加；每次任课教师会，领导虚心听意见，严格要求；每个课外兴趣小组，行政分工负责，刘校长还兼任初三数学兴趣小组的辅导员。在关系处理上，领导和老师之间相互沟通，关系融洽。为了教与学，"一切好商量"，教师献计献策，诤言不断，领导洗耳恭听，真心纳谏，因而学校指令畅通，领导意志容易得到体现。在教学研究中，他们根据学科特点和学校实际，形成了"以转变教育观念为核心，以课题研究为载体"的机制和"科科有课题，人人都参与"的良好研究格局，语文目标教学法、双快实验，数学优化思维教学，化学立体目标教学等项目，相继取得了阶段性成果。在教学工作中，全体教工团结一心，全身心投入。为了控流，确保巩固率达标，赵晚秀，李美华等教师陪同班主任走街串巷家访劝学。为了提高教学质量，申元英、刘清娥等老师废寝忘食，没命工作，为了不影响初三的学生，雷小红、胡荷花等常常带病

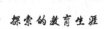

坚持工作，曾几次晕倒在办公室和讲台旁。正因为她们这种奋力拼搏、默默耕耘的奉献精神，同心同德、团结协作的持久合力，才迎来了一个又一个灿烂的春天，创造了一个又一个胜利的辉煌。

不断刷新目标，实施有效激励，形成持久合力，这就是刘校长和他的同事们创造"八连冠"的三大奥秘。今天，两市镇二中以师生和乐、治学严谨、设备先进、管理规范、质量一流蜚声省内外，先后有国家总督学柳斌同志、湖南省委书记杨正午同志来这里视察。在邵东一座小镇上的这颗璀璨的教育明珠，明天将会以更多的辉煌闪亮于整个中华大地。

教师继续教育一枝花

——湖南省邵东县教师进修学校 45 周年记

邵东县教师进修学校，坐落在桐江河畔，两市镇东风路与金龙大道的十字路口，与邵东一中仅一墙之隔。创办于 1958 年，是全国最早创立的县级教师进修学校之一。45 年来，在县委、县政府的正确领导下，经过历届学校领导和教职员工的艰苦创业，不断探索、与时俱进，终于从无到有、从小到大、从低层次到高标准，走出了一条改革、发展、创新的光辉灿烂的坦途，成为蜚声省内外的教师继续教师一枝花。

一、历史的经验

45 年来的发展历程，走过了四易其名、四次搬迁的曲折道路。1958 年至 1962 年秋，学校定名为邵东县师范学校，第一任负责人是文教科李肇祁科长，在城郊董家湾租用民房办学。接着，1960 年秋赵开智同志任党支部书记兼校长，借用地质队（一中对面）484 队工棚作校舍。1970 年冬至 1976 年秋，易名为邵东县师资培训班，负责人李兴宾同志，借用邵东一中校舍。1976 年至 1980 年底，学校再次易名为邵东县五七大学师范分校，负责人谢善生同志，在邵东一中西侧征地 7 亩筹建校舍，建筑面积 2650 平方米。1981 年底正式定名为邵东县教师进修学校，叶民栋同志任党支部副书记兼副校长，列为全省 21 所办得好的县级教师进修学校之一。1984 年曾靖民同志任党支部书记，周友成同志任校长，1986 年成立党总支，1987 年确认为正科级事业单位。打这以后，正了"名"，有了"窝"，完善了组织机构，在这块小天地里，领导和教师们堂堂正正地发挥着教师摇篮的作用。1988 年至 1995 年，曾靖民同志任校长，1992 年陈华民同志任党总支书记，建设出"忠诚、团结、博学、修德"的优良校风。1996 年至 1999 年，罗桂生同志任书记兼校长，主办了省继续教育现场会和 40 周年校庆活动。1999 年秋，谢吉美同志任校长，进行了"三名工程"的探索。自 90 年代以来，学校规模不断扩大，办学效益不断提高。

45 年来教师继续教育大体经历了五个时期的重点培训，成绩斐然。1958 年到 1980 年，重点进行短缺教师的短期培训，"缺什么教师，就办什么班"，完成学科短期培训 2284 人，以应中小学教育事业发展之急需。1980 年至 1983 年，以教材教法过关为培训重点，针对师资状况，"教什么就学什么"，培训教师 4517 人，使教师能胜任或基本胜任教学。1984 年至 1990 年，以学历补偿教育为重点，中函、中电迅速发展，完成中专学历培训 4512 人。1991 年至 1996 年，以继续教育为重点，广泛开展四项通用基本功训练，教师和校长岗位培训，初中教师"三沟通"教育，基本功训练 4016 人，培训一、二三级小学教师 3706 人，培训中小学校长 1113 人，大专学历培训 1797 人。1997 年以后实施中小学教师继续教育工程，开展小学教师第二周期、初中教师第一周期继续教育，以教学基本功为主要内容，以培训骨干教师为重点，组织普通话和计算机两项测试，共培训小学语数骨干教师 290 人，音体美教师 142 人，普通话测试员 78 人，校长提高培训 152 人，普通话上等级的 3180 人，计算机过级的 2800 人。

45 年全体教师不断探索教师继续教育规律，积累了宝贵经验，在全省乃至全国产生了积极影响。1986 年评为省先进教师进修学校，《一个重视师训的县级领导班子》拍成电视片，由中国教育卫星向全国和世界 1/3 的地区播放。1996 年，再次评为省先进教师进修学校，省教学质量评估先进单位。教师继续教育研究硕果累累，有曾靖民的校长培训"八结合"，尹展求的基本功训练法，唐辉的骨干教师培训"送教上门，跟踪教育"，曹旦的"小学作文教改途径与方法"，谢国球、朱亮辉的美育研究，赵检兵的"小语学法指导"，蒋寿喜的"说讲评"优课实验，廖郁山的"情趣导学与素质教育"，黄小明、王雄辉的"计算机应用研究"，周明浩的"物理导探式"教学法，罗桂生的"师范性、研究型、现代化"整体改革实验等一系列师训、干训课题研究。自 1984 年以来，全校教师在省级以上报刊发表学术论文达 208 篇。

二、课题的研究

从 1997 年起实施《中小学教师继续教育工程》方案，我们遵照"实践——思考——再实践——再思考"的认识规律，从目标体系的构建到培训模式的研究，从优课活动的开展到管理体制的形成，进行了全面的实验性探索，创造出有邵东特色的县级"工程型"中小学教师继续教育模式。

"三名工程"构建目标体系。从宏观目标上思考，将学校建设、中小学校长队伍建设和中小学教师队伍建设等三项根本性建设融为一体，构建起"三名工程"（名教师、名校长、名学校）实施方案。将中小学教师分为教师、合格教师、骨干教师、学科带头人，规定评选标准和评选办法；将中小学校长职务等级分为试用校长、合格校长、骨干校长、名优校长四级十等，规定任职条件和评估办法；同时，建立评估方案，将学校分为 A、B、C、D 四级，每两年评选一次，三大工程互为条件、互相补充、形成全力，激励着全县一批名教师、名校长、名学校不断创新素质教育。

"四结合"模式培训骨干教师。由蒋寿喜同志等主持的《农村小学骨干教师四结合培训模式研究》，构建了"理论主导——实践主体——科研引线——评价考核"相结合的培训运行机制。理论学习一年，跟踪调查半年。理论学习后，要求参培学员上一节优课、开一个讲座、写一篇科研论文，完成这"三个一"。四结合培训模式的研究，造就了一批批骨干教师和学科带头人，他们崇高的师德师风，先进的教育理论，深厚的专业素养，精湛的教学艺术，展示在今天素质教育的讲台上，为优课活动的开展造就了基本队伍。

优课活动激励全员参训。骨干班学员在校本导师和培训导师的指导下，开展"说、讲、评"实验，树立优课标准。在优课观摩的基础上开展"四全"培训，每年一次的全员教学基本功比赛，每年一次的全员教案评选，每年一次的全员课堂教学比武，每年一次的全员课题评选。全县上下 10000 教师参加继续教育，由通用基本功到学科基本功再到研究基本逐级升华，由合格课到优质课再到示范课的激励竞争，由合格教师到骨干教师再到学科带头人的不断攀登，形成了公平竞争的趋势。

系统管理创新评价体系。运用系统科学在全县构建"一个中心、两支队伍、三级网络、四率评估、五项措施到位"的管理体制。以县教师进修学校为培训基地，建立县教师素质发展中心；采取送出去，请进来的办法，努力建设干训和师训两支队伍，培训校长和教师两支队伍；建立县、乡、校三级培训网络，中心培训、中心培训点和校本培训三级协调一致，形成整体合力，主阵地在校本培训；建立以"送培率、出勤率、结业率、优秀率"为主要内容的评价方案；保证"领导、辅导、经费、制度、科研"五项措施到位。新的评价体系给继续教育带来了蓬勃生机和持久合力。

中小学教师继续教育模式的形成，有力地推动着我县继续教育的全面发展，更推动着中小学教师继续教育科学研究的纵深发展。《农村小学骨干教师四结合培训模式研究》在省里立项，已取得重大成果，《师范性、研究型、现代化》整体改革实验成果，在全国小学教师继续教育研究会上发言，《三名工程的实践与思考》在国际华文教育大会上演讲，《三名工程把中小学教师继续教育推向新阶级》入选领导干部学习读物《"三个代表"学习与实践》。我县中小学教师继续教育正在从全省走向全国，走出国界。

三、未来的发展

邵东县教师进修学校的师资力量、办学条件、规模效益，在省内县级教师进修院校中堪称一流。在职教职员工 44 人，专任教师 28 人，其中高级讲师 12 人，讲师 8 人；特级教师 1 人，高级中青年专家 2 人；一批青年教师在茁壮成长。还外聘兼职培训教师 8 人，高考复习班名教师 14 人。学校占地 27 亩，建筑面积 13230 平方米。有 15 间教室的教学楼一栋，综合楼一栋，一流壮观的师训大厦一栋，学生宿舍一栋，商店服务部一栋。60 套的教工宿舍三栋。教学设施齐全，有 56 座的语音室，65 台的计算机房，藏书 3 万册的图书阅览室，高标准的多媒体教室和一体机的现代化文印室，还有舞蹈室、音乐室、琴房。学校以教师教育为重点，以办高考补习班为依托全方位办学，建立了电大工作站，邵阳市教育学院、株洲师专、湘潭师院、湖南师大等高函站，在读专科生近 400 人。为中小学教师提高学历层次服务，开通信息教育平台，与湘潭师院联合办学，开办远程教育本科教学点，在读学员近 300 人，高考补习班办得兴旺，在读生近 1000 人。

教师进修学校是教师教育的重要组成部分，根据国家教育部《关于加强县级教师培训机构建设的指导意见》，贯彻"加强、充实、提高"六字方针，坚持"师范性、研究型、现代化"的办学方向，看好教师继续教育的未来发展。

——应对 WTO 的教育思考。今天，我县经济和社会发展进入新阶段，面对 WTO 的挑战，人民群众接受高层次，高质量教育的愿望更加迫切，巩固"普九"成果和提高"普九"水平，全面实施素质教育，推行基础教育新课程改革等等，对中小学教师提出了更高的要求，而今天教师教育观念、课程体系、教学内容、教学方法和手段，远不适应教育进入 WTO 的要求，不适应《中小学教师继续教育规定》和《中小学校长培训规定》的要求，县教师进修学校以中小学教师继续教育为主要任务，充分发挥其对教师教育管理、研究、服务和开发职能，开展中小学教师继续教育的培训、研究、服务，指导中小学教师在教学实践中学习和研究，开展教学实验，提高专业化水平，为中小学开展校长培训和日常教学提供现代服务，所有这些，都应当引起我们的思考。

——推进新课程改革实验。为落实国家两个《决定》，加快构建符合素质教育要求的基础教育新课程体系，我县承担省新课程实验工作，按照"先培训、先上岗、不培训、不上岗"的原则，各年级教师在实行新课程前必须接受培训。作为教师培训机构的县教师进修学校履行培训者的义务，以开展学习和实践新纲要、新课程标准、新教材为主要内容，以校本培训为主要形式，以培训骨干教师为重点，实现理论学习与课程实践相结合，这是当前和今后一个时期的主要工作任务。

——发展有特色的继续教育工程。结合课程体系改革，继续推进"三名工程"的教育模式，基本完成普通话和计算机测试任务，继续完成小学教师第二周期，中学教师第一周期继续教育培训任务，进一步抓好中小学骨干教师培训，提高培训质量，培训适应全面推进素质教育的新型教师，调整中小学教师学历结构，培训小学外语老师，配合中小学"校校通"工程的实施，加快教师进修学校信息化基础设施建设，培训信息技术教育需要的中小学教师。

——建设示范性的培训机构。以县教师进修学校为培训基地，由县教研室科研导向，县仪电站发展现代教育技术，三位一体，实现资源重组。建设一支集培训、教学、教研于一体的专兼结合的新型培训队伍，建设一个"精干、高效、团结、务实"的领导班子，先进性和实用性相结合，进一步改善办学条件，校舍、图书资料、教学仪器、信息化基础设施，逐步达到国家规范标准。办成中小学教师继续教育管理、研究、服务中心，政策咨询中心，办成一所融师训、干训、电大、函大、远程、幼师、高考补习于一体的"小实体、多功能、大服务"的现代教师培训机构。

"万紫千红总是春"。愿邵东县教师进修学校这枝报春花越来越火红。更新教育观念是我们的主要思考；推进新课程改革实验，是我们的主要任务；继续实施"三名工程"，是我们理想的教育模式；构建示范性培训机构，是我们为之奋斗的工作目标，未来的发展前景是美好的。我们的目标一定要达到，我们的目标一定能达到。

以校为本谋发展

——记湖南省邵东七中校长曾可爱

学校领导，首先是教育思想教育理念的领导。当校长，最重要的要有思想，要有求是思想、发展思想、创新思想。

——题记

2004 年 5 月 1 日，这一天，阳光灿烂，烟花漫天，46 响礼炮齐鸣，创办于 1958 年

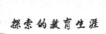

的邵东七中举行"邵阳市重点示范中学"挂牌庆典。迎宾仪仗队笑迎市、县和兄弟学校的领导，天南海北七中人。2000多嘉宾校友欢聚一堂，欣赏现代化的美丽校园，共话学校艰苦创业的历史。近半个世纪学子们勤奋刻苦的朗朗书声，教师们诲人不倦的默默耕耘，领导们励精图治的风雨苍桑，师生校友们如数家珍。七中人用自己的心血和汗水铸就了今日的辉煌和骄傲，也以出色的成绩赢得了社会广泛的肯定和赞扬。此时此刻，人们不约而同地夸赞着邵阳市青年教育专家、现任邵东七中校长兼党支部书记曾可爱。

曾可爱是1999年由组织上安排到邵东七中担任校长职务的。发展是硬道理，他以科学的发展观作指导，用求真务实、与时俱进、开拓创新的意识谋发展，以生为本，强化校本德育，开发校本课程；以师为本，深化校本研究；以校为本，发展七中特色。一心一意谋求学生的全面发展、教师的专业发展、学校的可持续发展，走自己的路，奋斗五年，让一所普普通通的山区中学实现了跨越式发展，在发展农村优质高中教育中走进了市重点行列，并表现出自己鲜明的示范作用。

一、强化校本德育，让学生健康成长

当校长，第一位的工作是育人。曾可爱校长认为，创新德育工作是推进素质教育、弘扬时代精神的需要，是帮助学生树立正确的世界观、人生观、价值观的需要，还是进一步加强和改进未成年人思想道德建设的需要。他注重理论研究和实践探索，形成既体现时代精神又适应素质教育的现代德育理念，把学校管理和校风建设、师风建设巧妙地结合起来，科学而富有创造性地构筑了"一主两辅三结合"的德育模式。"一条主线"，即校长负责制下的学校行政管理。像树立"为人民服务"的宗旨一样，树立"为学习服务"的宗旨，学校分工负责、定岗到位、责任到人，并推行公开服务承诺制，形成党政、工团、学生会、学生及家长、社会齐抓共育的机制，创造出最佳管理、最佳环境、最佳效率和最佳服务。"两条辅线"，即校长负责制下的"综合治理组织"和"家长委员会"。综合治理组织为学校提供了安全、健康、清新、文明的育人环境，而家长委员会则成了学校和家长的纽带、交流和沟通的桥梁，定期召开联席会议，共商育人大计。"三结合"，即学校教育、家庭教育和社区教育紧密结合并保持高度一致。学校将法制教育、社会公德教育、日常行为规范教育、前途理想教育、爱国主义教育、革命传统教育、党的知识教育、心理健康教育共八个方面的教育具体化、系列化，渗透在课堂内外、学校内外，通过家长委员会帮助和引导家长树立正确的家庭教育观念，掌握科学的家庭教育方法，提高科学教育子女的能力，推广家庭教育经验。并通过社区会议落实到每个学生家庭和社区的各个角落。使德育在内容、形式、方法和途径上更加贴近学生、贴近生活，努力营造了健康向上的学风、"严爱勤实"的校风，使一大批品学兼优的学生脱颖而出。邵东七中成为一块文明卫生、安全和谐、勤奋向上的育人绿洲，它连续多年评为市双文明单位、安全文明校园、花园式学校，2003年还评为湖南省学雷锋先进集体。

二、开发校本课程，让学生全面发展

做教育，目的是培养学生既成人，又成才。曾校长有一个先进的教育理念：无限地相信学生和老师的潜力，相信还不够，要无限地相信。每一个人，每一个老师，每一个学生都有巨大的潜能。他还认为，一个学校、一个老师、一个学生，一定要有自己的特色，每个学生都有自己的个性，都有自己的天地，每一位中学生都应该很优秀。要充分挖掘师生的潜力，每所学校应该创造自己的品牌，构建自己的校园文化，形成自己学校的拳头和优势。他根据七中学生进校基础差、底子薄的实际情况，坚持以提高学生综合素质为突破口，从培养学生的兴趣入手，提出"人人都参与，个个都发展，项项出特色"的要求。在开好国家课程、地方课程的基础上，努力开发校本课程，活跃校园生活，发展学生特长，陶冶学生情操，渗透做人真谛，全面提高学生素质，培养合格＋特长的复合型人才。学校先后成立了广播通讯社、科技创作社、文学社、书法社、集邮社、摄影社、花卉社、体育队、文艺队、美术社、奥林匹克研究社等近 20 个学生社团组织。学生利用特长学习时间，有计划地开展各种研究性特长活动。这些丰富多彩的社团活动，为学生的个性发展创造了良好的条件和广阔的空间。例如，近三年广播通讯社采集各种稿件 3 万多件，播出 1.3 万件，为提高学生兴趣、弘扬学校正气产生了重要影响；学生尹金来发明"珍爱型"双面信封和双色粉笔，被国家专利局受理申请专利，《经济日报》和湖南电视台进行过多次报道；文学社作者勤于笔耕，已在省级刊物上发表作品 30 余件；花卉社插花展也已走向市场；文艺宣传队排练的节目，在市、县组织的"五四"汇演等大型活动中，次次夺得金奖；体育代表队在县参加比赛，连续五年名列前茅，去年学校男子排球队勇夺了邵阳市中学生软式排球赛第一名，并代表邵阳市参加全省 2003 年中学生排球赛。同时学校还注重群众性的比赛活动，每年均有一批体育特长生考入高等学校，2003 年王公望进入北京师范大学深造。据统计，从 1999 年起，在奥林匹克赛、球赛、演讲、书画展活动中，该校共有 560 人次获省、市、县各类特长比赛第一名，参赛面占学生人数的 30％。发展自己的特长，它是一个人的一种精神财富，是一个人的魅力的重要来源，是生活的一个重要组成部分，校本课程的开发丰富了学生生活，提高了学生素质，增强了学生魅力，显示了学校特色，给学校增添了无限的生机和活力。

三、深化校本研究，让教师专业发展

办学校，关键在培养一批优秀教师。依据科学发展观的要求，要坚持以师为本，促进老师的专业发展，让更多的中青年骨干教师成长起来。曾校长上任伊始，就聚精会神抓教学。第一手抓常规，完善常规教学、常规管理、常规服务。七中的常规教学很有特色，也很有水平。第二手在狠抓常规的基础上，又把发展的眼光盯在"科研兴校"上，深化校本研究。他率先垂范，身体力行。在 1999 年，亲自主持《农村高中全方位创新教育研究》的课题，经过一年的探索和实践，2000 年该课题上报省里立项研究。科研组着眼于学生的主体性，结合教育教学实际，教师的研究兴趣，全体老师自觉参与相关子课题研究，创新教学。包括《语文课堂创新教学》、《数学自学辅导》、《外语五步教学法》、《化学创造性课堂教学》、《物理导探式教学》、《政治课的读、议、练三结合》、《法制课案例教学》等十个子课题研究。2001 年学校有 28 项教改成果在省市获奖，2002 年 32 项，2003 年 35 项。这样，把教育教学和学校管理与教育科研有机地结合起来，既提高了教师素质，又提高了学校品位。第三手，针对青年教师多的特点，推出"名师工程"，不断提高教师专业化水平。首先，从关心教师的需要入手。一方面，尽可能创造条件，满足他们的物质需要。关心他们的疾苦，尽可能解决他们生活上的困难。另一方面，尽

可能创造条件，满足他们的成就需要。完善教师激励机制，学校让他们担任学科带头人、课题研究负责人、公开课主讲、校内外培训，推选管理后备人选，经过培训、确认、适时提升，只要他们做出成绩，就给予表扬和奖励。为每一位教师的学习与成长提供充分的条件，创造更多适合不同教师锻炼的机会，最大限度地挖掘每一位教师的潜能，帮助他们获得成功。其次，十分重视教师的专业培训。开展师徒结对活动，要求青年教师"一年站稳讲台，三年教学过关，五年形成自己的教学风格，八至十年成为学科带头人"。还在全体教师中开展"五个一"的活动，即每人每期上一堂公开课，写一篇教研论文，转化一批学生，提出一个建议，确定一个研究专题。青年教师通过传帮带和"五个一"活动，互相促进，共同提高，实现了教师由知识的讲解者、传授者转变为教学活动的组织者、导演者；学生由被动的听讲者、接受者转变为主动参与者、探究者；教学媒体由老师的助讲工具转变为学生的认识途径；教学过程由直观形象过程转变为逻辑思维及意义构建过程。今天，邵东七中的师资力量十分雄厚，在编在岗教师140余人，其中本科以上学历的100余人，在学研究生10人。据统计，近5年来，教师们共在省级以上刊物发表论文321篇，《农村高中全方位创新教育研究》也获省一等奖。优秀教师的成长使学校形成了强大的合力，使邵东七中的教学质量一年一个新台阶。先后有杨敏、李桂夫、余光华、尹明艳、舒雄群等472名学子考入重点大学，累计向大中专院校输送2600多名新生。学校高考、会考成绩，连续五年居县内前茅，连续五年获得县教育教学管理先进单位和高考招生先进单位的殊荣。

四、搞活校本经营，让学校持续发展

会经营，学校才能持续发展。曾校长追求一种个性、民主、自主的学校管理，变学校管理为学校经营，使学校减少对政府的依赖性，强化了自身的造血功能，依法去对学校工作进行计划、组织、管理和营运，围绕计划、决定、实施、评价四个环节进行有创造性质的教育经营活动，开展适合本校的各项改革，促进学校快速、稳步、持续、健康发展。邵东七中始建于百废待兴的1958年，它原名白玉完小，校址积光堂原是一座破烂不堪的老庄园，校园面积仅7亩，在校学生200多人，教师10余人，经过近半个世纪的苦心经营，学校从附设初中到独立建校，从初中到高中，从老校到新校，七中人坚持艰苦创业，在困难中前进，在贫困中掘起，学校得到突飞猛进的发展，面貌焕然一新。尤其是近五年，曾校长认真总结历任领导的管理经验，提出自己先进的经营思想，学校在创一流、树名牌的途径上迈出了跨越式发展步伐。1999年，曾校长踏进七中以后，面对学校硬件软件滞后老化的突出问题，迎难而上，谋定而后动，胸有成竹地对教职员工提出了"苦战三、五年，争创市重点"的奋斗目标。同时，还提出了"开放经营，外联商贾，内引赞助"的实施方案，亲自指挥和带领他的同事们南下广州、深圳，北上北京、沈阳，动员政界要员、军界将领、商界巨头和各界名流，天南海北七中人，都来关心七中的发展。深圳巨商七中校友杨海龙，40周年校庆的1998年，他一次性捐款30万元，今年市重点挂牌，他又联合深圳的七中校友捐款20万元。在杨海龙的带动下，商界校友李雪海、李四洋、李盛权、李玉常，军界校友刘伯和、禹光、学界校友曾建屏等一大批七中人，都来为七中的发展出谋划策、捐资办学。近五年来，学校集中校友的智慧和力

量，投资 800 万元改善办学条件，让七中校园发生了翻天覆地的变化。现有面积 75 亩，总建筑面积达 2.7 万 m^2，学校绿树成荫，四季鸟语花香。这里各种建筑布局合理，高低错落，昔日低矮破旧的瓦房不见了，取而代之的是昂首挺立的科学楼、艺术馆、图书馆、风雨活动室、学生公寓；这里有全县唯一的健身长廊，高标准的田径场；这是还有全县唯一的天文观测台，激发学生爱科学、学科学的热忱；文化走廊、花园和凉亭，雕梁画栋，别有情趣；还有校园宽带网、有线电视网、校长办公系统、校园广播系统、电脑室、语音室，一套高标准的现代化设备，一派浓浓的现代教育气息。"师生七中走，如在画中游"，成为全社会对七中美丽校园的一致赞叹。五年前学校 16 个教学班，在校学生 1000 余人；今天学校发展到 40 个教学班，在校学生 3000 人。为了今后的发展，又有 4000m^2 的教工住宅和 5000m^2 的学生公寓，正在建设中拔地而起。

新的五年开始了，这位既有教育家的办学理念，又有企业家的经营策略，还有社会活动家的协调本领的曾可爱校长，又描绘出"奋战三、五年，打造三湘名校"的最新蓝图。邵东七中正乘着教育教学改革的春风，在素质教育的大道上，载着上级领导的热切关怀，寄托着天南海北七中人的深切厚望，追求学生的全面发展、教师的专业发展、学校的可持续发展，朝着全省示范性高中、全市一流重点中学大踏步前进。可以预言，在 50 周年庆典的那一天，邵东七中，又将以"高素质，高质量，示范性，有特色"的崭新形象展现在三湘大地。

县级教师培训机构怎么创示范

——记湖南省邵东县教师进修学校校长邓最红

业精于进，学成于修。把县教师进修学校打造成省、国家级示范，邓最红和他的同事们说：必须在"完善小实体、发挥多功能、实现大服务"上显示她的示范性，构建教师素质发展中心。

——题记

邵东县教师进修学校创办于 1958 年，1984 年，列为全省 21 所办得好的县级教师进修学校之一，定为全省在职师训对外开放单位。自上个世纪 90 年代以来，学校自始至终以创省国家级示范性教师培训机构而努力奋斗着，先后创造出"省文明卫生单位"（1991）、"省先进教师进修学校"（1984、1991、1996）、"全国电视师范办学先进单位"（1992）、"省三沟通培训先进单位"（1994）、"省教育质量评估先进单位"（1996），还为省举办第一届"小学教师继续教育教学研讨会"（1997），成为"省中小学教师继续教育实验县"（1998）。今年 5 月，邵东县教师进修学校校长邓最红抓住机遇，向县委、县政府提出申报省级示范性教师培训机构，得到了县"四大家"领导的全力支持。今年九月，通过省厅领导的评估验收，省厅领导在充分肯定的基础上，还鼓励邓校长继续努力，为全省县级教师培训机构树立一面旗帜。县教师进修学校怎么创示范？多年来，邓最红校长带领他的同事们进行了艰苦卓越的工作，不断完善小实体，让小实体发挥多功能，实现大服务，构建教师素质发展中心，走出了一条"师范性、研究型、现代化"的发展

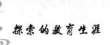

之路。

一、完善"小实体"，显示教师培训机构的示范性

邵东是经济强县，也是教育强县，普九验收、素质教育、高中优质教育、新课程改革实验，都是全省先进县。县级教师培训机构，是全县中小学教师终身学习的重要基地，不可或缺，不可削弱，只能加强。这是邵东县历届党政领导形成的共识，也是县教师进修学校与时俱进，从小到大、从弱到强、从低层次到高标准，不断发展创新的根本。邓最红校长和他的同事们精抓实干，千方百计完善"小实体"，"五有"可以充分显示出教师培训机构的示范性。

（一）有一座设施齐全的培训基地。学校占地 25 亩，总建筑面积 15400m^2。近五年，投资 640 万元，新建师训大厦一栋（2002）、教学大楼一栋（2003）、学生公寓一栋（2004）。教学楼、学校食堂、学生公寓均可容纳 1500 名学员的培训和餐宿。各项教学设施齐全，建立校园网站，装备了校园广播室，校长办公室系统已全部联网，多媒体教室、计算机教室、图书阅览室、专用语音室，可以满足不同学科教师培训的需要。

（二）有一所独立法人的办学实体。邵东县历届党政领导表态，教育要开四朵花，要像办一中、三中省示范高中一样，像职业中专创国家级重点一样，办好教师摇篮，办成省级、国家级示范性教师培训机构。邵东县教师进修学校的行政和业务关系，始终是县人民政府领导、县教育局主管、正科级事业单位、具有独立法人资格的办学实体。县政府为教师进修学校的改革发展建立了以财政拨款为主，多渠道筹措经费的保障机制。县教育局按照教师工资总额的 1.5%，学杂费中收取师训费的全部用于师资培训，每年拨足 40 万元。除财政拨款以外，靠办附属中学、发展学历教育来增强自身的造血功能，每年可为学校创收 80 万元，保证了学校正常的办公经费和基本建设投资。

（三）有一个年轻有为的领导班子。学校实行校长负责制，采用"书记保证，校长行政，主席监督"的管理模式。校处两级班子共 7 人，校长决策，保证各级政令畅通无阻；副校长朱亮辉，务实开拓，精通师训业务；副校长刘飞舟，老成持重，富有学校管理经验；副书记周安胜，处变不惊，善于发挥党组织的核心作用；培训处主任蒋寿喜，工作扎实，很有教育科研能力；工会主席申华民，精明灵活，善于发挥教代会的监督作用；总务副主任曾德生，务实肯干，是一位难得的好当家，一班人"思想同心，目标同向，工作同步"，精诚团结，配合默契，是一个年轻有为，充满活力，富于开拓创新精神的好班子。

（四）有一支"四高一全"的教师队伍。全校现有教职员工 53 人，专职教师 34 人。本科研究生占 91%；中高级比例达 97%；有特级教师 1 人，全国优秀教师 2 人，数学奥赛国家级教练员 1 人，省优、省骨干教师 3 人，市优、市中青年教育专家、学科带头人 12 人；由县教研员、各乡镇校长助理、专业教师组成的兼职教师 42 人，他们当中有特级教师 2 人，全国优秀教师 1 人，具有高级职称的 15 人。这支高学历、高职称、骨干高比例、业务高水平、学科齐全的教师队伍，可以满足小学、初中所有学科教师的培训需要，可以适应基础教育新课程改革的需要。

（五）有一套科学实用的管理制度。第一，有系统的培训规划。根据省、市的整体规划，结合本县的实际情况，制订"十五"、"十一五"事业发展规划、学历教育、非学历继续教育发展规划，形成一系列实施方案。第二，有规范的制度建设。40年校庆时，编辑的《实务手册》，为省内兄弟学校提供了范本；新一届领导编印的《制度汇编》，责任到位，执行良好；第三，有严格的教师管理。100%教师有进修规划，100%的教师有下乡蹲点的具体安排，100%的教师建立了业务档案，对全县教师培训实行计算机信息化档案管理。

二、发挥"多功能"，再显教师培训机构的示范性

县级教师培训机构的功能，按照国家教育部的要求：重点在于重视现有优质教师教育资源，积极整合县级教师培训、教研、电教等相关部门的资源，构建上挂高等院校下连中小学校的新型教师学习与资源中心。邓最红校长和他的同事们正是这样做的，创造研培一体、上挂高校、三级网络、三名工程和发展中心，小实体发挥五大功能，再显教师培训机构的示范性。

（一）坚持研培一体，实现资源整合。该校早在1996年就提出"三位一体"的构想，具体作法是：以县教师进修学校为培训基地，由县教研室科研导向，县仪电站发展信息技术，构建县教师素质发展中心。三家根据工作的性质和特点，有效地进行资源整合，真正做到了：计划统筹安排，研培相互渗透，工作相互融合，活动相互参加，教师相互聘用，设备相互支持，教师培训机构成为名副其实的继续教育教学改革研究中心。县财政还准备投资300万元，修建一栋三家合署办公的综合大楼，共同承担起教师培训的一切组织、协调、指导、管理和服务功能。

（二）依托远程教育，上挂高校名师。现代远程教育的教学设施，已达到国家规定的远程教育教学点的基本标准，全面开通，同时可以满足300学员培训的需要。近几年，与湖南师大、湖南一师11所高校联合办学，基本完成了全县中小学教师的专科教育；2002年，与湖南科大、华中师大、陕西师大、中央电大联合办学，开通远程教育本科教学点，还与湖南师大联合开办研究生班，为教师学历达标和提高研修开辟了一条崭新途径。与此同时，学校经常邀请省厅领导和高校著名教授，来校指导工作和作学术报告。

（三）强化三级网络，形成整体合力。邵东建立起"县、乡、校"三级研培网络，具体作法是：由县级教师培训机构宏观调控，发挥全面组织作用，制订规划并具体指导实施，抓好中心培训；乡镇中观管理，组织教学研讨会、教学比武、优课观摩、指导校本培训、课题研究，办好中心培训点；学校微观组织，抓好全员参与的校本培训和校本教研。研培结合，中心培训、中心培训点和校本培训三级协调一致，形成整体合力，主阵地在校本研培。

（四）实施"三名工程"，造就骨干队伍。把中小学教师继续教育作为工程来抓，将学校建设、校长队伍建设、教师队伍建设三项根本性建设融为一体，实施"三名工程"，通过评选学科带头人、优秀校长、创建示范性学校的活动，激励着全县一批名教师、一批名校长、一批名学校不断地创新素质教育。

（五）建设一个中心，创新评价体系。在全县构建"一个中心，两支队伍，三级网络，四率评估，五项措施到位"的师训管理模式。这一管理机制，一个中心和两支队伍是管理目标体系，三级网络是管理层次结构体系，四率评估和一项措施是综合评价体系。三者有机结合，形成系统工程。继续教育走向科学化、规范化、制度化，这是继续教育评价体系的创新。以中小学教师继续教育为中心，采取多种形式办学，已经办出一所上挂下连横整合，融师训、干训、电大、函大、远程、幼师、附属中学于一体的多功能的综合性学校，真正成为县教师素质发展中心。

三、实现"大服务"，更显教师培训机构的示范性

国家教育部和省有关文件指出：县级教师培训机构，应以研究指导校本培训为主要任务，成为当地教师继续教育的指导中心、资源中心、科研中心，现代远程教育中心和培训示范中心，直接为广大中小学教师服务。邓最红校长和他的同事们，坚持服务于实验基地的引领，服务于中小学教师成才的需要，服务于中小学的教学实际，服务于教育科研和未来教育的发展，小实体实现大服务，更显教师培训机构的示范性。

（一）服务于实验基地的引领。学校从90年代开始，建立起一批教师培训实验学校，两市镇三完小，是小学教师继续教育实验学校；两市镇二中，是初中教师继续教育实验学校；湖塘小学，是小学骨干教师培训实习基地；砂石镇中心学校、灵官殿镇中心学校，是校本培训实验基地。这批实验学校，在开展教师培训、推进新课程改革、促进教育教学研究方面发挥了"领头羊"的作用。实验基地以新课程理念为指南，立足师生发展，探讨教学方法，总结出一种"五环式课堂教学"基本模式：创设情境，启动探究；独立思考，自主探究；分组讨论，合作探究；交流内化，反思回归；分层作业，拓展延伸，这一基本模式被各学科普遍采用。灵官殿中学罗迎军的初中语文教学法在全邵阳市得以推广，砂石中心学校的音乐教学研究及其校本教材，被全县各中小学所采用。

（二）服务于教师培训的需要。非学历教育：有新教师培训、小学教师一、二、三周期培训、初中教师一、二周期培训、小学骨干教师培训、中小学校长培训、新课程培训等11种形式，参培人数达49442人（次）。学历教育：中专教育有中函、中电、中师、幼师、职专五种类型；专科教育有三沟通、高函、电大，三类七个专业；还有4个远程本科教育点，学历教育培训大中专毕业生和在读本科研究生共7566人。

（三）服务于教育科研的开发。近几年来，学校与县教研室一道，开展了一系列教研教改活动，组织了内容丰富的教改课题研究，取得了丰硕的科研成果。在省和国家立项研究的课题就有五个：蒋寿喜主持的《农村小学骨干教师四结合培训模式研究》；朱亮辉主持的《三结合教育中的教师角色研究》；阳素娥主持的《初中情趣作文课堂教学模式研究》；肖董良主持的《农村中小学音乐教育新课程实施的实践研究》；刘祥发、邓柏林主持的小学语、数《师生互动，共同发展》实验。近年来，全县有各级各类课题100个以上，在国家、省、市获奖的67项。

（四）服务于校本培训的发展。新课程以校本培训为主，坚持"六重"原则：培训对象重主体，培训过程重实践，培训内容重需要，培训方法重参与，培训评估重发展，培训体系重开放。在校本培训的同时进行校本研究，研培结合，构建"坚持一个核心，狠抓两个平台，落实三个教研日，发挥四个作用"的操作模式。一个核心，即以个人反思、同伴互助、专业引领为核心，使校本研培具体化。两个平台，即教学平台和教研平

台，要求教师登台上汇报课、研讨课、示范课；推荐教学尖子参加县、市、省比赛，使校本研培一体化。三个教研日，即周一集体备课、周二集体研讨、每月一天集体观摩，使校本研培经常化。四个作用，即充分发挥校内校务会、教研室、教研组、骨干教师四个层次的管理作用，使校本研培规范化。教师研培结合的"一二三四"系统工程，凸显了邵东校本培训和校本教研有机结合的鲜明特色。

（五）服务声誉遍中华。1986 年，电视专题片《一个重视师训的县级领导班子》，由中国教育电视台向全国和世界 1/3 的地区播放；1992 年，曾靖民校长在连云港召开电视中专会上发言，获全国电视师范教育办学先进单位；1998 年《以优课工程为龙头，全面探索小学教师第二轮继续教育》经验向全国推广；1999 年罗桂生校长在山西太原第六届全国小学教师继续教育研讨会上代表湖南作经验介绍；2004 年县教师进修学校牵头，承担全国"十五"计划重点课题《学校、社会、家庭三结合德育创新发展研究》，组建了课题研究实验区，邵东有 10 所中小学参与子课题研究。2005 年 7 月 15 日《中国教育报》报道《教师暑假充电忙》。邵东的经验正在从全省走向全国，走出国界。

业精于进、学成于修。邓最红校长和他的同事们，多年来坚持教育的师范性、教学的研究型、管理的现代化，在创"示范"获得成功之后，高兴地总结出三条成功经验：第一，领导重视、坚守阵地、持续发展，加强"小实体"建设，这是根本动因；第二，整合资源、上挂高校、三级网络，发挥"多功能"效益，这是关键因素；第三，以校为本，研培结合，科研兴校，创造"大服务"奇迹，尽显邵东特色。在今后的日子里，邓最红校长将继续坚持"师范性，研究型，现代化"的办学方向，进一步探索教师培训、教育科研的新途径、新方法、新模式，增强教师研培的针对性和实效性，通过一两年努力，让"小实体，多功能，大服务"的示范性县级教师培训机构再上一个新的台阶，达到国家级示范性县级教师培训机构的标准。

"三化"教育理念指导经纬健康发展

——记湖南经纬学校书记赵梅华、校长李勤俭

湖南经纬实验学校，是邵东县一所从幼儿园、小学、初中到高中的全日制寄宿制民办学校。七年来，学校由小到大、由弱变强、稳步发展，在创新教育理念、规范办学行为、科研办出特色、效益打造品牌几个方面，为民办学校的改革和发展起到了很好的示范作用。这全靠书记赵梅华、校长李勤俭领导得法。

一、用理念端正办学方向

民办学校最大的办学优势是自主性强，可以按照自己的办学理念设计和规划学校的发展，形成自己的办学特色。经纬学校在坚持社会主义方向、认真执行《教育法》和《民办教育促进法》、贯彻全面发展的教育方针的过程中，书记赵梅华、校长李勤俭走遍全省、全市有名的民办学校，然后提出了"人性化教育、规范化管理、精细化服务"的教育理念，简称"三化"教育理念。它既为学校找到了准确的办学定位，又为全体教师树立起新的精神追求和价值标准。他们认为：第一，教育必须人性化。校长要以师为本，

教师要以生为本，实施爱的教育，师生互动，和谐发展。第二，管理追求规范化。按规律办事，以制度管人，由重在对人的控制，到重在发挥人的作用，再到重在对人的心灵的启迪，最终实现"无为而治"。第三，服务逐步精细化。领导为师生服务，教职员工为学生服务，就是要用心做事、爱心育人、真心服务。对每一个学生都精心，对每一个环节都精细，把每一项工作都做成精品。"人性化教育、规范化管理、精细化服务"三者相辅相成，辩证统一，构成了经纬学校的办学理念，端正了办学方向，是贯穿于学校发展始终的指导方针和活的灵魂。在"三化"教育理念指导下，教育、管理、服务，处处体现"以生为本"。例如，教师不体罚学生，不排斥后进生，经纬无差生；投资几十万为学生宿舍安装热水系统；设立奖学金、助学金制度，每年拿出十多万元奖励品学兼优学生，资助贫困学生；还建立校办工厂，为特困生提供勤工俭学的条件。年逾花甲的封辛龄（教导处主任）主持学校九年教育部的工作，为整合教育资源、加强不同教育阶段的衔接性，提出了"幼儿园——小学——初中"一体化的工作思路。实行小班化和分层教学，九年教育部办得红红火火，"经纬幼儿园的孩子最幸福、最健康、最快乐、最礼貌。""经纬小学校园是孩子依恋的家园、向往的乐园、成长的学园。"这既是孩子们的共同体验，也是万千家长的共同呼声。初中教育通过抓常规、抓规范、抓特色、追求美誉度，建设"平安初中、质量初中、魅力初中。"在同类民办学校中也是口碑最好、最有竞争力的初中。

二、用管理规范办学行为

专家治校，书记赵梅华，曾任省重点中学邵东三中校长、邵东县教育局党委书记兼副局长等职；校长李勤俭伴随经纬成长，从当教师、政教主任、高中部主任、校长助理、副校长、常务副校长，到校长岗位，七年登七个台阶。他们二位既有教育家的理论，又有企业家的胆略，还有社会活动家的精明。引领着一个团结、务实、创新、廉洁的领导班子，校务会4个校级领导、三个处室主任、两个部主任，都独到一面，以科学管理规范办学行为。书记和校长实施三项决策：第一，建立董事会领导下的校长负责制，对学校实行目标管理。董事会管学校的宏观发展规划、社会和经济效益、校长的考评。学校的人、财、物的管理统统交给校务会一班人。校长对董事会负责，自觉接受董事会的领导和监督，及时汇报、商讨办学中的重大问题。实行这种所有权和经办权有效分离的管理体制，妥善地解决了投资者和办学者之间的矛盾。第二，学校实施"以部为主"的管理模式。校长只管副校长和处室部主任，考虑学校的发展计划、教师队伍建设、处理好与董事会的关系。九年教育部和高中部的人、财、事一套程度不同地交给部里，部主任有人事权，有教育教学领导权。处室主任主要是协调两部关系，组织全校性活动，参加教师考评。这种权力下移，分层管理，克服了超大规模学校管理不到位的弊端。高中部5个管理人员：一位主任主持全面工作，一位教学副主任加一个教务员，一位政教副主任带一个专干。充分发挥班主任、管理教师的作用，发挥团委会、学生会、纠察队三支学生干部队伍的作用，把4000多学生管理得井然有序，教风好、学风浓、校风正。第三，加强各项规章制度的建设。教育、教学、管理、服务，对每个岗位实行目标管理，建立岗位责任制。招生制度及招生计划、人事制度及招聘办学、效益工资及奖惩办法，都有一套科学实用的规章制度。七年来，一切办学行为都得到教育主管部门的充分肯定，没有出现五乱（办班、招生、收费、打广告、发文凭）现象，无打架斗殴、无小偷小摸，无安全事故，始终保持着"0"的记录。"经纬学校管理严，家长放心去赚钱"成为社会美谈，赢得了社会各界、万千家长和广大学子的共同赞誉。

三、用科研办出学校特色

名师执教，质量第一，科研创新，办出特色，这是学校可持续发展的源头活水。书记、校长有三项成功做法：第一，学科带头人评聘制度化。2005年，首批评聘顶尖教师3人，2006年，第二批评聘8人，各门学科都有学科带头人领航。校领导每年两次到省内外聘教师，2005年两次派专车到浙江接来两位优秀教师。目前，一支整体素质高，年龄、职称结构合理，男女比例协调，相对稳定的研究型教师队伍已经形成。现有专职教师200人，高中教师本科学历86%，初中专科学历100%，小学专科学历80%，有特级教师3人，省市县骨干教师16人，中学高级教师46人。校长亲自抓科研，对教师提出"五个一"的要求：每学期读一本理论专著，承担一个研究课题、转化一个差生、写一篇科研论文、上一堂公开课。每一个领导，每一个教职员工都能在自己的岗位上，以科研的眼光看问题，以科研的态度干工作，以科研的方法做事情。第二，进行"以质量求生存，以特色谋发展"的研究。经纬人历年创造出高考"神话"。七年来，据县教育局统计，二本上线人数达2485人，重本上线人数达951人，向高等学校输送艺体生68人。吴齐元同学以674分夺得邵阳市第一名，走进清华大学。英语和计算机作为学校的特色教育，从娃娃抓起。学校每年设立体育节、艺术节、科技节。七年来，学校成功地举办了六届校园体育节，六届校园艺术节，四届校园歌手赛，首届科技节。参加国家各类竞赛活动获金奖的36人次。罗艳芳同学的独唱、独舞、独奏三项，在全省获得金奖。第三，科研课题在国家立项研究。《三化教育理念研究》，是国家十五计划重点课题。坚持以人为本、德育为先，促进学生的全面发展，教师的专业发展，学校的可持续发展。课题成果集《做有智慧的教师》，收集教师140余篇科研论文。本课题获国家教师基金科研成果一等奖。

四、用效益打造学校品牌

董事会既开明又有远见，把办教育作为一项回报社会的公益事业，学校财务制度完善，资产管理符合国家法律、法规和政策要求，股东们连续七年没有分红，将办学积累全部用于学校发展，连续投入已达8000余万元，这种不以营利为目的，只图学校发展，不图个人回报的崇高精神，全省乃至全国仅此一家，它成为经纬的骄傲。董事会为学校确立的办学目标是"创建全国一流学校，培养当代卓越人才"。在书记和校长的领导下，今天已成现实：第一，有一流的硬件设施、校园环境。校园占地160亩，建筑面积6.7万平方米。有高规格的教学楼、实验室、多媒体教室、电教室、语音室、电视监控室；有高标准的田径场、足球场、游泳池、多功能大厅；有五个宽敞舒适的师生食堂；有三星级宾馆式的学生公寓。校园坐落在邵东城郊宋家塘，远离网吧、远离污染、交通便利，绿树成荫、芳草青青，名人雕塑成行、圣贤阁雄伟壮观，漫步校园，不是公园，胜似公园。第二，誉满三湘、影响中外。学校自创建以来，学生由300余名、900余名，到

1200余名、2100余名，再到3600余名、4600余名，发展到今天的在校学生5100余名，教职员工316名的超大规模的民办学校。学校先后被评为"市、省花园式单位"（2000，2001）、"省青少年思想教育基地"（2001）、"市、省文明卫生单位"（2003，2004）、"省绿色学校"（2004），2005年年检被评为"邵阳市示范性民办学校"，并进入"全国社会满意学校"行列，2006年初又喜获"全国先进民办学校"的殊荣。毛致用、杨正午、胡彪等国家和省领导，全国各地200多个代表团，还有加拿大、日本教育代表团，先后慕名来这里参观考察。第三，新的五年追求更大发展。在董事会的指导下，校务会一班人方向更明确，思路更清晰，坚持"强师资、严管理、高质量、有特色"的办学方向，进一步强化师资队伍，进一步规范学校管理，进一步建设好团队精神，以一流的师资、一流的管理，创造一流的质量，培养一流的人才，办出一流的学校，成为经纬人的全新追求。

综上所述，创新先进的教育理念，端正办学指导思想；创造成功的管理模式，规范办学行为；走科研发展之路，办出自己的特色；注重社会效益，以实力打造学校品牌，是湖南经纬实验学校获得长足发展的四条主要经验。书记赵梅华、校长李勤俭和同事们求真务实、与时俱进，在短短七年时间里，走过了人家公办学校70年乃至100年的历史，走出了一条"人性化教育、规范化管理、精细化服务"的可持续发展的新路。昨天的成绩是豪迈的，今天的事业是灿烂的，明天的成就必然是辉煌的。

追求真善美，共同托起三中的明天

——记湖南省邵东三中校长　申　振

　　走过半个世纪，邵东三中唱响一路放歌，创造了一个品牌，树起了一面旗帜，积淀了种种资源，培育了万千英才。今天，在申校长和他的同事们的共同努力下，又演奏出"学生追求三个学会、教师追求三重境界、领导追求三项优质服务"，"求真、扬善、尚美"的跌宕激越的生命乐章！

——题记

　　邵东三中创办于1956年，是湖南省首批54所省级重点中学之一，现为湖南省示范性高中。学校坐落在农村小镇火厂坪杜林山上，校园占地288亩。开办66个教学班，学生4288人，教工251人，其中有全国劳模1人、全国优秀教师5人、特级教师3人、高级教师76人、国家和省级骨干教师19人、省和市中青年专家、学科带头人36人。

　　昨天，在50年的办学实践中，以"求真、扬善、尚美"为校训，形成了"三苦精神"、"扬善教育"、人文管理、教改科研、群众体育五大鲜明办学特色。例如：自1998年起开展的扬善教育，2001年《湖南教育》发表长篇通讯《看邵东三中怎样抓德育》，副省长唐之享做重要批示，邵阳市委、邵阳市人民政府号召全市中小学积极推广扬善教育。2005年，先后有湖南卫视、《湖南日报》、《潇湘晨报》、湖南人民广播电台等多家新闻媒体对扬善教育进行专访，先后获省科研成果一等奖、省未成年人思想道德建设创新案例奖、省未成年人保护先进单位，扬善教育这朵精神文明之花香遍三湘大地。又如群众体育，1996－2005年，连续10年获全国群众体育先进单位，还获有全国学校体育卫生先进单位，全国青少年体育工作先进单位，全国体育传统项目学校的美名。还有，2000－2007年高考各项指标，连续8年居邵阳市第一。学校的办学声誉名震三湘，北京、云南、贵州、怀化、娄底等一大批外籍学生纷纷慕名来校就读。学校的办学特色、办学成果、办学经验，先后被《人民日报》、中央人民广播电台、《光明日报》、《中国教育报》等国家级新闻媒体报道和推广。

今天，邵东三中在新任校长申振和他的同事们的共同努力下，以贯彻党的教育方针，办人民满意的教育，创造"和谐三中"为目标，实施"一二三"系统工程，即围绕一个中心：以教学为中心，狠抓教学质量；突出两个重点：树立教师形象，加强学生正面教育；实施三个追求：学生追求三个学会；教师追求三重境界，领导追求三项优质服务。以科学发展观作指导，上下一条心，拧成一股绳，在务实创新、构建和谐、提升品牌上再登新的台阶。

一、学生的成长，追求三个学会

在新学年的开学典礼上，申振校长语重心长地谆谆教导自己的学生。同学们来到学校就是读书。读书的目的就是谋生，就是为了将来在社会上活得更好。高中三年短暂的艰苦，是为了将来更好地拥有亲情、拥有地位、拥有幸福。当你考取了理想的大学，当你有了一份稳定的工作，有了固定的收入，你是幸福的，你的家庭是幸福的。每个人都拥有了幸福，每个家庭都和睦美满，我们的社会才会发展、进步、和谐。每个同学都要明确自己的学习目的，还要明确三大学习任务。

第一大任务，就是学会读书。世上读书的方法千百种，学贵有疑、不耻下问、举一反三、温故知新，都是前人总结出来的学习方法，而勤奋乐学是最好的学习方法。高尔基说过："天才出于勤奋"。爱迪生也说过："天才是1人灵感加99分汗水"。"三万年太长，只争朝夕"，高中三年的勤奋、成长，就是为了今后30年的成功、成名、学习上的成功就是勤奋与时间的金字塔。善于读书的人，就会善于听课。建议同学们注意三点：一是学会跟随。老师有好的知识功底，有丰富的教学经验，对同学的学习有良好的引导作用，要信任老师，学会适应每位老师不同的教学风格。二是积极参与。如果把课堂比作一个舞台，老师是导演，学生是演员而不是观众，同学们要把自己融入到课堂教学的每一个环节中去。三是认真思考。在课堂上积极思考，思维走在老师的面前，有时在某一个问题上你能与老师同时得出一样的结论，大有"英雄所见略同"的感觉，这时就达到了听课的最佳境界。

第二大任务，就是学会生活。生活是一门艺术，它并不意味着金钱、名誉和地位。追求生活的最高境界，就是学会清贫，"在清贫中活出滋味，在富有中活出品位"。吃苦是生活中的第一步，来到学校，比的是学习，比的是成绩，比的是将来谁更有出息。不是比吃、比穿、比花钱。学会生活，还包括学会自我心理调适。当今社会是竞争的社会，有竞争就会有压力，面对学习压力，有同学选择逃避，这是懦夫的表现。面对困难，正视现实。在初中，你们也许是各学校、各乡镇的前10名，到三中，我们一个班上就有几个初中班上的第一名。万人竞争胜者勇，谁充满自信，不畏艰难，谁就是胜利者。

第三大任务，就是学会做人。要求同学们做三种人。一是做文明人，也就是做善人。善待他人，善待社会，善待环境。严格要求自己，胸怀宽广，志存高远，做一名习惯好、有教养、重情义、珍惜缘分、情操高尚的文明人。二是做平凡人。"不愿做将军的士兵不是好士兵"，但并不是所有的人都可以做将军。我们要有做伟人的志向，但更要有做凡人的心态。精彩来于平淡，伟大出自平凡。绚丽多彩往往是昙花一现；只有脚踏实地，从我做起、从现在做起，从身边小事做起，心里就来得踏实，想天下事，做平凡人。三是做有上进心的人，做平凡人讲究的是心态，做有上进心的人讲究的是姿态。心态要平和，姿态要富有激情。虚怀若谷、锐意进取、知错就改、见贤思齐，不向困难低头，不向命运屈服，用自己的双手和智慧托起自己的一片蓝天！

三中学子在校长和老师的教导下，人人不屈不挠，个个奋发图强，在困难面前总是斗志昂扬，在关键时刻总有出色表现。2007 年高考，264 班的刘博同学以 674 的高分，居全省理科第五名，邵阳市理科状元，走进清华大学。269 班的申长春同学走进北京大学。一本上线人数比去年增加 31 人，二本上线人数比去年增加 62 人。更可喜的是当年未能考上三中的择校生，有 10 人上一本，60 人上二本，他们不仅为自己雪了耻，而且为父母争了气，为学校争了光。

二、教师的教学，追求三重境界

在新学年的一次教师大会上，申振校长又语重心长地指导着全体教师。新教师的成长，要实现"一三五八"的工作目标。就是一年站稳讲台，三年教学过着，五年形成自己的教学风格，七至八年成为各级各类学科带头人。在新课程理念下，教师不再只是教书匠，应坚持教学与科研的整合统一，搞好教学研究，发展学术文化，将自己塑造成为一个教学的研究者，一个真正的教育专家，才能实施教学改革，保证教学质量，提高办学水平，培养三中学子成为全面发展的高素质人才。在教学实践中，真正的教育变革应该发生在课堂里，课堂教学应该成为落实新课程理念和目标的主渠道。钱梦龙一堂语文课在全国讲了 100 多次，每讲一次都有创新，有提高；魏书生用"民主和科学"的教育思想组织教学，一堂课有 100 种讲法，教学有法，教无定法，贵在得法。上好一堂课应该成为三中每一个教师的不懈追求，课堂教学有三重境界。

第一境界，有效教学。也是第一追求，应该是有效的，这是我们对课堂教学的一个基本期望和底线要求。如果不能保证这个底线，那么我们的课堂教学就是失败的。因为无效教学和低效教学，只能是对学生青春的一种伤害，对学生生命的一种浪费。学生在校园里的大部分时间是在课堂上度过的，我们的教育目标和教学任务主要在课堂 45 分钟内完成。"课"是莘莘学子舒展青春、升华生命的重要过程和载体。这一节一节的课，才构成学生成长、成才、成功的人生历程，构成了学生探索、感悟、升华的生命旅途。新课程的实施，"知识和技能、过程和方法、情感、态度和价值观"，这三维目标的提出，需要各学科在具体而有限的课堂教学内贯彻和落实。强调"有效教学"，教师必须进一步增强自己的责任感，增强课堂教学的时间意识和生命意识，保证学生的全面发展和健康成长。

第二境界，高效教学。所谓高效教学，就是要最大限度地发挥课堂教学的功能和作用，在单位时间内，即在课堂45分钟内要最大限度最完美地完成教学任务，达成育人目标，以求得课堂教学的最大效益。我们常说的"轻负担、高质量、向45分钟要效益"，就是"高效教学"这种课堂教学理念的折射和反映。具体说，高效教学，不仅仅是指知识的传授、技能的增进，还包括方法的选择和过程的优化，情感态度和价值观等方面的激励、鲜活和升华。课堂教学既要有课程内容选择上的广度和深度，还要有课程实施安排上的密度和适度，更要有课程组织落实的力度和效度。高效教学要做到信息量大、思维含量高、师生互动默契。教师尊重、理解、赞美、欣赏学生，教师重视情感调动，重视情景设置，千方百计让学生动起来，想方设法让课堂活起来，让学生轻松愉快、和谐宽松的学习环境中，高高兴兴地度过每一个45分钟，高效教学应该成为每一个三中教师的现有追求。

第三境界，魅力教学。我们的教学应该做到与时俱进，在课堂教学上不断自我扬弃，勇于开拓创新，在有效教学、高效教学的前提下，努力攀登课堂教学的最高境界——魅力教学。所谓魅力教学，一定要有效教学，甚至是高效教学，而且，它不仅仅是从效率和效果的层面上值得肯定的课堂教学，还应该有人格、个性、艺术、科学、创新、发展等方面的追求和体现。魅力教学的魅力，有多层含义：一是执教者的"人格魅力"与"学识魅力"所产生的课堂凝聚力；二是课堂教学彰显师生"个性魅力"所产生的巨大的课堂迸发力；三是课堂教学设计精妙的"艺术魅力"所产生的课堂向心力；四是课堂教学符合学生认识规律所产生的"科学魅力"，五是不断超越自我而产生的"创新魅力"，更有能够使师生得到共同进步和提高的"发展魅力"。融人格魅力、个性魅力、艺术魅力、科学魅力、创新魅力和发展魅力于一体，上好每一堂课，这要成为每一个三中教师终生研究的课题。

有效教学、高效教学、魅力教学是一个渐次递升的三重境界。教学上的"求真、扬善、尚美"，求教育教学规律，知识和技能之真，扬教育教学方法和过程之善，尚"情感"、态度和价值观之美。追求真、善、美的统一。三中教师应该自觉加强理论学习，不断实践和反思，切实抓住、抓紧、抓好课堂教学45分钟，努力使自己在课堂教学中不断登堂入席，渐至教学佳境。

在申振校长和他的同事们的共同指导下，每位领导全期听课50节以上，全体教师追求教学三境界，全面推动了学校的教育教学改革。传统的教改课题注入了新的活力，生机蓬勃。语文科的"双快教学"、"情趣教学"、数学科的"自学辅导法"、"优化思维教学"，物理科的"导探式"教学，外语科的"五步教学法"，已经在县、市全面推广。新的教改课题不断上马，势头强劲。《新课程语文个性化教学实验研究》、《运用现代教育技术发展中学生创造性思维能力》和《加强教师队伍建设，打造学习型学校》等课题在国家立项研究，《创新教育》、《农村高中德育自主选择模式》在省里立项研究。各种校园刊物如雨后春笋，纷纷面世。办公室的《邵东三中校报》，政教处的《德育快讯》，教务处的《教学园地》，共青团的《三中青年》，语文组的《山钟》文学期刊，还有各种班刊也办得红红火火，学校的教改科研迎来了三中风光明媚的春天。

三、领导的管理，追求三项优质服务

申振校长在又一次师生大会上讲述领导者的责任，面对5000师生许下校长的承诺。

三中人的办学理念是：为农村孩子的健康成长服务。三中学子80%以上来自农村，尽管党和政府重视"三农问题"，加强新农村建设，但城乡差别仍然很大，农民兄弟依然是弱势群体，你们出生在农村别无选择，你们也不能改变父辈的现状；但可以通过自己的奋发努力改变自己的命运，同时改变父母的将来，为同学们的健康成长服务是三中人的天职。我们决心做好三项工作，进一步健全和完善各项规章制度，加强学校基础设施建设，行之有效地做好招生工作。什么是领导，领导就是服务，为师生生活服务、为教育教学、为师生成长服务。决心为全体三中学子提供三个方面的优质服务。

第一，追求一流的生活服务。生活中的三件事，就是饮水、吃饭、睡觉。近几年来，学校斥巨资投入生活设施建设，兴建了四栋学生宿舍和公寓楼，拥有近5000个铺位，完全满足了同学们的住宿需要，让同学们真正过上了集体生活，它是同学们学会相处、学会交流的理想平台。在这里，同学们可以学到很多走向社会用得着的东西。2006年下期，巨额投资引进自来水，彻底解决了长期以来困扰三中发展的饮用水难题。2004年投资1000万元，兴建了全市乃至全省一流的学生食堂，为同学们提供了十分舒适的用餐环境。大食堂、大锅饭、大锅菜，众口难调，食堂伙食历来是同学们最关注也最敏感的问题，经营一个近5000学生的大食堂，很不容易。"办学生满意食堂"成为学校领导的心愿，学校精心挑选主管、班组长和从业人员，确定食堂经营的宗旨是：为全体学生提供一流服务。在市场物价飞涨的情况下，食堂维持菜价不变，保证1元菜价窗口的供应，满足家庭条件相对困难的同学有菜吃。有比较，才有鉴别。刚刚从三中毕业的同学，或上高等学校深造，或在民办学校复读，他们都十分留恋三中的食堂，发出共同的赞美："还是三中的食堂好！"

第二，追求科学的教学服务。学校的中心工作是教学，教学质量是学校的生命线。科学优质的教学服务，首先得重视师资队伍建设。学校把过去在民办学校任教的教师抽了回来，并从牛马司子弟学校调入了5名优秀教师，公开招聘了4名优秀青年教师，三中的整体师资水平上了新的台阶。其次，重视教学常规管理，学校对教师备课、上课、作业布批、课后辅导、考试评估五个环节一丝不苟，严格落实常规教学计划。改革教学，进行分层教学的尝试，探索"分班组织、分层教学、分组交流、分类指导、分卷考评"的五分式教学模式，还成功地举办了全县2007届高三文科复习研讨会。在新课改形势下，提高教学质量，既是一种机遇，又是一场挑战，它山之石可以攻玉，虚心学习三湘名校已经积累起来的成功经验。以"科技节、艺术节、体育节"为载体，开展主题活动，发展学生个性特长，是三中的传统特色。进一步完善校园网，是三中的最新亮点。经省教育厅批准，三中已成长长沙市一中的卫星远程教育学校，通过卫星网络平台与长沙市一中共享优质教育资源，同步使用各种教学资源，同步举行联考，同学们坐在三中教室里，可以同步听到长沙一中的名优教师上课；教师可以通过校园网随时观看长沙市一中教师上课，参与集体备课。与长沙市一中的远程教学联盟，为学生接受优质教育，为教师专业化水平的提高创设了一个理想的平台。

第三，为学子健康成长导航。扬善教育是三中的传统文化，每个学子做到存善心、出善言、有善行。关心包括孝心、爱心、雄心、同情心、责任心；善言指语文文明礼貌；善行包括孝敬父母、乐善好施、保护环境，尊敬师长、勤奋创新、遵纪守法、惩治邪恶、见义勇为、笃志报国三大行动。人可以分圣人、君子、小人三等；德才兼备是圣人，有德无才是君子，有才无德是小人。同学们要立足做君子，力求向圣人选拔，远离小人。把扬善教育贯穿到学校教育的方方面面，迎来八面风采：养成教育是基础工程，礼仪教育是形象工程，法制教育现场说法是特色菜，健康消费是新尝试，环保教育是大课题，孝心献给父母，爱心献给社会是大行动，心理健康教育是绿色工程，前途信念教育是动力工程。本学期，扬善教育的主题是孝心教育。百善孝为先，积孝成善，积善成德，没有孝心的孩子是不可能成才的。孝字本来就是教字的一部分，孝心教育是学校教育的重点，家庭教育的基石，社会教育的重要内容，学校组织学生走向社会，走进社区，走入农村，举行"告别陋习，做文明中学生"的签名活动，开展"扬善"志愿者小分队活动，开展调查研究，体会生活，体验生命，从而感恩父母，感恩社会，感恩自然，形成良好的情感、态度和价值观，逐步完善自己的人格。学校期待在扬善教育的影响下，全体三中学子个个成为有孝心的人，有强烈社会责任感的人。

三中是一个品牌，是一面旗帜，是一种资源。"今日我以三中为荣，明日三中以我为荣"。在祖国的大江南北，到处都有事业成功的校友。在北京、上海、广州这些大都市，只要一推出邵东三中的旗号，马上就有校友云集，带着浓浓的人情味，诉说着怀旧的话题，满怀着对母校的感恩和眷恋，关注母校的生存和发展。今年暑假，一个在广东省人民法院工作的校友回到母校，深情地表态要在广州成立三中校友会，一是为三中的发展服务，二是为三中的校友服务。校友会将对那些刚刚从高校毕业、想到广州发展的校友提供无私的援助，这种援助折射出三中品牌的效应、旗帜的力量、资源的优势。

申振校长有教育家的理念，企业家的胆略，社会活动家的才华，一所5000师生的大学校，他经营得井井有条。他的一个个报告，一次次讲话，是理论和实践的最佳结合，语言朴实，铿锵有力，鼓舞人心，一次次地激励着三中师生奋发图强，为品牌效力，为旗帜争色，为资源添彩。昨天，"学生苦学，老师苦教，领导苦干"，以"三苦精神"创造了三中这张品牌。今天，在新形势下，申校长赋予"三苦精神"以新的内涵：学生追求三个学会，教师追求三重境界，领导追求三项优质服务，又一次提升了三中的品牌。2006年，一举获湖南省文明单位，湖南省信用单位，湖南省文明卫生单位三大荣誉。明天，我们可以坚信，在申校长和他的同事们的共同努力下，邵东三中正在迈向科学发展、内涵发展的新征程：求真，不断打造三中教学质量的新高；扬善，不断探索三中素质教育的佳境；尚美，不断建设三中人文管理的乐园。促进学生的全面、特长发展，教师的专业、个性发展，学校的和谐、可持续发展，向着更高、更深、更广的层次前进，追求真善美，师生共同托起三中更加灿烂的明天！

教坛上的杰出女性

——记湖南省邵东县第十一中学校长申玢彦

不管道路如何坎坷，不论角色如何改变，做老师、当校长，只要生命不息，就把自己的一切奉献给挚爱的教育事业，办出人民满意的教育。

——题记

申玢彦同志，女，生于1968年，中共党员，湖南省邵东县人，1991年毕业于邵阳学院化学系，1997年获湘潭师院化学本科学历，2004年获湖南师大教育管理硕士学位，中学化学高级教师。先后担任邵东七中团委书记、邵东四中教学副校长、邵东十中教学副校长，现任邵东县第十一中学校长兼党支部书记。她在教坛上工作了十八个年头。十八年来，她刻苦学习，严格要求自己，努力工作，积极奋进；十八年来，她既品尝着拼搏中的艰辛，也体验着奉献后的喜悦；十八年来，她以勇于争先的气魄，勤于实干的作风，善于思考的品质，乐于奉献的境界，培育出万千桃李，创造出教育的辉煌，成为教育战线上的一位杰出女性，名副其实的巾帼英雄。

一、教学科研，展示名师风采

教学和科研是一个优秀教师生命的底色，作为一位校长，首先必须是一位名师，一位研究者。申玢彦同志从教十八年来，学而不厌，诲人不倦；精益求精，永不满足；锲而不舍，自强不息；求真务实，认真严谨；敢想敢干，开拓创新，她用汗水、用心灵在三尺讲台上演绎着人生的春花秋实。

在化学教学中，她十分重视课堂教学，提出了"激活课堂"的教学理念，就是在课堂教学中要激活学生的思维和情感，改过去被动的接受性学习为主动的参与性学习和研究性学习，教师以学生的引导者、促进者与合作者的角色，激发学生主动地参与到课堂教学中去，通过这种参与学会学习、学会迁移、学会研究、体验成功，达到自主发展的目的。她很重视学生的学法指导，创造出化学"五环节"教学法，即：读（阅读内容）——划（划重点）——写（写笔记）——记（记双基）——做（做练习和实验），为培养学生的兴趣，她积极创新化学实验教学法，采取边讲边实验边探究的方法，少灌输、多活动，让学生尽可能多动手，参与课堂教学的全过程，在亲身体验中培养学生的观察能力、动手操作能力和创新思维能力。她还注重因材施教，对学生耐心帮助，对尖子生悉心指导；在辅导学生参加化学奥赛中，1997年到2006年先后辅导余志兴等4人获市一等奖，金武等8人获市二等奖，13人获市三等奖，培养了一大批化学尖子；她本人也因此曾5次获市化学奥赛辅导奖。她还善于把自己的教学经验和教学探索进行反思、总结、提升、写成教学论文，先后有10余篇教学论文在各级论文比赛获奖，《化学教学和谐课堂的构建》、《在解答有机推断题中培养学生的创新思维能力》等数篇教学论文在国家核心期刊上发表。

科研兴教是高层次办学的必由之路，是一所学校办学水平的主要标志之一，也是教育发展的一大契机，更是教师教学创新的关键环节。申玢彦同志先后主持了多项课题研究，取得了一系列丰硕的科研成果。在邵东十中主持《新课程改革中化学探究性学习及创新思维能力发展研究》、创造性地提出了化学探究性教学模式；提出问题（质疑激思）——探究问题（理论和实践探究）——解决问题（得出结论）——转化提高（创造性地提出新的问题），并得以推广。主持《创建和谐校园和教师发展研究》，获国家"十一五"规划重点课题阶段性成果一等奖。在邵东十一中主持《农村薄弱学校的改革与发展研究》，研究成果经邵阳市社科联成果鉴定委员会专家鉴定达到市内领先水平，获国家教科研基金"十一五"规划重点课题阶段性成果一等奖，2008 年 11 月报送国家总课题组申请结题，经专家评审获国家级二等奖。同时，学校积极开展相关教改活动和新课程改革试验，分层教学和研究性学习的探讨也蓬勃地开展起来，要求全体教师参与教育科研，提高科研意识，在思想观念上，既要发扬优良传统，又要坚决摒弃陈腐的思想，树立科学的教学观、质量观、人才观；在教育方法上，由灌输式、填鸭式向启发式、探讨式转变；在人才培养目标上，要从工业文明时期的"标准化"、"守成型"向信息文明时期的"个性化"、"创新型"转变，在"解放思想，与时俱进"理念的指导下，她正率领全体教师走出一条"科研兴校"的改革发展之路。

二、师表风范，启迪学子心灵

知识可以丰富学子的头脑，师德却可以启迪学生的心灵，作为一位优秀的教育工作者，不但要善于教书，还要以自己的师表风范引导学生做人。十八年来，申玢彦同志连续不断地苦战在教学和管理的第一线，严重失眠，慢性咽喉炎等疾病时常袭击、困扰着她，但她从未叫苦叫累，依然天天顶着还未走远的繁星走进教室，往往又伴着满天的星斗推开家门，学生和同事都异口同声地赞扬她是一位"好老师"，一位"好朋友"。好老师"把学生当成自己的孩子来看待"，她对待学生却胜过自己的孩子，她爱自己的家，也爱自己的孩子，但当这种爱与师生爱并列在一起时，常常选择的是后者。她在担任 142 班班主任时，学生小杨打牌屡教不改，学生的工作做通了，自己的孩子却掉下河里……她花在工作上的太多，对家庭的付出太少，就这样她一次次把爱的天平倾向了一双双求知的目光，用自己的努力，为农家子弟纺织着七彩的梦。

申玢彦同志很欣赏前苏联著名教育家苏霍姆林斯基曾经说过的一句话："教育技艺的全部奥妙就在于如何爱护学生"。在平时和学生相处中，她遵循"科学化、人性化、民主化"的原则，以"爱心、耐心、恒心"赢得学生的尊敬和信仰，尽可能地多给学生创造成功的机会，使每个学生经过努力都有所进步，使每一个学生都品尝到成功喜悦。十八年来，她从自己微薄的工资中拿出相当一部分钱，先后资助过李武鹏等 6 位同学，让他们能顺利完成高中学业，其中李武鹏更是资助到大学毕业。师爱，是她一生的执着，她还通过带领学生参加社会实践培养学生的道德情操。在邵东七中担任团委书记时，成立了"温暖工程"基金会，并带头捐款，利用课余时间组织学生回收垃圾，资助贫困学生上百人，建立孤寡老人服务点十个，八年如一日上门服务，社会反响很好，这一成功经验在邵东县教育系统内被普遍推广。她还注重培养学生的兴趣，发展学生的特长，积极组织学生创办各种文学艺术社团，其中组织学生参加县文艺汇演，获县金奖一次，县二等奖两次；组织学生参加省、市读书活动，获优秀组织奖，学生李劲松获省一等奖。

申玢彦同志认为，培养出品德高尚的人才，首先要求全体教师具有高尚的道德风范。为此，在学校工作决策过程中，开展"师生形象工程"建设，高度重视德育工作。提出德育工作的目标："让学生成才，让家长放心，让社会满意"。德育工作的内容：加强三自教育、三爱教育、尊师教育、文明礼貌、行为规范、安全意识、仪表形象、前途理想等一系列教育。以"人文、素质、成长"为德育主题，开展形式多样的社会活动，做到"三动四力"，即"动情、动容、动心"，活动要有感染力、影响力、震撼力、穿透力。

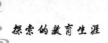

要感染学生的情怀，影响学生的价值观、震撼学生的心灵，穿透学生的精神。还要确立大德育观，加强德育型社区建设，在学校、家庭、社区之间形成"三位一体"的德育网络。加强班主任工作的有效管理，建设一支乐于奉献、朝气蓬勃、团结拼搏的班主任队伍。在"师生形象工程"建设中，师生精神风貌有了很大的改观，受到了上级领导、家长和社会各界人士的共同赞许。

在灾害面前，申玢彦同志更是以身作则。2007年岁末的冰冻灾害，打乱了她的工作部署，也使十一中雪上加霜，学校一度断水、断电，严重影响了师生的正常工作与学习。她带领后勤人员在冰天雪地里抢修水管、电路，尽最大努力保证学校正常运转，让损失减少到最低程度。学校风景林多，冰冻后断了很多树枝，她一面安排人去砸冰，一面安排班主任向学生宣传增强自我保护意识，为了防止出现断枝、冰块砸着学生等意外，在学生休息期间，她亲自带领政教处的同志在校内值班巡逻。大年三十日，她坚守学校察看险情，儿子有点埋怨母亲，她内疚地说："学校也是我的家，舍小家顾大家，是妈妈应该做的。"儿子听了，打心眼里佩服："我有一个伟大的母亲"。春季刚开学几天，她发现女生寝室因严寒冰冻导致墙体开裂，立即向上级相关部门报告险情。经鉴定为C级危房。她连夜组织班子采取紧急措施，将住在楼房里的300多名女同学转移到安全地方，并立即派人抢修危房，几十天下来，她瘦了一圈，手上、脸上都长满了冻疮。全校师生都被她的忘我工作精神所感动，大家团结一致，齐心协力，取得了抗击冰雪灾害的胜利。在她和老师的共同努力下，冰灾期间，学校没有停过一天课，2008年县政府表彰抗冰救灾先进个人和集体，她作为教育系统唯一的典型受到政府嘉奖。

三、治校办学，创造弱校辉煌

邵东县第十一中学是一所农村普通中学，基础设施薄弱，生源素质差，条件比较落后，师生比例严重失调，加之在发展的过程中负债过多，要又好又快地发展，举步维艰。2007年下学期，组织上把申玢彦同志从城镇中学调任十一中校长兼党支部书记。她上任后，仔细研究校情，积极寻找对策，在短短的两周时间内，找了近40位教职工谈心，虚心听取他们对学校发展的建议。经过一段时间的思索，形成了自己的治校办学思路，她认为要想学校全面振兴，必须充分调动全校教师的积极性，加强学校硬软件建设，使教育教学质量不断有新的突破。上任一月后，她着手改革学校管理制度及各种奖励方案，以制度管人，以情感人和实干服人；她常通过会议或单独谈话的方式鼓舞教师的士气，使教师既能认识学校的现状，又能树立信心；同时着手改造校园三网，确保信息畅通；合并两个校区，重点建好一个校区，使原来破烂不堪的校园焕然一新。一位在学校工作多年的老教师高兴地说："申校长来了，顶起十一中这块天，我又看到了学校的希望，浑身有使不完的劲。"

申校长认为，一位好校长，应该是"顶天立地"的。顶天，就是要有现代办学思想，有超前思维和创新举措；立地，就是要立足学校实际，脚踏实地。上任两个月以后，申校长出台了惊人的办学新举措，她以自己所领导的学校为研究对象，确定《农村薄弱学校的改革与发展研究》课题，报国家教师科研基金"十一五"规划重点课题立项研究，采取行动研究法，提出薄弱普通高中发展的三大对策。对策一，以人为本，发展特色。以人为本，学校的一切教育教学活动应体现以学生为中心，以全面推进素质教育为主线，面向全体学生，促进学生全面发展、主动发展；实施人性化管理，在学校各级管理活动中，始终贯彻以"平等、尊重、合作、发展"为基本内涵的人本思想，以情待人，以情感人，以理服人，引导学生自主学习。发展特色，立足本校，形成公平、公正、公开的发展环境，让各类人才获得均等的展现与发展机会。从学生入校开始，让学生根据自身特点，选择音、体、美等专业，创办起艺术特长班；还结合农村实际，开发适合农村经济发展的校本教材，对学生进行职业技术培训，让不能升学的高中毕业生可以直接顺利就业。对策二，创新思路，改革办学体制，提出薄弱普高采取"国有民办"模式进行改革。"国有"，就是坚持"三个不变"，学校属于国家所有的性质不变，学校承担基础教育的任务不变，政府的责任不变；"民办"，就是由民营企业来承办。实行"三个转变"，转变投资体制，由原来单一的投资者变为多元的投资者，转变管理体制，承办者依照国家有关法律、法规和政策，采用民办学校管理体制，转变运行机制，依法治校，学校在人事调配，经费使用上有较大的办学自主权。对策三，政策倾斜、对口扶持、改革招生政策，逐步实现示范高中与一般高中平等招生，对薄弱普高，在艺体特长生的招收上给予适当优先。同时，争取在评价体系、办学经费、师资力量和教学研究上实行政策倾斜、对口扶持。通过这些举措，让薄弱普高出现和谐发展、共同繁荣的局面。这一研究，不仅取得了重大的理论成果，而且在邵东县第十一中学创造出一系列实践成果，学校呈现出"一提高三改善"的喜人局面。

教育教学质量稳步提高。申校长狠抓教育教学质量不动摇，培养合格加特长的学生，学校以高考备考为龙头，狠抓三年教育教学系统工程建设，教导处专管高三教学，行政领导蹲点到位，建立月考制度，不断调整后续教学，校长经常与高三教师和班主任研究高考策略，想方设法提高教学质量。2008年6月26日夜晚，一声巨响打破了邵东十一中宁静的夜空，一朵朵巨大的美丽的烟花尽情舒展着，一声声鞭炮声击碎了夜幕，十一中的田径场内，无数朵小红花在这里绽放。原来考上重点大学的两位学生家长抑制不住心中的喜悦，高兴地说："啊！这是我们向十一中领导和老师表达的谢意！"领导和老师也站在计算机前不时地发出像小孩般的欢呼声，十一中在2008年高考中大获全胜，本科上线56人。在全力抓高三的同时，学校也十分重视抓高一、高二的教育教学工作，走特色办学之中，成立音、体、美和播音主持特长班，强调"培优扶困"工作，从高一抓起，任课教师、班主任、年级组长，都要做到胸中有数、目标明确、落实到位，教师积极性的积极激发，促进了学生日常行为的神速转化，有效地提高了特长生和学困生的兴趣，学校教育教学质量出现稳步提高的趋势。

申玢彦同志还有三项绝招。第一招，改善行政管理。学校运行机制实行校长责任制、主任责任制，校长实施"宏观管理、中观指导、微观督查"相结合，行政系统有序管理，做到"纵向分层，横向协调"，以"高质量、无事故"的要求对各岗位进行督导，出事故实行责任追究制度。第二招，改善教师队伍。为了打造一支过硬的教师队伍，采取"走出去，引进来"的办法，给青年教师压担子，每期举行一次教学比武，评出优质课、示范课给予奖励，并向县、市、省三级送课参赛，每期举行以教法改革为重点的教学开放月活动，邀请本区域内各中学校长和教师听课，向外界展示十一中人的精神风貌，

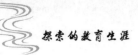

以压力促动力，整个教师队伍的积极性迅速提高。第三招，改善经营思路。学校硬件建设需要资金，由于学校经费困难，一方面精细管理狠抓开源，积极向上级部门和社会各界融资改善办学条件；另一方面狠抓节流，提倡勤俭节约，不浪费一分钱，不乱花一分钱，自己出差一律坐公共汽车，在她的影响下，校领导班子其他成员更加勤廉为政，讲究经济效益，将学校管理转变为学校经营，让十一中重新焕发出勃勃的生机。

"一份耕耘，一份收获"。申玢彦同志自 1992 年至 1999 年，连续 7 年被评为县、市优秀团干；1995 年被评为希望工程先进工作者；2001 年被评为县优秀教师；2002 年被评为县优秀党员，并推选为中共邵东县第十次党代表，三次被邵东县人民政府授予嘉奖；2006 年获县教育系统"巾帼建功标兵"；2008 年获邵东县政府抗冰救灾嘉奖，获邵阳市十大杰出女性成就奖。

崎岖的道路，挑战名师的激情；育人的事业，点亮学子的心灯；薄弱的学校，提升校长的境界。申玢彦同志，真不愧教坛上的一位杰出女性，"地到天边天作界，山登绝顶我为峰"，我们有理由坚信，有这样一位顶天立地的巾帼英雄，十一中这所曾经有过辉煌历史的学校，一定会在新的历史时期再度辉煌。

民办教育的一面旗帜

——记湖南省邵东创新实验学校

邵东创新实验学校，在市县政府领导的支持下，经市县教育行政主管部门批准于 1999 年 5 月正式建立。学校由董事会出资承办，董事会领导下的校务会经营和管理。学校由最初租赁场地办学时 268 名学生的小规模，历经 13 年的科学发展，2012 年下期在校学生 7246 人，118 个教学班，教职员工 368 人，现在已建设成为一所集幼儿园、小学部、初中部、高中部、复读部为一体（3 + 6 + 3 + 3 + 1 = 16，16 年一贯制）的综合性、高标准、现代化的民办学校，在校园建设、理念创新、专家治校、名师执教、科学管理、特色办学、质量效益的方方面面均创造出一流水平，为湖南乃至全国民办教育事业的发展树立起一面光辉的旗帜。

一、董事建校绘宏图

民办教育，首先要有大老板投入巨额资金建设校园环境、改善办学条件，有远见卓识的罗建桥先生，1999 年初，抓住"全国民办教育办学热"这一机遇、秉承造福桑梓、回报祖国、服务人民、培育人才的初衷，倡议在邵东创办一所高规格的民办学校，这一倡议很快获得县市领导的认可，得到一大批热心人士的支持，由罗建桥、肖宋云、张建亚、谢玲平、申建军五人组成董事会。他们五人都是著名的民营企业家，具有教育战略家的眼光，社会活动家的胸怀。董事会根据《民办教育促进法》制定出办学章程和发展规划，根据学校不断发展的需要，投入巨额资金建设现代校园，逐步实施。1999 年 8 月，租借邵东卫校创业，招收从学前班到初一年级的学生。2000 年上期，董事会科学规划，在县城新开发区征地 34 亩，作为学校新址，坐落邵东县城中心，东临新县政府大楼，西靠高速车站，南接县体育场，北靠 315 省道，地理位置相当优越，交通十分便利。一次性投资 3000 万元，建成 3 万 m² 校舍建筑群，作为小学部和初中部教学区。2002 年，又三次扩大征地 55 亩，投资 2500 元，兴建高中部教学区。2003 年投资 500 万元，建起高中学生公寓，多功能办公大楼。2004 年投资 500 万元，兴建幼稚园大厦。2005 年投资 500 万元，建成复读部大楼。2006 年投资 500 万元，建成 86 套老师公寓，两间多媒体教室，为复读部、高三学生教室安装中央空调，还开辟了全民健身活动场所。2007 年投资 200 万元，安装大型变压器，架设一条供电专线，解决了停电难题，还对全校 6 个食堂、两栋学生公寓进行全新装修。2009 年投资 500 万元，增添 8 间幼稚园教室和宿舍，给教师配备笔记本电脑。2010 年投资 1000 万元，对全校办公大楼、教室、学生公寓食堂安装空调，对生活设施进行更新改造。2011 年投资 1000 万元，将初中、小学幼稚园的课桌凳全部换成新钢木结构，教学楼、科教楼、师生公寓全部粉刷一新。2012 年投资 500 万元，改水泥球场为塑胶球场，又将污染环境的烧煤锅炉改造成环保节能型热水器蒸饭电空气源，将教室安装饮水系统……

邵东创新实验学校办学 13 年，董事会自始至终致力于改善办学条件，为跻身全省一流民办学校而不懈努力。今天学校占地 86 亩，建筑面积达 9 万 m²，总投资 1.28 亿元。漫步校园是一派高标准、现代化气息；学校大门、一栋栋教学楼、科教楼，豪华壮观，雄伟气魄；多媒体教室、实验室、图书室，现代装备，宽敞明亮；医务室、音乐室、美术室、舞蹈排练室，设施齐备，规格高档；体育馆、健身房、运动场，器械充足，高档耐用；师生公寓条件好，档次高，环境舒适；师生餐厅造型典雅，服务质量好，深受师生欢迎；诗书画文化长廊、名人塑像、名人大道、宣传厨窗，拓展了校园文化品位；学校校务会、各处室、各级部办公室，均配有电脑办公系统，实行计算机综合信息处理；学校广播系统阵容强大，设备先进；学校设置专用语音室、3 间计算机房、电化教学中心控制室、完善的校园网络、监控系统、多媒体教学设备、电视机、VCD、录音语言教学系统，"五机一幕"进教室并被充分利用，为教学服务发挥了巨大作用。校园环境幽美，一年四季绿树成荫，花卉飘香，是莘莘学子求知深造的神圣殿堂。

二、理念创新指航向

邵东创新实验学校董事会和校务会，坚持用科学发展观导航引路，不断优化办学理念。创业当年，罗建桥先生担任董事长，廖郁山任常务副校长，以"邵东创新实验学校"为校名，"创新"成为学校的灵魂，学校的科学发展，一切从创新开始。以"创新、尚美"为校训，提出"专家办学，名师执教"的办学思路，坚持以人为本，以质量求生存，以特色谋发展，走"建精品校园、聘精粹教师、育精英人才"的发展之中，全面贯彻国家教育方针，面向全体学生，实施综合素质教育。落实这一办学理念，初步构建起以学生自主创新为基础的教育模式，强化读、说、写、算、做"五会"基本素质训练，实行小班化导师制，组织"十小能人"特长训练，对学生实行准军事化管理，生活上每班有 1 - 2 名生活指导老师，饮食上配有营养师，双休日、寒暑假学生可以留校进行特长训练，经过两三年的教育实践实现了"创新无差人，人人学有成"的办学诺言。2002 年 5 月，省长周柏华来校视察，赞赏地说："真棒！民办学校能办到创新这个水平，就相当不错了。"

2003 年，邵东创新实验学校与省示范中学——邵东三中组成邵东三中教育集团，由邵东三中李振民校长担任教育集团校长，邵东创新实验学校调整后的领导班子，申建军任董事长，邵东三中副校长谢伟琦任校长，组成老中青三结合的领导集体，与时俱进，办学理念在原有的基础上进一步创新。以"百年名校"为学校目标，以"培养有义气有教养的创新人"为培养目标，以"绅士风度、淑女气质"为学生形象，以"温馨大家庭、创新大课堂、尚美大乐园"为学校形象，以"崇尚责任、崇尚领先"为员工品质，以"不当教书匠，誓当教育家"为教师理想，并制定学生誓约："我，创新实验学校学生，我真诚承诺：顽强拼搏，刻苦学习，严以律己，遵规守纪，忠诚创新，永远不变。"在新的办学理念的指导下，学校进行第二次创业期，管理科学，质量突出，2004 年，学校已拥有 62 个教学班，在校师生 4300 多人，学校发展驶入高速公路。

2006 年以后，董事长申建军、校长李振民，认真总结前任几位校长的成功经验，将办学理念进一步科学定位。①建设创新校风：以"创新"为校魂，以"创新、尚美"为校训，"务实、民主、探究"为学风，"厚爱、奉献、求真、创新"为教风，"务实、民主、团结、清廉"为领导作风，以作风促教风带学风，形成"创新、文明、勤奋、和谐"的校风。②塑造创新形象：以"会做人、会求知、会健体、会办事、会生活、会创新"为学生形象，以"不做教书匠，誓当教育家"为教师形象，以"崇尚责任、崇尚领先"为员工形象，教育家＋企业家＋社会活动家＝董事长和校长形象，以"让社会放心，让家长放心，让学生放心"为永恒承诺，塑造"温馨大家庭，创新大课堂，尚美大乐园"为学校形象。③实践创新地：坚持社会主义办学方向，制定符合素质教育要求，符合民办教育实际的办学目标和发展规划，以"培养有品位、有素养、有灵气的创新人"为育人目标，以"不断提高办学水平，精心打造教育品牌"为工作目标，创"市、省示范性民办学校"为近期办学目标，"集四海彦才，办百年名校"为学校长远发展目标。④谋求创新发展：树立科学发展的教育质量观，以"一切为学生终身发展服务"为发展动力，以"公益性、实验性、高质量、有特色、现代化"为发展方向，以"从严治校、质量立校、特色兴校、创新强校"为发展策略，促进德育质量、教学质量、管理质量、服务质量、特色质量全面协调可持续发展。在这些办学理念的指导下，提倡"教师苦教、职员苦干、学生苦学"的"三苦"精神，全体师生员工戒骄戒躁，锐意进取，脚踏实地的工作与学习，实现了"教师乐教、职员乐干、学生乐学"的"三乐"境界，学校与时俱进，始终站在时代发展的潮头，一路风雨一路歌，一年比一年又快又好地向前发展。

三、专家治校谋发展

邵东创新实验学校能上规模、高档次、有特色，一个决定性因素，就是建设一支高效务实、公正廉明、师生信赖的领导班子，校长发挥校务会一班人的决策指挥作用，落实专家治校。1999 年 5 月 16 日，学校举行第一次全体董事会校务会成员会议，罗建桥先生任董事长，正式聘请全国教育系统劳动模范、邵东县原教委主任、党委书记李义安为顾问，湖南省劳动模范、全国优秀教师、小学语文特级教师钟延寿，小学数学特级教师羊重伦为教学顾问，集全县一批著名教育专家，共同研究创新学校的经营管理，走出了一条科学发展的新路。实践证明，民办学校校长及其校务会一班子，要具有"三家"素质，既要是一个教育家，真正懂得教育教学规律；又要是一名企业家，变学校管理为企业经营；还要是一位社会活动家，里里外外、上下左右，都要能沟得通、和得来。邵东县著名中小学校长，先后有廖郁山（1999．05—2000．07）、刘顺祥（2000．08—2001．01）、申建民（2001．02—2002．01）、谢玮琦（2002．02—2005．01）、曾志华（2005．02—2006．07）担任过邵东创新学校的校长，他们为创新实验学校的高速发展做出了巨大贡献。现任校长李振民（2006．08—）原省示范中学邵东三中校长，他是全国劳动模范、全国五一劳动奖章获得者、全国中学校长工作研究会常务理事、全国民办教育协会理事、湖南教育学会常务理事、邵阳市第十四届人大代表、邵阳市教育学会副会长、邵阳市人民政府督学，具有丰富的教育教学管理经验，是一位集"教育家、企业家、社会活动家"于一身的"全国百佳"名校长。同样，三位副校长李学文、尹新松、赵新启，还有各级部主任及教务、政教、后勤、招生办主任，都是一批会管理、善经营的专家。学校还颁布了《校务会成员八项守则》，校长组织下的校务会一班子人，思想同心，目标同向，工作同步，共谋发展之道，共聚发展之力，共干发展之事，共求发展之效，谋求学校的科学发展。各司其职，精当高效，绝大多数校务会成员还不离三尽讲台，现身说法，受人敬佩。学校领导班子民主、团结、务实、廉洁，富有强烈的事业心、责任感和创新意识，具有很强的凝聚力和人格魅力，深得师生员工信任。学校组织机构健全，体制完备，学校党组织的核心作用、党员的先锋模范作用、工会的民主监督作用、共青团组织在青年学生中的模范作用都得到了充分发挥，师生员工积极性空前高涨。邵东创新实验学校的科学发展引起了省里领导的高度重视。2007 年 10 月，湖南省郭开朗副省长、省人大副主任谢新颖、省人大副主任兼省民办教育协会会长刘玉娥先后来校视察，刘玉娥称赞说："邵东创新实验学校，是我所见过的学校中管理得最好的一所民办学校。"

四、名师执教育英才

专家治校，重视学校领导班子建设，是邵东创新实验学校的一个亮点；名师执教，加强师资队伍建设，是邵东创新实验学校的又一个亮点。专家治校和名师执教结合起来，形成全新的教育管理模式，学校奉行"事业留人、情感留人、环境留人、待遇留人"的人才策略，以高薪聘请全国各地的名优教师执教，吸收高等学校优秀毕业生来校任教，按规定配齐各科教师和职员，各学科带头人引路，骨干教师执教，教师学历合格率达98％以上。现有特级教师 4 人，中学高级教师 65 人，国家级省级骨干教师 22 人，常年聘请两名外籍教师传授原汁原味的英语口语教学。学校狠下功夫建设好一支德才兼备、教艺精湛、家长学生信得过的教师队伍。首先，倡导"厚爱、奉献、求真、创新"的教风。厚爱，教师以严父慈母般的情怀对待每一个学生，像关爱自己的子女一样关爱每一个学生，把爱的阳光雨露洒到每一个学生身上，尊重每一个学生的人格，以自己的人格魅力和精湛的教艺赢得学生的尊重和爱戴。做教师，在厚爱的基础上，追求三重境界：第一境界，教育是一项事业，事业的意义在于奉献；第二境界，教育是一门科学，科学的价值在于求真；第三境界，教育是一种艺术，艺术的生命在于创新，名师更是深情厚爱、无私奉献、乐于求真、大胆创新。其次，学校千方百计提高教师待遇。稳定师资队伍，为他们安心教育、精心教学创造良好的条件；学校保证教师的人身安全和人格尊严不受侵犯；教师工资和福利按学校工资制度逐年提高，并能足额准时发放；教师100%的享受医疗住房和养老保险待遇；学校董事会与教师全部签订符合法律法规的聘任合同。再次，重视教师培训。学校制订切实可行的教师培训计划，定期开展以提高教育教学能力和科研能力的教师培训，邀请专家讲座辅导，组织全体教师进行业务学习，到先进单位考察学习，开阔视野，更新观念，全面提高教师专业素养。注重培养骨干教师和青年教师，通过自主学习、自我反思、同伴互助和专家引领等方式，组织他们上自荐课、亮底课、比武课、示范课，输送他们到县、市、省和国家级进行骨干培训。青年教师在创新可以一年站稳讲台，两年受学生欢迎，三年脱颖而出。2011年邵东县招考公办教师，小语第一、二名，小数第一名全被创新学校年轻新秀囊括。第四，恪守职业道德。老师靠什么来传道授业，靠什么来形成特色，凭什么为创新自豪，就凭创新教师的道德水准。结合学校实际，开展多种形式的师德教育活动，大力宣传爱岗敬业、为人师表的师德典型，抵制有损学校形象和教师形象的不良风气，组织开展多种形式的法制教育活动，提高教师依法执教的能力，增强教工的责任感、荣誉感。名师执教，培育精英人才，打造名校品牌，这是邵东创新实验学校教育的最大成功。

五、科学管理出效益

创新实验学校实行分级部、分部门的人性化、科学化、精细化、民主化管理，形成事事有人管，时时有人管，处处管到位的全员管理、全程管理、全方位管理、全天候管理新模式。

构建层次管理目标体系，责、权、利分。根据学校层次多元化的特点，按照《民办教育促进法》和市场运作规律经营管理，构建现代化民办学校的基本管理体系，实行层次目标管理，即董事会领导下的校长负责制，校长领导下的校务会负责制，校务会下设一室（财务室），两办（办公室、招生办），三处（教务处、政教处、后勤处），五部（复读部、高中部、初中部、小学部、幼稚园），五个级部为子系统，教育教学管理均为相对独立的体系，实行级部负责制。学校各项工作严谨有序，师生员工积极性高涨，校风校纪严明，学习风气浓厚。

健全量化考核方案，建立长效机制。按照现代企业理念和市场运作规律，变学校管理为企业经营，把教育办成一种产业，办成一种文化，办成一种科学化的艺术。把量化评估机制落实到各个级部、处室，期初将量化考核方案原原本本发给每一个教职员工；期中按方案检查，及时指出存在的问题；期末按方案评估计分，通报考核结果并予以公示。规范科学有效的量化考核，跟浮动工资、绩效奖金、续聘解聘挂钩，董事会每年拿出30多万元校长专项资金奖励优秀教师，大大增强了教职员工的竞争意识，人人敬业爱岗，主人翁责任感强。

加强班主任队伍建设，落实班级管理责任制。学校招生范围广，生源复杂，学生基础参差不齐，不同的学习基础，不同的行为习惯，不同的个性品质，给学生管理提出了更严更高的要求。班主任队伍整齐，事业心责任感强，每位班主任踏踏实实地工作，唯恐班级工作落后。细致严谨的班主任工作，强有力的班级管理队伍，润物无声、深入学生心灵深处的班级管理艺术，持之以恒地强化了学生自律、自控、自理能力，全天候服务，全方位管理，打造出安全、文明、乐学、和谐的创新校园。

是发挥工会和职代会的作用，强化民主管理。副校长尹新松同志任工会主席，2008年接连召开三次职工代表大会，学校职工工资方案，后勤财务管理制度，职工劳动聘用、福利、养老保险等关系到职工切身利益的大事，必须经职代会认真细致的审议。学校全面提高教职工工资待遇，仅2011年全年工资增加130余万元。目前全校职工劳动聘用合同签订率100%，养老保险、医疗保险率100%，这样解除了广大职工的后顾之忧。董事会和校务会，尤其在教育教学管理制度方面，更是广泛采纳教职工意见，做到决策民主、科学，为教育质量的连年攀升提供了最可靠的保证。创新学校还将民主管理的前沿阵地延伸到学生管理，采用学生座谈会、学生满意率测评、问卷调查等手段，全面优化教育教学管理的每一个细节，使校长信箱、校园温馨提示、校园网络，成为促进学生自律、自育、自理能力不断提高的平台。学校还重视社会家长代表的民主参与，各级部的家长会、家长委员会工作很有特色。这样学校构建起"领导民主决策——管理民主——学生民主——社会民主监督"的理想模式。2008年7月，省总工会副主席李挚一行考察创新学校"校务公开，民主管理"时说："一流的校长带活了一流的领导班子，一流的管理创造了一流的教育质量。"2009年4月，学校被湖南省纪委、省委组织部等8部委评为湖南省校务公开民主管理先进单位。

六、服务质量展风采

邵东创新实验学校，牢固地树立起全面发展的教育质量观，追求办学质量就要促进德育质量、教学质量、管理质量、服务质量、特色质量全面协调可持续地向前发展。办学质量的重要内涵之一就是服务质量，为学生终身发展服务，是民办学校提升整体质量的必由之路。

领导为师生服务。领导就是服务，这是邵东创新实验学校校长及其校务会一班子人的共识。每一个领导成员做到识大体、顾大局、抓大事，团结、民主、廉洁、务实、高效，富有强烈的事业心、责任感和创新意识，服务于全新师生，能以宽阔的胸怀察纳雅言，以亲和力、凝聚力和人格魅力，赢得师生员工的信任。能充分发挥党团组织的先锋模范作用，发挥工会职代会"从群众中来到群众中去"的民主协商和监督作用，各部门能带好自己的人，干好自己的事，把好自己的门，急师生之所急，想师生之所想，真心实意地为师生办实事。要求师生做到的，领导首先做到，在此基础上，号召全体教职员工强化服务意识，提高服务水平。

老师为学生服务。教师一流的执教传导技巧就是有益于学生终身发展的一流的服务质量，身教重于言教，要求学生做到的，教师首先做到。坚持正面教育，表扬鼓励为主，对学生倾注全部的关怀与爱心，尊重学生人格，陶冶学生情操，决不排斥差生，不体罚变相体罚学生。教师只有言传身教为学生服务的义务，没有向学生索取的权力。学校严禁乱收费、乱订资料、私自补课、乱办各种名义的培训班，严禁有偿家教家养，严禁乱罚款，严禁赌博，严禁有损学校形象的言行。

职员的岗位服务。后勤部门、生活教师、全体职员不断增强服务意识，坚持服务到

位，提高服务水平，视学生为上帝，实行全方位服务，班主任全天候守护、护送学生就诊、服药，为学生取包裹，用爱心滋润学生心田；办公室职员用一口标准的普通话、一张笑脸、一杯热茶接待学生客人，传送学校爱的温馨；食堂员工保证热菜、热饭、热水供应，微笑着给学生服务，传递胜似家庭的温暖；生活老师、保育员将学生衣服洗得干干净净，头发梳得漂漂亮亮，冬天为每个学生准备一个热水袋，提升学生爱生如爱子的爱心质量；政教处同班主任一起"会诊"，转变上网成瘾打架斗殴的学生，倾注满腔热情，付出艰辛劳动。全体教职员工为学生健康成长，全面发展真诚服务，让每一个学生进本部门高高兴兴，在校园舒舒服服，学知识认认真真，会生活开开心心，回家门平平安安，让家长放心，让学生满意，赢得社会对学校的赞美。

为学生安全服务。全体创新人牢固树立"平安是金，平安是福"，"安全重于泰山、安全就是质量"的观念，各级部全力落实安全责任制，建立起一支高素质的安全保卫工作队伍，重点落实校园安保，防火防盗防毒防事故。学校形成了"全员参与抓安全，认识到位保安全，措施得力求安全，责任到人促安全"的舆论共识，全校教职员工共同维护校园交通安全、饮食安全、用电安全、实验安全、运动安全和交往安全。近几年来做到了杜绝了大事故，防止小事故，实现 0 事故，校园平安和谐。

领导、教师、职员，全体教职员工以热忱真诚、文明有礼的服务，营造出安全、文明、和谐、创新型尚美大乐园，人们一走进邵东创新实验学校，别有一番天地，体会到的是清闲舒适的校园环境和赏心悦目的校园文化，感觉到的是严谨有序、高效运作的工作、学习和生活气息。

七、素质教育显特色

邵东创新实验学校始终强化创新意识，用活创新思维，拿出创新举措，追求特色办学，全面推进素质教育。做到：①面向全体学生，培养优等生和转化后进生，两手抓，两手都要硬，主张从最后一名学生抓起，产生明显效果；②促进学生全面发展，着力培养学生的主动性和创新精神，德智体美劳五育并举；③让学生主动发展，善于发现和开发学生潜在素质的闪光点，因材施教，给学生创造一个自主发展的空间，使他们的个性、特长得到充分自由的发展。全面启动基础教育新课程改革，大兴教研教改之风，开设研究性课程、特色课程、信息技术课程，从小学起开设电脑、形体课程，从学前班起开设英语口语教学课程，对每一个学生提出"六个一"的基本要求：能讲一口标准的普通话，说一口流利的英语，有一手熟练操作电脑的技能，有一支过硬漂亮的文笔，会演奏一门乐器，有一项超人的特长，形成创新学校独具一格的办学特色。

组织兴趣小组，打造科技特色。办学第二年，学校就相继组织成立了美术、口风琴、音乐实验班。以科技引领，开办了作文、英语、武术、篮球、电脑、舞蹈、书法、摄影、绘画、合唱等 15 个兴趣小组。当年，学生参加《中国教育报》"世纪之星"书画摄影作品赛，全校 64 人获奖，其中获金奖的 4 人。2005 年 4 月 22 - 25 日，湖南省第 26 届青少年科技创新大赛在创新学校举办，学校获大赛优秀组织奖，省科技活动先进集体，还荣获 4 个省级一等奖，肖海波被评为全国优秀科技教师，创造了教育史上的奇迹。同年，学校建立起邵阳市首家机器人工作室。课题《科技创新教育基地建设的研究与实践》列入湖南省"十一五"教育科学研究规划课题，填补了民办教育科研课题的空白。

开展系列活动，打造艺术特色。学校在成功举办第26届湖南省青少年科技创新大赛之后，始终把科技、艺体教育作为提升学生素质的平台，每年都要举行全校性的艺术节、科技节，上学期召开全校性的田径运动会，下学期召开全校性的广播操比赛，六一儿童节、元旦节两次全校性的文艺汇演，各级部每期都要举行演讲赛、音乐会，在各种不同形式的活动中培养学生特长，学生在创新校园里经久磨炼，在县、市、省乃至全国的赛场上大展风采，各显神通。2007年，学校新设高中生艺术特长班，湖南师大在创新学校设立三个基地：实习基地、培训基地、艺术教育教学实验基地。

成立作文研究会，打造作文特色。学校全面推行情趣理自能作文、快速作文、个性化作文教学，极大地提高了学生写作水平。2002年，新潮文学社正式成立，3年后被评为全国百佳文学社，刘艾青老师被评为全国优秀文学社指导老师。刘艾青、曾爱军、石兰、陈琳、刘小英等老师合编的《情趣理自能作文》（四本）由湖南人民出版社公开出版，全国发行。每年十几位同学在省级以上报刊发表作品，20余人参加全国中小学生书信比赛获大奖，师生自己办的《创新简讯》、《创新校报》不断扩版、改版，成为师生阅读欣赏的重要期刊。

引进外籍教师，打造英语特色。2008年，学校聘请来自肯尼亚的斯迪文先生和菲丽斯特小姐来校担任英语口语教学，2010年，学校又聘请了英国籍教师玛丽和美国籍教师拉塞尔到校任教，传授原汁原味的英语口语，建立英语沙龙，学生兴趣浓厚，学习效果显著。从幼稚园到复读部，各级部形成了英语特色教学，学校被评为邵阳市引智工作先进单位，董事长申建军被评为市引智工作先进个人。

邵东创新实验学校在特色实验领域不断书写浓墨秀彩新篇章，科技、艺体、作文、英语口语等特色教育花红果硕，每年有100多人次在县以上大赛中获奖。通过省市县领导全面考察验收，2010年7月，学校被授予"湖南省民办教育特色实验学校"称号（全省首批30所）。

八、教育质量铸品牌

教育质量是民办教育的生命线，邵东创新实验学校高举质量大旗毫不动摇。从董事会到校务会，从各处室到各班级，从老师到学生，质量意识是创新人的共识，是创新人的一致追求。学校从幼稚园抓起，从入学第一天抓起。

德育首位真到位。全面贯彻党的教育方针，实施素质教育，培养德、智、体、美、劳全面发展的创新人才，学校任何时候都把德育放在首位，教育学生堂堂正正做人，规规矩矩做人。第一，优化环境育人。建设书香校园，办好校园网和校园广播，办好文化墙报，文化画廊，提升校园文化品位，实现校园高标常态的净化、绿化、美化、知识化，让学生耳濡目染、启智增知、提升境界、陶冶情操。同时，沟通家庭、社区、学校周边街邻，优化校外育人环境，让学生远离不良诱惑，慎独自律，向善向美，不断充实自我，完善自我，健康发展。第二，抓实德育活动。以《中小学生守则》、《中小学生日常行为规范》为准绳，升旗仪式，国旗下讲话制度化；利用班队活动开展爱祖国、爱家乡、爱学校、爱劳动、爱公物的"五爱"教育，进行团结互助、文明礼仪、见义勇为教育；以重大节日和纪念日为燃点，组织庆祝活动、文艺汇演，开展各种专题教育活动；举办校园科技艺术节，燃起学生思维创新火花；邀请专家有针对性地进行心理健康教育；开展感恩教育，时刻不忘报效祖国，处处不忘师长培育之恩。第三，推进校风育人。大力弘扬"创新、文明、勤奋、和谐"的良好校风，用领导的作风、教师的教风影响学生的学风，要求每一个学生从自我做起、从现在做起、从身边的小事做起，将行为规范内化为学生的思想素质和文化素养。第四，强化课堂德育。结合新课改，有机整合党史教育、环保教育、心理健康教育、把爱国主义、社会主义和传统美德、文明礼貌、感恩教育融合于各学科教学中，研究学生思想品德形成的规律和特点，积极改进课堂教学，在传授知识培养能力的过程中，采用学生喜闻乐见，生动活泼的形式，进行德育灌输和德育渗透，全面提高课堂教学的德育含量。2008 年 5 月，汶川大地震之后，创新学校全体师生奉献爱心，三天之内捐款 210806 元，地震无情人有情，良好的德育教育氛围，使创新人和灾区人民心连心。学校实施希望工程，董事会每年拨款 200 万元奖励品学兼优学生，对家庭贫寒的优秀学生减免学费，甚至给予生活补贴。

教学中心最突出。学校一切工作以教学为中心，学校把常规教学作为工作中的重中之重，常抓不懈，一抓到底。

第一，健全教学管理制度。教务处各级部严格执行《教学常规管理章程》，将教学态度、教学过程、教学质量分项量化，规范教学行为，对老师的听课、备课、上课、阅卷工作均有严格规定，教学管理规范科学。对高中部和复读部实行"一考三会"制，即每月一次月考，每月举行教学专题研讨会、年级组教师会和月考总结会；初中部大力推行年级月考评估，强化"课内过关、单元达标"制度，建立目标责任制；在小学部推行教学常规月查月公布制度；在幼稚园，常规教学细化分解到班主任、任课教师和保育员，确保全天候服务到位。

第二，狠抓教学常规。一抓考风促学风，高中部每次考试年级之间文理科交叉单行排座位，复读部、初中部、小学部考试按上一次考试成绩计算机随机排位，每次考试考纪考风严明，成绩客观真实。二抓检查促教风。教学检查级部每月一查，学校每学期两次雷打不动，每次检查由教务处牵头，教学副校长挂帅，会同各级部领导对每个教师的教案、听课记录、作业批阅的数量、质量进行详细检查，评定等级，评选出示范教案在全校推介，让教师心服口服，学有榜样，赶有目标，取长补短，共同上进。通过落实教学常规规范教学行为，每个教师钻研教材深透，教学环节清晰，教学方法灵活，作业练习精当，把关检测科学，教学质量不断提高，2010 年，初中部唐立如主任与王小平老师共同完成的作品在省电教馆举行的"三优联评"（优秀课例、优秀课件、优秀教案）中，总项获省一等奖，单项两个一等奖，一个二等奖。

第三，推进教研教改。新课程的实施对学生的全面发展作了重新定位。每一门课程的教学要实现"知识与能力、过程与方法、情感态度与价值观"三个目标的有机整合。学校始终把新课程理念贯穿于教育教学的各个环节，注重教师素质的提高。初中两个年级课改实验，以特色实验、创新实验、启智思维为主体的探索，借鉴外地的先进经验，结合本校实际有的放矢地进行。一大批教学新秀在教学第一线大显身手，展示创新学校的风采。初中英语教师周利丰 2011 年囊括了县、市、省三级教学比武第一名，2012 年 3

月代表湖南省参加全国比赛又喜获一等奖。

整体质量都看好。高考质量是邵东创新实验学校的一道亮丽的风景线。2010 年，2783 人参考，重点大学上线 539 人，二本上线 1868 人；2011 年，2780 人参考，重点上线 388 人，二本上线 1815 人；2012 年，3013 人参考，重点上线 540 人，二本上线 1790 人。近几年来，考取清华、北大及夺得市县第一名的学生有曾昭明、陈璐、李娅、石涤伟、申少铁、唐芹、卿峰、张嘉文、尹凯凯，创新学校连续 10 年高考名列全市第一。重庆大学、湖南大学在学校建立人才输送基地，中南大学、湘潭大学、中南林业大学先后授予"优质生源基地"匾牌。

高考的辉煌胜利带动了各级部教学质量的整体攀升。杨小明主任荣获全省百佳教师，教育质量喜人；全校学生思想品德合格率 99% 以上，优良率 90% 以上；幼稚园、小学生年巩固率 99.5%，初中生巩固率 99%，高中生年巩固率 98%；小学生毕业合格率 98% 以上，初高中毕业会考合格率 95% 以上，学生体检合格率 98% 以上，体育合格率 95% 以上，达标率 90% 以上，常见病发病率控制在 2% 以下，近视新发病率控制在 4% 以下，学生劳技操作合格率在 98% 以上。学校招生形势喜人：复读部生源充足；读高一、插高二、高三的挤破门槛，家长磨破嘴皮也难进，捐资生两天就招满，本校优质初三学生 100% 的送进了高中部；初中每个年级开学前一个月就已饱和，本校小六学生想进初中一年级还有一定困难；小学和幼稚园招生期期生源容纳不下，学生人数达到新的高峰，规模效益推动学校发展，全社会都看好邵东创新实验学校。

邵东创新实验学校，由于办学质量全面提升，成功鲜花不败，荣誉纷至沓来：连续十年荣获邵东县高考质量一等奖；先后授予邵阳市示范民办学校、邵阳市十佳明星单位、邵阳市社会公众满意学校、邵阳市科技教育基地、邵阳市引智工作先进单位等市级荣誉；被评为湖南省社会信赖学校、湖南省校务公开民主管理管理先进单位、湖南省红领巾示范学校、湖南省民办教育特色实验学校、湖南省文明卫生单位、湖南省教育学会理事单位等省有荣誉；荣获全国先进民办学校、全国百佳学校、全国"守诚信重质量"双保障示范单位、全国民办教育先进集体、中国民办教育协会第二届理事会理事单位、中国未成年人网络工程实践基地等国家殊荣。

邵东创新实验学校，这面民办教育科学发展的大旗越举越高，越飘越远，升起在邵东县，振动邵阳市，展示湖南省，影响全中国。机遇与挑战同在的今天，全体创新人正以高昂的士气、饱满的激情，扛着这面光辉鲜艳的旗帜，朝着"集四海彦才、办百年名校"的目标，团结拼搏，勇往直前！

第七十三行状元

——记农民出身的庆典史志策划家罗梅芳

罗梅芳，男，汉族，大学文化，中共党员，现年 53 岁，老家在湖南省邵东县石株桥乡石潭村，改革开放后迁居邵东县城两市镇，现在衡南县史志办工作，任副主任兼衡南人物志《60 年辉煌》常务副主编。他自学成才，干一行爱一行，干一行专一行，是一个待人谦和、善于沟通、精明能干、开拓进取的多面手，组织庆典活动，策划史志编撰，

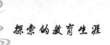

被誉为"第七十三行状元"。

一、刻骨铭心，自学成才

"宝剑锋从磨砺出，梅花香自苦寒来。"1958年4月，梅芳出生在一个贫苦的农民家庭，小时候家境贫寒，生活窘迫，父母生有五个儿女，他是长子，一家七口住在两间小土砖房里，六岁进公田学校读小学，放学后赶快做功课，做完功课抓紧时间到地里干农活，或者为家里扯猪草，或者上山砍柴。每期开学要3－5元学费，父母皱眉，母亲叹气，他哭丧着脸，一家人为几块钱学费犯难，弟妹也要上学了，他读到小学毕业，便挑起养家糊口的重担，正是这刻骨铭心的烙印，使他在幼小的心灵里就一次次滋生出自学成才的愿望。第一，向书本学，他把培根的话作为座佑铭："读史使人明智，读诗使人聪慧，演算使人精密，哲理使人深刻，伦理使人有修养，逻辑修辞使人善辩，总之知识能塑造人的性格。"他抓住年轻有为的机会，从读"三字经"、"增广贤文"、"四书五经"开始，自学能力增强了，便阅读各类文学作品、历史著作、哲学经典，并深有体会地说："读书让我明智，教我审时度势，让我思想健康，教我待人宽容，自节自律，自省自强，永保青春。"第二，向知名人士学，俗话说："近朱者赤，近墨者黑"、"近大者大，近小者小"。他每组织一次活动，编辑一套史志性的纪念册，要调查访问上千知名人士，那些政坛高官、军队将领、商家巨子、学界名流的高尚品质、思想境界、智慧才华、开拓进取精神都极大地影响着他，让他在实践中不断成长，很快具有知名人士的风采，大人物的气质。时下，有个热门词叫"给力"，释义是"很带劲"、"给予力量"和"很棒"、"很美"、"很有面子"，我们把它用在读书学习上最贴切不过的了。在知识经济和科技社会时代，像梅芳一样"给力"读书，自学成才，是一代年轻人成长的途径和绩效取向的源泉，提高工作质量和生命价值的法宝。

二、纵横乡里，马到成功

梅芳在村上，当了几年生产队长，还当了村上副主任，工作很是出色。1980年，石株桥乡人民政府聘他为计划生育专干。石株桥乡位于邵东偏远地区，26个行政村，3万余人，那时抓计划生育难度很大，农村人想的是多子多福，传宗接代观念很浓，一对夫妇生下四个女孩以后，还千方百计想生个男孩。干群思想不通，工作难以开展起来。他现身说法，生一个孩子未满百日就带头作了节育手术，后来全乡的计划生育工作开展得很好，梅芳被上级领导充分肯定。

1983—1988年，任石株桥乡人民政府司法助理员，负责民事纠纷的调解。农村的纠纷多，经济纠纷、山林纠纷、打架斗殴、离婚案件、邻里不和、家庭矛盾……他在调解民事纠纷中，公事公办，以法律为准绳，以事实为依据，多花点时间进行调查研究，从不将矛盾上交，每一处纠纷都能调解到萌芽状态，矛盾双方握手言和。乡村干群满意地说："梅芳同志，一个司法助理员，比法官还行！"

1989年，组织经商，投资办湖南省邵东县石株桥城隍庙综合厂，该厂生产棕床垫子，产品远销全国各地，厂址位于湖南省邵东县西南部，东与衡阳县交界，南与祈东县、邵阳县相邻，交通方便，梅芳同志主张信誉第一，按照党的路线、方针、政策指导工作。此后，乡办企业迅速发展，蒸蒸日上，乡村干群无不称赞："罗梅芳书读得少，但文化水

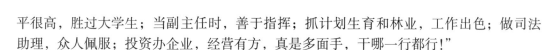

平很高，胜过大学生；当副主任时，善于指挥；抓计划生育和林业，工作出色；做司法助理，众人佩服；投资办企业，经营有方，真是多面手，干哪一行都行！"

三、踏遍三湘，庆典扬名

从 1990 年开始，罗梅芳从事策划庆典工作，首先参与湖南省广播电视大学 60 周年校庆筹备工作，进入校庆组委会，负责联络校友、征集资料等各项工作，参与庆典的全过程。由于他虚心好学，把电大策划庆典活动的成功经验接过来，总结提高，成为自己的一种才艺。

1994 年新宁县第三中学 100 年校庆，梅芳负责 100 年校庆总策划兼办公室主任。三中是邵阳市重点中学，斗转星移，百年沧桑，学校几度变迁，数易其名，百年栉风沐浴，斗光之辉，坐落邵阳市西部边远山区。学校资金十分困难，校友赞助也不大方，后来梅芳拿出 15 万元作为 100 年校庆筹备经费，并编撰 100 年校庆纪念册《桃李芬芳》，当年新宁三中 100 年校庆之隆重，在邵阳市属第一。"梅芳同志在新宁做出了重大贡献！"新宁校友、县委、县人民政府对他的庆典策划给予了高度评价。

1995 年，邵东县首部《邵东年鉴》问世，罗梅芳同志也做出了突出贡献。1996 年，到湖南省祁东县史志办工作，策划祈东县志彩版和征集资料，《祈东县志》名扬全省，祁东县县委书记曾祥月同志、县史志办主任刘高飞同志等领导称赞说："梅芳在外联系知名人士，收集资料，方法措施有力，真不愧为策划专家。"

1997 年到湖南省邵阳市资江学校策划 100 年校庆，资水盈盈，哺育百代，湖南省基础教育教学研究实验学校，湖南省德育工作先进学校，湖南省艺术教育先进学校，湖南省体育教学先进学校，全国少先队红旗大队，以"办 100 年校庆，求 200 年的发展"为宗旨，举办资江学校 100 年校庆，罗梅芳担任总策划兼校庆办主任，出版了资江学校 100 年校庆《纪念册》，《纪念册》的整理编撰旨在察古通今，裨益当代，惠及后人。虽为小学，然年逾百载，其沿革演化之复杂，内蕴史料之广泛，涉及人物之众多，欲将其复杂多变的百年史实客观地再现在大众面前，实属艰难。梅芳博采众议，慎密分析，按"百年资江"、"龙腾传承"、"桃李芬芳"三大部分，撷取有代表性典型性的事例，尽可能反映各个历史时期的特色，百年校庆圆满成功。市教育局和资江学校的全体师生说："梅芳同志组织庆典活动，策划史志编辑，真不愧为专家啊！"

1998 年，策划湖南省祁东县马杜桥建乡 50 周年庆典活动，编辑出版《山之骄子》。为了帮助人们了解马杜桥人坚韧不拔的大山精神，自强不息的优秀品质，艰难困苦的创业历程和辉煌瞩目的骄人成就，编辑《山之骄子》入选 200 多位优秀人物，罗梅芳和党委书记唐得鸿同志，乡长刘荣国同志踏遍三湘四水拜访知名人士，他们是大山儿女的精英，是马杜桥人民的骄傲。《山之骄子》的出版，架起了优秀人物和普通百姓互相学习、互相借鉴、共同促进、共同提高的桥梁和纽带。从而激发了人民力改山区面貌，发展山区特色经济的高昂斗志和坚强信念。云南西双版纳州人大秘书长曾孟春同志在唐得鸿同志和刘荣国同志面前夸奖他说："七十二行，行行出状元，罗梅芳同志是第七十三行状元。"这一殊荣传遍三湘四水。

四、走访全国，史志成家

1999 年，策划祁东县白地市镇建镇 60 周年庆典活动，出版《三湘明珠》。2000 年，

到新宁史志办工作，策划改革开放 30 年庆典活动，主编《新宁改革开放 30 年》。该书真实地记录了新宁改革开放 30 年新宁的新成就、新经验、新气象、内容全面、科学、客观、观点鲜明、编排精致、图文并茂、资料详细、融知识性、欣赏性、教育性于一体，值得一读。这一史志的成功，新宁县委、县人民政府，又一次高度评价罗梅芳这位史志策划家。

2010 年，到湖南省衡南县志办工作，任县志办副主任兼常务副主编，负责《衡南年鉴》，衡南人物志《六十年辉煌》的编辑工作。衡南县人杰地灵，英才辈出，衡南县知名人士遍及国内外。衡南人物志《六十年辉煌》入编范围：党政军副处级以上的领导干部和知名企业家。据统计，衡南县正副厅级干部 50 名左右，正副处级干部有 1000 人以上，知名企业老板近 3000 人。罗梅芳带领一个调查组，走访了陕西省西安市警备区司令员杨国栋，知名企业老总高友林；西藏拉萨市财政厅肖后国，上海市周才东，北京市人民解放军总参谋周才文，山东济南大企业家谢庚兰，广州市警备司令员颜晓明，林业厅副厅长倪南清，珠海市知名企业老板罗英伟，广西桂林市委书记刘君，知名企业家彭琪、欧阳维谦、蒋志尚、甘昭河、罗茂志、廖宏伟等等，梅芳同志走访全国各地，虚心向这些优秀人物学习，收集了一批难得的珍贵文物资料，在这些优秀人物的影响下，罗梅芳同志也成了一位扬名四海的大人物——庆典活动和史志编撰的策划专家。

从事策划活动和组织史志编写，是一项十分艰巨又很有价值的工作。向领导收集资料，有的领导自谦，有的领导摆谱，还有的领导不愿意做，地方财政又十分紧张，要他们赞助资金更难。梅芳为一个知名人士走访了 36 次，他风里来，雨里去，白天拜访知名人士收集文物资料，晚上审稿整理资料和学练书法。每年 360 天，有 350 天在外奔波。有时候饱吃一顿，有时候连馒头也啃不上。有一次，2010 年 8 月 29 日，高温热到 39 度，梅芳从衡南县云集坐车到丽江镇人民政府，当天从丽江镇到近尾州镇人民政府，再从近尾州镇走山路 27 华里到矛市镇人民政府，收集年鉴资料，没有中餐，连水也喝不上。可见，策划庆典活动和组织史志编写，工作实在难做。细：做细致工作，对知名人士摸底要详细，还要细言密语地与他们沟通；广：广泛宣传发动，深入社会，联系群众；勤：勤走访知名人士，迈开双腿，多拜访几次；真：筹措要真，多讲一些老家的乡土人情，取得他们的支持和认同感。还有"三个一样"的更高要求：要有像吃饭一样的心理需求去干好自己的工作；要有夫妻关系一样的情感去团结同志，团结一切可以团结的人；要有培养子女一样的责任心去搞好廉政建设。

罗梅芳在湖南省各地策划庆典活动 30 多场，策划史志编撰 40 多本。策划每一个庆典活动，编撰每一本史志出版，目的明确，意义重大。时代呼唤精英，加强外籍人士联系，提高知名度，展示他们的风采，讴歌他们的创业奇迹，通过他们的事迹去激励更多的有志者去拼搏、去奋斗，从而让更多的企事业单位积极努力，成为推动地方经济建设和社会发展不可欠缺的中坚力量和中流砥柱。在他乡的成功人士，把在不同地方、不同行业的先进理念和成功经验汇于书中，把各种人物独特的人生历程展示出来，使读者如见其人，如临其境。在分享他们成功喜悦的同时，对于有志于投身改革大潮的每一个人都有良好的启迪和借鉴意义。对于促进不同行业、不同企业的相互学习、交流和合作也能起到积极的作用。也让这些身在他乡的游子们感受到政府对他的牵挂和关爱，架起一座政府与身在他乡的精英互相了解、互相交流、互相促进、共创佳绩的连心桥，成为促进社会和谐发展的催化剂，更在招商引资协调发展等方面产生积极影响。

五、回味家乡，再创辉煌

五十年沧桑巨变，五十年激情岁月，梅芳同志自学成才，从乡村起步，到组织庆典、史志策划，威震三湘四水，走遍全国各地，采访那些献身于政治，驻守于疆场，矢志于科研，躬耕于故园，纵横于商海，负笈于异邦，奉献于社会，回报于家乡的知名人士，与他们进行对话交流，共商国事，报效家乡，让梅芳同志思念家乡的心更切，情更浓。2011 年 9 月 9 日晚上，他从衡南回到邵东，邀请老家石株桥乡党委、政府的领导，石潭村的现任领导，县、局的几位朋友座谈，主题是如何改变家乡的面貌，以表他的思乡之情。下面是他富有诗意的一番谈话：

"家乡，一个多么亲切的字眼，亲切得让人热泪盈眶；一个多么深沉的地方，深沉得让人终生难忘；她是一个人的血脉所系，是一个人的感情所寄，是一个人哺育的摇篮，是一个值得用生命来回报的母体。"

"家乡是我永远的记忆，那里有苦难与快乐并存的童年，山岗河畔留下我与伙伴们嬉戏的脚印；那里有青春的梦想，美好的初恋被永远镌刻在心中；那里有父母勤劳的身影，她慈善的母爱毫无疑义地超越时空，那里有乡亲们温暖的笑脸，她会感染和催促着每一位游子平静地生活，奋勇前行。"

"可爱的家乡，幸福的田园，秀丽的山庄，心灵的港湾。从喇叭冲搬迁黄龙桥海井山边，那山，青翠如画，鸟语花香，绿得人心也发芽；那水，海井之泉，清澈见底，爽口胜春茶；那人，热忱似火，真情纯洁，勤耕又勤读。都说一个人一旦有了明确的目标之后，就懂得在哪里安放人生，人生就是不停地寻找平凡、自由、尊严和幸福，虽然如此不是一个艰难的抉择，可做到尽善尽美又谈何容易。如何放松生活中紧绷的神经，那就是回到家乡寻求精神慰藉。回味家乡，总会听到小河在倾诉爱的呼唤，投入家乡的怀抱，便能发现和认识真正的自我。回家乡后，讲家乡话，喝家乡米酒，听前辈家规教训，这就是我多年飘流在外，从事策划庆典史志工作所获得的点滴体会。村上要修水泥马路，我捐款 6000 元，为建设社会主义新农村，贡献自己的一点微薄之力。"

世上只有妈妈好，天下儿女爱母亲，无论是流浪天涯的游子，还是漂泊海外的赤子，都有一颗火热的心，都有一份滚烫的情，都对家乡有一种扯不断、心还乱，千头丝、万绪连的眷恋、依存和感念。尤其是那些有为之士、热血男儿，更是赤胆忠心报效国家，炽热心情回报家乡。罗梅芳就是这样一位有为之士、热血男儿。"惟有奋斗方显本色，待看史册长留英明。"在未来的日子里，"第七十三行状元"——庆典史志策划家罗梅芳，将放眼天下，不断开拓，不断努力，在庆典史志策划上更上一层楼，再创辉煌，为社会的和谐、经济的发展做出更大贡献。

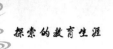

简讯报道

两项水平测试，邵东 2500 教师上水平

邵东县中小学教师继续教育又开新生面，全面开展计算机和普通话培训。截至 2000 年 6 月底，两项水平测试，为 2500 教师分别颁发了水平测试等级证书。

开展计算机水平等级培训和测试。在全县各中学、各乡（镇）设 40 个培训点，已办培训班 108 期，参培学员达 4000 余人，占应培中小学教师的 80%。县教师进修学校每两个月组织一次水平等级测试，全县参加测试的 2235 人，过一级的 1704 人，过二级的 7 人，通过率 76.2%。

组织普通话水平等级培训和测试。邵东设立教学测试分站，县里不仅重视测试员的提高培训，还由 6 位测试员任教，在全县培训了 69 名普通话辅导员，以中学、乡（镇）为单位，定期常年办班培训，全县参加学习的近 4000 中小学教师。由县教师进修学校统一组织水平测试，参加测试的 1098 人，上等级的 808 人，其中获二级甲等的 30 人，二级乙等的 302 人，三级甲等的 476 人。

县教委还宣布了一条政策：从 2000 年开始，中小学教师职称评定需要三证齐备，包括继续教育结业证、普通话等级证和计算机等级证。

校本培训、乡镇办点、县办提高

——邵东县探索继续教育三级培训新模式

邵东县新一轮中小学教师继续教育，以党的十六大和全国农村教育工作会议精神为指导，解放思想，实事求是，与时俱进，探索出"校本培训，乡镇办点，县办提高"三级培训新模式。新模式以促进教师专业发展为根本出发点，以师德、新课程、信息技术为重要内容，以骨干教师培训为重点对象，结合岗位培训、学历提高培训、校长培训，全面实行新一轮中小学教师继续教育，新模式以"校本培训"为基础，各中小学建立研培制度，以人为本，以岗为本，确保每位教师通过不同途径和方式参与新一轮培训；"乡镇办点"是主体，小学教师岗位培训，各乡镇办中心培训点，县教师进修学校教师利用双休日，轮流下乡讲课，目前全县设 20 个培训点，学员可以减少长途跋涉的劳累之苦，并节省大量开支。培训教师下乡讲课，可以体验生活，尽展各位教学风采，乡镇中心学校领导参与管理，教与学同感同受，共同发展，教学质量高；"县办提高"是关键，初高中教师岗位培训、校长培训、骨干培训、学历提高培训，以远程教育为依托，继续坚持在县里办班。三级培训，一致要求，贯通培训全过程。2004 年上期，在培骨干教师 58 人，岗位参培小学教师 808 人，初中教师 290 人，高中教师 184 人，学历提高培训专科

212 人，本科 503 人，信息技术培训 210 人，普通话培训 300 人，总计参培人数达 2565 人次，邵东中小学教师继续教育又出现新的高潮。

邵东教育正式启动"三名"工程

如何创造一个全新的高质量的教育，探索这一新世纪课题，扎扎实实推进教育的改革和发展，邵东已正式启动"名师工程"、"名校长工程"和"名学校工程"。

启动"名师工程"。4—5 月份全县开展了自下而上的赛课活动，各学校产生优胜课到乡（镇）参赛，乡（镇）产生优质课到协作区参赛，各协作区产生示范课到县里观摩，县里 6 天擂台赛，23 堂语数课展示了一批骨干教师的风采。这些课经过专家点评后，送教下乡到各乡（镇）进行巡回教学。这一赛事标志着"名师工程"的正式启动，《名师工程实施方案》以提高全体教师的整体素质为目的，与深化教学改革、加强教学科研结合起来，与中小学教师继续教育、教育教学常规结合起来。规定了合格教师、骨干教师、学科带头人的标准和评选办法。经过 3—5 年努力，专任教师 90% 以上达到合格教师标准，40% 以上达到骨干教师标准，开展"十杰百优"青年教师评选，并产生一定数量的市、省乃至国家级的学科带头人。

实施"名校长工程"。《邵东县中小学机构和人事制度改革方案》的全面实施，普遍实行校长选任，落实校长任期责任目标，进一步完善校长负责制，这是"名校长工程"的前奏曲。为了建立符合中小学管理的特点，符合校长成长规律的持续、稳定、有效的激励机制，学习上海、北京试点经验，以中小学校长职级制为核心，制订了《邵东县中小学名校长工程实施方案》规定了试用校长、合格校长、骨干校长、优秀校长的任职条件、评选办法、实施步骤和配套措施。将中小学校长职务等级分为四级十等，即 A 级（优秀）一二等，B 级（骨干）一二等，C 级（合格）一二三等，D 级（试用）一二三等。在认定校长等级的基础上评选名校长，坚持每年考核一次，每两年评选一次。经过 3—5 年努力，使一批名校长成为有理论的教育家，精业务的教学专家和重效益的管理家。

推进"名学校工程"。3—4 月，县教委组织 20 余人的督导评估团，对全县 70 所初级中学进行了一次等级评估，评估的内容包括硬件建设和软件管理两个方面，15 项一级指标，42 项二级指标分项计分，根据各校得分多少，将学校分为 ABCD 四级。今年高中招生将按学校等级分配指标。名学校工程的推进，使工农中学、周官桥中学、双泉铺中学等一批初级中学，以坐落农村的邵东三中跻身全省重点，以邵东职业中专三年跨进国家重点一样，竞争居上，名声远播。

三大跨世纪工程的实施，不仅激励着一批教师、一批名校长、一批名学校不断创新素质教育，更牵动着全县一万名教师，一千名校长，500 多所中小学朝着新的目标、跨世纪的新课题不断改革和发展。

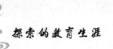

学《讲话》，学《决定》，加强党总支作风建设

邵东县教师进修学校党总支，坚持每月一次党日活动不间断。7、8月学习江总书记七一讲话，9、10月学习《中共中央关于加强和改进党的作风建设的决定》，联系党内作风现状和学校工作实际，落实《讲话》和《决定》精神；当前和今后一个时期"全面加强党的思想作风、学风、工作作风、领导作风和干部生活作风建设"。我们决定从六个方面下功夫：第一，努力改进思想作风。解放思想无止境，实事求是应以一贯之，教师进修学校办高考补习班，既是解放思想的表现，又是实事求是的作法，学校活起来了，还增强了竞争意识，还要进一步解放思想，资源重组，为建设一所融师训、干训、电大、函大、远程、高考补习于一体的高水平、多功能、综合性的学校而努力。第二，切实改进学风。我们讲学风，最根本的是解决对马克思主义的态度问题，从思想观念、精神状态、党性党风上进行自我解剖，从理论和实践的结合上创新，实践江总书记"三个代表"。同时，学习教育专业、学科专业、不断提高教师专业化水平，以适应既站教师教育讲台，又站高教补习讲台的需要。第三，大力改进工作作风。中小学教师继续教育，全面开通"三名工程"（名教师、名校长、名学校），经常深入教学、深入基层，注重调查研究，探索"工程型"继续教育模式。第四，积极改进领导作风。坚持"校长行政、书记保证、主席监督"的领导体制，领导为教育争贡献，为学校求发展，全心全意为师生服务，广开民主渠道，把领导班子置于广大党员和师生的监督之下。第五，重视改进干部生活作风。勤俭办学，勤工俭学，开源节流，精简会议，减少应酬，不参与赌博和高档次的娱乐。第六，党的作风建设与教风、学风和校风建设相互保进。好形象来自好作风，用党员和干部的作风去带动教师的教风、学生的学风，坚持"以德治校"，构建"忠诚、团结、博学、修德"的优良校风，在全县各级各类中小学校之中，树立起县教师进修学校的良好形象。

真心为病友服务的白衣天使

邵阳正骨医院系湖南省骨伤治疗中心，是全省规模最大，功能最全的骨伤专科医院。全国劳模、主任医师孙广生，院长廖怀章等当代名医以高尚的医德医风，先进的骨伤理念，深厚的专业素养，精湛的医疗技术，赢得广大病友和社会的共同赞誉。

近日，原市委书记刘中心同志夫人汤国英，年事已高，在家拖地板跌断了脚，出现右股骨颈骨折，住进该医院，汤中华副主任医师主持治疗，坚持每天下房查看病人，汤女士深有感慨地说："我因病住过医院，只有这个医院的医师最关心病人，护士最体贴病友，微笑服务尽职尽责，为病友创造出一个清洁、安静、舒适、安全的生活环境，病人高兴。"笔者走访了很多病房，不只是她这么说，一个病室的病友这么说，而是第三病区的每一个病室的每一个病友都这么说，都讲医务人员服务质量高。

还有，邵东教师罗爱娥，左股骨颈骨折，疼痛难忍，生活悲观，主治医师孙连益热情接待，过细检查，从病人的心理承受能力出发，与病人商量和选择治疗方案，术前点

点滴滴讲述怎么配合医疗和注意事项，病人听后立刻轻松愉快起来，接着护士长谭丽芳领着几位护士走来，听病人尽情诉说骨折缘由，心理感受，然后方方面面开展，还未用药，病人的痛苦就减轻了一半。笔者一天晚上，目睹廖院长带领医务人员抢救了五位危重病人，第二天是星期六，他照常出现在病房里。病人夸这里的医务人员，"病人至上"不是第一天这样做，而是天天这样做，周周这样做，把每一个病人请进来，把每一个康复人送出去。

据悉，医院自己将投资 1400 万进行改建扩建，增添先进设备。难怪，至今慕名而来这个医院治疗和考察的病人和外宾，不仅有娄邵、两广、云贵地区的，更有新疆、内蒙、新加坡、港澳台地区的。这个医院之所以影响国内外，是因为当代名医孙广生、廖怀章带出一批批白求恩式的大夫，真心为病人服务的白衣天使，正骨治愈率才高达 100%。

需要家政服务，最好请小舒

湘印机厂下岗女职工舒爱清，现年 40 岁，曾在省四公司搞过建筑设计和现场施工，工作很出色；后来进湘印机厂当工人，也是厂里的先进工作者。她小巧玲珑、朴实健美、天真活泼、乐观热忱，人人称她"小舒"；性格坚强，又很能干，再苦再累的活都难不倒她，每时每刻，在每个人面前都是满脸微笑，乐哈哈的；在家里，从小就是一位能吃苦耐劳、精打细算，会过日子的人。今天，服务社会的各个家庭，又成为一个出色的家政服务员。

要搞家庭卫生，最好选她。邵阳广播局王正元局长说："搞家庭卫生，小舒是一位专业人员，天花板上、床头底下，搞得清清洁洁；吊灯、抽油烟机、门窗玻璃，擦得干干净净；桌椅板凳、电器家具，摆放得整整齐齐；一个家庭经过她一番精心设计、梳妆打扮，显得漂漂亮亮，感觉舒舒服服。"

要护理病人，最好聘她。原市委书记刘中心的夫人汤国英女士跌断了脚，住进邵阳正骨医院，小舒做护理。她给病人洗发洗澡，接屎倒尿，捶背按摩，饮食起卧，经过她的精心调整，病人轻松愉快。汤女士说："小舒知病人之所知，想病人之所想，不怕脏和累，远远地胜过自己的女儿和儿媳。"病人回到家里，每逢星期六、星期天，一家十几口团聚看望老人，她一个人张罗得整整有条，全家人过得热热闹闹。

要带小孩，最好请她。她高中毕业以后，肯学习，尤其精通怎样对婴幼儿进行早期教育。绣花厂的赵厂长和他 80 岁高龄的母亲共同夸赞："小舒很会带孩子，她的每一个微笑，每一个吻，每一次伸出的大拇指，每一声'OK'，都带着深深地爱，温暖着孩子的心，给孩子以自信和勇气，给孩子以智慧和力量。每一个孩子在她的精心呵护教养下，似有'神童'般的活泼聪明。"

小舒在邵阳城里，在干部、职工、居民乃至郊区农家几十个家庭做过家政服务，或当保姆，或护理病人，或打扫卫生，样样都行，给每一个家庭留下难忘的印象。"需要家政服务，最好请小舒"，已经成为市民的一句口头禅。联系电话：5354890

第四卷　科研讲座

　　教育科研是第一生产力，就是创新教育，面向未知领域提出问题，从理论和实践的结合上进行研究，运用新的事实发现新的规律，建立新的理论，掌握新的技术，创造新的教育，面对新教师、骨干教师、中小学校长，共同的科研理念、素养、方法，对不同对象进行不同要求的科研讲座。供读者进行有比较地研读，能产生一点兴趣就好。

做一位研究型教师

——与新教师谈教育科研之一

邵东是基础教育新课程改革实验县，随着新课改的逐步开展和深入，我们体会到，新课程改革是进一步推进素质教育的突破口，是基础教育改革的核心，也是教育领域的一场深刻"革命"。我们也发现，新课程教师缺乏正确的教育科研理念和基本素养，尤其是对新课程科研方法的应用，仍然处于茫然或不知所措状态。新课程教师，尤其是新上岗教师，如何构建新课程科研理念，提高新课程科研素养，学会新课程科研方法，提升新课程校本科研能力，是我们共同关注的问题，也是当前新课改实施中难点问题，值得我们从理论和实践上作一番认真探讨。

一、树立新课程科研理念

新教师的成长过程，我提出过建设"一三五八工程"：一年站稳讲台，三年教学过关，五年形成自己的教学风格，七至八年成为学科带头人。我们把新课程改革影响下的教师简称为新课程教师。叶澜教授从科研兴校的角度认为："应该在学校教育改革的实践中造就新型教师，实现教师从现有状态向时代发展需要的新型教师转化，从而产生同期互动，推进学校的发展"。新教师，新课程教师，就是新型教师，研究型教师。

（一）教师是研究者，而不是"教书匠"

"科学技术是第一生产力"，这已成为人们的共识。当下，学校究竟最需要什么呢？不同的人站在不同的角度有不同的说法，有人说最需要质量，有人说最需要名师，有人说最需要名校长，有人说最需要现代化的教学设备，不错，这些都需要，在我看来，教育科研是第一教育力，新教师要树立"研究第一"的观点。《中国教育改革和发展纲要》提出："要鼓励和支持学校、教师和教育研究工作者积极进行教育改革实验"。斯坦豪斯提出："教师要做研究者，教育要得到重大改进，就必须形成一种可以让教师接受的并有助于教学的研究传统"。他充分强调教师参与教育科研的重要性。苏霍姆林斯基说过："如果想让教师的劳动能够给教师带来乐趣，使天天上课不至于变成一种单调乏味的义务，那你就应当引导每一位教师走上从事研究这条幸福的道路上来。"他充分肯定教师必须走研究之路。

在实践中，我们的教育长时间教育质量没有重大突破，原因之一就是教师缺乏研究精神和研究能力。一些教师把自己定格为"教书匠"，凭自己的"老经验"埋头苦干，工作有成绩，找不出成绩的根本原因；工作有失误，也不知道为什么；甚至靠加重学生负担来换取"高质量"，学生高分低能，教师苦不堪言。这些问题的存在，在很大程度上是因为教师缺乏作为一名研究者的角色出现，难以用研究和创新的方法处理教学过程中最难做到的问题，从而降低了教学效率。

教师是研究者，既是必要的，也是可能的。讲必要性，过去的基础教育，统一教材教参、统一内容、统一标准，全国同一个年级同一学科的课堂教学如出一辙。教师只要按大纲要求，忠实于教材，认真地传授知识和技能，就算完成了教学任务。新课程实施的复杂性、创造性和不确定性呼唤研究型教师。例如教学目标与结果的不确定性,教学内容的不确定性,教学过程的不确定性,在这种充满多样性、变化性的课程环境下,教师不再只是一位执行者和旁观者,而必须成为一位真正的研究者,成为课程改革的主体。讲可能性,因为教学和研究是一种共生互补的关系,教师所进行的研究是一种特定的"教学研究",是教育教学实践中进行的研究,也就是"在教学中研究,在研究中教学",教学和研究是一种双赢。当教师从自己的研究中找到了有效的教学策略时,就可能熟练地解决各种教学困惑,减少无效的重复劳动,在不一定增加工作时间的前提下,提高教学效率,产生"教研相长"的效果。教师要具有理性精神。教育科研的结果往往以理论形式出现,但最终目的是用科学理论来指导实践,教育理论的发展离不开教育实践的研究。教师自己要置身于教学情境之中,应该以研究者的眼光审视和分析教学理论与教学实践中的各种问题,对自身的行为进行反思,对出现的问题进行探究,对积累的经验进行总结,最终形成规律性的认识。教师是教学责任人,教室是检验教育理念的理想实验室,教师是当之无愧的有效的观察者,教师是当然的研究者。

(二)新课程科研理念

1. 基本理念。基础教育改革主要涉及课程结构、课程标准、教学过程、教材开发与管理、课程评价、课程管理、教师的培养与培训等七方面的主要内容。研究这些内容之间的辩证关系,做研究型教师,要树立六个基本理念:(1)课程与教学相结合的理念。原先过于注重于教学研究,扩展为实施全方位的包括课程与教学各个方面的教育科研。(2)实施与开发"三级课程"的理念。实行国家、地方、学校三级课程管理体制,在课程实施上给教师带来了更多的选择性和不确定性,也为学校和教师发展带来了良好机遇。(3)分科与综合课程相结合的理念。为了适应社会问题综合化、学生认识综合化和知识体系综合化对教育提出的要求,设置了综合课程,必须认真研究两种课程的差异。(4)课堂教学和综合实践活动并重的理念。在新课程中,让学生到更广阔的社会中去学习,开展综合性实践活动,尤其是研究性学习。(5)不断开发课程资源的理念。在新课程中,几乎所有的社会资源和自然资源都是可以开发利用的课程资源,为了更有利于学生的全面和谐发展,我们需要研究如何把广阔的社会和大自然变成学生课堂。(6)学生全面和谐发展的理念。在新课程中,我们应该把原先的"两基"扩展到"四基",学生除对基础知识和基本技能的掌握之外,还需要研究如何促进学生基本能力和基本观念态度的养成。

2. 理念的新扩展。认真分析基础教育课程改革丰富的内容,我们可以看到许多新的东西需要大家去研究。中小学教育科研理念需要实现一系列的扩展和转变,大致也可以归纳为六个转变:(1)从独立地研究教和学向研究如何使教与学更好地互动转变,实现师生互动。(2)研究学生的共性发展向研究如何促进学生的个性化、差异性发展转变,实现差异性、多样化教育。(3)从注重研究少数学生的"精英"型发展向为研究全体学生的基础性发展转变,变精英教育为素质教育。(4)从研究单一的接受性学习方式向研究多元化的学习方式,尤其是研究性学习转变,实现学生的自主学习、合作学习与探究学习。(5)从研究以考试为主的鉴定性评价向研究如何更好地以评价促进发展转变,建立多样化的评价体系。（6）从研究"发挥教师作用"向研究如何在新课程实施中"发展教师专业"转变，建立学习型教师群体。

3. 在"研究"上下功夫。什么是研究？所谓研究，或者用理论说明一两个实践问题，或者将实践经验上升到理论高度去思考，这种理论和实践的结合就是研究，用书面文字表述出来就是研究成果。新课程教师的教育科研是主动研究、反思性研究、跨学科研究、行动研究、质的研究、校本研究。新课程强调教师参与课程管理、课程决策、课程开发，因此是教师的主动研究。在新课程中，教师只有真正理解学生，不断地转变教育思想，改进教学行为，才能与学生一起共成长，因此教师必须进行反思性研究。新课程的综合化趋势，课程资源的开发利用，都要求教师与学生、与同行、与教授进行合作研究，跨学科研究。教师是研究者，以教学活动为研究内容，以日常教学为研究情境，以改进教学为研究目的，这就是行动研究。行动研究是一种人文关怀的研究、是一种质的研究。行动研究的过程实际上是校本研修的过程，是校本研究。教师参与教育教学研究的特点是"面向实际、站在前沿、重在应用、加强合作"，研究目的的应用性，研究主体的群众性，研究内容的实践性，研究方法的行动性。在研究上下功夫，研究、研究、再研究，"教师研究第一"，这就是新课程教师教育科研理念的全部内涵。

二、修炼新课程科研素养

我认为，当教师一辈子追求的就是"三个一"：上好一堂课，转化好一个学生，带好一个班。这是三项重要的科研任务，值得研究一辈子。钱梦龙一堂语文课在全国讲了100多次，每讲一次都有新的收获；魏书生用"民主和科学"的教育思想当班主任、从事教学，他们值得我们学习一辈子。新课程改革对中小学教师的科研素养提出了新的要求。在新课程理念下，教师不再只是教书匠，应坚持教学和科研整合统一，搞好教育科研、发展学术文化，将自己塑造成为一个真正的教育专家，一个教学的研究者，才能促进教育改革发展，才能真正提高办学水平，提高教育教学质量，培养大批全面发展的高素质人才。新课程教师的科研素养，就是指中小学教师进行教育科学研究时在教育观念、理论知识、研究能力和思想道德等方面达到的基本要求。

（一）教育科研素养的构成

教育科研素养，由教育科研意识、合理的知识结构、教育科研能力和科研道德四要素组成。第一，要有科研意识。一个教师若没有科研意识，就会缺乏发现、创新，只能做一个教书匠。中小学教师在日常工作中，应树立牢固的科研意识，把科研和日常工作结合起来，并养成学习、思考、总结的习惯。一方面要在日常教育教学实践中发现问题进行研究；另一方面要善于将实践经验提升到一定理论高度去思考，形成自己的观点，能用书面文字表述出来成为研究成果，如果能在刊物上发表，得到社会的认可更有实践价值。第二，合理的知识结构，不仅要有科研基础知识，明确教育科研的一般过程，掌握教育科研的基本方法，学会对科研成果的表述和评价，而且要有学科专业知识，全面掌握所教学科的知识和技能；选择恰当的教学方法，培养学生的实践能力、创新能力和发展能力；还要有相关的学科知识，从而构成纵横贯通的知识网络。第三，科研能力。包括发现问题的能力，信息处理的能力，开拓创新的能力，组织协调的能力和文字表述

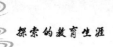

的能力。第四，科研道德。要有为真理而献身的高尚情怀，要有实事求是、严谨治学的科学态度，要有百家争鸣、敢于发表独到见解的学术思想，要有优势互补、合作共享的科研精神，还要有批判继承、大胆创新的学术风格。

（二）科研素养的培养

1. 培养是一个过程。新课程教师科研素养的培养是一个长期的、由量变到质变、由不成熟到成熟的过程。这个过程分积累、质变、拓展三个阶段。积累是基础，苦练基本功，积极尝试、不断总结成功的经验与失败的教训。经过长时间的积累，将感性认识上升到理性认识，将经验、灵感条理化，形成自己的研究思路和方法，独立地走上科研之路，这就是质的飞跃。在积累、质变的基础上，逐步转化成一种能力，突破"高原"现象，科研工作便进入得心应手的阶段。教师的理念、知识、能力结构发生新的变化，形成新的科研理念、科研风格，进入知识、情感、人格全面升华的时期，也就是大师的形成时期，算得上是一位成熟的教育家了。

2. 培养的根本途径。根据教师素质形成的规律，可以选择三条途径循序渐进、重点突破。一是在教育理论学习中提高。教育科研素养的提高是一个潜移默化逐步积累的渐进过程，要求教师自觉努力学习教育理论，可以规定每月学习一本理论专著或研究一个理论专题，并有读书笔记，把理论学习与日常教学及科研活动相结合。二是在科研实践中锻炼。只有经过实践锻炼，才能获得更多的经验和体验，学会科研方法，通过写作来表述科研成果，不断完善自己。三是在学术交流和科研合作中发展。学术交流有助于吸收他人之长，或借鉴他人教训，以拓宽自己的科研思路，增长见识；合作研究可以互相学习、资源共享，达到发展科研素养的目的。

3. 自我修炼。新课程教师科研素养的提升关键在自我修炼。如何顺势而为，充分发挥自己的主观能动性。构建自己的科研素质，可以谈几点体会：（1）修德。《论语》上有"为政以德"的说法，搞科研也要讲究德行的修炼。要有先进的世界观，要有追求真理、无私无畏的精神，要有不畏艰险、上下求索的意志，要有海纳百川、百家争鸣的胸怀、要有遵守学术公德的良知。（2）修能。尤其是把握科研信息的能力，如果不注意科研信息的收集整理，闭门造车、孤陋寡闻，研究的东西成为昨日黄花，就会失去科研的先知。（3）创新。在科学论证的基础上，敢于打破陈旧观念，求新、求异，作第一个吃螃蟹的人，才能在自己研究的领域内有所突破，有所建树。（4）求索。要树立锲而不舍的探求精神，居里夫人发现钋和镭元素，前后用了12年时间；爱因斯坦的相对论曾在脑海中萦绕了17个春秋；凯库勒梦见苯环形结构，梦前苦苦思索过13载，自强不息是做学问所必备的特质。（5）合作。合作精神是一种海纳百川的气度、优劣互补的合力、快出成果的重要捷径，人与人之间的心灵沟通，智慧火花的碰撞，会进一步增强信息交流、技艺切磋、资源共享，从而实现低投入、高产出的科研目标。

三、学会新课程科研方法

这里主要讲校本研究。校本研究是把新课程改革研究的立足点放在学校，以解决学校在新课程改革中所面临的各种问题为对象，以学校教育者（主要是教师）为研究主体，以促进学生健康、主动、充分发展和教师专业成长为主要目的的一种研究活动。具体而言，校本研究可以针对学校教育教学工作中的各种问题而展开，如教学、管理、德育、文化、学生活动、教师培训等方面的研究。其中校本教研是主要内容。校本研究的根本特征在于校本性，即研究的问题产生于学校内部，研究的主体是学校教师，研究的过程与学校工作相结合，研究的目的在于解决学校中的实际问题，促进学生的全面发展，教师的专业发展，学校的可持续发展。校本研究，是一种研究理念，是一种研究制度，也是一种研究方法。

（一）校本研究的一般方法

《新教师岗前培训手册》教育科研篇，简要地介绍了几种常用的教育研究方法和研究型教师应具备的技能，值得大家认真阅读、用心思考、乐于实践，概括起来是"四个学会"。

1. 学会观察和调查。观察法是在自然条件下，有目的、有计划地观察客观对象，收集分析事物感性资料的一种方法。有直接观察和间接观察，观察法一般遵循："选择观察对象——确定观察内容——选定观察方法——实施观察——整理观察资料——分析观察结果"六个步骤，做到目的明确、准备充分、客观全面。前苏联教育家苏霍姆林斯基一生写了很多著作，大部分资料是靠长期观察得来的，先后对3700多名学生作了观察记录，能指名道姓地说出25年中178名"最难教育"的学生的曲折成长过程，我们要像苏霍姆林斯基一样学会观察。

调查研究，就是深入实际，通过各种方法全面、客观地掌握实际情况，获得大量信息，对信息进行分析思考，从中把握事物本质和变化发展规律的方法。依据调查对象的范围分全面调查、典型调查、抽样调查；依据调查方法分现场观察、问卷调查和访谈调查。最好的方法是问卷调查，运用统一的有问有答资料搜集工具向被调查者了解情况和意见，这种方法简单方便，由于是不记名调查，内容客观，便于统计归纳、对比分析。

2. 学会对话和访谈。师生对话要有技巧，无论是集体对话或个别对话，要适时、适量、适度，注重第一印象，心智并重、声情并茂。例如，与犯错误的学生谈话，教师首先应消除学生的紧张心理；可以从学生的特长爱好引出话题；可以谈心的形式启发学生自由发表意见，冰冷的态度、空洞的说教、一味的批评，都会关闭学生心灵的大门，甚至引起学生的反感；通情才能达理，可以用幽然的方式说出严肃的真理；每一次谈话都要使学生受到震撼，从而反省自己的行为，确定新的目标。

访谈就是研究性交谈，以口头形式，根据询问者的问答，收集客观材料，以样本代表总体的一种方法，方便易行，访谈也要讲究艺术和技巧，访谈前要有充分准备；访谈中，讲究提问和追问的技术，倾听的技巧，回应的策略，记录的方法；访谈的结束，结果的整理，进行定量定性分析。所有这些只有在实践中学习体验。

3. 学会行动和反思。行动研究，就是教师在实际的教育情境中进行的研究，遵循"发现问题——分析问题——制订计划——实施与行动——反思与改进——总结与评价"的步骤，这是一种融教育理念与实践于一体的研究方法。具有为行动而研究（目的），在行动中研究（方式），由行动者研究（主体），对行动的研究（对象）的特征。教师反思，就是教师以自己的实践过程为思考对象，对自己所做出的行动决策以及由此产生的结果进行审视和分析思考的活动。它具有实践性、针对性、反省性、时效性和过程性的特征。反思是一个过程，又是一种长期不懈的自我修炼。美国心理学家波斯纳认为："没有反思的经验是狭隘的经验，至多只能是肤浅的知识。"他还提出一个公式：教师成长 ＝ 经验＋反思。学会写反思日志，善于发现问题，注重合作和交流。

4、学会听课和评课。听课是一种行之有效的研究课堂教学，提高教师教学水平的重要方式和手段。必须课前有准备，课中全身心投入，课后整理反思，三个环节缺一不可。评课就是听课分析，以一定的标准，实事求是地对课堂教学的内容、结构、方法、效率做出科学的理论分析与价值判断。是对授课教师的课堂教学得失、成败进行评论的一项活动。明确听课的目的，把握评课的内容，讲究评课的技巧，通过评课可以互相取长补短，共同提高教学水平。

（二）校本研究的过程和操作模式

1. 校本研究的过程。校本研究虽然不要求对研究过程进行刻意严密的设计，但它的开展还是要遵循一定的程序，可以概括为七个环节。一是发现和提出问题。这是研究的起点。首先进行问题诊断，找出学校发展、教师个体发展以及学生发展中存在的问题，进而围绕这些问题开展研究。二是确定研究问题或研究课题。在发现、提出问题之后，在分析比较的基础上，选择真正对学校发展、教师发展以及学生发展有重要的价值的问题进行研究。三是设计研究方案。包括总体目标的确定，研究对象的选择，研究步骤及研究时间的大致规定，研究方法的选择等内容。四是收集资料。这是实施研究的阶段，通过观察、测量、问卷、访谈等手段，收集归纳关于研究对象的资料。五是分析资料、形成事实、得出结论。对材料进行全面分析整理，得出关于研究对象整体的、全面的看法。六是撰写研究报告、论文或体会。在写作过程中进一步理清对于研究对象的认识，提出解决问题的方法和策略，有待进一步思考和研究的问题。七是研究结果的应用。这就是校本研究的基本过程。这一过程的完成，意味着下一过程的开始，上一研究结果的应用，即新的实践开始，在新的实践中又会产生新的问题、新的困惑、新的疑点，它是一种认识和实践不断得到升华的过程。

2. 校本研究的操作模式。当前，开展校本教育科研活动一个效果较好，容易操作的模式就是："读书——实践——展示——提升"。读书——开展读教育名著及新课程理念活动。要求教师要是真正的读书人，使读书成为教师的生活方式和生活需要，校长要把"教师研究第一"作为坚定不移的办学理念。把教师从繁重低效的劳动中解放出来，创造教师读书的时空优势。实践——开展专项及综合调查活动。从校长到教师通过长期的实践、个别交流、开座谈会、问卷调查等方式，掌握第一手资料，反思教育教学过程，发现矛盾，提出科研主题，拟定研究方向和步骤，提出解决问题的思路及方法，形成校本研究的课题。展示——举办"新课程改革论坛"。这要成为一种工作制度，比如确定每周一下午第三节课为"论坛"时间，安排 1－2 人，校长及领导班子带头，教师轮流作主讲报告人，讲自己对新课程改革理念的认识、作法、实践的体会或感悟，遇到的问题及解决的思路；也可以讲发生在自己身边的"教育故事"、教案设计、班主任工作、心理辅导案例、教学心得等，报告内容必须事先准备，形成讲稿，还可以进行现场评价。

提升——设客座讲师，提倡"请进来""走出去"。把校外优秀人才或理论专家请进来，搞专题讲座；把自己学校的优秀人才推荐出去，讲自己的教学新法和成功经验，实现沟通合作和资源共享。

前面讲了三大问题，科研理念、科研素养和科研方法，三者是辩证的统一。一个新教师，一个新课程教师，树立起新课程视野下的科研理念，不断提升适应新课程改革的科研素养和水平，努力实施实在、实用、生动、灵活的研究方法，创造搞科研做学问的三种境界：第一种境界是"昨夜西风凋碧树，独上高楼，望尽天涯路"，一个收获者的努力攀登；第二种境界是"衣带渐宽终不悔，为伊消得人憔悴"，一个有心人的自强不息；第三种境界是"众里寻他千百度，蓦然回首，那人却在灯火阑珊处"，一个探索者的成功之路。通过研究者的艰辛攀登，自强不息，走成功之路，实现学生的全面发展，教师的专业发展，学校的可持续发展，这就是我们研究的终极目标。教育是一项事业，事业的意义在于献身；教育是一门科学，科学的价值在于求真；教育是一种艺术，艺术的生命在于创新。让我们为事业而追求，为科学而研究，为艺术而创造，做一名出类拔萃的研究型教师。

参考文献：

1.《新教师岗前培训手册》　　陕西师大出版社
2.《新课程教师科研行动指要》　首都师大出版社
3.《小学教育科研方法基础》　　东北师大出版社
4.《教师成为研究者》　　　　　上海教育出版社

怎样进行个案研究
——与新教师谈教育科研之二

在一个教学班里，总会遇到个别学习困难或行为偏差的学生，采用常规的教育教学方法很难奏效，需要对其进行全面而深入的研究，必须给予特别的处理。通过收集有关个人的资料，可以了解学生的实际情况或问题的症结所在，诊断形成问题的原因，然后有针对性地提出矫正方案或提供正确的指导策略，帮助学生解决问题。这就是我们常说的个案研究。

一、个案研究及其特征

个案研究，指采用各种方法，收集与研究问题相关的资料，对单一个体或一个单位团体作深入细致研究的过程。个案研究一般采用评判法进行，即以系统的方式对个体、个别事件或案例作深入的研究及调查，结合主观评判试图用推理方式解释、分析所收集来的事实材料，提出解决问题的方案或策略。个案研究的任务是对个案的行为特征提出描述性的报告，并为最终判断提供现实的证据。它是一种综合多种研究手段进行研究的方法。在教育教学研究中，个案研究往往运用于差生转化研究，或对某些难以重复、难以预测和难以控制的个案进行研究。如学生辍学、学业失败、家庭破裂、道德不良、青少年犯罪等，还适用于尖子生、特长学生、优秀学生的培养研究。

研究对象的单一性、研究方法的综合性、研究内容的深入性，是个案研究的三大特征。讲研究对象的单一性，顾名思义，个案研究的对象通常是单一个体或单一群体，即使研究中有多个被试，通常把它用为一个单位或某个问题去看待，研究的对象往往是那些具有特殊行为表现的个体或具有反常行为的个体，如天才儿童、弱智儿童、辍学儿童、问题儿童。讲研究方法的客观性，指收集个案资料的方法是多样的，研究的是综合的，常常要综合测验法、访谈法、调查法、观察法、文献法等多种方法进行。讲研究内容的深入性，指研究的周期较长，需要进行连续的跟踪研究，不但要研究个案的现状，也要研究个案的过去，还要跟研究个案的发展，由于对象的单一，便于进行深入细致、全面系统的分析和研究。

二、个案研究的六个基本步骤

一般来说，个案研究的过程，围绕"问题"展开研究，可以把实际操作程序分为六个步骤：确定问题的性质→把握问题的关键→了解问题的背景→提出解决问题的方案→探究解决问题的方法→形成解决问题的最佳决策。首先，提出问题，问题是什么，必须加以确认及界定。其次，问题的关键是什么？必须通过资料的收集，从问题的性质中找出相关资料，再加以校对、评估和分析，进而确定问题解决的答案。第三，个案问题的发生有其独特的背景和原由，必须通过各种渠道了解问题发生的过程、条件，了解个案的内在动机和社会环境等外在因素。第四，根据过去处理类似问题的经验和方法提出处理意见，也可以创新，提出解决问题的方案。第五，解决问题的方法有很多，必须在行动过程中加以检验，探究解决问题的科学方法，循环重复，直至问题的最终解决。最后，在比较多种结果的基础上，选择解决问题效果最好的方法，形成最佳的研究决策。六个步骤是一个互相联系的整体，前一步是后一步的基础，一旦哪些步骤出现问题，可以返回到前一步，重新探究。

对个别学生进行个案研究，或差生转化，或优生培养，参照下列六个基本步骤进行。

确定研究对象与问题。根据个案研究的目的和内容，以及对个案问题行为的界定，选择典型的人或事为研究对象。例如，探索优秀学生的成长规律，就应该选择智商高、学习成绩出众的学生作为研究对象。在教育教学研究中，个案研究的对象通常是：生理心理障碍者、学习成绩差的学生、行为偏差学生、情感异常学生、资优学生等。

资料收集与整理。收集资料的方法是多样的，可采用书面调查、口头访问的方式，也可采用观察、测验、评定的方式，还可以通过查阅个人资料的方式获得信息。其资料来源大致有：

个案的个人资料。包括基本资料如姓名、性别、年龄、出生年月、籍贯等；身心健康状况，如身高、体重、病史、性格、气质等；还有历年的学习手册、考试成绩、作业、日记等相关资料。

学校有关记录。如各种情况登记表、成绩记录、能力、兴趣、人格、智商等测验结果、操行评语、奖惩情况、教师和学生的评价等。

家庭和社会背景。如父母的教育程度、职业、社会经济地位；父母的管教方式，家人与个案的关系，个案在家庭中的地位；所在社区的文化状况，所交的男女朋友等。

诊断与假设。在广泛收集个案资料的基础上，还需要对相关问题作进一步的测试，以诊断问题的症结所在，推论原因：主因、次因、内因、外因、远因、近因、形成初步的假设。

分析与指导。收集到的资料往往比较粗糙、琐碎，难以直接解释问题，要用逻辑思维的方式对有关资料进行理性的加工。不仅要提出研究的问题，还要提出解决问题的策略、指导性意见和行为矫正的方法。

实施与验证。通过跟踪、观察、记录等方式验证先前的诊断与假设。在个案研究的诊断与假设、分析与指导过程中难免会有错误的判断和推论，需要在实施过程中，通过多方面的信息和资料来检验先前主观推断的不合理性。

结论与报告。对个案的表现进行讨论和评估，提出建议，得出结论，撰写个案研究报告，个案研究除了收集个案相关资料外，还需与个案进行沟通，以达到辅导、咨询、解决问题的目的，沟通方式可以是一对一，也可以是多对一，可以是正式场合，也可以是非正式场合，关注非语言信息、动作、表情等，反映个案的真实性，避免主观因素的影响。

三、个案研究的三个重要环节

在个案研究过程中，问题的界定、问题的描述与分析、相关资料的收集、个案问题的判断、抉择以及推论等，都是复杂的认知过程，具体操作还有个技能技巧的问题。下面就个案记录方法、问题的描述与分析、个案研究报告三个重要环节的具体操作作些简单介绍。

（一）个案记录方法

个案研究不仅要收集有关资料，还需要将资料整理、记录、形成报告。个案记录，类似病历记录，必须以客观、准确、清晰的方式加以描述，必须建立在充分收集相关资料的基础上，记录的基本原则要保持资料的完整性，正确性，可靠性，尽量使观点简洁、明确，内容易于联系、理解。个案记录的方法有直接描述法、图表表示法、结构描述法、半结构描述法等。下面举例半结构式个案记录的项目内容：

1. 身份和外表：姓名、性别、年龄、居住地、相貌特征等。
2. 生活史：过去、现在及发展等。
3. 目前状况：个人的处境，如何形成目前的情境等。
4. 未来透视：未来需掌握的是什么？采取行动会导致什么结果？将来会有哪些变化？
5. 经济状况：经济来源和物质供应来源。
6. 身心健康：生理及心理，有哪些正常的想法、感觉、行动和欲望。
7. 人格特质：平常个人表现如何？较持久性及一致性的行为举止是什么？
8. 动机状况：个人需求、企图、欲望、惧怕、喜欢或不喜欢的东西。
9. 能力表现：个人能做什么，不能做什么，适应环境的能力是什么，表达能力如何？
10. 处事态度：从实际发生事件中显示出个人心理特征是什么？在特殊情况下的行

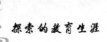
为表现如何，个人对所遭遇的情境感受如何，有何期待或想法？

11．理想与价值观：个人的基本信念、价值观和道德原则。

12．自我概念：个人对自己的态度如何，想法如何，如何描述自己？

13．兴趣：个人认为重要的事情是什么？相关的事情如何影响的？

14．家庭亲属：与谁关系密切，行为上最像哪个人？

15．友谊与忠诚：谁是他的最要好的朋友，对哪个人最忠实？

16．对他人的反映：个案对他人的反映如何，如何想法，如何期待？

17．他人对个案的反映：别人对他的看法如何，别人对他的反映、想法、期待如何？

18．与他人的交互关系：与他人分享的兴趣及活动是什么？与他人比较有什么相同及相异的看法？

好的个案记录应具有的特征是：准确、客观、完整，并且是简明和清晰的，易于理解和查阅。个案记录可以按时间顺序记录，如按年月先后顺序，或按研究的不同阶段（起始、调查、诊断、治疗、跟踪）记录；也可按专题内容分项记录，如家庭状况、社区环境、文化背景、教育、娱乐活动、兴趣、健康状况、精神状况、职业、经济收入等；也可对个案学生在相当长的一段时间内进行跟踪记录，这种累积记录的内容有：各门课程的成绩、能力倾同测验、性格气质的评定、出勤率、健康状况、体检资料、参加活动情况、学生的轶事材料、兴趣、态度、同伴关系等。

（二）问题的描述与分析

在确定和识别要研究的个案后，个案的描述与分析是个案研究过程中的关键一环。个案问题的描述与分析是否符合科学方法的要求，关系到整个研究的正确性和可靠性。有些个案研究报告常常将个案研究的事实资料与意见资料混为一谈，难以分清个案的实质问题，对个案推论形成威胁。因此，在形成个案研究报告时，必须明确描述哪些是事实资料，哪些是有关的证据，哪些是研究者的推论和价值判断。区分哪些是描述，哪些是分析；哪些是"事实"，哪些是"意见"。研究资料的描述与分析是一件相当耗时费力的工作，由于时间精力的限制，有时对于与个案相关的资料未能全面收集，深入探讨，常常会造成错误的判断和推论。个案研究者有必要考虑下述问题：

1．个案研究准备解决什么问题？

2．与主题相关的证据是什么？

3．如何去获取有关资料？

4．如何选择相关资料，淘汰无关资料？

5．如何解释收集到的资料？

6．如何分辨"事实"资料与"意见"资料？

7．如何提出解决问题的方案与策略？

总而言之，个案问题的描述与分析，必须明确区分证据与推论，辨别"事实"与"意见"，研究者需要广泛地收集资料，多渠道地观察，合理地作出逻辑判断，使个案的描述与分析具有较高的信度和效度。

（三）个案研究报告

个案研究报告是个案研究的表现形式，是研究成果的一种表述方法，是个案研究过程中必不可少的一环。正如医生看病，医生写的病历一样，可以为以后的诊断治疗提供依据。个案研究报告分描述性报告、简介性报告和分析性报告三类。如前所述，个案研究实际上就是用各种方法收集个案的相关资料，通过科学的推理，提出解决问题的策略，进而评价其效果的研究过程。它不仅是一种研究方法，也是复杂的认知过程，并且是解决问题的理论框架。典型的个案研究报告的格式参照研究的六个步骤大致涉及以下九个方面的内容：

1. 基本资料：姓名、性别、年龄、学习程度、籍贯等。

2. 个案来源：别人介绍、自己寻来或其他关系等。

3. 背景资料：

父母及其他人的年龄、教育程度、职业等。

个案家庭史：父母、兄弟姐妹、其他人。

个案与家庭的关系：父母的管教态度，兄弟姐妹关系等。

个案的社会影响：人际关系，与朋友的交往。

4. 主要问题的描述。

5. 诊断与分析。

6. 指导策略。

7. 实施指导策略。

8. 实施结果。

9. 跟踪及讨论。

个案研究报告形成以后，可以根据上述内容进行自我评价，也可请他人阅读，是否对个案有真正的了解，进行客观评价。

三新鼎立和百花齐放

——与小学骨干教师谈教育科研（一）

在人类教育史上，在教育需要大的变革的时代，总会诞生适应这个时代的新的教育。那么，每个时代都应该有它自己的新教育，每个新教育有它自己的特点。在我国近十年教育研究中，有关教育改革的内容很多。21 世纪中国社会转型所处的时代背景，最为鲜明的变化是全球化和信息化的凸现。中国加入世贸组织（WTO）和以信息化推动社会主义现代化跨越式发展的发展路线的确定，是这一重大背景变化在决策层面上的反映。它推动了这"两化"在中国社会变革中的影响。教育界敏感人士的积极反应，首先提出了中国教育要与"国际接轨"和"教育信息化"的口号。"两化"实际上吹动了学校的一池春水，可以说是"百花齐放满园春"。许多学校改革，追求学生的全面发展，教师的专业发展，学校的可持续发展和跨越式发展。20 世纪以后，我们的教育进入了一个"三新鼎立"的时代，最早的是新基础教育实验，后来是教育部自上而下的新课程改革，再后是新教育实验。这是百花园中的"三强"，我把它们叫"三新鼎立"。作为教育实验改革，这三新在全国产生了广泛影响。我现在就新基础教育实验、新课程改革、新教育实验作一些简单的介绍，给我们骨干教师一点新意。

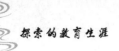

一、新基础教育实验

新基础教育实验，我们知道是华东师范大学叶澜教授主持的一个研究，叫新基础教育研究。它在上世纪80年代初步形成了理论框架，90年代进行了小规模的普遍性的研究，到21世纪初才开始它的正式推广，成为教育改革第一家。

（一）显著特征

以生命教育为主题。那么，新基础教育实验是什么东西？我认为它的核心理念是以生命教育为主题，核心是让课堂散发出生命的活力。生命教育是它的特征，它最精彩的是它的目标和基本观点。过去大家关注的是认识的能力，我现在要关注道德面貌、关注精神力量。一句话，追求真实的生命成长。

新基础教育研究，在追求着真实的生命成长。它关注着生命，唤醒着人的生命意识，更新着人的生存方式，使作为生命体的个人，能勇敢地面对生活、自我更新。可以讲三层意思：

1. 新基础教育关注人的生命质量。试想，谁不希望发展？谁不希望多些变化？谁不希望有更美好的明天？谁不希望有更高的生活质量？谁不希望世界因自己而多一份美好？新基础教育理论，关注的不是少数人，而是拥有生命、向往生命发展的所有的人。它追求一种健康向上、积极达观的生命态度和精神状态；追求一种坚实的探究性的生命成长过程；追求一种自我寻求发展资源、积极实践、综合互动的复杂的思维方式；追求一种主动发展的生存方式。凡参与实验的教师都会赞叹：实验班的学生真好，这个老师真好，这个学校真好！因为它追求学生的生命成长。而且这众多的关注是共生的、是共荣的、相互不可别离的、相互依赖、相互支持、相互滋养的。对于学生，它关注的不是少数精英，而是所有学生；对于老师，它追求的不是个别，而一个梯队；对于学校，它追求的不是几朵鲜花，而是一个"大草坪"。

2. 新基础教育立足于人的真实的生存状态。我们可以说以学生为本，以教师为本，以人为本，以校为本。但新基础教育说的"以人的主动发展为本"，努力研究学生的生存状态，面对当代青少年，研究他们的特征，他们与上一代相比存在的优势与缺陷，需要教育者具有清新的意识与自我意识，需要在历史的视野中，关注新一代的成长问题。新基础教育在努力读懂教师。叶澜说："他一直在努力理解教师，才能发现教学中的亮点。分析学校发展状况、主要问题、可能的发展前景、自己的目标定位，对自己的思维方式、精神状态、价值观的反思。"

3. 通过研究性变革实验实现人的真实的生命成长。新基础教育研究，往往从发现问题开始，"发现问题就是发现发展空间"。生命的成长，就是在发展中不断克服自身的不完善性，就是通过发展而不断自我完善的过程。强调教师的反思，引导教师自觉意识到自己存在的问题。讲课时，至少讲三条缺点，可以只讲一条缺点，这种形式之后，是一大批勇敢的自我更新的生命体的出现。生命的成长，需要成长的资源。在新基础教育实验看来，课堂教学中蕴含着丰富的教育资源（生命资源）。包括学生现在的生存状态、学生之间的差异性、学科自身的教育价值等潜在性资源和课堂教学中的生成性资源。在班级建设中，日常的班级生活、主题活动、校园文化、学生群体、家庭与社区等都是学生成长的资源。新基础教育研究的是成事成人的关系问题。追求成人，但通过成事来实现。在成事中成人，通过成事将人落到实处。建立"设计——实践——反思——重建"的行为过程，以及追求研究性的学习方式，就是一种实现成事成人的过程。以上说的，生命教育是它的显著特征。

（二）转型性变革研究

新基础教育研究，是对学校转型五个方面的整体研究。提出中国 21 世纪初学校转型性变革理论与实践探索。第一篇论文题目是：《时代精神与新教育理想的构建》。叶澜的立意：要为中国创建符合时代精神的新型基础教育而研究，这种新型基础教育在教育系统中细胞式的载体是基层的一所所新型学校，最终成效是一代新人和新型教师的诞生。

所谓学校转型性变革研究，需要回答现有的学校属于什么形态，弊端在哪里，新型学校的特征是什么，转型主要包括哪些方面的问题，需要有历史、现实与未来三个维度的结合研究，实现由"近代型"向"现代型"的转换。概括为"价值提升、重心下移、结构开放、过程互动、动力内化"20 个字。

价值提升。从传递知识为本，转向以培养人的健康主动发展的意识与能力为主，是现代型学校价值提升的核心构成。

重心下移。教育对象、教育内容、教育管理重心下移。致力于每一个学生的发展。对每一个人的幸福人生与生命价值的关爱。

结构开放。一是外向的，对网络、媒体、社区、学校间的开放；还有内向的，向师生、向学生发展的可能世界开放。

过程互动。呈现多元、多层、多向、多群的状态。

动力内化。把教育中具体人的健康、主动的发展看做既是目标、又是过程、又是动力，而且是内在动力。

以上学校的价值、重心、结构、实践和动力五个方面的转型，构成了学校转型的综合结构。从价值的重建开始，到动力内化的整体转型过程。当然，这种转型，首先是学校主要领导人以及全体教师要自觉、主动认识这一转型的必要性，从自身的办学观念、教育和教学思想以及与此相关的实践状态的反思开始，积极投入到重建学校的变革实践之中，在实践中不断改变学校本身，而且实现自身教育观念和行为的变化，创造和体验新的职业生存方式，实现自身的发展。

（三）基本理念与实践更新

新基础教育的基本理念与实践的更新，可以从培养目标、课堂教学、班级建设、教师发展、学校管理五个方面，共十个要义。概括为四个重要观点，分别讲述如下：

1. 关于培养目标。要关注每一个学生，把学校教育价值观聚焦到每一个学生的终身学习与发展，实现幸福人生奠定基础上。这是第一要义。

在学生观上，将主动性、潜在性、差异性聚焦到"具体个人"的概念上，把学生当作是"具体个人"去研究人。这是第二要义。

把学校教育的培养目标聚焦到培养健康主动发展的人，富以健康、主动发展以新的内涵。这是第三要义。

2. 关于课堂教学。课堂教学价值观三层重建论。课堂教学要从单一传递教科书上呈现现成知识转为培养能在当代社会中实现主动健康发展的一代新人。把教书和育人统一起来；拓展学科育人价值的要求；处理学科知识内容三个层次的价值重建。研究从理论转化为实践的思路。这是第四要义。

重建课堂教学过程观，把教学基本任务定位为：使学生努力学会不断地从不同方面丰富自己的经验世界，努力学会实现人的经验世界和社会共有的"精神文化世界"的沟通和富有创造性的转换，逐渐完成个人精神世界对社会共有精神财富具有个性化和创造性的占有。这是第五要义。

课堂教学过程的基本单位不是"教"也不是"学"，而是教学如何"互动生成"。这里的"互动"，是一种人人参与的网络式互动；这里的生成，一是指开放互动产生的新的教学资源；二是指新生教学资源形成的过程。这种多向互动与双重生成。是第六要义。

在课堂教学转型实践中，首先从"还"字做起，还学生主动学习的时间、空间、工具、提问权、评议权等"五还"。教师要树立起学生也是教学资源的观点（基础性资源、互动性资源、生成性资源、原始性资源、方案性资源）。这就是"互动生成"式教学的内在逻辑，让课堂充满生命活力。这是第七要义。

3. 关于班级建设。班级是学生学校生活的"小家"，班主任承担着每个个体发展的责任，班级建设研究的主题是：学校教育如何通过学生在班级的日常生活实践和参与集中的有主题的班级活动，促使班级同伴群体和群体中的每一个体的健康主动发展。提出"把班级还给学生，让班级充满成长信息"的口号，重点放在班级生活与学生发展的关系上。这是第八要义。

4. 关于教师发展。怎样理解教师发展，把创造还给老师，让教育充满智慧的挑战。不能只局限于专业发展，提出重建教师角色理想的命题。认为教师职业是直面生命和需要生命关怀的职业，教师如果不关注自己的生命质量，就难以体验什么是生命关怀。创造人生、创造人的精神生命是教师职业尊严与欢乐的源泉。提出了教师的自我更新，沿着角色转换、打开视野、转变观念、探究实践、反思体悟、转变行为、提升能力、更新习惯行进的基本路线。坚持在学校日常教育、教学实践中实现教师发展。这是第九要义。

5. 关于学校管理。"把精神发展的主动权还给师生，让学校充满生机。"学校发展要通过教育研究来实现。校长应从多角度支持第一线教师的改革实践，核心是从"行政事务型"转向"发展策划型"形成自己的办学理念和办学规划。不断加强变革力量和成就的聚焦和辐射、交流沟通、评比、研讨、演讲、推广，进行评价改革。这是第十要义。

上述五个方面，十点要义，在精神上和价值追求上是一致的。概括起来可以讲四个重要观点，就是四句话。

第一句："把课堂还给学生，让课堂充满生命的活力。"

第二句："把班级还给学生，让班级充满生长的气息。"

第三句："把创造还给教师，让教育充满智慧的挑战。"

第四句："把精神发展的主动权还给师生，让学校充满活泼的生机。"

它的重点是在课堂，通过课堂让学生、教师的生命价值得到实现，让课堂本身充满活力。这是它最具核心的东西。

二、新课程改革

就我国新一轮基础教育课程改革的目标和基本理论作一概括性介绍，什么是新课程，新课程准确地说是共和国历史上第八次课程改革，起步于 96 年 7 月到 9 月教育部基础教育司的一次调查，通过这次调查以后，他们觉得基础教育非改不可了，出台了一个叫《基础教育课程改革指导纲要》，然后在 2003 年 6 月公布了这个纲要，开始了新课程改革，我县是第一批试点县，大家都参与了这个新课程改革。不讲大家都很清楚。为了比较起见，也作些简单介绍。

（一）新一轮基础教育课程改革的主要目标

教育目标与课程目标是从属关系，意味着教育目标直接制约着课程目标的制定。1985 年颁布的《中共中央关于教育体制改革的决定》指出，教育要培养"有理想、有道德、有文化、有纪律、热爱社会主义祖国和社会主义事业，具有为国家富强和人民富裕而艰苦奋斗的献身精神；不断追求新知识、具有实事求是、独立思考、勇于创造的科学精神"的一代新人。1993 年颁布的《中国教育改革与发展纲要》指出："谁掌握了 21 世纪的教育，谁就能在 21 世纪的国际竞争中处于战略主动地位。""中小学要由应试教育转向全面提高国民素质的轨道，面向全体学生、全面提高学生的思想、道德、科学文化、劳动技能和身体心理素质，促进学生生动活泼地发展。"1999 年颁布的《中共中央、国务院关于深化教育改革全面推进素质教育的决定》强调：实施素质教育，就是全面贯彻党的教育方针，以提高国民素质为根本宗旨，以培养学生的创新精神和实践能力为重点，造就有理想、有道德、有文化、有纪律、德智体美等全面发展的社会主义事业建设者和接班人。江泽民同志在第三次全教会上强调："每一个学校都要爱护和培养学生的好奇心、求知欲，帮助学生自主学习、独立思考，保护学生的探索精神、创新思维、追求真理的氛围，为学生的禀赋和潜能的充分开发创造一种宽松的环境。"

从以上我国教育目标的演变看，人们对教育目标的认识越来越深刻，人的发展越来越成为目标制定的核心和关键。

课程目标是从教育方针、教育目标中转化出来的，反映教育目标的要求，新一轮课程改革，提出了功能、结构、内容、学习方式、评价、管理六个具体的目标。

1. 课程功能的转变。要"改变课程过于重视知识传授的倾向，强调形成积极主动的学习素质，使获得基本知识与基本技能的过程同时成为学会学习和形成正确价值观的过程。"

2. 课程结构的改革。要"改变课程结构过于强调学科本位、科目过多和缺乏整合的现状，整体设置九年一贯的课程门类和课时比例，并设置综合课程，以适应不同地区和学生发展需要，体现课程结构的均衡性、综合性和选择性。"

3. 课程内容的改革。要"改变课程内容繁难偏旧和侧重书本知识的现状，加强课程内容和学生生活以及现代社会和科技发展的联系，关注学生学习的兴趣和经验，精选终身学习必备的基础知识和技能。"

4. 课程实施的改革。要"改变课程实施过于强调接受学习、死记硬背、机械训练的现象，倡导学生主动参与、乐于探究、勤于动手，培养学生搜集和自理信息的能力，获

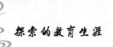

取新知识的能力，分析和解决问题的能力以及交流与合作的能力。"强调主体价值和能力价值。

5．课程评价的改革。要"改变课程评价过分强调甄别与选拔的功能，发挥评价促进学生发展、教师提高和改进教学实践能力的功能。"

6．课程管理的改革。要"改变课程管理过于集中的状况，实现国家、地方、学校三级课程管理，增强课程对地方、学校和学生的适应性。构建三级共同管理新模式。"

（二）基础教育课程改革的基本理论

综观基础教育的总目标和课程的具体目标，可以发现与以往课程改革相比，新一轮课程改革体现了新的改革理念，这种变化可以概括为三个转变一个核心。

从重社会到兼顾社会与个人。这是一个从社会到个人的转变。传统课程目标以社会为本位，新课程确立以人为本的教育价值观，儿童是课程的主体，儿童才是真正课程的创造者。课程只是儿童之间、儿童与教师之间对话的中介，儿童要结合自己的生活经验来理解和体验课程，儿童是课程的主体，包括三层含义：儿童的生活是制定课程的目标依据，儿童在课程实施中的能动性及其价值。这是一种革命性的转变。

从重结果到兼顾结果与过程。这是一个从结果到过程的转变。过程的表征指该学科的探究过程和探究方法，结果到表征探究的结论。

新课程认为，课程就是构建自我、构建主体性生活经验的过程，课程是师生共同参与的意义创造的过程。课程的意义在于过程，这是一个生活过程，一个知识过程，是知识与生活共建的过程，课程是学生在教育情景中不断生成的活生生的体验。新课程特别强调过程的价值。

从重经验到兼顾经验与体验。这是一个从经验到体验的转变。二者既有联系又有区别，经验是个体立足于客观世界，建立在感官知觉上的对事物的认识与反映，是人类和个体认识成果的积累，具有普遍性、可传授性和间接性，主体与客体分开的。体验是以经验为主，立足于精神世界，个体对事物的意义进行自我建构，是对经验带有感情色彩的回味、感悟、体会。"在体验世界中，一切客体都是生命化的，都充满着生命的意蕴和情调"。与经验相比，体验具有过程性、亲历性和不可传授性，是充满个性和创造性的过程，体验是对经验的升华和超越，它可以超越经验、达到理性，超越物质、达到精神，超越暂时、达到恒久。因为体验，学生能寻觅到一粒泊在温柔海边的细沙，一点斜在遥远天际的星光，能享受到山之光、月之色、情之温馨、心之安宁，体验是智慧的直觉，新课程特别强调学生的体验。

新课程的核心理念。"以学生的发展为本，发展的学生的个性，促进学生和谐发展"。为了每一个学生的发展，这是新课程的核心理念，围绕这一核心理念，我们应该理解它的几个关键词：普及性、基础性、发展性、创新精神、实践能力、自主探究、合作学习、生活课程，这是整个新课程的八个关键词。让教师们在研究中去不断探究，加深理解，我就不详细介绍了。

三、新教育实验

这是苏州市副市长，苏州大学博士生导师，著名教育家朱永新主持的新教育研究，新教育实验是在吸取整个基础教育和新课程改革的一些经验教训推出来的。

朱永新有两本书，大家可以读，至少读一本《我的教育理想》。2000 年 7 月，朱永新在江苏一个论坛上发言：《到底应该怎样去做教师》，记者将录音稿整理，在《中国教育报》上刊发了，很多报纸转载。随后，连续写了《理想的学校》、《理想的校长》、《理想的父母》、《理想的学生》，五篇写成一本书《我的教育理想》。后来，又经他提议，干脆再多五个：德育、智育、体育、美育、劳技，共 10 个理想，成为《新教育之梦》。2002 年 9 月，开始在苏州的昆山市玉峰学校实验，现在将近 100 所学校，涉及到 21 个省市，还有几百位老师。有人说："新教育实验是目前最好操作的，看得着摸得着，对教师成长、对学生发展最有用处的一个东西。"

新教育的核心理念："为了一切的人，为了人的一切。"真正的教育不仅仅是为了孩子，也不仅仅是为了老师，同时它还为父母，为整个社会，所有的人都应该在教育中得到教育的恩泽，同时为了人的一切，新基础教育和新课程，他们讲的认知能力、道德世界、道德面貌、精神力量，没有把教育真正需要做的包涵进去，还有美的问题、艺术的问题、体育的问题，所以教育应该为人的一切方面而努力。然后，我们要做什么，提出追求理想、超越自我的口号，教育实际上是一个理想的事业，教育是为了让人有个更加美好的明天而做的，教育是让每一个人能不断地超越自我、战胜自我而做的，战胜和超越自我是相当重要的话题。

"只要行动，就有收获。"就是你做起来，你读起来，你写起来就行。不要去坐而论道，不要去讨论、去争论，每个老师、每个学生、每个校长都做起来，这个实验强调行动。

（一）新教育实验的几个基本观点

第一个观点：无限地相信学生和老师的潜力。相信还不够，要无限地相信。凭心而论，我们每一个人、每一个老师、每一个孩子，身上都有巨大的潜能，这个潜能是我们无法预料、无法估算的。《教育的奇迹》收集了很多被我们老师家长甚至医生判为"死刑"的孩子，在一个非常好的老师、非常好的母亲或非常好的学校中，他都能够成长起来，成功了，有很多这样的故事。

第二个观点：教给学生一生有用的东西。教孩子六年，一定要想着孩子 60 年，这个提法相当好。高中、初中教孩子三年，一定要想着孩子 30 年。我们不能错把始点当终点，考进一所学校就万事大吉了。《哈佛女孩刘亦婷》发行 600 万册，朱的书发行 2.5 万册，人家相信哈佛刘亦婷，不相信朱永新。

第三个观点：重视精神状态，创造成功体验。我们的教育要引导学生有一个非常积极的人生态度，有一种积极进取的精神状态。米卢在中国足球队的帽子上写着这样一句话："态度决定一切"。米卢的快乐之球在中国快乐了一阵子，没有继续快乐下去，为什么？因为他们只知道快乐，没有知道真正的快乐是"态度决定一切"，人和鬼有什么差别，只差一口气，没有这口气就死了。活人之间差什么？差一点精神，这个人有精神，那个人没有精神，这个人朝气蓬勃的，那个人萎靡不振，这个人一天到晚有使不完的劲，那个人一天到晚皮皮沓沓，积极的精神状态会使人判若两个。

第四个观点：强调个性发展，注重特色教育。特色就是卓越。一个学校也好，一个老师也好，甚至一个学生也好，一个人也好，一定要有自己的特色，世界上最好的学校就是有特色的学校。而我们现在恰恰是要统一的大纲、统一的标准、统一的评价，去把本来具有无限发展可能的人变成了一个统一的标准件。教育是什么？教育就是让人成为他自己，不要成为别人。让每一位老师、每一位学生真正成为他自己。

第五个观点：让师生和人类的崇高精神对话。教育的一个重要功能，就是让人、让社会走向崇高，远离庸俗。但是我们的教育恰恰在远离崇高。我们不让或很少让孩子和人类的崇高精神去对话，孩子很少从过去伟大人物、伟大的经典那里去获得营养，得到是支离破碎的知识，没有得到精神，得到的是应试技能。我们没有学会做人的本领，整个教育在远离崇高。

（二）新教育的六大行动

第一个行动：营造书香校园。所有的小学生、中学生、老师在六年内必须阅读完100本书，不读完不要毕业，这是实验学校的硬任务。为什么要做书香校园，在两会提议设读书节，一个人的精神发展史实质上就是一个人的阅读史，而一个民族的精神境界，在很大程度上取决于这个民族的阅读水平。你阅读孔子，就进了春秋时代，阅读文艺复兴大师的著作，就走进了文艺复兴的时代。一个实验学校让每个学生找一本"最感动你的书"然后把它带到学校里来，组建一个读书馆，一个开放的图书馆，孩子们自己管理，一个人真正养成了读书习惯，这个人你不用担心。全世界的读书量，中国人是少得可怜的。中国人平均每年读5本书，还包括教科书，西方发达国家平均每人每年在40本以上，最多的民族以色列犹太人，平均读55本。那里出了多少世界有影响的人物，马克思、爱因斯坦、门德尔松，世界富豪犹太人更多，犹太人生下来就有一个著名的仪式，就是让孩子用手去摸书，这个书是涂了蜂蜜的，让孩子们知道书是甜的。一份英文耶路撒冷报，在一个500万人口的国家以色列发行100万份。要真正地在中国建设书香校园，通过建设书香校园去建设书香社区，从而打造书香社会。一个不读书的民族是没有希望的。

第二个行动：师生共写日记。老师和孩子们一起写日记，一起写随笔。做不到，开始一个星期写两篇、三篇也行，循序渐进，道理不在写，而在生活。他为了写得精彩，他必须活得精神。你想想，我今天写了，明天写不下去了，那我就必须去想、去思考、去观察、去读书。有位校长说："写了教育日记以后，老师看学生的表情都变了，不要每天做大文章，每天写的东西就是一颗珍珠，这颗珍珠可能不是很圆滑、很光亮，但是你把一颗颗珍珠串起来，就是一串美丽的项链。"一个老师用心地去观察每一个孩子，坚持天天写日记，最后出了一本书《孩子，我看着你长大》，这本书影响了这个孩子的一生。老师可先不去写论文，写日记，记录自己的喜怒哀乐，记录发生在身边的故事。学生写日记，创造了数学日记、英语日记。同学们学会了反思，读书自觉了。可以出学生日记选本。

第三个行动：聆听窗外声音。实验学校，六年时间。最好孩子们和老师们一起听100场校外的报告。邵东是个好地方，有很多农民企业家，也有外商，去把他们的总经理、人力资源经理、优秀的技术人员，请到学校来，讲讲他们的企业，怎么从一个小作坊成为一个大企业的，讲讲自己怎么从一个学徒成长为总经理的。一个好的报告，可以改变一个孩子的命运，一生的命运。现在我们的孩子日复一日、月复一月、年复一年，听到的都是老师课堂里的东西，没有新鲜感，没有任何期盼。像比尔盖茨这样的人走进了学校，他能够带动多少创业者，大学一年级没有毕业就创业了，现在我们教育孩子，考个好学校，然后找个好工作，外面的世界多精彩，学校里面很无奈。让外面精彩世界的阳光，照进我们的校园。

第四个行动：熟练应用双语。首先要用好母语。要让一个个孩子能言善辩。所以实验学校小学阶段，最好每一个人、每一个月至少用 10 分钟的时间在全班、全年级或全校做他的演讲和报告，非常好，为什么？他为了说得精彩，他必须研究得精彩，他必须活得精彩，现在他为了说得精彩，他要研究，否则，你说了没人听呀，你说的大家都明白，大家都知道，还有谁听你的。那么你得讲新鲜事，一个学校，有个漂亮的礼堂，一个月用不上一次，为什么不可以用起来。如果从一年级开始，训练到高中毕业，我不能说他是演讲家，至少可以说，他讲起话来，能口若悬河，能够打动人心，这样的人，社会太需要了，这样的人，今后不是商界巨头，就是学界领袖，或是政界要员，他有一种领导的才能。我们现在的教育是不让孩子讲话的教育。现在毕竟是英语霸权的社会，世界的科技文献 80% 用英语发布的，你不学怎么办？特别是一些优秀的孩子，今后与外国人打交道、打官司，英语也要学好。

第五个行动：建设数码社区。希望所有的学生，能够在最短的时间内，去获得他想获得的任何信息。在信息社会，有了强烈的信息意识和信息搜寻能力是相当重要的。外孙女提出云南火把节的来历，你在一小时查到，只有上网。制作个人主页，在学校时最好所有的学生和老师在校园网上有一个家，可以把"教育在线"当作自己的家。

第六个行动：创设特色学校。世界上每一个孩子都有自己的个性，每一个孩子都应该很优秀，所以我们的特色就是卓越，学校在自己的行动中创造自己的品牌，构建自己的校园文化，形成自己学校的拳头和优势，让每一个老师写一手好字，每一个学生写一手好字，唱歌、跳舞、绘画、打球，一个人一辈子有一两项好的才艺，终身受益无穷，它是个人的一种精神财富，也是一个人魅力的非常重要的来源。其实，个人魅力很重要，你看外国的总统竞选，无论是克林顿、布什、普京，如果没有个人魅力能当选吗？父母送孩子学才艺、学这个、学那个，发现不行，就不学了，希望成名成家，都抱着一个幻想，学才艺，应该是生活的一个组成部分。

我讲了新基础教育、新课程改革、新教育实验。概言之，我国的基础教育改革，处在"三新鼎立"时代，三者各有特色，在全国上下都有自己的实验基础和试点单位。可以说是百花齐放的春天。我希望邵东的教育来个"三花烂漫"，是新课程的实验县，能不能够按新基础教育或新教育的要求去试验一场。我们小学骨干教师都有一定的研究能力，也有很好的实践能力，使自己的教育、教学显示出自己的特色，谋定一个方面，形成一个课题，坚持下去，必然开花、结果，出现三新互动、百花齐放、万紫千红、硕果累累的局面。

怎样撰写教研论文

——与小学骨干教师谈教育科研（二）

怎样撰写教研论文？本文以《中小学教育科学研究》为指导，结合自己作文实践，讲述教研论文的特点、意义及其作用，主要讲述写作的基本过程，还讲到写好一篇教研论文的具体要求，与各位同仁共勉。

一、教研论文的特点

把教育实践提高到理论高度去思考就是研究，用书面文字表述出来就是研究成果。教研论文就是用来表述教育教学研究成果的专门性文章。它有几层涵义：学员在教育教学实习中学习撰写的论文，包括结业论文；中小学教师在教育教学中从事教学研究，描述自己的教研成果的文章，包括在教研会议上发言交流的，送教学研究会评奖的，以及投寄教育报刊发表的；所写文章的论题范围一般较小，文字篇幅较短，通常在 2000 字左右，最长不超过 5000 字；体裁属于议论文。

教研论文除了具有论说文的一般特点外，还具有"新、实、活、精、小"五个显著特点："新"。文章立意新颖，反映先进的教育新观念、新情况、新问题、新思路、新形式、新办法，读后使人感到耳目一新。"实"。文章反映教育教学工作中的实际问题，运用真实可行的事实，采用严格的逻辑语言，证明自己观点的科学性和可行性，读后使人觉得切实、可信、可学。"活"。文章形式活泼，不拘一格，可以运用多种自己比较拿手的写作方式表达，可以是教学随笔、教坛小议、知识小品、管理扎记，也可以是杂谈、书评、小言论、说课稿、教后记，还可以是教学经验总结、班主任工作手记等，不论哪种形式，以作者写起来感到得心应手为好。"精"。文章语言简洁流畅，作者遣词造句，下笔成文，如行云流水轻松自如、得体精当，使读者从字里行间细微处能悟出真谛，受到启迪。"小"。文章题目较小，内容集中，不必考虑面面俱到，只求一点突破，收到"小中见大，平里出奇"的效果。

教育论文的基本结构至少要有题目、绪论、本论、结论四个部分，现代刊物上发表的论文，它包括题目、作者姓名、摘要、前言、本论、结论、谢辞、参考文献等八个项目。

二、写作的意义及其作用

撰写教研论文，是中小学教师，尤其是中小学校长应具备的基本技能之一，它对于培养研究人员的科研能力，进行学术交流，探索教育教学规律，推动教育教学改革有着十分重要的意义。

（一）是中小学教师和校长提高业务水平的重要途径和方法。通过课题研究，学习教育学、心理学、教学法和各种新的教育科学理论，联系自己实际工作中的问题，撰写教研论文，带着研究课题学习理论，收集有关信息资料，印象特别深刻，亲手动笔撰写文章，自身获得了成功的体验，更是一位校长、一个教师走向成熟的必然过程。

（二）有助于提高教育科研能力。这是一个艰苦的脑力劳动过程，不论是选题立意、组织材料、遣词造句、构思谋篇，还是逻辑推理、层层论证，以理晓义，写作过程本身就是一种严格的逻辑思维训练，为了把自己头脑中的无形思维活动变成有形的文字表达，我们就一定要反复地推敲，使自己对教育问题的看法更加全面深刻、更加系统化。

（三）有助于检查工作中的疏漏，发现新的问题。当我们完成一项工作，搞完一项实验时，常常对于工作结果很满意。"自我感觉良好"，但事后在撰写教研论文时，从理论和实践的结合上，静思回味，就会发现我们的工作还存在许多疏漏之处，需要进一步采取措施把工作做好。所以，撰写教研论文，会使我们发现原来没有发现的问题，有利于改进工作方法，提高教育教学和管理水平。

（四）能促进学术交流，有利于教研成果的推广应用。我们花了许多时间和精力好不容易搞完了一项教研工作，要写成文字，记载下来，以供他人借鉴，教研论文能在报刊发表或在研讨会上交流，还将起到更大的作用。

（五）是科研兴教的需要。教育科研是教育改革和发展的动力，为了改变过去那种经验型、粗放型、低层次的教育教学和管理行为，必须依靠教育科研提高工作水平和工作质量。"科研兴教"是深化教育改革、促进社会发展的必然要求，也是现代教育自身发展、自我完善、自我提高的需要，更是进一步提高广大教育工作者政治业务素质的需要。如果一位校长、一个教师对教育科研的重要性缺乏足够的认识，不能结合工作实际进行研究探索，他将永远停留在零碎的、具体的工作经验上，不可能开拓创新，这必然会影响教学水平的提高和事业的成就。

三、写作的基本过程

它包括："选择课题→制定研究计划→搜集研究资料→编写提纲→构思写作→完成初稿→检查修改→定稿发表"八个步骤。

（一）选择课题。"提出一个问题比解决一个问题更难"。这是真理，论文难写，难就难在这两个方面，一是提出问题，二是解决问题，即"写什么"和"怎么写"两个问题。选择课题是第一难。怎样把握选题的角度和方法？

1. 捕捉当前教育教学工作的热点，寻找课题。如"德育为首和教学为主"、"课内与课外"、"教师素质与素质教育"、"小学生学习负担过重"、"独生子女教育"等问题，从教育教学中的热点寻找的课题，社会价值往往比较高，有时还可产生轰动效应。

2. 留心教育教学中的疑难点，发现课题。如"上课前让学生唱歌好还是预习好"，"迟到的学生怎么进课堂"，"教师讲课的节奏是快些好还是慢些好"，"作文教学中的'作前指导'与'作后指导'究竟哪个效果好"等等。从这些疑难问题中就可以发现自己所要研究的课题。

3. 体察成功的经验（或失败的教训），归纳课题。我们的校长、教师在教育教学工作中积累了一些成功的经验，都可以形成一定的研究课题，或设计教学实验，或进行经验总结，探讨其中的规律。还可以从资料信息中受到启发，形成课题。

确立课题还应处理好三个关系。（1）冷与热的关系。冷中有热，热中有冷，互相转化，热在实践问题的研究，要有审时度势，抓住机遇，可以不鸣则已，一鸣惊人。（2）宽与深的关系。课题要有拓展发展的价值，涵盖而要宽，挖掘点要深，有"水滴石穿"

的功夫。(3) 实践与学习的关系，越普通的东西越难真正把握，从实践中提出问题，要"锦上添花"，从要求上提高；要"事半功倍"，在效率上加强；要"常中有变"，从常见中求变式；要"移花接木"，借用其他学科方法；要"相反相成"，从对立中寻求统一；要"天衣无缝"，从完善中找缺陷；要"举一反三"，从模拟中求超越；要"雪中送炭"，从困境中求解答，学会从理论和实践结合上说明问题，提出课题。

（二）制定研究计划。在确立课题之后，有必要花一定的时间和精力拟定详细周密的研究计划。它是对研究过程的全面部署，明确研究的范围和内容，保证研究工作的整体连续性，对研究者也是一种约束和鞭策。例如一个课题研究计划可以作如下安排：1. 确定课题，2. 阅读相关资料，3. 构思主题，4. 撰写初稿，5. 搜集资料，作笔记，6. 整理笔记，7. 撰写初稿，8. 修改初稿，9. 补充正文注释，10. 定稿，11. 发表。要把资料的搜集列为重点，计划越具体越细致越好。分阶段计划，如准备、前测、实施、后测、论文撰写等不同研究阶段，规定具体时间完成阶段任务。

（三）搜集和研究资料。搜集资料。七分材料三分写。来源主要有两个方面，一是自己在教育教学过程中得到的第一手资料，二是他人提供的、报刊书籍中得到的第二手资料。我们要结合自己的工作和教学实际，学会积累教研资料。1. 做读书笔记。"不动笔墨不看书"，可以是提要式、摘抄句段式，也可以是心得体会式。2. 抄录卡片。你可以在读书看报时把卡片放在手头，遇到有价值材料随手记在卡片上。3. 现场观察。作听课笔记和会议记录、写教学后记、工作手记等。4. 调查访问。5. 剪贴报刊。6. 选购精品。双休日进出书店，买下自己需要的好书。收集整理教研资料要坚持客观真实性，不能按事先构思的框架去挑选一些事实来证明某一观点，既要完整地占有事实材料，又要围绕研究目标集中搜集某一方面的资料。

研究资料。对收集整理的各种资料进行"去粗取精，去伪存真，由此及彼，由表及里"的分析研究，从中提炼出带有规律性的东西，然后再提炼出论文的观点，用观点来统帅资料，为撰写论文打好基础。一是选择资料，注意选择能支撑、表现和说明主题观点的、富有新意的资料。二是分类整理。对数量资料用列表法、图示法便一目了然，非数量资料，做到"数字"与"事例"相结合，"点"与"面"相结合，"一般"与"典型"相结合，这样撰写教研论文时，就能写得有理有据，有血有肉，富有说服力。三是分级处理。把它分为核心资料，外围资料、辅助资料三个级别，在论证过程中灵活运用。最后推断提炼。采用科学归纳法，分析推断它们之间的因果关系，从中提炼出正确的观点，揭示教育观点发生发展的规律。

（四）编拟提纲。编拟提纲达到三点要求：1、安排全文的结构布局，如主要论点和次要论点，排列论证的逻辑结构。2、安排好材料的使用，提供具有充分说服力的论据和事实。3、安排好论文的篇幅，太短，难以把问题分析深透；太长了，容易成为资料的堆砌而杂乱无章。我们还应熟练地掌握和运用三种基本的方法：（1）论点拓展法。（2）内容提要法。（3）小标题贯通法。

（五）构思写作。这是第二难。立论的常用思维方法有普通逻辑方法、辩证思维方法和系统方法。运用辩证思维策略，实现归纳与演绎的统一，分析与综合的统一，抽象与具体的统一，逻辑与历史的统一，结构与关系的统一。最重要的是设计教研论文的基本结构。通常情况下要体现论说文的一般结构特点，具有论点、论据和论证三大要素。1、论点。一般的文章只有一个中心论点，有的还有从属的若干分论点。教研论文的价值和社会作用，取决于它的中心论点是否正确、鲜明、有创见。2、论据。用人们所共知的普遍道理和经典论述来做根据，是理论论据；用具体、可靠的事实例证和数据来做根据，是事实论据。论据若不可靠或带有偶然性，就会使教研论文缺乏说服力。3、论证。论证过程要严密科学，推理过程要符合逻辑、能反映论点和论证之间的内在联系，从而体现结论得出的必然性。

一篇具体的教研论文在文章结构上通常包括：引论＋本论＋结论。引论——提出本文所要论述的问题。本论——选择和运用论据，围绕论点展开论述。结论——总结全文，归纳概括论点，加强读者印象引起读者沉思。

经验总结型论文，通常在写法上包括：做法＋效果＋体会。做法——主要某一项教育教学工作是怎样完成的，采用什么方法措施，通过什么途径来达到预定目的的。效果——主要说明采用这些方法措施后，教育教学工作达到什么程度，师生有何反映，人们怎么评价等。体会——主要说明自己在工作中的感受，收获，认识上有何飞跃，在工作中发现了什么新情况，寻找到什么新方法、新途径等。

（六）初稿完成。第一稿是一个艰苦的写作过程。可以一气呵成，也可以各个击破，可能中途卡壳，也可能因故中断，在写作过程中要注意调整自己的心态。如写到中途，发现资料不够，或发现新的情况和问题，甚至发现写作思路不对，这里应根据具体情况重新考虑，或充实材料，或改变部分内容结构，有时甚至推倒重来。怎样拟写教研论文的题目，怎样设计书写款式，怎样设计文面，怎样提炼和表述论点，怎样表述论证，怎样设计论证方式，怎样设计小标题，怎样设计开头和结尾，段落和层次，过渡和照应，每个细节都得认真推敲。

（七）检查修改。好文章是磨出来的。教研论文写完初稿后，不要急于定稿上交，更不要急于给报刊投搞，应"搁置"一段时间，然后拿出来修改，这是由于"固着效应"的缘故。过上一段时间以后，大脑中接受了其他新的信息，有可能会从另外不同的角度去看问题，从而产生新的观念，有新的突破，这时候再来修改教研论文就会产生奇效。修改的着眼点：要变心中有论点为心中有读者，站在读者的立场上考虑内容、结构和形式。修改的一般方法：首先要做严格的自我修改，以第三者的眼光看问题，鸡蛋里挑骨头。其次要不耻下问，登门求教，请人审阅。可把自己写的论文读给好友听，或在教研组内交流，或请指导老师批阅。修改的具体方式：可以概括为"增、删、改、换"四个字。发现文中论据不充分，或说理不透彻，就要增补内容；那些可要可不要的句段忍痛割爱删去；错别字、生僻词、粗俗语及病句必须改正；调换某些不恰当的句段，更换某个不准确的材料。

（八）定稿发表。在反复修改的基础上，用字数较少的方格稿纸，每页300字为宜，定稿誊正，或者按书写款式，文面要求打印。一篇论文写作成功。它的价值的最终体现，必须在公开的刊物上发表，被全社会承认、分享和利用。你决心在某刊物上发表作品，要经常阅读本刊来掌握用稿信息，与编辑联系是必要的，但任何刊物容不了一篇低水平的文字，"是金子放到哪里都闪光"。

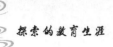

四、写好一篇论文的具体要求

撰写教研论文要达到什么具体要求，笔者在长期的写作过程中，积累起点滴体会，可以概括为八要：

（一）论题要选择热门话题。"文章合为时而著"，论文的选题，必须反映教育实际问题，切忌空发议论，只有抓住大家比较关心的热门话题进行议论，发表看法，才能产生轰动效应。

（二）题目要新巧奇。题目是文章的眼睛，文章的灵魂，能否拟定一个新颖、有趣、鲜明、生动的题目，是教研论文成功的关键。一个好的论文题目，或揭示论点，或揭示课题，既能准确地传递论文信息，又能吸引读者，让人产生一睹为快的感觉。

（三）开头结尾要照应。开头要吸引人，牵住读者的心。开门见山，提出问题，引起读者思考。结构严密科学，合乎逻辑。结尾要照应开头，是文章内容发展的必然结果。或问题解决，或故事终了，意尽言终；或事件告一段落，事终意不尽，像"撞钟"那样余音缭绕，令人回味，久久难忘。

（四）观点要正确、鲜明、新颖。正确就是不片面、无错误，鲜明就是不模棱两可，不隐晦曲折而醒目易见，新颖就是自己首先发现或提出来的，别人虽已谈及，自己却有独到之处，补充别人提出的见解使这更全面，有发人沉思的功效。

（五）论据要真实可靠，有典型性。注意观点与材料的统一，观点要正确鲜明，材料要真实可靠。写论文要有根有据，以理服人，道理要站得住脚，令人信服。如果论据不真实，不可靠，就难以令人信服，论据要典型，作为论据的材料，既是具体的个别的，又有一定的代表性，能反映本质意义。

（六）论证要以事实为依据。对教育现象的因果分析，对教育原理和规律的探索，都要以事实为依据。

（七）语言要通俗、精确、生动。一切议论、说明、叙述、推断、引用等，都必须恰如其分；文字、修辞力求准确、精当；心中有读者，用平易近人的语言向读者解说关于教育的看法。

（八）文笔要有气势和文采。理直则气壮，针对教育教学中的问题，有感而发。道理讲得清，讲得深，讲得恰如其分，讲得有独到之处，讲得有新意，气则自然弥漫于字里行间。气势和文采最要紧的是心领神会，不懈追求。

怎样撰写教育科研报告

——与小学骨干教师谈教育科研（三）

教育科研报告，是一类有别于教育论文的教育科研成果表述的重要文体。它包括：对某个教育问题进行调查研究的调查报告；对某种教育现象进行科学实验的实验报告；对学校或个人的教育教学经验进行总结的经验总结报告；还有对某种教育对象进行长期观察而撰写的观察报告。这类教育科研文体的特点、作用、类型、体例结构和写作要求怎样，进行教育科研的中小学教师是必须掌握的。

一、教育科研报告

相对而言，教育论文主要是以理论分析为主，在此基础上形成自己创造性的新解释、新论点或新理论的教育文体；而教育科研报告主要以具体典型的事实材料为依据加以分析、介绍，从中找出规律性的东西，提出经验、方法、建议，指出存在的问题，得出应有的结论而撰写的教育科研文章。二者起到了沟通教育理论与实践的桥梁作用。有许多教育论文是在教育调查报告、教育实验报告等提供的新鲜材料的基础上写成的，有创见的教育调查报告或实验报告，就是一篇优秀的教育论文。

在写作要求上，教育科研报告也有别于教育论文，有它的特殊性。第一，在材料和结论的关系上两者存在不同。写教育论文可以根据材料确定论点，也可以根据论点选择材料，资料是为论点服务的。写教育科研报告，必须始终如一地坚持根据搜集的资料、调查的事实、观察实验的数据和结果来验证和提出论点，材料忠实于客观实际。第二，教育科研报告重视研究过程和方法的描述，不像教育论文只重视论点的提出和论证以及结论的新颖，教育科研报告要花很大的篇幅叙述其研究、观察、实验的过程和方法。第三，教育科研报告的质量还取决于对研究过程的有效控制。借助一定的方法对多种教育现象进行控制以明确揭示内在的本质联系，它是获取有效数据和事实的关键。

教育调查报告、实验报告、经验总结报告、观察报告，在写法和结构上也存在着某种程度的差别，需要认真把握和体会。下面介绍教育实验报告及其写法。

二、教育实验报告

教育实验报告，是教育工作者用以描述、记录某一个教育科研课题的实验过程和结果的报告，是向全社会公布某项教育实验所取得的成果的文字表达形式，它是中小学教师必须掌握的基本研究手段。一篇好的实验报告，由于实验过程的科学性，实验数据的精确性，实验结论的真实性以及各种事实材料获得的直接性，往往具有一次文献的性质，是进行教育科研选题和论文写作的重要的第一手资料来源。

同教育论文相比，两者既有区别又有联系。教育论文主要是根据理论和实践提出假设（论点），然后在思想上运用各种资料进行理论分析与论证，因而理论性较强，结论的主观成分较多；教育实验报告是在一定假设的基础上展开教育实验，再运用实验中所获得的事实和数据来验证假设，得出结论（证实或证伪），因而教育实验报告重实证性分析，结论也较客观。过去我们一向重视理论研究而忽略实验研究，有的把各种课题研究冠以"实验研究"的美名，这些都是不应该的。

教育实验报告的意义在于全面总结教育实验的数据与成果，使之保存下来作为以后研究的基础，更重要的是通过这种形式将教育实验研究的成果以各种途径得以推广应用。所以，教育实验报告具有记载、总结、保留和交流教育实验研究成果的作用，成为教育科研的重要资料来源。

教育实验报告除要求内容科学客观、表达通俗易懂、结构层次分明外，作为记录、描述某项实验过程和结果的报告，还具有三个鲜明的特点：第一，再现性。实验结果不是一种偶然的事实，而是在一定条件下的必然结果，它不仅要能够经得起自己多次的反复证实，而且还要经得起任何人的重复验证。所以，写报告时必须排除一切主观因素的干扰，以免影响报告的科学性。第二，记实性。主要表达方式是叙述和说明，作者的议论不多。在记录实验结果和过程时，必须实事求是、反复核对，做到数据的绝对客观和可靠。在分析原因得出结论时，要从客观事实出发得出合理的结论，不能为了创造轰动效应而拔高实验结论。写教育实验报告时，必须始终忠实于实验过程和实验结果，充分体现实验报告的客观性。第三，过程性。教育实验是一个过程与结果的有机整体，作为再现性和记实性的补充，教育实验报告要非常注重对实验过程的叙述和说明，必须如实反映整个实验工作的重要过程、方法、观测结果等细节，以增加实验结果的真实性。

教育实验报告，按照性质可分为检验型的实验报告和创新型的实验报告。检验型的实验报告，是实验者重复前人已做过的实验，再进行一次检验所做的实验报告。一般印成实验报告表，包括实验名称、实验目的、实验器材、实验装置与步骤、实验成果、实验结论等项目。这种实验，主要是为了学习实验操作，验证前人实验的结论，主要用于教学。如关于中小学生注意、记忆和认知等方面规律的心理学实验。创新型实验报告，是教育工作者为了探索一种新的教育问题，构建新的教育理论而根据一定的实验假设进行教育实验，并将实验结果和数据写成的实验报告。它包括对前人研究成果的概述，对整个实验过程的介绍，对实验结果的分析与讨论以及参考资料等项目。

三、教育实验报告的写法

就整个实验报告的写作过程来看，它实际上就是教育实验法的全过程的客观反映。它包括以下过程：决定试验方法和组织形式，撰写实验计划（包括目的、任务、范围、对象、时间、手段、步骤、测量方法等），确定实验对象，准备实验用具，在实验过程中控制多种条件，记录实验过程，在各阶段作准确的测验，处理实验结果，核对结论，撰写实验报告。

关于教育实验报告的写作，长期以来逐步形成了某种固定的格式。这种格式大致如下：（一）研究工作概述；（二）说明别人的研究成果；（三）准确阐述研究的范围和目的；（四）说明方法、程序、样本和使用的测验或测量手段；（五）阐述研究结果；（六）讨论；（七）总结和结论；（八）参考书目等。在实际写作中，既要考虑到上述的惯用格式，又要考虑到如何能够圆满、简洁地表述，让形式真正服务于内容，灵活地安排，才能获得良好的效果。

下面就教育实验报告的基本结构作些具体说明。

（一）实验名称

教育实验报告的标题，可以采用研究课题的名称，如《小学生创造性思维能力培养方式的实验研究》或《如何培养小学生创造性思维能力》。前者学术性强，精确严谨，适合在专业杂志上发表；后者言简意赅，生动活泼，适合在普通刊物上登载。

标题正面是署名，表示研究者对该项研究及报告负责。人员较多，可署 XX 课题组。

（二）摘要

这一部分是对实验设计、方法、对象、实验课题内容、实验的结论作一个简短的介绍，使读者对报告有一个大致的了解，也便于进一步阅读和检索。现引用一例：

本实验用实验班、控制班前后测设计，对 110 名小学四年级学生进行了创造性思维能力培养方式的实验研究，以探讨开设专门的创造性思维训练课和结合各科教学进行创造性思维训练，对培养学生创造性思维能力的可行性和有效性。经过一个学期的实验，测验结果表明，本研究所设计的两种方式都能有效地促进学生创造性思维能力的发展。

（三）前言

即引言。这是教育实验报告的第一部分。常常以"前言"、"问题的提出"等形式出现，非常简要地介绍下列内容：实验的课题、实验进展情况（包括始于何时等）、实验对象和规模、提出课题、实验的假设、立论依据、前人的研究情况、研究的意义等。

（四）实验方法

包括实验对象的选取、实验组织类型、实验因素及其控制、实验工具、实验过程等。这一部分要写得清楚、层次分明、用语恰当、充分体现实验报告的再现性特点。

1. 被试的选取。目的在于指出谁参加了该实验，有多少被试，是如何选取出来的，为其他研究者提供重复实验的可能性。如下例：

被试

选取 XX 市两所中等水平的小学，每校选取中等水平的五年级两个班，每班又根据学生学习水平、性别分层随机选取一半学生，参加实验者共 55 人。其中男 28 人，女 27 人。

2. 实验设计。要讲清该实验是采取单组、双组还是轮组实验等形式，各个实验因子分为几个水平进行测试和分析等。例如：

本实验采用实验班、控制班前后测设计。

3. 自变量和因变量的确定。在教育实验报告中，要用专门的段落对自变量和因变量进行描述，描述要充分具体，使人能够重复你的处理。例如：

自变量：本实验的自变量是创造性思维能力的培养方式。我们设计的培养方式有两种：其一为开设专门的创造性思维训练课，其二为结合各科教学培养学生的创造性思维能力。

因变量：本实验的因变量是学生的创造性思维能力。创造性思维测验材料自编，编制时参考了经典的创造性思维测验，如南加利福尼亚创造性思维测验，托里斯创造性思维测验等。前测的评分者效度为 0.93，后测的评分者效度为 0.95，评分则是按我们自编《学生创造性评价》量表评分（量表内容略）。

4. 无关变量的控制。在教育实验的过程中，实际上影响实验结果的因素是很多的，但我们所关注的是实验因子的效果如何，为了更准确地测量出实验因子的效果，必须尽量消除或控制无关因子。如原有水平、实验者的偏向、教育的迁移影响以及时间所造成的误差等。

5. 实验工具及实验过程。应对进行实验所使用的工具、量表和具体方法进行介绍，对实验的具体操作步骤、时间安排、主要措施做一点介绍。

（五）实验结果与分析

在写教育实验报告时，对实验结果（实验所获得的数据与材料）的陈述与对它们的分析往往是结合在一起的。要在科学处理材料与数据的同时展开正确的分析。要讲清三

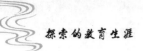

个问题：第一，实验结果的处理。有利于验证假设，或按照不同的实验项目和实验目的分类处理。贯彻图文并茂的原则，一方面要正确掌握各种教育统计图表的制作和使用方法，另一方面要利用文字对实验结果进行描述，二者既能相互独立，又能互相补充，共同增强报告的表达效果。第二，实验结果的分析。坚持对比原则、定性定量统一原则、点面结合原则，紧扣实验目的、实验假设的验证和实验项目进行。单组实验有前测和后测的对比，双组实验有实验组和控制组的对比，通过这种横向和纵向的对比分析，更好地揭示它们的内在联系；定性分析是必要的，定量分析能以确凿的数据增强实验结论的说服力；在陈述材料时，应以面上的材料为主，也必须对实验结果中的特例进行个案分析。第三，实验结果分析在报告中的表述，要按照研究计划提出的要检验的假设进行。

（六）讨论

这是报告的最关键部分，也是很难撰写的部分，前言中的论点必须在这里得到呼应和深化。在这里，作者要充分发挥其洞察力和创造性，与读者讨论实验的意义以及未被人们认识的部分。讨论部分的功能有：1、以结论的形式概述实验结果；2、对实验的结果进行分析和解释，指出研究的缺点、阐明结果的意义；3、综合讨论实验的结果和存在的问题；4、验证和建立某种理论；5、推荐实验研究的成果，指导实际应用；6、为进一步研究指明方向。

（七）结论

结论不是实验结果的简单重复，而是将实验中得到的感性材料进行提炼、加工，使之上升到理性认识的高度。结论要有概括性，推理要严密。如果在结果的分析或讨论部分中有了结论，为避免重复罗嗦也可以不写。

（八）附录和文献

这一部分的要求与教育论文的写法相同。

选准·研透·写够
——与小学骨干教师谈教育科研（四）

在一个完整的教育科研过程中，"选择课题→实施研究→表述成果"是其中的三个主要阶段。课题要选准，问题要研透，成果要写够，是我在教学和实践教育科研中总结出来的三条主要经验。

一、选准

选准课题，是教育科研的第一步。"提出一个问题也许比解决一个问题更重要。"这可以从爱因斯坦经历中受到启发。他创立相对论，对人类科学事业做出了卓越贡献。在他的晚年，为了揭示引力和磁力这两种作用力之间的本质联系，选择"统一场论"为研究课题，因科学技术发展水平的限制，他的后半生几乎没有什么收获，事后深有感触地说："解决一个问题也许是一个教学或实验技能而已，而提出新的问题、新的可能性，从新的角度去看旧的问题，都需要创造性的想象力，而且标志着科学的真正进步。"在教育科研中，类似的实例也屡见不鲜。由此可见，选准课题，是教育科研获得成功的前提。

怎样才能选"准"课题呢？

第一，认准课题研究的方向。当前，转变教育思想，更新教育观念尤为重要，对教育基本理论进行研究，应当受到欢迎，这是基础研究。运用基础研究成果，探索和开辟应用新途径，达到某种预期目的，这是应用研究，更适合中小学教师。着眼于课题的扩展，运用基础研究和应用研究的成果，寻找解决问题的方法，是发展研究。"情趣导学"、"创造教育"的全面推广，更容易被中小学教师在借鉴和模仿中创新。

第二，瞄准教育科研的热点，寻找课题。为应对 WTO 的教育思考，推行新课程、使用新教材，小学生怎样开展创造性学习、研究性学习，站在信息教育平台上，改革教育教学，用教育民主、国际理解、回归生活、关爱自然、个性发展的理念主导基础教育等等。还要以留心教育教学中的疑难点，发现课题；体察成功经验或失败的教训，归纳课题；资料信息中受到启发，形成课题。这样从实践中提出问题，理论价值和实践意义都比较高，认真扎实和富有成效的研究，可以产生轰动效应。

第三，找准和发现新问题的策略。可以大胆质疑。对已有理论和观点的怀疑，对同一理论问题的不同争论，对他人理论的验证，寻找他们的缺陷和不足，这要有一定的理论勇气。可以转变思考角度。例如对师生关系的研究，开始人们总是从教师的角度来认识教育规律，出现了"老师、教材、课堂"三中心。后来，随着研究的深入，思考的角度转向学生，出现了"学生、经验、活动"三中心，两种观点有片面性。今天，人们又一次转变思考角度，提出了教师的教与学生的学相结合的师生互动教育理念。著名小学语文教师窦桂梅提出："学好教材，又要超越教材；立足课堂，又要超越课堂；尊重教师，又要超越教师。"突破"三个中心"，实现"三个超越"，符合当代先进的教育理念。还可以从普遍的教育现象中提出新的问题。如片面追求升学率的问题为什么长期影响教育的发展；说服教育的方法在某些情况下产生不了好的效果；高分低能现象仍然存在；在培养学生智力的同时，如何培养学生情商，这些司空见惯的教育现象，很值得形成课题深入研究。

有句广告词，叫"满意为标，适可为准"。选择课题也如此，宜小勿大，就近避远，由浅入深。选择一个恰当的小题目进行研究，方向看得准确，问题揭示深刻，结论表述透彻。题目过大，不但力不从心，难免半途而废，亦不能取得满意的结果。从实际需要出发，充分利用身边熟悉的事例，有效运用手头拥有的材料，挖掘一个有意义的主题，瞄准一个合适的目标，逐步探索，可以收到深远的效果。

二、研透

研透问题，是教育科研的主体阶段。什么是研究，我的体会就是探索理论与实践的结合，或者用理论去说明一个实践问题，或者将一种实践经验上升到理论高度去思考，从理论和实践的结合上说明问题，这就是研究。能够用书面文字表述出来，就是研究成果。

研究，怎样在"透"字上下功夫？

第一，要有正确的方法论作指导。它包括哲学方法、科学方法和教育科学方法三个层次。辩证地看问题。例如教育科研活动是一系列对立范畴的统一体，物质的和精神的，理智的与情感的，现实的与理想的，还有事实的与价值的，发挥教育科研的整体功能，必须克服片面性，追求对立统一，这就是哲学方法论。顺乎理性程序和逻辑指导。例如，思维中的分析与综合，归纳与演绎，类比、想象与直觉三种方式常常结合在一起，为创造过程注入巨大活力，能够促进科研的成功；还有系统方法，把研究对象作为一个有机整体去思考，从而获得最佳处理方法，这就是科学方法论。从众多的教育科学理论中吸取丰富的营养，帮助我们揭示课题研究的方法，提供理论依据，广泛地吸收前人和他人的成果，灵活借鉴各种具体的教育科学方法：如历史研究法，观察研究法，调查研究法，实验研究法，经验总结法，行动研究法，这样，坚持方向性与科学性的统一，理论与实践的结合，客观与全面的一致，继承和创新的融合，以实事求是的科学态度从事课题研究。

第二，要形成科学的研究计划。在形成研究方案中，一要分析研究的背景。本课题为解决哪些问题提出的，他人是否进行过同类研究，他人的哪些理论、观点、手段和方法值得借鉴，研究者查阅有关文献资料，向有关专家询问，形成研究方案。二要明确研究目标，获得揭示教育科学规律的认识。例如，使用新教材大面积提高小学数学教学质量问题的研究，以揭示新教材使用同提高教学质量之间的内在联系。三要对具体研究方案进行设计和选择。用怎样的具体的方法和技术手段收集、整理和分析研究资料，安排具体研究程序，形成科学的研究计划，这时可以聘请专家开题论证，对课题研究的必要性和可能性，研究目标的恰当性，研究方法的合理性进行可行性论证，为"研透"问题打下良好基础。

第三，在课题的具体实施中，还有两个方面的工作要做好：一是验证理论假设。一个假设，必须说明它要解决尚待验证的问题，预测未知的事实，很显然，它具有推测性、科学性和可验证性的特征。研究的全过程，就在验证假设，或者证实，假设是科学的，它揭示出问题的本质；或者证伪，假设不能成立。二是整理和分析资料，教育科研的过程，就是对教育科研资料的搜集、使用和再创造的过程。搜集资料是研究工作的核心部分，进图书馆查阅文献，参加学术会议与名家交流，要做收集资料的有心人，以获取本研究课题最终结论所需要的事实材料或数据。将资料整理分类、统计处理，使其系统化、条理化，成为一目了然的统一体，便于分析研究。然后，采取统计分析与逻辑分析相结合的方式进行研究结果的分析，坚持严肃认真的科学态度和实事求是的务实精神，运用科学的理论，进行严密的推理，正确揭示事物发展的因果关系，得出科学的结论。在研究结果分析的基础上，撰写科研论文或科研报告。

三、写够

写够教育科研成果，是教育科研的最后完成。它有利于教育科学理论的丰富和发展，作为一种描述学术成果，进行学术交流的手段，有利于教育新经验、新理论的传播和运用，进而推动教育实践的深入和发展。一项好的教育科研成果，还是衡量教师素质和学校教学水平的一种客观标准。

教育科研成果的表述，上升成为一种教育理论，构成揭示教育内部关系及其客观规律的一种知识体系，既要体现教育科学知识的特点，又要符合本学科的研究道德规范。

具体说，就内容而言，要求科学性强，观点新颖；就表现形式而论，达到构思完美，精练简洁；从道德要求上看，做到谦虚诚实，尊重他人；从学科特点上说，体现专业本色，富有时代感。特别值得一提的是要讲科研道德，它是教育科研工作者面临的一个重要问题，不仅关系到教育科研工作者的成功和健康发展，而且还涉及到公民的知识产权是否受到侵犯的法律问题。抄袭、剽窃是不道德的。热爱和献身教育，坚持和追求真理，团结协作、互相尊重、勤于实践、批判创新等道德规范是应当提倡的。

成果表述，怎样写"够"呢？

首先应该编制一个好的写作提纲，进行谋篇布局。这是作文的骨架，是作者整体思路的简约表达形式。通过构思树立起全局观念，可以更好地确立文章的结构，各部分之间的搭配和逻辑联系，可以一直写下去，一气呵成，用不着写一句停下来想一想下句怎么写，也用不着写一句回过头来看写得对不对头，该不该写。

其次，下决心写好初稿。根据提纲把选好的题材恰当地标进去，把要说的话全部写出来。总的要求是：论点正确，论据充分，论证严谨，语言精练。论点正确，是关于主题、中心论点的提炼问题。开挖一个具有深度、力度的中心，论证一个新颖独到的观点。教育调查、教育实验、经验总结都应抓住实质，揭示本质。不能去写毫无新意的主题，避免老生常谈，在别人研究的基础上，创设全新的角度。论据充分，要真实、可行，有典型性。写论文、写研究报告，注意观点和材料的统一，观点正确鲜明，以理服人，道理站得住脚，才能令人信服。作为论据的观点和材料，既是具体的、个别的，又有一定的代表性，能反映本质意义。论证严谨，对教育现象的因果分析，对教育原理和规律的探索，论证要以事实为依据，注意主次，抓住本质，写出层次，条理清楚。语言流畅，切忌生造术语，故弄玄虚，也不能词不达意，病句连篇，这样有好的观点也难以让人接受。结论应是通过研究得出来的，写作时应避免夸大其辞或牵强附会，不能给人造成一种生硬的感觉，结论的措施应逻辑严密，文字简练，用语考究。

第三，修改是一个不可缺少的一个环节。主题是否正确地表达出来，结构是否严谨，内容层次是否清楚，所用的题材是否恰当，还有什么错误和遗漏，有待进一步修证和完善，初稿写成只能算是一个"毛坯"，一张"草图"，还不能称作真正的作品，优秀的"产品"，要想把"毛坯"变成"成品"，把"草图"变为成功之作，必须千锤百炼，经过反复修改和文字润饰，做一番提炼主题，完善结构、修正观点、取舍材料，推敲语言的加工制作功夫。

写出妙文、美文，还有个写作技巧的问题。无巧不成书，要充分调动各种艺术手段，运用各种写作技巧，表述得淋漓尽致，不要留下遗憾，讲究构思艺术，要像建筑师一样匠心独运。有必要，勇于让报告和论文写作与文学作品联姻，精心雕塑，写得有文采，体现意境美，表现大家风度，功到自然成。

我讲"选准、研透、写够"六个字的经验，选准是前提，打好基础工作；研透是根本，注重方法科学；写够是关键，讲究表达技巧，三者是辩证的统一。意在给大家提供一个带方向性的教育科研思路，具体实施靠每一位小学骨干教师去努力创新，在终身学习和长期的科研实践中不断提高自己，做一位名副其实的研究型教师，在教育科研上很有建树的学科带头人。

科研理念、科研素养和校本研究

——小学校长科研培训讲座之一

自 2001 年教育部印发《基础教育课程改革纲要（试行）》以来，邵东成为新一轮课程改革实验县。随着新课改的逐步开展和深入，我们体会到，新课程改革是进一步推进素质教育的突破口，是基础教育改革的核心，也是教育领域的一场深刻"革命"。我们也发现，新课程校长、新课程教师缺乏正确的教育科研理念和基本素养，尤其是对新课程科研理念，提高新课程科研素养，提升新课程校本科研能力，是我们共同关注的问题，也是当前新课改实施中的难点问题，值得我们从理论和实践的结合上作一番认真探讨。

一、新课程校长科研理念

我们把新课程改革影响下的校长简称为新课程校长，把新课程改革影响下的教师简称为新课程教师。叶澜教授从科研兴校的角度认为："应该在教育改革的实践中造就新型教师，实现教师从现有状态向时代发展需要的新型教师转化，从而产生'同期互动'，推进学校的发展"。新课程教师，就是新型教师，研究型教师。同样，新课程校长，就是新型校长，研究型校长。

（一）教师是研究者，校长更是研究者。新课程校长要树立"教师研究第一"的观点。《中国教育改革和发展纲要》提出："要鼓励和支持学校、教师和教育研究工作者积极进行教育改革实验"。斯坦豪斯提出："教师要做研究者，教育要得到重大改进，就必须形成一种可以让教师接受的并有助于教学的研究传统"。他充分强调了校长、教师参与教育科研的重要性。在实践中，我们的教育长时间教育质量没有重大突破，原因之一就是校长（教师）缺乏研究精神和能力。一些校长（教师）凭自己的"老经验"埋头苦干，工作有成绩，找不出成绩的根本原因；工作有失误，也不知道为什么；甚至靠加重学生负担来换取'高质量'，学生高分低能，教师苦不堪言。这些问题的存在，在很大程度上是因为校长（教师）缺乏作为一名研究者的角色出现，难以用研究和创新的方法处理教学过程中遇到的问题，从而降低了教学效率。校长（教师）是研究者，既是必要的，也是可能的。讲必要性，过去的基础教育，统一教材教参、统一内容、统一标准，全国同一个年级同学科的课堂教学如出一辙。教师只要按大纲要求，忠实于教材，认真地传授知识和技能，就算完成了教学任务。新课程下的教师教学，增加了教学中本来就存在的不确定因素，例如教学目标与结果的不确定性，教学对象的不确定性，教学内容的不确定性，教学过程的不确定性，在这种充满多样性变化的课程环境下，教师不再只是一位执行者和旁观者，而必须成为一位真正的研究者，成为课程改革的主体。讲可能性，因为教学和研究是一种共生互补的关系，教师所进行的研究是一种特定的"教学研究"，是教育教学实践中进行的研究，也就是"在教学中研究，在研究中教学"，教学和研究是一种双赢。当教师从自己的研究中找到了有效的教学策略时，就可能熟练地解决各种教学困惑，减少无效的重复劳动，在不一定增加工作时间的前提下，提高教学效率，产生"教研相长"的结果。什么是研究，研究就是理论和实践的结合，或者用理论说明一两个实践问题，或者将实践经验上升到理论高度去思考，用书面文字表述出来就是研究成果。教育科研的结果往往以理论形式出现，但最终目的是用科学理论来指导实践，教育理论的发展离不开对教育实践的研究。教师是教学责任人，教室是检验教育理论的理想实验室，教师是当之无愧的有效的观察者，教师是当然的研究者，校长更是研究者。

（二）新课程科研基本理念。基础教育改革主要涉及课程结构、课程标准、教学过程、教材开发与管理、课程评价、课程管理、教师的培养与培训等七方面的主要内容。研究这些内容之间的辩证关系，做研究型教师、研究型校长，要树立六个基本理念：1、课程与教学相结合的理念，原先过于注重于教学研究，扩展为实施全方位的包括课程与教学各个方面的教育科研。2、实施与开发"三级课程"的理念，实行国家、地方、学校三级课程管理体制，在课程实施上给教师带来了更多的选择性和不确定性，也为学校和教师发展带来了良好机遇。3、分科与综合课程相结合的理念，为了适应社会问题综合化、学生认识综合化和知识体系综合化对教育提出的要求，设置了综合课程，必须认真研究两种课程的差异。4、课堂教学和综合实践活动并重的理念，在新课程中，让学生到更广阔的社会中去学习，开展综合性实践活动，尤其是研究性学习。5、不断开发课程资源的理念，在新课程中，几乎所有的社会资源和自然资源都是可以开发利用的课程资源，为了更有利于学生的全面和谐发展，我们需要研究如何把广阔的社会和大自然变成学生课堂。6、学生全面和谐发展的理念，在新课程中，我们应该把原先的"两基"扩展到"四基"，学生除对基础知识和基本技能的掌握之外，还需要研究如何促进学生基本能力和基本观念的养成。

（三）科研理念的新扩展。认真分析基础教育课程改革丰富的内容，我们可以看到许多新的东西需要大家去研究。中小学教育科研理念需要实现一系列的扩展和转变，大致也可以归纳为六个转变：1、从独立地研究教和学向研究如何使教与学更好地互动转变，实现师生互动。2、研究学生的共性发展向研究如何促进学生的个性化、差异性发展转变，实现差异性、多样化教育。3、从注重研究少数学生的"精英"型发展向为研究全体学生的基础性发展转变，变精英教育为素质教育。4、从研究单一的接受性学习方式向研究多元化的学习方式，尤其是研究性学习转变，实现学生的自主学习、合作学习与探究学习。5、从研究以考试为主的鉴定性评价向研究如何更好地以评价促进发展转变，建立多样化的评价体系。6、从研究"管教师"向研究如何在新课程实施中"发展教师"转变，建立学习型教师群体，促进学生的全面发展，教师的专业发展，学校的可持续发展。

（四）在"研究"上下功夫。新课程校长（教师）的教育科研是主动研究、反思性研究、跨学科研究、行动研究、质的研究、校本研究。新课程强调校长（教师）参与课程管理、课程决策、课程开发，因此是校长（教师）的主动研究。在新课程中，校长（教师）只有真正理解学生，不断地转变教育思想，改进教学行为，才能与学生一起共成长，因此校长（教师）必须进行反思性研究。新课程的综合化趋势，课程资源的开发利用，都要求校长（教师）与学生、与同行、与教授进行合作研究，跨学科研究。校长（教师）是研究者，以教学活动为研究内容，以日常教学为研究情境，以改进教学为研究目的，这就是行动研究。行动研究是一种人文关怀的研究、是一种质的研究。行动研究的过程实际上是校本研修的过程，是校本研究。在研究上下功夫，研究、研究、再研究，"教师研究第一"，这就是新课程校长（教师）教育科研理念的全部内涵。

二、新课程校长科研素养

新课程改革对中小学校长（教师）的科研素养提出了新的要求。在新课程理念下，校长（教师）不再只是教书匠，应坚持教学和科研整合统一，搞好教育科研、发展学术文化，将自己塑造成为一个真正的教育专家，一个教学的研究者，才能促进教育改革发展，才能真正提高办学水平，提高教育教学质量，培养大批全面发展的高素质人才。新课程校长（教师）的科研素养，就是指中小学校长（教师）进行教育科学研究时在思想道德、教育观念、理论知识、研究能力等方面达到的基本要求。

（一）教育科研素养的构成。教育科研素养，由教育科研意识、合理的知识结构、教育科研能力和科研道德四要素组成。第一，要有科研意识。一个校长（教师）若没有科研意识，就会缺乏发现、创新，只能做一个教书匠。中小学校长（教师）在日常工作中，应树立牢固的科研意识，把科研和日常工作结合起来，并养成学习、思考、总结的习惯。一方面要在日常教育教学实践中发现问题进行研究；另一方面要善于将实践经验提升到一定理论高度去思考，形成自己的观点，用书面文字表述出来成为研究成果，如果能在刊物上发表，得到社会的认可更有实践价值。第二，合理的知识结构，不仅要有科研基础知识，明确教育科研的一般过程，掌握教育科研的基本方法，学会对科研成果的表述和评价，而且要有学科专业知识，全面掌握所教学科的知识和技能；选择恰当的教学方法，培养学生的实践能力、创新能力和发展能力；还要有相关的学科知识包括教育学、心理学、学校管理学知识，与课题研究有关的其他学科知识，从而构成纵横贯通的知识网络。第三、教育科研能力，是中学校长（教师）深入开展教育科研取得成果，走向成功的重要保证，必备的心理条件。包括决策能力、交际能力、自学能力、思辨能力、调控驾驭能力、组织管理能力、产生各种能力的综合效应。第四、科研道德。要有为真理而献身的高尚情怀，要有实事求是、严谨治学的科学态度，要有百家争鸣、敢于发表独到见解的学术思想，要有优势互补、合作共享的科研精神，还要有批判继承、大胆创新的学术风格。

（二）科研素养的培养。1、培养是一个过程。新课程校长（教师）科研素养的培养是一个长期的、由量变到质变、由不成熟到成熟的过程。这个过程分积累、质变、拓展三个阶段。积累是基础，苦练基本功，积极尝试、不断总结成功的经验与失败的教训。经过长时间的积累，将感性认识上升到理性认识，将经验、灵感条理化，形成自己的研究思路和方法，独立地走上科研之路，这就是质的飞跃。在积累、质变的基础上，逐步转化成一种能力，突破"高原"现象，科研工作便进入得心应手的阶段。校长（教师）的理念、知识、能力结构发生新的变化，形成新的科研理论、科研风格，进入知识、情感、人格全面升华的时期，也就是大师的形成时期，算得上是一位成熟的教育家了。2、培养的根本途径。根据校长（教师）素质形成的规律，可以选择三条途径循序渐进、重点突破。一是在教育理论学习中提高。教育科研素养的提高是一个潜移默化逐步积累的渐进过程，要求校长（教师）自觉努力学习教育理论，可以规定每月学习一本理论专著或研究一个理论专题，并有读书笔记，把理论学习与日常教学及科研活动相结合。二是在科研实践中锻炼。只有经过实践锻炼，才能获得更多的经验和体验，学会科研方法，通过写作来表述科研成果，不断完善自己。三是在学术交流和科研合作中发展。学术交流有助于吸收他人之长，或借鉴他人教训，以拓宽自己的科研思路，增长见识，合作研究可以互相学习、资源共享，达到发展科研素养的目的。3、自我修炼。新课程校长（教师）科研素养的提升关键在自我修炼。如何顺势而为，充分发挥自己的主观能动性，构建自己的科研素质，可以谈几点体会：（1）修德。《论语》上有"为政以德"的说法，搞科研也要讲究德行的修炼。要有先进的世界观，要有追求真理、无私无畏的精神，要有不畏艰险、上下求索的意志，要有海纳百川、百家争鸣的胸怀、要有遵守学术公德的良知。（2）修能。尤其是把握科研信息的能力，如果不注意科研信息的收集整理，闭门造车、孤陋寡闻，研究的东西成为昨日黄花，就会失去科研的先知。（3）创新。在科学论证的基础上，敢于打破陈旧的观念，求新、求异，做第一个吃螃蟹的人，才能在自己的研究领域内有所突破，有所建树。（4）求索。要树立锲而不舍的探索精神，居里夫人发现钋和镭元素，前后用了12年时间；爱因斯坦的相对论曾在脑海中萦绕了17个春秋；凯库勒梦见苯环形结构，梦前苦苦思索过13载，自强不息是做学问所必备的特质。（5）合作。合作精神是一种海纳百川的气度、优劣互补的合力、快出成果的重要捷径，人与人之间的心灵沟通，智慧火花的碰撞，会进一步增强信息交流、技艺切磋、资源共享，从而实现低投入，高产出的科研目标。

三、新课程校本研究

什么是校本科研？校本研究是把新课程改革研究的立足点放在学校，以解决学校在新课程改革中所面临的各种问题为对象，以学校教育者（主要是教师）为研究主体，以促进学生健康、主动、充分发展和教师成长为主要目的的一种研究活动。具体而言，校本研究可以针对学校教育教学工作中的各种问题而展开，如教学、管理、德育、文化、学生活动、教师培训等方面的研究。其中校本教研是主要内容。校本研究的根本特征在于校本性，即研究的问题产生于学校内部，研究的主体是学校教师，研究的过程与学校工作相结合，研究的目的在于解决学校中的实际问题，总结办学经验，探索办学规律，促进学校发展。校本科研，是一种研究理念，是一种研究制度，也是一种研究方法。

（一）校本研究的价值、意义和特点。1、校本研究的价值取向可以概括为4个有助于：第一，有助于将素质教育理念，新课程理念转化为教学行为。在校本研究过程中，研究者以素质教育和新课程理念为指导，或验证自己的实践、或反思自己的实践，或提升自己的实践，进而丰富和发展先进的教育教学理念，从而指导和改进自己的教育教学行为。第二，有助于校长改善学校教育教学环境，推进校本管理形成办学特色。古往今来的知名学校，没有一个不是结合自己的实际开展研究之后形成各自特色的。第三，有助于广大教师素质的提高。通过校本科研，教师会从单纯的知识传授型成长为研究型、专家型、学者型的教师。第四、有助于学生的成长和发展。2、校本研究的积极意义，可以概括为三个有利于：第一，有利于从根本上克服我们传统教育研究中长期存在的理论与实践严重脱节的现象。第二，有利于展现教师的全新角色，促进教师的专业发展。一个课题就是一个培训班，它在创造科研成果的同时，通过有目的、有组织、有计划的研训活动，培养了一批科研骨干。涌现了一批学科带头人，进而推动了教育教学质量的提高。第三，有利于校长促进学校全面、和谐、可持续发展。3、校本科研的特点，从研究的对象、主体、方法、过程、评价五个方面分析，有它自身的特点。一是研究对象的具体性、生动性。例如，立足于研究新问题，如何看待教学中的呆板和活泼；教师关注情感、态度、价值观时，如何让学生掌握必备的知识和技能；新课程强调关注激励学生，是否不能批评学生；新课程要求教师创造性地使用教材，教师如何设计教案；倡导合作探究学习，如何提高课堂教学效率，这些具体问题研究起来确实生动、有趣。二是研究主体的广泛性、参与性。研究涉及到学校工作的方方面面，力求使每一个领导、教职员工都能在自己的工作岗位上，以科研的眼光去看问题，以科研的态度去干工作，以科研的方法去做事情，形成"工作课题化，课题工作化"的生动局面。三是研究方法的综合性、灵活性。四是研究过程的描述性、反思性。五是研究价值取向的应用性、创新性。校本科研的创新可以不是原创、首创，而是强调在校长（教师）研究个体意义上的创新，在学校范围内的创新，今天的研究比昨天的研究有进步、有新意，对明天的工作更有帮助。

（二）校本科研的过程和操作模式。先说校本科研的过程。校本研究虽然不要求对研究过程进行刻意严密的设计，但它的开展还是要遵循一定的程序，可以概括为七个环节。一是发现和提出问题。这是研究的起点。首先进行问题诊断，找出学校发展、教师个体发展以及学生发展中存在的问题，进而围绕这些问题开展研究，二是确定研究问题或研究课题。在发现提出问题之后，在分析比较的基础上，选择真正对学校发展教师发展以及学生发展有重要的价值的问题进行研究。三是研究方案设计。包括总体目标的确定，研究对象的选择，研究步骤及研究时间大致规定，研究方法的选择等内容。四是收集资料，这是实施研究的阶段，通过观察、测量、问卷、访谈等手段，收集归纳关于研究对象的资料。五是分析资料、形成事实、得出结论。对材料进行全面分析整理，得出关于研究对象整体的、全面的看法。六是撰写研究报告、论文或体会。在写作过程中进一步理清对于研究对象的认识，提出解决问题的方法和策略，有待进一步思考和研究的问题。七是研究结果的应用。这就是校本研究的基本过程。这一过程的完成，意味着下一过程的开始，上一研究结果的应用，即新的实践开始，在新的实践中又会产生新的问题、新的困惑、新的疑点，它是一种认识和实践不断得到升华的过程。

再说操作模式。当前，开展校本教育科研活动一个效果较好，容易操作的模式就是："读书——实践——展示——提升"。读书——开展读教育名著及新课程理念文章活动。要求教师要是真正的读书人，使读书成为校长（教师）的生活方式和生活需要，校长要把"教师研究第一"作为坚定不移的办学理念。把教师从繁重低效的劳动中解放出来，创造教师读书的时空优势。实践——开展专项及综合调查活动。从校长到教师通过长期的实践、个别交流、开座谈会、问卷调查等方式，掌握第一手资料，反思教育教学过程，发现矛盾，提出科研主题，拟定研究方向和步骤，提出解决问题的思路及方法，形成校本研究的课题。展示——举办"新课程改革论坛"。这要成为一种工作制度，比如确定每周一下午第三节课为"论坛"时间，安排1－2人，校长及领导班子带头，教师轮流作主讲报告人，讲自己对新课程改革理念的认识、作法、实践的体会或感悟，遇到的问题及解决的思路；也可以讲发生在自己身边的"教育故事"、教案设计、班主任工作、心理辅导案例、教学心得等，报告的内容必须事先准备，形成讲稿，还可以进行现场评价。提升——设客座讲师，提倡"请进来"、"走出去"。把校外优秀教师或理论专家请进来，搞专题讲座；把自己学校的优秀人才推荐出去，讲自己的教学新法和成功经验，实现沟通合作和资源共享。

（三）校本科研评价。分终结性评价和形成性评价。能够用书面文字表述的都称得上成果形式，包括校长（教师）在教育教学实践研究中形成的研究日记、教学随笔、教案分析、教学体会、经验总结、报告材料、个案分析等都是校本科研成果。评价时，既要看成果形式，也要看实际产生的效果，这是终结性评价。重要的是研究过程的评价即形成性评价。选题的价值取向，分析与把握是否准确实用；课题的方案设计，思路是否清晰可行；选择和运用的方法，是否适当有效；收集的资料是否全面真实，进行客观公正的评价，要有科学的评价指标体系。注重过程的观察，效果、效率、效益的全面分析，还要有一定政策支持，使校本科研成为学校教师生活的一部分，成为推动素质教育、新课程改革的一种动力。

前面讲了三个问题，科研理念、科研素养和校本研究，三者是辩证的统一，构成教育科研总论。一个新课程校长，树立起新课程视野下的科学教育科研理念，不断提升适应新课程改革的科研素养和水平，努力实施实在、实用、生动、灵活的校本研究，创造搞科研做学问的三种境界：第一种境界是"昨夜西风凋碧树，独上高楼，望尽天涯路"，一个收获者的努力攀登；第二种境界是："衣带渐宽终不悔，为伊消得人憔悴。"一个有心人的自强不息；第三种境界是："众里寻他千百度，蓦然回首，那人却在灯火阑珊处"，一个探索者的成功之路。通过研究者的艰辛攀登，自强不息，走成功之路，实现学生的全面发展，教师的专业发展，学校的可持续发展，这就是我们研究的终极目标。

参考文献：

1.《新课程教师科研行动指南》首都师大出版社
2.《小学教育科学研究方法基础》东北师大出版社
3.《教师成为研究者》上海教育出版社

教育科研的基本方法

——小学校长科研培训讲座之二

教育科研，是一种运用科学的理论和方法，有意识、有目的、有计划地对教育领域中的现象和问题进行研究的认识活动。这种认识活动，"科学的理论"，每位校长都有："有意识、有目的、有计划"，这是教育教学工作和学校管理的基本要求：教育领域中的现象和问题，校长天天与之打交道，相碰撞；唯有选择科学的"方法"实施研究比较的困难，而方法科学是最重要的科学；"研究"——实现理论和实践的结合，可以根据需要与可能采取行动研究、叙事研究、调查研究、个案研究、实验研究、自我评价等常用

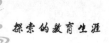

的六种基本方法。在简述各种基本方法的概念、特征、类别的基础上，对六种基本方法的设计与实施做重点介绍，以便校长们在教育实践中科学地运用。

一、行动研究

（一）含义、特征和优势

1. 什么是行动研究。行动研究是在社会情境中（包括教育情境）自我反省探究的一种形式，参与者包括教师、学生、校长等人。其目的在于提高社会的和教育实践的合理性与正义性，帮助研究者了解实践工作，同时使情境（或组织内）的实践工作能够付诸实施而有成效。我们认为，行动研究是融教育理论与实践于一体的教育研究方法，由教育工作者和研究者共同合作来解决教育教学实践中的问题，行动研究是促进教师成为研究者的重要途径。

2. 行动研究的特征。可以用四句话概括，为行动而研究（目的），在行动中研究（情境和方式），由行动者研究（主体），对行动的研究（对象）。从研究的目的、方式、主体和对象说明了行动研究的本质。

3. 行动研究的优势。(1) 适应性与灵活性，注重实际的教育环境，允许根据实际情况调整方案，条件的控制也比较宽松；(2) 评价的持续性和反馈的及时性；(3) 理论与实践的融合，可以紧紧围绕学校的实际问题进行分析、研究和行动；(4) 多种研究方法的综合使用。行动研究也有一定的局限性，研究结果的准确性、可靠性不够。

（二）校长怎样进行行动研究

1. 选择有效的工具。一是专业日志，是一种有目的的反思性文件，包括图表、报告、小册子、录像带、光盘、录音带等多种形式的对研究者来说有用的、有意义的东西，是校长和教师进行行动研究、反思和专业发展的重要工具；二是自由写作，把你想说的写出来，不受限制地自由写作，是一种很好的训练思考的方法；三是档案袋，不但记录了学生发展的历程，而且保存了教师发展的轨迹，是教师学习、发展和评价的历程和重要工具，是行动研究的生动简历和促进文件。

2. 掌握行动研究的基本步骤。行动研究流程图是：发现问题→分析问题→制定计划→实施与行动→反思与改进→总结与评价。大致分六个步骤：(1) 发现问题，行动研究的问题通常就是实际工作中所遇到的问题，在工作实践中，校长必须善于对实践进行批判性反思，善于发现问题。(2) 分析问题，对所遇到的问题有一个清醒的认识，诊断此问题的类别、性质、范围，形成的原因及其影响。(3) 制定计划，分析问题之后，就要考虑如何解决问题，计划的内容包括：何人、何事、何时、何地、为什么。计划的基本程序包括：目的——为什么要进行此项行动研究；课题——打算研究的领域；重点——在研究领域中探究的具体问题；结果——进行此项行动研究打算获得的成果；方法——实施此项行动研究的具体方法；时间安排——完成此项研究所需要的时间的期限；资源——帮助完成此项研究所需要的人才、资源及资料；微调——对原计划进行一定程度的调整；成果形式——研究报告或论文，可能产生的实践效果。(4) 实施与行动，是行动研究的核心步骤，是整个研究工作成败的关键。这一阶段的特点是边行动、边评价、边修改，注意对行动研究进行记录，数据的收集方式有观察、访谈、个案研究、文献查阅等。（5）反思与改进，校长对提出的问题进行反思，结合计划进行。（6）总结与评价。一是对研究中获得的数据、资料进行科学处理，得到研究所需要的结论，分析行动研究是否完成目标；二是对整个行动研究的计划、策略、步骤进行分析、反思和批判，为下一个循环作准备。

3. 操作行动研究应注意的问题。要在实践情境中进行研究；促进实践工作者与研究者的合作，师生、家庭、社区之间的互动；加强教育理论的学习与修养，提高理论水平与科研能力；加强自我反思与批判意识；研究过程应注意保持充分的弹性。

李吉林小学语文情境教学研究，进行为期20年的行动研究；顾泠沅的大面积提高数学教学质量的研究，形成了上海青浦模式；本人在经纬开展"三化"教育理念研究，也选择行动研究这一科学方法。

二、教育叙事研究

（一）含义、意义和特征

1. 什么是教育叙事研究。要明确"概念、理念、方式"三层意思。概念，教育叙事研究就是指以叙事为主要方式的教育研究。要求关注教师的教育经验事实，叙述问题由发生到解决的整个过程并分析因果，阐述自己的教育理念。教师的个人经验被视为故事经验，是教师从事实践性研究的最好方法，就是说出和不断地说出一个个真实的故事来。基本理念有三：一是在积累了大师的教育故事，掌握了丰富的教育素材之后写论文；二是通过"写"自己的教育故事来反思自己的思想和实践，促进校长、教师之间的经验、方法的有效交流；三是通过故事叙述这一主要手段来描述人们在自然情境下的教育行动以及教育群体和教育个体的生活方式。教育叙事研究的方式主要有两种，一种是"叙事的行动研究"，主要是由教师自己实施；另一种是"叙事的人类学研究"，教师只是叙说者，由教育研究者记述。

2. 教育叙事研究对校长的意义。三句话，锻炼面向日常教育生活的洞察力；提高校长反思探究的能力；提升校长的话语权力。校长在真实的故事中捕捉个人教育的观念，在个人实践的故事中发现属于自己的教育真理，看到了个人哲学的价值，从而不再为权威所束缚。

3. 教育叙事研究的特点。（1）叙述对象是校长或教师，真实的教学或生活事件；（2）教育叙事研究的过程，是一个经验反思和创造发展的过程；（3）讲故事的人，可以是教师、校长，也可以是研究校长和教师的人；（4）教育叙事研究是"现场文本"到"研究文本"的转换过程；（5）成果以"研究文本"的方式呈现。

（二）校长怎样做叙事研究

1. 研究的过程，分"现场工作→现场文本→研究文本"三个阶段。第一阶段是现场工作，主要是指研究者进入研究现场对所研究对象的体验，要处理好研究者与被研究者的关系，全面考察研究对象。第二阶段是从现场工作到现场文本，现场文本包括口述、故事、现场笔记等各种有价值的资料。第三阶段是从现场文本到研究文本，研究文本可以用文学、诗歌、科学等不同风格撰写。

2. 做教育叙事，第一要收集个人经历或历史素材，包括口述、日记、日志、书信等；第二要进一步深化叙事，进行开放式访谈，作现场笔记；第三，注意相关的背景资料，如年鉴、编年史、文献、纪念性物品等。有了以上的叙事素材，然后进行比较、分析、形成主题，组成一个完整的事件发展过程，对故事进行诠释，以不同的形式再呈现给读者。

3. 写叙事研究报告。成文的叙事风格，主要有忏悔的故事、现实的故事、印象的故事、规范的故事、批判的故事。校长叙述自己教育生活中发生的有意义的故事，撰写"教育叙事研究报告"应该体现四个要素："教育思想、教学主题、教学情节、教学反思"，因此有些建议可供参考：（1）重在思考，善于思考的人从身边平常事中也会发现真理；（2）注意观察，观察教学情境当事人的态度，学生的反应，原始资料；（3）明确研究的问题，清晰地表述，把问题细化便于研究；（4）注意学习，向师生学、同仁学，从历史经验中学；（5）注意研究的过程，明确研究的方法和程序；（6）交流与讨论，提出进一步研究的设想与建议。

案例学习，阅读《一次组织班级参赛活动的经历及反思》，简介省优秀班主任姚立新《民主育班，爱心育人——讲述发生在班主任身边的故事》。

三、教育调查法

（一）含义、功能、原则和类型

1. 什么是教育调查法。教育调查法，就是在一定教育理念思想指导下，通过运用观察、访谈、列表、问卷、个案研究以及测验等科学方式，收集教育问题的资料，对教育某方面问题的现状做出比较客观的分析或提出具体的解决议案的一种研究方法。调查研究的核心活动，一是调查，二是研究。调查就是通过科学的手段和方法收集研究对象的资料，了解事物的情况，研究就是对所收集的资料进行整理和理论分析，揭示事物的规律，找出解决问题的办法。

2. 调查研究的主要功能。通过调查研究，揭露教育发展中现实存在的问题；发现、总结、推广先进的教育思想和典型经验；为各级行政部门制定政策、发展计划提供依据。

3. 教育调查法的基本原则。一是客观性原则，尊重事实，如实记录、收集、分析和运用材料；二是多向性原则，在调查中多角度、多侧面去获得有关材料；三是灵活性原则，根据调查对象的特点，随时调查、灵活对待。

4. 教育调查法的分类。依据目的的不同，分为现状调查、发展调查、关系调查、比较调查；依据内容的不同，分为普遍调查、抽样调查和个案调查；依据方法的不同，分为问卷调查、访谈调查、测量调查、观察调查和专家调查。

（二）校长怎样做调查研究

1. 选择调查研究的具体方法，按照收集资料的具体方式和使用的工具不同，可以选择问卷调查法、访谈调查法、调查表法、观察法、测量法等。问卷调查法简便易行，节省时间，收集的资料也比较容易整理和统计，采用无记名问卷，可以获得访问或开调查会所不容易获得的某种有价值的资料，所以问卷调查是最常用的方法。这里最重要的是学会编制问卷，问卷的结构包括标题、指导语、问卷题三个部分，标题是研究内容的高度简洁的概括，标题的设计既要准确具体，又要避免暗示和不良的心理刺激。例如《关于小学生看电视时间的问卷调查》、《小学生学习积极性的调查》、《三年级小学生家庭作业时间的调查》等标题准确具体。指导语是问卷说明的深化语言，要亲切简洁，一般包括称谓、研究目的、回答问题的要求，对有关问题的解释等，文字不宜太多。问卷题是问卷的主体，问卷设计的科学性、合理性、针对性如何是调查成败的关键。问卷题的设计可以编拟①是非题，问题的答案唯有同意不同意两种；②选择题，可以选一个或几个答案；③填空题，让调查对象填空白地方；④问答题，用简短语言自由作答的开放式问题；⑤排序题，让调查对象给答案排队。问卷设计好以后，先在小范围做试验性调查，对调查内容进行修改，然后开展正式调查，这样的调查问卷就更科学可行了。其他调查方法这里不详细介绍了。

2. 掌握调查研究的一般步骤。调查研究可以分"确立调查课题→制定调查计划→选择调查工具→实施调查→数据整理分析→撰写调查研究报告"六个步骤。（1）根据调查目的确定调查课题，分析调查研究的必要性和可能性，查阅有关资料，了解该课题的研究状况。（2）制定调查计划，包括调查课题和目的要求，调查手段和方法，准备必要的调查工具，调查步骤和时间安排，调查经费的使用，形成一个指导性的计划。（3）选择和编制调查工具，制定调查表格、观察记录表、问卷、访谈提纲、测验题目，以保证调查研究的科学性、实用性。（4）实施调查，根据各种调查方法的具体要求开展实地调查。（5）调查数据的整理和分析，分检查、汇总、摘要和分析四个步骤。（6）撰写调查研究报告，基本格式是：①问题的提出，说明调查的主要目的和调查内容；②调查方法的设计，说明调查对象、人数，调查的具体方式和调查过程；③调查数据的整理和分析；④调查结论，说明调查的结果，问题的讨论。

简介教育调查法的应用。1936 年和 1947 年，苏格兰对这两年所有 11 岁儿童进行智力调查，并用测验结果来印证这样一种理论：文化越低的人生育率越高，而这又将导致智力下降。1964 年美国有两位学者采用调查法研究教育，对 1964 年 40 种教育杂志进行内容分析，发现约有三分之一的研究是采用调查法的。1986 年，我国进行普及义务教育调查，由全国人大教科文卫委员会牵头，中央各有关部门参加，组成三个调查组分赴江苏、湖南、四川三省进行调查研究。

四、教育个案法

（一）含义、特点及其意义

1. 什么是教育个案法。个案研究通常是以单一的、典型的对象为具体研究对象，通过直接或间接、深入或具体的考察，了解对象发展变化的特点，在此基础上设计与实施一些积极的措施以促进其发展，然后将认识与结论推广到一般的人和事的发展变化的认识上，也就是"解剖麻雀"法。

2. 个案研究的特点。（1）研究对象的个别性与典型性，有与众不同的典型特征；（2）研究内容的深入性和全面性，可以研究个案的现在、过去和未来，可以作静态分析，也可以进行动态调查，进行深入、全面系统的分析与研究；（3）研究方法的多样性和综合性。但个案研究的结论的可推广性值得考虑，材料提供者的主观偏见，也会影响所得材料的客观性，个案研究也很难确定因果关系，这是不足之处。

3. 个案研究的意义。个案研究运用于具体典型的人和事的研究，值得校长和教师使用，它有重要的实践意义和教学意义。首先个案研究是因材施教的基础，可以对少数个案进行几年甚至更长时间的追踪研究，便于掌握个案的动态发展，例如差生的转化、优生的培养。其次，通过个案研究，可以帮助教师及时了解整个班级或年级的情况，及时收集到对自身教育措施的反馈信息，从而得出对以后教育工作的有益启示。

（二）校长怎样做个案研究

1. 选择个案研究的具体方法。根据研究的目的、对象、内容的不同，可以采用追踪法、临床谈话法、追因法、产品分析法等具体的个案研究方法。（1）个案追踪法，就是在一个较长时间内连续跟踪研究对象，收集其各种资料，揭示其发展变化的研究方法。例如，选择对单亲家庭的儿童进行追踪研究，探讨父母离异对儿童发展的影响。（2）临床谈话法，可以是口头谈也可以是书面谈，即问卷谈话，也可以两种方法结合起来，进行综合判断和分析。（3）追因法，根据发现的结果去追究其发生的原因，例如某学生的成绩突然下降，我们就要去追寻他成绩下降的原因。（4）产品分析法，通过分析学生的活动产品，如日记、作文、书信、自传、绘画、工艺作品等，来了解学生的能力、倾向、技能、熟练程度、情感态度和知识范围等，运用这种方法时，不仅要研究人的活动产品，而且要研究产品制造过程本身以及有关的各种心理活动。

2. 掌握个案研究的操作步骤。个案研究实施的流程归纳为："确定个案研究对象→调查和收集所需数据→分析整理资料→拟定研究报告"四个步骤。（1）先确定研究的问题是什么，根据课题正确选择特定对象进行研究，选择那些可以为研究提供最大信息量的样本。（2）通过各种方式调查并收集所需资料，包括研究对象的基本资料，与行为问题有关的资料，个体的成长与健康资料，个体的教育及心理资料，家庭背景资料。（3）分析整理资料，这是研究的难点，分析资料的过程，也是对资料进行整理、简化和不断抽象的过程，从"主观——客观"维度，"现状——过程——背景"维度，分析影响个案发展变化的各种因素，揭示成长规律。（4）撰写研究报告。包括要研究的问题，有关研究方法的介绍，对研究情境的仔细描述，对所观察到的现象或过程的详细描述，对研究中的关键元素的深入讨论，对研究结果的讨论。

3. 进行个案研究应注意的问题。（1）基于事实上的整理、分析、撰写，要不带某种期待和偏见进行个案资料分析；（2）遵守一定的道德准则，保证学生的隐私权；（3）积极寻找教育专家和心理专家的帮助；（4）个案研究有它的局限性，防止以个别代替一般的错误。

五、教育实验研究法

（一）含义、特点及类型

1. 什么是教育实验研究法。教育实验研究方法是指研究者按照研究目的，合理的控制或创设一定条件，人为地变革研究对象，从而验证假设，揭示事物之间的联系和客观规律的一种研究方法。

2. 教育实验的特点。从对象、环境、评价、结果上分析有 4 个特点，（1）实验的对象是人，多是研究人的精神现象，对教育实验条件的控制，要求更高、更严、更复杂；

（2）主要采用自然法，在自然的、正常的教育教学活动中进行实验，使学生保持常态，实验结果才真实可行、有科学价值；（3）有必要应用定量分析的办法，是概率性的，误差在所难免；（4）教育实验多为定性分析，可能进行定量分析的尽力进行定量分析。

3. 教育实验的类型。以因素的多少分单项实验，综合实验和整体实验；以研究目的分探索性实验、验证性实验和应用性实验；以场所分为自然实验和实验室实验；以随机化和控制程度分前实验、准实验和真实验；以质量分定性实验和定量实验。

（二）校长怎样进行教育实验研究

重在掌握教育实验的一般步骤，其操作流程可以表示为"确定课题→建立理论假设→设计实验方案→实施实验方案→整理分析实验结果→撰写研究报告→进行重复实验或扩大实验"。

1. 确定课题。选题是教育实验的起点，必须符合以下原则：现实需要性原则，创新性原则，科学性原则，可行性原则。

2. 建立理论假设。确定课题后，就要提出研究假设，假设就是从理论和实践的结合上，通过逻辑推理得出的关于研究课题的设想，科学的实验假设要求合理、新颖、可操作、可检测，一个好的实验假设是形成理论的前提，是教育实验的灵魂，整个实验的过程是围绕着理论假设的成立与否展开的。构建理论假设的方法主要有归纳法、演绎法和类比移植法。

3. 设计实验方案。其内容包括：确定实验背景与目的，指导思想与原则；确定实验目标与内容、对象与布点；设计试验方法与技术手段，步骤与时间安排，确定实验队伍与领导，分工与协作；确定实验效果的检测和评估手段。

4. 实施实验方案。（1）选择被试和实验方法，采用大样本（被试30人以上），实验方法有三种，单组实验、等组实验和轮组实验。（2）各种变量的处理，一是自变量的选择与操纵，在教育实验中，自变量主要是教材、教法、教学手段和教学组织形式。二是因变量的确立与分解，变量通常与教学目标有关，例如知识掌握能力的增长，品德及其他优良品质的形成，根据实验研究的需要进行前测和后测，进行定性或定量描述。三是无关变量的控制，方式主要有随机法、排队法、平衡法、统计控制等。（3）注意教育实验中的真实性。（4）建立实验档案及时积累实验资料。

5. 整理分析教育实验结果。运用科学的原理和方法，对实验结果进行定性和定量分析，在定量分析中，还应注意信度和效度。信度就是教育实验中测量统计的可靠性，效度就是教育实验中测量统计的正确性。

6. 撰写教育实验研究报告。要写清楚题目、署名、前言、目标和原则、实验过程和方法、实验结果与分析、结论和讨论、附录和附表共八个部分。注意要以陈述事实为主，要进行具体分析，要反复讨论和修改，要有严谨认真的态度。

六、教师自我评价法

（一）自我评价的内涵、意义和原则

1. 自我评价的内涵。教师自我评价一般由教师本人依据评价原则，对照评价的内容和标准，对自己的教育教学过程和成果主动作出评价，使教师了解自己的工作成绩和不

足，以便达到调整完善和不断改进的目的。评价的主体是教师自己，评价的客体是教师自我的行为与结果。教师的自我评价是一个连续不断的自我反思、自我教育、激发内在动因的过程。

2. 自我评价的意义。教师自我评价，是促进教师反思能力发展的最佳途径；有利于教师主体性的发挥和教师主体意识的形成；是一种教师自我激励、自主发展的内在机制，是教师专业成长的内在动力；有助于学校全面掌握信息，提高教师评价结果的客观性、可信性和有效性。

3. 教师自我评价的五项原则。一是发展的原则，要用发展变化的眼光，更新教育观念，着眼于改进教学实践，促进专业发展。二是主体性原则，作为评价主体，应充分发挥自己的积极性、主动性，进行自我认识、自我分析、自我改进、自我完善和自我教育。三是整体性原则，要树立整体意识，既要有局部的分析判断，又要有整体的综合评价。四是循序渐进的原则，自我评价是一个长期的过程，要有一颗平常心，保证自我反思经常化、系统化。五是客观性原则，以实事求是的态度，从客观实际出发，作出客观、准确的评价。

（二）校长怎样指导教师进行自我评价

1. 掌握教师自我评价的内容和标准。教师自我评价一般包括个人素质和教学成果两个方面，可以参照教材 P126 – 127 提供的评价内容和评价标准，研制可操作的自我评价指标体系，去开展自我评价。

2. 明确自我评价的一般步骤。(1) 树立正确的自我评价观。唯有通过自我评价的内化才能总结自己的得失，发扬优势，克服不足，促进自身发展与专业能力的提升。(2) 选定自我评价所使用的工具。为了使自我反思更加客观、合理、全面，从不同的角度来观察自己是怎样思考和工作的，这些反思工具包括：教学录像、专家测试量表、教师自查量表、教师专业成长档案袋。(3) 收集和分析评价资料，收集评价资料一定要全面，包括优势和不足两个方面，注意观察学生的客观反映，认真倾听同事对自己的评价，对自己的工作进行定性和定量的综合判断。(4) 提出改进计划，用清楚、简洁、可测量的目标术语来描述自己要改进的要点，明确改进教学和提高素质的指标，描述实现改进目标的具体办法。

3. 采取有效实施自我评价的策略。(1) 通过宣传和身体力行，在全校范围内创设出健康的具有支持性的教师自评氛围。(2) 帮助教师掌握科学自评方法，包括如何理解自主的原则、内容、程序和方式并能有效执行。(3) 慎用评价结果，不宜与奖励挂钩。(4) 与他评结合，促进教师反思能力的提高。(5) 写教学后记，写反思日记，有助于开展自我评价。(6) 应当注意两点：第一，评价对象能否襟怀坦白，这是自我评价成功与否的关键。第二，在自我评价过程中，使用调查表或问卷表有它积极的意义。

参考文献：

1.《新课程教师科研行动指要》　　首都师大出版社

2.《小学教育科学研究方法基础》　　东北师大出版社

3.《教师成为研究者》　　上海教育出版社

教育科研成果表述的主要形式

——小学校长科研培训讲座之三

一项教育科学研究，在取得丰硕的科研成果之后，还要对整个研究过程及研究结果进行认真的分析总结，并选择适当的形式将研究结果、有说服力地表述出来。成果表述是教育科研最后的一个重要环节。新课程教育科研成果表述的主要形式有：反思日志、课题研究报告、科研论文、教学案例、自我评估报告。成果要写够，下面围绕五种表述形式的写作要求展开论述，为校长们提供必要的参考。

一、怎样写反思日志

（一）反思和教师反思。反思，就是用批判和审视的眼光多角度的观察、分析、反省自己的思想、观念和行为，并做出理性的判断和选择的过程。教师反思，就是教师以自己的实践过程为思考对象，对自己所做出的行动、决策以及由此产生的结果进行审视和分析的思考活动。它具有实践性、针对性、反省性、时效性和过程性的特征。一方面，具体的反思是一个过程；另一方面，又是一种长期不懈的自我修炼。教师"有感而发，在感而记"，反思日记没有固定的写作内容和风格。

（二）波斯纳公式。美国心理学家波斯纳给出了一个公式：教师成长＝经验＋反思。他说："如果一个教师仅仅满足于获得的经验而不对经验进行深入的思考，那么，即使有20年的教学经验，也只是一年工作的20次重复。除非善于从经验反思中吸取教益，否则就不可能有什么改进，永远只能停留在一个新手型教师水准上。""反思被广泛地看作是教师职业发展的决定性因素，它有助于履行自己的职业使命，有助于新课改目标的实现，有助于教师自我价值的实现，有助于教师教育魅力的彰显。"

（三）原则和分类。教师教学反思日志的撰写，要树立价值性原则、问题意识、具体化意识和及时性意识四种指导思想。可以将反思日志分为理念领域和行为领域两个方面，前者侧重于理论思维，后者侧重于实践操作。

（四）日志内容。反思日志的内容应该包括每天的所作所为，主要落实在日常的教育教学活动中。写作的具体内容，可以写成功之处，也可以写不足之处；可以写教学机智，也可以写教学创新；可以写教后记，也可以写再教设计。比如，上课下来，静心沉思，摸索出哪些教学规律，教法上有哪些创新，知识上有什么发现，组织教学上有何新招，解题方法上有什么突破，启迪是否得当，训练是否到位，及时记下这些得失，并进行必要的归类和取舍，考虑一下再教时应如何改进，写出新的教学设计，可以扬长避短、精益求精，把自己的教学水平提高到一个新的高度。

（五）内容决定形式。教学目标是否达到，教学情境的创设是否和谐，学生学习的积极性是否被调动，教学过程是否开放和优化，教学方法是否灵活，教学手段是否恰当，教学策略是否科学，教学效果是否良好，可以选择其中感受最深的一个方面去写，无论怎么写都围绕一个目的：使教师成长，让学生受益。内容决定形式，从文体上讲，可以是记叙性的议论文（教学日志），也可以是夹叙夹议的议论文（教学随笔）。有突发性事件的反思，写这种反思，要抓五个"W"，即何人、何时、何事、保因、何果，在记录的过程中要有自己的分析，要有多方面的证据支持。有主题式反思，写这种反思，教师把自己在教学工作中感受最深、最新的理解记录下来。有课例式反思，对一节课的反思，包括对教学设计、教学过程、教学问题的分析与对策一系列反思。有随笔式反思，它没有完整的结构，只是把自己的一些想法、感受随时记录下来，但是它为教师对某些关键问题的深入思考提供了素材，更为教师之间的合作提供了切入点。

（六）寻找反思的策略。写反思日志，需要时间和精力，教师要善于支配。寻找"反思点"，要多与"局外人"互动，同事之间多加交流，共同提高；要不断加强理论学习，每月小结，每期总结，实现自我超越；要养成不断追问的习惯，多问几个为什么，这要成为教师的一种生活方式，经过"反思——总结——再反思——再总结"，可以从整体上提高教师的教育教学素质。

二、课题的申请与研究

教师的成长有两条途径，一是内在动力，用自我反思来取得超越和进步；二是外在智力，用课题研究来提升自己的能力和水平。教师参与课题研究，是借助外在智力强化内功的一种很好的途径。

（一）课题申请。课题立项有两种情况，一种是内部立项，你选准一个课题，在学校申请立项研究；另一种是向外部机构资助的立项（有国家级、省部级、地市级）。申请立项的程序分四步：第一步获取课题申请信息；第二步确定申报的课题；第三步填写课题申请表；第四步，提交申请信息。课题申请表的内容包括五项：课题名称、课题类别、申请者及其主要研究成员的资料、研究方案、科研管理机构的意见。其中课题研究方案最重要，七个部分都需要详细充分论证，才能被评审专家所认可，否则申请很难通过。研究方案的具体内容包括：1、研究的目的及其意义（包括课题提出的背景、理论与实践价值及要解决的主要问题）；2、课题界定与支撑性理论；3、研究的内容要点（含子课题的设计）；4、国内外同类课题研究的状况；5、运用的主要研究方法与手段（根据研究目标、过程所进行的具体研究方法设计）；6、研究的具体步骤及进度安排（包括阶段时间划分阶段研究内容、阶段成果形式）；7、完成本课题研究任务的条件分析（负责人的研究水平，组织能力和时间保证，主要研究成员的研究水平和时间保证，近期参与研究的课题及其主要成果，经费投入、资料设备、实验条件）。写出有质量的研究方案，有一个好的开头，就是成功的一半。

（二）课题研究。需要很强的计划性，做到有序有控，才能保证课题研究的质量。大体分开题论证、实施研究、结题验收三个阶段。在开题论证期，进一步完善操作方案，将课题申请中的研究方案形成一个符合实际条件的"施工蓝图"，便于具体操作（又叫研究工作计划）。计划三件事：课题研究的目标安排（形成工作指南）；课题研究的分工（每一个子项目或子目标要有一个负责人，建立档案管理制度）；生产阶段性成果（论文、研究报告）。在实施研究期，需要一些工具的开发，包括调查问卷的设计、发放和回收，访谈提纲的拟定与访谈技巧的运用，资料的处理，对于调查问卷资料的统计要借助于 SPSS 统计软件来进行。各种研究资料要综合起来进行定性和定量分析，从中得出研究结果。在结题验收期，课题主持人必须向主管部门提出书面申请，由科研管理部门组织专家（5～7人）进行结题验收，专家一般根据结题材料进行成果鉴定（有通讯鉴定和会议鉴定）。结题材料包括课题立项申请书、课题结题验收表（一式三份）、课题结题研究报告、课题研究的主要成果原件（著作、论文、教材、课件等）相关附件或佐证材料复印件（包括被哪采用、转载、获奖证书）。其中最重要的是研究报告，字数在1万字左右，内容包括：课题提出的背景、目的和意义；课题研究的主要内容；课题研究采取的方法和具体措施；课题进程及研究阶段说明；研究的结果、结论及其取得的社会效益，共五个部分，必须写出水平来。

三、怎样写科研论文

写科研论文，不仅是反映科研成果，而且是反思总结的过程，是感性认识向理性认识的飞跃和升华；形成可以互相交流的文本，在更大范围内得到推广；没有一批科研论文的问世，一个科研课题的验收是难以通过的。

（一）写作过程。论文的写作，就常规而言，要经过撰写提纲、写出初稿、修改三个环节。1、撰写提纲是布局谋篇的过程，一定要绘制出这个草图，内容包括题目、主旨、段落、证据材料；结构包括全文分几段，先写什么，后写什么，每个段落的要点是什么。2、拟写初稿尽可能一气呵成，要始终抓住主题，每个段落都要围绕这个中心去写，在行文当中要注意表达的规范，用词的准确、简明与朴实。3、修改定稿是对初稿的润色加工，是对疏漏的补充，是对布局的审核，是对用词的推敲。修改时要审查主题是否突出，材料是否典型，论证是否严密充分，资料是否准确规范，措施、办法、绪论和意见是否得力、具体、可行。一篇好的教育论文往往不是写出来的，而是改出来的。主要从思想内容到表现形式两个方面斟酌。常用方法可以概括为"增、删、改、调"四个字，增加材料，让内容更充实；删去不必要的文字，让语言更精练；改换论据，让论证更科学；调整章节段落，让结构顺序更符合逻辑。

（二）论文的优化。如何提高论文质量，优化教育科研论文，这需要从主题、材料、结构、语言表达几个方面下功夫。1、主题应该集中、鲜明、深刻。主题要集中，突出重点，所有材料都要紧紧围绕一个中心、表达一个意思、打在一个点子上；主题要鲜明，爱什么、恨什么、赞成什么、反对什么，一定要清楚明白，绝不能模棱两可、含含糊糊；主题要深刻，击中了要害，说到了本质，提出和解决了带方向性和根本性的问题。集中、鲜明、深刻三者是不可分的。2、标题要鲜明、确切、简洁。为了充分反映主题，要处理好主题、标题与小标题的关系。标题要鲜明，一个标题要能概括一个深刻、明确的思想观点；标题要确切，标题不能千面一律，生动、活泼、新鲜，才能抓住读者，给人以强烈印象，起到更好的宣传观点、说明问题的作用；简洁，就是简练、干净、高度概括。3、构思要严密、深刻、完整。主题是文章的灵魂，标题是文章的眼睛，结构就是文章的骨架。文章的构思一般包括：开头、中间和结尾的安排；段落的划分和过渡；前后的交代和照应等等。文章的构思，实质是一个如何认识和反映客观事物的问题，构思严谨清晰，反映了作者思想的严密性，对客观事物本质认识的深刻性；构思松散混乱，说明作者还没有抓住事物的本质及其内部联系，文章的构思要服从主题的需要，符合客观事物

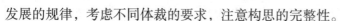

发展的规律，考虑不同体裁的要求，注意构思的完整性。

（三）结构与写法。教育科研论文的结构包括七个部分：题目、摘要、关键词、绪论、本论、结论、参考文献。1、题目是论文的窗口，是论文的高度概括，论文通过题目来传神韵、显精神、见水平，简洁、精练，不超过 20 个字。2、较长的论文要有内容摘要，以二、三百字为宜，内容全面、突出重点，使读者一目了然。3、关键词也称主题词，能准确反映其内容的词，以 3－8 个字为宜。4、绪论即引论。讲清三点，第一，提出课题；第二，交代研究的背景，提出需要说明的问题；第三，说明论证的方法和手段。5、本论是论文的核心部分，关键是论证，要证明作者所提出的议题，为了概括内容和阅读方便，冠以大小标题，序号必须规范，一、二、三、四级标题分别为一、（一）、1、（1），或者 1、1.1、1.1.1、1.1.1.1。6、结论是经过推理、判断、归纳等逻辑分析以后而得出的学术新观念、总见解，应该准确、完整、精练，要求措词严谨，逻辑严密，文字具体。7、参考文献在论文中占有重要地位，没有参考文献不是严格的学术论文。引用的期刊、图书、学术论文、报纸、科技报告、国际或国家标准、专利、电子文献等，必须规范标示。学术论文的七个部分，不是所有的论文都需要，但至少要有题目、绪论、本论、结论四个部分。

四、怎样写教学案例

（一）什么是教学案例。教学案例一般是指对教学设计的实施过程进行点评与思考，它包括实录与反思两部分。它既可以是对教学设计的反思，也可以是对教学实录的反思，既可以是一堂课的过程，也可以是某一个教学环节，还可以是某一教学方法、某一教学素材的反思。它是课后反思形成的，是以总结经验教训为目的的。教学案例是真实、典型而又有问题的事件，是"意料之外，情理之中"的教学故事。教学案例可以从不同角度反映教师在处理这些问题时的行为、态度和思想感情，提出解决问题的思路和例证。教师可以在教学过程中，对教学的重点、难点、偶发事件、有意义的、典型的教学事例处理的过程、方法和具体的教学行为与艺术的记叙，以及对个案记录进行剖析、反思和总结。在写作格式上一般先记叙后反思议论。教学案例具有客观性、典型性、创新性和实用性的特点。教师学会写教学案例可以促进教学反思，促进教学理论学习，提炼教学经验，便于群体交流，形成科研成果，提高教师实践研究能力，提升教师观察、思维、创新能力。教师写教学案例，素材丰富，一写案例事实，二写案例分析，它是讲教师自己身边的故事，既是完全必要的，也是完全可能的。

（二）构成教学案例的要素。一个教学案例，由背景、主题、细节、结果和评价五要素构成。案例需要向读者交代故事发生的问题、地点、人物、事情的起因等情况，这就是背景。这个案例反映什么问题，是想说明怎样转变差生，还是强调怎样启发思维，或者介绍怎样组织小组讨论，这就是选择并确定主题。有了主题，围绕主题筛选原始材料，有针对性地向读者交代特定的内容，这是注重细节。不仅要说明教学思想、教学过程，还要交代教学方法的即时效果，包括学生的反映和教师的感受，这是结果的表述。对案例所反映的主题和内容，包括教学指导思想、过程、结果，对其利弊得失，作者要有一定的看法和分析，就事论事，有感而发，引起读者共鸣，这就是评价。针对新课程的实施，写成一个好的教学案例，就获得了一份丰硕的科研成果。

（三）写作教学案例的技巧。写教学案例，徐帮桃谈案例写作技巧，提出了五条规则、三个关键点，值得大家借鉴。五条方法规则是：1、选择有冲突的事件好；2、对事件背景进行描述，用以调协场景，做好铺垫；3、确定事件中的"演员"，每个人都扮演一定的角色；4、检查自己行动的结果，会产生什么影响；5、假设再次遇到这样的事，怎么重新考虑。注意三个关键点：1、选择复杂的情境，复杂的情境提供了更多的选择思考和想象的余地，给人以更多的启迪；2、揭示人物的心理，案例能深入人的内心世界，让读者"知其所以然"，尤其是学生心理，真实地反映学生在教学过程中的想法、感受，是写好案例的重要一环；3、具有独到的思考，要从纷繁复杂的教学现象中发现问题、提出问题、解决问题，独具一双"道出人所欲知而不能言者"的慧眼。理论能够给人带来信心，范例能够给人带来灵感和激情，为了使得教学案例不停留在理论层面，初学者有必要先学习一些典型的教学案例的范例，从中吸收营养，这也是一种难得的学习途径。

五、怎样写自我评估报告

（一）价值。教师评估是一项十分复杂而重要的活动。外部对教师进修评估面临许多的困惑，这是因为教师角色的多样性、教师劳动的复杂性、教师所处地位的特殊性，决定了在对教师进行评估时，任何单一的评估主体要想对教师进行全面科学的评估是极其困难的，因而提倡教师自我评估，即教师依据评估标准对自身动机、行为及其效果作出的价值自我评估，即教师依据评估标准对自身动机、行为及其效果作出的价值判断，它是主体反省认知的一种。它可以弥补外部评估的不足，可以挖掘教师自我改进的潜能，激励教师内在动力，积极有效的自我评估，能达到客观、全面、公正、准确的目标。

（二）策略。如何实现教师有效自我评估呢？对教师在进行自我评估时可能会出现的一些问题采取一些针对性的策略很重要。1、意识策略，加强指导，树立正确的自我评估观；2、标准策略，制定操作性强的自我评估指标体系；3、目的策略，充分利用自评结果，通过教师自我评估发现问题、改进工作、提高绩效，推进教育事业健康发展。

（三）内容。自我评估的内容应该包括教师素质、教育教学工作、教育教学效果三个方面。教师素质分政治素质、业务知识素质、能力素质三项；教育教学工作可以划分工作数量、工作质量、工作方法、工作态度；教育教学效果可以看直接效果，也可以看社会效益（主要指社会影响及家长的评估）。就全面的教师评估而言，教师素质的评估是前提，教师工作效果的评估是最重要的依据，而教师工作过程的评估既是教师素质的体现，又是取得成果原因的说明，三者互相联系，共为一体，缺一不可。

（四）构成。自我评估报告作为研究报告的一种，基本的构成包括说明、评估结论及主要依据、附件三个要素。说明是必不可少的部分，说明评估的内容、目的、效果、方法、结论，功能在于使读者正确理解和使用评估报告。核心部分是评估结论及主要依据，运用评估标准审视自己的所作所为，认识真实可靠而又有理有据，从而作出发扬优点、克服不足、自我更新的决策与行动。附件要呈现有关参照性资料，起着补充说明的作用，使报告更具说服力和可信度。

（五）写法。写作前，评估的内容是明确的，价值观是确定的，参照标准是具体的。

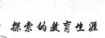

写作中，要遵循一定的程序逐步展开。第一，明确评估的内容；第二，对评估的相关资料，进行分类整理、归纳整理、数字处理、绘制统计图表，以形象地表达；第三，分析评估，根据标准逐一对照，获得自我评估的结果；第四，写评估结论，进行定性定量分析，作出准确、可行、客观的评估结论；第五，写将来的打算，通过自我评估，总结出一些宝贵的经验，发扬光大或推广应用；获得教训，采取必要措施避免某种现象的再次出现。

上面讲了五种科研成果的表述形式，各具特色，各有风格。成果表述的质量既取决于研究工作本身，也取决于表述者的水平。因为成果表述绝不是对研究过程的机械反映，对现象的简单罗列，而是需要研究者对整个研究过程进行深入的分析、探讨，对所有的研究成果进行整理、分析、归纳、综合，从中抽象出科学的观点，将经验的、现象的描述上升到科学的理论表述高度，从而形成论点鲜明、论据充分、论证严密、语言精练的教育科研成果体系。顺其自然，行其当然，功到自然成。

参考文献：

1. 《新课程教师科研行动指要》　　　首都师大出版社
2. 《小学教育科学研究方法基础》　　东北师大出版社
3. 《教师成为研究者》　　　　　　　上海教育出版社

教师怎样做课题研究

——中小学校长提高班教育科研讲座

教育科研，说得具体一点就是做课题研究。课题研究，从本质上说就是对教育未知领域的一种探索。过去，一个教师从师范学校毕业走上工作岗位，凭自己的底子功夫可以一成不变地教上十几年甚至几十年，一套教材也可以用上多少年不变。现在情况完全不同了，随着经济和社会的不断变革，教育正在发生着日新月异的变化，实施新课程，新的教育理念、新的教育技术、新的教材教法不断产生，教育工作呈现一系列亟待解决的具体问题，需要形成科研课题予以研究。每所中小学，每位中小学教师，无论你的过去有过怎样的辉煌，都不能停止自己的学习和探索。教师怎样做课题研究，要从理论和实践的结合上回答好这个问题，不是件容易的事情。我对自己多年做课题研究的实践进行反思，就研究的过程、研究的方法和研究的内容讲些自己的体会，形成三个基本观点：过程要规范、方法重选择、内容求务实。

一、过程要规范

第一，讲研究过程。做任何事情都要重视过程，课题研究也是如此。研究过程，就是要懂得研究中要经过哪些阶段和步骤，我主持学校科研工作多年，对一个课题的研究所经历的过程学到了一个比较完整成熟的套路。初步参与科研的同志，了解这个套路，研究过程会少走弯路。有同志说，我不想遵守什么死套路、死规定，我自己也能有一套研究过程。其实，这种认识是一种误解，一个比较成熟的套路，并不是天才人物强加的，它只是通过许多人的实践摸索出行之有效的路子，也就是说它带有某些规律性，规律是不依人的意志为转移的，无论谁要从事科研，进行课题研究，摸索来摸索去，万变不离其宗，走不出这个基本套路。有些老师做课题研究，在研究的过程中出问题：有的不开题，有的缺乏详细的实施方案，有的不注意资料的积累，有的研究方法选择或使用不当，有的不注意学习培训从而使研究不能统一到课题的指导思想上来，有的组织松散、管理不善，不能严格按计划执行研究等等。正因为如此，所以我们提出研究过程要规范，要重视研究过程的落实，研究过程是否规范，是判断一个课题研究是否科学，能否结题的主要标志之一。

课题的研究过程，大体上可以分为酝酿申报、全面实施、总结送审三个阶段。每个阶段有若干步骤，了解和熟悉这些步骤，对最初参与者是入门，对老手来说是一种自觉的规范。

（一）酝酿申报阶段

这个阶段是科研课题的产生阶段。课题是从哪里产生的？从最初的问题演变成课题的过程是怎样的？为什么要申报审批？是这一阶段要回答的几个主要问题。

1. 提出和选择问题。课题的产生从需要解决的问题开始，上级科研部门发布有课题指南，我们在选择课题时，一方面要把课题指南当做参考；另一方面，更重要的则是自己的需要，是本地区、本单位在教育教学中遇到的实际问题。当然，一所学校或一个地方在教育教学中遇到的问题太多了，总不能把所有的问题都当成科研课题来研究。这里就有个选择问题，怎样选择呢？有三点可以参考：第一，根据需要，通过这一问题的研究，能够起带动作用，促进学校的工作；第二，符合课题指南的大致方向，带有普遍意义，取得成果有更大的推广价值；第三，自身能力，单位是否研究过类似问题，有一定的基础，有几个教师或学科带头人可以承担研究任务，有较长时间的研究积累。如果符合上述三条，你所选择的就是比较好的问题，转化成课题后，立项研究并创造科研成果的可能性比较大。

2. 确定研究课题。给课题命名，就是把问题变成课题的第一步，它是一个思维概括，用比较准确的词语来明确表达课题研究的内容和目标的过程，课题研究应该从取名字开始，一个好的题目，要求准确简练。所谓准确，就是一看到题目，就知道你做的是什么研究，目标、内容甚至方法都有了。所谓简练，就是用尽可能少的文字表达出准确的含意。准确、简练地予以表述，这是科研工作者的基本素质之一。

3. 课题研究的论证。论证是对题目的深化和分解，是对课题的理论陈述和研究方向的大致确定，这是酝酿阶段的核心，通常是课题负责人与核心成员共同研讨框架，再指定执笔人起草，然后将草案反复讨论修改最后形成。理论论证和研究方案的框架大致可分四项：意义价值论证、目标内容论证、方法步骤论证、保障条件论证。怎样论证，具体内容放在后面第三个大问题中讲述。

4. 队伍落实。课题组组成人员大体分负责人、主要研究人员、一般参与者三个层次，实现领导、科研骨干、教学骨干和一般教师相结合。队伍的落实，要由负责人精心策划，只有按照课题的研究目标组织好一支功能齐全的队伍，才能够保证课题研究的顺利实施。

5. 申报立项。首先要填好申报表。酝酿阶段的全过程，都由研究者以文字形式填写到申报表中，申报表是一个基础性文件，它是整个课题研究的最初构想，也可以说是课题研究的第一项成果，它与最后的研究成果一前一后，构成了课题假设———验证的全部过程，申报表写得如何，可以大体看出课题组的科研水平。省级立项课题，要先上报课题设计论证书，经专家鉴定是否上水平，再决定申报立项。对于上级科研组织来说，申报表是立项的依据，也是中期检查和最后成果鉴定的依据。对于课题组来说，申报表如同剧本，拍戏的全过程都根据剧本，课题研究都要凭借申报表。申报表经过本单位批准签字盖章以后，就可以申报了。上报一般一式三份，可以邮寄，也可以从互联网发送，如果中间还有推荐层次，则应发往推荐单位，履行手续后才可发往受理的科研组织，受理单位接到申报表后方可办理审批手续，批准立项以后，就将成为第一份材料，分别存放在研究单位、推荐单位和受理单位的档案中。

（二）全面实施阶段

这个阶段是课题研究的主要过程，也是把"蓝图"变为现实的过程，其步骤分别为开题、拟定更具体的实施方案、培训与学习、分阶段实施等。

开题论证会。这是课题研究必不可少的一环，什么人参会？应是与本课题有关的人尽可能都参加。一是课题组成员；二是单位或上级领导以及专家学者；三是那些能够对课题研究提供帮助和条件的人选。开题会的作用？一是造声势，如同京剧里的"亮相"，如同买卖开张时的"放鞭炮"；三是接受建议和忠告，听取领导和专家的意见，可以说是对课题的进一步论证；三是统一思想和布置研究任务。开题会的内容？大体是主要负责人宣读课题论证和初步的实施方案，专家和领导的发言，课题组成员有针对性的研讨，最后是大会的总结，一个成功的开题论证会，将为课题的顺利进行创造良好的外部环境和内部思想的统一。

制订行动方案。吸收开题会上各方面的意见和建议，对课题的初步方案进一步修改完善，制定出比较详细的行动方案。行动方案的可行性表现在分层实施、分步安排、具体到人、注重反馈、随机应变几个方面。一是分层实施。较大的课题，例如乡镇共同研究的课题，除总课题外，还可设立一系列子课题，一个单位的小课题，也要涉及到不同内容的研究，也应设立相应的子课题或专项研究小组，所以行动方案必须是分层次的，既有总方案，也要有子方案。二是分步安排。课题研究的时间一般跨越一至两年，就研究的内容而言，前一步不走后一步就没有根据，从时间的安排上到内容的衔接上都需分步进行。三是具体到人。行动方案必须具体，要化成一个个前后有序的具体任务，目标单一、方法选准、时间有序、分工明确、落实到人。四是注重反馈。行动必须在掌控之中，需要经常掌握研究的具体状况，因此在方案中应有一套反馈、检查的机制。五是随机应变，研究过程出现变化是难免的，有了变化就要应变，想出新的对策，行动方案必须要有相应的预案和处理变化的相应机制。

整个实施过程是复杂的，学习、调研、实验活动、研讨和交流、思考和总结，一些具体问题我们将在第三个问题中深入讨论。

（三）总结送审阶段

酝酿是思维，实施是实践操作，总结又回到了思维。所以总结送审阶段在课题研究中占有十分重要的地位，是从实践操作过程又回到了头脑思维的过程。在这一阶段里要在整理原始资料的基础上，撰写结题报告，撰写工作报告，再附上佐证材料，然后上报审批。

1. 整理原始资料。一般来说，原始资料是从众多参与者手里集合而来，必须按照一定的逻辑顺序先行归纳，然后对每类中的每篇材料逐一阅读审定，是一个对比权衡、去粗取精、去伪存真、裁减增删的过程，更是为主报告的撰写布局谋篇的过程，如果发现资料不全，还要通过补充调查、研讨或实验获得资料，最后形成目录清晰的资料册。

2. 撰写结题报告。结题报告是一个泛称，可以是调查报告、实验报告、专著等。应遵循实事求是、综合与概括、创新三原则。第一，要实事求是。尤其是在得出的事实与原先的预想不符或有差距时，一定要按照新的事实作出新的结论，这才是科学的态度，证实或证伪都是常有的事。第二，综合与概括。就是把众多原始资料反复审阅、对比、研究，加上由此及彼、由表及里的思考，从中抽象出若干条带规律性的结论，并用高度概括的词汇和语言将它们表示出来。第三，创新。就是在撰写报告时，要根据新事实新经验，敢于提出新的见解，这个新见解，可以是对事物的新看法，也可以是改造事物的新措施、新方法。事实上，这才是对科研工作的本质要求。

3. 撰写工作报告。写个工作报告，证明我们研究所得出的结论不是凭空杜撰的，而是有它扎实的工作基础，我们在什么地方运用了什么新的方法，是怎样运用的；我们还创造了哪些新的具体的方法；我们有哪些有创意的活动安排；我们的方法步骤是怎样的；研究中我们遇到了哪些新问题，采取了哪些应变措施等等。因此，必须认真总结撰写，还可以记录课题研究的大事记，按时间顺序叙述研究工作各项活动的开展情况。

4. 按主成果整理并附上必要的附件材料。它是主报告的佐证，也是主报告内容的延伸，还是对课题参与者研究成果的一种展示，形式可以多种多样，有论文、心得、调研报告、经验总结，凡参与研究的教师都有自己的研究成果，装订成册附在主报告之后。

5. 上报审批。上报是个手续问题，但手续要齐全，材料要规范，并且要按时结题申报。审批是科研单位对课题研究的肯定，经过学术鉴定、大会表彰、定等奖励，主要成果还可以收集出版、杂志发表予以推广。

二、方法重选择

第一个问题是讲述研究过程，第二个问题是讲述研究方法，过程讲的是"做什么"，方法讲的"怎么做"。实践证明方法科学是最重要的科学。人们要过河，总是要通过桥梁或寻找船只，课题研究方法就是达到科研目标的桥梁、船只。选择和寻找好的研究方法，往往是课题研究能够成功的关键。科研方法的选择主要根据课题本身的性质和需要而定，选择方法并不难，难点在于如何对各种方法的熟练运用和合理搭配。在这里主要讲一般方法，一些带有普遍适用性的方法，一些特殊的、具体的方法，要依靠研究者自己在实施中去创造；选择和创造好的研究方法，本身是科研的一部分，尤其是特殊的、有针对性的方法更是如此。下面采取叙述经验的方式，对课题研究的基本方法进行浅释，并说明具体的操作过程。

（一）观察法

观察法是人们认识事物最原始、最常用、最基本的方法。对于课题研究来说，它同样具有这种基础性的地位。有教师会说，我天天都在观察，无论是有意还是无意，只要一睁开眼睛，就在观察，那我就是天天在搞科研了。要弄清楚科研观察法与平时的观察是有区别的，课题研究使用观察法，有正式与非正式观察，定性与定量观察，直接与间接观察、自然与实验观察、长期与定期观察、根据课题研究的需要灵活运用，以增强对事物的感性认识。在具体操作过程中，我们应注意三点：第一，预设目标和计划。研究者必须做有心人，有无计划，效果完全不一样。第二，讲究策略。如何观察到真实情况，采用什么具体方法，什么是重点，什么时间、地点、环境、谁先谁后，在具体观察时都要认真考虑。第三，要有记录。好记心不如烂笔头，观察一定要有记录，把头脑中的"影像"用文字概括地有条理地表达出来，便于今后研究，作为教师，观察应是一种职业习惯，只要长期坚持观察，一定会有一套行之有效的观察方法。

（二）调查法

与观察法一样，调查法也是人们获取信息最基本的方法之一，得到的资料也可以叫做"第一手"资料。它比观察法更有优势，通过调查，在了解"是什么"的同时，可以了解到更多的"为什么"。我们做课题研究，要很好地运用调查法。具体方法有：召开座谈会、个别谈话、现场调查、问卷调查、网络调查，随着教育科研的发展和技术的进步，还可以创造出许多新颖的调查方法。做课题研究，要高效率地了解总体情况，最好的方法是问卷调查，而问卷调查最重要的是调查问卷的设计，一份科学的问卷，必须合理、艺术地提出每个问题，如果问题复杂、敏感，或者备选答案抽象笼统，或语言表述含糊、晦涩，都会使答卷人（特别是小学生）感到无从回答，难以选择，甚至因顾虑反感而放弃回答。初学者在设计问卷时要学会设计技巧，做到：倾向问题中性化，敏感问题平淡化，多重问题单一化，抽象问题具体化，只有经过反复推敲，精心设计的问卷，才能吸引、鼓励答卷人的参与和投入，才能为课题研究获取大量真实、具体、丰富的信息资料。

（三）文献法

与观察法、调查法不同，文献法是一种间接获得认知的方法。研究者根据一定的研究目标，对已经形成的文字、音像资料进行查阅、整理、归纳，从中得到启发，或得到某些带规律性的新认识的一种研究方法。在课题研究中运用文献法，主要解决搜集什么，怎样搜集，在研究过程中如何运用三个问题。第一，搜集什么？应当搜集与本课题研究有关的资料。例如，与你具有类似的课题研究，包括论文、课题成果、报告等；行政、科研部门的相关政策、法规、指南、讲话；相关的理论专著、历史文献；自身积累的研究成果、随笔。...总之，一切有关的原始资料。第二、怎么搜索？可以订阅权威报纸期刊；可以参加学术交流会、研讨会、论坛、专题讲座；可以与行政、科研部门建立联系；可以利用互联网平台；还可以搜集和积累在研究工作中形成的原始数据和资料。第三，如何运用？在研究准备阶段，运用文献法搞清楚别人类似的相关研究成果，认清宏观形势和微观环境，达到统一思想提高认识的目的；在研究中运用文献法主要是借鉴、对比、参考，促进实验研究顺利进行；在总结阶段运用文献法主要是拓展思路，帮助概括和提升理论。

（四）经验总结法

为什么一些在实践中成长起来的人成为了名教师、名校长呢？其中一个重要原因就是善于总结，而一般教师、一般校长不善此道，头脑中多少年来仍然还是一堆无序的感知，没有分类、没有层次、没有轻重、没有条理、没有找到事物之间的相互联系和规律。可见，光有实践经验还不行，还要善于思考、研究、总结、实践。经验好比是璞玉，只有经过雕琢才能成为光彩照人的瑰宝。经验总结有许多具体的方法，从内容分有经验总结、问题总结、常规总结、专题总结；从规模分有个人总结和单位总结；从形式看，有书面的、会议的、讨论交流式的。进行常规总结、专题总结、个人总结、单位总结，应该成为每个学校、每个教师的日常习惯。在此基础上，还应学会科学意义上的经验总结法，它与一般经验总结不同的是：目的性、计划性更强，重点放在对大量实践经验的梳理、分类、归纳，在充分交流、探讨、分析、相互印证的基础上概括出对事物的新认识，发现其中的某些规律，发挥集体的智慧进行经验总结，经验有可能上升成为比较完整的科学认识，对于推广和指导全面工作将产生积极影响。例如从 90 年代初开始，我们在教师培训中创造的一系列培训模式，经过不断总结完善，在省内外得以普遍推广。

（五）准实验法

实验其实就是一种目的非常明确的实践。为着解决某种现状或者验证某种因果关系，根据初步制定好的方案和最终目标可能达到的预期效果（即假设），进行一定的实践活动，叫做实验法。课题研究采用的实验法，加个"准"字修饰，是准实验，它不像自然科学实验那么严格。实验某一教学法是否有效，一般采用对照组的方法进行比较鉴定。具体的实验方法，从实验方案的来源分有原创性实验和借鉴性实验；从实验的目的分，有验证实验和改进性实验。例如：为了研究本单位教育教学工作中急需解决的问题，在充分调查和总结经验的基础上提出研究方案，属原创性实验；自己有了某种解决问题的需要，借鉴别人的科研成果，提出自己的实验方案，是借鉴性实验；当工作中出现了问题，为了改进当前工作，经过调查研究和借鉴，制定改进工作的方案进行实验，属于改进性实验；比如在心理测试中，想验证哪些暗示对学生能起到积极作用，哪些暗示可能产生消极作用，这种实验是验证性的。在具体操作时，一定要经过前期酝酿制定计划、进行实验探索和随时反馈调整、总结提升等三个大的阶段。

（六）行动研究法

毛泽东有一名很著名的口号"在战争中学习战争"，邓小平提出"摸着石头过河"。行动研究法，就是在行动中研究，在研究中行动，将研究与行动有机地结合起来。可以这么说：研究的目的，是为行动而研究；研究的方式，在行动中研究；研究的主体，由行动者研究；研究的对象，是对行动的研究。它从研究的目的、方式、主体、对象上揭示出研究的本质。在具体操作行动研究时，请注重三点：第一，把握它的基本步骤，可以分为"发现问题——分析问题——提出方案——实施与行动——反思与改进——总结与评价"六个环节。例如我们举办校长培训班，就是典型的行动研究。第二。行动研究，既是一种研究理念，又不是一种单纯的方法，在实际应用中，它将是实验、经验总结、调查、观察、文献等多种方法的综合运用。第三，将研究、培训与教育教学实践相结合，

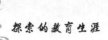

创造出多种多样的研究成果，研究不但要与实践相结合，还要与学习和培训相结合。每一次行动研究，将学习和培训贯彻始终。既有理论成果（论文、著作、报告），也有实践成果（模式、个案、教学软件、心得、随笔），更有全体人员的素质提升。

（七）个案研究法

毛泽东在搞调查研究的实践中曾经创造出"解剖麻雀"的方法，在做典型的农村调查时，了解其人口状况、经济状况、土地状况、生活状况，从而分析对革命的态度，其实就是个案研究的方法。对教育工作进行个案研究，也就是"解剖麻雀"，选择一个学生或一个团体，或某一典型事件为研究对象，对其进行观察、调查、追踪、搜集大量与研究对象有关的信息、资料，认真分析被研究者的特点、环境、问题或形成的原因，然后采取有效的措施对其施加影响，以观察其效果。个案研究也是一种常用的、重要的研究方法，例如对差生的转化，优生的培养，由于教师受精力和时间等条件的限制，不可能一下子研究众多的对象，这里如果挑选具有典型意义的个案进行研究，往往可以收到事半功倍的效果；还可以在深入上下功夫，可发现深层次的问题，发现细节上的问题，这对认识一个学生，是非常有好处的，通过个案研究，可以获得怎样转化差生，怎样培养优生的一般认识，以点带面，全面推广，这就是个案研究的优势。

做课题研究，还有很多方法可以采用，叙事法、反思法、课例法、成品分析法，自我评估法等等。这里不一一表述，在课题研究中，方法的选择最重要。每一个课题研究，主要采用什么方法，与之相搭配的采用哪几种方法，在研究的酝酿阶段乃至全过程都要周密思考，灵活运用。例如，我校《新课程下的县级教师培训研究》这一课题，我们选择的是行动研究法，对行动研究的重要性、科学性、综合性和策略性进行了有益的探索，从理论和实践的结合上论证问题，形成了自己研究方法上的新理念。

三、内容求务实

做课题研究，除过程要规范，方法重选择外，第三个问题就是内容求务实。前面我们已经讲述了一个课题研究所要经过的一般过程，分为课题的论证、课题的实施、课题的结题三个阶段。究竟如何论证、如何实施、如何结题，是我们下面要学习的重点内容。

（一）课题的论证

课题的论证是申报表里的主要内容。湖南省教育科学规划课题的立项申报，先要匿名匿单位上报"课题设计论证和完成课题的可行性分析"，经专家评审鉴定，符合入围要求，然后通知申请立项，课题设计论证的内容是：1、课题的国内外研究述评、选题意义、理论依据和研究价值；2、课题的研究目标、研究内容、研究假设和创新之处；3、课题的研究思路、研究方法、技术路线和实施步骤。可以概括为意义价值、目标内容、方法步骤三个主要部分共12问题的回答。完成课题的可行性分析的内容是：1、已取得的相关研究成果和主要参考文献；2、主要参加者的学术背景和研究经验，组成结构（如职务、专业、年龄等）；3、完成课题的保障条件（如所在单位的经费、设备、资料、时间安排等条件以及单位原有的研究基础），概括为保障条件，也有12个小问题要回答。综上所述，课题论证一般来说有四个主要部分，即：意义价值、目标内容、方法步骤、保障条件。

意义价值论证。就是说，首先要详细阐明选择本课题的背景和理由，其次要说明本课题研究能给教育教学带来什么促进和发展，即它有什么价值。需要注意的是，我们的课题研究，带"草根性"，称为草根研究，题目较小，大的背景固然要提及，更多的是要叙述本地区本单位小范围的背景，以及自身的理由，这样才比较有针对性，才能体现为自身发展服务。

目标内容论证。首先需确定自己的研究目标，目标常常用理论假设的形式表现出来，理论假设是一段什么文字呢，一般地说是"条件＋方法＋目标"，即在什么样的条件和环境下，采取什么方法以及步骤，将可能达到什么样的目标。它既表明我们研究的出发点，又是我们追求的最后结果，搭建起整个课题的基本框架。理论假设是非常重要的表述。研究内容是目标的细化，它必须是比较具体的，有针对性的，具有相互关联的若干小目标，研究内容确定也很重要，它是人员准备、物质准备、实施方案准备的根据。

方法步骤论证。一个课题的研究，主要采用什么研究方法，共采用几种方法，为什么要采用这些方法等，要有一个比较详细的论述。方法的选择对课题研究来说是非常关键的，方法选对了，或者在研究中创造了新的方法，那将会直接关系到课题最终能否取得好的研究成果。整个研究过程大体分几步走，在时间顺序上怎么安排，都要有一个预案，这就是步骤。

保障条件论证。即课题研究的可行性分析。首先是人员条件，主要负责人有没有资格、能力搞这个课题，过去有没有搞课题研究的经验，是什么层次的都要叙述清楚；主要研究人员除了资格、能力外，一个重要因素是能否形成研究的最佳组合，能否互相处长补短；物质条件包括资金、图书资料、设备、器材、环境等；此外，还有领导和专家的支持，社会和兄弟单位的支持等可行性分析。

什么样的论证才是比较好的呢？我们认为，课题的意义价值论证不能空话太多，目标内容论证必须简明具体，方法步骤论证要求科学规范，保障条件论证做到切实可行。后面附有一个范例：县教师进修学校课题组最近向省教育科学规划办申报的《"校本培训"立体化和县级教师培训机构职能转变》的"课题设计论证和可行性分析"（活页），请大家评议。

（二）课题的实施

课题研究的对象不同而课题的实施有千差万别，课题的全面实施呈现的是各种活动状态，在最后上报的研究成果中，无过细的材料对各种活动状态进行描述，没有引起研究者的足够重视。一般情况下课题实施中要做的一些事情，包括学习、调研、实验活动、研讨和交流，思考和总结，下面就几个带共性的问题谈点个人意见供大家参考。

1. 学习。课题研究最重要和需要贯穿始终的工作之一就是学习。为什么要学习？第一，学习是科研探索的起点。无论做什么事情都有个起点问题。学习前人、他人的经验，那么你做事的起点就高一些，看问题的角度就更准一些，运用的方法也就会更好一些。第二，学习是经验的借鉴。你没有做过，不等于别人没有做过，搞课题研究是对未知领域的探索，能够借鉴别人的成功经验作参考，岂不是少走很多弯路。第三，学习是解放思想的必由之路。研究某一课题，通过学习掌握某些先进的理念，了解别人对某一问题的解决办法，使自己的头脑受到启发，发现了解决问题的新视角，设计出解决问题的新方案。也就是说，课题研究不但始于实践中的问题，也始于学习，始于思想的解放。学习什么？首先要学习党和国家有关教育的方针政策、规划和具体的指导性意见，明确研究的方向。其次，学习理论，即与课题有关的理论、专家讲话、专著等，启迪新的思想，找到新的角度，掌握新的方法，从而在较高层次上进行科研实践。第三，还要学习别人的先进经验。怎样学习？作为课题负责人，必须组织好课题组成员的集体学习，学习的形式有：一是研讨性学习，思想的火花是碰撞出来的，完整的认识是集思广益得来的，先学一些文件、规范、听专家讨论，然后组织大家围绕若干问题进行研讨。二是直观性学习，就是到现场直接观摩，听取介绍，感受环境和氛围，只要选择的观摩现场对路，能产生立竿见影的效果。三是活动性学习，比如说，给一个调查题目，要求参与者设计一份调查问卷，选择调查对象，亲自组织调查活动，带着任务参与各种活动，既是一种实践，又是一种学习。

每个课题参与者，还要有自己的学习计划，围绕课题研究的方向，特别是课题组给予个人的科研任务，提出自己的学习要求，个人学习的一般方法，可以概括为"读、看、思、写"四个字。"读"就是读书，通过用文字表达的信息来学习；"看"就是看别人怎么做，通过形象表达的信息来学习；"思"就是思考问题，没有思考，别人的东西永远不能变成自己的能力；"写"就是要把思考的成果写出来，只要一动笔，整个大脑就必然活跃起来，读、看、思都带上了，所以写是课题研究的基本功。要注重写，形式有多种多样，随笔、叙事、反思、观后感、小结等是初级的；论文、发言稿、总结报告、结题报告、调查报告，是中级的；专著之类的是高级的。

2. 调研。为什么要调研？这里所说的调研是一个广义的概念，就是要通过各种方法、手段了解和获取与课题研究有关的资料，并加以归纳整理研究，做课题研究就是探求未知，要认识事物的规律，而调研就是认识事物的过程。首先要做的就是要了解情况，例如"对当前农村留守生的状况调查"这样一个课题，它的目标就是了解农村中小学留守生的状况，如果课题变成"对当前农村留守生教育问题的实践研究"，它的研究目标就变成了要改变当前对留守生教育不力的现状，了解现状仍然是首先要做的事情。由此可见，调查研究是任何课题的实施都不能回避的任务，是课题研究的基础性工作。调研什么？关于调研内容的具体内容，每个课题各不相同，我们可以通过实例概括出调研内容的框架："从了解现状入手——了解产生问题的原因——寻找解决问题的办法"。例如"当前农村留守生教育问题的实践研究"，必须先了解留守生的现状：学习情况、家庭及生活情况、思想及心理情况、身体健康状况、生活习惯、安全监护情况等等。总之要尽可能全面了解留守生健康成长的重要原因，是家庭监护、教育的缺乏，必须坚持学校教育、家庭教育、社会教育的有机配合，寻找解决这个问题的积极办法。

3. 开展各种带有实验性质的活动。有了学习、调研的基础，按照新的思维、新的观念和已经了解的实际情况，修改课题实施方案，这个方案是否可行，这就必须在实践中检验，开展各种带有实验性质的活动，就是进行这种检验。实验活动所要达到的具体的目标和应当注意的问题主要有：一是完善计划。事实上绝没有不要调整的计划、方案，只是有多少的问题，经过"调整——实验——再调整——再实验"，就这样一步步达到目标，最后获得成功，就将是一个近乎完美的成果了。二是规范程序。把计划落实在行动中，必须有一套完善的程序，它包括时间、地点、事件、人员，怎么做以及随机应变等一系列问题，经过反复实践总结出一套完整的、行之有效的程序。例如教学程序，有些名教师上课为什么那样从容不迫、顺理成章、一气呵成，就是因为他心中有了多年练就的成功套路。三是解决技术问题。最常用的是信息技术的应用问题，课题研究的参与者必须学会应用，还包括教学方法和一些先进的实验方法的引进，先进设备的使用，都有个技术问题。四是解决师生认识问题。课题研究，一般来说，都会带来教育教学工作的新变化，通过宣传和报道，引发教师认可并参与其中，通过引导和教育，让学生适应和接受，师生们共同支持课题研究。

4. 研讨和交流。是课题研究最常见的活动之一，从某种意义上来说，没有研讨和交流，就没有研究成果。在研究和交流中，思想可以互相叠加和补充，正确的意见，新的见解，可以得到印证和不断完善，参与研讨，听了别人的发言受到启发，思想认识可以产生质的飞跃，参与交流必然会产生思想的碰撞和交锋，通过争论修正错误，保留正确意见，课题研究就是在这种研讨和交流中逐步走向真理，获得真理。课题组应当对研讨和交流活动作出具体安排，常规研讨可以半月或一月一次，小规模的专题研究，大家交流情况；阶段性的交流可以半年一次，组织阶段性的成果展示，但要精心准备；临时性的研讨，一般放在出现了问题需要集思广益的时候。研讨和交流形式可以多种多样，主要有学术报告、经验交流、研讨会、分析辩论会，还有网上交流。一般情况下。每次研讨交流会确定一个主题，重点解决一、两个实际问题。

5. 思考和总结。思考和总结也是课题研究经常要做的事情，每个课题参与者，都必须养成思考的习惯。遇到问题了，不是回避，而是思考它产生的原因和解决的办法，要使自己的每一个行动都在理性思考的指导之下。待经过一段实践之后，还要总结，总结是一种事后的思考，想想成败得失，得出那么几条经验教训。思考和总结应该融入课题研究的每一个环节之中，之前要思考，之后要总结，还要把思考和总结的结果用文字表述出来。

在课题实施中，有很多的事情要做，如果上述五点做好了，课题的实施就落到了实处，成果就指日可待。

（三）课题的结题

从最初确定题目，到申报立项，到实施中进行的各种调研及实验活动，我们的认识走过了一个复杂过程。在各个方面，从理性的认识到实践操作的经验，已经不可同日而语，课题到了结题阶段，即到了出成果的时候。但这时如果要问已经取得了哪些重大成果，我们却还不能作出肯定的答复，因为摆在我们面前的还只是一大堆资料或一些局部的、分散的、阶段性的成果，如果不把资料加以分类、整理并概括出若干条理性认识，再按一定的逻辑关系排序并说明各个部分之间的关系，我们就仍然还没有最后完成课题的研究。事实上，当我们把全部资料汇集起来进行理性思考时，往往会对课题研究的对象产生新的飞跃，整理资料、撰写结题报告的过程，也是我们的认识条理化、理性化的过程。结题成果可以用多种多样的形式表示。如结题报告、调研报告、实验报告、著作、

校本教材等。此外，作为文字性的辅助成果还有论文、论文集。下面，我们从论文的写作讲起，也谈点和对结题报告的要求。

1. 论文的写作。写科研论文不仅是反映科研成果，而且是反思总结的过程，是感性认识向理性认识的飞跃和升华，形成可以互相交流的文字，在更大范围内得到推广；没有一批科研论文的问世，一个课题研究的结题验收是难以通过的。

（1）写作步骤，就常规而言要经过撰写提纲、写出初稿、修改定稿三个阶段。第一，撰写提纲是布局谋篇的过程，先绘制出写作思路的"蓝图"，内容包括题目、主旨、段落、证据、材料；结构包括全文分几段，先写什么，后写什么，每个段落的要点是什么。第二，撰写初稿尽可能一气呵成，要始终抓住主题，每个段落层次都要围绕一个中心去写。在行文当中要注意表达的规范、用词的准确、简明与朴实。第三，修改定稿是对初稿的润色加工，是对布局的审核，是对用词的推敲。修改时要审查主题是否突出，材料是否典型，论证是否严密充分，资料是否准确规范，措施、办法、结论和意见是否得力、具体、可行。一篇好的教育论文往往不是写出来的，而是改出来的，主要从思想内容到表现形式两个方面去斟酌，常用方法可以概括为"增、删、改、调"四个字，增加材料，让内容更充实；删出不必要的文字，让语言更精练；改换论据，让论证更科学；调整章节段落，让结构更符合逻辑。

（2）如何提高论文质量，这需要从主题、材料、结构、语言表达几个方面下功夫。第一，主题应该做到集中、鲜明、深刻。集中，就是要突出重点，所有材料都要紧紧围绕一个中心，表达一个意思，打在一个点子上；鲜明，爱什么，恨什么，赞成什么，反对什么，一定要清楚明白，绝不能模棱两可，含含糊糊；深刻，击中了要害，说到了本质，提出了带方向性和根本性的问题；集中、鲜明、深刻三者是不可分的。第二。标题要鲜明、确切、简洁。鲜明，一个标题要能概括一个深刻、明确的思想观点；确切，标题不能千篇一律，要生动、活泼、新鲜，才能抓住读者，给人以强烈印象，起到更好的宣传观点，说明问题的作用；简洁，就是简练、干净、高度概括。第三，构思要严密、深刻、完整。主题是文章的灵魂，标题是文章的眼睛，结构就是文章的骨架。文章的构思一般包括：开头、中间和结尾的安排，段落的划分和过渡，前后的交代和照应。文章的构思，实质是一个如何认识和反映客观事物的问题，好的构思能反映客观事物的问题，好的构思能反映作者思想的严密性，对客观事物本质认识的深刻性，考虑不同体裁的要求，注意构思的完整性。

（3）结构与写法。教育科研论文的结构包括七大部分：题目、摘要、关键词、绪论、本论、结论、参考文献。1）题目是论文的窗口，是论文的高度概括，论文通过题目来传神韵、显精神、见水平，要简洁精练，不超过20个字。2）较长的论文要有内容摘要，以300字为宜，内容概括、重点突出，使读者一目了然。3）关键词也称主题词，能准确反映其内容的词，出自题目或标题之中，以3-8个字为宜。4）绪论即引论，开头的一段文字，要求提出课题，交代研究的背景，说明论证的方法和手段，起到画龙点睛的作用。5）本论是论文的核心部分，要求论点正确，论据充分、论证严密。为了概括内容和阅读方便，冠以大小标题，序号必须规范符合国家统一标准，一、二、三、四级标题分别为一、（一）、1、（1）或者1、1.1、1.1.1、1.1.1.1。6）结论是经过推理、判断、归纳等逻辑分析以后而得出的学术新观念、总见解，应该准确、完整、精练，要求逻辑严密、文字具体。7）文中或文后标出参考文献，没有参考文献不是严格的学术论文，引用的期刊、图书、报纸必须有规范标示。学术论文的七个部分，不是所有的论文都需要，但至少要有题目、绪论、本论、结论四部分。

2. 结题报告的要求。结题报告是高档次的论文，是课题研究结束时最常见的总结形式，在具体撰写时因研究的选题和内容不同，研究的方法和步骤不同，执笔者的文风不同，报告的具体样式有千差万别，在这方面并没有很多限制，但也不是随心所欲，一些基本的要求还是有它的一致性。第一，它必须忠于选题和在课题申报时所做的设计。原设计方案要达成的研究目标，在结题报告中都要有所体现，如果有变动，应说明变动的原因，而且这种变动只能是局部的、技术性的，而不应该改变原来选题的基本方向。第二，结题报告的内容要实在；主要内容应包括：课题提出的背景，目的和意义；课题研究的步骤和阶段性成果；研究的结果，结论及其取得的社会效益等。第三，要比较详细地交代研究的工作过程。可以单独成文写一个研究工作报告，也可以作为结题报告的一个部分来写，证明结题报告不是凭空而论，研究是一个实实在在的探索过程。第四，采用各种不同的形式来叙述课题研究的理论成果和实践成果，这是结题报告的重点内容，在理论上，课题研究得出了什么新结论或对事物有了什么规律性的认识，在实践上，课题研究创造了什么新模式，撰写了什么校本教材，创造或推广了什么新方法，效果怎样？应尽可能详细地加以论述。第五，要讲究写作上的技巧。每个问题的小标题要认真推敲，结论性的语言要简明概括一目了然，而且一般要写在每个问题的最前面，然后展开论证，或叙述事实，或举例说明，或理论阐述。

教师怎样做课题研究，讲了"过程、方法、内容"三个关键词。形成三个基本观点：过程要规范，方法重选择，内容求务实。也可以说"三论"：过程论，讲酝酿申报、全面实施和总结送审三个阶段；内容论，讲课题的论证、课题的实施和课题的结题三个重点，互相对应；方法论，贯穿过程的始终，内容的方方面面。三论相辅相成，形成辩证的统一，意在给大家提供一个带方向性的科研思路，具体怎样才能做好课题研究，有待于每个教师在实践中大胆创新，在终身学习和长期的研究实践中，不断提高自身的科研素养，做一位名符其实的研究型教师。

参考文献：

1. 袁桂林《小学教育科学研究方法基础》东北师大出版社会 2003. 7
2. 韩立福《新课程教师科研行动指要》首都师大出版社 2006. 2
3. 赵北志《教育科研项目 ABC》国家教师科研基金规管办 2008. 1

第五卷　人生感悟

"感时花溅泪，恨别鸟惊心。"是人生感悟的真实写照，有感而发，因情而动，因受感动而醒悟或领悟，人生在世，感悟万千。这里以感恩杂文、抗帕心语、周前寄语、古风今韵、读书随笔等不同形式表白自己学习、工作和生活的亲身体验，有几句话能感悟读者就行。

感恩杂文

感恩滋润生命

常言道："滴水之恩，当涌泉相报。"在现实生活中，很多人乐于用感恩的心情对待身边的人和事，但也有些人这也看不惯那也不如意，怨气重重，牢骚满腹，总觉得别人欠他的，社会欠他的，心里只有抱怨。

两少年在沙漠里旅行，行走数日，在他们口渴难忍的时候，碰见一位赶骆驼的老人，老人给了他们每个半碗水。面对同样的半碗水，一个抱怨水太少，不足以解渴，抱怨之下将半碗水泼掉了；另一个也知道半碗水不足以解渴，但心里想：这是上天的恩赐，高高兴兴地喝下这半碗水。结果，前者因挑剔这半碗水，而死在沙漠之中；后者因为喝了这半碗水，终于成功地走出了沙漠。这个故事告诉我们，对生活怀有一颗感恩之心的人，即使遇上再大的灾难，也能熬过去，是祸也能变成福；而那些常常抱怨生活的人，即使遇上了福，那福也可能变成祸。

我们每个人都应该明白这个道理，生命的整体是相互依存的，离不开他人，离不开家庭，更离不开社会。人自从有了自己的生命，便沉浸在感恩的海洋里，感恩大自然的赐予、社会的安全，感恩父母的教育、师长的教诲，感恩亲人的关爱、他人的服务，感恩饮食的香甜、衣着的温暖。感恩苦难的逆境，包括自己的敌人，因为真正使自己成功，使自己变得机智勇敢，豁达大度的，不是优裕和顺境，而是那些常常可以置自己于死地的打击、挫折和对立面，有了不忘感恩之心，人会变得愉快和健康，人与人、人与自然、人与社会也会变得更加和谐，更加亲切。一句话，感恩是滋润生命的营养素。

师恩"一颗心"

"风来了，雨来了，老师捧着颗心来了。"这是教育家陶行知先生的诗句。徐宏杰老师是上海宝山的，上世纪 30 年代，陶行知在这片热土上播下的"陶种"，已长成遍地"陶林"，这里有陶行知创建的学校，有陶行知教育思想实验区，一代代徐宏杰式的教师，坚守三尺讲台、实践着"捧着一颗心来，不带半根草去。"

像徐老师这样的老师，在宝山，在上海，在全国各地学校，有很多很多。云南四川交界的一所村校，只有一个草棚，除了 4 根柱子，连墙都没有，13 个孩子光着脚坐在泥地上，同样光着脚的老师用手指蘸点水在石板上教写字，孩子们用竹枝在地上写字，这所几乎什么都没有的学校，却在山顶上竖起了一根笔直的旗杆，每周星期一早晨举行升旗仪式，教师和学生轮流着发表在国旗下的讲话。老师是播种希望的人。

浙江一位教初三的老师，因在关键时刻病倒了，体检查出得了绝症，腰子上要开刀。

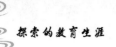

他与医生商量，能否放在暑假做手术。医生说："你以为是去旅游，可以挑日子。"老师黯然，却仍然天天去学校上课。三个月后，全班拍毕业照，只有老师席位空缺，他"不带半根草去"了，老师是死而无悔的人。

听老师的故事，心里常沉甸甸的，都说学生读书苦，要减负，谁知老师负担更重，压力更大。但老师们坚忍、宽容而快乐，"在老师的手中操着儿童、少年、青年一代的命运。""更操着国家和民族的命运。"因为这句话，徐宏杰、晏才宏，李肇正……认为"课比天大"。老师"捧着一颗心来，不带半根草去"了，师恩"一颗心"，伟哉！

爱别人就像爱自己

"爱人若爱其身"就是说爱别人就像爱自己，这是古代墨子的兼爱思想。

做人要有爱心，既爱自己，也爱别人。光爱自己是远远不够的，也不是真正的有爱心，最主要的还是要能爱别人，要有博爱之心。要怎样去爱人呢，这就要求我们要平等，"己所不欲，勿施于人"，像爱自己那样去爱别人。

梁楚交邦的故事，对我们很有启发。

战国时，梁国与楚国相邻，两国颇有敌意，在边境上各设界亭，就是我们今天说的边界哨所，两边的亭卒在各自的地界都种西瓜，梁国的亭卒勤劳，锄草浇水，瓜秧长势良好；楚国的亭卒懒惰，不锄不浇，瓜秧又瘦又弱，目不忍睹，人比人气死人，楚地的人觉得失了面子，在一天晚上，乘月黑风高，偷跑过去把梁亭的瓜秧全部拉断，梁亭的人第二天发现后，非常气愤，报告县令宋就，说我们要以牙还牙，偷跑过去把他们的瓜秧也扯断，宋就却说："楚亭的人，这种行为当然不对，别人不对，我们就跟着学就更不对，那样未免太狭隘，太小气了，你们照我的吩咐去做，从今开始，每晚去给他们的瓜秧浇水，让他们的瓜秧也长得好，而且，这样做一定不要让他们知道。"梁亭的人听后觉得有理，就照办了。楚亭的人发现自己的瓜秧长势一天比一天好起来，仔细观察，发现每天早上地被人浇过，而且是梁亭的人在夜里悄悄为他们浇的。楚国的县令听到亭卒的报告后，感到十分惭愧，又十分敬佩，于是上报楚王，楚王深感梁国人修睦边邻的诚心，特备重礼送梁王以示歉意，结果这一对敌国成了友好邻邦。

这个故事告诉我们：在矛盾面前，应该大事化小，小事化了，不要冤冤相报没完没了，古人尚且知道这样的道理，今人我们应该如何面对呢？必须向古人学习，不要抱怨别人对你不好，因为你用什么样的心态对待别人，别人就用什么样的心态对待你，不能友好待人的人，也终究只有敌人，而你的错也已经无可挽回了。做人，如果凡事都像对待自己一样去对待别人，把敌人当成朋友，那末还有什么不可以平心静气的解决呢！

感悟点灯老人

李老师，是县一中的一名普通教师，每天要上四五节课，还要做班主任工作，晚上加班到深夜，从学校到他的住处，要经过一条长长的小巷，一到晚上九点小巷便很少有人走动，加上两边大多是高墙，更显得阴森恐怖，每次走到那里，他都不由自主地加速，猛蹬自行车，生怕半道上杀出个"程咬金"。那天，李老师又拐进小巷，刚想一路猛冲时，突然发现小巷的中间亮起了一盏明亮的灯，李老师的心一下子踏实下来。起先，他以为只是偶然碰上那家主人有事外出，所以他的家人故意把灯亮着；后来，他发现自己错了，那里原来没有路灯，而且从那以后，每次下晚班回来拐进这条小巷，都能看见那盏明亮的灯。一个晴朗的假日，李老师终于敲响了那盏灯旁边的一条窄窄的小门，开门的是一位年近花甲且双目失明的老人，老人问他找谁，当他巴巴结结地把一个下晚班的教师与那盏灯的故事告诉老人时，老人舒展开满脸的皱纹笑了。老人说："其实你不应该感谢我，应该感谢的是他们，我一生下来就是个瞎子，半岁时，父母狠心抛弃我和母亲而去，在贫苦和孤独中，我们母子一直相依为命。两个月前，母亲也永远离开了我，虽然知道那是人必然的归宿，但我还是感到万念俱灰，我搬回这幢老屋，想在这里静静地离开这个给予我太多苦难的世界。那晚也就是我准备离去的晚上，不知为什么，我第一次拉亮了房里的那盏灯，突然我听到窗外有人对我说：'真谢谢你，不然，我一定踩进旁边的下水沟里了。'是一位老太太的声音，不一会儿，又有两个女学生骑车从我窗前急急而过，她们送给我一串清脆的铃声。其中一个说：'我觉得这是世界上最美的灯光……'自从痛失慈母后，我以为自己已流不出一滴眼泪，但那一刻，我却忍不住热泪盈眶，我放弃了自杀的念头，因为我觉得，在这个世界上自己不再孤独，而且还有人需要我。""从此以后，我就把房里的那盏灯挂到了窗户上，并从每晚八点到十点半让它亮着，我也就每天聆听着行人对我的赞美和感激，心情一天天欢快舒畅起来，我再不觉得生活毫无意义，因为每晚我都要点那盏灯。"此时此刻，老人脸上洋溢着幸福的光芒。

李老师回味着老人那蕴含哲理的话，顿生感悟：在人生的旅途中，我们为别人，其实也是为自己点亮了那盏幸福的灯。那末，我们每个人也应该踏踏实实地去做一名点灯的人，作为人民教师，应该踏踏实实地点亮那些莘莘学子心中希望的灯。

做爱心富人

教师节那天，一大群孩子争着给李老师送来了鲜花、卡片、千纸鹤……一张张小脸洋溢着幸福和快乐。其中有一张硬纸做成的礼物很特别，硬纸板上划着一双鞋，看得出纸是自己剪的，周边很粗糙；图是自己画的，图形很不规则；颜色是自己涂的，花花绿绿的，上面歪歪扭扭地写着："老师，这双鞋送给你穿！"老师能穿这样的花鞋吗？

节日很快地过去了，一天，李老师在批改作文时，看到了一个女同学送给他的这双鞋的理由："别人都穿着皮鞋，老师肯定很穷，我做了一双很漂亮的靶子给他，不过那双鞋不能穿，是画在纸上的，我希望将来老师能穿上真正的皮鞋，我没有钱，有钱一定要买双真皮鞋给老师穿。"这是一个不足十岁的小姑娘的心愿，他的心为之一动。

李老师想问问她，这是一个很明净的女孩子，一双眼睛清澈得没有任何杂质，脚上正穿着一双周边开了花的方口布鞋。师生开始对话："爸爸在哪上班？""爸爸在家，下岗了。""妈妈呢？""不知道……走了。""同学都说我家里穷，老师，你家里也穷吗？""老师家里不穷，你家里也不穷！"她笑起来。"你家里不穷，你很富有，你知道关心别人，送了那么好的礼物给老师，老师很高兴，和老师穿一样的鞋子，你高兴吗？"她用力

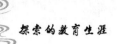

地点点头。

李老师带着小女孩，向全班的同学说："他穿布鞋是一种风格，舒服、有益、健康，脚上穿着布鞋心里却装着别人，是最让老师感到幸福的！只有富有的人都能给予别人，能给予就不贫穷。""这个脚上穿着布鞋心里装着别人的小女孩让我感动，她是物质上的穷人，却是爱心上的真正富人，她小小年纪，就懂得去关心他人，并把爱心给予他人，然而日常生活中，有的人凭着父母物质上的富有到处炫耀，一切以自我为中心，看不起比他穷的人，甚至嘲笑别人，这种人实际上是爱心上的乞丐，是灵魂的穷人。"

李老师的话很富哲理，启发着每一个学生，从现在起，就选择做爱心富人。

蚂蚁和鸽子

有这样一个故事。

一只蚂蚁正在外面闲逛，忽然一阵强风把它从地上卷了起来，吹到池塘里去了。蚂蚁因为不会游泳，只能在水里奋力挣扎并大喊救命。结果，一只鸽子正好经过池塘，听到蚂蚁喊："救命啊！救命啊！"鸽子停下来找，听声音从哪里来的。在池塘里挣扎的蚂蚁看见了鸽子，便拼命喊道："我在池塘里，快救命啊！"鸽子看到池塘中快被淹死的蚂蚁，赶快叼了一片树叶丢到池塘中，快被淹死的蚂蚁使尽全身力气，好不容易才爬上了树叶，然后随着树叶慢慢地飘到池塘边，这才算是捡回了一条命，蚂蚁心存感激地对鸽子说："谢谢你救了我，我一定不会忘记你！"

过了很久，一天蚂蚁正在外面寻找食物，突然看见森林里一个猎人正在用枪瞄准树上的一只小鸽子，它仔细一看，正是曾经救过自己的那一只小鸽子。正在树上休息的小鸽子，此时并没有觉察到猎人要拿枪打它，正在唧唧喳喳地叫着。蚂蚁不顾一切，快速爬到猎人脚下，狠狠地咬了一口，猎人疼得大叫，手中正在瞄着鸽子的枪掉在了地上。这一下惊动了鸽子，它吓得立即飞走了。

这虽然是一个童话故事，但道理却值得深思。不管何时，不管何地，只要你肯付出，就能得到回报，只有在别人需要帮助的时候能不假思索地伸出援助之手，才能在你陷入危机时得到别人的帮助，帮助别人就是帮助自己。生活中当你为别人付出的时候，本身就会体会到快乐，因为付出也是一种快乐，为别人付出你的爱心，就种下一片希望，就会有硕果累累的一天，就会品尝到丰收的喜悦，帮助别人，实际上别人也帮助了你。

爱是同心圆

韦利是一个患有先天性心脏病的小男孩，但他开朗活泼，和所有的人几乎都能成为朋友。正是因为他的乐观，很少有人知道他是一个可随时离开人间的高危病人。

韦利有早起晨练的习惯，那是一个薄雾和轻烟笼罩的早晨，韦利走到城市中央广场的时候，发现一个人倒在地上，身上落满了露水，脸色发紫呼吸微弱，生命处在垂危之中，韦利早知道心脏病发作时的痛苦，他对这位陌生人的痛苦感同身受，四周很静，真正晨练的人一般不会来这里。怎么办，时间来不及了，韦利顾不上医生的警告俯身拉起他的衣服，就这样，十二岁的韦利用尽全身力气，一点点地把这个人在地上拖行了200米，终于有人发现了他们，韦利只说了一句："快送他去医院"便昏倒在地。

韦利醒来后看到的是陌生人一脸的关切和自责。他说自己因为贪杯醉倒在街头，如果不是韦利救了他，医师说他会冻死在那里。陌生人愧疚地说："对不起，医师告诉我，心脏病差一点就要了你的命，你是在拿你的命救我，真不知道该如何感谢你。"韦利笑了："我现在没事了，你也没事了，这就是最好的感谢。"陌生人一定要报答韦利，韦利想了想说："我真的不需要你什么报答，只是希望你能像我救你一样，在需要的时候，尽自己的能力去救助别人，我想这就足够了。"

许多年过去了，在一个冬天的早晨，韦利去一个偏僻的地方散步，突然感到心口一阵剧烈的疼痛，终于支持不住便倒在地上。韦利醒来时发现自己躺在医院里，身边站着一个十几岁的男孩，正瞪着一双大眼睛关切地看着他。韦利很感激地握着男孩的手说："谢谢你，孩子，你救了我，你是怎么发现我的？"男孩很开心的样子："我早上要去爷爷家陪他，正好路过那个地方，看到你躺在地上，我就想起了爷爷对我说的，年轻的时候被一个和我一样大的男孩救起来的事。我想我也一定能够做到，于是我使出全身力气把你救了。爷爷说，要尽力帮助每一位需要帮助的陌生人，我今天做到了。"这个爷爷就是当年韦利救过的陌生人。韦利不知道如何形容自己的心情，一次对人施以援助之手，竟会带来一生受用不尽的恩惠。

爱，真是一个同心圆，我中有你，你中有我，爱能产生人间一切的美德与奇迹，有似于故事中的陌生人，被韦利获救以后，不仅自己铭记韦利的愿望，还将韦利的愿望传给子孙，传予他人……于是我们悟出了：爱是无止境的！"在需要的时候尽己所能去帮助别人"的人便越来越多，爱心圆在越来越浓的爱意中不断地扩大，爱也就无止境地延伸开了。

以善良回报善良

以爱人之心去感化别人，视人身若己身，没有人是不会被感动的。青莉17岁那年，好不容易找到了一份工作，被一家珠宝店录用，母亲喜忧参半：家里有了指望，但又为她的毛手毛脚操心。

开始在一楼上班，第一周受到邻班的称赞。第二周被破例调到楼上，楼上的珠宝是商场的心脏，专营珠宝和高级饰物，青莉的职责是管理商品，在经理室外帮忙和传接电话，要干得热忱、敏捷，还要防盗。一天下午，青莉听到经理对总管说："青莉那个小管理员很不赖，我挺喜欢她那个快活劲儿。"青莉竖起耳朵听见总管回答："是，这姑娘挺不错，我正要留下她。"这让青莉回家时蹦跳了一路。

第二天，青莉冒雨赶到商场，在整理戒指时，青莉瞥见那边柜台前站着一个男人，高个头，白皮肤，约30岁。他几乎就是那不幸年代的贫民缩影，以一种绝望的眼神，盯着那些宝石，青莉因为同情而涌起悲伤。接着，小屋要货电话，青莉进橱窗最里边取珠宝，当青莉急急地挪出来时，衣襟碰落了一个碟子，6枚精美绝伦的钻石戒指滴落到地上。总管先生激动不安地匆匆赶来，但没有发火，只是说："快捡起来，放回碟子！"

青莉弯着腰，几欲泪下地说："先生，小屋还有顾客等着呢！"青莉用近乎狂乱的速度捡回5枚戒指，但怎么也找不到第6枚。她突然瞥见那个高个子正向出口走去。顿时，青莉领悟到戒指在哪儿了，碟子打翻的一瞬间，他正在场。当他的手正要触及门栏时，青莉叫道："对不起，先生！"他转过身来，在漫长的一分钟里，两人无言以对。青莉祈祷着，要是丢了一枚戒指，简直不可想象！"什么事？"高个子男人问，他的脸在抽搐。青莉确信她的命运掌握在他手里，青莉感觉得出他进店不是想偷东西，也许想得到片刻温暖和感受一下美好的时光，青莉想象得出这个可怜人是怎样的心情看这社会：一些人在购买奢侈品，而他一家老少却无以果腹。"什么事？"高个子男人再次问道。猛地青莉知道该怎么回答了"这是我第一次工作，现在找个事儿做很难，是不是！"他长久地审视着她，渐渐一丝十分柔和的微笑涌现在他脸上，"是的，的确如此，但我肯定，你在这里会干得不错！我可以为你祝福吗？"他伸出手与青莉相握。青莉也低声说："也祝你好运！"他推开店门，消失在浓雾里。青莉慢慢转过身，将第6枚戒指放回了原处。

其实，大多数人都是心地善良的，只是可能由于一时的窘境而做一些违规的事，以善良的心去看人，去做事，别人也会以善良回报你。

一朵玫瑰花

夏日的一个黄昏，几个朋友坐在广场旁一家清雅的酒店里。我们一边喝酒一边闲聊，透过玻璃窗，我们看见街头一个女孩正提着一篮子玫瑰花四处向人兜售。我们只顾喝酒，也就没再注意那个女孩了。不知过了多长时间，那个小女孩竟站在饭店门口，她清秀的脸上爬满了忧愁与焦虑，操着蹩脚的普通话，有些怯怯地问："老板，可不可以卖一碗蛋炒饭给我？"正站在我们旁边30多岁的老板转过头，看了看小女孩，小女孩更加羞涩了，站在那里，小手揪着衣角，不敢言语。"当然可以，你进来坐吧！"老板话音刚落，小女孩就语无伦次起来："不，不，你把米饭盛在方便袋里就行了。"我们停止了谈笑。老板一副古道热肠："没关系，你坐吧！"谁知小女孩说什么也不肯坐下。老板只好给她打点好，小女孩感激地提着一方便袋蛋炒饭走了，临走时，她高兴地付了两块钱。其实，那些蛋炒饭肯定不只卖两块钱，一问老板，果然如此。老板在思考着，除小女孩外，还有一个人，或者她的亲戚，或者她认识的一个更加苦难的朋友，需要小女孩的照顾。最后老板说："我给了她两份饭。"这位面容安祥气质儒雅的老板让我不由得敬重与感动。不一会儿，那老板突然一拍脑门："不好，我忘记给她筷子了。"我正好对那个小女孩很感兴趣，就说："我去送给她！"在广场的一角，我看见了她，那卖花的小女孩，她身边还有一个灰头土脑的妇女，正神色黯然地看着我。小女孩一只抓米饭的手停在了妇人的嘴边。见她们拘谨，我连忙说："我是来给你们送筷子的！"小女孩说了声谢谢，我本想与她攀谈几句，可她们对自己的遭遇闭口不谈，我只知道她们是一对母女。临走时，女孩给了我一朵玫瑰，说让我送给饭店老板。不知为什么，手里握着玫瑰，心里却是一片波澜不止的湖。饭店老板对小女孩的热忱在小女孩看来不仅仅是一念小小的善心，更多的则是一种尊重。把玫瑰放在我的手上时，小女孩淡淡地笑了，露出两颗雪白的小虎牙。我感觉到：受以滴水，报以涌泉；送人玫瑰，手留余香。使我懂得：一朵玫瑰花香，可以穿越红尘中无情的空间与有情的心灵，直接抵达人间天堂。那一朵玫瑰，就是一座天堂啊！

跨越了 23 载的感恩

"都 23 年了，我才找到你啊！李大哥，我看你来了！"王国军跪倒在恩人李信国的墓前，20 多年前的难忘恩情和穿越时空的感恩，顷刻间化作泪水，止不住奔涌而出……

王国军是宁波余姚人。1984 年，年仅 19 岁的他突然感到右腿疼痛，被当地医院诊断为骨癌，他拖着病腿四处求医问药，最后被确诊为广泛性骨髓炎，经多方治疗仍不见好转。第二年 6 月的一天，王国军从报纸上看到，山西稷山县有一家医院能治这种病。抱着一线希望，王国军揣着东拼西凑的几百元钱赶到了山西。这时，王国军的大腿肌肉已经严重腐烂，部分腿骨碎裂，需要马上住院手术治疗。但他所带的几百元钱已经所剩无几，一贫如洗的家里也拿不出什么钱了……王国军陷入困境，泪如雨下。

"小兄弟，有什么困难吗？"一声浓浓的乡音在耳边响起，说话的人就是王国军一生铭记的恩人李信国。当年三十出头的李信国是宁波去黑龙江插队的知青，在七台河市桃山煤矿工作，当时正在医院照顾腿部骨折的工友毛玉福。"有难处大伙儿会帮你。小兄弟，站起来，好好活着！"听了王国军的情况，李信国拍了拍他的肩膀，鼓励他与病魔抗争，并出钱垫付了医药费。王国军做了两次大手术。李信国一边照顾工友，一边照顾王国军，就这样不图回报地服侍王国军 120 多天！临出院还为他买了回程票。

康复后的王国军回到家乡，在一家榨菜厂当推销员。然而世事难料，1991 年，王国军收到李信国妻子的来信，说李信国因肝癌去世了。听到噩耗，王国军放声痛哭："李大哥，我还没能报答恩情，你怎么就这样走了呢？"他马上寄了些钱，但过些日子再联系时，李信国家人已经没有音讯了。

王国军后来当了厂长，研发成功国际上公认高效安全的新型食品添加剂山梨酸钾，创办的王龙集团成为全球最大的山梨酸钾制造基地。生意做大了，王国军愈发放不下恩人一家。他使尽了一切办法，仍然没有下落。今年春节前夕，有人打听到李信国的妻子孙辅清在勃利租了一处房子，领着孩子以卖菜为生，王国军迫不及待地拨通了电话。原来，李信国去世后，家里失去顶梁柱，妻子孙辅清带着儿女举家搬回勃利县娘家，夏天卖菜，冬天当保姆，一直过着清苦的日子。

2 月 17 日，农历正月十一，勃利县孙辅清家门前。从浙江赶来的王国军快步走下车，李信国遗孀孙辅清早已迎到了门口。四目相对，两人已经泪流满面。看到 20 多平方米的简陋小屋，一张火炕占去了大部分，家中没有一件像样的家具，王国军又流泪了。"大嫂，我想给你们换个好点的房子。另外，您的年纪大了，不要再帮佣了。"王国军说。随后，王国军来到七台河七煤集团桃山煤矿，决定成立"李信国教育基金"，每年出资 20 万元，资助贫困的孩子，他还向矿工讲述了当年贫病落魄时李信国给予他的巨大帮助。

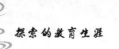

抗帕心语

抗毒抗癌抗帕，其乐无穷

我是一位退休教师，现在做点教育科研工作。一家人有着与疾病作斗争的特殊经历。因为这一点，被学校所有师生所感动。

20 年前，小孩学文得急性肾炎，多年医治不愈，后转尿毒症，双肾坏死。省医院怕手术不成功，主持医师建议到世界肾移植研究中心去手术治疗。1999 年，选择武汉同济医院做肾移植，六年后移植肾又坏死，不得不做第二次肾移植，两次肾移植开支 60 多万元，每年的护肾治疗还需要 10 多万元。在政府、社会、师生的救助之下，人健康地活下来了，而尿毒症病友却一一离开了人世，我们的家庭虽一贫如洗，其乐融融。

老伴爱娥也是个教师，在工作之余为了孩子的健康，到过东北三省、新疆、云南、河南、河北，跑遍了大半个中国，到处求医问药而积劳成疾，患上胆结石、糖尿病、冠心病、玄晕症，多种病症缠身。2005 年，因胆结石术前全身检查，发现患有腺颗粒细胞癌。不得不到省级医院手术治疗。老伴心态好，面对癌症，"既来之，则安之"。手术后每天快乐地生活着，里里外外，承担起全部家务。

我为小孩的尿毒症，老伴的癌症而操劳，思想负担旁人以为是不堪设想的。2005 年10 月中旬，一段"三难"并发的日子：老伴因癌症手术住进省人民医院，手术前给我一封遗书；小孩因第二次肾移植住进湘雅医院，在病床前说三句遗言；我疲劳过度，骑自行车不小心摔断了手脚，没有住院治疗，只在私立医院用点药就过去了。不久身体出现单侧病变，左脚行动不便，碎步拖步，逐渐全身肌肉强直，面具脸，睡觉翻身困难，穿衣服要有帮助。老伴带病到处为我求医问药，在地方医院治疗近两年，不见效果。确认为帕金森时，两次在省医院住院治疗，也没有明显好转。

后走进健脑堂，我被专家的准确诊断、工作人员的热情服务所感动，接受 1＋1 脑健康乐园全新康复模式。健脑堂每月定期向我提供学习资料，我喜欢研究，坚信"最好的医生是自己"，让我进一步认识了帕金森，怎么面对"世界医学难题"、"不死的癌症"呢？必须树立科学观念，采用"721 动态追踪法"。第一，注重神经修复。别人用一年时间治好，我用三、五年时间治好就可以。西药美多巴继续服，准备长期服用多肽复合冲剂。第二，强化功能训练。真正动起来，为帕金森松绑，每天早餐前运动一个半小时，除步态训练外，练一路气功，四路太极拳。上午和下午上班，利用工间休息，做一套"医疗回春保健操"。中午，用红外高频气血循环机，进行全身按摩，重点 8 个部位 18 个穴位，理疗一个半小时。晚餐后，作呼吸、面部、头颈、四肢、躯干、腰背、平衡等各种对抗性运动，又是一个半小时。我常对朋友说："像小孩子一样，天天学走路，就是学不会。"第三，用良好的心态面对一切。朋友同事非常关心我的处境，经常以同情的语言劝慰我，我总是喜笑颜开地说："尿毒症＋癌症＋帕金森症＝家庭幸福。"他们也为我开心地笑起来。只要有空闲时间，我便哼起"宽心谣"来："少荤多素日三餐，粗也香甜细也香甜。常与知己聊聊天，古也谈谈今也谈谈。早晚操劳勤锻炼，忙也乐观闲也乐观，心宽体健养天年，不是神仙胜似神仙。"我和老伴，身体上互相关注，心理上互相开导，生活上互相照料。特别有意思的是，她有20几位年过花甲的老同学经常聚会，每次免费邀请我们俩，每年三四次，我和老伴手拉手、肩并肩地游山玩水，开开心心。我在久别重逢的老同学面前骄傲而自豪地说："我得的是主席病，邓小平同志患帕金森20年，活到93岁，他健在的时候，还没有脑力风暴，今天有高科技生物技术，促进脑神经修复和再生，我更可以创造生命的奇迹。"

尿毒症不可怕，癌症不可怕，帕金森更不可怕。抗毒、抗癌、抗帕，小孩、老伴和我，把三大疾病都战胜了，真的其乐无穷。

抗帕贵在保持心理平衡

"要想药效好，心态很重要"，这就是药物的心理效应。对抗帕金森，要坚持7分神经修复、2分功能训练、1分心理疏导。讲1分心理疏导，其实是十分重要的。药物疗效的优劣，与患者的心理状态密切相关。"良言胜过良药"。健脑堂的治帕专家、理疗师、工作人员深明此理，他们亲切的咨询语言，热忱的工作态度，怎么康复？从理念和实践的结合上对患者解释一清二楚，病人从心底里产生一种信赖感，一种良性暗示作用，一种独特的治疗力量，从而使药物发挥了神奇的疗效。让"药物的心理效应"最大化，患者的心理平衡是根本，在抗帕的过程中，我体会到：保持宽容、淡泊、乐观、自信的心态，正确对待人与事、名与利、苦与乐、生与死，可以战胜忧郁，实现心理平衡。

一、以宽容的心态处理人与事

人在社会交往中，吃亏、被误会、受委屈、疾病缠身的事，不可避免地发生着。面对这些，最明智的选择是学会宽容，宽容是一种良好的心理品质，它不仅包含着理解和原谅，更显示着气质和胸襟，坚强和力量。一个不会宽容别人的人，每天处于紧张状态，从而导致神经兴奋、血管收缩、血压升高，使心理、生理进入恶性循环，不利于疾病的康复。宽厚待人，从容从事，是抗帕的最佳选择。

二、以淡泊的意境对待名与利

清末张之洞有句名言："无求便是安心法"。当代作家冰心也认为："人到无求品自高"。淡泊，就是恬淡寡欲，不为名利所累。它是一种崇高的意境和心态，是对人生追求深层次上的定准。宁静致远、淡泊名利，应有"宠辱不惊，看庭前花开花落；去留无意，任天上云卷云舒"的意境，让人始终处于一种平和的状态，保持一颗平常心，一切有损于心身健康的因素都将被击退，抗帕就是要有这种精神。

三、以乐观的胸怀享受苦与乐

乐观是一种积极向上的胸怀，它可以激发人的活力和潜力，解决矛盾，逾越困难；悲观是一种消极颓废的心境，这使人悲伤、烦恼、痛苦，在困难面前一筹莫展，影响心身健康。苦与乐，幸与不幸，是人面对生活、疾病的一种体验和感受，从而形成对客观事物的心态。面对帕金森，能否苦中作乐、化苦为乐，就看你的生活态度。"为人乐观精神爽，处世从容日月长。"就是在别人面前吃了亏、上了当、受了辱，也要想得开。人生苦多乐少，怎么办？助人为乐、知足常乐、化苦为乐、自得其乐！

四、以自信的境界正视生与死

人生在世求个心身健康，才能正正派派做人，全心全意为人民服务，快快乐乐过日子，直到大难临头。帕金森患者有一种"生不如死"的感受，怎么办？想想过去，多少民族英雄、仁人志士，面对敌人的疯狂、战争的危险，表现出"视死如归"的气概！面对疾病，也要"视死如归"！人不畏死，死神也要退避三舍，反而得以疾病康复，如果在心态上终日笼罩着"死"的阴影，死神也许会成为不速之客。要自信，关键在于热爱生活，只要对人生有了浓厚的兴趣，才能有效地珍惜生命。

帕金森并不可怕，何况现在享受高科技产品，服用脑力风暴，可以创造生命奇迹，如果能够学会宽容，淡泊名利，知足常乐，视死如归，追求心态平衡，就能够远离忧郁，战胜自己，成为抗帕的胜利者，享受幸福的晚年生活。

抗帕贵在坚持功能训练

我患帕金森医治多年不见明显效果之后，走进湖南健脑堂，被治帕专家秦黔英的准确诊断和康复指导所感动，他语重心长地说："你患的是原发性、僵直型帕金森，正处在治疗的关键期，康复有希望。帕病的康复，除神经修复外，人体机能的恢复和健康也是极其重要的，需要持之以恒的功能锻炼。"理疗师小马，每次理疗时总是从理论和实践的结合上指导康复。小罗几乎是每周都有电话联系，帮助心理疏导。我遵循她们的康复指导，采用灵活多样的锻炼项目，坚持功能锻炼。

一、床头呼吸法

我早睡早起，晚上睡前和早晨起来时，先伸曲左右腿，练左右翻身动作，然后仰卧在床，有意放松，闭上眼睛，开始深而缓慢的呼吸，吸气时，腹部鼓起来，并想象气向上冲到了头顶；呼气时，腹部放松，想象气从头顶顺流而下，经过背部冲到脚跟，放松全身肌肉，反复练习数次。接着坐在床沿，敲胆经，敲打左右大腿各50次，按摩心包经多个穴位。每次躺在坐椅上休息时，首先全身放松，将两手平放胸前，做深呼吸锻炼。长期坚持，起坐翻身困难的症状有了明显的改善。

二、板凳操练法

我还做点教育科研工作，每天上班、在工间休息时，坐在四方凳上操练，伸腰挺胸抬头成正坐姿势。1. 抬腿，背部挺直，双手抱住膝盖拉向自己。2. 抬足跟，先尽量抬高两足跟，后抬高两足尖。3. 伸腿，一腿向前伸直，先脚跟后脚尖触地，换腿。4. 手划大圆圈，眼随手动，左右交替。5. 双臂交叉划圈。6. 双臂前后、左右、上下击掌。7. 甩左手抬右腿，甩右手抬左腿。8. 双手十指交叉，向上、左、右伸出双臂，站起立正。站起来后，靠墙而立，沿壁做旋转和伸展躯干的动作。练习之后，静静休息两三分钟，体验锻炼效果，有一身轻松之感。

三、气血通疗法

一位老同学送我一台"红外高频气血循环机"，接通电源，高频螺旋，静音撞击，红外热疗，用它全身振动按摩。按摩脚底，将双脚踏于机面上；按摩小腿，将小腿平放在机面上；按摩手臂，手指轻贴面盘或突头；按摩胸腹头面，双手将机器捧于怀中，顶在头上，贴在脸上；或成45角度，90角度上下左右反复刮动，进行穴位刺激；把机器绑在椅子上，还可以进行脊椎、肩颈按摩。每天理疗一次。每次 1~1.5 个小时，8 个部位18 个重点穴位，每次理疗下来一身轻松自如，没有了帕病迹象。

四、广场学步法

我家附近有个南苑广场，地面有用大理石铺成的"田字"方格，我穿上摩擦力大的胶底布鞋，提起脚，甩起手，挺起胸，抬起头，天天学走路，步幅和宽度，通过地面的方格得以控制。广场上还有跳舞的打拳的，我有时也哼着小曲子，沿着音乐节拍散步，很有节奏感。除散步以外，还和朋友们一起练24 式、88 式、48 式、42 式四路太极拳。散步和打拳，动作轻柔和缓，原来小碎步、向前倾、易摔跤、提腿困难等症状在明显改善。

"功到自然成"。为了抗帕，我自创床头呼吸法、板凳操练法、气血通疗法、广场学步法，只要坚持三、五年的功能锻炼，康复指日可待。

抗帕要有规律地生活

我是一位帕金森患者，在抗帕路上，有很多深刻体会。注意神经修复，强化功能训练，保持心理平衡，是最重要的三个方面。有规律地生活，也很重要。生活，有物质生活，也有精神生活。尤其是疾病患者，包括身心处于亚健康的人们，都要有规律地生活；在运动、饮食、卫生、睡眠、学习、交友，生活的方方面面，都要形成良好的习惯，适应自己的生物钟。

1. 有氧运动

采用适合自己的有氧运动项目，进行功能训练，提高自己的抗帕能力。早晨5：20起床，活动两个小时，下午17：30 晚餐，活动两小时，南苑广场当练场，参与群体操练。早晚活动以放松性、功能性的柔和运动为主，有叩牙、梳头、搓脸、揉腹、抬腿、做深呼吸、抗帕操、医疗回春保健操。散步，每天不少于 8000m，打太极拳，有24 式、88 式、48 式、42 式，中午还用理疗器进行全身按摩。一年 365 天，很少间断。五年如一日，功到自然成，既增强了体魄，又锻炼了意志。

2. 合理饮食

"祸从口出，病从口入"，这话很有道理。病是吃出来的，健康也是吃出来的；合理饮食，就是一要管住一张嘴。二要讲究清淡，以素食为主，主食米、面，多吃杂粮，适量肉类，实现营养不挑食，也不偏食，达到营养全面。三要控制食量，吃要有个度，该戒的戒，该限的限；早餐吃好，晚餐吃早，不吃零食，多吃水果，喝牛奶、豆浆；三四

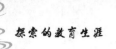

五餐，七八分饱；坚持吃核桃、蚕豆、杏仁，保证营养适量。四要养成主动喝水的习惯，每天喝足 8 杯水，早、晚、上、下午各两杯。清早起来，空腹一杯白开水，清理肠胃；午餐前一杯水，消除饥饿感，可适当降低饮食份量；睡前一杯水，可以改善便秘的毛病。

3. 讲究卫生

要养成良好的卫生习惯，勤洗澡；夏秋季节、早晚锻炼之后，两次冷水浴；冬春季节，早晚锻炼之后，用热水淋浴；每次 10—20 分钟。勤换衣服，衫背心、短裤子，内衣天天换，天天洗；经常保持衣着整洁，被褥干净。勤刷牙，养成每天三餐饭后刷牙的习惯，早上还用盐水漱口，做到饭前便后洗手，注意饮食卫生；勤打扫，讲究办公室和住房卫生，经常打扫擦洗，窗明几净。

4. 保证睡眠

生活中，要注意劳逸结合，适时休息，保证睡眠充足，是避免体力透支、恢复精神、储备能量、脱离亚健康的第一良方。早睡，对人的脏器功能的休养调适至关重要，不仅要保证睡眠时间，更要讲究睡眠质量，提高睡眠的效果。我每天晚上 21：20 以前入睡，早晨 5：20 起床，保证每天睡足 8 个小时，有什么急事要事，也必须妥善安排，中餐以后，躺在椅子上休息半个小时。要想睡得好，准备不可少。不思虑，不激动，是安心入睡的前提。睡前适当静坐，散散步，看点轻松有趣的电视节目，经常看"中央新闻联播"、湖南都市频道的"寻情记"，使身心逐渐入静；作轻松而有节奏的深呼吸，也有助于尽快入睡；冬天坚持用温水胞脚，可以加快下肢血液循环，安心入睡。

5. 轻松用脑

我喜欢读书写作，学校聘我主持学校教育科研工作，坚持每天阅读《教育科学研究》、《教师》杂志，收集整理课题资料，写点论文。身患帕金森，坚持每天阅读《养生科学》、《中老年自我保健》期刊，自学抗帕知识，写点心得体会。每天坐办公室 4—5 个小时，动脑筋想问题，大脑越用越灵活，对一些感兴趣的问题作点读书笔记，有感而发，用书面语言表述自己的感受，写点千字文，这样既增长了知识，充实了生活，也延缓了大脑的衰退和老化。

6. 享受话聊

我说最好的享受是话聊。经常与朋友、知己联系，采用书信、手机短信、电话交流等方式聊天。我深有体会：压力聊一聊可以放松，梦想聊一聊可以成真，感情聊一聊可以加深，烦恼聊一聊可以释怀，幸福聊一聊可以加倍。所以朋友之间常联系，谢天谢地，就能让你心情更美丽！我的手机上记录着 200 多个朋友的电话，想起谁，就给谁一条短信，天天如此。常与知己聊聊天，古也谈谈，今也谈谈，把心里的烦恼聊出来，就没事了。郁闷时，我总会打电话给保健医师、专家教授，接受他（她）们的点拨，他们深知肚明，启发鼓励几句，心理的垃圾全部倒掉了，烦恼不知不觉就飞跑了。我不赌博，少爱好，不计较，少生气，享受聊天成了特有的生活规律，让我心胸坦荡，心情愉悦。

康复养生十字修炼法

我把康复养生与自己的生活、学习、工作紧密地结合起来，提出"十字修炼法"，做到"一身正气，两袖清风，三餐清淡，四季轻装，五常修炼，六也风度，七情善感，八动有恒，久经考验，十分和美"。在任何时候，任何情境中，面对任何困难，任何挫折，始终保持良好的精神气质，情绪稳定，心境开朗，身心健康。

一身正气。唱正气歌，做正人君子，这是为人的基本原则。认认真真做事，老老实实做人，平平淡淡生活，不苟且偷安，不投机取巧，遵纪守法，爱党爱民，"志闲而少欲，心安而不惧，形劳而不倦"地面对生活，自然快乐开心，遇事不惊。

两袖清风。忠诚事业，忘我工作，洁身自好，不为名利所累。不与别人比高低，只做好事，多做善事，不做损人利己的事，奉献社会，劳动光荣。而趋利忘义，巧取暗索，有悖道德风范，损伤声誉，会导致情绪不稳，疾病缠身，有害健康。

三餐清淡。饮食清淡，低盐、低脂肪、低胆固醇，以素食为主，食物多样化，多食新鲜蔬果，控制食量，三四五餐，七八分饱，拒绝垃圾食品，细嚼慢咽，戒烟限酒，为了健康，再好的美食佳肴也得忍痛割爱，科学饮水，每天6—8杯。

四季轻装。常言道："佛要金装，人要衣装"。随四时更换轻便舒适的服装，顺应寒暑变迁，适应气候的变化，随时调节自己的着装。为增添精神气质，得讲究衣着仪表，给人以潇洒干练的感觉。

五常修炼。仁、义、礼、智、信，是指导人们举止行为的常礼，中华民族的传统美德，仁者寿、义者昌、礼者尊、智者乐、信者诚；仁者爱人，义重如山，礼貌待人，智能取胜，诚信为本，必须不断修炼，发扬光大，才能德高望重，浩气长存。

六也风度。《中庸》之言："高也，明也，博也，厚也，悠也，久也。""高明配天，博厚配地，悠久无疆。"本人系"六也堂"的子孙，多一点文化修养，多一点书生气息，以"六也"的风度待人处事，走向社会，给人以"高、明、博、厚"之感，经得起"悠、久"的检验。

七情善感。欢喜、发怒、悲哀、恐惧、爱恋、厌恶、欲望，为之七情，是人天生就有的情感，自然生发。多情善感，是人之常情。友情是社会的，越广越好；乡情是本土的，越深越好；亲情是家庭的，越浓越好；爱情是个人的，越专越好。中医理论认为喜、怒、忧、恐、惊与人的心、肝、脾、肺、肾相对应，情感失调是导致疾病的重要因素。

八动有恒。散步、太极拳、保健操、抗帕操、练气功、敲胆经、心包经、全身理疗，坚持八项运动不间断。最好的运动是步行，每天早晚散步8000m、4路太极拳，中午全身理疗，上下午坚持做工间操，每天功能训练4—5个小时，风雨无阻，心动养身，心静养心，动静结合，宁静致远，身心健康。

久经考验。与疾病抗争，做一位久经考验的勇士，最好的医生是自己。要战胜疾病，必须学会自己当医生。小孩患尿毒症，曾两次做肾移植；爱人有多种疾病缠身，因癌变和骨折曾两次手术治疗；自己曾有过20年的胃病史，胃切除4/5，晚年又患帕金森，在旁人眼里是"不堪负重"，自己却轻松面对，其乐无穷。

十分和美。和蔼、和解、和睦、和平、和气、和善、和顺、和谐、和悦、和美，"和为贵"。待人的态度，容人的气度内在的涵养，十分和美。从来不生气，有容乃大，退一步海阔天空，忍耐容让，自净其心，远离烦恼，百病皆除，创造出良好的康复养生修炼环境。

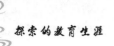

金爵健康宝典

弘扬现代、生理、心理、社会健康新理念，吸收前人、他人的集体智慧，融入自己多年的亲身体验，提出：坚持一个中心，两个基本点，三大作风，四项原则，五种选择，六条戒律，七养康复，八珍汤养生，九忘养心，十伴长寿，共10个坚持，作为金爵健康宝典。

坚持一个中心：以健康为中心。

两个基本点：处事糊涂一点，生活潇洒一点。

三大作风：爱在、乐在、奇迹在。乐（助人为乐，自得其乐，知足常乐）。

四项原则：合理膳食，有氧运动，戒烟限酒，心理平衡。

五种选择：最好的医生是自己，最好的医院是家庭，最好的药物是食疗，最好的运动是步行，最好的享受是话聊。

戒律：一戒烟酒，二戒嫉愤，三戒暴躁，四戒劳累，五戒滥药，六戒贪心。

七养康复：科学理念要学养，神经修复要疗养，功能训练要动养，心理调适要静养，一日三餐要营养，亲友互助要情养，无病早防要保养。

八珍汤养生：一片慈爱心，两寸好肚肠，三分讲正气，四面能宽容，五心常孝顺，六成老实人，七要多奉献，八不求回报。

九忘养心：一忘年龄，二忘过去，三忘疾病，四忘悲痛，五忘气愤，六忘忧愁，七忘悔恨，八忘烦恼，九忘耻辱。

十伴长寿：一伴德，乐善好施；二伴食，饮食有节；三伴动，太极散步；四伴静，清心安神；五伴忍，忍气免灾；六伴雅，情趣高雅；七伴笑，笑口常开；八伴达，开朗豁达；九伴俏，老来爱俏；十伴童心，颐养天年。

湖南帕友三聚农家乐

——2014 年纪念世界帕金森日

每年的 4 月 11 日是一个不平常的日子，称之为世界帕金森日，这一天，已经成为全世界帕金森病患者共同祝福的节日，大家采取不同的形式开展纪念活动。2012 年 4 月的一天，湖南帕友欢聚农家乐，帕友们分两组展开吹蜡烛、猜谜语、障碍跳、快乐传真比赛，玩的轻松愉悦，快乐开心；2013 年 4 月的一天，湖南帕友再聚农家乐，帕友们分两组进行切黄瓜、诗歌朗读、跨步投篮、卧底游戏比赛，同样玩的兴趣盎然，记忆犹新；2014 年纪念活动怎么搞？3 月 29 日在帕金森专家指导及帕友交流会上，小邓用书面反投票的形式征求全体帕友的意见，大多数帕友认为座谈讨论、交流抗帕经验，游山玩水、欣赏自然风光，美食进餐、品尝乡村野味，还是农家乐好！三聚农家乐成为湖南帕友们的最佳选择。

根据气象预报，我们选定 4 月 8 日这个晴朗的日子举办"四一一"纪念活动，早晨8 点以前，全体帕友和陪护人员先后来到长沙易可康葆脑健康服务中心，每一件大事就是热烈祝贺张学友伯伯荣获第五届全国抗帕明星最佳笑容奖，主持人小高简单介绍了张伯伯的抗帕事迹；张学友，男，长沙人，75岁高龄，原生物制药厂的厂长，他始终相信脑科技，患帕金森10多年来，一直在易可康葆进行康复治疗，成为易可康葆的资深会员，2009年首届全国抗帕明星评选的参与者，生活能够自理以后，积极参加各种抗帕活动，每年还可以到处旅游，这种抗帕精神值得全体帕友学习。大家致以热烈的掌声，接着在小管的指导下，集体拍照留念。

早晨8:30，全体帕友和陪护人员，在保健医师小管、小邓、小周、小卜、小阳五位工作人员的指导下，大家乘坐大巴去农家乐，在这春暖花开的日子里，大巴慢慢地行驶在沿江风光带，帕友们眼望窗外，湘江北去，橘子洲头，伟人塑像，景物奇观，如诗如画，尽收眼底，不知不觉到了美丽的桃源居农家乐，这里是桃花盛开的山庄，独具农家风韵，有接待室、健身房、娱乐场、游戏厅，帕友们直的走进了快乐世界，以前的面具脸露出了难得的笑容，一个个仿佛年轻了许多。

帕友们难得一聚，来到农家乐，在工作人员的指导下，纪念活动别开生面，重点是帕友面对面的个别交流，畅谈抗帕体会，传递抗帕经验，见证改变。张学友伯伯最引人注目，还有易福全伯伯，都有贴心护理老伴陪护着，它们二位向帕友表白的体会是：充分相信神经生长因子（NGF）和神经节苷脂（GM）的联合使用好，长期使用脑力风暴——多肽复合冲剂，今天的多肽复合粉纯度更高，修复更快，改善体质更全面。李克佳伯伯，原长沙市教委领导，30多岁就患帕金森，在易可康葆进行治疗的时间最久，还有周逢军叔叔，也是年轻的帕金森患者，他们二位与帕友交流最认可的一点就是采用"721动态追踪"方案，在易可康葆专家、理疗师的指导下，按照"全程追踪，服务到底，调整方案，最佳效果"的原则进行科学康复。陈步新伯伯与彭林新伯伯与帕友个别交流体会最深的一点是：易可康葆治疗帕金森最有经验，服务最热忱，拥有资深的专家队伍，中华民药师秦黔英、主治医师鞠建英等，定期给予科学指导，成为帕友贴心的健康顾问，让你的康复更专业、更有效。杨丽君阿姨与帕友交流体会最大的一点是：易可康葆的专家、理疗师、工作人员的热忱服务感动每一位帕金森患者，积极推广"社会——生理——心理"医学新模式，经常与帕友取得联系，进行心理疏导，重视自我心理康复，帮助帕友树立根治信心。李松柳阿姨和赵来阳阿姨是70岁的同龄帕友，在相互交流中有一个共同体会，实施"快乐、个性、家庭、主动康复"的理念，坚持在专家指导下，主动康复与被动康复有机结合，进行功能训练。罗伯伯是第二届全国抗帕明星最佳抗争奖获得者，他与帕友个别交流谈的体会是对抗帕金森要采取综合治疗法，①药疗，注重神经修复；②动疗，强化功能训练；③理疗，促进气血运行；④食疗，坚持合理膳食；⑤心疗，保持心态平和，做到五疗结合，身体一步步走向康复。

在帕友们个别交流的基础上，帕友们根据自己的爱好，选择自由活动。歌舞厅最热闹，周逢军是长沙河西永红艺术团的业务主管，红白喜事中、寿诞礼仪、大型婚庆、开业庆典、大戏小戏、舞狮杂技，样样皆能，他的开台花鼓引来了帕友们的热烈鼓掌。此后，李克佳夫妇伴唱的《刘海砍樵》、《新奇候保林》，张学友夫妇合唱的《团结就是力量》，李松柳阿姨的女声轻唱，阵阵歌声响彻桃源居农家乐。健身房内，易福全两夫妇领头打完乒乓球之后，又玩起排球来，引来了帕友们的阵阵欢笑。娱乐厅里棋、牌、麻将，

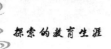

玩的啪啪响，陈步新与彭林新下象棋，棋逢对手，迎来了众多的帕友观战，杨丽君夫妇在工作人员的陪同下搓麻将，多次平局，输赢难分，也引来了帕友的共同赞美；还有的伯伯、阿姨走进田野，爬上山头，采摘野味，欣赏山水，快乐致极。

不知不觉到了12点，自由活动在欢乐的笑声中结束，大家去餐厅品尝农农乐美食，一桌10个菜，正宗的农家风味，有荤有素，新鲜可口，工作人员用公筷、汤瓢向每位帕友及其陪护人员劝菜："杨阿姨，精肉好吃，来一块！""张伯伯，鲜鱼味美，尝一块！""李伯伯，青菜可口，接一瓢！""陈伯伯，，这个好香，品一品！"工作人员还为帕友接碗添饭，真是服务到家，无微不至。餐桌前帕友们个个面带微笑，尽情品尝。

下午2点，大巴车又来接我们了，兴奋、快乐的一天就这样试过了，在返程车厢里，帕友们和保健医师互相勉励，谈笑风生，感慨万千。五位保健医师不约而同地赞扬帕友们三聚农家乐，老少老少，帕友们纪念"四一一"时的开心快乐，胜似青年人庆祝"五四"时的精神奋发，也胜似孩子们欢度"六一"时的活泼可爱。帕友们市中心感谢五位保健医师的耐心指导、精神组织、细心照顾、热心服务、倾心陪护。帕友们的纪念活动，零距离的相互交流和游戏娱乐，充分证明了帕友对生命充满着期待，对生活充满着热忱，对抗帕充满着信心，对康复充满着希望。在这里，我们真诚地祝愿各位帕友象农家乐一样快乐每一天，早日走向康复，坚信爱在、乐在、奇迹必然在！

五疗合一得康复

我患帕金森已经12个年头，2005年开始发现单侧病变，左腿步态异常，时有颈椎或腰椎疼痛，头两年先后在四个地方医院治疗，分别误诊为颈椎病、腰椎病、脑血栓、脑动脉硬化，没有对症下药，当然不见效果；县人民医院主任医师刘忠信就提议到上级医院确诊，到底是什么病，再回来服药。2007年7月，省人民医院专家确诊为帕金森病，先后两次住院治疗，也没有产生明显效果；2008年9月，去省易可康葆脑健康服务中心，采用"721"方案康复治疗，在中华名医秦默英的指导下，治疗五年有一定效果，但多次出现病情反复；2013年7月，进中南大学湘雅医院神经内科门诊治疗，一直由严新翔教授科学用药，三年共门诊14次，明显控制了病情向恶性发展的速度。2016年4月，严教授建议住院治疗，由江泓教授调整用药，半个月产生了神奇的效果。回顾自己患帕金森病的治疗过程，结合自己的实践，积12年之经历，获得了"五疗合一得康复"的切身体验。

五疗：一是药疗，注重神经修复。帕金森是一种中老年慢性神经系统进行性疾病，因大脑指挥运动的两种神经元，抑制性神经递质多巴胺与兴奋性神经递质乙酰胆碱，其中多巴胺损失了80%，二者失去了平衡，指挥不了运动，从而出现"静止震颤、肌肉僵直、运动迟缓、步态异常"等症状，帕金森是"动不起来的病，让人不动的病"。现代医学认为，神经元不可再生，药物治疗只能改善症状，不能阻止病情的发展，因此帕金森又是一种无法根治的疾病。服用易可康葆的脑力风暴——多肽复合冲剂，注重神经修复；在湘雅住院治疗，标本兼治，注重营养神经，产生最佳效果。首选科学用药，这是治疗重点。

　　二是食疗，调节饮食营养。俗话说："病是吃出来的。"我换句话说："健康也是吃出来的"。药食同源，均衡营养很重要，有利于病情改善。我从小吃草根树皮，有胃病史20年，胃切除4/5，惨痛的教训让我真正认识到，必须讲究有规律的饮食生活。坚持少食多餐，清淡可口，以素食为主，多吃蔬菜，少吃肉类，不吃垃圾食品。三小餐：晨练前一小餐，一杯牛奶，一抓核桃或一杯维豆精粉；中午理疗后第二小餐，吃水果、蚕豆或蚕豆粉；晚练后第三小餐，一杯牛奶，还有五粒桂圆、六块天麻、七颗红枣，有益于补脑。合理膳食，这是基础一环。

　　三是动疗，强化功能训练。常言道："生命在于运动"，帕金森是"动不起来的病，让人不动的病"。在日常生活中，不折不扣地执行自己的康复计划，积极、主动、自觉、有恒心、有毅力、有目标地进行功能训练，提高日常生活能力。每天早晨5：30，下午7：20步行1000米，到南苑广场，参加自发组织的群体活动，打太极拳，做五行健康操和医疗回春保健操。每天活动4－5个小时，十几年如一日，雷打不动，风雨无阻，哪怕是天寒地冻、冰天雪地，无论是探亲访友，出差旅游，从未间断，即使是大年初一，也一个人出现在南苑广场。锻炼成为每天的自觉行为，伴随步伐、动作、节奏，享尽自由和快乐。功能训练，这是关键所在。

　　四是理疗，促进气血循环。还是在省人民医院治疗的2007年8月，我老伴的高中同学陶安香送我一台红外高频气血循环机，又叫气血通，每天下午13：00，依次对脚、腿、手、腰、腹、胸、背、颈、头、面十个部位进行全身按摩，理疗一个半小时，重点按摩治疗帕金森的18个穴位，激活全身细胞，气血畅通，心情舒畅，效果立竿见影，好像什么烦恼都随风飘散了似的；后来每天上午去健康坊坐高电位半小时，或睡按摩床、按摩椅半个小时，每周还到专业按摩店请名技师进行皮肤、关节、点穴按摩一次。利用器械运动，人工按摩是被动康复和功能训练有机结合，理疗的效果更好。全身按摩，这是必要的辅助。

　　五是心疗，保持心态平衡。心理疏导最重要，就是要稳定自己的情绪。"笑一笑，十年少；愁一愁，白了头"，情绪就像一面镜子，你乐它就笑，你愁它流泪。要笑对帕金森，顺境也好，逆境也罢，在病痛中，遇到困难、挫折，绝不能一蹶不振，保持平和心态，做到愁而不忧，烦而不恼，从容应对，顺其自然，做一个正常病人。有了平和的心态，让治疗帕金森充满阳光，使自己多一份舒畅，少一份焦虑；多一份真实，少一分空虚；多一份快乐，少一份忧郁。所以说：心态平衡是一种镇定，也是一种清静；是一种坚毅，也是一种刚强；是一种乐观，也是一种自信！心理疏导，这是根本之法。

　　合一：就是要将五疗融入有规律的快乐生活之中，成为快乐生活的一个重要组成部分，达到综合治疗的目的。世界卫生组织曾经作过判断："人的健康状况15%取决于遗传，10%取决于社会条件，8%取决于医疗条件，7%取决于自然环境，而60%取决于生活方式。"治疗帕金森是要把科学用药、合理膳食、功能训练、全身按摩、心理疏导五个方面融入到日常生活中，成为生活的一部分，成为本能的自觉愿望、自发的生活习惯。

　　第一，养成有规律的生活习惯。每天的起居、用药、用餐、锻炼、理疗、学习和工作，都做出规律性的安排，形成良好的生活习惯。例如，我坚持早起早睡，早晨5：00起床，晚上21：30睡；中午12：30－13：00午休半个小时；每天保证8个小时的睡眠。

从年头到年尾 365 天，天天如此，不受任何干扰。又例如，坚持主动喝水，每天喝足 8 杯水。早、晚、上午和下午各两杯，清早起来空腹一杯，清理肠胃；午餐前一杯，清除饥饿感；睡前一杯，促进睡眠，每天 5 - 7 次服药，每次一杯足量的水；每天喝水 2000 克以上，这样增加排出尿量，既防止感染，又防止便秘，提高免疫力。生活的方方面面，用自己坚强的意志和毅力，持之以恒地根据自己生物钟的活动规律，合理同步地快乐生活，我把它称为生物钟康复法，康复每一天。

第二，注重生活中的每一个细节。治疗帕金森，我有自己的战略思维：在战略上轻视她，不要时刻想到自己是病人，心事重重；在战术上重视她，注重生活中的每一个细节，细节决定康复。帕友，以病为友，与病相处，每天第一件事就是与帕病沟通，安慰她、劝勉她、善待她、寄语她。躺下，为她轻轻地翻身；起来，为她慢慢地移动；天凉了，为她加点衣服；天热了，为她换上凉席；每顿饭为她吃好；每次为她精心服药；每天为她好好训练；每次为她全身按摩；心态只往好的方面想；与帕友比较，自己是最好的一个，自己的病在不断好转，总有一天会好起来的，快乐每一天。

第三，寻找自己的生活乐趣。我不打牌，不搓麻将，只喜欢看书，研究点小问题，写点小文章。得帕金森后，让我喜欢看《养生科学》、《中老年自我保健》等刊物，喜欢看点神经内科学、药物学、自然医学、康复医学、心理学知识，每天一有时间就静下心来，带着学习、鉴赏、研究几重角色去阅读。让生活充满乐趣，寻求丰富多彩的生活乐趣和活动领域，有意识地向治疗帕金森的专家、教授、康复师、护师、护士请教学习，以丰富自己的学识；多接触一些精神乐观、身体健康的中老年人，经常与老朋友聊天；帕友们上门拜访，我倾心交流自己"五疗合一"的切身体验；参加一些有益的集体活动，特别是各种健康讲座；根据自己的需要写点读书学习、生活笔记。所有这些，有利于淡化乃至消除"恐帕"心理，幸福每一天。

第四，追求家庭生活的和美。五疗合一，我的老伴罗爱娥、儿子罗学文、女儿罗学武，她（他）们是最好的护理，最好的健康监护人。每次陪我去县、市、省级医院看病、住院，每天就准时服药，合理用餐，陪同锻炼，到时理疗，心理疏导等方方面面，他们都精细指点、用心策划、耐心劝勉、热情鼓励、无微不至。一家人"以和为贵"，和平、和气、和善、和顺、和谐、和悦、和美。一个和睦之家，创造出一个良好的康复养生修炼环境。我实话实说：我学文患尿毒症，1999 年和 2005 年，先后两次做肾移植；老伴一腿骨折，患腺癌，2002 年和 2005 年两次手术治疗，还有严重的糖尿病、冠心病、胆结石；我患帕金森，坚持"五疗合一"，视死如归，创造抗帕奇迹。在旁人眼里，家境不堪设想；在我自己心中，抗毒＋抗癌＋抗帕＝家福幸福，小孩、老伴和我，三个疾病都战胜了，其乐无穷，奇迹每一天。

总之，我治疗帕金森，坚持五疗：（1）药疗是重点，注重神经修复；（2）食疗打基础，调节饮食营养；（3）动疗是关键，强化功能训练；（4）理疗做辅助，促进气血循环；（5）心疗在根本，保持心态平衡。将五疗有机地结合起来，融入有规律的生活之中，成为快乐生活的一个重要组成部分，实现综合治疗。"五疗合一得康复"，功到自然成，康复每一天，快乐每一天，幸福每一天，奇迹每一天。

周前寄语

当校长，指导学校工作，每周星期日晚上召开周前例会，书面发出"周前寄语"，供教工学习、生活、工作参考。这里登录一个学期的原稿。

新学期寄语
1996. 2. 28
工作主题与系统方法

新学年新学期，学校工作坚持工作主题、工作思路和基本任务三个不变，这不是短期行为，而是长远规划，不是随意思考，而是根本的思想方法。

"改革发展，竞争百强"是学校的工作主题。

改革是动力，改革是学校各项工作的自我完善。学校工作以教学为中心，这是永恒的真理。改革教学，提高教学质量，关键是领导向教师要质量，教师向学生要质量。教育和管理，更是深化改革的两个焦点。改革教育，包括教育思想、内容和方法，育人为本，以身立教是一种重要教育手段，用干部的领导作用、党员的模范作用、教工的师表作用去影响学生。改革管理，实行校长负责制，主任责任制，m 工作法，建立计划体系，重视过程管理，搞好效果评价，全面实施目标管理。

发展是目的，只有发展才是硬道理。今天，学校已经显示出自己的办学特色，在省、市产生了一定影响。再经过几年努力，以师训为中心，搞好全方位办学；重视教育科研，变应试教育为素质教育；充分利用现代化教学手段，提高教育质量，显示出"师范性、研究型、现代化"的新特色。

改革是动力，发展是目的，创建规范化教师进修学校，跻身全省十强，全国百强，是发展的目的。全体教工，从事教育、教学和管理服务工作，必须坚持这一主题不动摇。

建设"一二三四五"系统工程，是校长的工作思路。

系统思想＋特色理论，把西方的科学和东方的哲学融合起来，坚持系统思想和特色理论的结合，产生新的思维方式和思想方法。系统而有特色地去研究教育、教学和学校管理。保证一个中心（教学），改革两个焦点（教育和管理），发展教育的师范性、教学的研究型、管理的现代化三大特色，强化班子、队伍、制度、校园四项建设，塑造领导、党员、团员、教师、学生（员）五种形象，把学校教育、教学和管理作为一项系统工程来建设。

学校这个系统，包括德育工程、教学工程、管理工程、特色工程、形象工程的建设，还包括学校与社会环境之间的关系处理，全体教工系统而有特色地工作，还必须树立四个观念：

第一，全局观念。牢记"部分功能的总和不等于整体功能"。始终把学校看作一个有机的整体，强调整体效应，教育、教学、人财物事的管理，处、室、部门、全体教工做到分工合理、层次清晰、职责明确、联系严密、围绕同一目标，协调一致地工作，保证各级政令的畅通无阻。

第二、有序原则。牢记"系统的结构决定系统的功能。"教学上的有序。对知识结构达到整合贯通，教学才得心应手；管理上的有序，对学校运行机制心领神会，管理才顺理成章；德育工作，长期存在着一般化、简单化、公式化的毛病。研究教育内容和要求的序列化，有待我们的积极努力。

第三、最佳观点。这是我们的出发点和最终目的。一个系统可能有多种组成方案，选择最优的方案，使系统具有最优功能，一项平凡工作也是一个宏大的世界，做工作有100种方法，"把教授最优化和学习最优化融合起来，就能保证教学最优化有一个完整的过程。"不仅应使教学过程最优化。德育过程、体育过程、管理过程、服务过程也都应该最优化。

第四、反馈原理。"信息的即时反馈"是一条重要原则，在教学中及时得到反馈信息是非常重要的。"趁热打铁"、"对症下药"、"因材施教"就是反馈原理在教学上的应用，没有畅通的信息渠道，学校管理必然难于进行，教育、教学、管理要建立完善的信息渠道和信息反馈制度。

学校的校长、处室领导，要认真研究系统方法，办出学校特色，实现认识和实践的统一。每位教师必须树立系统观念。每个人、每份工作，都放到学校这个系统中去整体思考，运用信息反馈，实现最优控制，以形成自己工作上、教学上的风格和特色，不断参与教育界、社会上大系统中的竞争，这是必然的。

第一周寄语

1996. 3. 3

战胜自我，超越自我

1. 与其将希望寄托在客观条件的改变上，不如将希望寄托于挖掘自身的潜能上。

2. 不能否认外界条件的改变对内部变化的巨大促进作用。但作为内部条件的一方，更重要的力量当然是应该用在改变自身素质上，这样用力气，才更有实效，才能少一点唯条件论，少一点牢骚和失望。

3. 有毅力的人，能变不可能为可能，没毅力的人能变可能为不可能，杰出人物之所以杰出，是因为他们做了别人认为不可能办到的事情。

4. 人如果学会了驾驭自己的智力，驾驭自己的认识，驾驭自己的感情，他就从一个自在的人变成自为的人了。

5. 工作可以是精神寄托，是精神生活的需要；也可以是谋生的手段，是物质生活的需要。以前者的心态对待工作的，工作能创造奇迹，两者兼而有之的，工作能有成绩，仅以后者为工作终极目的的，不仅工作少了乐趣，不仅会陷在钱眼里难以自拔，工作也难以出成绩。

6. 人要想不背叛自己，就得制定符合实际的计划，强化检查措施，加大检查密度，并不时研究自己执行计划的情况，定期对计划加以调整，不使任务量过紧或过松。

7. 我们常常想，这件工作，待一会儿再干吧，这篇文章明天再写吧，这件事能拖几天就拖几天吧！

8. 用心捕捉那些稍纵即逝的思想火花，及时加以拍摄。不要非得成为一篇，也无需前后连贯，只要它新奇，为平日所未有就行。

9. 人对自己因经常这样提出问题：每天能不能再多干一件事？每小时能不能抓紧点？每件事能不能干的再好点？能不能创造别人意想不到的成绩？

10. 人给自己定计划前，大多是雄心勃勃或信心百倍的，及至执行时，情绪便千奇百怪了。

有一类人边执行边自我原谅，一步步的后退，一直退到不可能完成的地步时，信心的堤坝也就崩溃了，情绪沮丧、自责，心中的执政者由上帝让位给魔鬼，于是甚至埋怨起当初为什么订这计划，为什么这样折磨自己，由上帝的自责，转变为魔鬼对上帝的讨伐、谴责、咒骂，于是彻底走了下坡路。

第二周寄语
1996. 3. 10
我们欢呼真诚·也推崇认真

认真的人不认命，认真的人不认输，认真的人不认人。

认真植根于善良人性的沃壤，它不是一条直线，不是一个平面，也不是立体的空间，而是文明的折光，是民族精神哺育出来的一簇荷箭。

少年的认真是幼稚的天真。

青年的认真是方刚的血性。

中年的认真是推不掉的责任。

老年的认真是孤傲与坦诚的结晶。

认真是一把剑，可以斩断虚伪，让敷衍塞责者望而却步。

认真像一首歌，正气压倒邪气，是君子是小人揭开面纱瞧瞧自信。

历史上杨修话鸡肋，出言认真；杨敬之说项，荐才认真；包龙团断案，执法认真；贾岛赋诗，炼字认真……这是美谈更是美德，正所谓大智若愚善解祸，微言如闪擅传真。

认真的人知己知彼，客观公正，没有害人之心，始终让人放心。认真为人，其实也是一种品位，一种风骨，一种得人生之真趣的大境界。

一个人没有认真精神就不可能事业有成，一个单位没有认真精神就不可能兴旺发达，一个军队没有认真精神就不可能所向无敌，一个社会没有认真精神就不可能文明进步，一个国家没有认真精神就不可能高速发展，一个政党如果没有认真精神就不可能治理好天下，一个民族如果没有认真精神就不会有希望。

认真不是任性，认真不是认死理，任何事情都不能太过，过于认真也就没有认真了。

不认真就会对虚假丑陋的东西习以为常，对痛苦酸涩麻木不仁，对宝贵的人生玩世不恭。认真就是执着，就是一往无前，就是一个心眼不达目的誓不罢休。

"世界上怕只怕认真二字，共产党就最讲认真。"

我们推崇认真是因为只有认真才能做一个真正的人——这个时代这个社会真正用得上的人。

第三周寄语
1996. 3. 17
引论读书

读书能给人乐趣、文雅和能力。人们独居或退隐的时候，最能体会到读书的乐趣；谈话的时候，最能表现出读书的文雅；判断和处理事物的时候，最能发挥由读书而获得的能力。那些有实际经验没有学识的人也许能够一一实行或判断某些事物的细微末节，但对于事业的一般指导、筹划与处理还是真正有学问的人才能胜任。

耗费过多的时间去读书就是迟滞，过分用学问自炫便是娇柔造作，而全评学理判断一切，则是书呆子的癖好，学问能美化人性，经验又能充实学问。天生的植物需要人工修剪，人类的本性也需要学问诱导，而学问本身必须以经验来规范，否则便太迂腐了。

机巧的人轻视学问，浅薄的人信服学问，聪明的人却利用学问。因为学问本身想把它的用途教给人，至于如何去运用它，那是在学问之外、超越学问之上、由观察获得的一种聪明呢！

读书不是为着要辩驳，也不是要盲目信从，更不是去寻找谈话的资料，而是要去权衡和思考。有些书只需浅尝，有些书可以狼吞，有些书要细嚼慢咽，慢慢消化。也就是说，有的书只需选读，有的书只需浏览，有的书却需全部精读。有些书不必去读原本，读读它的节本就够了，这仅限于内容不大重要的二流书籍，否则，删节过的书往往像蒸馏水一样，淡而无味。

读书使人渊博，辩论使人机敏，写作使人精细。如果一个人很少写作，它就需要很强的记忆力；如果它很少辩论，就需要有急智；如果他很少读书，就需要很狡猾，对于自己不懂的事情，假装知道。

历史使人聪明，诗歌使人富于想象，数学使人精确，自然哲学使人深刻，伦理使人庄重，逻辑学和修辞学使人善辩。总之，读书能陶冶个性。不仅如此，读书并且可以铲除一切心理上的障碍，正如适当的运动能矫治身体的某些疾病一般。例如，滚球有益于肾脏；射箭有益于胸部；散步有益于肠胃；骑马有益于头部等等。因此，假若一个人心神散乱，最好让他学习数学，因为在演算数学题的时候，一定得全神贯注，如果注意力稍一分散，就必得从头做起。假若一个人拙于辨别差异，就让他去请教那些演艺派的大师们，因为他们正是剖析毫发的人，假若一个人心灵迟钝，不能举一反三，最好让他去研究律师的案件。所以每一种心理缺陷都有一种特殊的补救良方。

第四周寄语

1996. 3. 24

胸怀·人际关系·思想方法

1. 古往今来，日月星辰，江河山川，太空长天，你是这样的开阔广大，可是生活在你中间的人，能有几多脑细胞来领略你的无限风光呢？

那狭隘的思想和人与人之间的不正常的关系，禁锢了人们的聪明才智，强占了他们的脑细胞，使太阳的光辉，大自然的盛状照不进来、映不进去，使许多人带着昏暗的头脑，一天又一天，一年又一年，一辈又一辈地为了鸡毛蒜皮的权、利而咬得头破血流，呜呼哀哉！

2. 人们在自造的、欲望的教育中生活，它造了多么广阔的疆域，就有多么丰富的精神生活。有的人的权欲的疆面积，只等于1块金币的半径的平方乘以圆周率，于是，他就终生在这可怜的范畴内奔波着，挣扎着，忙碌着。

3. 我们以高尚、昂扬、乐观的态度去看待生活，那我们就会生活在高尚、昂扬、乐观的生活之中。

4. 悲观者在每个机会中都看到困难，乐观者在每个困难中都看到机会。

5. 怎样处理好人际关系？也好处理，也不好处理。想得太多反而不好处理。只要坚持与人为善的宗旨，对谁都好心，能助人时且助人，即使对反对自己的人也绝不加害，一片好心，一片诚心就好办。

6. 对别人要一片好心。与人为善，能助人时且助人，宁可人负我，不可我负人，这样别人由于你的存在而快乐，你自然就容易笑起来。

7. 聪明的人到别人的脑子里去寻找对手，于是他的力量就大起来。聪明是对手，后来也会帮助他。相爱的人到别人的脑子里去找对手，指责人家，挑剔人家，猜疑人家，浪费智力，到处树敌。到后来，连朋友也受不住他的猜疑，不得不和她分道扬镳。

8. 要深切地理解人，尊重人，同情人，关怀人，与人为善，要有以德报怨的胸怀。

9. 常有这样一些人，当犯了错误或有了罪行受到批评或惩罚时，便深感委屈地诉说自己过五关斩六将的功劳来。

他们是这样理解功过的，把功看做正数，把过看作负数，两个绝对值相等的功过之和应为零。

功过可以抵消，只是在特殊时间和空间范围内的事。在一般情况下，不存在这种加减法，如果功过抵消成了一条法律了，社会将会大乱。拾金不昧者便有盗窃的资本；今天提前上班了，明天便可以迟到；甚至曾经舍己为人的人，会因此而具有了杀人的权利。功过必须分明，自然科学的许多法则不能和社会科学的法则相互代替。

第五周寄语
1996. 3. 31
事业·奉献·务实·惜阴

1. 教育是一种可以给人以双倍精神幸福的劳动。

教育对象是人，是学生，是有思想、有语言、有感情的学生，教师劳动的收获，既有自己感觉到的成功的欢乐，更有学生感觉到的成功的欢乐，于是，教师收获的是双倍，乃至更多于其它劳动数倍的幸福。

2. 光强调教师要爱学生是不全面的，还应具体研究怎样去爱，想爱还要会爱。如果不会爱，原来想爱，后来也会变得不爱。父母哪有不爱子女的呢？但由于有的爱不得法，变成溺爱子女，纵容子女，使之走上邪路，父母因此也由爱生怨，甚至于个别父母还生出恨来。

父子、母女之间尚且如此，何况师生之间呢？

3. 尊重与发展学生的人性和个性，会使师生生活在一种相互理解、尊重、关怀、帮助、谅解、信任的和谐气氛之中，从而真正体验到做人的幸福感与自豪感，减少内耗，提高工作和学习效率。

4. 你爱事业，如果只是为了向它索取个人需要的东西，那么这种爱是假的。

你爱事业，是为了奉献出自己的一切，这才称得上是真爱。而只有爱到愿意自我牺牲的程度，才能够在事业上做出成就。

5. 人如果都把空想的时间、自卑惆怅的时间、忧愁烦闷的时间、胡思乱想的时间，都用来干实实在在的事情，他就能够成为大有作为的人，信心百倍的人，开朗乐观的人，目光远大的人。

6. 伟人们忙着干实事，可怜虫忙着骂别人。

如果有人问，用犹豫、忧愁、气愤、牢骚的时间干点实事不好吗？恐怕不会有人说不好。但在现实生活中，许多人却难以做到这么清醒，这样理智。正因为如此，人才该努力提高自己的认识层次，加强锻炼自己的实践能力。

7. 在一个人六七十年的生命史上，无效劳动占有较大的比重，即使最深谋远虑的、豪放豁达的人，当他晚年回首平生的时候，也不免对一部分劳动的无效、多余而遗憾，区别在于有的累计无效劳动时间只有一两年，有的则有五六年，甚至二三十年。

为了不至于在告别人世、算总账时追悔莫及，最好在度过每一天时，都细心地分辨哪些是无效劳动和有害劳动，即使就别做了。

8. 如果让人去买生气、买发牢骚、买忧虑、买精神负担，准没有一个人肯付钱，可现实生活中人们支付大段大段比黄金还宝贵的时间，用来生气发牢骚，用来忧虑，背思想包袱的例子却比比皆是。

现在的典型应该是高效率的典型，应该是与常人同呼吸、共命运，共同克服困难，共同经历现实中的生活，结果又能出色完成本职工作的人。

第六、七周寄语

1996. 4. 7

知人·育人·精神·事业

1. 种庄稼，首先要知道各种作物的生长发育特点，才能适时适量地施肥浇水；治病要了解每个病人的具体病情，才能对症下药；教师必须了解每个学生的特点，才能选择确定教育的方法措施。

育苗、养花、治病者的对象都不像教师所面对的工作对象那样富于变化，难于认识。教师指的是心病，心病是难以诊断和认识的病。而要治好心病，第一步当然要认识心，知道心，即育人先知人。

2. 不要轻易说看透了一个学生，学生不像透明玻璃瓶装的蒸馏水，一看就透，一看就透的情况是有的，但不多，更多的是被各式各样东西包裹着的人。

一名好教师必须永远想念自己的学生，不管多么笨的学生，脑子里其实都埋藏着无穷无尽的潜力。事实上不是学生的脑子里缺少资源，而是我们缺乏勘探这些资源的能力。

3. 教师的疏导责任是很大的，学生的思想航船既可导向河滩搁浅，也能导入大海，乘风破浪。不要轻易责备学生不该这样，不该那样，而要引导学生去干这样，去干那样，趋利避害，乐以忘忧，流连于美好、广阔的精神境界而忘返狭隘自私的小圈子。

教师让学生做任何一件事，都应该让学生觉察到心灵中有一种美感、幸福感、自豪感，这种幸福感就能成为学生继续做同类事情的动力源泉。

4. 走进学生心灵世界中去观察，多想学生的难处，引导学生看到自己脑子里的方方面面，切忌把一位学生的头脑看成一个只有一种思想的身体，也不允许学生把自己看成一个整体。要想方设法打开这个真善美、假恶丑混杂结合而成的整体，然后重新开始排列组合。

5. 弃恶扬善绝不只是教师自己的事，而是师生共同的事。教师不是板着面孔站在学生对面的上级领导，而是立在学生脑子里的扶助上进因素去战胜消极因素的助手。

6. 更深刻意义上的教师，就能从根本上改变学生的个性、欲望、素质的教师。

在某一个特定的时间和空间，点燃学生理想的火花，不是一件难事。困难的是如何在一个广阔的时空范围内使这一火花不仅不熄灭，而且越烧越旺，这就需要在学生的现实与理想之间筑起桥梁。

7. 清贫不要紧，只要事业成。在商品经济大潮面前，我也曾有过心灵失落和困惑，但是，每当学生在课堂上眼睛瞪得大大的，从眼神放射出热烈的光芒的时候；当学生争先恐后的回答我的问题的时候；当最没有耐心的学生也在听我讲解的时候；当学生带着感激背负的眼光目送我走出教室的时候，我心中的那股美滋滋、甜蜜蜜的感觉丝毫也不逊色于做生意的数着一大把钞票的心情，这是对创造美的自我陶醉，是一种对创造价值的自我欣赏，是一种胜过物质享受不知多少倍的精神享受。

8. 我们常常谈论这个诱惑那个诱惑，就是忘了事业的诱惑，精神的诱惑，成功的诱惑，当一位教师切实品尝到教学工作的美感，愉悦感与成功感、崇高感时，教师职业的

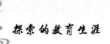

诱惑力不是大大的超过金钱吗？

实施素质教育，教师本身必须有较高的素质，首先是道德素质，核心的问题是热爱自己的事业，忠于自己的事业，奉献自己的事业，在全体教育工作者中"普及"事业心，"普及"奉献精神。

第八周寄语
1996. 4. 21
教育改革·教育管理

1. 我们正置身于一个教育改革的时代，正置身于一个使学生成为学习主人的时代，教育根本不像某些人理解的那样"自古华山一条路"，只有一种模式，而是"条条大路通罗马"，教育实验和改革是教育科学教育与艺术的生命。

2. 改革的关键是教育思想的改革，躺思想观念不改，单改怎么上一节课，怎样讲一课书，怎样留作业，怎样批作业，这样即使能奏效，一时也绝不会持久。

3. 过多的强调多方面外因，难得过问学生的学习心理状态和发展，师生的心长期不能相通，教改必然沦为一厢情愿。

语文教学改革主要靠什么？一靠民主，二靠科学，民主是解决学生学习的积极性，主动性问题，解决教师为学生服务，同学生齐心协力搞教改的问题；科学是解决语文知识结构科学化，语文能力结构科学化的问题，解决学生运用科学的学法学，教师用科学的教法教的问题。

4. 国外极重视学生们的实践能力的培养，重视孩子们自主能力的培养。相形之下，我国许多娃娃的年龄太大了，有的到了三四十岁还不能自立，还需要躺在父母的功劳簿上才能生活。

学生认识一步步深化，就是教者与学生心灵之间架起了一座桥，学生们便最大限度地理解老师，支持老师，成为教改的志愿兵。

5. 一位教师每天看到的不仅仅是一张张学生的脸，还应当是学生的心灵，应当看到他心里的组合方式，看到他心里的变化过程及变化的原因。

懒学生，爱拖拉的学生，也有不懒不拖拉的时候，不信看看在考场上他们不也很勤奋，很会抓紧时间吗？

6. 淘气的学生在几年的淘气史中，会有过上百次的自食其言，会有过上百次的拒绝良言相劝，会有过上百次的逃避父母管教，会有过上百次敷衍老师，对我们某一次成功的教育来说，只要不是第 101 次拒绝敷衍，只要有了一步步朝前面的跨越就很不容易了。不要期望过高，期望过高，既不利于教师树立教育的信心，也不利于学生树立改过的信心。

7. 适当的让好学生挨批评和差学生受表扬同样重要。但实际生活中，这两者常常做不到。于是有的好学生，弱不禁风，不能批评，不能失败，不能不如人，不能受挫折。真的遇到失败、挫折、批评、打击，立即感觉人生一片黯淡，情绪极端低沉，或者玩世不恭，或者痛不欲生，差学生呢？由于长期得不到应有的肯定，于是自卑自弃，也有的因为批评听得太多，产生了抗批评的能力，拼命的维护自己的短处。

8．用计划去管理，用好习惯去指挥，领导就越干越高明。

宇宙间并不开会，但数千亿星体却照样井然有序地运转着，这不是对人的启示吗？

我想最低级的管理水平莫过于用人看着人，管理水平的提高，应该体现在规章制度，法律的科学性上，这些规章制度法律如果定制的科学符合人们的心理，那么不用人盯着看着监视着人们也能自觉遵守了。

领导者应该研究些什么问题呢？就是那些带规律性的问题，那些，乱子还没暴露出来的问题。

第九、十周寄语
1996.5.5
教学民主

教师要树立教学民主的思想，就要抑制我中心意识，要明确，对学生指责、埋怨、强迫、命令，就等于在师生的心灵之间挖鸿沟，只能增加师生之间不理解、不信任的程度，只能降低学习效率。

要统一，就要采用民主的方式，大家讨论表决。这样，学生才能从小养成民主的习惯，包括一事当前，把自己放在主人翁的位置上独立思考的习惯；讨论中，给自己寻找论据和倾听别人论据的习惯；表决后，特别是个人意见被否决后，坚决执行多数人决议的习惯。

教与学，教师与学生是矛盾的两个方面，解决这个矛盾，靠老师管学生、压学生，主观片面地命令学生，或者靠学生批师道尊严，小将上讲台，都不能解决矛盾而只能激发矛盾，强调学生必须服从老师，或者强调老师必须服从学生都是极端的做法。

真理藏在两极端之间的某一点上。这一点就是用民主的方法使师生之间获得最大限度的相互理解与支持，从而提高教学效率。

民主像一座搭在师生心灵之间的桥。民主的程度越高，这座联通心灵的桥就越坚固、越宽阔。

培养学生的自学能力，必须最大限度释放学生自身的能量，调动学生源自内心的学习积极性要做到这些教师就必须有教学民主的思想。

教师的心灵对学生如果是一个未知的世界，那么就谈不上教学民主，教师应该把自己对人生、对事业、对教学、对语文教改的看法都真诚地和学生倾谈，这样，学生才会真诚地、无保留地谈他们的看法，师生在充满信任理解的基础上探讨问题，才能最大限度地发挥学生的积极性。

要做到教学民主就要和学生多讨论，多商量。商量什么？从教学目标、教学内容，到教学重点、课时安排，以至于具体的教学方法，都和学生商量，尽可能达到师生之间认识的统一。

真正要搞素质教育，课堂教学就必须突出"学"字，精心设计教案，从让学生"学会"转到培养学生"会学"上来；突出"思"字，学贵有疑，开始问号行动，从让学生

"学答"转到培养学生"学问"上来；突出"乐"字，不是停留在一般的趣味上，而是"内化"为学生的喜闻乐见，使学生"要我学"转到"我要学"。

学校工作和班级工作因最大限度地依靠民主管理和制度管理，少一些人治，少一些无效劳动。

民主绝不意味着无政府，更不意味着可以为所欲为，民主意味着人们更严格地按照科学的法律、制度去工作、学习和生活。

民主和科学紧相联系。科学发达，人们善于从科学的角度去理智地思考问题，而不是只从私欲的角度，单凭感情去思考，这样才谈得上民主。

民主管理，在某种意义上，就是多数人参与政治、参与管理、参与决策、参与比较复杂的工作，这种分工和专业化并不矛盾。

民主的基础是人民群众文化水平的提高和现代化意识的增强，当许多群众的文化水平还相当低，甚至是文盲，还有强烈的依附心理的时候，如果放弃对他们的正确领导，他们除了变成一盘散沙，什么也干不成之外，就是被坏人利用。

涉及群众利益的事情尽可能增强民主意识，用民主的方式来决定，领导不要只想树立个人的威信，而要更多地树立群众的威信。

第十一周寄语
1996．5.12
教学方法

1．语文学科不像别的学科知识结构那样清晰，每课书教学要求也没有别的学科那样明确单一，教学天地比别的学科广阔，教学方法比别的方法灵活，这些都决定了语文学科难以驾驭，正因为如此，语文教学才更广泛，更深入的民主。

2．在语文教学中，注重研究学生的心理，并根据研究成果纠正自己的教学思想，改革自己的教学方法，确实可以改变教与学不协调的现象。

3．讲思想教育，往往使人误解为政治说教。就语文教学而言，大部分思想教育的内容应当是通过感染，使学生接受。感染，更富有艺术性，富有人情味，符合心理学的规律。

4．感染和熏陶学生心灵所能及的塑造作用比说教大得多，而语文课所具备的感染熏陶条件是得天独厚的，学校各科教育都有育人的任务和育人目标，最紧密的是语文。

5．如果在教学中时时把学生当成学生的学习的主人，而且是活生生的心理和生理都有无限潜力的，不断变着的主人，那么，教师想出来的办法就容易使学生接受。反之，如果把双边活动，变成了教师一厢情愿的艰苦劳动，那么即使借用别人一个方法上的窍门用到自己那里也行不通。

6．我的许多教学方法，工作方法均来自于学生，我喜欢对学生说，我要向大家学习，同学们是我的老师，这是发自内心的，如果没有学生的言行来帮我理解，我无法真的读懂教育学心理学更谈不上如何运用了。

我相信学生尊重学生，但这并不会意味着不严格要求学生，恰恰是那些我批评得最厉害，最严厉，最不讲情面的学生，几年以后见面或来信中，更流露出对教师深深的感激与尊敬之情。

7. 要是学生成为学习的主人，就必须引导学生多参与教学，即不仅参与学而且参与教，参与的多了才会增强主人翁意识。

8. 在道理上，大家不难懂得"教学相长"，学生可以成为教师的老师。但是当你真要把这些道理付诸实践，这中间还要跨越世界观、道德观、群众观、情感、意志，胸怀、性格、能力、气质等许许多多障碍。有的人一辈子也跳不出这些障碍，于是她们永远也不能前进到教育的自由王国中去。

9. 应该经常和学生商量，搞一点教学实验，这样就使教学充满了源头活水。

10. 把学生看成一个整体，把学生当成主人，当然也包括在学生不能掌握某一点知识的时候，认真分析她思想上、感情上、意志上、智力上、基础上的原因。设身处地想一想她的难处，帮助他解决困难，而不是把它当作容器，灌不进去时就埋怨、训斥一遍，训示所收获的果实，双方吃起来都是又苦又涩的。

第十二周寄语
1996. 5. 19
培养自学能力

自学能力是一个具有不同层次的立体的范畴，它不属于一般的能力，就不能幻想通过一两次自学实践使学生具备这种能力。

每次自学实践好像点，自学习惯好像线，线才能组成面，最终构成自学能力的体。

自学能力从心理学上讲，这是一种优良的心理品质，又是一种个性特征，理论告诉我们：任何心理品质和个性特征都要经历知、情、意、行的心理过程，才能形成和发展。

从我国本世纪内，90%以上的学生不能直接升入大学这一实际来看待问题，学生学会怎样学习就显得更为重要。因为她们不能升学，我们也就不能希望到大学后再学会怎样自学，教会学生怎样自学的任务，就自然落到中小学教师的肩上。

学生最初没有自学习惯，好像一部静止的汽车。产生了培养好习惯的欲望，就好像汽车打着了火，第一次推动不能性急，要慢。慢才符合运动规律，才符合人的心理状态。

学生自学语文一个很重要的问题，就是要明确语文学习的概念。

大部分普通中学学生以为语文学习就是语文科学习，觉得只有在课上，在教科书上，在语文教师指导下才能学到语文知识。

其实语文学习语文学科学习是两个不同的概念，后者是语文课堂上教科书的学习，而前者则是广阔的社会环境中的学习。可以说，汉语渗透于汉族学生们生活的一切时间与空间，从这个意义上讲，学生们随时都可以学习语文。

处处留心皆学问，对困难户困难地区的援助，如果不在援助的同时培养他们自身战胜困难的能力，那么只能是资源越多，她们自身战胜困难的能力越差。

由此可证对后进的学生，如果不在补课的同时，注意培养他们的自学能力，结果也只能是补课越多，其自学能力越差；依赖性越强，成绩越差。

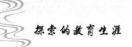

雕塑的艺术，在于取一块石料，把没用的去掉呢。

阅读的艺术可不可以说，在于取一本书把没用的去掉呢？我看可以。

善于阅读的人，也必定是善于在浩瀚的文章海洋中，撷取有利于自己的文章浪花的人。

学习兴趣与学习方法，学习效果既相联系，互为条件，互为因果，学生掌握了自学方法，兴趣就高；学习兴趣高，效果就好；效果好了，兴趣能更高，良性循环链就这样形成了。

文章是越不写越不会写，越不愿写，越不敢写。

你天天想有朝一日写出一鸣惊人的好文章，可是却从不愿从一名凡人写起，那就永远不会有一鸣惊人的时候。

学生大脑，这部机器的兴趣是动力系统的重要部分，它常常决定着大脑机器工作时的转速。学生自学语文的兴趣越浓，自学的积极性就越高。

第十三周寄语
1996. 5. 26
以实际行动迎接教学质量检查

省教委决定年内对县市教师进修学校的教学质量和办学效益进行一次全面的检查。

目的：通过这次教学质量检查，充分了解各校的教学现状，以"加强教学管理，全面提高教学质量"作为今年培训工作重点，促进教学工作的进一步改善，教学质量的进一步提高。

依据：这次教学质量检查根据《教育法》、《义务教育法》、《教师法》和《中国教育改革与发展纲要》的基本精神，以及我省关于小学师训工作的有关文件进行。

内容：包括办班与课程设置，教学常规、教学效果，教学条件，学员管理等五项一级指标，23项二级指标，79项具体内容。

程序：第一阶段由县教委具体组织，以学校为单位自查，根据省评估方案进行客观评价，发现问题，及时整改，上交总结报告，自查5月底结束。第二阶段，市教委组织复查，6月底结束，在复查的基础上写出总结（包括检查等级取得的成绩和存在的问题，及解决问题的办法）。于7月底报师范处和师资培训中心，省9月底以前完成抽查。

要求：对这次教学质量检查，学校全体领导，尤其是教导处、函授部的领导要高度重视，必须坚持标准，从严要求，务实认真，讲究实效，认真回顾，总结近五年来的教学情况，要以这次检查为契机，促进教学管理。全面提高教育教学质量，每个教师都必须按照评估要求，搞好常规教学，开展教学研究，完善教师业务档案，创造出优秀的教育教学及管理成果。

本学期的几点具体要求：

1. 教导处，函授处、教研组、教师，均有一个有指导意义的学期教学教研计划，有一个内容实在的学期工作总结。

2. 每个教师有一本好教案，上一堂有五人以上参加听、评的示范课，出一套符合学生实际又科学规范的试题,写一篇上档次的教研论文,带好一个培养特长生的课外活动小组。

3. 教导处、函授处、办公室、教研组、每个教师必须清理好近一年的业务档案。

4. 图书室、阅览室、电脑室、语音室、音乐室、舞蹈室、闭路电视室、微格室,必须上规范化的档次。

第十四周寄语
1996. 6.24
"自学引导发现教学" 推介

陶行知先生早就说过:"好的先生不是教书,不是教学生,乃是教学生学。"著名未来学家托夫勒也认为:教育的根本任务是教会学生如何学习,如何自己教会自己学习,方能不致成为未来的"文盲"—指那些没有学会如何学习的人。按现代教学论的要求,教书先生应该升华为教学先生,教师的本领不只是在于把书教的不离谱,知识教得准确,更重要的是能叫学生学会如何学习。株洲县育红小学的"自学引导发现教学",就是现代教学论的有益实践。这一"教会学习,引导发现"的教改经验值得我们借鉴。

自学引导发现教学模式,包含着紧密联系、三位一体、不可分割的三个重要因素。一是自学。学生在教师指导下的自学,既是教学开展的基础,又是自学能力培养的过程,也是教学所力求达到的学生学习能力素质之一。引导学生自学,应从自主学习、自能学习和自学习惯养成三个方面进行。自学是一种综合能力,需要从多方面加强培养,看书、观察、思维、口头表达、书面表达、动手操作、发现问题、分析问题和解决问题的各种能力,都必须在学生的自学实践中去养成。自学是一个教学结合的过程,分课前粗学,课堂精学、课后再学三个阶段。教师要以课堂精学的引导为重点,通过课堂精学指导和推动课前学与课后学。二是发现。引导学生用自己的头脑去获得学习现存知识的各种方法,学生通过动脑动手动口进行积极思维活动的过程和目标,与自学紧密相连,贯穿教学全程,没有认真切实的自学活动,就不会有所发现。自学是课堂教学的基本形式,发现是课堂精学的核心。在教师指导下,学生钻研教材展开积极的思维活动,通、思、议、练、评,不断发现知识,发现规律,而且发现思想,发现情感,发现人生。从而促进学生德、智一体发展。三是引导。在教学过程中,必须讲究引导的科学性、计划性、针对性和灵活性,把教师的主导作用与学生的主体作用有机地结合起来,在制定教学计划时,明确每个学期每个单元每篇课文引导的目标;备课时,要制定每课的具体目标和实施方法;对课前粗学、课堂精学、课后再学的引导,也要通盘考虑,各有侧重。引导的方法有计划引导、目标引导、方法引导、图片实物引导、实验操作引导,通过引学、引思、引评,达到培养学生自学发现能力的大目标。自学、引导、发现,此三者,学生自学是基础,发现发展是目标,老师引导是关键。

自学、引导、发现辩证地贯穿在课堂教学活动的始终形成"指导——自学——发现——应用——评价"五个教学步骤。指导主要说明本课的学习目标,提高学习方法,明确学习要求,生动活泼的导入新课。自学,根据教师精炼的提示,学生进行快速限时阅读，然后教师进行检查，学生主动汇报自学情况。发现，大体包括设问引路＿＿自学发现＿＿引议释疑＿＿点拨提高四项基本活动。应用，主要是指导学生运用本课所学知识去解决实际问题，可分模仿性应用，综合性应用和发展性应用几个层次。评价，重在师生一道评教材、教法、学法和效果，自学引导，发现教学有它的明显优势，她彻底改变了传统的满堂灌、填鸭式教学格局，学习主体的积极性主动性得到充分发挥，学生真正成了学习的主人，变"要我学"为"我要学"；学生课堂自学活动时间得到保证，自学方法得到指导，变"教师讲、学生听、教师写、学生抄"为学生自己动脑动手动口获取知识；学生当堂发言开展讨论，变教师"一言堂"为师生的"群言堂"，使素质教育真正落实到了每一堂课。学生的独立学习能力提高快，思想品德素质得到培养，学习负担大面积减轻，从而达到了全面提高教育教学质量的目的。

我们也有自己的教学经验，廖郁山的情趣导学，不仅是一种教学方法的改革，更重要的是一种教育思想的转变；赵检兵的小语学法指导，分"诱导——提出——导用——品味——迁移"五个步骤；在师资培训中探索的"五段式"教学法，"四段十步"教学法等；与自学引导发现教学比较都具有异曲同工之妙，它山之石可以攻玉。把自学引导发现教学，与我们自己的教改实践有机地结合起来，进行新的探索，我们的教学研究，必然有新的发现和发展。

第十五周寄语
1996. 6. 9
认真总结教育·教学·管理经验

人类总得不断地总结经验，有所发现，有所发明，有所创造，有所前进。停止的论点，悲观的论点，无所作为和骄傲自满的论点，都是错误的。

教师进修学校的示范性，必须通过教育科研水平来体现。撰写论文，总结教育、教学、管理经验，是教师必须具备的基本能力，教师进修学校的教工，更应具备这种能力。他对开展教育、教学、管理研究，加速教育科研成果的转化，体现师范教育的示范性、实验性，建设师资队伍，实现教育现代化都具有十分重要的意义。

我们应当站在"三个面向"的高度，贯彻教育为社会主义服务，教育与生产劳动相结合，理论联系实际的方针，教育教学管理改革必须有利于减轻学生负担，有利于促进学生德、智、体全面发展，有利于发展学生的个性，有利于学历教育、应试教育向素质教育的转化，必须正确处理好传授知识和发展能力的关系，理论与实践的关系，教师的主导作用与学生的主体作用的关系，从而达到培养新型教师，培养四有新人的目标。在这种思想指导下，教工积极推进教改，从教育思想、内容、教材到教学方法、形式和手段、学校管理等方面加强研究，总结经验。

我们面临着 21 世纪的师资培训，大中专教育职业教育许多问题，正刻不容缓地等待着我们去研究，去解决。譬如，规范化的教师进修学校要怎样去创办？在市场经济大潮的冲击下，充满激烈的社会竞争，各级各类人才怎样去造就？用最新的教育理论和最新的知识结构熟练地使用现代化教学手段的教师队伍怎样去建设？能满足未来高科技迅速发展需要的课程设置、学科结构、教学方式方法要怎样去建立？当前在教育、教学、管理中暴露出来的一些实质性问题，这些问题的解决历史地落在我们身上。

我们在教育教学管理工作的实践中，坚持每年学习 1－2 种最新教育理论，确定 1－2 个研究课题（或教学实验），进行一番实质性的探索，在实践的基础上，写出 1－2 篇有质量的教育、教学、管理方面的论文。

论文写作比较困难，大多数老师的教育、教学，领导的管理工作，停留在实践阶段，属于实践经验型，这个现状制约了教育科研的开展，让实践经验型向教育科研型发展，总结经验，撰写论文，是一个重要条件，我们每个教工必须努力去创造。

选题，坚持教育、教学、管理、实践与教研课题相结合，把自己最熟悉、最得心应手的东西从感性认识上升到理论的高度。执笔并获取素材到成文的全过程，坚持实践材料和范例引导相结合。初学写作，探索论文的结构、类型及写作要求，借鉴现时报刊上常见的论文是可以的，但要有自己的创造。修改，坚持相互评析与反复自改相结合，改到别人和自己满意为止。发表，把教工的论文打印成文，编辑成册，互相交流，对教工的教研成果进行评奖、推荐，参与社会竞争，赢得社会的肯定和广泛应用，产生更大的社会效益，让一批教育科研骨干、教改带头人茁壮成长，脱颖而出。

第十六周寄语
1996.6.16
造就一支研究型教师队伍

传授型教师向研究型教师转化，以思维教育代替记忆教育，是科学技术迅猛发展，对未来教育提出的新要求。

传授型教师每天辛辛苦苦忙着上课、批改作业、备课、补课，处理学生中的种种问题。有的违背教学规律，搞形式主义；有的重视知识的传授，不注重能力的培养，学生只会死记硬背；有的不能掌握本学科的知识网络、能力结构和方法体系，教学处于盲目状态；有的考风不正，培养不诚实的学生，缺乏独立思考的意识和能力；教师包办代替，教法陈旧落后，费力不见效，学生不能生动活泼、主动全面的发展，做到按教育规律去优化教学，就必须改变当前这种教师辛辛苦苦走因循老路，勤勤恳恳进行低效劳动的现象，造就一支能自觉地去研究教学规律，优化教学过程，提高教学质量的研究型教师队伍。这是教育发展和教学改革的必然趋势。

传授型教师向研究型教师转化，必须从苦练基本功开始，形成自我提高、自我发展的研究习惯和能力。基本功是分层次的，一是教学一般基本功，"说、写、画、做"是最基础的东西，备课、上课、作业批改、课内外辅导、考试考核的基本功，教学技术、教书育人的基本功，包括读功、讲功、听功、写功、想功、记功、导功。二是学科教学基本功，学习学科教学大纲，掌握教材的知识体系，在此基础上进行教学特色语言、教学方法、教学原则、教学技能的训练，包括语言、演示、提问、概念讲解、板书和临场应变的多种技能。三是研究型教师基本功，教师，有了较深厚的学科教学技术，提高了学科的教学水平之后，进而提高研究和创造能力，向着"自我提高、自我发展、善于发

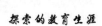

现、善于研究"等目标奋进。研究型教师应当具备四项基本要求：

第一，素质。要具有崭新的教育观念，能自觉地与陈腐观念决裂，具有较高的心理成熟度和责任感，乐于进取，具有强烈的创新意识和独立批判精神，不满足于现成的经验和结论，敢于另辟蹊径；有发现学生的创造潜力的水平，能剖璞见玉，善于引导，扬长避短；有开发学生创造才能的能力，善于诱发学生的创造动机，培养学生创造的意志品质。

第二，技能。不仅掌握教学的一般基本功，学科教学基本功，还有研究方面的能力，除专业知识外，有较好的文字功夫，扎实的教育学、心理学、教学法的功底。具有收集资料、开发信息、筛选经验的能力；具有发现教学过程中存在的问题的敏锐性和深刻性；能科学地分析问题，将已有的教研成果创造性地运用于自己的教学活动中。

第三，行为。重视理论指导，明确发展和改革的方向；在借鉴传统经验的同时，又能虚心接受他人的成果和成功的理论，清醒地认识到自己的不足；具有角色意识，充分了解社会对自己的期望和教学改革对自己的要求，自觉地投入教学改革，善于发现、善于研究；具有合作品质和牺牲精神，从实际出发，扫除教学研究中的习惯、从众、畏难、逆反和迷信等心理态势，勇于探索。

第四，标准。研究型教师达到六会：教学理论会应用，教学经验会总结，教学模式会提炼，教学观摩会评析，教学风格会创造，教学专题会研究。

为促进上述四项基本要求的落实，教科室带头，教导处、培训处可以组织四步循环训练。第一步，自学自练。分教研组计划，每周安排自学自练时间，形成常规，写好自学笔记和自我成果汇报提纲。第二步，微格训练。公开课、示范课要再现"准备－授课－评议－改进－再准备－－再授课－－再评议－再改进"的教学过程，以提高教师研究型素质。第三步，创建教学模式。通过"立模－说模－观模－评模－炼模－定模"的活动，来建立不同的教学模式，形成各自的教学风格。第四步，择优推介。对优秀可不断总结提高升华理论，对有研究者，不断提出新的要求，以带动全体教师的提高；对成功的教学实验，在全县推广，逐步实现教师由传授型向研究型转化。

第十七周寄语

1996.6.23

管理走向规范化

规范，就是标准化，就是转变成某种性质或状态。走向规范化，就是通过两三年努力，创建一所规范化教师进修学校，办学条件、教师队伍、学校管理、质量效益达到合格标准，这就是我们为之奋斗的目标。向管理要质量、向管理要效益，科学管理是事业发展的原动力。运用系统科学，将自身管理、情感管理、目标管理、制度管理、质量管理融为一体，实现学校管理规范化，是当务之急。

自身管理。要能管而得法，理顺各种关系，领导者，尤其是校长，是一个众人所归的偶像。要管理好一所学校，创造出一流的业绩，首先，领导者要以身立教，能管住自己，包括管住自己的家庭。一要心底无私，廉洁自律，一心想着学校；二要胸怀开阔，勇于纳谏，有"齐王"之风；三要少言多思，少说多做，思维敏锐，当实干家；四要办事公开、公平，赏罚分明。包括处、室在内，全体领导成员应在其位，谋其政，有其权，负其责，树立"公仆"意识，一切为师生想在前，做在先。在教师眼中，领导都是同舟共济的"卒"，而不是发号施令的"官"。

情感管理。学校是培养人的圣地，思想政治工作绝对不可等闲视之，必须常抓不懈。古人云："情感所至，金石为开"，我们讲："感情投资"。此话不是没有道理。以感情开路，思想政治工作便顺理成章。领导－教师－学生之前最需要的是理解信任和关心，善于理解别人才容易为别人所理解；你对别人信任，才能换来别人对你的信任；一个从不关心别人的人，绝不会得到别人的关心；一个很少宽容别人的人，很难得到别人的宽容，这就是情感辩证法。我主张在师生之间提倡"相互理解、信任、关心"。多表扬、少批评、细细陈说，娓娓道来，寓思想教育于情理之中，消除逆反心理，缩短感情差距，拧成一股绳，心往一处想，劲往一处使。

目标管理。它是学校管理中不可缺少的重要一环。有效实施"一二三四五"系统工程，根据这一总体目标分阶段实施"走向规范化"的具体要求，各处、组、室、班级、教师、学生，分解落实，制定出相应的切实可行的具体目标，形成目标体系，动员全体师生为之奋斗，学校始终保持积极向上的势态，制定计划目标容易，实现计划、目标就是"万里长征"，学校各级领导向着一个目标明确分工，站到第一线，亲躬实干。

制度管理。"没有规矩，不成方圆。"学校管理要规范化、科学化，就要有一套切实可行的制度，树立制度的权威性。学校分层管理的制度，校长负责制、主任责任制、教工岗位责任制要进一步健全。各处室的管理制度，如教学常规、教务管理制度、班主任工作、学生管理制度、函授教育、三级培训制度、综合治理、后勤管理制度，还包括现代化教学设备的"建、配、管、用"，都要从实际出发，总结自己的，借鉴他校的经验，使一系列制度规范化，形成制度体系。"凭数据说话，按制度管人。"制度初定以后必须贯彻落实，不能是一纸空文，对师生晓之以理，动之以情，明确制度管理的意义，把执行制度变成自觉行动。

质量管理。树立质量第一的观点，把好质量关，对教工实施 m 工作法，重德、能、勤、绩四个方面考核评议，突出优质优酬，多劳多得，质量重奖的原则，产生公平竞争；对学生实行操行评估，从思想、制度、学习、作风、劳动各项指标进行量化考核，开展"一班、两室、三生、十佳"评选，优秀学生、先进班级也就自然产生了。

由上所述，管理是一门学问，也是一门艺术，前二者，领导以身立教，情感的激励，是柔性管理，后三者，科学地实施目标体系、制度体系、质量考核，是刚性管理，刚柔相济，融为一体。管理走向规范化，在学校教育工作中发挥重要作用，其最终目的是增强凝聚力，提高教工素质，发展素质教育，更多更好地培养合格人才。

第十八周寄语

1996. 6. 30

政治强·业务精·作风正

为搞好下学期一年一度的教师考核、评优、评奖工作。最近，县教委布置了专业技术职称考核、领导班子作风考评，全县"十佳"教师评选的工作。怎样规范这些工作，六中全会《决议》第 27 条指出："按照政治强、业务精、作风正的要求，造就一支高素质的宣传思想文化教育队伍。"教师队伍的考核、评奖、内容很广，条件很多。但"政治强、业务精、作风正"三条标准，可以涵盖其全部内容和各种条件。它既是优秀教师的评估标准，也是后起之秀努力的方向，为之奋斗的目标。

我校专业技术职称考核，贯彻县考核细则（94）和学校实施细则（94）精神，采取积分排队、违纪排除、成果加分的办法竞优。按政治表现定等。学识水平（20）、业务（20）、工作实绩（60）三项指标量化计分。本人实事求是地进行学年年度（95.9—96.9）的工作述职，上交《考核情况登记表》、《考核自评定等计分表》、工作业绩凭证、论文和科研成果等材料。同一职称者在算术的基础上互评、工作小组和领导小组考评，按 4：3：3 的比例积分排队，县、市、省级成果每项按 0.2、0.5、1 分计入个人总分，加分不得超过 2 分。

领导班子的考评，县教委将全面深入地考察主要领导及其全体成员，看政治上强不强，工作上实不实，纪律上严不严，团结上好不好。在本人述职的基础上，接受本单位全体教工的书面测评，按政治、工作、纪律、团结四项，分别优、良、中、次，作出优秀、称职、基本称职、不称职的鉴定。

推荐"十佳"教师有六条标准：1. 认真贯彻党的方针、政策。坚持四项基本原则；政治上、思想上同党中央保持一致，忠于人民的教育事业；2. 热爱本职工作，有强烈的事业心、责任感，出色地完成本职工作任务和领导交办的其他工作任务，在教育、教学方面取得突出成绩，在教改方面有突出贡献；3. 教育思想端正、自觉模范地履行教师职责、教书育人、为人师表；4. 努力学习政治理论、文化业务知识、不断提高政治、文化业务水平；5. 遵纪守法，组织纪律性强，服从组织安排，自觉遵守各项规章制度（近五十年来无违法、犯罪、违纪行为的）谦虚谨慎、团结同志、勇于开展批评和自我批评；6. 坚持原则，作风正派，不徇私情，廉洁奉公，敢于抵制不正之风。相比较而言，我校推荐一名"政治强、业务精、作风正"，且有一定影响的优秀教师参与全县竞争。

在职称考核、班子考评、"十佳"评选的过程中，要求我们的全体教工，认真领会"政治强、业务精、作风正"的实质，以此鞭策、激励自己，积极进取，做到：

第一，看待自己，要有辩证的思维。有成绩，应当实事求是地肯定；有问题，必须找准，自己不讲，群众心明眼亮。工作述职，也必须打假。总结自己的过去，不是为了歌颂现在，而是为了认清将来。一次考核之后，有的人泄气了，有的人奋起了，也有的人倒退了，唯有在考核中奋起者，是可尊敬、可称赞的。

第二，看待别人，要用比较的方法。考核考评中，把每一个人，包括自己的在内，都放到大集体中去比较。与别人比，决不是为了发现自己的优点，而是找出自己的不足和弱点。与"政治强、业务精、作风正"的要求比，决不是为了弄清自己的成绩和功劳，而是要看到自己的差距。这样才可以比出自己所在的位置。

第三，看待荣誉，要有自知之明。能获得优秀、嘉奖者，提名十佳，当然是一种荣誉，是政府和全体教工对获得者的劳动的一种肯定、尊重和表彰，但毕竟是少数。获奖者，应当珍惜这种荣誉，以此激励自己去做更多的贡献。而荣誉要自己去创造，不是靠别人来恩赐，这是心血、汗水甚至生命的结晶。在一切面前要有自知之明，"实至名归"，不停顿地奋进、无私地奉献，才是获得荣誉的最好方法。

"政治强、业务精、作风正。"应当成为我们每一位教工的座佑铭。

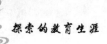

古风今韵

抗日凯歌

七七年前日逞强，入侵中华太猖狂。
杀人放火尸遍野，掠地夺财一扫光。
国共合作歼倭寇，全民皆兵讨豺狼。
八年抗战终有捷，国难家仇永不忘。

观看周恩来记录片

党群教育学周公，历史长河觅旧踪。
伟绩永留青史上，巨人原出庶民中。
日理万机心尽瘁，光辉典范今更红。
文韬武略诸葛智，百世功成有谁同。

纪念五项原则六十年

总理鞠躬尽瘁忙，外交政策新主张。
五项原则六十载，联合国里谱华章。
战乱制止出苦海，和平共处创辉煌。
内外侨胞皆崇敬，贤明主政世无双。

贵州铜仁游

四面云山来眼底，三江清水竟风流。
古城新貌披锦绣，游客两步一回头。

黄昏颂（四首）

一

帕氏五高视等闲，癌魔糖尿亦徒然。
夫妻携手朝前走，同病相依度晚年。

二

一生平淡不清闲，壮志难求已暮年。
花甲二轮犹奋进，无限春光照新颜。

三

书山文海任优游，太极功夫漫步悠。
水绿山青舒望眼，随缘安份度春秋。

四

童心不老也风流，继往开来探不休。
冷热炎凉观世事，酸甜苦辣信天游。

北戴河

北戴河初上，景观独占多。
戏沙黄金岸，赤水泛龙波。
求拜秦皇岛，诗吟鸽子窝。
西山游步止，关隘竞嵯峨。

香　山

历代皇家苑，坐爱静宣园。
常居西山下，一举扭坤乾。
今日红叶里，平民醉天然。
游人登峰笑，展望新纪元。

游崀山奇景

俯看万寻渊，仰望一线天。
将军河泛棹，不去武陵源。

参观长沙世界之窗

小小一窗容世界，一天游览足风流。
五洲奇景收眼底，四海有情涌笔头。

党员颂

心情款款热心肠，服务人民意志强。
篝火团团暖胸意，青松棵棵斗冰霜。
红旗猎猎高高举，战鼓咚咚阵阵昂。
三个代表扬正气，坚持信念闪金光。

世界奥运选择北京

萨马兰奇播好音，环球瞩目北京城。
曾经坎坷几多梦，今夜狂欢无限情。

春日偶成

艰难穷困忆平生，今日甘甜感此身。
展望未来求壮志，春风化雨育新人。

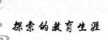

上井冈山

黄洋界上通朝霞，潭底龙腾溅水花。

最是茨坪文物展，井冈旗帜耀中华。

为 学

深知为学难，矢志济时艰。

补拙在勤奋，先飞莫等闲。

我的师德观

一生耕播欲何求，春色满园心意稠。

克已修身歌正气，传经授道竟风流。

为师学富千家惠，处世德重众人赞。

矢志追求真善美，丹心甘作老黄牛。

随感四首

（一）读书入迷时

入迷读书意境闲，涓涓滴滴似云烟。

茫茫学海凭君越，虽在人间胜作仙。

（二）获取成功时

谋事若登山，追求莫等闲。

会当临绝顶，犹不解征鞍。

（三）退职当班主任

船到马头路仍长，莘莘学子挽夕阳。

人生易老心不老，直挂云帆又起航。

（四）知足常乐

吃苦千般乐，无奢解万愁。

人生明一理，知足乐悠悠。

生活随感二首

清贫乐

萝卜红薯半年粮，树叶草根够你尝。

清苦无求常自在，粗茶淡饭喜洋洋。

去病歌

胃可切除无忧患，

肾作移植心放宽。

糖尿骨折寻常事，

祛病强身一家欢。

合家游桂林三首

（一）游漓江

奇山秀水自然洞，远近高低景不同。
百里风光收眼底，一家醉入画图中。

（二）游象鼻山

象鼻水底有明月，轻舟水上明月浮。
静看水流月不去，动见月去水还流。

（三）观山水剧场

皓月明星映江中，山水剧场气势雄。
风情印象刘三姐，恋歌一曲破长空。

读十七大报告

马列毛邓主义同，中国特色屹立东。
与时俱进择新路，继往开来改旧容。
科学发展旭日上，小康目标实现中。
胡总书记指航向，华夏复兴江山红。

喜赋五十年校庆

十代共谋五十年，追求卓越喜空前。
教师进修创奇迹，特色兴校数科研。
基地建设呈示范，科达掘起绩斐然。
无边光景路更远，共挥彩笔谱新篇。

赞太空授课

神州十号上太空，航天三员盖世雄。
天空一号成对接，宇宙授课显奇功。

赞两会召开

两会代表聚会堂，国计民生共商量。
科学发展前程远，社会和谐幸福长。
洗尽贫穷圆国梦，深化改革奔小康。
同舟共济兴华厦，众志成城创辉煌。

南岳烧香

南岳衡山拜观音，一片虔诚存内心。
慈悲为怀乐济世，普渡众生国太平。

教师的宽容

比大海更宽广的是天空，
比天空更宽广的是心胸，
大海、天空、人们的心胸，
比不上教师拥有的宽容。
宽容，她是一线阳光，
辉映着绚烂的彩虹，
她是一丝春雨，
滋润着佳木葱茏；
宽容，她是一片冰心，
纯洁人性，唤醒良知；
她是一粒爱的种子，
萌发理想，春意融融。
学生需要宽容，她是一种激励；
也是一种仁慈，更是一种坦诚的信用；
教师表现宽容，她是一种境界；
也是一种艺术，更是一种智慧的无穷。
比大海更宽广的是天空，
比天空更宽广的是教师的心胸，
大海、天空、人们的心胸，
比不上教师拥有的宽容。

骄傲的邵东人

有一群人，
他们继往开来，敢为人先，
被誉为湖南的犹太人，
创一个品牌，带一群产业，富一方百姓，
他们是邵东人。

有一群人，
他们勇往直前，走南闯北，
被誉为跨国公司的总经理，
传统小五金，开辟大市场，畅销国内外，
他们是邵东人。

有一群人，
他们开拓进取，三湘传奇，
被誉为国际市场的老板们，

生产打火机，成就家电业，经营全世界，
他们是邵东人。

有一群人，
他们科学发展，不断创新，
被誉为世界贸易的经济人，
一条牛仔裤，启动服装业，占领欧亚美，
他们是邵东人。

从中华大地，
到世界的每一个角落，
哪里有市场，哪里就有邵东人，
非凡的气概，超人的胆识，时代的辉煌，
邵东因他们而骄傲，他们因邵东而自豪。

读书随笔

一、气质与情感

勤，是人的美德，成功之本，胜利之宝。勤能补拙，精于事业；勤能生智，富于创新；勤耕得丰收，勤劳结硕果；勤勉长才干，勤奋育英才；勤思则理通，勤行则事顺；勤政则国治，勤力大无边！

平生勤俭持家业，费尽心血为子孙；非用心无以明志，非宁静无以致远；非力学无以成才，非谦逊无以超众；非忠爱无以立身，非诚信无以进德；非自律无以保节，非勤奋无以益寿。

人生哲学五个三："三爱"：爱学习，爱工作，爱研究；"三讲"：讲文明，讲道德，讲人格；"三实"：做实人，讲实话，办实事；"三心"：做事有决心，待人有诚心，求学有恒心；"三老"：活到老，学到老，做到老。

人的一生，还应有三心相伴：有信心，即使在黑暗中，亦能看到光明；有真心，方能克服种种困难，走向胜利；有爱心，就会热爱生活与事业，才能尽力回报社会，亦会得到社会给予的温暖与关爱。

百年人生要把握三天：昨天，今天，明天。只有认真总结昨天的经验与教训，实实在在地做好今天的事情，计划好明天的行动目标，人生旅途才能脚踏实地，不虚度年华。

人们说操劳过度容易老，我还认为不学无术老得早，终生学习心情好，老来心里永年少，人老心态不能老，保持人老心不老，乐观豁达最重要。若要人老心不老，动脑奉献不可少；做到人老不服老，坚持锻炼是法宝；坚持人老不倚老，勤奋学习永不骄。

学而不厌，锲而不舍，金石可镂。

滴水能穿石，铁杵磨成针，功到自然成。

教师应该学会关爱学生：做到平易近人，爱护学生；平等待人，关心学生；以情感人，激励学生；以诚待人，想念学生；以德树人，严格要求学生。

笔载千秋事，书传万代情。

勤奋出成就，艰辛伴辉煌。

玉非雕琢不成器，人该磨炼方成才。

人生因荆棘而绚丽，事业因坎坷而辉煌，人有一技之长，须尽平生之力。

只有体会失败的苦涩，才能品尝成功的甘甜。

喝自己酿造的酒最香，吃自己栽培的果最甜，酒香，果甜，倾注着自己的心血汗水，凝结着自己的厚爱、深情，闪烁着自己的劳动创造，寄托着自己的希望、憧憬。

最艰苦的时候，也是胜利即将到来的时候，也是最容易动摇的时候，这对每一个人来讲，既是关口，也是考验。世事艰难，人生多歧，少年时每遇挫折，全可依赖乐情之拯；而立之年，则应兢兢业业，即如履薄冰，一步一个脚印。困难是人生不可或缺的一笔财富，越是困难和艰险，就越能磨炼个人的意志，成就一代人的事业！

不能躺在过去的功劳与成绩上沾沾自喜，当你离开原来的岗位以后，别人还在留恋着你，思念着你，说明你过去的所作所为是有价值的，说明你没有虚度人生："功劳"或"成绩"留在别人的记忆里，欣慰油然而生。

人生靠一笔一画去描写，一点一滴去积累。生活中每时每刻每事都可以使自己的人生闪光，我们应该从生活中的小事做起，永不懈怠地去奋斗，去追求你的事业，就可以从平凡中去体现伟大，从平常中去创造辉煌。

年老不是耻，年老不必忧，不要以伤感的心态去对待年老，也有少年老，也有老少年，只要有作为，年老才是宝。

少年苦学知识，至关重要。知识能照亮人生，又决定人生；壮年劳力创业并不难，难就难在做一个公而忘私、廉洁奉公的人；老年人不是人生的终点，而是老有所学，余热生辉，桑榆未晚，风光无限好。

生命诚可贵，奉献价更高。人生不怕老，花点时间去读书、去思考、去工作，就能实现人生的价值。反思昨天，珍惜今天，拥抱明天，开创人生的第二个春天。

风云变换智者胜，千帆竞发能者胜，惊涛骇浪勇者胜，智、能、勇都能所向披靡。

学贵要得寸进尺，做人要谦让三分；自上而下英雄多磨难，从来纨绔少伟男。

人生平淡不轻闲，壮志未酬已暮年；花甲不老再奋进，夕阳无限要新颜。

人活着要有志气、正气、朝气、勇气、豪气，自尊、自强、自主、自省、自律，心地坦荡，才是活的顶天立地。

有点成绩就沾沾自喜，趾高气扬，目空一切，不视路径，必将碰壁；遇到困难就灰心丧气，一蹶不振，低沉不语，无视前方，必陷深渊；要永远保持稳健的步伐前行，才可能达到理想的峰巅。

顺也罢，逆也罢，挫折打击都莫怕，艰难困苦得磨炼，砺难长志，智慧增加；成也罢，败也罢，莫以成败论高下，志者事成靠奋斗，败莫气馁，成莫骄华；得也罢，失也罢，患得患失压力大，凡事该做尽心做，得是收获，失也没啥；赚也罢，赔也罢，遵诚守信牢记下，勤劳智慧相济用，否极泰来，财源广大。

酒不醉人人自醉，字不迷人人自迷。自古圣贤出奇智，尽在体察判断中。

做人要像红梅、青松一样，坚强挺立傲霜雪，冒风雨，顶天立地。

微笑是一种修养，它能显示自信、友善和亲切；微笑是一种情怀，它能表达尊重、理解和宽容；微笑是一种力量，它能传递友谊、爱心和温馨，微微笑，十年少。

生活的细节，内涵生活的质量；艺术的细节，外显作品的成功；管理的细节，促进产业的发展；科研的细节，证明研究的突破；生命关注的细节，细节造就素质，素质成就事业。

人的一生只拥有三天，昨天，今天，明天。昨天是历史，今天是现实，明天是方向，认真地反思昨天，把握今天，拥抱明天，总结昨天的经验教训，实实在在地干好今天的事情，才能顺利地开创美好的明天，不懈追求，你将永远是一个成功的人，而不是失败者。

有正气，修身养性；有灵气，博学多才；有志气，探索前进；有勇气，敢闯难关；有运气，动步生财；有骨气，开创事业；有朝气，蓬勃向上；有生气，兴旺发达；讲义气，助人为乐；讲豪气，报效国家。

生命诚可贵，健康价更高，若到奉献时，二者皆可抛。人生知多少，不学无术容易老，人老心年少；人老心不老，乐观豁达最重要；人老志不老，思考问题不可少；人老不服老，坚持锻炼是法宝，人老不倚老，天天向上永不骄。

愿你：一笑忧愁少，二笑烦恼消，三笑心情好，四笑兴趣高，五笑不变老，六笑永年少，七笑运气到，八笑幸福绕，九笑步步高，十笑乐逍遥，请你想想我，快快笑一笑。

笑对人生，享受快乐；笑对历史，借鉴古今；笑对现实，是非分明；笑对未来，天地美好；笑对家庭，分享幸福；笑对他人，春风得意；笑对事业，科学发展；笑对社会，一片和谐；笑对国家，十分清明；笑对世界，永久和平。

教师最大的喜悦是看到我的学生站在领奖台上用我毕生的精力去激发学生不断攀登科学高峰的热忱。

教师的最大乐趣是教会学生学习，最大心愿是希望学生成长，最高天职是教会学生做人，最高追求是得到社会认可。

教师是现代科学进步与发展的垫脚石，所以教师必须有过硬的基本功和高尚的道德情操。

人生是一曲戏，只有奋发图强的人，才能尝到酸甜苦辣喜怒哀乐的滋味。

二、学术与研究

科学技术是生产力，而且是第一生产力。

四个现代化，关键是科学技术现代化。没有现代科学技术，就不可能建设现代家业、现代工业、现代国防。

科学研究是向未知领域进行探索，是要把未知变成已知，把未有变成已有，把知之较少变成知之较多，把知其然变成知其所以然，最后获得新知识，运用新的事实，发现新的规律，建立新的理论，掌握新的技术，创造新的产品，一句话，就是要创新。

科学的发现在于让人"意识不到，喜出望外"，而艺术的创新在于"意味深长，余韵无穷"，二者有"异曲同工"之妙。

当你爱上了文字，文字就会更加爱你，当你疏远了文字，文字就会点出你的记忆。

宇宙因果定律作用在一切事物发展过程之中，因与果又互为辩证而不断变化，这种变化使人的命运、机遇、情缘、归宿、失败、痛苦、喜悦，均受内外因果定律的支配。

求迷信，愚昧无知，万事均败，循科学聪明达道，大器有成。

音乐其实也是人类的一种语言，你能学会听懂它，也是人生的一种享受。

名也好，利也好，都是身外之物；千万不要为名利所累。少也好，老也好，未知永无止境，一定不能将学习放松。

把想说的话准确地表达出来，把看到的事具体地描写出来，这就是文章。再加上艺术手法，就是文学，能引起读者心灵共鸣的就是好文章。

梅兰竹菊可养性，琴棋书画可陶情。

崇刚健之德，尚朴素之美，习精研之法，依自然之理，以科学发展观联系实际的创作，是治学的准则。酒可以醉人，茶可以清心，艺术可以陶冶情操，净化心灵。

写自己熟悉的人和事，就能得心应手，左右逢源；写自己陌生的人和事，就如江郎才尽，难于下笔。

形象美能迷人，语言美能感人，艺术的魅力能吸引人。

让幼童能单身感受到学习是件有趣、快乐的大好事，并在潜移默化中语重心长地开导他们喜欢学习，启发好奇心，这是启蒙教育的最好方法。

什么是科学，就是人类对客观世界、事物本质和规律的认识。人类就是利用科学知识改造自然、改造社会、造福于人类，热爱科学，尊重科学，用科学去认识和改造世界。

生命在笔下延伸，写作是心的交流，情的表露、意的传达，是生命细胞的活跃。脑为神之府，脑有灵气，心有志气，眼有神气，手有力气，文有雅气时——能让你更清醒、更聪明。

马克思主义的世界观和方法论，是建立在近代科学基础上的，在21世纪新的历史条件下发展马克思主义，自然离不开当代科学的发展，科学方法论已经成为自然辩证法的重要组成部分。

一个科研工作者，除了有高度的责任心之外，最重要的是要有敏感性和韧性，要善于细心观察种种现象，敏锐地捕捉各种有价值的苗头和信息；还必须有寻根究底、坚忍不拔、不达目的不罢休的奋斗精神。我的治学态度，"大胆设想，小心求证"，也就是把敢想敢说的革命精神与实事求是的科学态度相结合，这是搞科研工作的行为准则。

学术研究，第一靠勤。勤奋读书，积累渊博知识；第二靠勤，勤苦调研，掌握第一手资料；第三靠勤，辛勤思考，激活智慧和灵感；第四靠勤，勤快撰著，奉献精品成果。

一生奋笔未停休，教坛度过数十秋；文房四宝记岁月，墨香留给后人叹。

艺术是一门爱好，爱之才能好之。醉翁之意不在酒，作品的创造在于心灵与艺术的交融。

人生在世，工作需要有创造，要创造，必须要探索。所以，生命不息，探索不止。

理论与实际相结合是永恒的研究课题，若能解决它们的关系，社会就能来一个飞跃发展。我有幸在这教坛上经营、探索几十年，能让自己出点成绩，就是坚持理论与实践结合的结果。在科研的道路上是没有平坦的大路可走的。只有扎实工作，勇于实践，敢于探索，顽强拼搏的人，才能攀登科学的顶峰。

牛顿发现了三大定律，爱因斯坦探索出相对论，攀登科学高峰的炎黄子孙就创造四大发明的祖先那样领先于别人。

塑造美的方向，是"自然、和谐、完善"。合于自然者，自然而然合乎规律，就生魅力，致使和谐之美。这包括抽象的东西及人生的事物。自然和谐是一个渐进的过程，要不断完善，永无止境。

应知学问难，在乎点滴勤。

做学问的功夫，是细嚼慢咽的功夫，好比吃饭一样，要嚼得烂，才好消化，才会对人体有益。

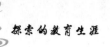

人才，人才，每一个人都是一份材，看你与谁合作。与"勤奋"合作，就充分发挥你的聪明和才能，你就是天才；与"懒惰"合作，你就碌碌无为，一事无成，是愚才。

知识之涯须勤学，青春有限贵惜阴；板凳要坐十年冷，文章不写一句空。

学不可以已。少年刻苦学习，可以丰富知识，提高素质；成年虚心学习，可以不断进步，事业有成；老年忘我学习，可以陶冶情操，余热生辉！

爱心是根，科研为本。

学习与实践是获知之源，让我们驾驶知识开创未来，迎接新世纪知识经济的挑战，谁拥有崭新的教育，谁就拥有21世纪。

只有将所学的专业知识转化为智慧，才能从中提出课题，做出新的学问，也才能开展创造性的工作，为新世纪做出光辉的奉献。

转化差生需要三剂：热心是催化剂，化解前进障碍。信心是沾合剂，凝聚奋进力量。决心是助燃剂，点燃梦想之火为烈焰。

教学研究是崇高而艰苦的事业，为之付出毕生精力是值得的，也是非常幸福的。

学习文学家胡适的治学格言："大胆设想，小心求证；认真做事，严肃做人。"他认为治学需敢想敢疑，疑就是假设，即不信任一切没有充分证据的东西。他还说："做学问要在不疑处有疑，待人要在有疑处不疑。"

体验历史学家范文澜的治学格言："天圆地方"。他解释说："天圆"是有灵活的头脑，"地方"就是坐下来刻苦钻研，巧思还须苦干。他有幅书斋联是："板凳要坐十年冷，文章不写一句空。"这是他治学有成的有力佐证。

借鉴人类学家贾兰坡的治学格言："搞学问如滚雪球，越滚越大，不滚就化。"他以滚雪球作比喻，说明两个道理：一是学不可以已，需要锲而不舍的精神；二是日积月累，学问是点滴积累起来的。

效法数学家华罗庚的治学格言："见面少叙闲喧话，多把学术论几声。"他对时间十分珍惜。潜心于钻研思考问题，即使会客也谈的是与学术有关的话题，从不说废话。

欣赏医学家吴阶平的治学格言："认真把实践、知识、思考结合起来，做自己的主人。"他把实践放在首位，同时强调独立思考，告诫自己决不可盲从和轻信。

牢记建筑学家茅以升的治学格言："博文强志，多思多问，取法乎上，持之以恒。"他的意思是，既要头脑活跃，善于思考。又需方法精巧，措施得当。

三、事业与追求

老师是学生的先驱者、引路人，学生是老师的继承者、发扬人，在道德上尊师爱生，才是真正的师生情。

走不完的是世上的路，读不完的是人生的书。走路是一种风景，读书也是一种风景，不走路是什么风景也看不到，俗语云，行万里路，读万卷书。

要学习足够的知识，为民所用。一是学会啃书本，像蚕一样孜孜不倦地嚼桑叶，将来会吐出真丝来；二是学会博采，像蜜蜂一样不辞劳苦，完全可能于万花丛中采集粉蜜，酿成蜂蜜，犹如吸取有益的经验，成为知识的营养品。

学习就像不断地充电和洗脑，可以使人增智，使人保持鲜活的头脑，保持旺盛的精力，不僵化，不落伍，始终与时俱进。只有如饥似渴、孜孜不倦，才能做到老、学到老、活到老。

一个人的一生应奉行不断地努力，加拼搏；不断地学习，加创新；永远地自信，加乐观。应以这种心态去攀登无限风光的险峰，去描述人生精彩的画卷。

我要天天不断地用笔去写，这样我的头脑才不会生锈；我要天天不停地奔走，这样我的肢体才不会萎缩；我要天天不断地呼吸新鲜空气，这样我的思维才会有新鲜的东西。

教师应有导学生疑的功夫，常疑常新，疑出智慧，疑活思维，疑成习惯，方为手握知识钥匙。

成功的道路，是以理想为目标，以灵感为向导，以意志为毅力，以汗水为坚强，以书本为基石，用自己的双手在知识的原野上开辟出来的。

科学来不得半点虚假，它是经过无数辛苦劳动和智慧的结晶，因而研究工作一定要求真务实、一丝不苟地认识它、对待它。

进入角色是当好教师的前提；为人师表是当好教师的灵魂；知识渊博是当好教师的资本；爱护学生是当好教师的核心；妙趣横生的教学，是当好教师的基本功。

书，一本好书，是社会实践经验的科学总结，是人生智慧与力量的源泉，在学习型社会中，我们应当自觉养成认真看书学习、经常看书学习、终身看书学习的良好习惯。

天生我才必有用——自信；天无绝人之路——自强；海阔天空任我游——自主；天涯无处不芳草——自豪；勇于拼搏，失败的机遇也许是零；坐等观望，成功的机遇一定是零。路在脚下，胜利一定属于敢想、敢干而又自信、自强、自主、自豪的人。

君子不隐短，不知便问贤，不能就学习，一问解疑难，读书问先贤，交友问今贤，反思问自己，实践问客观，挖根问到底，常问常向前。

自觉学习，持之以恒；良师益友，不耻下问；滴水穿石，水到渠成；胸有成竹，一鸣惊人；刻苦钻研，精益求精；竞争激烈，无往不胜。

读书为明理，明理为做人。

学问终须勤磨练，成功源自韧精神，古今多少真名士，几个不曾苦累成？

只有不断地追求"高尚的师德、高深的知识、高超的教艺、高度的合作"型教师，才是一位真正的教师。"探索授艺，激发兴趣；精选题目，指明方向；由浅入深，开拓思路；培养能力，提高效率"是一位名教师应有的责任。

为师之道，教书育人也，要爱字当头，学生为本，以爱心待人，以身带人，要以德育人，以智教人，以体炼人，以美感人，力求全面发展，多出人才，早出人才，快出人才。

美育，使人精神境界得到提高，身心得到和谐发展，品格得到完善，思想得到陶冶，环境得到美化。

不会思考的人是白痴，不愿思考的人是懒汉，不敢思考的人是奴才，不去思考的人是平庸之辈，只有大胆思考的人在平凡中发现非凡，才是真正的创新人才。

枕边常与书为伴，佳文妙语难入眠。六十年风雨，做人、做事、做学问。半世纪耕耘，为师为友为人榜，毅然回首，莫道夕阳晚景，匆匆一过客，丛中前瞻，且喜桃李，

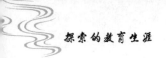

莘莘学子满园春。

做称职的教师必须坚持三条原则：一是有教无类，一视同仁，不能对学生有贵贱之分，亲疏之别；二是学高为师，身正为范，不能才疏学浅，品德不端；三是启发兴趣，不悱不发，不能硬性灌输，更不可排斥、挖苦学生。

"要我学"，学习的动力不是内在的，往往造成厌学；"我要学"，即是自觉自愿地学，这样越学越爱学。

读书好，工作好，学好便好；创业难，守业难，知难不难；活到老，学到老，老不服老；文亦精，字亦精，精益求精。

知识浅薄的人常常指责他人，知识渊博的人常常检查自己。

为什么与怎么办！似乎是两道永恒不变的课题，研究者是这样，教学工作者亦是这样。教师若不能以此随身带进课堂，跟鸭儿戏水一样，尽管姿势再美，花样再多，也难以洞悉水中的世界。

学习犹如马拉松比赛，具有坚忍不拔的意志和永不言败的决心，才能实现自己的目标。

学校是学海泛舟的那只船，教师是船上的舵手，你自己是船上的旅行者和桨手，决定你旅行的目的地只能是你自己，决定达到目的地的早晚是你用力的真假和大小。

新丛叠翠汇春台，欲得良才必惜才；唯有真情生此感，花香自有蝶飞来。

什么比金子还好？碧玉！什么比碧玉还好？智慧！什么比智慧还好？没有！

求知是信心、专心、细心、恒心、耐心、虚心的竞赛！成才乃真学、实学、勤学、苦学、博学、笃学之拼搏！

人生事业要取得巨大成就，必须具有三个基础，渊博的知识，丰富的实践经验，创新性的思维；还必须具有四个要素：立场正确，方法科学，拼搏不息，善抓机遇。

时间最公平，它给每一个人都是一样的。不过，每一个人得到的结果却是大不一样的。珍惜时间的人能获得知识、智慧、财富、成功和幸福；抛弃时间的人只能获得空虚、愚昧、贫穷、失败和痛苦。

教师自身是一本最好的教材，比一切高深理论都深刻，比一切技能都有效，比一切教书都鲜活，教师之于学生，就是方向，就是航标。

个人的成功取决于自己的努力，学校的成功取决于全体教工的努力，人的因素永远是成功的根本。

经过我们这一代人及下一代人的努力奋斗，21世纪将成为"中国世纪"。

人最可贵的是生命，人最美好的是灵魂，人最闪亮的是才华，是最有价值的是奉献，人最永恒的是创造和发明。

创新、实践、发展、能力，是21世纪教育的灵魂，而主宰灵魂的是人才，营造人才工程的是新世纪的曙光。

国运兴衰，系之教育，发展社会主义教育事业拼搏乃我之所求，奉献乃我之所愿，育一流人才构筑大厦之基石乃我之理想。

知识就是力量，勇于探索，执着追求，经过不懈努力，获得的知识和才能，总会得到社会的认可。

生命是有限的，创造力是无限的。在教育事业中，愿以有限的生命价值在无限的创造力中更好地体现。

一个人的探索创新之舟，只有融入中华民族智慧的海洋，才能乘风破浪达到辉煌的彼岸。

愿中华所有有识之士、有钱之士、有权之士、有志之士，一齐都来振兴教育、振兴民族，化希望为现实。

新世纪充满希望，让每一朵花都开放，让每一只鸟都歌唱，让祖国更美好，让世界更辉煌，和平发展繁荣富强。

科学使社会飞跃，理想使世界大同。

人往高处走总是坎坎坷坷，

水往低处流硬是实实在在。

在催人奋进的 21 世纪，扬起理想的风帆，度过有意义的每一天，把毕生年华贡献给中华民族的伟业和人类进步事业，乃是人生最大的幸福。

教师的价值在于对学生的奉献，你奉献了自己的智慧，学生就充盈了他们的智慧，你奉献了自己的青春，学生就靓丽了自己的青春。

只有树立坚定的信念，具有渊博的知识，创新精神，才能担负起时代赋予我们的使命，才能在人们的心目中创立美好的形象。

领导者的威望是事业成败的关键，但威望以信誉为基石，没有信誉的威望如无源之水，无本之木，难免有一天垮台。

提高教学质量需要：

学生，勤奋、刻苦、善思、创新；

教师，敬业、勤业、精业、创业；

管理，科学、民主、严格、务实。

花的事业是甜蜜的，果的事业是珍贵的，我觉得叶的事业是崇高的，教师就像叶给花和果营养，我愿干叶的事业。

创造思维（含平面思维、逆向思维）是走向事业成功的起点，是打开胜利之门的钥匙。

为教育作贡献，为学校求发展，为教工谋福利，为学生出人才，这是校长工作的天职。

四、生命与健康

千秋万代后，谁知荣与辱。——陶渊明

以自然之道，养自然之身。——欧阳修

节食以去病，节欲以延年。——朱熹

精神不运则愚，血脉不运则病。——陆九渊

人言头上发，总向愁中白。——辛弃疾

百病必先治其本，后治其标。——李时珍

源清则流清，源浊则流浊。——荀子

节饮食以养胃，多读书以养胆。——庄子

生死本是一条线上的东西，生是奋斗，死是休息，生是活跃，死是睡眠。——郭沫若

恼一恼，老一老；笑一笑，少一少。乐观是幼稚，悲观又何必。面对现实，才叫达观——抵达的那个达。——三毛

基本吃素，坚持走路，遇事少怒，劳逸适度。——毛泽东

浪费时间，就是自杀，尤其是浪费休息的时间，直接威胁着生命。——徐特立

忽略健康的人，就是等于在和自己的生命开玩笑。——陶行知

对待疾病，在战略上藐视它，在战术上重视它，就能赢得生命的阳光，扬起人生的风帆与病魔斗，其乐无穷。

年龄可以少注意，健康倒要多关心。

生命在于运动，运动在于坚持。

居室卫生常擦扫，清爽一身勤洗澡，气味芳香空气鲜，按时作息要起早，老伴恩爱讲感情，遇事不怒精神好；常乐无忧勤锻炼，少荤多素不太饱。

人生的宝贵财富就是健康，有了健康就有一切，失去健康就失去一切。

健康在于运动，从小培养喜欢运动的好习惯，并善于发现自己喜爱的运动项目，持之以恒，坚持不懈，将会得到精神的豁达和机体的健康。

拥有开朗的性格能增加生命的活力，让生活充满阳光，郁郁多愁的心态使生活变得暗淡，加速生命的凋谢。

养生之道，以静为贵，若能动静结合，则如虎添翼。

以静养心，以动养身，饮食清淡，勤于锻炼，睡得好，起得早，宽容心，莫烦恼，说笑笑，延衰老，争八攀九百岁到。

要想寿而康，最主要的靠自己——最好的医生是自己，最好的医院是家庭，最好的护理是老伴，最好的的处方是素食，最好的药物是时间，最好的心态是宁静，最好的运动是步行，最好的享受是话聊。

健康在我不在天，自己是生命的主人，只要战胜自己的无知和愚昧，健康就在你手中。

生命与健康的多半由自己掌握，如何战胜自我，命运就在自己手中，珍惜生命的每一分钟，需要从细节做起，要以科学的方式生活，把握好自己的脉搏，按生物钟去运动，时刻保持良好的心理状态，没心没肺，活的自在，少些牵挂，多些和谐，笑对明天，你的健康就有保证，生命之树就会常青。

无论生理年龄多大，都要保持年轻的心态，无论人生道路多么曲折，都要笑对人生；事业成败，都要无怨无悔，这就是健康长寿之道。

大脑是人的宝贵财富，生命的一切均系于大脑。要多动脑，勤动手，大脑因刺激而茁壮，因锻炼而强健，因学习而灵巧，牢记"用则进，废则退"的格言。

心理平衡，合理膳食，适当运动，戒烟限酒，是健康的四大基石，而心理平衡是四大基石的基础。

生命诚可贵，健康价更高，若要身体好，锻炼不可少，人生是富贵的，无法用金钱衡量自身的价值，或默默无闻君不见，或大有作为垂青史，喜怒哀乐皆有之，光明磊落无愧事，人也舒坦，心也舒坦，心宽当然就体健。

随遇而安身舒畅，淡泊名利精神爽；事事宽容行本分，琐事由它福寿长。

平静的心态，坦诚的心底；淡泊的心情，宁静的心境。

吃饭莫过饱，走路不要跑；日常勤洗澡，遇事莫烦恼。

"生气是用他人的错误来惩罚自己。"凡遇生气的事，必须冷静对待，分析其原因，然后想想有针对性的解决办法。生气是有害健康的。

人生最大的幸福是健康、满足、快乐，生活不仅只需要金钱和物质，还需要心灵是关健，有的人车子、房子、票子都有了，还贪得无厌、铤而走险，他快乐吗？他在得到了更多的车子、房子、票子的同时，还得到了担忧、焦虑、恐惧；知足者，常乐也。

势利是人性的一种弱点，对待它既可笑而纳之，接受它；又可笑而淡之，忘记它；更可笑而拂之，放下它；淡然释怀，享受人生，颐养天年，健康长寿。

苦乐年华鬓染霜，峥嵘岁月未彷徨。结缘教坛显身手，活跃艺苑迷故乡。工作四十春秋过，为民花甲冬夏忙。人生拥有一份热，燃放激情醉夕阳。

生命在于运动和生命在于平衡。这两种说法，我认为后者更全面、更科学。环境、饮食、动静、阴阳、心理都需要平衡，不平衡就要生病，在当今社会，心理平衡显得更为重要。

千福万福，获得健康才是真正的幸福。千苦千苦，失去健康才是最大的痛苦。

人生最宝贵的东西就是生命，生命长短决定于自己平时注意保养与自主健康，健康是财富，没有健康的生命，即使知识再丰富，智慧再广大，梦想再美好，计划再周密，不能实施，也没有什么意义。

理想常存有了灵魂，思想常新有了活力，生命常乐有了精神，健康常青拼搏创新。

人们无法挽回流逝的岁月，但可以预防衰老，延长寿命，老当益壮。以合理营养、适度运动、平衡心态等方式科学调控，追求健康，无病一身轻，健康赛黄金，人老心不老，过好每一天。山中既见千年树，世上更有百岁人。

健康是人生获得一切的基础，然而却有些人不懂得珍惜。当人们一旦失去健康，他才更加知道健康的宝贵，健康好比一座青山，有了这座山，你就拥有一切。

健康并不意味着身体的健全，而是包括思想在内的高尚品德、健康的身体、健康的心态、健康的世界观，只有这样的健康才会充满真善美。

人活百岁不足为奇，健康长寿必有奥秘；早睡早起贪眠无益，劳逸适度按时作息；新鲜空气应该多吸，环境卫生阳光沐浴；琴棋书画强身健体，饮酒有节吸烟无益；少肉多菜绝荤健脾，暴饮暴食日久成疾；用药谨慎有病早医，乐观开朗遇事不急，少停多动增添活力，武术气功焕发朝气；跑步做操大有裨益，体力劳动防病除疾；喜笑言开谈天说地，一生无病人生大幸。

人生三个最：人生最大的幸福是助人为乐，人生最大的财富是身体健康，人生最大的快乐是全心全意为人民服务。

乐观是健康的朋友，智慧是劳动的结晶，运动是生命的源泉，宽容是和谐的基础。

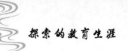

每天三笑精神好，一日三餐七分饱，适当运动人不老，淡泊宁静比药好。

学会做人，学会做事，学会生活，学会娱乐，开心过好每一天。

思路决定出路，观点决定方向，性格决定命运，生活方式决定健康水平。

睡足八小时，吃饭八分饱，一天八杯水，走完八千米，每天坚持四个八，心旷神怡乐陶陶。

人至无贪品自高，不愿攀比乐逍遥，心平如镜无伤感，笑口常开乐逍遥。

只有身体健康，才拥有一切，假设用 1000000000 来比喻人的一生，1 代表健康，0 代表生命的事业、金钱、地位、快乐、家庭、爱情、名车、房子，如果失去了 1，这个数字就等于 0。

太阳每天都是新的，为了迎接属于我们每一天的新的朝阳，让我们自我鼓励、自我鼓掌、自我感奋、自我激励、自我升华，抛弃一切烦闷忧愁，笑口常开，享受快乐健康的人生。

寄情山水欲何求，颐养天年无忧愁，世事洞明皆学问，觅得清静乐悠悠。

生命如一台运转着的机器，不论哪个部位出现毛病都需要调节，调节得越及时越好，调节得越适度越好，调节得越完善越好，当人们利益需要付出的时候，应当不留恋健康，更不惋惜生命。

合理膳食靠调养，心态平衡靠修养，适当运动靠动养，注意体态靠静养，戒烟限酒靠保养，无病早防靠疗养。

愉悦的心态，科学的食谱，规律的生活，这是抗击病魔的良药，因而最好的医生是自己。

老人养生注重十忘：忘掉年龄，忘掉疾病，忘掉过去，忘掉恩怨，忘掉悲痛，忘掉气愤，忘掉忧愁，忘掉悔恨，忘掉烦恼，忘掉名利。

动以健身，静以思远，勤以立业，俭以养廉，谦以待人，严以律己，诚以交友，信以延世，谨以避祸，慎以免灾。

宽容是健康的源泉，无论对人对事，永远保持宽容的心态，才会达到心理平衡，宽容不仅对身心健康有益，对社会和谐也是重要因素，对人越宽容，得到的回报越多，学会宽容，才能海阔天空，才有无限力量。

人的生命是宝贵的，也是有限的，青年受苦不算苦，中年受累不算累，老年享福才是福。人的生命规律一般来说，五十至六十没多大变化，六十至七十明显老化，七十至八十两极分化，八十至九十看人的造化。

人要正直，脑要灵活，耳要聪颖，眼要明亮，手要有力，脚要强劲，心要舒畅，腰要挺健，气要顺和，体要健美。

生命的全部意义在于不懈地探索未知的一切，知识就是力量。

把生命融入平凡而富有挑战的教育岗位上，是最有价值的人生，人生的意义在于奉献，有奉献的人生才有色彩，有色彩的人生才有价值。

五、修身与处世

雷锋同志说："生命是有限的，为人民服务是无限的，要将有限的生命投入到无限的为人民服务之中去。"今天，我向雷锋同志学习，站在人民教师的位置上，换句话说："生命是有限的，为师生服务是无限的，教育创新也是无限的，在教育事业中，要将有限的生命投入到无限的为师生服务，体现在无限的教育创新发展之中去。"

修身待人，为师处世，追求真善美。东西结合，改革发展，建设系统工程。认真务实，坚毅求是，功到自然成。此乃我之人生信条，工作思路和处事法则是也。

夕阳无限好，不愁近黄昏。

人老心不老，乐观最重要；人老不服老，锻炼是法宝；人老不摆老，学习永不骄；人老志不老，动脑不可少。

官大官小，没完没了；钱多钱少，烦恼不少；知心朋友，无价之宝；知足常乐，心宽气少；人活一世，心情要好。

多奉献，少争利；多努力，少自满；多自慰，少抱怨；多交友，少孤独；多乐观，少忧虑；多宽心，少烦恼；多助人，少利己；多喝茶，少饮酒；多咀嚼，少饱食；多爱心，少贪心。

乐观豁达心不老，乐于奉献态不老；乐善好施不摆老，知足常乐不易老。

天伦之乐，助人之乐，知足之乐，忍让之乐，忘年之乐，读书之乐，宽容之乐，平静之乐，散步之乐，太极之乐，十乐延年益寿。

遇事开口笑，学会变通笑，参与群体笑，留住知足笑，每天晚上笑一笑，香香甜甜睡一觉，早晨起来笑一笑，一天生活有情调，工作之余笑一笑，朋友之间看热闹，困难之中笑一笑，所有烦恼抛九霄。

教师最大的骄傲就是创造出人类优秀的灵魂，把自己所学的知识全部无私地奉献给学生，将是你一生最大的快乐。

教育最高境界是传授知识，培养能力和塑造高尚人格的有机结合。教师是铺路石，是人梯，因此乐于奉献，奉献越多，越感充实而自慰。

增强创新意识，提高自身素质，为培养跨世纪人才尽到自己的一份力量。

新世纪、新景象、新问题、新挑战，千变万化源于本，固本兴本创辉煌。

人才辈出是新世纪教育的最大希望，衷心祝愿中青年教师队伍茁壮成长。

一分努力，一分收获，不断努力，方可成才。

过去祖先靠双手创造了人类，现在教师用双手托起新世纪的太阳。

挫折像一块石头，在成功者面前是铺路石，在失败者面前是绊脚石，我们要做前者，变挫折为恩赐，用你的心灵智慧去创造人生的价值，使你的生命更加光辉灿烂。

为人民的教育事业奋斗到底，是我一生的骄傲和自豪。

一个人的知识和才能得到社会的认可，这是社会对他的最好的回报，也将是他回报社会的动力。

21世纪是高素质人才竞争的时代，培养21世纪的合格人才，是全社会的共同责任，

更是教育工作者必不容辞的责任。

面对新世纪，我们的心充满喜悦和信心，喜悦和信心来自于对新目标的追求和新生活的向往，情操高、知识博、功底厚、教风实、教学精，是自己的座佑铭。

只有视个人名利淡如水，视党的事业重如山的人，才能在新世纪里披荆斩棘，勇往直前。

时代，造就人。人，构建时代。

生活，磨练意志，意志，铸造生活。

跨入新的世纪，站在昨天和未来之间，人民教师永远是肩负使命的人，只有辛勤耕耘的人，才无愧于人民教师的称号。

踏踏实实做人，认认真真做事，甘做汇成江河的水滴，从点点滴滴中捕捉生活的真味。

桃李芬芳是园丁的骄傲，知识和才能得到社会认可是社会最好的回报，不断刻苦学习，把握机遇，终将体现人生价值。

爱心是师德的核心，敬业是师德的支柱，献身是师德的灵魂，是开启学生心智最美的钥匙。

人生的意义在于奋斗，只有为理想勇于奋斗的人生，才是最为灿烂的人生，知识、信念、能力和创新，是每一个生存和发展的根本。

学校教育要为学生的终身学习，创造性地工作和创造美好的人生奠定基础，创新是跨世纪教育工作者的灵魂，广中求深、易中求能是素质教育的根本。

希望我们当代的中小学生学会做人，做 21 世纪的中国人，做现代人，做国际人。

忆往昔，岁月蹉跎，酸辣苦涩，难熬。

看今朝，事业有成，躬瘁荣生，乐从。

望未来，后生可畏，前程似锦，快慰。

我们有幸处在一个跨世纪的时代，应当感到自豪与骄傲，并以此为动力，为培养新世纪的建设者和接班人而奋斗。

迎接新的教育，更应有那么一种精神：吃苦精神，主人翁精神，创新精神，拼搏精神，奉献精神。

三尺讲台，人生舞台，教书育人，欢乐开怀，

两袖清风，苦尽甘来，人间正道，造就英才，

跨越世纪，展望未来，春潮红浪，永谱新章。

每一条路上都有人，每一个人身后都有路，

路有曲折迂回，人有升沉进退，

不同的生活道路造就出不同的人，又走出不同的路。

只有不善教育的教师和家长，

没有教育不好的学生和孩子。

人生的价值不在于占有多少财富，而在于为人类创造多少财富，当教师，不可能在物质上富有成为富翁，而在精神上可以成为世界上最富有的人。

树立"业精于勤，拥抱成功"的志向。

　　教师是人类灵魂的工程师，应以自己的模范言行点燃学生心灵的火花，成为青年学生思想道德修养的榜样，热爱知识，渴求知识的人，学生生活的灯塔。

　　俄国著名的文学家契可夫说过：人要有三个头脑。天生的第一个头脑，人直接地是自然存在物，是自然人。从书本中得来的第二个头脑，人与社会的联系总是通过文化机制来实现的，是文化人。从生活中得来的第三个头脑，说明人是在社会的实践生活中成长，是社会人。

　　人生体验十个八

　　（1）体验开怀八笑：早晨起来笑，晚上睡前笑，工作之余笑，全家相对笑，遇事开口笑，学会变通笑，参与群体笑，留住知足笑。

　　（2）体验处世八乐：有心助人为乐，懂得知足常乐，享受自得其乐，记住先忧后乐，淡泊名利安乐，艺术欣赏娱乐，追求天天快乐，坚持与众同乐。

　　（3）体验处事八然：凡事顺其自然，遇事处之泰然，得意之时淡然，失意之时坦然，青云直上偶然，艰辛曲折必然，适应变化突然，历经沧桑悟然。

　　（4）体验做人八是：权力是一时的，富有是暂时的，财产是后人的，健康是自己的，知识是有用的，情谊是珍贵的，年龄是有限的，精神是永存的。

　　（5）体验心身八炼：坚持身体锻炼，刚强意志磨炼，注重个性冶炼，端正态度锤炼，养成习惯砺炼，进行实践养炼，增长本事精炼，成功人生修炼。

　　（6）体验为人八方略：一贯知足常乐，二目自然远眺，三餐饮食有节，四季轻装勤奋，五脏重在调养，六欲情怀不张，七分宽容忍让，八方交友坦荡。

　　（7）体验养心八珍汤：一片慈爱心，两寸好肚肠，三分讲正气，四面能宽容，五心常孝顺，六成老实人，七要多奉献，八不求回报。

　　（8）体验养生八忘：一忘年龄不思老，二忘怨恨得安宁，三忘悲痛快解脱，四忘气愤莫急躁，五忘忧愁添快乐，六忘后悔宽心肠，七忘疾病心身健，八忘名利乐逍遥。

　　（9）体验为人八不忘：不忘祖先，不忘后代，不忘亲情，不忘朋友，不忘自己，不忘自然规律，不忘社会规律，不忘思维规律。

　　（10）体验不为八无益：不动无益之念，不出无益之言，不读无益之书，不贪无益之玩，不获无益之利，不掏无益之钱，不生无益之事，不上无益之船。古人云："人有不为而后可以有为也"。

附件：

1. 工作狂和研究迷

——罗桂生在一九九九

罗桂生，男，1945 年 9 月生，现任邵东县教师进修学校党总支书记，中学高级教师，1991 年评为全国优秀教师，1999 年晋升为中学特级教师。他这个忘我者，一个工作狂，做着名校梦，成为研究迷，在 1999 年里，为教育事业做出了突出贡献。

忘我者。他说："当校长，要履行校长职责，在师生中起先锋模范作用，当书记，要履行书记职责，在党员中起先锋模范作用。"以雷锋、魏书生、孔繁森为榜样，把自己放在生死之间磨炼。小孩患尿毒症，前期治疗每年花去 1 万多元，自己倾家荡产支付医疗费。1999 年 5 月在武汉做肾移植手术，一次性开支 20 多万元，术后护理每月还要 1 万多元，经济的压力，精神的创伤，他处之坦然，置之度外，终日为教育工作付出。修身待人，为师处世，追求真善美。十多年校长兼书记，从不以校长书记身份搞半点特殊，捞半点好处，要求师生做到的，自己首先做到。1999 年下期，校长离任审计结论，他廉洁自律，"一身正气，两袖清风"。校长一支笔，让副校长审批，权力相对分散，为防止腐败，学校设有财务内审小组，校务公开，为学校谋发展，为教工谋福利，却竭尽全力。

工作狂。他工作第一，每天工作 12－16 小时，常年出满勤，没有星期六、星期日，也没有寒、暑假。星期六、星期日，备课阅卷、写论文，小结上周工作，部署下周工作。寒暑假除担任继续教育任务外，总结教育教学和管理经验，思考下学期工作方案，每期开学前出台学校工作计划。一年 360 日，都在工作、学习和研究教育科学。校长兼书记，还常年坚持站讲台，承担一个多人的教学工作任务。99 年下学期只当书记了，担任一门小学大专和两门初中教师继续教育课程的教学任务，利用一切可以利用的时间钻研教材。他是把别人休闲、玩扑克、打麻将、进舞厅的时间都用在工作上的。

名校梦。当校长，一心一意想把县教师进修学校搞上去，跻身全国名校。1996 年管理走向规范化，两次进入省先进教师进修学校，评为省教育教学质量评估先进单位；1997 年加速校园建设，省小学教师继续教育教学研讨会在这里召开；1998 年成功地举办了建校 40 周年庆典，学校进一步提高了文明程度；1999 年进一步改革教育、教学和管理，用创名校的行为跨世纪（省教委拨款 4 万元支持名校建设），为《省教师进修学校的现状调查和对策研究》起了可借鉴的示范作用，第六届全国小学教师继续教育研讨会在山西太原召开，他代表湖南在大会作《县教师进修学校"师范性、研究型、现代化"的探索》的典型发言。现在当书记，重在加强领导班子建设，在"理顺三者关系，实现科学管理"上下功夫，已经形成了书记保证，校长行政，工会监督的管理体制。

研究迷。他以自己的理论勇气，将西方的科学与东方的哲学融合起来，产生新的思维方式和思想方法，运用教育学、心理学、教学法和现代管理理论，结合学校改革发展的实际，系统而有特色地研究学校的教育、教学和管理，1999 年的研究成果获得特大丰收。（1）两项科研成果：主持《师范性、研究型、现代化》整体改革实验，获邵阳市第三届基础教育教研成果一等奖；参与省教院《心理教育与人的发展》实验，获 1998 年全国师范院校教育改革实验研究优秀成果二等奖。（2）出版四本专著：《青少年的学习方法》（副主编，红旗出版社）、《学校教导管理概论》（副主编，安徽大学出版社）、《教师教学技能训练》（副主编，西南大学出版社）、《中华教育教学文丛》（副主编，中国经济出版社）。（3）发表论文 8 篇：《探航》入选《求是》杂志社出版的《鲜红的党旗》，《构建素质教育发展中心的设想》载《湖南小学教师》（1999 年第二期）、《未来教育对中小学校长的新要求》和《志在成为科研型校长》入选《中国知识经济文选》、《全面的素质教育需要素质全面的教师》入选中国科技出版社的《中华新论·全国优秀科技理论成果信息库》、《走科研兴校之路》载入《中国跨世纪发展战略文献》、《我县教师队伍素质状况的调查与分析》获省教育工会调查报告评选三等奖。（4）发表 3 篇省级通讯：《中央党校办公厅致贺邵东县教师进修学校建校 40 周年》（《湖南小学教师 1999 年第 1期》）、《邵东装备 1800 台电脑中小学教师出现学习计算机热》（《湖南小学教师》1999年第 3 期）、《邵东用"四全"管理开展教师继续教育》（《湖南教育》1999 年第 23 期）。世界著名机构 1999—2000 年活动委员会授予他"20 世纪成功人士"荣誉称号，对他1999 年的成功研究是一个最好的概括。

邵东县教师进修学校撰

2. 一位出色的党员、教师、书记和校长
——罗桂生同志评选特级教师意见

罗桂生，1968 年参加工作。中文专科学历，是教育教学的多面手。1993 年晋升为中学高级，1986 年开始做高中校长工作。现任邵东县教师进修学校校长，现在推荐他参评中学特级教师，大家对他的基本评价是：

一、模范的共产党员

罗桂生同志拥护党的基本路线、方针、政策，在政治思想、实际行动上与党中央保持绝对一致，忠诚党的教育事业。在自己胃切除 4/5 两度手术的疾病折磨下，在小孩患尿毒症的精神痛苦中，始终以教育事业为重，以学校工作为乐，将疾病和痛苦置之度外。时时处处以魏书生、孔繁森等模范为榜样。担任校长工作二十年，从不利用职权和工作之便搞特殊、捞好处。县委有文件明确规定，为了工作的方便，正科干部可以配手机，每月报销规定的电话费，有同志劝他配上，他坚决不配。他校长、书记一肩挑，还长期站讲台，超负荷工作，同时还经常坚持学习。他信念坚定，思想纯洁，心胸宽阔，与人为善，团结同志，是一个模范的共产党员。有容乃大，无欲则刚，他赢得了上级领导的表彰和学校师生的普遍赞誉。

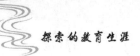

二、科研型的教师

罗桂生同志干教育工作，涉及面广，当过农民教育专干、文化辅导员、抓过县农民职业教育、干部正规化理论教育、党员教育和师资培训，教过小学、初中、高中、大专课程。他干一行爱一行，且行行能出成果。

在高中（七中）任教时，以"增长知识、培养能力、提高觉悟"三统一为目标，改革政治课教学全过程，形成八个三结合（见《湖南教育研究》1993.4期），创"读—议—练"三结合教学法，在全县内推介。1991年评为全国优秀教师。尤其调教师进修学校工作后，在当好校长、书记的前提下，先后担任了中专《经济·政治》、《职业道德》，大专的《逻辑学》和《哲学原理》、校长班的《邓小平教育理论》、《中小学教育科研》，预备党校的《党建理论》的教学任务，同时致力于师资培训的研究。《邵东县继续教育的全面探索》、《新时期对教师的新要求》、《未来教育对教师素质新要求》、《未来教育对校长素质的新要求》、《怎样学好政治学科》、《怎样撰写教研论文》分别发表于省级、国家级书刊或省级、国家级获奖。著书立说，担任10本书刊的主编、副主编，发表省级以上论文30余篇。

三、注重德育的书记

罗桂生同志长期担任学校的党政一把手，行政工作、党务工作齐头并进，主管学校德育和思想政治工作。在管理上一方面坚持广泛性与先进性、培养和使用、教育和管理三个相结合，建立党政工团学齐抓共管的机制。另一方面，建立长期的爱党、爱国教育制度，使育人制度化、规范化。他不是光喊口号的空谈家，而是德育的实践者。其具体做法是：一是办青年预备党校，既承担讲座、又当班主任。让优秀青年接受党的知识的洗礼，树立共产主义的人生观，又促进学生的自治自理、自主管理。先后推介入党的28人，经验先后在《邵阳日报》、《邵阳工作》上四次报道。二是抓住爱国主义这一永恒的主题，教育学生（员）爱国、爱校，《爱国主义"知情行"和谐结合》论文获一等奖。三是抓"三风"建设，提倡领导真抓实干、教师真教实研，学生真学实练，形成"忠诚、团结、博学、修德"的校风。四是坚持班研活动，每周一次，以转化后进生为突破口，围绕"创文明学校、建文明班级、当文明教师、做文明学生"开展主题研究，其任副主编的《班级管理概论》和《思想道德教育概论》就体现了他的一贯教育思想。

四、开拓型的校长

罗桂生同志当校长有自己的工作思路。在领导班子建设上，他知人善任，慎重决策，实行校长负责制，副级分工负责制，处室主任责任制。做到行政成员"智出一班、令出一人、戏唱一台"，形成一个"政治强、工作实、业务精、作风硬"的能创名牌学校的战斗集体。在加强师资队伍建设上，为适应师资培训要求，向在职老师提出"一年站稳讲台，三年教学过关，五年形成风格，十年成为学科带头人"的要求。使得一批批中青年老师茁壮成长。在完善学校管理制度建设上，通过认真摸索、实践积累和总结，吸收了现代教育管理最新成果，借鉴兄弟学校的先进做法，主编了《学校教育管理实务选编》，包括师训、教学、科研、教工、学生、后勤、办公室、党群管理7个方面85项，涵盖了岗位职责、教育管理办法和规章制度等方面的内容，形成了科学的管理体系。

落实目标管理三部曲：首先抓计划管理，形成计划体系；其次严格过程管理，落实阶段任务，最后搞好效果评价。形成一个及时反馈、最佳控制的系统工程。在师训工作上，他始终抓住这一中心，洞悉新的时代对中小学教师的新要求，积极探求师训规律。96 年他撰写的《校长一二三四五系统工程的探索》载《湖南小学教师》97 年第 1 期，把学校工作放到一个系统的整体中去考虑、去研究。后又在此基础上提出"师范性、研究型、现代化"整体改革实验，走"科研兴校"的发展道路，这一课题，两年来已取得阶段性成果，获县一等奖、市一等奖、省优秀奖，中央教科所二等奖，并向国家教育部申报，载《湖南小学教师》（93 年 3 期）等 4 种书刊。98 年，为了推进我县素质教育，解决实施素质教育的关键问题——教师的素质，他又高屋建瓴地提出了构建县教师素质发展中心的构想，形成又一个一二三四五系统工程，得到师资培训中心、县教委的高度重视，这一研究成果获市论文评选二等奖。在我县小学教师第一轮继续教育完成之后，他便敏锐的发现师资培训中存在的问题，学生的素质能不能提高，关键是教师高素质的课堂教学，于是在全县启动"优课工程"，其论文《以优课工程为龙头，全面探索小学教师继续教育》在省、市教师进修学校校长协作会议上交流，并受到重视。由于他管理思路开阔，敢为人先，加上全体教工的努力，学校的师训工作一年一个新台阶，始终走在同类学校的前列。96 年举办邵阳市小学教师基本功训练现场会，学校评为省先进教师进修学校，省教师进修学校教学质量检查先进单位；97 年举办湖南省 1997 年小学教师继续教育教学研究会，在大会介绍经验，提供现场。98 年成功地举行了建校四十周年庆典活动，学校进一步显示"师范性、研究型、现代化"的特色。

综上所述，罗桂生同志不管是敬业修身，还是学校管理，不管是教育教学，还是理论研究，都符合特级教师的评选条件，特慎重推荐。

邵东县教师进修学校撰

3．我的叔父罗桂生

罗建华

我的叔父罗桂生，我叫他桂晚晚（晚晚就是叔叔，我的老家将叔叔叫晚晚），桂晚晚是我的亲堂叔父。桂晚晚当过教师、小学校长、中学校长、教师进修学校校长，一生以事业为重，成果多、成绩突出，曾被评为全国优秀教师。但桂晚晚经历的磨难也多，儿子年青时得了尿毒症、老伴晚年得了癌症，自己退休后还得了帕金森。桂晚晚一生抗毒抗癌抗帕，始终保持乐观的心态，曾获得全国最佳抗帕奖。桂晚晚在我公田罗氏之中也算成功人士，在公田罗三房人氏之中更加算是成功人士，在我的五代小家族中，桂晚晚既是成功人士，更是模范、榜样。我希望叔父的自传早点出版，供我等后辈学习，激励进步。在此将记忆最深的几件小事记录下来，以表我的敬意。

玩土单杠。小时候，记得最深的是，经常看到桂晚晚和他弟东晚晚一起在六也堂自家屋前玩土单杠，土单杠是卡在屋前墙上的一根木棒，做引体向上等动作。对于还是孩童时的我来说，觉得桂晚晚好伟大，在我的幼小的心灵里树立起了高大的形象。

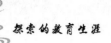

踩打谷机。1968 年因同乐平水库扩建，我们家族从六也堂迁移，桂晚晚一家迁居到公田村今公祠队，我家迁居到公田村永公堂队。我的屋在今公祠队的地盘上，离桂晚晚家比永公堂队更近。所以小时候，暑假水稻收割时期常到今公祠队的田里捡禾穗（水稻收割时剩下的），每次都看到桂晚晚抢着踩打谷机。踩打谷机是水稻收割的最重的活，对当时的我来说，一个小孩眼里的桂晚晚好了不起呀！再次加深了桂晚晚在我心中的高大形象。但是，桂晚晚好象不喜欢我捡禾穗，每次看到我靠近，总是赶我走。

送我进补习班。小时候，父亲常对我说，万般皆下品，唯有读书高。1978 年我高考落榜后，父亲毫不犹豫地支持我复读。我是铁塘学校高中毕业的，父亲希望我去更好的九中补习一年，父亲去找桂晚晚帮忙，桂晚晚立即放下所有的事，带我父子去九中。到九中找校长，校长说，正好，正在进行补习班招生考试，现在就去教室考试。我毫无准备，中途进考场，考得不好。当时九中准备从应届生和补习生中分别选拔部分学生组建重点班。回家后父亲告诉我说，重点班班主任不要我，校长看在桂晚晚的面子上，说，这个（我）先收下，其他看成绩。桂晚晚从不走后门，为了我能进重点班，不得不求人。为了证明桂晚晚走后门是值得的，我努力学习，还牵头从北京邮购补习资料，从进补习班后摸底考试全班 30 多名，到高考前一个月模拟考试进到前 10 名，高考成绩冲到第四名，也是九中的第四名。成为村里第一个大学生，父母为此还专门办了一次酒席。

改大学通知书。1979 年 8 月，我接到了长沙铁道学院的录取通知书，但录取通知书上的名字不对，写的是罗建国，其他信息都与我的一样。桂晚晚认定通知书写错了，直接在通知书上将罗建国改为罗建华。桂晚晚说，你放心去报到，你是公田村第一个大学生，也是今年公田村唯一的大学生，错不了。我就这样去长沙报到了，报到时被老师盘问了许久，哪个村的？父亲叫啥？母亲叫啥等等。然后老师说，名字错了，也不能自己改，要由学校改。

我的落脚点。1982 年桂晚晚进县城工作后，我每次路过县城，都要到桂晚晚家落脚，有时吃顿饭，有时住一两天。每次都是娘娘（桂晚晚爱人）做饭，桂晚晚会抽时间和我谈心，主要谈怎么做人、怎么与人人相处、怎么学习等等，他不仅关心我的成长，还照顾我的生活，临走时总会煮几个鸡蛋给我带上。

父母最敬重的人。我的父亲母亲都读过 1–2 年书，能记帐、能写信，在那个年代也算是有点文化的人。父亲还会做蓑衣，有时挣点小钱补贴家用。自从 1968 年从六也堂迁居到公田村后，担心小门小户被别人欺负，总是特别要强。父亲也很少服人，但唯一服桂晚晚，父母都敬重桂晚晚。父亲常说，桂晚晚有文化、水平高，为人正直、忠厚，总是帮衬自家人，不占便宜、不怕吃亏。父亲希望我向桂晚晚学习，好好读书、以后光宗耀祖。

我的人生导师。从我记事起，就一直觉得桂晚晚就那么高大、那么成功、那么完美。桂晚晚也常常耐心地开导我、教育我。从我上大学开始，只要我给桂晚晚写信，桂晚晚必定回信，有时还会主动给我写信。桂晚晚的信总是很长，好几页，在信中教我人生的道理，总是鼓励我。每次路过县城，桂晚晚总会抽空与我长谈，当面开导我、鼓励我。我一直将桂晚晚作为偶像、作为学习的榜样、作为人生的追求的目标。

记得有次我问桂晚晚，怎么会取得那么多成绩。桂晚晚说，"我爱学习，爱工作，爱研究，把别人玩扑克、搓麻将、进舞厅、搞第二职业所花的时间和精力都用在学习、工作和研究上了"。看似简单，做起来就很难，我没有做到，罗家立字辈和自字辈等后辈大都没有做到。希望我等后辈通过学习桂晚晚的自传，学习桂晚晚的为人处世和敬业精神，老实做人，认真做事，关心家族，共谋发展。

4. 明亮的灯光

——写给我敬爱的父亲

罗学武

夕阳之所以那么美好，是因为它积攒了一天的能量，在日落之前绽放最美的光芒，带给人无限美好的遐想。

小时候每当读到"夕阳无限好，只是近黄昏。"的诗句时，体会不到人生也会有如夕阳一般的生命时光。而如今，看到父亲满头青丝变白发，一脸沧桑布皱纹时，他生命的阳光也正在夕阳无限好的路上，那些破云而出的挣扎如风雨中摇摇晃晃的灯光，闪电一样漫长，从天到地，划破黑暗中的惆帐。

读完父亲编著的《探索的教育生涯》，我的手上沾满了星星一样的泪光。点点滴滴的父爱汹涌着大海一样的波浪……我的父亲，是那大海上的灯塔，为我生命的小舟导航。那明亮的灯光，在我的生命里，在我的路上。

父亲给我的，我愿意给你和你的孩子，给他和他的孩子，给所有愿意把教育进行到底的教育工作者，于是才有写作此文的激情和冲动——它是人生的智慧，也是生命的阳光。

为了颠覆家族的命运，改写家族的历史，教育成了我父亲一生的方向。

他认为：只有教育才能改变贫穷愚昧，只有教育才是民族未来的希望——他致力于培养我和哥哥成才，也致力于教育的探索和革新，他所有的教学研究和教育论文是他一生探索的结晶，是他毕生的心血，也标志着教书育人的光荣和使命——在夕阳的余晖里，依然没有放下教书育人的责任。于是才有了这本父亲亲手撰写的个人文史集。

一个人的奋斗史往往是一部社会史的缩影，勤奋、好学、善良、敬业、忠诚、果敢、坚强、豁达、从容……这些美好的词语用到我父亲身上一点都不为过，这不是因为他是我的父亲，是给予我生命的人，更是因为他是一个教育工作者，他用自己的一生来为教育做诠释，为教育人正名，为教育人说话。

在国家富裕之后，社会上的不良现象多少也渗透进了教育这块净土，教师的荣光也因流行的"金钱至上"而蒙尘暗淡了，人类灵魂的工程师、燃烧自己照亮别人的蜡烛等美好的名称似乎也与教育人越来越远了，这是教育人的悲哀，也是教育的悲哀。

不管社会如何浮躁，生活如何艰难，父亲从未忘记他是"六也堂"的人。

他常常告诫我和哥哥，"记住我们是六也堂的人，什么是六也？它原出于《四书》的《中庸》篇，即'高也、明也、博也、厚也、悠也、久也'，'高明配天，博厚配地，悠久无疆'。愿六也堂人有高明的智慧，胜天；博厚的知识，似地，悠久的人生与天地长存。不管将来从事何种职业，结交是什么朋友，六也就是我们整个家族的名片，是我们

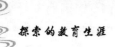

的脸谱，千万不要在这张脸谱上抹黑。"，父亲的教诲像一根策马奋蹄的长鞭，响彻在我生命的旅途。

记得在我很小的时候，父亲常常教我背古诗文，岳飞的《满江红》、文天祥的《正气歌》等爱国主义华章，他致力于爱国主义教育要从蒙正开始，把爱国的情怀播种于我们蒙学的幼小心灵。他认为，如果没有爱国主义思想，就算博学多才也容易被个人利己主义所左右而做出危害国家和人们的事情来，只有在爱国主义思想的主导下，才不会为了个人的成功与幸福去伤害他人危害国家。他对教育的忠诚就是从一点一点的对子女的教育上散枝开叶的，他的教育探索之文论如今像一颗葱郁的大树屹立在我生命的原野，庇荫着我的思想和灵魂。

由于父母不在同一个单位工作，而父亲决心靠自己的教育来养正我们懵懂的心灵，于是，不管他调到哪里去工作，总是把我和哥哥带在身边，唯恐错过养正我们的最佳良机。工作再辛苦，他也不愿把教育子女的责任推给我的母亲，他要用自己的言行来启发和引导我们成长，唯恐我的母亲疏忽了对我们的教育。这与父亲可怜的身世密不可分，因为我的奶奶是弱智，父亲也是靠爷爷的教诲成长起来的，他传承了爷爷的那份担当，也许是潜意识里种下的理想，爷爷影响了父亲，让父亲种下了远大的抱负和志向——把毕生精力奉献给教育事业。他希望自己也能像爷爷那样，把家族的使命和荣光播种于我们成长的心灵。

他是一个无私的父亲，他没有休闲与娱乐，他把所有工作之外的时光用来陪伴和呵护我们幼小心灵的成长。

父亲的言传身教的确惠及了我的一生。

记得大学毕业后，我被分配在农业银行里工作，由于自己过分坚持原则，以致让一个领导在被我拒绝查看贷款人的账单时异常气愤，他当着很多人的面，骂我、羞辱我，我被气得牙齿痒痒的，很想回敬他几句——贷款没有收回来，借据存根谁都不可以拿走，坚持原则也有错吗？这些据理力争的话都被我咬在牙齿上没有说出来，我怕领导权威受到原则的挑战而更加火上浇油。我在众目睽睽之下被骂得眼泪哗哗地流，没有人敢来安慰我，怕领导记恨，我异常地孤立和无助……是父亲的教诲淹没了我的愤怒。

回到家里，父亲安慰我，"过一段时间会好起来的，气头上说的话一般都是无理的，静下心来以后，他不但不会怪罪你，反而会更加欣赏你，因为你没有错。"。

正如父亲所说的那样，后来我被调到那个骂我的主任手下当运营主管，我们配合得很默契，工作也合作得非常愉快，这与我当初的忍耐不能说是没有关系。后来他说他记住了那个敢于坚持原则富有忍耐的女孩，开展工作也因此特别信赖。

父亲是一个睿智而豁达的人。

"我奋斗一生，既无票子，又无房子，更无车子；有一个得尿毒症的儿子，有一个得癌症的妻子，自己是一个得帕金森的老头子，三无加三有，共六子登科。"父亲的这段文字是自我嘲讽也是智慧与豁达的呈现。

在我母亲治疗癌症动手术的时候，我几乎要崩溃了。接二连三的疾病将我们这个家摧残得难以言语了，哥哥尿毒症换肾没多久，妈妈又得了癌症要动手术……

聪明而又富有活力的哥哥被病魔所折磨，全家人因此而忧心忡忡，换一次肾需要一笔巨大的医疗费用和养护费用，父母的那点工资又岂能支撑起这样的昂贵。可是人的生命只有一次，"倾家荡产也要让生命继续"，父亲很淡定也很坚决，"没有车子、没有房子、没有票子又有何妨？生命才是最重要的，只要还有一线希望，就要与死神战斗，把健康找回来。"

父亲徘徊在手术室的门前，时而抬头好像要舒一口长气，那口气是他对上天的质问，抑或是对苍天的祷告，时而低头沉思，也许是在猜测手术的成功与否吧？他那种沉默让我听到了蝼蚁挣扎的气息在浩瀚的宇宙之中随风漫舞，人在自然灾难和疾病折磨之中时与自然间的渺小生物没有什么两样，这种平等让人敬畏也让人慈悲：生命太渺小了，疾病可以让青春消失也让权威瘫倒。莫名其妙的慈柔让我眼里蓄满热泪，仅仅是热泪——一种生命迹象的液体，只有它能表达我此刻的悲愁和无助。

一门之隔，哥哥在手术台上，任医生的手术刀划破青春的皮毛去切断病源，在麻醉中进入生命的无我，他哪里知道作为亲人的我们在承受怎样的煎熬——仿佛一日如百年，世界在这里静止，

而风暴在心灵肆虐，那种体验犹如自己也在死神面前挣扎与抵抗一样令人心惊胆颤。

如今躺在手术台上的不是哥哥而是母亲，一个给予我生命哺育我成长的人，又一次把我和父亲推向痛苦的深渊和绝望的边缘。

所有陪伴病床的日子是跨越炼狱的拼杀时光，父亲是我的斗士，与我并肩作战，他那永远也打不垮的强大内心让我有了一种心理的依托——我们必须是一座高山，屹立不倒才能战胜恐惧和焦虑，做患者坚强的后盾。

如今哥哥刚刚做完第三次换肾手术归来……我捧起父亲的这本著作，仿佛它是一盏明灯——人的一生犹如一盏灯，其价值就是能否照亮他人。

一盏明亮的灯光——我的父亲，我心光明时，他在我的光明里，我心幽暗时，他送光明于我心。

阳光在窗外，春在草叶上舞蹈，我以寸草报春晖的心愿写下这段文字，献给伟大的父爱，献给拥有父爱的人们和像我父亲一样为教育呕心沥血的教育人。

5. 1991—2010 期间学习、工作、研究获得的荣誉证书统计记录

县级奖励：

1998、2000、2002 先后三次评为优秀共产党员；

1999、1998、1999 先后三次评为计划生育先进个人；

1992 年评为县优秀教育工作者；

1993 年记功一次，1998 年嘉奖一次，1999 年记三等功一次；

1991、1992、1994、1996、1999 先后五次评为县优秀通讯员；

1998、2002 评为新闻宣传先进个人，并获二等奖；

2003 年获学习型教师；

2002 至 2005 年四次评为学生平安保险协保员；

2001 年"在国旗下的讲话"获县一等奖。

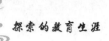

市级奖励：

1991 年，任邵东七中校长，市政府记大功一次，同时评为市勤工俭学先进个人；

1999 年，主持《师范性研究型现代化》课题研究获邵阳市一等奖；

省级奖励：

1996 年评为省先进个人，湖南省教育委员会授奖；

1999 年评为湖南省中学特级教师；

全国性奖励：

1991 年由国家教育部、人事部评为全国优秀教师；

1993 年毛泽东 100 周年纪念，获全国书法大赛优秀奖；

世界著名机构联合庆祝 1999 − −2000 年活动委员会授予"20 世纪成功人士"称号；

2003 年中国管理科学研究院授予"全国人事社会科学名家"

2006 年，《新课程下的县级教师培训研究》课题荣获国家教师奖励基金三个一等奖，2006 年评为课题研究先进实验工作者；

2007 年，《农村中小学教师队伍建设对策研究》成绩突出，教育部授予先进个人；

2007 年，《中华当代道德格言诗文选》获作品一等奖，中华炎黄文化研究会编辑；

2007 年，《农村中小学骨干教师四结合培训模式研究与实践》课题获教育部二等奖；

2010 年因患帕金森，金爵杯第二届全国 10 大抗帕明星最佳抗争奖。

论文获奖及发表：

1.《运用反馈原理指导政治教学》1991 年获市二等奖；

2.《竞争。改革。和人。克己》1992 年获县一等奖；

3.《我的校长工作思路》1993 年省教育学院结业论文一等奖；

4.《校长的一二三系统工程》1994 年入编向第 10 个教师节献礼的《师魂·师韵》

5.《功到自然成》1996 年载入向教师节献礼的《师魂·师韵》；

6.《系统思想与特色理论的结合》获省一等奖；

7.《爱国主义教育的"知情行"三结合》1997 年获省一等奖；

8.《五种形象的自我塑造》1996 年入编《中国基础教育论文大典》并获省二等奖；

9.《管理走向规范化》和《五种形象的自我塑造》入编中华丛书《今日的辉煌》，并获省二等奖。

10.《转变观念走活人生这步棋》，1996 年获省一等奖；

11.《师范性。研究型。现代化》1997 年入编《中国教育改革与发展论文选》中央教科所二等奖；

12.《县素质教育一二三四五师训管理模式初探》1998 省三等奖；

13.《县教师素质发展中心的构想》1998 市二等奖，国家优秀奖；

14.《试论新时期对教师的新要求》1998 入选《现代教育改革》；

15. 《走科研兴校之路》1998 年获市三等奖，2001 年获中国管理科学研究院二等奖；

16. 《试谈工作主题与系统方法》1998 入编《中国教育文库》；

17. 《邵东县继续教育的全面探索》1998 入选《三湘教师优秀论文选》省一等奖；

18. 《未来教育对中小学校长素质的新要求》1999 年入选《中国知识经济文选》；

19. 《全面的素质教育需要素质全面的教师》1999 年获市二等奖，2000 年获省二等奖；

20. 1999 年参加《心理教育与人的发展》研究，实验成果获省二等奖；

21. 《我县教师队伍素质状况的调查与分析》1999 获省三等奖；

22. 《我的师德观——修身爱生为师处世追求真善美》2000 年载《当代教育名家论坛》。

23. 《名师工程的设计与思考》2001 年获省一等奖；

24. 《三名工程的实践与思考》2001 年在国际华文会议上演讲，2001 年获市一等奖；

25. 《人生感悟》作品入选中华国际出版社的《人生感悟录》2002；

26. 《教师要讲风纪修养》2002 年载《以德治国理论与实践》；

27. 《我县教师队伍素质状况的调查与分析》市二等奖；

28. 《中小学教师继续教育工作县级模式的全面探索》刊《中国教育教学研究》杂志 2002 年；

29. 《学习、工作和研究都是一种享受》2002 年入编《中国当代思想宝库》；

30. 《怎样撰写教研论文》国家二等奖；

31. 《校本课程开发中的校长素质》2003 年获县一等奖

32. 《校本课程开发中的校长素质》2004 获省二等奖；

33. 《中小学家庭教育的现状调查与对策研究》2005 获国家一等奖；

34. 《中小学教师继续教育工程县级模式的全面探索》2005 获国家一等奖；

35. 《农村小学骨干教师四结合培训模式研究》2006 获教育部二等奖；

36. 《中小学生要树立八荣八耻的道德观》2007 县三等奖；

37. 《有针对性和实效性的培训研究》2007 国家一等奖；

38. 《新课程下的县级教师培训研究》课题 2007 国家一等奖；

39. 《探索工程型继续教育，全面提高中小学教师素质的研究》荣获世界重大学术成果特等奖，载入《世界重大学术成果精选》（华人卷）大型理论文献；世界学术成果研究院 2007 年；

40. 《教师怎样做课题研究》2008 年收入《全国教育管理与实践论坛》教育部一等奖；

41. 《农村中小学骨干教师县级培训的基本方法》2008 国家一等奖；

42. 《教师眼中的"留守生"》2008 国家一等奖；

43. 格言作品入选《中华名人格言》2008；

44. 《农村教师县级立体化校本培训模式研究与实践——开题论证报告》刊《管理观察》2009 年 12 月刊；

45. 《教师的教学要追求三重境界》刊《中国科学教育研究杂志》，评为一等奖；

46. 《教师人生的三个追求》刊《中国发展与创新教育杂志》，评为一等奖；

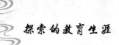

聘任职务

1. 新教育期刊社记者
2. 21 世纪期刊记者
3. 中国和谐之声期刊社记者
4. 共和国骄子记者
5. 世界华人交流协会理事
6. 发现杂志社副理事长
7. 中国未来研究会未来研究所高级研究员
8. 国务院县市经济发展宣传与调研办公室调研员
9. 国家教师科研基金专家委员会常务理事
10. 管理观察杂志社学术观察员
11. 中国国际交流（教育）出版社特约顾问
12. 四川省欣文书行信息员 1995
13. 香港国际教育交流中心研究员 1998 聘期二年
14. 中国教育家协会理事 1998
15. 湖南省社会科学界联合会会员 1999
16. 湖南省教育学会教育管理干部培训专业委员会理事 1999
17. 中国社会调查事务所教育调查部调查员 2000
18. 湖南徐特立教育研究所特约研究员 2000
19. 国际炎黄文化研究会会员 2000
20. 湖南省小学管理专业委员会会员 2000
21. 中国管理科学研究院研究员、长期聘用
22. 三湘文友通讯员 2000
23. 北京君子书友会会员 2001
24. 中国管理科学研究院人文科学研究所特约研究员 2001－2003
25. 中国世界贸易组织研究院特约研究员 2003（对外经济贸易大学）
26. 《全国教师队伍建设研究》国家"十一五"重点课题调研组长
27. 全国十五课题调研组长
28. 全国教师队伍建设实验区学术秘书（2005－2008）

著作主编、副主编、编委

1. 中国改革发展丛书《当代中国人才库》荣誉主编；
2. 《教师职业道德概论》主编　内蒙古人民出版社
3. 《学校教导管理概论》第一副主编　安徽大学出版社
4. 《青少年学习方法》第一副主编　红旗出版社
5. 《中华教育教学文丛》副主编
6. 《现代教育文集》副主编　1998、1999

7. 《师魂。师韵》副主编 1996

8. 中华教育文丛《教育教学论坛》副主编 2000

9. 《党旗颂——中国共产党 90 年奋斗与辉煌》副主编 2012

10. 《三湘教师优秀论文选》副主编

11. 人民日报时代特刊部编委 2003 年度

12. 《鲜红的党旗》大型画册编委

13. 《中华现代教育》编委 2001

14. 《共和国骄子》特约编委

15. 中国国际交流（教育）出版社特约编委

16. 《管理观察》杂志特约编辑

17. 《中国领导科学文库——向党的十八大献礼》副主编 201304

18. 《教师教学技能训练》安徽大学出版社出版副主编 2000

培训和参会

1993 年 3—6 月省教育学院参加中学校长岗位培训；

1997 年 4 月人民大会堂云南厅出席中外名人恳谈会；

1998 年 3—4 月省教育学院参加校长提高研修班；

1999 年 7 月人民大会堂参加《鲜红的党旗》出版座谈会；

2000 年出席山西太原第六次全国小学教师继续教育大会；

2001 年出席内蒙古呼伦贝尔第七次全国小学教师继续教育大会。

2001 年 3 月海口出席国际华文教育暨校务管理论坛大会；

2001 年 12 月出席北京全国教育系统新闻宣传培训班；

2002 年 12 月出席北京中国教师报首届全国知名校长论坛；

2007 年 1 月北京召开国家教师科研基金"十一五"规划课题工作会暨研修班。